La concurrence des recours en contentieux administratif

Logiques Juridiques

Fondée par Gérard Marcou

Dirigée par Jean-Claude Némery et Thomas Perroud

Le droit n'est pas seulement un savoir, il est d'abord un ensemble de rapports et pratiques que l'on rencontre dans presque toutes les formes de sociétés. C'est pourquoi il a toujours donné lieu à la fois à une littérature de juristes professionnels, produisant le savoir juridique, et à une littérature sur le droit, produite par des philosophes, des sociologues ou des économistes notamment.

Parce que le domaine du droit s'étend sans cesse et rend de plus en plus souvent nécessaire le recours au savoir juridique spécialisé, même dans des matières où il n'avait jadis qu'une importance secondaire, les ouvrages juridiques à caractère professionnel ou pédagogique dominent l'édition, et ils tendent à réduire la recherche en droit à sa seule dimension positive. À l'inverse de cette tendance, la collection « Logiques juridiques » des éditions L'Harmattan est ouverte à toutes les approches du droit. Tout en publiant aussi des ouvrages à vocation professionnelle ou pédagogique, elle se fixe avant tout pour but de contribuer à la publication et à la diffusion des recherches en droit, ainsi qu'au dialogue scientifique sur le droit. Comme son nom l'indique, elle se veut plurielle.

Dernières parutions

Benoît GRÉMARE, *De l'arme nucléaire française. Essai sur la constitutionnalisation de la force de frappe,* 2021.
Gladys TREZENEM, *La dignité de la personne humaine et le juge administratif,* 2021.
Chryssi PAPANIKOLAOU, *Le principe de l'Etat social, Étude sur les limites de l'activité législative en droit comparé français et hellénique*, 2021.
Yves Gabriel DJEYA KAMDOM, *La responsabilité des ordonnateurs des crédits publics dans le système financier contemporain. Étude des droits camerounais et français,* 2021.
Laurie Marguet, *Le droit de la procréation en France et en Allemagne. Etude sur la normalisation de la vie*, 2021.

Steven Dutus

La concurrence des recours en contentieux administratif

Préface de Jacques Petit

L'Harmattan

5-7, rue de l'Ecole-Polytechnique, 75005 Paris

www.editions-harmattan.fr

ISBN : 978-2-343-24642-0
EAN : 9782343246420

Remerciements

Je consacre bien volontiers quelques lignes pour dire combien l'exercice de la thèse, travail solitaire s'il en est, n'a pu être mené à bien qu'en étant accompagné.

Il me faut à ce titre témoigner toute ma reconnaissance à l'égard du Professeur J. Petit, qui a dirigé mon travail avec une extrême bienveillance et une très grande disponibilité, en faisant de la thèse une expérience enrichissante sur tous les plans.

Je remercie vivement Mesdames les Professeurs Camille Broyelle et Alix Perrin ainsi que le Professeur Benoît Plessix, qui ont accepté de lire et de juger mon travail. C'est à ce titre, mais aussi à d'autres, qu'il me faut aussi remercier le Professeur Eveillard, de même que Mme S. Carpi-Petit, sans qui ce travail n'aurait probablement jamais été entrepris.

Je remercie également mes amis de la « salle de la recherche bis du 5e étage » : Marie, Quentin, Robert, Sarah et Cyprien, qui ont rendu, par leur sympathie, le quotidien de la thèse si agréable. Une pensée particulière s'adresse à Antoine L.-B., Antoine S. avec qui j'ai pleinement partagé cette aventure et noué une amitié indéfectible

Mes remerciements s'adressent aussi à ma famille et à mes beaux-parents, pour leur soutien indéfectible et tout ce qu'ils m'ont apporté.

Mes pensées s'adressent encore, et surtout, à Lisa, qui n'a eu de cesse de m'encourager, de me soutenir et sans qui l'achèvement de ce travail n'aurait pas de sens, comme d'ailleurs toute autre chose.

Préface

La publication de la thèse de M. Dutus donne au travail de ce dernier le couronnement qu'il mérite à maints égards. Il faut d'abord dire que cet ouvrage relève de la théorie générale du droit processuel. En effet, comme le montre bien son introduction, tout droit procédural est nécessairement amené à organiser la manière dont les différents recours qu'il institue peuvent se combiner, spécialement quand ils permettent de faire juger des prétentions similaires. Dans ce dernier cas, la question se pose de l'étendue de la faculté de choix laissée aux justiciables entre les voies de droit existantes. Naturellement, si cette question est inhérente à l'existence d'un système d'actions en justice, les réponses qui lui sont données varient d'un système à l'autre, en fonction des caractéristiques spécifiques de chacun. Les solutions propres au droit judiciaire privé ont été particulièrement analysées (F. Bussy-Dunaud, Le concours d'actions en justice entre les mêmes parties : l'étendue de la faculté de choix du plaideur, J. Ghestin, dir., LGDJ, 1988). Celles du contentieux administratif méritaient de l'être à nouveau.

En contentieux administratif, en effet, le problème des concours d'actions en justice a traditionnellement été abordé par le biais de ce qu'il est convenu d'appeler « l'exception de recours parallèle » et la question peut sembler, à première vue, des plus connue. Toutefois, l'exception de recours parallèle a été conçue pour régler les rapports entre le recours pour excès et les recours de plein contentieux. Or, ce n'est là qu'une partie du problème car ce dernier concerne bien d'autres types de recours juridictionnels, tels que, par exemple, les référés. L'objet de la thèse de M. Dutus est donc de réexaminer cette question à la lumière des données actuelles du droit positif, pour bâtir une nouvelle théorie, vraiment générale, de la concurrence des recours en contentieux administratif.

La construction de l'ouvrage séduit par sa simplicité et sa logique. Il est d'abord apparu nécessaire à l'auteur, à juste titre, de mieux cerner la notion de concurrence des recours, notamment parce que l'exception de recours parallèle a parfois été abusivement sollicitée pour rendre compte de situations ne relevant pas vraiment du concours d'actions en justice. Tel est l'objet de la première partie. Celle-ci montre que deux ou plusieurs recours sont concurrents quand, au regard des règles de la compétence juridictionnelle et des conditions générales de recevabilité, un requérant peut les utiliser pour faire juger les mêmes prétentions. Autrement dit, le droit positif ouvre, a priori, au justiciable une liberté de choix entre au moins deux voies de droit. La deuxième partie s'intéresse au traitement par le juge administratif de la concurrence des recours ainsi définie. Elle montre que, en principe, ce juge ne permet pas au requérant de librement choisir entre les recours dont il dispose et lui impose donc de n'en exercer qu'un. Normalement, il s'agit du recours dont le champ d'application est le plus limité. La thèse explore, de manière approfondie, les fondements de cette politique jurisprudentielle et les limites qu'elle comporte.

Ainsi schématiquement présentée, la thèse de M. Dutus présente d'éminentes qualités. Elle repose sur un corpus jurisprudentiel et doctrinal de grande ampleur et parfaitement maitrisé. Les analyses sont caractérisées par leur rigueur et leur précision. La démonstration, qui progresse logiquement tout au long de la thèse, est d'une remarquable cohérence. Loin d'être purement technique, le travail défend des idées nouvelles ; dépassement de l'exception de recours parallèle, liberté de choix entre plusieurs recours disponibles (fondée sur le droit au recours), limitation de cette liberté au profit du recours spécial, dont M. Dutus dévoile les ressorts, qui sont notamment d'ordre normatif. La thèse comporte également une comparaison très éclairante des solutions du contentieux administratif avec celles du droit judiciaire privé. Elle est d'une grande actualité en raison de la tendance contemporaine, commune à la jurisprudence et à la législation, à multiplier les recours spéciaux.

L'ouvrage que l'on va lire se présente ainsi comme une étude de contentieux administratif de premier ordre qui est susceptible d'intéresser tant les praticiens que les théoriciens de cette matière et, plus largement, du droit processuel.

Jacques Petit, Professeur à l'université de Rennes 1

SOMMAIRE

INTRODUCTION..17

PARTIE 1 : L'IDENTIFICATION DE LA CONCURRENCE DES RECOURS

TITRE 1 : LA COEXISTENCE DES RECOURS.......................... 63

TITRE 2 : LA COEXISTENCE DE RECOURS PERMETTANT DE FAIRE JUGER DES PRETENTIONS SIMILAIRES........... 149

PARTIE 2 : LE TRAITEMENT DE LA CONCURRENCE DES RECOURS

TITRE 1 : LE SENS DE LA FERMETURE DES RECOURS CONCURRENTS... 259

TITRE 2 : LES MODALITES DE LA FERMETURE DES RECOURS CONCURRENTS... 353

CONCLUSION GENERALE...469

Principales abréviations

AFDA	Association française pour la recherche en droit administratif
aff.	affaire
AJDA	Actualité Juridique Droit Administratif
AJDI	Actualité Juridique Droit Immobilier
AJFP	Actualité Juridique Fonctions Publiques
al.	alinéa
art.	article
Ass.	Assemblée du contentieux
Ass. plén.	Assemblée plénière de la Cour de cassation
BDCF	Bulletin des conclusions fiscales
BJCP	Bulletin juridique des contrats publics
BJDU	Bulletin de jurisprudence de droit de l'urbanisme
Bull.	Bulletin des arrêts de la Cour de cassation
Bull. civ.	Bulletin des arrêts des chambres civiles de la Cour de cassation
Bull. crim.	Bulletin des arrêts de la chambre criminelle de la Cour de cassation
CA	Cour d'appel
CAA	Cour administrative d'appel
Cass.	Cour de cassation
CE	Conseil d'Etat

CEDH	Cour européenne des droits de l'Homme
CESEDA	Code de l'entrée et du séjour des étrangers et du droit d'asile
CGCT	Code Général des Collectivités Territoriales
chron.	chronique
civ.	Chambre civile de la Cour de cassation
CJA	Code de justice administrative
CJCE	Cour de justice des communautés européennes
CJUE	Cour de justice de l'Union européenne
CMP	Contrats et Marchés publics
com.	Chambre commerciale de la Cour de cassation
concl.	conclusions
Cons. const.	Conseil constitutionnel
crim.	Chambre criminelle de la Cour de cassation
D.	Recueil Dalloz
Dr. adm.	Droit administratif
dir.	sous la direction de
éd.	édition, édité par
EDCE	Etudes et documents du Conseil d'Etat
fasc.	fascicule
GACA	Grands arrêts du contentieux administratif
GAJA	Grands arrêts de la jurisprudence administrative
Gaz. Pal.	Gazette du Palais
Ibid.	*Ibidem.* même ouvrage ou même article à la même page
infra	ci-après

JCl. Adm.	JurisClasseur Administratif
JCP-A	JurisClasseur Périodique / La semaine juridique – Édition Administrations et Collectivités territoriales
JCP-G	JurisClasseur Périodique / La semaine juridique – Édition générale
JORF	Journal officiel de la République française
JOUE	Journal officiel de l'Union européenne
LGDJ	Librairie générale de droit et de jurisprudence
LPA	Les Petites Affiches
LPF	Livre des procédures fiscales
n°	numéro
op. cit.	oeuvre précitée
ord.	ordonnance
p.	page
PUAM	Presses universitaires d'Aix-Marseille
PUF	Presses universitaires de France
PUR	Presses universitaires de Rennes
QPC	Question prioritaire de constitutionalité
RDI	Revue de droit immobilier
RDP	Revue du droit public et de la science politique en France et à l'étranger
Rec. Cons. const.	Recueil des décisions du Conseil constitutionnel
rééd.	réédition
RFDA	Revue française de droit administratif
RJEP	Revue juridique de l'économie publique
RJF	Revue de jurisprudence fiscale

RPDA	Revue pratique de droit administratif
RTD Civ.	Revue trimestrielle de Droit Civil
RTD Com.	Revue trimestrielle de Droit Commercial
RTDH	Revue trimestrielle des Droits de l'Homme
RRJ	Revue de recherche juridique. Droit prospectif
S.	Sirey
Sect.	Section du contentieux
supra	ci-dessus
TA	Tribunal administratif
TC	Tribunal des conflits
V.	voir

Introduction

1. « Vu qu'il n'existe pas un État au monde où il y ait assez de lois établies pour régler toutes les actions et les mots des humains, il s'ensuit nécessairement qu'en ce qui concerne toutes les actions dont les lois ne s'occupent pas, les humains ont la liberté de faire ce que leur raison leur montre en vue de ce qui leur est le plus profitable. La liberté des sujets réside donc uniquement en ces choses que, dans le règlement de leurs actions, le souverain s'est abstenu de prendre en compte »[1]. Sans viser, à l'évidence, les actions en justice, T. Hobbes retranscrit pourtant bien la physionomie du contentieux administratif s'agissant de l'exercice, par les requérants, des recours contentieux qui leur sont ouverts par les textes ou la jurisprudence. De manière générale, le droit processuel institutionnalise les contestations, c'est-à-dire établit la possibilité pour les justiciables de saisir un juge à propos de leur situation litigieuse. Au-delà des divergences doctrinales quant à la perception de l'action en justice[2], celle-ci doit être regardée comme matérialisant cette saisine du juge ; elle permet à un requérant d'exprimer une prétention à laquelle un juge doit répondre.

2. Le droit processuel formalise cette saisine du juge en distinguant plusieurs voies de droit par lesquelles les justiciables sont en mesure de faire trancher un différend, en associant à ces voies de droit des conditions de recevabilité et de jugement différentes. Sur ce point, les procédures juridictionnelles judiciaire et administrative se distinguent assez largement. Le droit privé connait une multitude d'actions en justice : il en existe autant que de droits subjectifs susceptibles d'être lésés. Le droit processuel judiciaire a entendu formaliser la saisine du juge en associant la méconnaissance d'un

---

[1] T. Hobbes, *Le Léviathan, 2e partie (De la République)*, Chapitre XXI (De la liberté des sujets), 1651, éd. électronique, Classiques des Sciences Sociales.

[2] Il faut prendre pour acquis la distinction à opérer entre l'action en justice elle-même et le droit substantiel dont l'action assure la protection : la demande s'analyse comme l'exercice de l'action (sur ce point, v. R. Morel, *Traité élémentaire de procédure civile*, Paris, Librairie du recueil Sirey, 1932, p. 43). L'action en justice est perçue comme le « droit d'être entendu sur le fond d'une prétention » (L. Cadiet et E. Jeuland, *Droit judiciaire privé*, 10e éd., Paris, LexisNexis, Manuel, 2017, p. 279) et traduit la « faculté de transformer par un procès une situation litigieuse » (E. Jeuland, *Droit processuel général*, LGDJ, Domat droit privé, 2014, p. 408). La définition qu'en donne F. Melleray est tout à fait satisfaisante et désigne « le pouvoir de saisir un juge de premier ou de dernier ressort d'une prétention afin qu'il statue sur le fond de cette dernière » (F. Melleray, *Essai sur la structure du contentieux administratif français : pour un renouvellement de la classification des principales voies de droit ouvertes devant les juridictions à compétence générale*, J. du Bois de Gaudusson dir., LGDJ, BDP, 2001, p. 234).

droit à la possibilité d'introduire une action en justice destinée à réparer cette atteinte. Il s'ensuit que les actions en justice sont, en droit privé, classées selon la nature ou l'objet du droit litigieux[3]. Elles sont nombreuses et répondent, chacune, à des conditions de recevabilité et de jugement différentes, instituées par la loi. Les règles du contentieux administratif, dont la détermination est largement influencée par le juge, témoignent quant à elles d'une volonté de distinguer des catégories limitatives de recours contentieux dont les administrés peuvent disposer : « La critique de l'administration est « organisée, formalisée et canalisée [...] ; les administrés saisissent le juge selon le sillage posé par le droit positif »[4]. Ces sillages tiennent compte de la question posée au juge ainsi, surtout, que des pouvoirs dont celui-ci dispose pour répondre à la prétention qui lui est soumise. Le contentieux administratif adopte une combinaison de ces approches matérielles et formelles, en distinguant, essentiellement, le recours pour excès de pouvoir des recours de plein contentieux objectif et subjectif[5]. De cette distinction découle une différence entre les conditions en vertu desquelles les requérants sont admis à faire trancher leur litige par un juge administratif.

3. Au-delà de cette divergence, les droits processuels administratif et judiciaire présentent la caractéristique commune de ne ménager aucune règle textuelle spécifique relative à la possibilité, pour les justiciables, d'exercer plusieurs recours à l'occasion d'une même situation litigieuse[6]. Cette possibilité dépend, alors, de la concordance du domaine d'application des différentes actions en justice ouvertes aux requérants. En d'autres termes, elle est liée à la manière dont le droit positif institutionnalise la contestation et organise les différentes voies de droit. Le droit judiciaire privé témoigne de l'existence de très nombreuses actions précisément définies[7], de telle sorte que les plaideurs ont normalement à introduire l'action qui correspond à la nature du droit subjectif auquel il est porté atteinte. L'étude substantielle de F. Bussy-Dunaud a brillamment permis de préciser, et d'ailleurs de récuser cette présentation[8]. La manière dont le contentieux administratif distingue les actions en justice conduit également à rendre possible l'existence de plusieurs recours à disposition des requérants relativement à un même litige. Sa construction est essentiellement jurisprudentielle. Elle a notamment consisté

---

[3] E. Jeuland, *op. cit.*, p. 267.

[4] B. Plessix, *Droit administratif général*, 2e éd., Lexis Nexis, Manuel, 2018, p. 1318.

[5] Certaines classifications aboutissent à distinguer plus précisément les recours en fonction de l'office du juge (sur ce point, v. notamment, D. Truchet, *Droit administratif*, 7e éd., PUF, Thémis, 2017, p. 126 ; A. Perrin, *Contentieux administratif*, Dalloz, Mémentos, 2020, p. 122 et s.).

[6] Sur cette définition, v. *infra*, p. 25.

[7] V. sur cette question, L. Cadiet et E. Jeuland, op. cit., p. 264 et s.

[8] F. Bussy-Dunaud, *Le concours d'actions en justice entre les mêmes parties : l'étendue de la faculté de choix du plaideur*, J. Ghestin dir., LGDJ, BDPr., 1988.

dans le développement du recours pour excès de pouvoir, permettant d'assurer la soumission de l'Administration au droit[9]. Cette voie de droit a toujours coexisté avec le contentieux administratif « proprement dit »[10], constitué, aujourd'hui, des recours de plein contentieux, dans le cadre desquels les juges saisis disposent de pouvoirs étendus pour répondre à la contestation qui leur est présentée. Cette contestation est, soit relative à un droit subjectif auquel l'Administration a porté atteinte, soit tributaire d'une question de légalité objective dont la résolution implique que le juge fasse usage de pouvoirs qui dépassent la simple annulation de la décision contestée. L'intervention du législateur est relativement limitée. Elle consiste à soumettre certaines contestations déterminées à des conditions de recevabilité et de jugement particulières[11] ou, bien plus rarement, à créer des voies de droit générales au profit des justiciables ; la loi du 30 juin 2000 en constitue un exemple probant[12]. Les requérants sont donc amenés à faire juger leurs prétentions selon les actions que les textes ou la jurisprudence ouvrent. Compte tenu du caractère absolument général des domaines d'application des différents recours juridictionnels existant en contentieux administratif, nombreux sont les cas dans lesquels les justiciables disposent de plusieurs voies de droit pour faire trancher le litige qui les oppose à l'Administration.

4. Cette disponibilité de plusieurs voies de droit est un « élément perturbateur »[13] du droit : une même situation de fait peut donner lieu à plusieurs actions dont la finalité est la même, tandis que les conditions auxquelles elles sont soumises diffèrent. Puisque l'intervention du législateur ne s'étend que de manière tout à fait exceptionnelle à la détermination des rapports qu'entretiennent deux voies de droit, c'est le juge qui s'attache à organiser ces rapports. La loi dispose parfois qu'un recours est accessoire à un autre, en ce sens qu'il est imposé au requérant d'exercer concomitamment deux recours, sans quoi l'un des deux serait irrecevable. Tel est le cas du référé-suspension qui doit nécessairement accompagner un recours au fond.

---

[9] V. par ex., R. Alibert, *Le contrôle juridictionnel de l'Administration au moyen du recours pour excès de pouvoir*, Payot, 1926 ; A. Claeys, *L'évolution de la protection juridictionnelle de l'administré au moyen du recours pour excès de pouvoir*, J.-F. Lachaume dir., Poitiers, 2005.

[10] L. Aucoc a opéré la distinction des contentieux relevant des juridictions administratives en retenant le contentieux administratif « proprement dit » (dans lequel le juge traite du fond du litige, se prononce sur les droits du requérant et peut substituer sa décision à celle de l'administration), le recours en interprétation et le recours pour excès de pouvoir pour lequel le juge peut procéder à l'annulation de la décision déférée à son contrôle (L. Aucoc, *Conférences sur l'Administration et le droit administratif*, 1e éd., Dunod, 1869, t. 1, p. 361 et s.). V. sur ce point : P.-Y. Sagnier, Léon Aucoc, le juge administratif et les recours, *RFDA* 2018, p. 602).

[11] Tel est par exemple le cas en contentieux des étrangers (Art. L. 512-1 du CESEDA), en matière de droit au logement opposable (Art. L. 441-2-3-1 du Code de la construction et de l'habitation) ou s'agissant des référés spécifiques à la matière contractuelle (Art. L. 551-1 et L. 551-13 du CJA).

[12] Loi n°2000-597 du 30 juin 2000 relative au référé devant les juridictions administratives.

[13] J. Ghestin, préface à la thèse de F. Bussy-Dunaud, *op. cit.*, p. 1.

Le référé provision s'analysait aussi, auparavant, en une procédure accessoire à un litige principal[14]. Encore plus rarement, le législateur considère qu'un recours doit être exercé de préférence à un autre en imposant au requérant l'exercice d'un recours et en limitant ainsi sa liberté de choix[15]. Cette manière de faire reste tout à fait marginale. Le juge administratif a, de ce fait, entendu organiser lui-même l'exercice par les requérants des recours qui leur sont ouverts. Il limite, par l'irrecevabilité, leur possibilité d'exercer un recours pour excès de pouvoir lorsqu'ils peuvent soumettre leur prétention à un autre juge et obtenir un résultat équivalent à l'annulation recherchée. Analysées en doctrine sous le prisme de « l'exception de recours parallèle », ces solutions sont, historiquement, propres au recours pour excès de pouvoir. Elles se sont pourtant étendues à d'autres recours juridictionnels dont le juge administratif estime qu'il faut en limiter l'exercice pour imposer aux requérants une autre voie de droit. Cette contrainte opposée par le juge à l'exercice des recours juridictionnels et seulement fondée sur cette volonté d'imposer l'exercice d'un recours plutôt qu'un autre conduit à poser la question, plus générale, de la liberté pour les justiciables d'exercer plusieurs recours relativement à un différend qui les oppose à l'Administration. C'est à cette question que renvoie l'idée de concurrence des recours, qui constitue l'objet de cette étude. Cela suppose d'apprécier l'intérêt qui s'attache à une telle étude (Section 1) de déterminer le cadre de celle-ci (Section 2) et d'envisager la manière selon laquelle elle doit être menée (Section 3).

Section 1 : intérêt de l'étude

5. L'existence de plusieurs actions en justice permettant aux justiciables de faire trancher un litige par différents moyens offerts par le droit positif n'est, assurément, pas propre au contentieux administratif. Dès lors que plusieurs voies de droit sont consacrées, par les textes ou par le juge, le droit processuel, au-delà même du droit interne, est nécessairement traversé par cette question de l'association possible entre ces recours (§1). Cette question se pose donc, aussi, en contentieux administratif. La manière dont le juge y apporte une réponse présente un intérêt particulier. Le choix par les justiciables des recours qu'ils peuvent introduire intéresse, *in fine*, la possibilité, pour eux, de déterminer les modalités selon lesquelles l'Administration doit être jugée. La doctrine n'a pas ignoré cette question, en consacrant des développements à la fermeture, par le juge, du recours pour

---

[14] V. le décret n°2000-1115 du 22 novembre 2000 pris pour l'application de la loi n°2000-597 du 30 juin 2000 relative au référé devant les juridictions administratives. Avant l'entrée en vigueur du décret, lorsque le demandeur saisissait le juge du référé-provision, il devait faire état d'une demande au fond.

[15] En ce sens, le référé contractuel est fermé au demandeur ayant fait usage du référé précontractuel lorsque le pouvoir adjudicateur ou l'entité adjudicatrice a respecté la suspension de la décision de signature du contrat et s'est conformé à la décision juridictionnelle rendue par le juge du référé précontractuel (v. Art. L. 551-14 du CJA ; v. *infra*, p. 134).

excès de pouvoir au nom de l'existence d'un autre recours. Il ressort néanmoins de l'étude de la jurisprudence que le juge s'attache aussi à limiter l'exercice d'autres recours juridictionnels pour la seule raison qu'il convient, pour les requérants, de mettre en œuvre une autre voie de droit. Les différentes études consacrées à l'exception de recours parallèle ne proposent donc qu'une vision partielle de cette question de « concurrence des recours ». C'est sur ce point que se révèle l'intérêt de la recherche à mener (§2).

§1. Une problématique générale de concurrence des recours juridictionnels

6. Concurrence des recours en droit international public. Comme le relève C. Santulli, la coordination des juridictions internationales obéit à un principe général d'autonomie, qu'il s'agisse de considérer ces juridictions entre elles, ou par rapport aux juges nationaux[16]. L'autonomie entre juridictions internes et juridictions internationales se manifeste notamment par l'absence de reconnaissance des exceptions de litispendance, principe faisant normalement obstacle à ce qu'une affaire soit jugée alors qu'une instance est en cours devant un juge national[17]. De la même manière, l'existence d'un litige déjà jugé en droit interne ne fait pas obstacle à ce qu'il soit porté devant une juridiction internationale[18]. L'exception de recours parallèle, telle qu'elle est entendue par la doctrine internationaliste, limite de manière tout à fait exceptionnelle cette autonomie. Elle est une technique qui conduit à exclure la compétence des juridictions internationales lorsqu'un recours existe devant un juge national[19]. La manifestation de cette hypothèse reste tout à fait rare. Plus souvent, l'exception de recours parallèle apparaît pour organiser les rapports entre deux voies de droit concurrentes organisées devant deux juridictions internationales, en faisant primer la compétence d'une juridiction spéciale sur la compétence concurrente d'une juridiction internationale à

[16] C. Santulli, *Droit du contentieux international*, 2e éd., LGDJ, Domat, 2015, p. 97 et s.

[17] Commission mixte des réclamations Grande-Bretagne/Vénézuela, Selwyn, déc. du surarbitre Plumley, *RSA* vol IX, p. 380 et s. (la compétence du tribunal international n'est pas affectée par le fait que la même question). Dans le même sens : Commission des réclamations France/Mexique, Héritiers de Jean-Baptiste Caire c. Mexique, déc. N°33 du 7 juin 1929, *RSA*, vol. V, p. 525.

[18] V. par ex., Commission des réclamations Grande-Bretagne/Mexique, David Roy c. Mexique, déc. N°33 du 24 avril 1931, *RSA*, vol. V, p. 144 et s.

[19] C. Santulli, *op. cit.*, p. 102.

vocation générale[20]. Il reste que, de manière générale, rien, en droit international n'interdit la possibilité de recours parallèles puisque les parties choisissent librement la juridiction internationale qu'il convient de saisir. Les justiciables sont ainsi en capacité de saisir plusieurs juridictions pour un même litige et, d'ailleurs, d'obtenir plusieurs décisions juridictionnelles.

7. Y. Kerbrat a consacré un ouvrage à la concurrence des procédures contentieuses internationales en faisant remarquer la faible efficacité des techniques d'articulation de ces procédures, notamment juridictionnelles[21]. La règle *non-bis in idem*, l'exception de litispendance ou encore les clauses d'exclusivité reconnues au profit d'une juridiction ou d'un mécanisme de règlement des différends sont bien des techniques permettant d'éviter la saisine de deux organes juridictionnels aux mêmes fins. Pour autant, le règlement juridictionnel des différends entre États ne traduit pas une limitation de la mise en œuvre des voies de droit. La Convention de Montego Bay sur le droit de la mer fait bien état, par exemple, du choix de la procédure dans le règlement des différends. Aux termes de l'article 287 de cette Convention, un État signant ou ratifiant la Convention demeure libre de choisir un ou plusieurs des moyens proposés par la Convention pour faire trancher un litige relatif à son application. Il peut ainsi saisir le Tribunal international du droit de la Mer, la Cour internationale de justice, un tribunal arbitral ou encore un tribunal spécial[22]. R. Kolb envisage aussi ce « libre choix » des États dans le règlement des litiges interétatiques, et ce même en cas de compétence obligatoire de la Cour de Justice internationale[23]. En effet, pour l'auteur, aucun organe international n'est armé du pouvoir de s'interposer entre des parties désireuses de porter leur différend devant une autre juridiction que la CIJ ; la règle générale du libre choix des moyens de régler des différends paraît « enracinée dans la souveraineté »[24]. En ce sens, les règles du droit international ne tendent pas à imposer aux parties à un litige un recours plutôt qu'un autre, mais

---

[20] *Ibid.*, p. 109. La solution est néanmoins différente en droit international des droits de l'Homme puisqu'il ne s'agit pas, dans ce cas, de litiges entre Etats. L'article 27 de la Convention européenne de sauvegarde des droits de l'Homme et des libertés fondamentales, exprime la volonté « d'exclure le cumul de procédures internationales », selon une opinion communément admise en doctrine. Cette limitation vise à ne pas multiplier les procédures d'enquête et de jugement devant plusieurs juridictions internationales et, surtout, à éviter le risque que ne surviennent des solutions divergentes, d'autant plus qu'aucune de ces solutions ne pourrait primer l'autre (sur cette manière de voir : S. Trechsel, « Article 27 », *La Convention européenne des droits de l'homme : Commentaire article par article*, 2e éd., L.-E. Pettiti, E. Decaux, P.-H. Imbert dir.), Economica, 1999, p. 627.

[21] Y. Kerbrat, Conclusion Générale, Forum Shopping et concurrence des procédures contentieuses internationales (Y. Kerbrat dir.), Bruxelles, Bruylant, 2011, p. 289 et s.

[22] Art. 287 de la Convention des Nations Unies sur le droit de la mer conclue à Montego Bay le 10 déc. 1982.

[23] R. Kolb, La Cour internationale de justice, Pédone, 2014, p. 579.

[24] Ibid., p. 580.

poursuivent, à certains égards, l'objectif de limiter les conséquences préjudiciables qu'emporte le cumul des procédures contentieuses.

8. Concurrence des recours dans les droits nationaux. La question de la concurrence des recours juridictionnels n'est pas ignorée par les différents droits nationaux. Elle se pose en des termes différents, dès lors que sont considérés les procès introduits par les justiciables ordinaires qui, à la différence des États, ne participent aucunement à la définition des règles de droit en fonction desquelles ils peuvent saisir le juge. Sans mener une étude de droit comparé, quelques exemples montrent bien que cette question traverse les différents droits processuels nationaux. Dans un ouvrage visant à la confrontation du droit administratif français et de l'*administrative Law* britannique, S. Flogaïtis a mis en lumière la manière dont le droit anglais encadrait la procédure de contrôle de l'action administrative qu'est *l'application for judicial review*[25]. L'inexistence d'un recours parallèle est au nombre des règles qui conditionnent l'exercice de cette action en justice. Selon M. Flogaïtis, la jurisprudence a élaboré une formule selon laquelle les mesures que peut ordonner la Cour saisie d'une *application for judicial review* ne doivent pas être accordées lorsque d'autres moyens d'action, qui produisent le même effet, sont offerts par l'ordre juridique au requérant. En d'autres termes, cette conception repose sur l'existence, à côté de cette voie générale permettant de s'adresser à la Cour, d'une autre voie judiciaire spéciale « qui conduit au même résultat »[26] que *l'application for judicial review* et dont l'exercice est alors imposé.

9. Analysant le recours pour excès de pouvoir tel qu'il existe en Belgique, J.-M. Auby et M. Fromont ont également fait apparaître une limitation de la même nature apportée à son exercice. Ces auteurs écrivent, notamment, que le recours pour excès de pouvoir n'est pas jugé lorsque « sous l'apparence d'un recours direct en annulation, le requérant poursuit en réalité l'exécution d'une obligation correspondant à un droit civil qui se trouve dans son patrimoine »[27]. En ce sens, la Cour de cassation belge, juge départiteur des

---

[25] S. Flogaïtis, Administrative Law et droit administratif, LGDJ, 1986, p. 175.

[26] Ibid., p. 176.

[27] J.-M. Auby et M. Fromont, Les recours contre les actes administratifs dans les pays de la Comunauté Economique Européenne (Allemagne, Belgique, France, Italie, Luxembourg, Pays-Bas), Dalloz, 1971, p. 157.

compétences juridictionnelles, considère que le recours en annulation est exclu lorsqu'il a le « même objet véritable » qu'une action judiciaire[28].

10. Ces quelques exemples témoignent bien d'une limitation de la possibilité pour les justiciables d'exercer, à leur gré, plusieurs recours juridictionnels ayant une même finalité. Si les termes de la question varient selon les États considérés, compte tenu de l'organisation différenciée de leurs systèmes juridictionnels, les éléments de réponse qui sont apportés par le juge sont aussi différents. La concurrence des recours apparaît, pour certains États, sous l'angle de la compétence des juridictions. Tel parait être le cas de la Belgique ou, encore, du Luxembourg[29]. Pour d'autres, il s'agit d'une question de recevabilité. L'analyse de l'exception de recours parallèle en contentieux administratif français a conduit à considérer ces deux aspects, ce à quoi l'étude de la « concurrence des recours » aboutit également.

11. Ces quelques observations font apparaître que, dans chaque système d'actions en justice, se pose la question de l'étendue de la faculté de choix des justiciables entre les voies de droit existantes. Apparaissent inévitablement des divergences quant à la manière de traiter de cette liberté pour les plaideurs d'exercer les actions qui leur sont offertes par le droit positif, celles-ci découlent des considérations propres aux caractères inhérents à ces différents systèmes d'actions. Au-delà ces divergences, l'encadrement de la liberté pour les requérants d'exercer plusieurs recours, lorsque ceux-ci rendent possible la satisfaction de demandes similaires, est une problématique commune aux différents droits processuels. Ceux-ci partagent, d'ailleurs, des éléments de réponse communs quant à cette possibilité pour les justiciables de mettre en œuvre plusieurs voies de droit. C'est ce que montre bien l'étude du contentieux du droit de l'Union européenne (I) et du droit privé judiciaire (II).

I. La concurrence des voies de droit en droit de l'Union européenne

12. Pluralité des voies de droit en droit de l'Union européenne. Très largement inspirés des droits processuels nationaux et en particulier du

---

[28] Cass. 27 nov. 1952, Pas., 1953.I.184. J.-M. Auby et M. Fromont écrivent que ce principe « cesse de s'appliquer lorsque le recours judiciaire et le recours pour excès de pouvoir n'ont pas le même objet » (*ibid.* p. 158). Comme en contentieux administratif français, le recours pour excès de pouvoir dirigé contre un acte d'imposition individuelle est exclu mais reste possible pour contester un règlement fiscal (CE, 9 déc. 1949, Wielemans, Ceuppens, *RJDA* 1950, p. 38).

[29] Le recours en annulation que les requérants peuvent exercer devant le Conseil d'Etat Luxembourgeois est recevable, en vertu de l'art. 31 de la loi du 8 février 1961, contre toutes les décisions administratives à l'égard des desquelles aucun autre recours, notamment juridictionnel, n'est admissible d'après les lois et règlements (J.-M. Auby et M. Fromont, *op. cit.*, p. 355).

contentieux administratif français[30], les recours juridictionnels organisés par le droit de l'Union européenne sont néanmoins exclusivement ouverts par les dispositions des traités. Il n'en demeure pas moins que la jurisprudence de la Cour de justice de l'Union européenne joue un rôle majeur dans l'appréciation et la définition des conditions de recevabilité dont la satisfaction est nécessaire à l'exercice de ces voies de droit, puisque les textes ne déterminent pas exhaustivement ces conditions[31]. Certaines similitudes apparaissent naturellement entre ces conditions et celles exigées par les différents droits nationaux, tenant à l'intérêt à mettre en œuvre une voie de droit ou à l'exigence que le recours soit formé dans un certain délai. Plusieurs auteurs se sont attachés à montrer le « caractère complet »[32] des voies de droit en droit de l'Union ou la « complémentarité »[33] de celles-ci. Pour autant, le juge de l'Union, comme le juge administratif français, parait réguler l'accès au prétoire en veillant à ce que les justiciables ne puissent exercer à leur gré plusieurs recours lorsque ceux-ci peuvent être mobilisés aux mêmes fins. C'est ce que dit très bien P. Cassia : « cette diversité dans la protection juridictionnelle des personnes physiques et morales n'est pas destinée à conférer un choix au justiciable désireux de contester un acte communautaire »[34]. À la différence du contentieux administratif français, cette limitation dans l'exercice des recours ne s'opère pas au détriment du recours en annulation, ouvert par l'article 263 du TFUE[35]. Elle vise, au contraire, à imposer cette « voie naturelle »[36] de recours par rapport à d'autres voies de droit dont la mise en œuvre est susceptible de conférer aux justiciables un résultat fort proche de celui qu'ils pourraient obtenir par l'annulation envisagée.

13. Fin de non-recevoir opposée au recours en indemnité. Le recours en indemnité organisé par le droit de l'Union européenne permet aux justiciables estimant avoir subi un préjudice causé par une institution dans

---

[30] G. Isaac et M. Blanquet écrivent que le système judiciaire de l'Union « consacre l'arsenal à peu près complet des actions en justice que connaît en France le contentieux administratif » (*Droit général de l'Union européenne*, 10e éd., Sirey, 2012, p. 488). Sur cette idée, v. encore, M. Fromont, L'influence du droit français et du droit allemand sur les conditions de recevabilité du recours en annulation devant la Cour de justice des Communautés européennes, *RTD eur.* 1966, p. 47 ; B. Bertrand, *Le juge de l'Union européenne, juge administratif*, C. Blumann dir., Bruylant, Droit de l'Union européenne, 2012)

[31] P. Cassia, *L'accès des personnes physiques ou morales au juge de la légalité des actes communautaires*, P. Manin dir., Dalloz, NBT, 2002, p. 333 et s.

[32] *Ibid.*, p. 234.

[33] M. Amilhat, L'exception de recours parallèle : un outil au service de l'articulation des voies de droit, *RTD eur.* 2016, p. 537.

[34] P. Cassia, *op. cit.*, p. 234.

[35] Art. 263 du Traité sur le fonctionnement de l'Union européenne.

[36] D. Ritleng, Pour une systématique des contentieux au profit d'une protection juridictionnelle effective, *Mélanges en hommage à Guy Isaac*, Presses de l'Université des sciences sociales de Toulouse, 2004, t. 2, p. 735.

l'exercice de ses fonctions d'obtenir la réparation de celui-ci[37]. Ce recours ne tend donc pas à la suppression d'une mesure déterminée et peut aboutir sans que le juge ne prononce la nullité de l'acte de droit dérivé dont l'illégalité est à l'origine du préjudice subi. La différence d'objet entre ces voies de droit justifie, pour la Cour de justice, que les justiciables soient en mesure de les exercer concomitamment. L'arrêt « Aktien-Zuckerfabrick Schöppenstedt c. Conseil »[38] fait bien état de l'autonomie de ces recours, de telle sorte que les justiciables sont, aussi, recevables à exercer seulement un recours en indemnité sans qu'il leur soit nécessaire de demander l'annulation de l'acte à l'origine du préjudice allégué. Une limite sérieuse a toutefois été apportée à cette solution par la Cour elle-même. Sans la retenir au cas d'espèce, la décision « Krohn c. Commission » envisage la fin de non-recevoir qui doit être opposée au requérant qui s'abstient de former un recours annulation et qui, une fois cette décision devenue définitive, engage un recours en indemnité « qui tend au paiement d'une somme dont le montant correspond exactement à celui des droits qui ont été payés par le requérant en exécution de (cette) décision »[39]. En ce sens, comme le relève la Cour, « le recours en indemnité tend en réalité au retrait de la décision devenue définitive »[40]. Rigoureusement identique à la position du juge administratif français[41], cette solution s'explique, ainsi qu'il l'a été très justement dit, par la volonté d'éviter le « contournement »[42] des conditions du recours en annulation par l'exercice du recours en indemnité. Même si la terminologie est critiquable, la doctrine y voit logiquement une application de « l'exception de recours parallèle »[43].

14. Fin de non-recevoir opposée au renvoi préjudiciel en appréciation de validité. Cette notion doctrinale propre au contentieux administratif français est encore évoquée dans l'affaire TWD, à propos des rapports entretenus par le recours en annulation et le renvoi préjudiciel[44]. En l'espèce, une décision de la Commission dont l'application a imposé aux autorités allemandes de réclamer des aides illégalement perçues par la société TWD. Cette société n'a pas souhaité contester directement la décision de la Commission, mais a choisi, une fois que cette possibilité ne lui était plus

---

[37] Art. 268 du Traité sur le fonctionnement de l'Union européenne.

[38] CJCE, 2 déc. 1971, aff. 5-71, Aktien -Zuckerfabrik Schöppenstedt, Rec. CJCE 1971, p. 975, pt. 3

[39] CJCE 26 févr. 1986, aff. 175/84, Krohn c/ Commission, Rec. 753, pt. 33.

[40] Trib. UE, 15 janv. 2015, Ziegler et Ziegler relocation c/ Commission, pt. 42. Dans le même sens, v. TPICE 15 mars 1995, aff. T-514/93, Cobrecaf e.a. c/ Commission, Rec. II-621, pt. 59 ; TPICE, 21 juin 2006, aff. T-47/02, Danzer c/ Conseil, Rec. II-1779, pt. 28.

[41] CE, 8 janv. 1960, Lafon, p. 15 ; *AJDA* 1960, p. 183, note Gardiès.

[42] M. Wathelet, *Contentieux européen*, 2e éd., Larcier, coll. de la Faculté de droit de l'Université de Liège, 2014, p. 370.

[43] V., M. Amilhat, *op. cit.*

[44] CJCE, 9 mars 1994, aff. C-188/92, TWD Textilwerke Deggendorf, Rec. I-833, pt 17 ; *AJDA* 1994, p. 698, chron. H. Chavrier, E. Honorat et P. Pouzoulet ; D. 1994, p. 112 ; Rev. UE 2015, p. 370, étude G. Eckert

ouverte au regard de l'expiration du délai de recours, de demander l'annulation de la mesure de retrait des aides prise par les autorités nationales en se fondant sur l'illégalité de la décision prise par la Commission. Formant un renvoi préjudiciel en appréciation de validité de cette décision, le juge allemand a saisi la Cour de justice de l'Union s'agissant des conséquences à tirer de la forclusion du requérant pour l'exercice du recours direct en annulation. La Cour a considéré que la société TWD ne pouvait invoquer l'illégalité de la décision de la Commission à l'appui de son recours en soulignant qu'il s'agissait d'une voie de « contournement » par rapport au recours direct en annulation[45]. Cette solution, analysée comme exprimant une « exception de recours parallèle »[46], traduit une fin de non-recevoir opposée à l'exercice du renvoi préjudiciel en appréciation de validité pour la seule raison que le requérant devait exercer le recours direct en annulation.

15. Systématique négative des voies de droit. La Cour de justice de l'Union européenne entend bien organiser les rapports entre les différentes voies de droit instituées par les traités. Cette jurisprudence s'appuie parfois explicitement sur l'exception de recours parallèle[47] ou est analysée par la doctrine comme empruntant à l'esprit de cette construction doctrinale propre au contentieux administratif français. Le contentieux de l'application et de la validité des actes de droit dérivé n'ignore pas cette question de la concurrence des voies de droit. F. Berrod a bien montré l'existence d'une « systématique » des voies de droit, en insistant sur leur autonomie ou leur complémentarité[48]. Les recours sont ainsi agencés pour permettre un contrôle complet de la légalité des actes des États membres comme des institutions de l'Union européenne. F. Berrod met toutefois savamment en évidence une systématique « négative » à même d'empêcher l'utilisation d'une voie de droit pour en privilégier une autre. Cette limitation, sur un plan « horizontal » conduit à fermer aux justiciables un recours ouvert devant un juge de l'Union pour lui imposer de saisir ce même juge par le biais d'une autre voie de droit. Ceci est particulièrement visible pour l'interaction entre le recours en annulation et le recours en indemnité ou, plus rarement, le recours en carence. Dans une

---

[45] Selon la Cour, les mêmes exigences de sécurité juridique conduisent à exclure la possibilité, pour le bénéficiaire d'une aide, objet d' une décision de la Commission adoptée sur le fondement de l'article 93 du traité, qui aurait pu attaquer cette décision et qui a laissé s' écouler le délai impératif prévu à cet égard par l' article 173, troisième alinéa, du traité, de remettre en cause la légalité de celle-ci devant les juridictions nationales à l' occasion d' un recours dirigé contre les mesures d' exécution de cette décision, prises par les autorités nationales. Cette solution s'explique par le fait que, dans de telles circonstances, l'intéressé puisse s'opposer, devant la juridiction nationale, à l'exécution de la décision en se fondant sur l'illégalité de celle-ci reviendrait à lui reconnaître la faculté de contourner le caractère définitif que revêt à son égard la décision après l'expiration des délais de recours (CJCE, 9 mars 1994, aff. C-188/92, TWD Textilwerke Deggendorf).

[46] F. Berrod, *La systématique des voies de droit communautaires*, R. Kovar dir., Dalloz, NBT, 2003, p. 279.

[47] Pour une mention explicite : CJCE, 10 déc. 1969, aff. 10/68 et 18/68, Eridania, Rec. 459, pt. 17, p. 483.

[48] F. Berrod, *op. cit.*, p. 1082.

perspective verticale, la limitation opposée aux requérants dans l'exercice des recours réserve au juge national la compétence de principe pour assurer la garantie juridictionnelle des droits du justiciable découlant des traités[49]. Elle présente un lien indéniable avec l'objectif de partage des compétences entre les juridictions de l'Union et les juridictions nationales. La jurisprudence de la Cour emprunte à celle du Conseil d'État afin d'appréhender les rapports entre les différentes voies de droit ouvertes aux requérants.

16. La nécessité pour le juge d'encadrer l'exercice de recours susceptibles de viser une même finalité n'est donc pas propre au contentieux administratif. Elle est inhérente à tout système juridique comportant des normes qui, en ouvrant différents recours, n'imposent pas leur caractère exclusif tout en ayant un domaine d'application partiellement commun. À cet égard, le juge judiciaire a également été amené à se pencher sur cette question de la concurrence des recours juridictionnels.

II. La concurrence des actions en justice en droit judiciaire privé

17. Concours des actions en justice à disposition des plaideurs. L'analyse de la jurisprudence du Conseil d'État a conduit la doctrine administrativiste à envisager relativement tôt la concurrence du recours pour excès de pouvoir avec d'autres voies de droit. En effet, L. Aucoc et E. Laferrière y ont consacré de nombreux développements[50] et plusieurs études substantielles ont permis d'appréhender une fin de non-recevoir tirée de l'existence d'un recours parallèle[51], en particulier celle de R. Guillien[52]. Cette concurrence entre les voies de droit n'a pas, non plus, été ignorée en droit privé[53], mais elle n'a pourtant pas fait l'objet d'une étude d'ensemble avant la thèse de F. Bussy-Dunaud[54]. Cette dernière met en lumière le concours d'actions en justice entre les mêmes parties, c'est-à-dire l'existence de plusieurs actions qui procèdent d'une même situation de fait et qui opposent

---

[49] *Ibid.*, p. 1083.

[50] E. Laferrière, Traité de la juridiction administrative et des recours contentieux, Berger-Levrault, 1887-1888, t. 1, p. 445 et s. ; L. Aucoc, Conférences sur l'Administration et le droit administratif, 2e éd., Dunod, 1878, t. 2, p. 470 et s.

[51] J. Dejardin, L'évolution de la théorie du recours parallèle, thèse, Sirey, 1931 ; F. Henry, La fin de non-recevoir déduite en droit de l'existence d'un recours parallèle, Dijon, 1915.

[52] R. Guillien, L'exception de recours parallèle : distinction des contentieux, compétence juridictionnelle et recevabilité en doctrine et en jurisprudence, Sirey, 1934.

[53] V. par ex., E.-N. Martine, L'option entre responsabilité contractuelle et responsabilité délictuelle, thèse, Caen, 1955 ; J. Huet, Responsabilité contractuelle et responsabilité délictuelle : essai de délimitation entre les deux ordres de responsabilité, thèse, Paris II, 1978 ; M. Espagnon, La règle du non-cumul des responsabilité délictuelle et contractuelle en droit civil français, thèse, Paris I, 1980.

[54] F. Bussy-Dunaud, op. cit. Dans la préface de la thèse, J. Ghestin indique même « qu'il y a longtemps que l'on s'interrogeait sur la question qui fait l'objet de la thèse de M. Bussy Dunaud » (J. Ghestin, op. cit., p. 1)

un même demandeur à un même défendeur. L'auteur montre bien que, pour un même litige, les plaideurs disposent de plusieurs actions pour faire juger une ou plusieurs prétentions, en cherchant à obtenir le même résultat ou des résultats différents et que ces différentes actions se distinguent, aussi, par leurs conditions légales d'admission. La manière dont F. Bussy-Dunaud traite ces situations de concours doit être, tout à la fois, rapprochée et distinguée de la manière dont le juge appréhende cette concurrence des recours en contentieux administratif et dont la doctrine administrativiste conçoit cette concurrence.

18. Origines de la concurrence. Indéniablement, qu'une même situation de fait puisse donner lieu à plusieurs actions dont la finalité est la même, tandis que les conditions auxquelles elles sont soumises diffèrent, perturbe le droit processuel[55]. L'origine de cette perturbation se trouve, en droit privé, dans l'opération de qualification juridique que le juge entreprend. Pour F. Bussy-Dunaud, le législateur peut parfois attacher deux actions en justice à des mêmes faits qualifiés. Par exemple, une faute commise par le conducteur ou le gardien d'un véhicule terrestre à moteur autorise, *a priori*, la victime à rechercher la responsabilité de l'auteur du dommage sur le fondement de la loi du 5 juillet 1985, mais aussi sur l'actuel article 1240 du Code civil. La Cour de cassation s'y est pourtant opposée[56]. Surtout, ce concours d'action en justice résulte également de la circonstance que les mêmes faits peuvent recevoir plusieurs qualifications différentes de la part du juge (et satisfaire à des notions légales différentes). Lorsqu'un individu achète un objet vicié en commettant une erreur sur sa substance, en raison du comportement déloyal du vendeur, les faits allégués peuvent donner lieu, selon leur qualification, à une action en garantie des vices cachés, à une action en nullité pour erreur ou encore une action en nullité pour dol[57]. Le contentieux administratif traduit un autre état des choses puisque les recours ouverts aux requérants le sont, essentiellement, à l'égard de décisions administratives et que ces voies de droit ont, pour la plupart, un domaine d'application bien plus large que celui des actions en justice que connaît le droit privé judiciaire.

19. Limitation de la concurrence par les textes. Indépendamment de l'origine de cette existence d'une pluralité de recours pour une même situation de fait, une telle situation donne *a priori* aux plaideurs la possibilité d'opter ou de cumuler l'exercice de ces voies de droit selon ce qui leur semble être le plus profitable. C'est ce à quoi le juge judiciaire, comme le juge administratif, entend s'opposer, de manière générale, lorsque les textes n'autorisent ni

---

[55] Ibid.

[56] Civ. 2e, 4 mai 1987, n°85-17051, Bull. civ. II, n°87 ; RGAT 1987, p. 577, note F. Chapuisat ; Civ. 2e, 23 janv. 2003, n°01-16067, Bull. civ. II, n°7 ; JCP 2003. IV. 1430 ; Civ. 2e, 10 juill. 2008, n°07-18311, non publiée, RCA 2008, p. 282, obs. Groutel.

[57] V. sur ce point, F. Bussy-Dunaud, op. cit., p. 95.

n'excluent explicitement cette liberté de choix. En droit privé, plusieurs dispositions autorisent expressément le cumul entre deux actions ou l'option entre elles, essentiellement lorsqu'elles tendent à des fins différentes[58]. Le législateur, parfois, ferme cette faculté de choix. L'article L. 5421-7 du Code des transports dispose ainsi, s'agissant des dommages causés aux passagers en matière de transport et navigation maritimes que « toute action en responsabilité, à quelque titre que ce soit, ne peut être exercée que dans les conditions et limites déterminées par les dispositions du présent chapitre »[59]. Les actions de droit commun ouvertes par les dispositions du Code civil ne sauraient ainsi être mises en œuvre[60]. L'intervention du législateur, dans un sens ou dans l'autre, est tout à fait exceptionnelle en contentieux administratif[61].

20. Limitation de la concurrence par le juge. En dépit de cette divergence, la concurrence des recours reste largement appréhendée par le juge, qu'il soit administratif ou judiciaire. Pour F. Bussy-Dunaud, le juge judiciaire s'oppose, à raison, à l'option ou au cumul entre des actions lorsque l'exercice d'une action de « droit commun », dont le domaine d'application est général, conduit éluder les règles plus strictes régissant l'exercice d'une action particulière, dont le domaine d'application est donc plus réduit et concerne seulement certaines prétentions déterminées[62]. Tel est par exemple le cas lorsque la Cour de cassation considère qu'un requérant ne peut mettre en œuvre une action générale en responsabilité du fait des choses lorsqu'il dispose, par ailleurs, d'une action spéciale en responsabilité du fait de la ruine d'un bâtiment[63]. Appelant à une intervention substantielle du législateur - en particulier pour remédier aux situations dans lesquelles certaines situations juridiques sont inutilement distinguées et soumises à règles différentes - F. Bussy-Dunaud estime qu'il revient aussi au juge de faire prévaloir cette action spéciale lorsque plusieurs sont ouvertes afin de sauvegarder l'utilité de cette action dont l'exercice doit être imposé. Cette contrainte évite qu'une partie puisse recourir à une action en justice afin de tourner les règles régissant l'autre.

---

[58] Il est de nombreux cas pour lesquels le législateur indique qu'une action tendant à une finalité déterminée peut également donner lieu à une demande formée en vue d'obtenir des dommages et intérêts. V. par exemple, l'article 1599 du Code civil qui dispose que l'action en nullité de la vente de la chose d'autrui peut donner lieu à une telle demande. Dans le même sens, pour l'action en divorce : Art. 266 du Code civil. V. encore, art. 555 du Code civil.

[59] Art. L. 5421-7 du Code des transports.

[60] Cass. Crim., 19 juin 1984, n°82-92385, *JCP* 1984, IV p. 280.

[61] V. *infra*, p. 383.

[62] F. Bussy-Dunaud, *op. cit.*, p. 255.

[63] Cass. Civ. 2e, 11 juin 1960, Bull. Civ. II n°373, p. 260 ; Cass. Civ. 2e, 16 janv. 1974, Bull. Civ. II n°24, p. 18, *RTD civ.* 1975, p. 314 obs G. Durry.

21. Les travaux menés par l'auteur sont en mesure d'éclairer la compréhension de la jurisprudence administrative dans la mesure où il s'agit, au fond, de comprendre la manière dont le juge cherche à organiser les différentes voies de droit. Cette organisation vise à éviter que les requérants ne puissent se soustraire au respect des règles procédurales que le législateur a entendu imposer, même lorsque cette intention ne ressort pas clairement de la lettre des textes. En revanche, si l'influence du droit privé sur l'élaboration du droit administratif n'est plus à prouver[64] et s'étend parfois aux règles encadrant les procès faits à l'Administration[65], des différences fondamentales opposent néanmoins les droits processuels privé et administratif. Elles tiennent notamment à la conception différente des actions en justice, à l'intervention plus importante du législateur en droit privé et au caractère très largement prétorien du contentieux administratif. Ces différences conduisent à proposer une explication de la concurrence des recours propre aux litiges intéressant l'activité administrative. Cette explication a été proposée par la doctrine administrativiste, mais elle est insatisfaisante.

§2. La vision partielle de la concurrence des recours en contentieux administratif

22. Notion d'exception de recours parallèle. La doctrine, comme les membres du Conseil d'État, s'accordent à dire qu'un certain flou entoure la construction jurisprudentielle qu'est l'exception de recours parallèle[66]. À dire vrai, cette « construction » est moins l'œuvre de la jurisprudence que de la doctrine. L'expression même n'apparaît que rarement dans la jurisprudence[67]. L'exception de recours parallèle s'analyse donc, plutôt, comme une notion doctrinale, élaborée pour rendre compte du droit positif. Elle permet d'apprécier la manière dont le juge, sans s'en expliquer, mène une politique jurisprudentielle par laquelle il limite le libre exercice des recours par les requérants qui en disposent. Qualifiée de « notion fonctionnelle »[68] ou de « technique contentieuse »[69], l'exception de recours parallèle renvoie, pour la doctrine, aux solutions par lesquelles le juge s'oppose à un recours pour la

---

[64] Entre autres exemples : R. Chapus, *Responsabilité publique et responsabilité privée, les influences réciproques des jurisprudences administratives*, M. Waline dir., La mémoire du droit, Coll. de la Faculté Jean Monnet, Paris-Sud XI, 2010. B. Plessix, *L'utilisation du droit civil dans l'élaboration du droit administratif*, J.-J. Bienvenu dir., Éditions Panthéon-Assas, 2003.

[65] V. l'étude importante de C. Debbash (*Procédure administrative contentieuse et procédure civile*, J. Boulouis dir., LGDJ, BDP, 1962).

[66] J. Lessi, concl. sur CE, 20 mai 2016, CAVIMAC, non publiées.

[67] V. *infra*, p. 163 et s.

[68] J. Tercinet, Le retour de l'exception de recours parallèle, *RFDA* 1993, p. 705.

[69] Pour J. de Gliniasty, il n'existe pas de « théorie » du recours parallèle ; l'exception de recours parallèle est une technique que le juge choisit de mobiliser ou non (*Les théories jurisprudentielles en droit administratif*, P. Chrétien dir., LGDJ, BDP, 2018, p. 149).

raison que le requérant dispose d'une autre voie de droit. Plus exactement, cette construction doctrinale a d'abord permis de décrire les solutions d'irrecevabilité que le juge opposait aux recours pour excès de pouvoir formés devant lui lorsque l'auteur du recours pouvait emprunter une autre voie de droit lui procurant un résultat équivalent à l'annulation recherchée. Plus récemment, « l'exception de recours parallèle » a été mobilisée pour décrire d'autres situations pour lesquelles le juge s'oppose à un recours d'une autre nature, mais toujours en lien avec l'existence d'une autre voie de droit que celle introduite.

23. À cet égard, R. Latournerie écrivait très justement que « les théories juridiques (…) n'étant qu'une construction de l'esprit doivent être abandonnées lorsqu'elles cessent d'être explicatives et utiles »[70]. C'est précisément le cas pour l'exception de recours parallèle. Au-delà des incertitudes liées à sa mise en œuvre et des objectifs que le juge entend poursuivre lorsqu'il y fait référence, même implicitement, l'exception de recours parallèle demeure utile lorsqu'elle se rapporte à l'irrecevabilité du recours pour excès de pouvoir. Lorsqu'il y est fait référence pour d'autres recours, elle doit être abandonnée parce qu'elle pose un problème de vocabulaire, et, aussi, un problème de fond[71]. En cela, une étude d'ensemble de la limitation par le juge administratif de l'exercice des recours juridictionnels suppose de se détacher de la référence à cette notion doctrinale. Il importe néanmoins, à ce stade, de déterminer ce que l'expression recouvre.

24. Limitation apportée à l'exercice du recours pour excès de pouvoir. La jurisprudence administrative a été confrontée à la concurrence des recours à la fin du XIXe siècle, compte tenu de l'extension considérable du domaine du recours pour excès de pouvoir[72]. Certains arrêts ont illustré l'impossibilité pour un requérant d'agir par la voie du recours pour excès de pouvoir en raison de l'existence de voies de droit qu'il aurait dû, selon le juge, emprunter[73]. La constance dans l'affirmation de telles solutions a suscité des développements importants de la part de la doctrine[74] qui a vu dans les solutions considérées, la volonté pour le Conseil d'État de réduire le flot des recours pour excès de

---

[70] R. Latournerie, Etude sur la classification des diverses situations juridiques, *RDP* 1933 p. 350.

[71] L'emploi du terme d'exception n'est pas particulièrement adéquat (v. *infra*, p. 383). Aussi, les raisons qui conduisent le juge à s'opposer au recours pour excès de pouvoir ne sont pas nécessairement les mêmes que celles qui le conduisent à fermer d'autres recours lorsqu'ils sont concurrents. Expliquer l'ensemble des cas de concours par la référence à cette expression propre au Recours pour excès de pouvoir ne convient donc pas. Ceci fera l'objet de développements substantiels (v. *infra*, p. 313 et s.)

[72] V. *infra*, p. 64.

[73] CE, 4 Fév. 1869, Mazet c. boulangers de Montluçon, p. 94 ; CE, 20 fév. 1868, Couder et Bouchers de Paris, p. 193.

[74] E. Laferrière, *op. cit.*, p. 445 et s. ; L. Aucoc, *op. cit.*, p. 470 et s. V. encore, T. Ducrocq, *Cours de droit administratif et de législation française des finances*, 7e éd., Paris, Librairie Thorin et Fils, t. 2, p. 35 et s.

pouvoir présentés devant lui, dont le nombre s'était progressivement accru compte tenu de la dispense du ministère obligatoire d'un avocat par le décret de 1864[75]. Pour ces auteurs, cette irrecevabilité s'expliquait aussi, parfois, par la préservation nécessaire de la compétence d'autres juridictions devant lesquelles les recours parallèles au recours pour excès de pouvoir pouvaient, et donc devaient, être exercés. Par la suite, parmi plusieurs études consacrées à cette question[76], l'ouvrage de R. Guillien fait figure de référence. Ce dernier a fait valoir la même nécessité, pour le juge, de réduire le nombre des recours pour excès de pouvoir exercés en distinguant une « fin de non-recevoir tirée de l'existence d'un recours parallèle ». Cette cause d'irrecevabilité a, pour R. Guillien, été maintenue dans la jurisprudence administrative parce qu'elle a poursuivi d'autres fins que celle ayant conduit le juge à la créer. En particulier, l'exception de recours parallèle a pu servir la répartition des compétences entre les ordres juridictionnels, mais a, également, permis de distinguer les différents recours juridictionnels en contentieux administratif.

25. Études doctrinales de l'irrecevabilité tirée de l'existence d'un recours parallèle. Les solutions qui se rapportent à cette cause d'irrecevabilité ayant continué à alimenter la jurisprudence administrative, elles ont fait l'objet d'autres analyses doctrinales. L'une d'elles a conduit F. M. Fay à repousser certaines des explications formulées par R. Guillien tout en expliquant le mécanisme de l'exception par le seul prisme de la compétence juridictionnelle[77]. Pour lui, l'exception de recours parallèle poursuit le seul objectif d'obliger les justiciables à respecter la compétence établie au profit d'un autres juges que le juge de l'excès de pouvoir, qu'il soit ou non administratif. L'analyse est intéressante puisqu'elle attire notamment l'attention sur l'inutilité de l'exception lorsqu'elle est mobilisée par le juge au détriment des règles de compétence, dont l'application aurait pu suffire à justifier la solution rendue. Certains travers affectent néanmoins l'intérêt de cette présentation. En particulier, le problème posé par l'exception de recours parallèle ne se rapporte pas à la compétence lorsque les recours dont les requérants disposent doivent être portés devant le même juge. La persistance de ces solutions d'irrecevabilité après la réforme du contentieux administratif par la loi du 31 décembre 1987 conduit d'ailleurs à récuser l'opinion de F.-M. Fay puisque la concurrence des recours, en application de cette loi, concerne

---

[75] Décret du 2 novembre 1864, « Procédure devant le Conseil d'Etat en matière contentieuse ».

[76] V. notamment, Y. Cavan, *La théorie du recours parallèle devant le Conseil d'Etat*, Thèse, Sirey, 1914 ; R. de Manas, *La théorie du recours parallèle*, Thèse, Paris, Arthur Rousseau, 1912 ; F. Henry, thèse, *op. cit.* ; J. Déjardin, thèse, *op. cit.*

[77] F.-M. Fay, *L'exception de recours parallèle*, F. Chauvin dir., Rennes I, 1970.

dans de nombreux cas des voies de droit instituées devant un même tribunal administratif[78].

26. Plus récemment, A. Cepko s'est livrée à une étude de l'exception de recours parallèle en envisageant son application « dérivée », c'est à dire hors du contentieux de l'excès de pouvoir[79]. Pour intéressante qu'elle soit, la démarche a consisté à reprendre les présentations doctrinales existantes pour en proposer une synthèse puis à transposer son application au contentieux de certains référés en visant une « modélisation » de l'exception de recours parallèle. Plusieurs reproches peuvent être faits à cette conception et invitent à revenir sur cette question. D'abord, s'il est indéniable que la jurisprudence administrative laisse entrevoir une question de concurrence des recours à propos des référés administratifs, l'auteur en fait, finalement, assez peu mention. De plus, si A. Cepko indique, à raison, que cette concurrence des recours dépasse aujourd'hui la seule question de l'irrecevabilité du recours pour excès de pouvoir, elle n'interroge pas l'irrecevabilité que le juge oppose aux recours en responsabilité pour la seule raison que l'auteur du recours disposait d'une action en paiement devant un autre juge administratif. Ces solutions, qui s'appuient sur l'arrêt de principe « S. A. Jacques Dangeville »[80], expriment pourtant un aspect essentiel de la concurrence des recours.

27. Nécessité de proposer une vision actuelle de la concurrence des recours. En définitive, l'exception de recours parallèle n'est qu'une manifestation historique de la question, plus générale, de concurrence des recours juridictionnels en contentieux administratif. Ses conditions d'application et ses fondements, dégagés essentiellement par la doctrine, ne se comprennent qu'au regard de la nature du recours pour excès de pouvoir auquel le juge fait parfois obstacle. En d'autres termes, elle n'a trait qu'à l'irrecevabilité du recours pour excès de pouvoir. Un dernier point mérite d'être souligné. À cette nécessité de traiter de la concurrence au-delà du recours pour excès de pouvoir s'ajoute celle de proposer une étude actuelle de cette concurrence. Celle-ci doit nécessairement tenir compte de la place croissante des textes en contentieux administratif. Les règles définissant les conditions d'exercice des recours contentieux, largement définies par la jurisprudence, le sont aujourd'hui, plus souvent, par le législateur ou le pouvoir réglementaire. À titre d'exemple, les voies de droit ouvertes dans le

---

[78] V. la loi n°87-1127 du 31 décembre 1987 portant réforme du contentieux administratif. Pour l'étude des changements importants apportés par ce texte, v. par ex., D. Pouyaud, La réforme du 31 décembre 1987 de la distinction des contentieux, *Mélanges René Chapus*, LGDJ, Montchrestien, 1992, p. 541.

[79] A. Cepko, *L'exception de recours parallèle en contentieux administratif français*, M. Paillet dir., Toulon, 2014.

[80] CE, ass., 30 oct. 1996, n°141043, Min. budget c/ Dangeville ; *AJDA* 1996, p. 1044, chron. D. Chauvaux et T. X. Girardot ; *RJF* 1996, p. 799, chron. S. Austry ; *BDCF* 4/1996, p. 67, concl. G. Goulard.

contentieux des étrangers sont déterminées par le CESEDA[81], la consécration du droit au logement opposable s'est accompagnée de la détermination, par la loi, des voies de droit ouvertes aux demandeurs en cas d'inaction des autorités administratives dans la mise en œuvre de ce droit[82]. De la même manière, la loi détermine les conditions d'exercice des référés spécifiques à la matière contractuelle comme elle encadre, aussi, la mise en œuvre des référés d'urgence ou les recours organisés devant le juge de l'impôt. Il est vrai que le Conseil d'État a toujours considéré cet aspect de la concurrence lorsqu'il faisait obstacle au recours pour excès de pouvoir. Par exemple, la saisine du juge fiscal, qu'il soit administratif ou judiciaire, a toujours été encadrée par des dispositions législatives qui en précisent les conditions de recevabilité et de jugement. En revanche, la progression des dispositions écrites en contentieux administratif conduit désormais le juge à considérer plusieurs voies de droit ouvertes par des dispositions législatives ou à les confronter à des recours ouverts par la jurisprudence. Ce changement de perspective impose de renoncer à une transposition pure et simple de l'exception de recours parallèle. Sans nier les apports de cette construction doctrinale pour expliquer, encore aujourd'hui, certains cas de concurrence, il est nécessaire de s'en départir pour envisager, de manière globale et systématique, l'encadrement par le juge de cette liberté, pour les requérants, d'exercer plusieurs recours pour un litige qui les oppose à l'Administration.

Section 2 : cadre de l'étude

28. Le « contentieux administratif » renvoie, selon une conception relativement large, au règlement des litiges qui opposent les particuliers à l'Administration. De manière plus précise, l'expression désigne le règlement des litiges par les juridictions administratives et les règles qui s'appliquent à ce procès[83]. Indépendamment de la définition retenue, il s'agit, au fond, d'envisager les règles juridiques en vertu desquelles un particulier peut obtenir une réponse favorable à un différend qui l'oppose à l'Administration. Que cette réponse soit sollicitée devant l'Administration elle-même ou devant un tiers désintéressé qu'est le juge, le contentieux administratif a trait, essentiellement, aux recours que les justiciables forment contre l'Administration[84]. C'est dans cette perspective que s'inscrit la détermination de leur liberté de choisir entre plusieurs voies de droit. L'Administration peut également saisir le juge afin d'obtenir le prononcé de mesures qu'elle ne peut prendre elle-même[85], c'est d'ailleurs en ce sens qu'elle fait très largement

---

[81] Art. L. 512-1 du CESEDA.

[82] Art. L. 441-2-3-1 du Code de la construction et de l'habitation.

[83] A. Perrin, Contentieux administratif, op. cit., p. 1.

[84] *Ibid.*

[85] CE, 30 mai 1913, Préfet de l'Eure, S. 1915.3.9, note M. Hauriou.

usage du référé-mesures utiles[86] ou qu'elle exerce, entre autres exemples, des actions indemnitaires à l'égard de certains cocontractants défaillants[87]. Il reste que le contentieux administratif concerne, pour une très large part, les recours introduits par les justiciables ordinaires. Apprécier l'étendue du choix qu'ils peuvent opérer entre plusieurs voies de droit conduit à se placer dans cette perspective, en considérant la liberté ou l'absence de liberté des requérants de choisir le moyen juridique propre à mettre fin à leur litige parmi ceux qu'ils sont en mesure de mettre en œuvre[88].

29. Cette possibilité d'exercer un recours, notamment juridictionnel, découle de la conception de l'État de droit en ce sens que les justiciables doivent pouvoir faire contrôler le respect des règles de droit et l'application du principe de légalité[89]. Traduite dans la consécration d'un « droit au recours », cette liberté est naturellement encadrée par l'application des règles déterminant la compétence des juridictions, et, aussi, des conditions de recevabilité qui entourent l'exercice des différents recours à leur disposition. Elle dépend aussi – c'est l'objet de l'étude – de la limitation que le juge entend parfois opposer aux requérants et fondée sur la seule circonstance qu'ils doivent exercer un recours plutôt qu'un autre. En ce sens, la liberté pour les requérants d'exercer plusieurs recours juridictionnels dépend de l'existence de recours, *a priori* disponibles compte tenu des règles de compétence et des règles de recevabilité autre que celle dont il s'agit. L'objet de la présente étude

---

[86] Il est notamment utilisé aux fins d'expulsion d'occupants sans titre du domaine public. Parmi une jurisprudence abondante : CE, ass., 3 mars 1978, n°06079, Lecoq, p. 116 ; CE, ord., 24 nov. 2004, n°274123, Flosse, T., p. 829). Il permet également de de rendre exécutoires certaines décisions administratives qui ne présentent pas ce caractère (V. par ex., CE, ord., 10 mars 2005, n°278035, Fonds de garantie des dépôts, p. 99).

[87] CE, 10 févr. 2016, n°382016, Communauté agglomération Côte Basque c. Société Exedra, BJCP 2016, p. 237.

[88] Aussi, il convient d'étudier cette concurrence des voies de droit pour un même requérant qui cherche, individuellement, à obtenir une réponse sur le différend qui l'oppose à l'Administration. En effet, les justiciables se sont récemment vu reconnaître la possibilité de demander, notamment, la cessation d'un manquement ou la réparation d'un préjudice par le biais d'une action collective dite « de groupe » (Art. L. 77-10-1 et s. du CJA, art. R. 77-10-1 et s.). Les dispositions de la loi n°2016-1547 du 18 novembre 2016 de modernisation de la justice du XXIe siècle et du décret n°2017-888 du 6 mai 2017 pris pour son application déterminent elles-mêmes les rapports entre cette action de groupe et les actions susceptibles d'être exercées individuellement pour les litiges auxquels l'action de groupe se rapporte (v. en particulier, Art. L. 77-10-18 et s. du CJA). La loi n'a pas entendu priver les requérants de l'action individuelle en raison, précisément, du caractère individuel du droit au recours (v. infra, p. 269) et autorise le cumul de ces actions, lorsque les requérants cherchent, à titre individuel, à obtenir notamment la réparation de préjudices non couverts par la demande formulée par la voie de l'action de groupe (Art. L. 77-10-20 du CJA). Il faut en déduire, aussi, quel que soit l'objet de la demande, que les actions individuelles peuvent être exercées, comme le dit très bien C. Broyelle, « sans se soucier de l'action collective » (Contentieux administratif, 8e éd., LGDJ, Manuel, 2020/2021, p. 111). V. égal., sur cette question : F. Blanco, L'action de groupe en reconnaissance de responsabilité devant le juge administratif, AJDA 2016, p. 2256.

[89] J.-F. Théry, concl. sur CE., 7 janv. 1972, n°82373, Élections au Conseil de l'UER des lettres et sciences humaines de l'Université de Limoges, p. 43. L'existence d'un droit au recours est une conséquence du principe de légalité ou, à tout le moins, une manière d'en assurer l'effectivité (L. Sermet, Convention européenne des droits de l'homme et contentieux administratif français, L. Dubouis dir., Economica, Coop. et développement, 1996, p. 28).

consiste à apprécier la manière dont le juge oppose cette cause d'irrecevabilité, mais aussi les raisons qui l'y conduisent. La jurisprudence montre que cette fin de non-recevoir est mobilisée lorsque les recours à disposition des requérants sont concurrents, c'est-à-dire, lorsque ces recours sont disponibles et permettent de faire juger une même prétention. Le prouver suppose néanmoins de formuler deux remarques préalables. La première concerne la délimitation de la situation litigieuse pour la résolution de laquelle plusieurs recours peuvent être exercés (§1). La seconde a trait à la nature des recours dont ils disposent pour faire trancher ce litige (§2).

§1. La concurrence de recours se rapportant à une même situation litigieuse

30. Recours formés contre une décision. La réalisation par l'Administration des missions dont elle a la charge engendre des contestations de la part des administrés, soit sur la manière dont cette mission est assurée, soit sur les conséquences que l'exécution de cette mission emporte sur leur situation juridique. Si ces différends peuvent être réglés par la voie non juridictionnelle[90], ils peuvent aussi, et surtout, donner lieu à la saisine d'un ou plusieurs juges. L'exercice de tels recours juridictionnels est, en principe, subordonné à l'existence d'une décision de l'Administration[91], que les justiciables doivent d'ailleurs parfois solliciter, afin de lier le contentieux. Exigence historique du contentieux administratif, cette règle est générale[92] et aboutit à concevoir essentiellement la concurrence des recours comme résultant de l'existence de voies de droit distinctes se rapportant à une même décision. Cette exigence s'apprécie différemment selon la nature du recours envisagé. La nature même du recours pour excès de pouvoir postule l'existence d'une décision prise par l'Administration, puisque cette voie de droit consiste à demander l'annulation d'une décision administrative en faisant valoir son illégalité[93]. De la même manière, les recours de plein contentieux objectifs qui tendent à ce que le juge saisi fasse usage d'un pouvoir de réformation prennent logiquement appui sur une décision administrative qu'un justiciable entend contester. À cet égard, l'acte dont la validité est contestée constitue la décision préalable. P. Mindu met très bien en lumière que ce constat vaut aussi s'agissant des décisions à objet exclusivement pécuniaire prises par l'Administration. Le recours indemnitaire

---

[90] V. *infra*, p. 30.

[91] Art. R. 421-1 du CJA.

[92] R. Chapus, *Droit du contentieux administratif*, 13e éd., Montchrestien, Domat, 2008, p. 533.
V. aussi, N. Foulquier, L'exigence de décision préalable, un avatar de la juridiction ministérielle ? », *Mélanges François Jullien-Laferrière*, Bruylant, 2011. V. aussi, L. Boustany. Demande préalable, Répertoire de responsabilité de la puissance publique, Dalloz, n°39 et s.

[93] P. Mindu, *La règle de la décision administrative préalable*, Thèse, Rennes, 1977, p. 116.

qui peut être exercé par les justiciables pour obtenir la réparation du préjudice causé par cette décision doit l'être directement contre cette décision, qui lie donc logiquement le contentieux de l'excès de pouvoir, mais aussi celui du plein contentieux[94]. En revanche, lorsque l'Administration édicte des décisions dont l'objet n'est pas exclusivement pécuniaire, il convient, pour le justiciable qui estime que cette décision lui a causé un préjudice, de former une demande préalable devant l'Administration s'agissant de la réparation recherchée[95]. Indépendamment des considérations historiques et pratiques qui motivent cette exigence[96], la saisine du juge administratif est donc, de manière générale, enfermée dans cette exigence ; ce dernier n'est saisi que de recours fondés sur l'existence d'une décision. Dès lors, une même situation litigieuse peut être constituée d'une telle décision, unique, pour la contestation de laquelle sont ouverts plusieurs recours juridictionnels. Celle-ci peut faire l'objet d'un ou plusieurs recours au fond ou, encore, d'un référé administratif. Il est loisible au requérant de demander l'annulation ou la réformation d'une décision, voire la réparation du préjudice qu'elle a causé, en même temps qu'il cherche à obtenir que le juge en prononce, par exemple, la suspension.

31. Recours ouverts à l'égard de plusieurs décisions. Il reste que l'Administration assure généralement ses missions par le truchement de plusieurs actes administratifs et non par des actes isolés[97]. Tel est le cas lorsque sont menées des opérations d'expropriation, que sont organisées des élections, des impositions ou encore lorsque l'Administration recourt au procédé contractuel. Ces actes sont liés entre eux par la finalité commune à laquelle ils concourent et certaines voies de droit permettent aux administrés de contester l'opération elle-même. Par exemple, un recours est organisé devant le juge de l'élection, qu'elle soit politique ou administrative, pour en contester les résultats. De la même manière, le juge fiscal connaît des recours formés notamment par les contribuables afin d'être déchargés du paiement de l'impôt ou d'une partie de celui-ci. Or, par la technique de la détachabilité, le juge consent à individualiser un ou plusieurs actes participant à la réalisation de telles opérations[98]. Ces actes peuvent ainsi être soumis au contrôle du juge

---

[94] *Ibid.*, p. 121.

[95] CE, 8 juin 1960, Société civile agricole, p. 791 ; CE, 6 oct. 1965, Sieur Alfonsi, p. 491.

[96] V. sur les justifications apportées à cette règle et à son maintien : L. Boustany, *op. cit.* n°5 et s. ; R. Chapus, *op. cit.*, p. 532.

[97] Pour H. Charles, l'Administration accomplit rarement sa tâche « par le truchement d'un acte ou d'un agissement isolé ; le plus généralement, son action va nécessiter de vastes opérations ». Selon lui, la notion d'opération administrative doit être comprise comme « l'œuvre que l'Administration poursuit ou qu'elle contrôle et à la réalisation de laquelle divers actes ou agissements sont exclusivement nécessaires » (*Actes détachables et actes rattachables en contentieux administratif*, thèse, LGDJ, BDP, 1968, p. 5). La notion « d'opération administrative » fera l'objet de développements ultérieurs mais il convient d'adhérer à l'opinion de l'auteur lorsqu'il indique que la réalisation de ses missions par l'Administration implique que celle-ci adopte plusieurs actes indéniablement liés entre eux.

[98] V. *infra*, p. 64 et s.

tandis qu'ils peuvent aussi être déférés à un autre juge dans le cadre d'un autre recours juridictionnel. Le contentieux contractuel illustre particulièrement bien cette idée, compte tenu des nombreux recours ouverts, à l'égard du contrat lui-même, des actes préalables à sa signature ou de ceux participant à son exécution.

32. L'existence de plusieurs recours résulte ainsi de la disponibilité de voies de droit susceptibles d'être mises en œuvre pour les différents volets d'une même situation litigieuse, que celle-ci soit constituée par une seule décision ou plusieurs décisions liées par la réalisation d'une activité administrative. Quelques exemples le montrent. Le contentieux de la légalité des décisions administratives peut donner lieu à une demande de suspension ou d'annulation tandis que le contentieux indemnitaire peut être engagé par une demande de provision[99] et, également, une demande de condamnation définitive de l'Administration à réparer un préjudice causé. De plus, si l'objet de ces voies de droit se distingue, les conséquences pratiques auxquelles aboutit le succès de ces recours peuvent, dans une certaine mesure, être relativement proches. Si plusieurs recours sont ouverts contre une décision qui met à la charge d'un requérant une somme d'argent, l'exécution par l'Administration d'une décision juridictionnelle prononçant l'annulation ou la réformation de cette décision lui impose de restituer la somme perçue. D'un autre côté, l'illégalité de la même décision peut engendrer un préjudice, constitué par le versement de la somme, que le requérant peut chercher à faire réparer dans le cadre d'une action indemnitaire. De la même manière, l'annulation d'un acte détachable d'une opération administrative peut aboutir, par les conséquences qu'elle engendre sur la légalité de l'opération elle-même, à un résultat similaire à celui que le requérant peut obtenir devant le juge chargé du contentieux de cette opération[100]. En définitive, le contentieux d'une activité administrative déterminée donne à voir une même situation litigieuse compte tenu des rapports qu'entretiennent les actes administratifs participant à sa réalisation et rend possible l'exercice de plusieurs voies de droit, que celles-ci tendent d'ailleurs, ou non, à faire juger des demandes similaires.

33. Recours formés à l'égard de faits. Si les recours juridictionnels sont en principe ouverts à l'égard de décisions administratives, édictées ou sollicitées, certaines voies de droit reposent pourtant sur des faits matériels. L'article L. 521-2 du Code de justice administrative fait seulement référence à une « atteinte » portée par l'Administration à une liberté fondamentale d'un

---

[99] Depuis le décret n°2016-1480 du 2 novembre 2016 portant modification du code de justice administrative, la demande de référé provision soit satisfaire à cette exigence de décision préalable conformément aux termes de l'article R. 421-1 du CJA (v. CE, sect., avis, 27 mars 2019, n°426472, Consorts Rollet, *AJDA* 2019, p. 1455, note F. Poulet ; CE 23 sept. 2019, n°427923, Garde des Sceaux, Ministre de la Justice ; *AJDA* 2019, p. 1836, obs. de Montecler).

[100] Sur ce point, v. par ex., L. Delbez, De l'excès de pouvoir comme source de responsabilité, *RDP* 1932, p. 443.

administré, sans que ne soit précisée l'origine de celle-ci. Il faut en déduire que cette atteinte peut procéder soit d'une décision administrative soit, aussi, d'un agissement matériel (qu'il consiste en une action ou une inaction)[101]. Une décision du tribunal administratif de Versailles juge, d'ailleurs, « que l'absence de décision administrative formalisée (...) n'entache pas d'irrecevabilité la requête présentée en application des dispositions de l'article L. 521-2 du code de justice administrative »[102]. De la même manière, le juge administratif considère que le comportement d'une personne publique peut donner lieu à l'exercice d'un référé-liberté ; tel est le cas d'une carence de l'Administration à prendre des mesures à caractère sanitaire[103], d'une abstention à faire réaliser certains travaux[104] ou, à l'inverse, de la réalisation de travaux d'aménagements[105]. L'article L. 521-3 du Code de justice administrative dispose aussi que le juge du référé-mesures utiles peut ordonner une mesure demandée « même en l'absence de décision administrative préalable ». Ainsi, le référé-liberté et le référé-mesures utiles ne traduisent pas nécessairement un contentieux des actes administratifs puisque les justiciables sont en mesure de saisir le juge d'une situation de fait à laquelle il lui est demandé de remédier par le prononcé d'une injonction.

34. En définitive, un administré peut entreprendre un procès administratif en saisissant un ou plusieurs juges de situations litigieuses distinctement composées, selon qu'il conteste une décision unique par plusieurs voies de droit, qu'il exerce plusieurs recours se rapportant à différents actes administratifs liés entre eux par une même finalité ou encore qu'il mette en œuvre différents recours qui trouvent leur origine dans un agissement de l'Administration. Dans un cas comme dans les autres, il convient d'interroger sa liberté à saisir un ou plusieurs juges à propos d'une même situation litigieuse, c'est-à-dire de l'ensemble des aspects du différend qui l'oppose à une même personne publique.

§2. La concurrence de recours juridictionnels

35. Considérer la manière dont un administré peut faire trancher un même litige l'opposant à l'Administration suscite, avant la détermination d'un choix dans les moyens juridiques, de dissiper les hésitations sémantiques qui illustrent leur mise en œuvre. Certains auteurs emploient indistinctement les termes de « recours », « requête », « pourvoi » ou les expressions « recours

---

[101] V. notamment, O. Le Bot, Guide des référés administratifs et des autres procédures d'urgence devant le juge administratif, 2e éd., Dalloz, Guides, 2018/2019, p. 334.

[102] TA Versailles, ord., 19 sept. 2015, n°1506153 ; AJCT 2016, p. 43, obs. P. Noual.

[103] CE, 31 juill. 2017, n°412125, Commune de Calais ; JCP-A 2018, 2088.

[104] CE, 5 mars 2001, n°230889, SARL Club 2000, T. p. 1130.

[105] CE, 29 mai 2002, n°239196, inédit. V. sur cette question : O. Le Bot, op. cit., p. 336.

contentieux », « voie de recours » ou encore « voies de droit »[106]. Le Code de justice administrative entretient d'ailleurs une certaine confusion[107]. Il importe de déterminer la terminologie employée en écartant le terme de « requête »[108] et partageant l'opinion de F. Melleray, pour qui la notion de voie de droit est « la plus large possible »[109] et qu'elle ne renvoie pas seulement à la saisine du juge, même si cette expression a vocation à être largement mobilisée en ce sens. En effet, la notion de voie de droit recoupe dans une très large part les recours juridictionnels, c'est-à-dire l'expression du droit d'agir en justice par la demande faite au juge[110]. De la même manière, les notions de recours juridictionnel et de recours contentieux ne se recoupent qu'imparfaitement puisque la première n'intègre pas les recours administratifs que la seconde englobe. De telles hésitations imposent que soient déterminés ceux des recours juridictionnels susceptibles de donner lieu à une concurrence à laquelle le juge entend s'opposer.

36. Une même situation litigieuse permet la mise en œuvre de plusieurs voies de droit selon que le requérant estime devoir s'adresser prioritairement à l'Administration ou qu'il y soit contraint, selon la ou les prétentions dont il peut saisir un ou plusieurs juges puis, enfin, selon que la décision juridictionnelle est ou non rendue conformément à ses intérêts. Le juge administratif estime parfois nécessaire de limiter la possibilité pour les justiciables de mettre en œuvre certaines voies de droit, parce qu'elles conduisent, notamment, à échapper aux conditions dans lesquelles certaines prétentions ont vocation à être examinées. Pour autant, cette limitation est essentiellement opposée à l'exercice de certains recours juridictionnels. Si quelques restrictions accompagnent la mise en œuvre des recours administratifs ou des voies de recours, elles ne sauraient être mises sur le même plan que celles que le juge consacre en matière de concurrence des recours juridictionnels. En cela, la détermination de la concurrence des recours suppose qu'il soit procédé à l'exclusion de certains recours du champ de

---

106 Pour G. Cornu, le terme de recours est souvent pris comme synonyme de « voie de recours » (*Vocabulaire juridique*, PUF, Asso. Henri Capitant, 12e éd., 2018, p. 866, entrée « Recours ». Selon J.-M. Auby et R. Drago, « dans la pratique, les termes de « requête », « recours » ou « pourvoi » sont fréquemment employés sans qu'on leur donne une signification juridique précise » (*Traité de contentieux administratif*, 3e éd., LGDJ, t. 1, p. 871).

107 Il est indiqué à l'article R. 411-1 du CJA que la juridiction administrative est saisie par requête et à l'article R. 421-1 qu'elle « ne peut être saisie que par voie de recours formé contre une décision. V. sur cette différence à opérer entre les différents termes, l'explication proposée par A. Ciaudo (thèse, *op. cit.*, p. 191 et s.).

108 Il faut bien préciser, comme le fait R. Rouquette, que le terme de « requête » renvoie au document matériel qui porte une action devant le juge, en ce sens qu'elle est un acte de procédure (R. Rouquette, *op. cit.*, p. 476).

109 F. Melleray, thèse, *op. cit.*, p. 14.

110 Cette définition est retenue par G. Vedel et P. Delvolvé (*Droit administratif*, op. cit., p. 28). Elle est aussi partagée par J.-M. Auby et R. Drago (*Traité des recours en matière administrative*, Litec, 1992, p. 3).

l'étude (I) et que soient opérées des précisions sur les recours juridictionnels considérés (II).

I. L'exclusion nécessaire de certaines voies de droit

37. La liberté pour les justiciables de choisir la manière dont ils entendent faire trancher un litige qui les oppose à l'Administration peut aboutir à l'exercice d'un recours juridictionnel, même si la contestation peut aussi être portée devant l'Administration elle-même. Que les requérants exercent ce recours administratif par obligation ou à titre facultatif, ils peuvent toujours saisir ultérieurement un juge de leur prétention. Les rapports liant recours juridictionnel et recours administratifs suscitent quelques remarques et, en particulier, lorsque l'exercice du recours administratif est rendu obligatoire par les textes ou la jurisprudence. Même dans ce cas, la limitation apportée au libre exercice des voies de droit dont les requérants disposent se distingue de celle que le juge oppose lorsque la concurrence concerne plusieurs recours juridictionnels (A). Dans le même esprit, les rapports entretenus par les recours juridictionnels proprement dits et les voies de recours n'appellent pas de remarques substantielles, mais seulement de brèves observations. Les raisons pour lesquelles le juge considère comme irrecevables les recours formés contre une décision juridictionnelle ne découlent pas de sa volonté à limiter la liberté, pour les requérants, d'emprunter plusieurs voies de droit. Ceci amène à ne pas intégrer les voies de recours à l'étude de la concurrence des recours en contentieux administratif (B).

A. L'exclusion des recours administratifs

38. Indépendance des recours administratifs et des recours juridictionnels. L'exercice d'un recours gracieux ou hiérarchique[111] permet à la personne publique saisie d'abroger ou de retirer un acte, ou encore de désintéresser l'auteur du recours en acceptant d'indemniser le préjudice qu'il estimerait avoir subi et dont il demande la réparation. Afin de réduire le contentieux porté devant les juridictions administratives[112] et de favoriser la bonne administration[113], ce recours administratif est toujours possible lorsqu'un recours juridictionnel l'est aussi[114]. En effet, le juge administratif ne se refuse pas à statuer sur le bien-fondé d'une prétention en opposant

---

[111] Art. L. 410-1 du CRPA.

[112] V. par ex., M. Courtin, Les recours précontentieux, une voie de droit vers le désengorgement des tribunaux administratifs, *Gaz. Pal.* 1987, I, doctr. p. 467.

[113] L. Erstein, Le recours administratif préalable obligatoire, un signe de bonne administration, *JCP-A* 2017, 2014.

[114] CE, sect., 13 juin 1958, Esnault, concl. Braibant, p. 343. V. égal., Art. L. 411-2 du CRPA.

l'existence d'un recours non juridictionnel ouvert au requérant[115], sauf à rendre, *ipso facto*, le recours administratif obligatoire. Les mesures que l'Administration peut accepter de prendre à la demande du requérant recouvrent dans une très large part celles que le juge administratif peut prononcer. Ainsi, lorsque l'Administration refuse de faire droit à la demande qui lui est faite, elle peut être contrainte, par le juge, à adopter ou exécuter la mesure réclamée. Comme le relève très justement B. Plessix, « il est conforme à l'objectif du système français d'instituer deux voies de droit bien distinctes de recours contre l'Administration »[116]. En effet, dès lors qu'un recours juridictionnel est ouvert, le recours administratif l'est aussi. Les recours administratifs et les recours juridictionnels peuvent par principe être librement exercés, soit alternativement, soit successivement. Ceci témoigne d'une coexistence des voies de droit qui ne souffre d'aucune difficulté particulière pour être appréhendée et de laquelle il convient de se détourner.

39. Une difficulté survient néanmoins lorsqu'il s'agit d'apprécier, au regard de la liberté des justiciables à exercer plusieurs voies de droit, l'irrecevabilité liée à l'absence d'exercice d'un recours administratif rendu obligatoire. Le juge saisi d'un recours juridictionnel peut, en effet, refuser d'en connaître en opposant au requérant le fait qu'il aurait dû adresser sa demande, au préalable, à l'Administration. Il pourrait être dit, sur ce point, que le juge ne statue pas sur le bien-fondé de la prétention qui lui est soumise en raison de la seule existence, pour l'auteur de ce recours, d'une autre voie de droit. Cette manière de voir doit être récusée. En effet, dans ce cas, le recours juridictionnel n'est pas jugé parce qu'il ne satisfait pas à la condition de recevabilité évoquée, déterminée par les textes ou parfois imposée par le juge. Les matières dans lesquelles l'exercice du recours administratif est imposé avant la saisine du juge sont nombreuses et la tendance est à la généralisation de cette manière d'éviter le contentieux[117]. Lorsque la situation litigieuse du requérant porte sur une matière soumise à pareille exigence, le recours administratif préalable qu'il doit engager lui est ouvert, mais le recours juridictionnel qu'il pourra exercer ne l'est qu'à la condition qu'il saisisse préalablement l'Administration. Dans le cas contraire, le recours juridictionnel n'est pas disponible puisqu'il sera nécessairement irrecevable.

---

[115] CE, 10 mars 1911, Commune de Boujailles, S.12.III.41, note Hauriou ; CE, 15 fév. 1935, Bladanet, p. 201 ; CE, 28 janv. 1938, Maire, p. 98. V. dans le même esprit : CE, sect., 12 oct. 2001, n°237376, Sté Produits Roche, p. 463 ; *RFDA* 2002, p. 324, concl. P. Fombeur ; *AJDA* 2002, p. 123, chron. Guyomar et Collin ; *JCP-G* 2002, II, 10020, note Cristol.

[116] B. Plessix, *op. cit.*, p. 1327.

[117] V. sur l'ensemble de la question : D. Truchet, Recours administratif, Répertoire de contentieux administratif, Dalloz, n°79 et s. ; B. Belda, « Faut-il généraliser le recours administratif préalable obligatoire ? », *RDP* 2008, p. 1483 ; J.-C. Bonichot, « Le recours administratif préalable obligatoire : dinosaure juridique ou panacée administrative ? », *Juger l'administration, administrer la justice (Mélanges Labetoulle)*, Dalloz, 2007, p. 81.

La possibilité pour le requérant de saisir le juge impose donc qu'il mette successivement en œuvre le recours administratif et le recours juridictionnel.

40. Les rapports entre ces voies de droit juridictionnelles et non juridictionnelles ont été abordés en doctrine par les auteurs traitant de l'exception de recours parallèle. E. Laferrière l'écrivait déjà : « le recours direct et parallèle qui fait obstacle au recours pour excès de pouvoir ne doit s'entendre que d'un recours de nature contentieuse, d'une action devant un tribunal judiciaire ou administratif, et non d'un simple recours hiérarchique devant l'autorité supérieure »[118]. Après lui, il a été régulièrement fait état de ce que l'existence d'un recours administratif ne pouvait constituer un recours « direct et parallèle » permettant de faire obstacle à l'exercice du recours pour excès de pouvoir. Cette affirmation reposait sur quelques solutions jurisprudentielles[119] et consistait à faire observer, pour la doctrine, que, faute d'aboutir à une décision juridictionnelle avec les garanties que celle-ci comporte, le recours administratif ne pouvait être regardé comme procurant au requérant un résultat au moins égal à une annulation pour excès de pouvoir[120]. Certes, le retrait d'une décision par l'Administration emporte, comme son annulation par le juge, une disparition rétroactive des effets qu'elle a pu produire. Mais, à la différence de l'annulation juridictionnelle et de la force exécutoire qui s'y attache, la décision de retrait n'interdit pas à la personne publique de reprendre la même décision. À la vérité, ce n'est pas parce que le recours administratif n'est pas en mesure d'offrir un résultat comparable au recours pour excès de pouvoir que les requérants peuvent exercer directement un recours juridictionnel. Il faut simplement dire que, lorsqu'ils le peuvent, c'est que ni la loi ni le juge n'ont entendu rendre le recours administratif obligatoire.

41. L'exemple du sursis de paiement. Les rapports entretenus par le sursis de paiement de l'impôt en matière fiscale et le référé-suspension montrent bien cette possibilité d'exercer indistinctement un recours administratif et un recours juridictionnel, sans que l'exception de recours parallèle n'y joue un rôle. La procédure de sursis de paiement de l'impôt permet à un contribuable qui conteste le bien-fondé ou le montant d'une

---

[118] E. Laferrière, *op. cit.*, t. 2, p. 452.

[119] V., CE, 10 mars 1911, Commune de Boujailles ; CE, 15 fév. 1935, Bladanet ; CE, ass., 16 juin 1944, Debroise, p. 172.

[120] M. Hauriou énonce cette exigence voulant que le recours parallèle au recours pour excès de pouvoir procure une satisfaction au moins égale à ce dernier, en écrivant qu'il « ne suffit pas d'un recours hiérarchique ni d'un recours administratif spécial » (M. Hauriou, *Précis de droit administratif et de droit public*, 11e éd., Sirey, 1927, p. 414). M. Waline dit aussi qu'il ne peut y avoir de fin de non-recevoir lorsque le recours parallèle n'est pas aussi efficace que le recours pour excès de pouvoir et qu'elle ne peut donc jouer lorsque le requérant ne dispose que d'un recours hiérarchique (M. Waline, *Traité élémentaire de Droit administratif*, 6e éd., Sirey, 1950, p. 132)

imposition mise à sa charge de demander à l'administration fiscale de différer le paiement de la partie contestée de ces impositions en lui adressant une réclamation[121]. Il s'agit en réalité d'un droit pour le contribuable à obtenir la suspension de l'exigibilité de l'impôt dès lors que celui-ci constitue des garanties, lorsque l'impôt est d'un montant supérieur à 4500€[122]. Puisque certains actes qui participent à la réalisation d'une imposition sont reconnus détachables par le juge administratif[123], le contribuable dispose, en la matière, du référé-suspension[124], en même temps qu'il peut, aussi, présenter une demande de sursis de paiement. La finalité du référé d'urgence étant d'obtenir la suspension de l'exécution d'une décision administrative, le référé-suspension permet, à première vue, d'obtenir, aussi, que l'imposition ne soit pas immédiatement exigible. C'est à cet égard que la possibilité pour les requérants de mettre en œuvre indistinctement ces voies de droit a été interrogée.

42. La décision « Sarl Janfin »[125] juge clairement que le sursis de paiement étant un recours administratif, il coexiste avec le recours juridictionnel qu'est le référé-suspension. C'est ce que relève bien G. Bachelier en indiquant que, dans le silence des textes sur ce point : « Il y a donc lieu d'admettre la coexistence de ces procédures et non d'opposer au référé-suspension une sorte

---

[121] La demande doit être adressée dans la réclamation contentieuse elle-même (v. CE, 6 oct. 1971, n°81157, Dr fisc. 1971, n°46, comm 1546). V. Art. L. 277 du LPF. Sur cette question, v. T. Lambert, *Procédures fiscales*, 3e éd., LGDJ, Domat, 2017, p. 573.

[122] Art. R. 277-7 du LPF. Pour P. Collin et M. Collet, le contribuable jouit d'un droit au sursis à paiement puisque l'administration se doit d'accorder le sursis dès lors que la réclamation lui est présentée (*Procédures fiscales : contrôle, contentieux et recouvrement de l'impôt*, 3e éd., PUF, Thémis, 2017, p. 319). Lorsque ces garanties ne sont pas présentées ou lorsque le comptable public ne se satisfait pas de celles proposées, la demande de sursis n'est pas autorisée par l'administration fiscale. Cependant, l'exigibilité de l'impôt est toujours suspendue dans l'attente de la décision juridictionnelle qui serait suscitée par le requérant sur la demande de sursis ainsi refusée. Le sursis de paiement est une procédure essentiellement administrative même si elle comporte un aspect juridictionnel puisque, dans le cas où ces garanties seraient refusées par le comptable, le requérant peut saisir le juge des référés (Art. L. 279 du LPF). V. sur ce point : C. de la Mardière, *Recours pour excès de pouvoir et contentieux administratif de l'impôt*, M. Cozian dir., LGDJ, BDP 2002, p. 249 ; P. Collin et M. Collet, *op. cit.*, p. 320 et s.)

[123] V. par ex., CE, 28 fév. 1913, Breil et autres, p. 289 et CE, 27 juin 1913, Cabanis, p. 773 (sur cette question, v. *infra, p. 64.*

[124] L'institution du sursis de paiement en matière fiscale n'empêche pas le contribuable de demander au juge des référés la suspension de l'acte de mise en recouvrement de l'impôt (CE, 17 déc. 1976, Mme L. n°1692, concl. D. Fabre : Droit fisc. 1977 n°31-37, comm. 1274 ; GAJF, 3e éd., p. 939 ; CE, 13 juin 1984, n°46392, Ministre du Budget c/ Masse, , concl. O. Fouquet, *GAJF*, 3e éd., p. 939). V. C. de la Mardière, *op. cit.*, p. 235.

[125] CE, sect., 25 avr. 2001, n°130166 et n°130345, Min. c/ SARL Janfin ; *RJF* 2001, n°1016 ; *BDCF* 7/ 2001, n°103, concl. G. Bachelier ; *RJF* 2003, p. 611, chron. J. Maïa.
V. pour d'autres applications du référé-suspension en matière fiscale : CE, 30 nov. 2001, n°234654, Dion : *Dr. fisc.* 2002, n°11, comm. 234, concl. E. Mignon ; *RJF* 2002, n°232 ; CE, 10 avr. 2002, n°241604, Sté Import-Export du Velay ; *Dr. fisc.* 2002, n°36, comm. 675, concl. G. Bachelier ; *RJF* 2002, n°856 ; CE, ord., 13 juin 2007, n°306252 ; *RJF* 10/2007, n°1152, obs. O. Fouquet ; *Dr. fisc.* 2007, comm. 897.

de recours parallèle tirée de l'existence du sursis de paiement »[126]. Les modalités pratiques de combinaison de ces recours qu'il évoque ne se distinguent pas de celles qui peuvent être observées, de manière générale, pour les rapports entre recours administratifs et recours juridictionnels. Si le contribuable n'introduit pas de sursis de paiement, le référé-suspension est recevable puisque le juge ne saurait opposer l'existence d'une procédure facultative pour ne pas statuer sur la demande. Lorsque le contribuable satisfait aux conditions requises et que le sursis de paiement est obtenu, il ne peut exercer de référé-suspension. Ceci s'explique seulement par le fait que la demande n'a pas d'objet, compte tenu de ce que l'exigibilité de l'imposition est déjà suspendue[127]. Si le contribuable fait une demande de sursis de paiement et qu'elle lui ait refusée, même si celui-ci bénéficie du « mini-sursis »[128], l'impôt reste exigible et il lui appartient de s'acquitter de la somme. La suspension de la décision d'imposition lui permet de suspendre l'obligation de payer et le juge ne s'oppose pas à cet usage du référé-suspension[129]. En cela, il s'agit pour le requérant d'obtenir par la voie juridictionnelle ce que l'Administration lui a refusé dans le cadre d'une demande préalable.

43. En définitive, déterminer les choix qu'un requérant est en mesure d'opérer dans la mise en œuvre de recours administratifs et de recours juridictionnels pour une même situation litigieuse est aisé. Lorsqu'un requérant peut s'adresser au juge, il peut toujours s'adresser préalablement à l'administration. Lorsque cette saisine est facultative, les recours juridictionnels et les recours administratifs peuvent être successivement ou alternativement exercés. Lorsque les textes ou la jurisprudence imposent cette saisine préalable de l'Administration, les requérants peuvent choisir de n'exercer qu'un recours administratif ou exercer successivement ces recours puisque l'exercice du recours juridictionnel est alors conditionné à l'exercice du recours administratif. Au sens de l'étude, ces recours coexistent : ils peuvent tous deux être empruntés par les requérants relativement à une même situation litigieuse. Il convient néanmoins de ne pas étudier leur concurrence, c'est-à-dire leur capacité à être mis en œuvre aux mêmes fins[130] puisqu'ils ne

---

[126] G. Bachelier, concl. sur CE, sect., 25 avril 2001, Ministre de l'Economie, des Finances et de l'Industrie c/ SARL Janfin, *RFDA* 2001 p. 837. Le rapporteur public s'appuie notamment sur l'observation que les deux voies de droit sont soumises à des conditions différentes, obéissent à des règles procédurales différentes et produisent des effets différents.

[127] V. les solutions rendues sous l'ancien régime du sursis à exécution : CE, 2 nov. 1987, n°78849 ; CE, 9 mars 1988, n°86078, Carlier ; *RJF* 5/1988, n°677. V. égal., les solutions postérieures à la loi du 30 juin 2000 : CE, ord., 18 août 2006, n°295334, Bénassy, T., p. 1011.

[128] Lorsque le comptable public considère que les garanties présentées par le contribuable sont insuffisantes, ce dernier bénéficie néanmoins d'un « mini sursis » puisque l'article L. 277 du LPF dispose que le comptable peut seulement prendre des mesures conservatoires pour les impôts contestés. Le recouvrement forcé n'est donc pas possible pour l'Administration. Sur ce point, v. M. Colin et P. Collet, *op. cit.*, p. 321.

[129] CE, sect., 25 avr. 2001, n°130166 et n°130345, Min. c/ SARL Janfin.

[130] Sur la distinction ici évoquée entre « coexistence » et « concurrence » des recours : v. *infra*, p. 50.

se situent pas sur le même plan. Aussi, lorsque le juge administratif entend fermer l'un de ces recours pour la seule raison qu'il en existe un autre à disposition du requérant, c'est qu'il entend assurer le respect du caractère obligatoire d'un recours administratif. Cette manière de faire n'est pas motivée par la politique jurisprudentielle qu'il mène lorsqu'il entend limiter le libre exercice de recours juridictionnels concurrents, ce qui constitue l'objet de la présente étude.

B. L'exclusion des voies de recours

44. Il est d'autres moyens de s'adresser au juge que par l'exercice d'un recours contentieux dirigé contre un acte de l'Administration ou un agissement matériel qui lui est imputable. Les justiciables peuvent aussi chercher à contester une décision juridictionnelle rendue contrairement à leur intérêt. Les voies de recours générales que sont l'appel et la cassation permettent de remettre en cause une décision juridictionnelle. La première de ces voies de recours « ordinaires » conduit au réexamen complet du litige par une juridiction de degré supérieur à celle de première instance tandis que le recours en cassation concerne les décisions juridictionnelles rendues en dernier ressort et n'aboutit qu'à un contrôle de conformité de la solution juridictionnelle rendue au droit. D'une importance pratique relativement faible, d'autres voies de recours, spéciales, s'attachent tantôt à corriger une erreur[131] ou une anomalie[132] affectant une décision juridictionnelle, d'autres fois à permettre l'interprétation d'une solution obscure[133]. L'existence de plusieurs voies de droit dont l'une conduit à faire le procès d'un acte juridictionnel peut être brièvement envisagée.

45. Coexistence des recours et des voies de recours. En premier lieu, l'évidence conduit à relever que la mise en œuvre d'une voie de recours impose, nécessairement, qu'il y ait une décision juridictionnelle à contester. À cet égard, la coexistence entre recours juridictionnel et voies de recours va de soi, compte tenu de ce que la mise en œuvre d'une voie de recours implique que le requérant ait déjà obtenu une décision sur sa prétention : le juge ne saurait restreindre cette possibilité pour les requérants d'emprunter les voies de réformation que sont l'appel ou la cassation en leur opposant l'existence d'un recours juridictionnel qu'ils auraient dû mettre en œuvre puisqu'ils l'ont déjà exercé. Pour une même situation litigieuse, ces voies de droit coexistent en ce sens qu'elles peuvent être successivement mises en œuvre. Néanmoins,

---

[131] Tel est le cas du recours en rectification d'erreur matérielle, du recours en révision et du recours dans l'intérêt de la loi.

[132] C'est le cas de la tierce opposition (v. sur cette voie de droit : C. Broyelle, *op. cit.*, p. 451).

[133] Le recours en interprétation poursuit cet objectif (v. CJA). Pour une étude d'ensemble, v. A.-L. Constant, *Les voies de recours spéciales en contentieux administratif français*, G. Eveillard dir., Rennes I, 2016.

sur ce plan, les requérants ne disposent d'aucun choix dans la mise en œuvre des voies de recours, hormis celui de contester, ou non, la décision juridictionnelle obtenue. Seule la mise en œuvre successive de ces voies de droit est envisageable et la question de liberté pour les requérants d'introduire de tels recours pour un même litige ne présente pas de véritable intérêt.

46. Coexistence des voies de recours générales et des voies de recours spéciales. La coexistence des voies de recours entre elles (et leur concurrence éventuelle, selon qu'elles tendent ou non à faire juger la même chose) appelle des développements plus substantiels. En particulier, il s'agit d'apprécier le choix qu'un requérant est en mesure d'opérer entre elles et la limite que le juge peut consécutivement lui opposer. Précisément, c'est la possibilité d'opter entre une voie de recours spéciale ou une voie de recours générale qui retient l'attention puisque les décisions juridictionnelles ne peuvent jamais rendre possible une option ou un cumul entre les voies de recours générales que sont l'appel et la cassation[134]. La coexistence entre voies de recours générales et voies de recours spéciales trouve d'abord à se poser pour des requérants différents. Par exemple, un même litige peut conduire à ce que l'une des parties à l'instance de premier ressort ou d'appel mette en œuvre une voie de réformation tandis qu'un ministre, qu'il soit ou non défendeur à l'instance, emprunte, par exemple, la voie de recours spéciale qu'est le recours dans l'intérêt de la loi[135]. Dans le même esprit, la voie de rétractation qu'est la tierce opposition permet à une personne restée extérieure à l'instance d'obtenir l'annulation d'un jugement préjudiciant à ses droits et le rejugement du litige[136]. Cette voie de recours spéciale n'est donc pas ouverte aux parties au litige qui souhaiteraient former appel ou présenter un recours en cassation[137]. De ce point de vue, les recours peuvent être formés à l'occasion d'un même litige, mais par des requérants différents ; le champ de l'étude commande donc d'écarter ces cas.

47. En revanche, un même requérant peut prétendre former un pourvoi en cassation en même temps qu'il dispose aussi des voies de rétractation que sont

---

[134] Ainsi qu'il l'a été dit, l'appel conduit à un réexamen complet d'une décision d'un jugement de première instance tandis que le recours en cassation est une voie de droit ouverte contre une décision rendue en dernier ressort (sur ce point, v. *supra,* p. 36).

[135] L'on note néanmoins une très faible utilisation de ce recours. V. A. Ciaudo, Une nouvelle condition de recevabilité du recours dans l'intérêt de la loi, *AJDA* 2008, p. 51 ; B. Apollis, Persistance du recours dans l'intérêt de la loi, *RDP* 2010, p. 1209.

[136] Art. R. 832-1 et s. du CJA.

[137] CE, 7 juillet 1976, Centre interrégional Provence-Côte d'Azur et Corse pour l'enfance et l'adolescence, (C.R.E.A.I.), p. 353 ; C.E., Sect., 18 juin 1982, S.A. Bureau Veritas, p. 240, concl. J. Biancarelli ; CE, 10 janv. 1996, Commune de Vernon c/ M. et Mme Gourdain et Mme Chatel, n°139766, T., p. 1134, note Pacteau ; CE, 5 déc. 2008, Consorts Albrecht, p. 446.

l'opposition et le recours en rectification d'erreur matérielle[138]. Sur ce point, le Conseil d'État juge qu'« en vertu des règles générales de la procédure, le recours en cassation n'est recevable que contre une décision définitive à l'égard de laquelle aucune autre voie de recours et, notamment, celle de l'opposition, ne reste ouverte »[139]. Ainsi, les personnes à l'égard desquelles une Cour administrative d'appel a statué par défaut ne sont recevables à se pourvoir en cassation contre l'arrêt les concernant qu'après l'expiration du délai de deux mois ouvert pour former opposition[140]. Le Conseil d'État a entendu ne fermer aucune de ces voies de droit au requérant défaillant : « appelé à l'instance, il a la qualité de partie qui permet normalement de se pourvoir en cassation ; n'ayant pas produit de défense dans cette même instance, il doit aussi disposer d'une voie de rétractation devant la juridiction dont émane la décision rendue à son détriment »[141]. Simplement, la personne régulièrement mise en cause, mais qui n'a rien produit à l'instance, peut opter entre opposition et recours en cassation puisqu'elle dispose d'abord de la première voie de recours puis, ensuite, de la seconde. Les voies de droit ne sauraient être empruntées simultanément puisque la décision rendue par la Cour « par défaut » n'est pas définitive avant l'expiration d'un délai de deux mois suivant sa notification[142]. En ce sens, l'irrecevabilité qui pourrait être opposée au recours en cassation est seulement liée à cette absence de caractère définitif de la décision. Elle ne découle donc pas de l'existence d'une autre voie de droit que le requérant aurait dû emprunter de préférence à une autre. Le juge administratif suprême a d'ailleurs confirmé son refus de reconnaître le caractère prioritaire de cette « voie de rattrapage pour les défendeurs défaillants »[143] en acceptant, sous la réserve que les deux voies de recours n'aient pas été empruntées en même temps, qu'un pourvoi prématuré puisse ne pas être déclaré irrecevable lorsqu'il est formé dans le délai pendant lequel l'opposition est possible[144].

48. La solution est différente s'agissant des rapports entre recours en cassation et recours en rectification d'erreur matérielle. Il est jugé « que

---

[138] La question ne se pose pas pour l'appel puisque l'opposition ne peut être exercée à l'égard des jugements (Art. 831-6 du CJA). Aussi, dans le cas où l'opposition viserait un arrêt rendu par le Conseil d'Etat, alors le recours en cassation ne pourrait être disponible pour le requérant. Aussi, le recours en rectification d'erreur matérielle ne vaut que pour les décisions « rendues en dernier ressort » et donc insusceptibles d'appel (Art. R. 833-1 du CJA ; v. CE, 27 nov. 2013, n°363388, Kougacian ; T., p. 809). Dans le même sens, le recours en révision ne concerne que les arrêts rendus par le Conseil d'Etat, ce qui conduit à réfuter la coexistence avec d'autres voies de recours générales.

[139] CE, sect., 20 nov. 1992, n°114667, SARL Joseph, p. 417 ; *AJDA* 1993, p. 130.

[140] *Ibid.* V. égal. CE, 6 avr. 2016, n°389456, Cne Fontvieille, T., p. 910 ; *JCP-A* 2016, act. 340. Au surplus, si le pourvoi en cassation est formé prématurément, l'expiration du délai de l'opposition régularise la requête et le recours en cassation est alors recevable : CE, 31 juillet 2009, n°296623.

[141] J. Arrighi de Casanova, concl. sur CE, 20 nov. 1992, n°114667, SARL Joseph, *AJDA* 1993, p. 130.

[142] Art. R. 831-2 du CJA.

[143] G. Pélissier, concl. sur CE, 6 avr. 2016, n°389456, Cne Fontvieille, non publiées.

[144] CE, 6 avr. 2016, n°389456, Cne Fontvieille ; CE, sect., 20 nov. 1992, n°114667, SARL Joseph.

l'exercice d'un recours en cassation devant le Conseil d'État contre une décision juridictionnelle rendue en dernier ressort ne rend pas irrecevable le recours en rectification d'erreur matérielle de la même décision formé, dans le délai de recours, devant la juridiction qui l'a rendue, dès lors que le juge de cassation n'a pas encore statué sur le recours dont il était saisi »[145]. Compte tenu de l'introduction par le pouvoir réglementaire de dispositions permettant l'exercice du recours en rectification devant les Cours administratives d'appel[146], le recours en rectification d'erreur matérielle, antérieurement subsidiaire au recours en cassation et ouvert seulement lorsque l'erreur ne pouvait être effacée par la voie de recours en cassation[147], est devenu une alternative à celui-ci[148]. Les requérants peuvent exercer à la fois un recours en cassation devant le Conseil d'État et un recours en rectification d'erreur matérielle devant la juridiction d'appel, lorsqu'ils estiment que la décision rendue par celle-ci comporte une erreur matérielle. La lecture des conclusions rendues par S. Fratacci sur l'affaire Lefèvre fait apparaître que ces voies de droit n'ont normalement pas vocation à être mobilisées aux mêmes fins puisque le recours en cassation vise une application uniforme de la règle de droit tandis que la rectification de l'erreur matérielle tend seulement à déterminer l'influence de l'erreur commise sur le jugement de l'affaire[149]. Malgré cette finalité différente, il ne ressort pas de la jurisprudence administrative que ces voies de recours sont exclusives l'une de l'autre. C'est l'opinion exprimée par D. Casas[150] et par certains auteurs[151]. Elle reflète bien l'état du droit jurisprudentiel puisque les textes ne renseignent pas sur l'articulation de ces deux voies de droit. Le Conseil d'État juge que l'exercice d'un recours en cassation formé devant lui contre une décision juridictionnelle rendue en dernier ressort « ne rend pas irrecevable le recours en rectification d'erreur matérielle de la même décision formé, dans le délai de recours, devant la juridiction qui l'a rendue, dès lors que le juge de cassation n'a pas encore

---

145 CE, 27 oct. 2006, n°244353 et 250984, Cne Saint-Paul-en-Pareds ; *AJDA* 2006, p. 2414, inédit ; CE, 19 déc. 2007, Mme Goeffroy, n°297148 ; *RDI* 2008, p. 290, note P. S.-C. ; *BJDU* 2007, p. 417, concl. Landais, obs. J.-C. B. Pour une solution antérieure : CE, sect., 23 juin 1995, n°126546 et n°145649, Région Aquitaine et Lefèvre, p. 271 ; *Dr. adm.* 1995, comm. 722.

146 V. l'actuel article R. 833-1 du CJA : « Lorsqu'une décision d'une cour administrative d'appel ou du Conseil d'Etat est entachée d'une erreur matérielle susceptible d'avoir exercé une influence sur le jugement de l'affaire, la partie intéressée peut introduire devant la juridiction qui a rendu la décision un recours en rectification ».

147 Le caractère subsidiaire du recours en rectification d'erreur matérielle conduisait naturellement à exclure un tel recours lorsque l'erreur était susceptible d'être rectifiée à l'occasion d'un pourvoi en cassation (CE, ass., 4 mars 1955, Sieur Athias, p. 129, *RDP* 1955, p. 745, concl. Jacomet).

148 F. Séners, Recours en rectification d'erreur matérielle, Répertoire de contentieux administratif, Dalloz, n°11 et s. ; S. Fratacci, concl. sur CE, sect., 23 juin 1995, Région Aquitaine et Lefèvre, *RFDA* 1996, p. 491.

149 S. Frattaci, *op. cit.*

150 D. Casas, concl. sur CE, 27 oct. 2006, n°244353 et 250984, Cne Saint-Paul-en-Pareds, non publiées.

151 F. Séners, *op. cit* ; J.-H. Stahl, Recours en cassation, Répertoire de contentieux administratif, Dalloz, n°27.

statué sur le recours dont il était saisi »[152]. Lorsque le pourvoi en cassation a pour objet de corriger une telle erreur matérielle, il se peut que l'exercice concomitant des deux voies de recours aboutisse à un non-lieu, mais la mise en œuvre de l'une d'elles ne saurait donc se heurter à l'irrecevabilité fondée sur la circonstance que le requérant aurait dû exercer l'autre. À cet égard, il faut s'écarter de l'affirmation selon laquelle, « d'une certaine manière, les voies de recours normales sont subsidiaires aux voies de recours spéciales à cause, précisément, de la spécificité de ces dernières qui les fait primer si jamais la question d'une concurrence venait à se poser »[153]. En définitive, la mise en œuvre de la voie de recours générale qu'est le recours en cassation n'est pas entravée par l'existence des voies de recours spéciales.

49. Coexistence des voies de recours spéciales. Un dernier point mérite mention. Il est relatif aux rapports entretenus par les voies de recours spéciales entre elles et, en particulier, à l'articulation du recours en révision et du recours en rectification d'erreur matérielle, lorsqu'ils sont mobilisés à l'égard de décisions du Conseil d'État[154]. Si cette dernière voie de droit permet d'obtenir que soit corrigée une erreur matérielle affectant une décision juridictionnelle rendue en dernier ressort, le recours en révision vise à obtenir du Conseil d'État qu'il se prononce sur un litige qu'il a déjà jugé, pour que l'affaire soit réexaminée. La jurisprudence administrative témoigne bien de ce que ces deux voies de recours ne sauraient remettre en cause « les appréciations de fait et la qualification des faits à laquelle s'est livrée la juridiction »[155], mais une décision récente juge « que le recours en rectification d'erreur matérielle, qui présente un caractère subsidiaire par rapport au recours en révision, n'est recevable que si son objet ne peut pas être atteint par ce dernier recours »[156]. Les requérants doivent emprunter l'une ou l'autre de ces voies de recours selon la nature de l'irrégularité considérée[157]. Lorsque celle-ci peut être effacée par la mise en œuvre de ces deux voies de rétractation, le Conseil d'État ferme, sans s'en expliquer, le recours en rectification d'erreur matérielle en imposant le recours en révision[158].

---

[152] CE, 27 oct. 2006, n°244353, Cne Saint-Paul-en-Pareds.

[153] A.-L. Constant, *op. cit.*, p. 370.

[154] Le recours en révision n'est pas recevable à l'égard des jugements rendus par les tribunaux administratifs et les Cours administratives d'appel (Art. 834-1 du CJA). V. CE, sect., 16 mars 2012, n°331346, Serval ; *Dr. adm.* 2012, comm. 68, F. Melleray.

[155] CE, 7 sept. 2009, n°330040, n°330041, Dassault, p. 897 ; *RFDA* 2010, p. 288, concl. Bourgeois-Machureau ; *RFDA* 2010, p. 297, note Pacteau.

[156] CE, 10 oct. 2011, n°338719, Burger, T., p. 1110 ; *JCP-G* 2011, 1170. V. aussi, CE, ass., 4 mars 1955, Dame veuve Sticotti, p. 131.

[157] F. Séners, *op. cit.*, n°9 et s.

[158] CE, ass., 4 mars 1955, Dame veuve Sticotti, p. 131.

50. L'analyse des rapports entretenus par les voies de droit dont l'une au moins est une voie de recours ne suscite pas d'autres développements que ceux qui leur ont été consacrés précédemment. Pour un même litige, ces voies de recours succèdent naturellement à l'exercice d'un recours juridictionnel. La coexistence de ces voies de droit ne met pas en lumière une faculté de choix au profit du requérant. Du reste, la finalité de ces voies de droit est absolument différente puisque les voies de recours conduisent à la réformation d'une décision juridictionnelle. Considérer les rapports entretenus par les voies de recours entre elles fait observer leur coexistence, mais également leur concurrence puisque celles-ci, parfois, peuvent être mises en œuvre aux mêmes fins. À la vérité, cette concurrence ne concerne jamais les voies de recours générales entre elles, mais vise à apprécier l'incidence des voies de recours spéciales sur l'appel interjeté ou le pourvoi formé.

51. Les voies de recours spéciales ne sont que très peu empruntées et la question de leur concurrence éventuelle avec d'autres voies de recours trouve peu à se poser, d'autant plus lorsqu'il s'agit de considérer la situation litigieuse d'un même requérant. Aussi, les voies de recours spéciales que constituent l'opposition et le recours en rectification d'erreur matérielle répondent à des finalités différentes de celle poursuivie par le recours en cassation. Puisqu'elles ne sont donc pas concurrentes, il n'y a pas lieu pour le juge de s'opposer à ce que les requérants les exercent indifféremment. De plus, la possibilité pour les requérants d'exercer un recours en cassation dépend simplement du respect de la règle générale de procédure voulant que le recours en cassation ne soit ouvert qu'à l'égard des décisions juridictionnelles définitives[159]. Cette possibilité découle aussi du caractère jurisprudentiel de cette règle[160]. La règle générale de procédure voulant que le recours en cassation ne puisse être exercé qu'à l'encontre des décisions juridictionnelles définitives (c'est-à-dire qu'elles ne sont susceptibles d'aucune autre voie de recours), puisqu'elle est supplétive[161], cède devant les dispositions textuelles. L'article R. 833-1 du Code de justice administrative qui ouvre le recours en rectification d'erreur matérielle devant les Cours administratives d'appel à

[159] Sur ce point, v. J.-H. Stahl, *op. cit.*, n°16 et s.

[160] CE, sect., 12 oct. 1956, Desseaux, p. 364 ; *RDP* 1957, p. 115, concl. C. Lasry ; D. 1956, p. 736, note R. Drago

[161] F. Gazier, Procédure administrative contentieuse : principes généraux, Répertoire de contentieux administratif, Dalloz, n°135 et s. L'auteur indique très justement que les règles générales de procédure « n'ont qu'une portée subsidiaire et, à la différence des principes généraux du droit, leur valeur juridique est non point législative mais seulement réglementaire (…) Elles cèdent donc non seulement devant toute mesure législative ou principe général du droit contraire, mais également devant toute disposition réglementaire générale ou particulière avec laquelle elles ne seraient pas compatibles ».

l'égard des arrêts qu'elles rendent à s'ajoute ainsi à la possibilité, pour les requérants, de se pourvoir en cassation contre les mêmes arrêts[162].

52. En revanche, certaines voies de recours spéciales peuvent être considérées comme concurrentes : le recours en révision et le recours en rectification d'erreur matérielle peuvent être mobilisés pour effacer une même irrégularité. Le juge impose que la première voie de droit soit empruntée en fermant la seconde, mais la très faible importance pratique de cette hypothèse commande pour autant d'écarter la concurrence entre des voies de droit dont l'une est une voie de recours. Il convient, en ce sens, de considérer les rapports entretenus par les recours juridictionnels et, à dire vrai, seulement certains d'entre eux.

II. La détermination des recours juridictionnels considérés

53. Classifications usuelles des recours juridictionnels. Envisager les actions en justice qu'un même requérant peut exercer relativement à un litige qui l'oppose à l'Administration impose de revenir sur la structure du contentieux administratif. Celle-ci ne repose pas, à la différence du droit privé, sur le droit spécifique qu'elles ont pour objet de protéger ou sur le droit prétendu[163]. Elle retient une combinaison des approches formelles et matérielles ; la première distinguant les recours en fonction des pouvoirs dont dispose le juge saisi[164], la seconde classant les actions en justice selon la nature du droit invoqué devant le juge[165]. Ces différentes manières de distinguer les recours ont appelé des observations abondantes[166]. J.-M. Auby et R. Drago ont ainsi opposé dans leur traité de contentieux administratif le « contentieux de la légalité » au « contentieux des droits »[167], traduisant une distinction

---

[162] La prise en compte de la nature des règles de droit qui déterminent les conditions d'ouverture d'un recours juridictionnel participe à l'appréciation de la concurrence des recours. Les raisons qui conduisent le juge administratif à fermer un recours juridictionnel afin d'éviter le cumul ou l'option entre des recours concurrents et celles qui le conduisent à tolérer une telle liberté de choix sont liées à cette circonstance que les recours sont tantôt ouverts par les textes, d'autres fois par le juge lui-même (v. *infra*, p. 315).

[163] Sur ce point v. R. Morel, *op. cit.*, p. 43 ; E. Jeuland, *op. cit.*, p. 339 et s.

[164] La distinction est due à L. Aucoc (*op. cit.*) puis E. Laferrière (*op. cit.*).

[165] V. en ce sens : L. Duguit, Traité de droit constitutionnel, 3e éd., Paris, Boccard, 1928, t. 2, p. 418 et s. Cette classification est dite « matérielle » par opposition à la précédente qualifiée de « formelle » (v. sur ce point, J.-M. Auby et R. Drago, Traité de contentieux administratif, *op. cit.*, p. 81 ; F. Melleray, thèse, op. cit., p. 2).

[166] V. par exemple, outre les travaux de F. Melleray (thèse, op. cit.) : M. Waline, « Vers un reclassement des recours du contentieux administratif ? », *RDP*, 1935, p. 205 ; S. Boussard, La classification des contentieux à l'épreuve de la métamorphose du juge de l'excès de pouvoir, *Regards sur l'histoire de la justice administrative. Journées d'études du CHD de l'Université de Rennes 1 (G. Bigot et M. Bouvet dir.)*, Litec, 2006, p. 305 ; S. Daël, Les métamorphoses de la distinction des contentieux : essai d'une histoire vraisemblable d'un concept évolutif, *Juger l'Administration, Administrer la justice (Mélanges Labetoulle)*, Dalloz, 2007, p. 209 ; A. Perrin ; H. Lepetit-Collin, La distinction des recours contentieux en matière administrative, Nouvelles perspectives, *RFDA* 2011, p. 813.

[167] J.-M. Auby et R. Drago, Traité de contentieux administratif, *op. cit.*

matérielle des recours. Ces derniers ont toutefois, dans leur traité des recours en matière administrative, jugé préférable « d'employer la classification fondée sur les pouvoirs du juge tout en utilisant pour l'étude de chaque catégorie de recours les apports de l'analyse matérielle de Duguit »[168]. O. Gohin a aussi souligné que la doctrine administrative s'accordait sur une synthèse des deux classifications tout en faisant prévaloir la classification matérielle[169]. Il n'est pas contestable que les auteurs empruntent à l'une et l'autre des classifications pour dresser la typologie des recours juridictionnels en matière administrative, mais l'on partage l'opinion, répandue, selon laquelle la classification formelle est la plus opérante et, surtout, la plus explicative du droit positif[170]. Qu'il soit adhéré à l'une ou l'autre des classifications, certains recours juridictionnels doivent être considérés comme périphériques par rapport au recours pour excès de pouvoir, aux recours de plein contentieux et aussi aux référés administratifs, qui sont les principales voies de droit offertes aux requérants pour obtenir du juge administratif qu'il tranche le litige qui les opposent à l'Administration.

54. Recours déclaratifs. Compte tenu du faible usage qui en est fait[171] et de la particularité de leur objet, les recours déclaratifs que sont le recours en appréciation de légalité et le recours en interprétation ne concurrencent pas les recours contentieux classiques[172]. Il s'agit, pour les requérants, de consulter un juge relativement à litige né ou susceptible de naître, que le juge ne tranche pas. En dépit d'une faible importance pratique[173], le recours en interprétation

---

[168] Cependant, ce choix fut, de leur aveu même, guidé par « des raisons de commodité » (J.-M. Auby et R. Drago, *Traité des recours en matière administrative*, *op. cit.*, p. 12).

[169] O. Gohin, *Contentieux administratif*, 8e éd., Lexisnexis, Manuel, 2014, p. 229 et s.

[170] Selon Didier Truchet, la jurisprudence actuelle montre que le Conseil d'Etat a choisi de conserver la classification formelle « en régénérant le plein contentieux, qui donne à son office sa plus grande ampleur » (D. Truchet, Droit administratif, *op. cit.*, p. 124). V. aussi, P.-L. Frier et J. Petit, *Droit administratif*, 12e éd., LGDJ, Domat, 2018/2019, p. 589.

[171] Ces recours, selon M. Guyomar et B. Seiller, « occupent une place marginale au sein du contentieux administratif » (*op. cit.*, p. 149).

[172] Il faut aussi mentionner le recours en déclaration d'inexistence mais l'usage qui en est fait est absolument rarissime (V. Nadan, Quelques remarques sur l'utilité d'une modulation à l'envers : l'inexistence en question, *Dr. adm.* 2010, n°6, étude 12). La définition de cette voie de droit est assurément fonctionnelle et demeure incertaine. Sur ce point, J. Moreau écrit que les actes inexistants, susceptibles de faire l'objet d'un tel recours, sont ceux qui n'ont aucune réalité matérielle (c'est-à-dire des actes qui ne correspondent à aucun instrumentum) soit ceux d'actes qui, au moment de leur conclusion ou de leur édiction, ont été l'objet de vices particulièrement graves (J. Moreau, Inexistence, Répertoire de contentieux administratif, Dalloz, n°3). Ce recours permet au juge qui en est saisi de les déclarer « nuls et non avenus » ou « nuls et de nul effet » (v. sur cette question : R. Chapus, *op. cit.*, p. 217).

[173] Fernand Lequenne déplorait déjà en 1931 que le recours en interprétation se retrouvait « par trop souvent dans l'ombre » (Contribution à l'étude du contentieux administratif d'interprétation, Librairie de l'université, Poitiers, 1931, p. 190). Le constat opéré par l'auteur est daté mais il n'en a pas perdu sa valeur explicative de l'état du droit positif sur cette question.

peut être exercé à titre principal[174] pour que le juge se prononce sur le sens d'un acte administratif « sans en tirer les conséquences qui s'imposent sur la situation juridique ou l'acte litigieux »[175]. En dehors de quelques très rares exceptions[176], le juge administratif laisse ouverte cette voie de droit aux requérants qui disposent, par ailleurs, de la possibilité d'exercer un recours pour faire trancher le litige qui les oppose à l'Administration. La mise en œuvre des recours déclaratifs ne saurait dès lors être entravée par l'existence d'autres voies de droit et ces recours, lorsqu'ils sont exercés à titre principal sont ainsi toujours possibles, sous réserve qu'il soit satisfait aux conditions de recevabilités exigées par la jurisprudence.

55. Contentieux répressif. De manière tout aussi exceptionnelle, le juge administratif peut être amené à statuer en tant que juge répressif en cas d'atteinte commise par les administrés à certains biens du domaine public, à l'égard des comptables et des comptables de fait ou encore dans le cadre du contentieux disciplinaire porté devant les juridictions professionnelles. Il faut bien relever le caractère absolument spécifique de ces recours conduisant le juge saisi à prononcer lui-même les sanctions, la circonstance que les requérants auteurs de cette demande faite au juge administratif sont essentiellement des personnes publiques[177] et que ces recours sont examinés, pour nombre d'entre eux, par des juridictions spécialisées[178]. Pour ces raisons, la question de la coexistence et de la concurrence éventuelle de ces voies de droit avec les recours plus communs ne se pose pas : le juge administratif ne s'oppose pas à la mise en œuvre d'un recours à finalité répressive en raison de l'existence d'un recours de plein contentieux ou d'un recours pour excès de pouvoir, pas plus qu'il ne considère irrecevables ces derniers en raison de

---

[174] Il peut l'être également à titre incident. Devant le juge administratif, le recours en appréciation de légalité permet au juge judiciaire saisi d'un litige devant le juge judiciaire d'obtenir du juge administratif qu'il se prononce sur la légalité d'un acte administratif nécessaire à la résolution de ce litige (Pour une étude importante, v. R. Chapus, *op. cit.*, p. 754 et s.)

[175] F. Melleray, *op. cit.*, p. 234.

[176] V. sur cette question, CE, 23 juin 1967, Laquière, p. 273 ; *RDP* 1967, p. 1215, concl. P. Bertrand ; CE, sect., 6 déc. 2019, n°416762, Abdi ; *Dr. adm.* 2020, comm. 15, note R. Carin et S. Dutus.

[177] V. sur cette question : N. Foulquier, *Droit administratif des biens*, 3e éd., Lexis Nexis, Manuel, 2015, p. 251 ; P. Yolka, Un archaïsme : le monopole préfectoral pour poursuivre les contraventions de grande voirie, *JCP-A*, comm. 2152.

[178] En dehors des contraventions de grande voirie dont le contentieux relève des juridictions administratives générales, des juridictions disciplinaires sont appelées à exercer de telles fonctions répressives (v. entre autres exemples, Art. 43 et s. de l'ordonnance n°58-1270 du 22 décembre 1958 portant loi organique relative au statut de la magistrature ; Art. L. 311-1 et s. du Code des juridictions financières).

l'existence, pour les requérants, de la possibilité d'introduire un contentieux répressif[179].

56. La concurrence des recours implique ainsi l'existence de recours juridictionnels distincts, parmi lesquels sont considérées les voies de droit dont l'objet est de faire trancher un litige par le juge saisi. Tel n'est pas le cas s'agissant de l'exercice des recours administratifs puisque le litige peut être résolu sans que la saisine du juge ne soit recherchée. La mise en œuvre d'une voie de recours, qu'elle soit spéciale ou générale, n'exprime qu'une contestation de la solution qu'un juge a déjà donnée à un litige et traduit l'existence d'un choix déjà exercé par les requérants entre plusieurs recours contentieux dont ils ont disposé. Aussi, par les recours déclaratifs, les requérants ne sauraient demander au juge qu'il se prononce sur le différend qui les oppose à l'Administration. Enfin, les voies de droit impliquant que le juge fasse usage d'un pouvoir de sanction ne sont que rarement mises en œuvre par les requérants ordinaires, ce qui rend l'étude de leur coexistence avec d'autres recours anecdotique et hypothétique.

57. Modalités pratiques d'exercice des recours juridictionnels. Un dernier point mérite mention. Les recours juridictionnels dont dispose un requérant pour un même litige, lorsqu'ils sont exercés cumulativement, peuvent l'être par le biais de requêtes distinctes et donner lieu à une ou plusieurs instances. Leur concurrence est indifférente à la manière dont ces recours sont présentés par les requérants et à la manière dont le juge estime devoir les examiner[180]. Afin de perfectionner l'organisation de la justice administrative - et dans l'intérêt des justiciables - il a été admis qu'une même requête pouvait comprendre des conclusions relevant de recours contentieux différents. La décision « Blanc Argaing et Bézie » juge qu'une demande en annulation d'une décision administrative puisse être présentée dans le même temps qu'une demande de plein contentieux subjectif visant à faire reconnaître la responsabilité de la personne publique du fait de l'illégalité de la décision dont l'annulation est demandée[181]. Lorsqu'un demandeur présente une demande d'annulation pour excès de pouvoir d'une décision administrative et

---

[179] En matière de contravention de grande voirie, les requérants peuvent néanmoins contester le refus, par le Préfet, de poursuivre une infraction (v. par ex., CAA Nantes, 17 mars 2005, n°05NT00072, Ministre de l'équipement c/ Environnement 56 ; CAA Lyon, 25 sept. 2014, n°14LY00377, Réseau ferré de France, *AJDA* 2015, p. 459, note X. Braud). V. sur ce point : B. Defoort, De quelques aspects de l'office du juge en matière de contravention de grande voirie, *AJDA* 2018, p. 804.

[180] Le juge peut en effet, compte tenu du caractère connexe des questions à juger, statuer par une décision unique sur différentes demandes émanées de différents requérants. Cette connexité est établie lorsque les requêtes présentent un lien suffisant ; celles-ci font alors l'objet d'un jugement unique. V. sur cette question, C. Broyelle, *op. cit.*, p. 47 et s. ; G. Lebrun, La jonction des requêtes en droit administratif, *RDP* 2018, p. 85.

[181] CE, 31 mars 1911, Blanc, Argaing, Bézie, p. 407, S. et P. 1912.3.129, note Hauriou.

une demande aux fins de réparation du préjudice qu'elle a causé dans ses conclusions principales, le juge les examine dans le cadre d'un même procès. Pour autant, il faut bien voir dans cette manière de saisir le juge l'exercice de plusieurs recours puisque les requérants demandent à un juge qu'il fasse usage de pouvoirs différents. Tel est également le cas - mais c'est plus évident - lorsque ces recours sont portés par des requêtes distinctes. Aussi, la loi du 8 février 1995 a reconnu un pouvoir d'injonction au juge administratif de telle sorte que les requérants peuvent demander, dans le cadre d'une même requête, que le juge assortisse la décision d'une mesure complétant la solution rendue pour en assurer l'exécution effective[182]. Il reste que cette mesure d'injonction, lorsqu'elle est accessoire au recours principal[183], ne traduit pas l'exercice de plusieurs recours juridictionnels. Enfin, certains référés administratifs lorsqu'ils sont en mesure d'être présentés, instruits, jugés et susceptibles de recours dans les mêmes conditions[184] peuvent aussi être examinés ensemble dans le cadre d'une même requête. Une telle présentation traduit aussi la mise en œuvre de plusieurs voies de droit. Cette possibilité pour les justiciables de mettre en œuvre plusieurs recours juridictionnels est assurément encadrée par le juge, en vertu d'une politique jurisprudentielle qu'il convient d'exposer.

Section 3 : plan de l'étude

58. Méthode suivie. De nombreuses solutions jurisprudentielles se sont attachées, depuis 1864, à limiter la faculté pour les justiciables d'exercer un recours au regard de la seule circonstance qu'il pouvait en exercer un autre. Ces solutions ont été expliquées par l'exception de recours parallèle et ont permis de circonscrire la liberté, pour les requérants, d'exercer un recours pour excès de pouvoir. Entreprendre une étude qui dépasse la référence à cette construction doctrinale suppose de considérer, plus largement, la liberté pour les justiciables d'exercer les différents recours qu'ouvrent les textes ou la jurisprudence administrative. Cette liberté dépend naturellement de l'application des règles déterminant la compétence des juridictions, et, aussi, des conditions de recevabilité qui entourent l'exercice des différents recours à leur disposition. Elle dépend aussi, et surtout - c'est l'objet de l'étude - de la limitation que le juge entend parfois opposer aux requérants et fondée sur la seule circonstance qu'ils doivent exercer un recours plutôt qu'un autre. En ce sens, la liberté pour les requérants d'exercer plusieurs recours juridictionnels

---

[182] A. Perrin, *L'injonction en droit public français*, P. Delvolvé dir., Editions Panthéon-Assas, 2009, p. 826.

[183] L'injonction peut également être utilisée par le juge à titre principal, soit dans le contentieux de la responsabilité, soit en matière de référé. L'usage de ce pouvoir traduit bien, dans ce cas, l'exercice d'un recours juridictionnel autonome.

[184] V. par ex., CE, 5 déc. 2014, n°369522, Le Breton, *AJDA* 2015, p. 583, note F. Priet ; *Dr. adm.* 2015, comm. 26, note G. Eveillard ; *JCP-A* 2015, 2103, chron. O. Le Bot. *A contrario* : CE, sect., 28 févr. 2001, n°230112 et n°230520, Philippart et Lesage, p. 112, *RFDA* 2001, p. 390, concl. D. Chauvaux.

dépend de l'existence de ces recours, et, aussi, d'une fin de non-recevoir que le juge estime nécessaire d'opposer pour réguler l'exercice des différents recours contentieux.

59. Puisque les textes renseignent peu sur celle-ci, sans, donc, la consacrer ni l'entraver, c'est le juge qui a, toujours, entendu contraindre les requérants dans l'exercice des recours lorsqu'ils sont en mesure d'en exercer plusieurs. L'étendue de cette liberté doit être appréciée par le biais d'une méthode inductive. L'analyse de cette liberté de choix des requérants entre plusieurs recours réside donc, essentiellement, dans l'étude de la jurisprudence. C'est en considérant les solutions qui témoignent d'une contrainte opposée à l'exercice d'un recours, quel qu'il soit, compte tenu de l'existence d'une autre voie de droit, que la jurisprudence administrative peut être comprise et systématisée. En effet, le juge administratif ne relève l'existence d'une pluralité de recours à disposition d'un requérant que lorsqu'il entend se fonder sur cette circonstance pour refuser de connaître du recours formé devant lui. Il convient, pour autant, d'attacher la même importance aux solutions par lesquelles le juge administratif tolère l'exercice d'un recours alors même que le requérant disposait de la faculté d'en exercer un autre. Celles-ci témoignent, en effet, de la volonté, pour le juge, d'autoriser les requérants à exercer librement les voies de droit dont ils disposent.

60. Cette liberté a été appréciée par les travaux doctrinaux consacrés à l'exception de recours parallèle, qui sont assurément éclairants puisqu'ils permettent, bien souvent, de proposer une explication au raisonnement, parfois opaque, du juge administratif. Si la mobilisation par le juge d'une fin de non-recevoir tirée de l'existence d'un recours parallèle est généralement perceptible en jurisprudence, les raisons qui conduisent le juge à l'opposer aux requérants ne transparaissent pas des solutions rendues. Pour autant, l'influence des études doctrinales sur cette question ne saurait être trop conséquente. Les unes sont datées et propres au recours pour excès de pouvoir[185] ; l'autre traite incomplètement de la jurisprudence administrative[186]. La détermination de la liberté pour les requérants d'introduire plusieurs recours implique de faire observer que les différentes évolutions que le contentieux administratif a connues, confrontées à la persistance de cette contrainte fondée sur l'existence d'une autre voie de droit à disposition du requérant, rend nécessaire l'adoption d'une perspective plus générale.

---

[185] R. Guillien, *op. cit.* ; F.-M. Fay, *op. cit.*

[186] A. Cepko, *op. cit.*

61. Problématique et plan. Cette perspective aboutit à identifier une liberté pour les justiciables d'introduire plusieurs recours, qui doit être appréciée de deux manières. Positivement, l'étude de cette liberté de choisir entre plusieurs recours implique de déterminer les situations litigieuses pour lesquelles les justiciables peuvent effectivement prétendre emprunter plusieurs voies de droit. En application des règles qui déterminent la compétence des différentes juridictions et des conditions de recevabilité inhérentes à l'exercice de tout recours juridictionnel, un même litige peut rendre possible l'exercice d'un ou plusieurs recours pour un même requérant. Celui-ci est alors en mesure d'opérer un choix entre ces recours, qui coexistent. Il peut opter pour l'exercice de l'un d'eux ou les mettre en œuvre cumulativement, soit en même temps, soit successivement. Or, la jurisprudence administrative fait observer une limitation récurrente que le juge oppose aux requérants qui disposent ainsi de plusieurs recours et qui est seulement justifiée par la circonstance que ceux-ci auraient dû exercer un autre recours que celui qu'ils ont formé. En cela, cette liberté pour les requérants de choisir parmi plusieurs voies de droit peut être appréciée, négativement, en considérant l'ensemble des solutions dans lesquelles les requérants se voient imposer l'exercice d'un recours déterminé.

62. Ces solutions seront analysées sous l'angle de la concurrence des recours : le juge ne contraint un requérant à exercer un recours plutôt qu'un autre que lorsque les recours dont il dispose sont concurrents. Tel est le cas lorsque les voies de droit qu'il peut exercer ont vocation à faire juger des prétentions similaires. Cette référence à la « concurrence » des recours juridictionnels n'apparaît pas dans les solutions du juge, mais elle permet de rendre compte de l'état du droit positif. Elle permet de déterminer l'ensemble des cas pour lesquels le juge contraint les requérants dans l'exercice des recours juridictionnels lorsqu'ils disposent de la faculté d'en exercer plusieurs. Apprécier cette concurrence des recours juridictionnels vise, en définitive, à apprécier la liberté pour les requérants, en contentieux administratif, de mettre en œuvre plusieurs recours juridictionnels pour un même litige.

63. À cet égard, il convient de s'attacher aux éléments constitutifs de cette concurrence des recours, en déterminant celles des hypothèses dans lesquelles un requérant est réputé disposer de la possibilité de mettre en œuvre des recours concurrents. La loi et le juge ouvrent des voies de droit, en leur assignant une finalité et domaine d'application qui, pour certains de ces recours juridictionnels, est très largement défini ; tel est notamment le cas du recours pour excès de pouvoir ou encore des référés d'urgence. Le premier peut être exercé à l'égard de toute décision administrative tandis que les seconds sont susceptibles de l'être pour faire échec à l'exécution de la plupart des décisions prises par l'Administration ou pour faire cesser un agissement de celle-ci. Ceci fait indéniablement observer une coexistence des recours juridictionnels en contentieux administratif, en ce sens que plusieurs recours juridictionnels peuvent être mis en œuvre par même requérant, relativement à un même litige qui les oppose à l'Administration. Ces recours, s'ils coexistent, ne sont pas toujours concurrents ; ils le sont seulement lorsqu'ils permettent de juger la même chose. C'est précisément ce à quoi le juge administratif entend s'opposer, afin d'imposer aux justiciables, en fonction des prétentions qu'ils formulent, l'exercice d'une voie de droit déterminée. En d'autres termes, la liberté pour les justiciables d'exercer plusieurs recours pour un même litige dépend du caractère concurrent de ces recours, qu'il convient d'identifier (Partie 1). Au-delà de l'identification de ces cas dans lesquels le juge estime nécessaire de limiter le choix des requérants dans l'exercice des recours dont ils disposent, il faut apprécier la manière dont le juge traite cette concurrence des recours et les raisons qui l'y conduisent (Partie 2).

PARTIE 1 :
L'IDENTIFICATION DE LA CONCURRENCE DES RECOURS

64. La jurisprudence administrative témoigne de la limitation parfois opposée aux requérants par le juge et fondée sur la seule circonstance que ceux-ci disposent d'une autre voie de droit que celle qu'ils ont empruntée. Une méthode inductive permet d'appréhender cette contrainte prohibant le libre exercice des recours juridictionnels par les justiciables. Classiquement, les solutions qui l'illustrent sont celles par lesquelles le juge fait référence à l'exception de recours parallèle, ou celles que la doctrine explique en mobilisant cette fin de non-recevoir. Pour autant, le juge administratif oppose aussi à d'autres recours cette limitation, fondée sur la seule existence d'une autre voie de droit. Ainsi, de manière générale, la liberté, pour les requérants d'introduire plusieurs recours peut être comprise par l'analyse de ces solutions qui traduisent une irrecevabilité reposant sur la seule existence d'une autre voie de droit, indépendamment de la nature du recours que le juge estime nécessaire de fermer.

65. Deux enseignements ressortent de l'étude de ces solutions. Il faut, en premier lieu, insister sur la nécessité de considérer l'existence de plusieurs recours pour caractériser un éventuel choix entre eux, qui serait ouvert aux requérants. L'étude de la liberté de choix des justiciables, entre plusieurs recours, implique que ceux-ci coexistent. Il convient, à cet égard, que les justiciables puissent, en vertu de recours ouverts par la jurisprudence ou par les textes, effectivement disposer de plusieurs voies de droit (Titre 1). En deuxième lieu, l'étendue de cette liberté de choix est déterminée par les prétentions qui peuvent être soumises aux juges dans le cadre des recours dont disposent ces requérants. En effet, le juge entend limiter cette possibilité de choisir entre plusieurs recours coexistant lorsque ceux-ci permettent de faire juger la même chose. Ainsi, le juge s'oppose au libre exercice des recours par un requérant lorsqu'ils sont concurrents, c'est-à-dire, lorsqu'ils coexistent et qu'ils permettent, en plus, de faire juger une même prétention (Titre 2).

TITRE 1 : LA COEXISTENCE DES RECOURS

66. Les justiciables peuvent faire trancher de différentes manières un litige qui les oppose à l'Administration. Au-delà de la possibilité qui leur est reconnue de soumettre ce différend à l'Administration elle-même, ils sont également en mesure de saisir un ou plusieurs juges, à condition qu'ils soient compétents, en vertu des recours qui sont ouverts par les textes ou de manière prétorienne. Cette possibilité renvoie à l'existence des recours juridictionnels par le biais desquels les justiciables sont en mesure de formuler des prétentions distinctes ou, dans certains cas, similaires. Montrer que les requérants sont à même de soumettre une ou plusieurs prétentions à plusieurs juges compétents ne suffit pas à démontrer la coexistence effective des voies de droit qu'ils peuvent emprunter. De la satisfaction de certaines conditions de recevabilité dépend la possibilité d'obtenir que le juge statue sur le bien-fondé d'une prétention. Pour qu'un requérant puisse saisir plusieurs juges, il lui faut donc être en mesure de satisfaire pour chaque recours, à ces conditions. En d'autres termes, pour un requérant, les recours ne coexistent, que s'il satisfait aux conditions de recevabilité liées aux recours qu'il souhaite introduire. Admettre que des recours coexistent implique, en ce sens, de reconnaître qu'une même situation litigieuse mette un requérant en capacité de saisir un plusieurs juges compétents (Chapitre 1) par le biais de recours qui sont, chacun, disponibles (Chapitre 2).

Chapitre 1 : La possibilité de saisir un ou plusieurs juges compétents

67. L'existence d'un recours doit être définie en liaison avec les règles qui déterminent la compétence des différentes juridictions : lorsqu'un juge saisi n'est pas compétent pour connaître de la question qui lui est posée, le recours juridictionnel, à proprement parler, n'existe pas. Admettre qu'un requérant puisse disposer d'un choix entre plusieurs recours implique alors de distinguer deux situations, selon que ces recours sont ou non susceptibles d'être exercés devant le même juge. Lorsque tel est le cas, la reconnaissance d'une situation de coexistence des recours juridictionnels impose d'admettre la compétence de la juridiction à saisir, mais repose davantage sur l'appréciation de la disponibilité de ces voies de droit (c'est-à-dire la satisfaction des conditions classiques de recevabilité pour chacune de ces voies de droit)[187]. Lorsque le requérant entend exercer des recours qui ont vocation à être portés devant des juges différents, leur coexistence ne peut être admise qu'à la condition préalable que ces juges soient, chacun, compétents. Ce deuxième cas de figure s'inscrit, pour une large part, dans une dimension historique. En effet, le décret du 30 septembre 1953 et la loi du 31 décembre 1987 ont progressivement reconnu au profit des tribunaux administratifs la compétence pour juger, en première instance, des recours pour excès de pouvoir et des recours de plein contentieux formés par les justiciables[188]. Néanmoins, un même litige peut donner lieu à la mise en œuvre de plusieurs voies de droit devant des juridictions différentes, l'une d'elles pouvant ne pas appartenir à l'ordre juridictionnel administratif. Ainsi, admettre que des recours coexistent suppose, soit de montrer qu'un requérant peut exercer plusieurs recours devant un même juge (auquel cas il suffit d'appliquer classiquement les règles de compétence) soit qu'il est en mesure de saisir des juges différents, ce à quoi il faut consacrer de plus amples développements.

68. R. Chapus a bien montré que le juge n'apprécie le bien-fondé d'une prétention qu'après l'examen premier de sa compétence[189] et l'étude seconde de la recevabilité du recours introduit. Ce raisonnement ternaire du juge administratif (compétence – recevabilité – fond) connaît néanmoins certains tempéraments[190] et quelques exceptions substantielles qui conduisent à inverser l'ordre de ces questions. Les juridictions administratives générales peuvent en effet rejeter, « nonobstant les règles de répartition des compétences

---

[187] *V. infra*, p. 95 et s.

[188] Décret n°53-934 du 30 septembre 1953 portant réforme du contentieux administratif ; Loi n°87-1127 du 31 décembre 1987 portant réforme du contentieux administratif.

[189] R. Chapus, *Droit du contentieux administratif*, 13e éd., Montchrestien, Domat, 2008, p. 261.

[190] Le désistement constitue l'un de ces tempéraments puisque la juridiction administrative saisie doit donner acte au requérant de son désistement même lorsque le litige qui lui est soumis ne relève pas de sa compétence (R. Chapus, *op. cit.*, p. 949.

entre les juridictions administratives »[191], tout ou partie des conclusions entachées d'une irrecevabilité manifeste insusceptible d'être couverte en cours d'instance[192]. Ceci reste sans incidence sur la détermination de la coexistence des recours puisque le requérant ne peut prétendre saisir le juge du recours exercé, compte tenu de l'irrecevabilité manifeste de sa demande, sans lien avec l'éventuelle existence d'une autre voie de droit.

69. Un autre tempérament affectant cet ordre des questions posées au juge réside dans la critique doctrinale de ce raisonnement ternaire. Cette critique, notamment formulée par A. Ciaudo, reste toutefois mesurée[193]. Ce dernier estime que l'incompétence du juge saisi doit être comprise comme une « simple » irrecevabilité, en ce qu'elle s'oppose à ce que le juge statue sur le fond d'une prétention, à la seule différence qu'elle est envisagée avant les autres[194]. Il considère que seuls doivent être distingués l'irrecevabilité du recours *lato sensu* et l'examen du bien-fondé de la prétention. Cette présentation théorique est difficilement contestable, en ce que l'incompétence conduit en effet, comme l'irrecevabilité, à ce que le juge n'examine pas la prétention ; étant entendu qu'un rejet pour incompétence n'entraîne pas les mêmes effets qu'un rejet pour irrecevabilité[195] (ce que l'auteur ne nie pas). Pour autant, elle n'affecte pas l'idée que l'on se propose de montrer. A. Ciaudo, en critiquant la présentation développée par R. Chapus, a confirmé le caractère prioritaire de l'examen de la compétence juridictionnelle. En d'autres termes, en cherchant à concevoir le caractère unitaire de la notion d'irrecevabilité, A. Ciaudo n'a pas combattu l'ordre dans lequel le juge envisage l'incompétence et l'irrecevabilité *stricto sensu*.

70. L'aptitude légale d'un juge à connaître d'un recours est donc le premier élément constitutif de la coexistence et, partant, de la concurrence des recours (si ces derniers permettent de faire juger une même prétention[196]). La reconnaissance de cette possibilité pour le requérant de saisir plusieurs juges compétents pour une même situation litigieuse n'est pas toujours aisée, en

---

[191] Art. R. 351-4 et R. 351-5 du CJA.

[192] Tel est le cas d'irrecevabilités qui ne peuvent en aucun cas être couvertes comme la tardiveté ou le fait que le recours soit dirigé contre une décision insusceptible de recours. Tel est aussi le cas d'irrecevabilités qui ne peuvent être couvertes que dans le délai de recours contentieux et qui ne l'ont pas été. Voir, en ce sens, R. Chapus, *op. cit.*, p. 388.

[193] A. Ciaudo, *L'irrecevabilité en contentieux administratif*, M. Deguergue dir., L'Harmattan, Logiques juridiques, 2009, p. 66.

[194] *Ibid.*

[195] En cas d'incompétence, il existe un mécanisme de renvoi par ordonnance au profit d'une autre juridiction administrative, si l'ordre juridictionnel administratif est compétent (Art. L. 351-1 et s. du CJA). Lorsque l'ordre juridictionnel administratif n'est pas compétent, il revient en revanche au requérant de saisir les juridictions judiciaires, sauf dans l'hypothèse où l'une d'elles a déjà rendu une décision d'incompétence (auquel cas le décret n°2015-233 du 27 février 2015 impose la saisine du Tribunal des conflits par la juridiction administrative qui s'estime incompétente).

[196] *V. infra*, p. 187 et s.

particulier lorsqu'il est fait état d'une coexistence du recours pour excès de pouvoir avec d'autres voies de droit. D'après les règles de compétence, il n'est pas besoin d'écarter le recours pour excès de pouvoir par une théorie d'irrecevabilité spéciale lorsque les textes donnent compétence à un autre juge que celui de l'excès de pouvoir pour connaître d'un recours dirigé contre une décision administrative. Pour autant, la progression hégémonique du recours pour excès de pouvoir a parfois conduit le Conseil d'État à préférer une solution d'irrecevabilité à une solution d'incompétence. En ce sens, le juge administratif a entendu mobiliser la fin de non-recevoir tirée de l'existence d'un recours parallèle pour refuser de statuer sur le recours pour excès de pouvoir présenté devant lui alors même que l'application des règles compétences aurait dû justifier ce refus (Section 1).

71. La concurrence des recours et, préalablement, leur coexistence peut encore aujourd'hui concerner le recours pour excès de pouvoir. Néanmoins, certains litiges rendent possible l'exercice d'autres voies de droit que celle-ci et le juge s'oppose aussi à leur mise en œuvre alternative ou cumulative. Ceci suppose d'apprécier, de manière générale, et au-delà des difficultés engendrées par le recours pour excès de pouvoir, la coexistence des recours juridictionnels (Section 2).

Section 1 : La détermination des compétences juridictionnelles affectée par le développement du recours pour excès de pouvoir

72. Le recours pour excès de pouvoir a été créé par le Conseil d'État[197] en s'appuyant sur une lecture particulièrement constructive de la loi des 7 et 14 octobre 1790[198]. Si la date de naissance exacte de cette voie de droit reste débattue[199], il est certain que ce recours en annulation des actes administratifs a connu un essor considérable après le décret du 2 novembre 1864. P. Landon

---

[197] P. de Font Réaulx écrit : « C'est donc sans texte que le Conseil d'Etat admit tout d'abord les recours pour excès de pouvoir portés devant lui. On en trouve quelques exemples de 1807 à 1815 » (P. de Font Réaulx, *Le contrôle juridictionnel du Conseil d'Etat sur les décisions des autres tribunaux administratifs*, Thèse, Poitiers, 1930, p. 66).

[198] B. Plessix écrit que le Conseil d'Etat a fondé le recours pour excès de pouvoir « sur un texte muet » (B. Plessix, *Droit administratif général*, 2e éd., Lexisnexis, Manuel, 2018, p. 1357) et B. Pacteau souligne le « fondement incertain de la loi des 7 et 14 octobre 1790 » (B. Pacteau, « Du recours pour excès de pouvoir au recours de pleine juridiction, *AJDA*, n°spécial, 1999, p. 52). V. encore, P. Binczak, Un silence fondateur : réflexion sur la loi des 16-24 aout 1790, *Regards sur l'histoire de la justice administrative, Journées d'études du CHD de l'Université de Rennes 1* (G. Bigot et M. Bouvet dir.), Litec, 2006, p. 94.

[199] Certains auteurs semblent la faire remonter à l'arrêt « Egret-Thomassin » (CE, 18 nov. 1818, Egret-Thomassin, p. 424) puisque la décision mentionne explicitement le terme. Sur cette conception, v. notamment : P. Landon, *Le recours pour excès de pouvoir sous la justice retenue*, Paris, Sirey, 1942, p. 15. D'autres auteurs adhèrent à l'idée que le recours pour excès de pouvoir découlerait de la décision « Landrin » (CE, 4 mai 1826, Landrin, p. 256). Sur ce point, P. Sandevoir, *Etudes sur le recours de pleine juridiction*, R. Drago dir., LGDJ, 1964, p. 256 ; F. Burdeau, *Histoire du droit administratif*, PUF, Thémis, 1995, p. 167. V. encore, sur cette question : J.-L. Mestre, « L'arrêt Landrin, acte de naissance du recours pour excès de pouvoir ? », *RFDA* 2003, p. 211.

a bien montré sa difficulté à s'imposer réellement dans la jurisprudence durant la première moitié du XIXe siècle[200]. F. Melleray souligne aussi à juste titre l'intérêt limité qui s'attache au recours pour excès de pouvoir jusqu'au Second Empire, en qualifiant cette voie de droit de « marginale et mal individualisée »[201]. Certains commissaires du gouvernement évoquaient un recours « exceptionnel »[202], à l'occasion duquel le Conseil d'État ne sanctionnait que la violation par certains actes de l'Administration des règles de compétences *lato sensu*[203]. Ces balbutiements qui accompagnent les premières années d'existence du recours pour excès de pouvoir ont laissé place à son « explosion »[204]. Le décret du 2 novembre 1864, résultant d'une volonté certaine d'étendre le contrôle de l'Empereur en son conseil sur les actes des agents administratifs placés sous sa surveillance[205], a fondamentalement changé cette manière de voir en exemptant les recours pour excès de pouvoir du ministère d'un avocat et des frais de procédure[206]. Cette évolution s'est accompagnée d'une conception élargie, par le Conseil d'État, des vices susceptibles d'être invoqués à l'appui d'un tel recours[207] tandis que la loi du 24 mai 1872 a consacré l'existence de cette voie de droit, distincte du contentieux ordinaire[208]. Surtout, cette loi a emporté deux conséquences. La première réside dans ce que l'afflux de recours pour excès de pouvoir a conduit à l'engorgement du prétoire du Conseil d'État, seul compétent pour en connaître. La seconde se concrétise par le danger d'usurpation du recours pour excès de pouvoir ; c'est-à-dire que tout débat contentieux pouvait être transformé en question de légalité dont il revenait alors au Conseil d'État de connaître, et ce au détriment de la compétence d'autres juridictions qu'elles

---

[200] P. Landon, *Histoire abrégée du recours pour excès de pouvoir des origines à 1954*, LGDJ, 1963, p. 9 et s.

[201] F. Melleray, Les actions en justice, *Traité de droit administratif*, Dalloz, 2011, t. 2, p. 520.

[202] C. Robert, concl. sur CE, 26 déc. 1862, Bourcier, p. 870.

[203] K. Weidenfeld, *Histoire du droit administratif du XIVe siècle à nos jours*, Economica, Histoire du droit, 2010, p. 179 et s. Pour l'auteur, l'incompétence comprend l'erreur sur l'autorité habilitée à édicter l'acte mais aussi la violation des formes et le détournement de pouvoir.

[204] G. Bigot, *Introduction historique au droit administratif depuis 1789*, PUF, Droit fondamental, 2002, p. 158 et s.

[205] M. De Belbeuf, concl. Sur CE, 4 fév. 1869, Boulangers de Montluçon, p. 94.

[206] Décret du 2 novembre 1864, « Procédure devant le Conseil d'Etat en matière contentieuse ».

[207] CE, 13 mars 1867, Bizet, concl. L. Aucoc, p. 273 (v. dans le même sens : CE, 27 mai 1887, Commune de Pépieux c. Boudet, p. 420). Sur l'intérêt de cette décision, v. par exemple : G. Bigot, *op. cit.*, p. 166. G. Vedel et P. Delvolvé estiment aussi que le décret de 1864 va être « indirectement » à l'origine de l'admission d'un quatrième cas d'ouverture du recours pour excès de pouvoir (G. Vedel et P. Delvolvé, *Droit administratif*, 11e éd., PUF, thémis, 1990, t. 2, p. 235 et s.)

[208] Art. 9 de la loi du 24 mai 1872 portant réorganisation du Conseil d'Etat.

soient ou non administratives[209]. La formule de L. Aucoc éclaire particulièrement bien cette idée : « Le Conseil d'État ne peut pas accepter qu'on lui constitue une juridiction universelle aux dépens de toutes les autres juridictions de l'ordre administratif et de l'ordre judiciaire »[210].

73. L'imminence de ce danger a été renforcée par le Conseil d'État lui-même puisqu'il a largement ouvert le recours pour excès de pouvoir en employant, en particulier, la technique des actes détachables. Ainsi, là où les requérants ne disposaient que d'un recours dans le cadre duquel ils pouvaient saisir un juge du contentieux né de la réalisation d'une « activité administrative »[211], ils disposaient, compte tenu de ce développement du recours pour excès de pouvoir, d'un recours supplémentaire, devant un autre juge, et permettant d'aboutir à l'annulation de certains actes intervenant dans la réalisation de cette opération (§1). Le Conseil d'État a, par la suite, entendu limiter le développement du recours pour excès de pouvoir en fermant celui-ci par une fin de non-recevoir tirée de l'existence d'un recours parallèle. Selon d'éminents membres du Conseil d'État eux-mêmes, cette cause d'irrecevabilité est opposée par le juge pour, notamment, préserver la compétence des autres juridictions[212]. Ceci interroge : pourquoi en appeler à une cause particulière d'irrecevabilité pour préserver la compétence d'un autre juge, plutôt que d'appliquer les règles de compétence ? La jurisprudence administrative peut, sur ce point, supporter quelques critiques. En particulier, elle conduit parfois à considérer comme coexistants des recours qui ne le sont pas : en témoignant d'une fin de non-recevoir tirée de l'existence d'une autre voie de droit, le juge reconnaît implicitement que le requérant était à même de saisir plusieurs juges compétents puisqu'il rejette le recours pour excès de

---

[209] L. Aucoc, concl. sur CE, 20 fév. 1868, Couder et Bouchers de Paris, p. 193. Celui-ci écrit : « Il est remarquable que, depuis un certain nombre d'années, la confiance des justiciables dans les lumières et l'impartialité du Conseil d'Etat délibérant au contentieux n'a cessé de s'affermir et de se développer, et que le nombre des pourvois formés devant vous pour excès de pouvoir s'est constamment accru. Cette confiance est même devenue une cause d'embarras pour le Conseil puisque les parties (…) ont cherché à donner à toutes les réclamations élevées à propos des actes de l'Administration le caractère d'un recours pour excès de pouvoir ».

[210] *Ibid.*

[211] L'activité administrative se traduit, en de nombreuses occasions, non par l'édiction d'actes isolés mais par la réalisation d'opérations d'ensemble à la concrétisation desquelles concourent plusieurs actes administratifs, liés entre eux par la poursuite d'une même finalité. La doctrine a pu, sur ce point, faire référence au terme « d'opération complexe » (J. Chevallier, La fonction contentieuse de la théorie des opérations complexes, *AJDA* 1981, p. 331) ou « opération administrative » (V. sur ce point, M. Hauriou, *Précis de droit administratif et de droit public*, 11e éd., Sirey, 1927, p. 435). À la vérité, cette expression doctrinale « d'opération » renvoie à la possibilité pour les justiciables d'exciper de l'illégalité d'un acte participant à la réalisation d'une activité administrative à l'occasion d'un recours dirigé contre un autre acte administratif postérieur, participant lui aussi à la réalisation de cette activité. Il vaut mieux faire référence à la technique de l'acte détachable, lorsqu'il est envisagé la possibilité qu'un acte administratif, pris isolément, puisse faire l'objet d'un recours pour excès de pouvoir nonobstant l'existence d'un recours organisé contre l'activité administrative à la réalisation de laquelle cet acte concoure.

[212] L. Aucoc, concl. sur CE, 20 fév. 1868, Couder et Bouchers de Paris, p. 193 et CE, 13 mars 1867, Bizet, p. 273.

pouvoir formé devant lui pour irrecevabilité (§2). Ces difficultés à déterminer la possibilité pour les requérants de saisir le juge de l'excès de pouvoir en même temps qu'ils peuvent saisir un autre juge ont été largement atténuées. La coexistence des recours est, de ce fait, plus aisément admissible. En effet, la jurisprudence administrative récente traduit moins cette fermeture du recours pour excès de pouvoir par l'irrecevabilité au détriment de l'application des règles de compétence (§3).

§1. L'extension hégémonique de la possibilité de saisir le juge de l'excès de pouvoir

74. Technique des actes détachables. La jurisprudence administrative parait largement témoigner, au début du XXe siècle, d'une certaine ouverture du recours pour excès de pouvoir. Que l'on considère la reconnaissance d'un intérêt à agir pour les contribuables locaux[213] ou encore les évolutions relatives aux délais de recours[214], il semble qu'à plusieurs égards l'action administrative ait pu être plus largement soumise au contrôle du juge[215]. Surtout, le Conseil d'État a souhaité étendre le champ d'application du recours pour excès de pouvoir en recourant à la technique des actes détachables. Le juge administratif a estimé qu'il lui appartenait de connaître de certaines décisions prises par l'Administration lorsque celles-ci ne posaient que des questions de légalité, distinctes des questions relatives aux contrats ou aux opérations fiscales pour la réalisation desquelles ces décisions interviennent[216]. Le Conseil d'État a entendu considérer la détachabilité de certains actes dans le seul but de les rendre justiciables du recours pour excès de pouvoir. Il s'agit pour le juge d'admettre qu'au sein d'une activité administrative, concrétisée par une série d'actes liés entre eux par la finalité poursuivie par l'Administration, certains d'entre eux peuvent être considérés isolément et faire l'objet d'un recours en annulation. Ce recours est ainsi ouvert alors qu'il appartient normalement à un autre juge de connaître du contentieux engendré par la réalisation de cette activité administrative prise dans son ensemble.

---

[213] CE, 29 mars 1901, Casanova, p. 333.

[214] Entre autres exemples, le Conseil d'Etat a pu admettre que la demande d'assistance judiciaire prorogeait le délai de recours (CE, 7 fév. 1902, Berti, p. 92 ; CE, 7 juillet 1905, Ellis, p. 622). De la même manière, le Conseil d'Etat a aussi jugé que l'exercice d'un recours gracieux prorogeait le délai de recours contentieux à l'égard de la décision administrative (CE, 12 janv. 1917, Marchelli, p. 42).

[215] Sur l'ensemble de la question, v. A. Ciaudo, *op. cit.*, p. 317 et s. ; F. Burdeau, *op. cit.*, p. 255.

[216] C'est ce que montre notamment la décision « Commune de Gore » par laquelle le Conseil d'Etat a admis le recours d'une commune contre un arrêté préfectoral ayant désigné d'office un local pour servir de bail scolaire. Le Préfet avait conclu un bail avec son propriétaire et la commune disposait ainsi d'une action devant le juge du contrat. La question de la légalité de la décision du Préfet est estimée détachable du rapport de droit privé unissant la commune et le propriétaire du local (CE, 11 déc. 1903, Commune de Gore, p. 770).

Cette « technique contentieuse »[217] permet au Conseil d'Etat d'assumer son rôle gardien de la légalité administrative et apparaît dans les conclusions de certains commissaires du gouvernement dès 1877[218]. Elle a été plus clairement affirmée au début du XXe siècle, notamment par la décision « Commune de Gore »[219], à l'occasion de laquelle le Conseil d'État a accepté de connaître d'un recours pour excès de pouvoir dirigé contre un acte de tutelle approuvant un contrat de droit privé de l'Administration. Le juge a estimé que la question de la légalité de la décision préfectorale se détachait des rapports de droit privé liant les parties en vertu d'un contrat de bail. Entre autres exemples, il en est allé de même en matière fiscale, le Conseil d'État ayant accepté de juger un recours pour excès de pouvoir dirigé contre un acte réglementaire établissant une imposition dont le contentieux était confié aux juridictions judiciaires[220]. La réalisation de l'opération fiscale exige, avant d'assujettir les contribuables à l'impôt par un acte administratif individuel, qu'un acte réglementaire établisse la taxe. Les actes de cette nature ont été estimés justiciables du recours pour excès de pouvoir[221]. Celui-ci a encore pu atteindre d'autres actes participant à la réalisation d'une activité administrative dont le contentieux relevait des conseils de préfecture comme les actes réglementaires établissant

---

[217] F. Burdeau évoque bien une « théorie » mais insiste immédiatement sur sa « portée pratique incontestable (*op. cit.*, p 263). D. Piveteau nie plus clairement l'existence d'une « théorie de l'acte détachable » (concl. sur CE, 14 sept. 2001, Marini et autres). De même, B. Plessix estime que cette technique est tantôt mobilisée tantôt écartée par le juge pour étendre ou restreindre son contrôle sur les actes administratifs. Selon lui, la notion d'acte détachable n'existe pas, il s'agit d'une technique juridique, non pensée pour la cohérence des catégories juridiques mais pour individualiser certains actes, les individualiser des opérations dans lesquelles ils interviennent (B. Plessix, Les actes détachables, *Cohérence et actes administratifs (F. Brenet et A.-L. Girard dir.),* Faculté de droit et des sciences sociales de Poitiers, Actes et colloques, 2020, p. 153 et s.). V. encore : L. Feilhes, Le concept d'opération complexe, perspectives croisées de droit administratif et de droit de l'Union européenne, *RFDA* 2020, p. 39

[218] E. David, concl. sur CE, 2 mars 1877, Institut catholique de Lille, p. 224). Il écrit : « Les actes de tutelle administrative, lorsqu'ils ont été précédés ou suivis des contrats qu'ils approuvent ou qu'ils autorisent, ne peuvent être détachés de ces contrats qu'ils complètent et dans lesquels ils se confondent (…) ». V. égal., CE ? 8 juin 1883, Delahaye, p. 544.

[219] CE, 11 décembre 1903, Commune de Gore, p. 770. V. égal. CE, 4 août 1905, Martin, p. 768 (Il s'agissait en l'espèce d'un recours formé par un conseiller général contre une délibération d'un Conseil général relative à la construction et à la concession de tramways).

[220] Le juge judiciaire est historiquement chargé du contentieux des contributions indirectes (droits d'enregistrement, de douane, ou encore certaines taxes). Cette compétence vaut encore aujourd'hui (v. Art. L. 199 du LPF ; Art. 357 bis. du Code des douanes).

[221] C'est notamment le cas des actes réglementaires, dont la légalité peut être appréciée par le juge judiciaire, sans qu'il ne puisse logiquement en prononcer l'annulation. V. CE, 28 fév. 1913, Breil et autres, p. 289 et CE, 27 juin 1913, Cabanis, p. 773. Pour une application ultérieure : CE, 19 juillet 1918, Dahl et Garrigues, p. 741 ; CE, 20 juin 1930, Sieur Marrot, p. 644.

des impositions directes[222] ou, dans un autre domaine, d'actes préparant le déroulement d'élections administratives[223].

75. Une coexistence provoquée des recours. Il faut bien dire que lorsque le juge accepte de statuer sur le recours pour excès de pouvoir formé à l'égard de tels actes, les requérants sont alors à même de saisir plusieurs juges également compétents[224]. Outre ce recours en annulation, est permise la saisine du juge normalement chargé de connaître du contentieux de l'activité administrative à laquelle participe l'acte qui fait l'objet du recours. L'extension du recours pour excès de pouvoir conduit à la coexistence des voies de droit. L'évolution textuelle importante que constitue le décret du 2 novembre 1864 s'est ainsi doublée d'une évolution jurisprudentielle considérable concernant la progression du recours pour excès de pouvoir, et, aussi, la reconnaissance d'une coexistence des recours juridictionnels : là où les requérants n'avaient qu'un juge, ils peuvent, dans de nombreux domaines, en saisir plusieurs. Cette extension du recours pour excès de pouvoir a néanmoins emporté un inconvénient important. Puisque le recours pour excès de pouvoir est dispensé du ministère obligatoire d'un avocat et des frais afférents, l'attrait pour cette voie de droit atteint l'intérêt, pour les requérants, de saisir un autre juge. La jurisprudence administrative témoigne assurément de ce mouvement de développement du recours pour excès de pouvoir en même temps qu'elle témoigne, aussi, de la nécessité d'en restreindre l'usage par les requérants. À la vérité, c'est d'abord l'exception de recours parallèle qui a été mobilisée par le juge pour faire face au nombre important de recours pour excès de pouvoir formés après l'entrée en vigueur du décret du 2 novembre 1864. Ce mouvement de limitation du recours pour excès de pouvoir a, ensuite, été substantiellement ralenti par le développement de la technique de la détachabilité ayant pour objectif principal d'étendre le domaine d'application du recours pour excès de pouvoir.

---

222 CE, 8 juillet 1921, Société « Norddeutscher Lloyd Paris-Office », concl. Corneille, p. 682 ; CE, 28 juin 1929, Trutié de Varreux, p. 635.

223 CE, 7 août 1903, Chabot et autres, p. 620 (Il s'agissait, en l'espèce, d'une délibération opérant un sectionnement électoral).

224 Il convient de préciser que les tiers sont également recevables à former un recours pour excès de pouvoir dirigé contre l'acte réglementaire qui établit une imposition mais ceux-ci ne disposent pas du recours organisé devant le juge fiscal, faute de présenter un intérêt à agir suffisant. Seuls sont donc considérés, ici, les contribuables (sur cette question, *v. infra*, p. 126).

§2. La fermeture critiquable de la possibilité de saisir le juge de l'excès de pouvoir par l'irrecevabilité

76. La reconnaissance d'une fin de non-recevoir tirée de l'existence d'un recours parallèle a donc d'abord répondu à la volonté d'éviter l'engorgement du prétoire du Conseil d'État, en limitant le nombre de recours pour excès de pouvoir exercés[225]. Cette cause d'irrecevabilité a néanmoins rapidement été opposée par le juge pour éviter que le recours pour excès de pouvoir ne perturbe l'ordre des compétences juridictionnelles. La manière dont le Conseil d'État a refusé de juger ce recours en annulation retient l'attention : ce n'est pas l'incompétence que le juge oppose aux requérants, mais bien l'irrecevabilité du recours lorsqu'il est dirigé contre un acte participant à la réalisation d'une opération administrative ou, parfois, quand il vise des actes administratifs isolés. En préférant l'irrecevabilité à l'incompétence, le Conseil d'État parait chercher à affirmer son rôle de gardien de la légalité administrative en même temps qu'il se refuse, tout de même, à exercer effectivement cette compétence en jugeant du recours pour excès de pouvoir et en renvoyant les requérants à la saisine d'un autre juge[226].

77. La mobilisation de la fin de non-recevoir tirée de l'existence d'un recours parallèle par le juge est parfois discutable, comme l'est aussi la mention dans les tables du recueil de cette cause d'irrecevabilité pour décrire des solutions qui se comprennent par la seule application des règles de compétence. L'explication par la doctrine de ces solutions par la même fin de non-recevoir n'est pas, non plus, exempte de toute critique. En faisant reposer le refus de juger une prétention sur une telle irrecevabilité, il est implicitement fait état de la possibilité pour les requérants de saisir plusieurs juges compétents, puisque l'incompétence du juge est examinée avant l'irrecevabilité du recours[227]. Les solutions paraissent reposer sur la volonté du juge de limiter le libre exercice des recours à disposition des requérants

---

[225] R. Guillien l'a fait remarquer en indiquant que l'exception de recours parallèle « n'a pas pu avoir d'autre tâche évoquant que celle de diminuer le nombre des recours » (R. Guillien, *L'exception de recours parallèle : distinction des contentieux, compétence juridictionnelle et recevabilité en doctrine et en jurisprudence*, Sirey, 1934, p. 13). De même, F. Melleray écrit que le Conseil d'Etat développe, à cette période, l'exception de recours parallèle suivant laquelle le recours pour excès de pouvoir présente, en droit, un caractère subsidiaire « pour éviter que cette voie de droit ne devienne universelle » (F. Melleray, *op. cit.*, p. 520).

[226] Cette manière de voir est encore partagée par certains rapporteurs publics. J. Lessi, en proposant au Conseil d'Etat d'opposer une irrecevabilité « inspirée de la théorie de l'exception de recours parallèle » à un recours en responsabilité écrit : « Ne pourrait-on pas alors objecter qu'il y a quelque chose d'artificiel pour le juge administratif à admettre sa compétence pour un recours en responsabilité à raison de l'exercice par la puissance publique de sa fonction normative, pour aussitôt opposer une irrecevabilité. Autrement dit, n'est-ce pas ouvrir une fausse fenêtre ? En partie, certes, mais c'est la soupape nécessaire à la préservation de l'économie générale des voies de recours » (J. Lessi, concl. sur CE, 20 mai 2016, CAVIMAC, non publiées).

[227] *V. supra*, p. 57.

alors qu'une application rigoureuse des règles déterminant les compétences juridictionnelles aurait dû rendre compte de l'existence non de plusieurs recours, mais d'un seul. La détermination de la coexistence des recours rend nécessaire la mention de ces solutions jurisprudentielles mobilisant à tort la fin de non-recevoir tirée de l'existence d'un recours parallèle (I) et des considérations doctrinales évoquant faussement cette cause d'irrecevabilité du recours pour excès de pouvoir (II).

I. La mention douteuse de la fin de non-recevoir tirée de l'existence d'un recours parallèle par le juge

78. Reconnaissance discutable d'une compétence alternative de la juridiction administrative. Sans que le juge retienne explicitement l'existence d'une fin de non-recevoir tirée de l'existence d'un recours parallèle pour rejeter le recours pour excès de pouvoir formé devant lui, le Conseil d'État a pu, sous l'impulsion des commissaires du gouvernement Aucoc et De Belbeuf, faire dépendre l'admission du recours pour excès de pouvoir de la nécessité de ne pas empiéter sur la compétence de l'autorité judiciaire[228]. Plusieurs arrêts montrent également, sans, encore, qu'il soit explicitement fait mention de cette fin de non-recevoir, que le refus du Conseil d'État d'admettre le recours pour excès de pouvoir est justifié par la préservation de la compétence d'une autre juridiction. Ces décisions jugent parfois que le recours n'est « pas recevable » tandis que les tables du recueil ménagent une référence au « recours parallèle ». Tel est par exemple le cas de certaines décisions rendues en matière fiscale où le recours pour excès de pouvoir dirigé contre des actes établissant certaines taxes indirectes n'était pas recevable, avant que le juge n'y ait développé la technique de la détachabilité[229]. Ces occurrences sont sujettes à critique puisque, si le juge n'estime pas détachable cet acte administratif, c'est qu'il estime être saisi du recours contre l'imposition elle-même, à l'égard de laquelle il n'a pas compétence. Pour autant, il s'agit de recours formés contre des actes participant à la réalisation de l'imposition et le Conseil d'État n'occulte pas totalement cette idée de détachabilité, qui est sous-jacente dans la jurisprudence[230]. Des critiques plus sérieuses s'attachent en revanche à décrire certaines mentions explicites par le

---

[228] R. De Belbeuf, concl. sur CE, 15 mai 1869, Commune de Petite Synthe, p. 469 ; L. Aucoc, concl. sur CE, 4 Fév. 1869, Mazet c. boulangers de Montluçon, p. 94 ; L. Aucoc, concl. sur CE, 20 fév. 1868, Couder et Bouchers de Paris, p. 193.

[229] CE, 3 fév. 1899, Botella, p. 81 ; CE, 19 mai 1899, Levieux, p. 401 ; CE, 23 avril 1899, Pinauteau, p. 314. R. Odent, *Contentieux administratif, op. cit.,* Fasc. IV, p. 1310.

[230] B. Plessix, Les actes détachables, *Cohérence et actes administratifs (F. Brenet et A.-L. Girard dir.),* Faculté de droit et des sciences sociales de Poitiers, Actes et colloques, 2020, p. 153.

juge de cette fin de non-recevoir pour des cas qui ne l'imposaient en aucune manière.

79. Dans la décision « Caisse régionale de Sécurité sociale de Bordeaux »[231] le Conseil d'État était saisi d'un recours pour excès de pouvoir dirigé contre un arrêté préfectoral fixant des prix de journée applicables aux malades assurés sociaux hospitalisés dans des hôpitaux publics et dans des établissements publics et privés de lutte antituberculeuse. Il a été jugé que « les requêtes de la Caisse régionale de la Sécurité sociale de Bordeaux bien qu'elles soient dirigées contre des décisions administratives susceptibles d'être déférées au juge de l'excès de pouvoir se heurtent à la fin de non-recevoir tirée de l'existence d'un recours parallèle devant la commission centrale d'assistance »[232]. La décision administrative à l'origine du litige a, semble-t-il, justifié que le juge administratif suprême retienne sa compétence. La lecture du décret du 30 septembre 1953[233] faisait, et fait d'ailleurs toujours du Conseil d'État le juge des recours en annulation dirigés contre les actes administratifs dont le champ d'application s'étend au-delà du ressort d'un seul tribunal administratif[234]. Cette manière de voir est contestable dès lors que l'article 2 de l'ordonnance du 26 mai 1945, mentionné aux visas, confie à la commission centrale d'assistance le contentieux de tels arrêtés : « Elle (la commission) est également chargée de statuer sur les affaires contentieuses dont le jugement est actuellement dévolu à l'organisme dit « Conseil supérieur de l'assistance de France » par des dispositions particulières et, notamment, sur les pourvois formés en matière de fixation des prix de journée dans les hôpitaux et hospices publics »[235]. De plus, le Conseil d'État a lui-même considéré que cette compétence de la commission s'étendait, en vertu d'autres dispositions textuelles[236], à l'arrêté déféré à son contrôle.

80. Comme le fait justement remarquer H. Charles, les juridictions de Sécurité sociale « étendent leur compétence aux actes administratifs unilatéraux insérés dans le fonctionnement de cette institution »[237]. Il faut voir dans la reconnaissance d'une compétence juridictionnelle au profit de la

[231] CE, 11 décembre 1957, Caisse régionale de sécurité sociale de Bordeaux, p. 675.

[232] *Ibid.*

[233] Décret n°53-934, *op. cit.*

[234] On relèvera toutefois que le recours était intenté avant l'entrée en vigueur du décret précité de 1953.

[235] Art. 2 de l'ordonnance n°45-1066 du 26 mai 1945 relative au Conseil supérieur de l'assistance de France.

[236] Il résultait des dispositions combinées de l'ordonnance du 26 mai 1945, de la loi du 21 décembre 1941 et de l'ordonnance du 18 décembre 1944 que les recours dirigés contre les décisions fixant les prix de journée dans les hôpitaux publics devaient être portés devant la présente commission tandis que l'ordonnance du 31 octobre 1945 étendait la réglementation des hôpitaux publics en matière de prix de journée aux établissements publics et privés de lutte antituberculeuse.

[237] H. Charles, *Actes rattachables et actes détachables en droit administratif français : contribution à une théorie de l'opération administrative,* LGDJ, BDP, 1968, p. 155.

commission d'assistance la mise à l'écart de la compétence générale du juge administratif à connaître des recours dirigés contre ces décisions. G. Bachelier a bien mis en exergue cette idée en faisant valoir que le juge de l'excès de pouvoir « n'a certainement pas besoin d'employer la notion de recours parallèle pour se déclarer incompétent au profit d'une autre juridiction lorsque la loi a attribué à cette autre juridiction une compétence pour connaître de la légalité d'un acte administratif »[238]. Tel était le cas de la décision évoquée pour laquelle il suffisait de retenir le caractère exclusif de la compétence de la commission centrale d'assistance, d'autant plus que les textes mentionnaient explicitement l'acte dont l'annulation pour excès de pouvoir était demandée. En opposant une fin de non-recevoir tirée de l'existence d'un recours parallèle, le Conseil d'État admet implicitement sa compétence à connaître du présent litige, même s'il refuse à l'exercer effectivement. Cette manière de faire conduit à entretenir une confusion certaine quant aux voies de droit susceptibles d'être empruntées par la Caisse requérante : il faut ici se détourner d'une quelconque coexistence des recours que la décision laissait entrevoir.

81. La décision « Sieur Garnett » rendue le 26 novembre 1952 supporte la même critique. Le Conseil s'est fondé, là encore, en des termes clairs et au détriment de l'application des règles de compétences, sur l'existence d'un recours parallèle pour rejeter le recours pour excès de pouvoir formé devant lui[239]. La référence à l'exception de recours parallèle dans cet arrêt est évidente. Il a été jugé que l'existence d'un recours devant le juge de paix (dont la compétence se fonde sur l'article 28 du décret du 27 novembre 1946) était « de nature à aboutir pour les intéressés au même résultat que celui qu'ils pourraient obtenir par la voie du recours pour excès de pouvoir »[240]. Cette solution parait témoigner de l'existence au profit du requérant de plusieurs recours compte tenu de ce que la seule existence du recours devant le juge de paix fonde l'irrecevabilité du recours pour excès de pouvoir. En d'autres termes, le requérant pouvait valablement saisir deux juges compétents, mais la saisine de l'un d'eux est privilégiée. Il faut cependant faire remarquer à nouveau que les recours ne coexistaient pas, puisque les dispositions du décret du 27 novembre 1946 devaient être regardées comme confiant exclusivement au juge de paix la compétence pour connaître de la décision attaquée. Ces dispositions conféraient à une autorité le soin de déclarer démissionnaire d'office les administrateurs de Sécurité sociale dans les mines qui cessent de remplir les conditions d'éligibilité exigées, étant précisé que ces administrateurs sont ainsi déclarés démissionnaires d'office « sauf recours

---

[238] V. en ce sens, G. Pélissier, Recours pour excès de pouvoir : conditions de recevabilité, Répertoire de contentieux administratif, Dalloz, n°157 et s.

[239] CE, 26 nov. 1952, Sieur Garnett, p. 533.

[240] *Ibid.*

devant le juge de l'élection »[241], lequel se trouvait être le juge de paix aux termes du même décret. La compétence du juge de paix aurait dû être considérée comme exclusive alors que la solution évoquée admet implicitement la compétence du Conseil d'État à connaître du litige. Le commissaire du gouvernement Bonichot a particulièrement bien souligné la maladresse du Conseil d'État quant à la mention du résultat équivalent conféré par l'action ouverte devant le juge de paix : « on ne voit pas ce que vient faire cette précision finale puisqu'il résultait des textes mêmes que le juge administratif n'était pas compétent »[242].

82. Pondération des compétences juridictionnelles. Le Conseil d'État s'attache ainsi à ce que le recours pour excès de pouvoir ne trouble pas l'ordre des compétences établi par les dispositions législatives, en opposant parfois aux requérants l'irrecevabilité du recours et non son incompétence à juger du recours pour excès de pouvoir. Ceci est compréhensible lorsque le recours pour excès de pouvoir vise un acte participant à la réalisation d'une activité administrative. L'exercice du recours pour excès de pouvoir évite l'intervention du juge normalement chargé du contentieux de l'activité administrative considérée, que peuvent être, notamment, les tribunaux judiciaires ou les conseils de préfecture. Dans ce dernier cas d'ailleurs, c'est le double degré de juridiction qui est éludé[243]. Le rejet pour irrecevabilité permet de ne pas juger du recours en préservant l'ordre des compétences juridictionnelles sans que le juge administratif ne renonce à l'affirmation de sa compétence naturelle à l'égard des recours en annulation dirigés contre les actes administratifs. En revanche, certaines dispositions législatives paraissent explicitement exclure cette compétence du juge administratif à connaître, pour certains actes précisément énumérés, de recours en annulation formés à leur encontre. Dans ces cas, opposer au recours pour excès de pouvoir une fin de non-recevoir est incorrect et conduit à considérer faussement l'existence de plusieurs recours, entre lesquels les requérants peuvent opérer un choix, que le juge estime nécessaire de limiter. Mieux vaut, dans ces cas, que le juge

---

241 CE, 26 nov. 1952, Sieur Garnett, p. 533.

242 J.-C. Bonichot, concl. sur CE, 6 janvier 1995, Société des manufactures ERAM, *LPA* 1995, n°67, p. 11

243 Art. 4 de la Loi du 28 pluviôse an VIII : « Le conseil de préfecture prononcera. « sur les demandes tendant à obtenir la décharge ou la réduction de leur cote de contributions directes … ». L'annulation pour excès de pouvoir de décisions administratives se rapportant à ces impositions ne peut être recherchée que devant le Conseil d'Etat qui pourrait donc, si le requérant se satisfait de cette annulation, régler seul le litige. Tel est le cas en matière fiscale dans le cas où l'annulation d'un acte réglementaire d'imposition, qui rejaillit sur l'acte qui assujettit le contribuable à l'impôt, paralyse l'application de celui-ci. Sur ce point, R. Guillien écrit très justement que dans le cadre des activités réalisées par l'autorité administrative : « il existe une incontestable solidarité, l'annulation obtenue par le recours pour excès de pouvoir rejaillira infailliblement sur les actes voisins » (*op. cit.*, p. 187). Dans le même sens, la Loi du 5 avril 1884 (…art 37 et 38) dispose que « tout électeur et tout éligible a le droit d'arguer de nullité les opérations électorales de la commune (…) ». Ducrocq voit dans ces termes un obstacle à l'admission du recours pour excès de pouvoir (T. Ducrocq, *Cours de droit administratif et de législation française des finances*, 7e éd., 1897, t. 2, p. 38).

retienne son incompétence à connaître du recours formé devant lui, comme il l'a affirmé d'ailleurs dans plusieurs autres solutions[244]. Il est alors inutile pour le juge d'en appeler à une théorie spéciale pour écarter le recours qui lui est présenté. La seule référence aux règles gouvernant la compétence juridictionnelle suffit pour refuser de statuer sur le bien-fondé d'une prétention : quand bien même le requérant était susceptible d'entreprendre un autre recours, il n'était pas à même d'exercer celui dont il a saisi le juge[245].

83. En cela, l'affirmation de son incompétence par le juge devrait être préférée à l'irrecevabilité lorsque des dispositions législatives déterminent la compétence d'une juridiction particulière à l'égard de certains actes administratifs ne participant pas à la réalisation d'une activité administrative. Le rejet pour irrecevabilité se conçoit mieux lorsqu'il vise des actes administratifs intervenant dans la réalisation d'une telle activité. Ici, il faut considérer que loi a confié à une juridiction autre que le Conseil d'État la compétence pour statuer sur le contentieux généré par cette activité, juridiction susceptible d'apprécier la légalité des différents actes administratifs participant à la réalisation d'une telle opération. Le législateur n'a pas pour autant, dans ce cas, explicitement exclu toute compétence du juge de l'excès de pouvoir. Cette difficulté à déterminer les situations dans lesquelles les requérants peuvent saisir plusieurs juges compétents, liée à l'utilisation parfois discutable de la fin de non-recevoir tirée de l'existence d'un recours parallèle, est renforcée par la mention doctrinale erronée de cette même cause d'irrecevabilité du recours pour excès de pouvoir.

II. La mobilisation critiquable de l'exception de recours parallèle par la doctrine

84. Référence contestable à l'exception de recours parallèle. On peut reprocher à R. Alibert d'évoquer très largement la rigueur conservée par la théorie de l'exception de recours parallèle en matière de contentieux relatif aux traitements des fonctionnaires des colonies lorsqu'il vise l'arrêt

---

[244] V. par ex., s'agissant d'un recours en annulation dirigé contre une décision du gouverneur général de l'Afrique occidentale qui pouvait être contestée uniquement devant le Conseil du contentieux administratif de l'Afrique occidentale française : CE, 2 février 1955, Sieur Valat, p. 61. V. égal., dans le même sens, l'affirmation de l'incompétence du juge de l'excès de pouvoir à connaître de contestations relevant de la seule compétence du Conseil départemental de l'enseignement primaire : CE, 26 novembre 1937, Sieur Ligot, p. 967.

[245] Les propos de B. Kornprobst éclairent bien ce dernier point : « Si le litige crée par l'acte n'est pas de la compétence du juge de l'excès de pouvoir, il n'est pas besoin de faire appel à l'exception, les solutions découlent de l'application des lois ou de la jurisprudence. Il faut seulement réserver l'hypothèse des opérations complexes dont l'acte administratif n'est qu'un des éléments, que le Conseil d'Etat consent à considérer comme suffisamment individualisé pour être attaqué isolément » (*La notion de partie et le recours pour excès de pouvoir*, P. Weil dir., LGDJ, BDP, 1959, p. 69)

« Mouttayen »[246]. La formule retenue par le Conseil d'État dans cette décision semblait rendre inutile la référence à l'exception de recours parallèle. Pour refuser de juger le recours pour excès de pouvoir formé devant lui, le Conseil d'État considère que : « la question soulevée était de celles dont il n'appartient qu'au conseil du contentieux administratif colonial de connaître en vertu de l'art. 3 du décret du 5 août 1881 »[247]. Lorsque les textes paraissent suffisamment clairs quant à la compétence confiée à une autre juridiction pour statuer sur le contentieux de l'acte ayant fait l'objet du recours pour excès de pouvoir, il est inutile d'invoquer l'exception de recours parallèle. Il faut néanmoins reconnaître que l'exception n'avait pas encore connu, au début du XXe siècle, l'effort de conceptualisation dont elle a fait ultérieurement l'objet[248], même si le recours pour excès de pouvoir n'avait déjà vocation à être admis que s'il était présenté devant un juge compétent. Tel n'était pas le cas lorsque des dispositions législatives confiaient le contentieux des décisions administratives attaquées à une autre juridiction. En appeler à l'exception de recours parallèle pour expliquer ces cas conduit à nier l'ordre des questions posées au juge administratif et porte atteinte à la valeur explicative que cette fin de non-recevoir peut parfois présenter.

85. Référence discutable à l'exception de recours parallèle. Les critiques qu'il convient d'adresser à cet emploi de l'exception de recours parallèle doivent néanmoins être plus mesurées lorsque les textes déterminent la compétence du juge du recours « parallèle » au recours pour excès de pouvoir avec un moindre degré de précision. Malgré cela, plusieurs solutions ont été expliquées par la doctrine en mobilisant cette cause d'irrecevabilité alors qu'elles pouvaient être justifiées par le respect des règles de compétence. Un exemple le fait bien comprendre. Les lois des 15 juillet 1893 et 14 juillet 1905 confiaient aux conseils de préfecture la compétence pour connaître des litiges relatifs à l'application des règlements en matière d'assistance publique et il convenait ici de considérer cette compétence comme exclusive de tout recours pour excès de pouvoir. L'exposé de l'arrêt Picherit le montre[249]. Le Conseil d'État a jugé que le recours pour excès de pouvoir formé devant lui contre une décision du Préfet lui refusant l'allocation d'une somme au titre de complément d'honoraires d'assistance médicale se rattachait à l'organisation de cette assistance et « que l'arrêté attaqué ne faisait pas obstacle à ce que le requérant portât la difficulté devant le conseil de préfecture, seul compétent

---

[246] CE, 3 nov. 1916, Mouttayen, p. 718. V. dans le même sens : CE, 1er juin 1906, Jacquemond, p. 50. Sur l'explication proposée de ces arrêts : R. Alibert, *Le contrôle juridictionnel de l'administration au moyen du recours pour excès de pouvoir*, Payot, 1926, p. 168.
[247] CE, 3 nov. 1916, Mouttayen, p. 718
[248] *V. supra*, p. 17.
[249] CE, 12 Mars 1915, Picherit, P. 70. V. Dans Le Même Sens : CE, 18 Juin 1915, Boyer, P. 193.

pour en connaître »[250]. R. Alibert indiquait qu'en une telle matière « la fin de non-recevoir tirée de l'existence d'un recours parallèle doit toujours être opposée au recours pour excès de pouvoir »[251]. La lecture des dispositions législatives devait pourtant emporter l'adhésion au sens où l'application des règles de compétences suffisait à justifier le refus de statuer sur le recours pour excès de pouvoir. L'exception ainsi mobilisée est inutile. Elle est aussi source de confusions parce qu'elle induit, à tort, l'existence de plusieurs recours. Les propos de R. Guillien sont, à cet égard, très justes : « Si nous voyons le domaine de la compétence d'attribution s'élargir, même sans texte, il ne faudra pas en conclure que l'exception de recours parallèle a joué. Il faudra seulement constater que le droit, exprimé par la jurisprudence, a déterminé cette compétence de façon plus générale que la loi »[252].

86. Au surplus, et même si l'explication ne se trouve pas une solution d'incompétence découlant des textes, c'est en se fondant sur cette même théorie que F. Batailler a justifié le refus du Conseil d'État de statuer sur les recours pour excès de pouvoir dirigés contre des actes préliminaires au déroulement d'élections législatives[253]. La mention de l'exception de recours parallèle visait, pour l'auteur, à montrer la volonté du Conseil d'État de ne pas statuer sur le recours pour excès de pouvoir puisqu'il revenait aux assemblées elles-mêmes de connaître du contentieux de ces élections[254]. L'explication est insatisfaisante. Dès lors que le Conseil d'État refusait de concevoir ces actes comme détachables de l'opération électorale, la solution devait être justifiée par la théorie des actes de gouvernement[255]. Les actes attaqués étaient ainsi insusceptibles de faire l'objet d'un recours juridictionnel et le Conseil d'État était donc incompétent pour en connaître.

87. Primauté de la compétence juridictionnelle sur l'exception de recours parallèle. L'emploi de l'exception de recours parallèle à la place des règles de compétence a été sévèrement combattu, à raison, par une partie de

---

[250] CE, 12 Mars 1915, Picherit.

[251] R. Alibert, *Op. Cit.*, P. 175.

[252] R. Guillien, *Op. Cit.*, P.174.

[253] CE, 6 Août 1912, Maitre, P. 982 ; CE, 8 Juin 1951, Hirchowitz, P. 320 ; D. 1951, 529, Note F. M ; CE, 2 Nov. 1951, Tixier, P. 512 ; D. 1952, 39, Note F. M.

[254] F. Batailler, *Le Conseil d'Etat, Juge Constitutionnel*, LGDJ, BDP, 1966, P. 310.

[255] F.-M. Fay écrit « La motivation profonde du Conseil d'Etat ne peut être trouvée que dans sa crainte d'entrer en conflit avec les assemblées, organes politiques » (*L'exception de recours parallèle*, F. Chauvin dir., Rennes I, 1970, p. 115).

la doctrine[256]. La critique qu'il convient d'adresser aux auteurs ayant démesurément mobilisé cette exception se doit cependant de varier selon la précision qui s'attache au titre de compétence du juge de la voie de droit parallèle au recours pour excès de pouvoir, que cette compétence résulte directement des textes ou qu'elle découle d'un effort d'interprétation de ceux-ci par le juge. Quoi qu'il en soit, l'exception de recours parallèle a ainsi pu être mentionnée dans des hypothèses pour lesquelles les règles de compétence conduisaient déjà, si elles avaient été strictement appliquées par le juge ou observées par la doctrine, à ce que le recours pour excès de pouvoir envisagé puisse ne pas être jugé[257]. L'étude de la liberté pour un requérant d'exercer les voies de droit dont il dispose prend appui sur l'existence effective de plusieurs recours, c'est-à-dire de recours susceptibles, chacun, d'être formés devant un juge compétent. À défaut, le refus du juge de statuer sur la prétention ne repose pas sur une quelconque volonté jurisprudentielle d'encadrer le choix des requérants entre plusieurs voies de droit, mais sur les fondements attachés à la détermination des règles de la compétence juridictionnelle. Ces difficultés à définir la possibilité pour les requérants de saisir plusieurs juges compétents, qui ont été engendrées par le développement du recours pour excès de pouvoir et confirmées par l'utilisation discutable de la fin de non-recevoir tirée de l'existence d'un recours parallèle, sont aujourd'hui atténuées.

§3. La possibilité encadrée de saisir le juge de l'excès de pouvoir

88. Développement achevé du recours pour excès de pouvoir. L'extension du recours pour excès de pouvoir, organisée par le juge et la fermeture de ce recours par l'exception de recours parallèle ont pu faire naître certains doutes quant à la possibilité pour les requérants, dans certaines hypothèses, de saisir plusieurs juges. La difficulté principale provient de ce que le juge a substitué au rejet du recours pour excès de pouvoir pour incompétence un rejet de celui-ci par l'irrecevabilité. Plusieurs raisons ont toutefois conduit à atténuer très largement cette indétermination quant à

---

[256] Pour une liste non exhaustive : J. Dejardin, *L'évolution de la théorie du recours parallèle*, thèse, Sirey, 1931, p. 132 ; J. Kahn, concl. sur CE, 5 déc. 1958, Secrétaire d'Etat à l'Agriculture c. Union des pêcheurs à la ligne de Grenoble, AJ 1959, II, p. 57 ; H. Charles, *op. cit.*, p. 151. Récemment, P. Mouzet écrit encore : « Etendre, au contraire, la jurisprudence Commune de Gardonne en jugeant irrecevable un recours en excès de pouvoir contre un refus préfectoral de mandatement d'office n'aurait guère de justification, puisqu'on ne saurait arguer d'une quelconque exception de recours parallèle, la Chambre régionale des comptes étant incompétente » (Encore du nouveau sur le régime des dépenses obligatoires locales, *AJDA* 2018, p. 284).

[257] Certains auteurs qui mobilisent parfois injustement l'exception de recours parallèle font pourtant (et paradoxalement) mention de l'absence de compétence du juge de l'excès de pouvoir. Par exemple, R. Alibert écrit que la théorie du recours parallèle joue avec toute sa rigueur en matière de travaux publics alors qu'il affirme consécutivement : « L'excès de pouvoir d'ailleurs ne se conçoit pas ici, même à l'égard des décisions administratives (…) » (*op. cit.*, p. 176).

l'existence du recours en annulation. D'une part, le recours pour excès de pouvoir est aujourd'hui parfaitement ancré dans la jurisprudence administrative. Si la doctrine a pu émettre certains doutes légitimes relatifs à la pérennité de cette voie de droit[258], il reste que l'office du juge de l'excès de pouvoir ainsi que son domaine ont été largement étoffé[259]. En ce sens, le juge administratif a, aujourd'hui, moins besoin qu'hier de protéger son rôle de gardien de la légalité administrative : il ne lui est plus nécessaire d'affirmer implicitement sa compétence pour connaître des recours pour excès de pouvoir en rejetant abusivement ceux-ci pour irrecevabilité.

89. Répartition perfectionnée des compétences juridictionnelles. D'autre part, l'on a dit que cette fin de non-recevoir évitait que le recours pour excès de pouvoir ne perturbe l'exercice par d'autres juridictions de leur compétence, qu'il s'agisse d'une juridiction, administrative ou non, qui n'est pas celle devant laquelle est formé ce recours en annulation. Or, les règles déterminant la compétence des différentes juridictions ont été très largement précisées dans la seconde moitié du XXe siècle et les deux situations à l'instant évoquées peuvent donc être distinctement appréciées. En ce sens, le principe de séparation des autorités administratives et judiciaires, posé par la loi des 16 et 24 août 1790 et le décret du 16 fructidor An III, a été perfectionné. La répartition des compétences entre les deux ordres juridictionnels a pu d'abord reposer sur la recherche de critères jurisprudentiels efficients à l'affirmation desquels la doctrine a largement participé[260]. Tel est évidemment le cas, aussi, lorsque le législateur, acteur indéniable de la répartition, confie à l'ordre judiciaire la compétence pour connaître des contestations relatives à certaines opérations administratives[261]. De même, l'intervention décisive du Conseil constitutionnel[262] et l'action remarquée du juge départiteur[263] ont tout autant

[258] V. notamment : M. Bernard, « Le recours pour excès de pouvoir est-il frappé à mort ? », *AJDA* 1995, n°spé., p. 195 ; G. Darcy, Regard élliptique sur l'office du juge, *Confluences (Mélanges en l'honneur de Jacqueline Morand-Deviller)*, LGDJ, Montchrestien, 2008, p. 287 et s.

[259] *V. infra*, p. 383.

[260] La présentation établie par J. Moreau met en lumière des « domaines » de compétence de la juridiction administrative précisément énumérés (J. Moreau, P. Moreau, B. Cazin, Compétence : répartition entre le judiciaire et l'administratif, Répertoire de contentieux administratif, Dalloz). P.-L. Frier et J. Petit écrivent que la détermination de la compétence de la juridiction administrative doit tenir compte de nombreuses règles particulières et qu'elle résulte « d'une combinaison complexe et variable, dans un système à trois entrées », en visant ici les critères organique, finaliste et matériel dans l'approche de l'action administrative (*op. cit.*, p. 543).

[261] V. sur cette question : N. Laval, La compétence du juge judiciaire en matière administrative par détermination de la loi, L. Rapp dir., Toulouse I, 1994 ; S. Bracq, Les causes des transferts législatifs de compétence en faveur du juge judiciaire, LPA 1999, n°251, p. 5.

[262] Cons. const., 23 janv. 1987, n°86-224 DC, Loi transférant à la juridiction judiciaire le contentieux des décisions du Conseil de la concurrence ; Rec. Cons. const. 1987, p. 8 ; JO 25 janv. 1987, p. 924

[263] V. pour des décisions affirmant que la compétence du juge administratif découle de la présence de « rapports » ou de « relations » de droit public. TC, 14 nov. 2016, n°4070, M. Masson ; TC, 22 nov. 2010, n°3764, SARL Brasserie du Théâtre c/ Commune de Reims ; TC, 11 juin 2012, n°C3849, Société GTM Génie civil.

contribué à la construction d'une distinction plus claire des compétences juridictionnelles. La loi du 23 mars 2019[264] le montre d'ailleurs particulièrement bien puisqu'elle modifie la rédaction de l'article L. 142-1 du Code de la sécurité sociale qui instituait une organisation du contentieux général de la sécurité sociale chargée de régler « les différends auxquels donne lieu l'application des législations et réglementations de sécurité sociale et de mutualité sociale agricole, et qui ne relèvent pas, par leur nature, d'un autre contentieux ». Le nouvel article L. 142-1 du Code de la sécurité sociale détermine désormais précisément ce que recouvre le contentieux de la sécurité sociale puisque le législateur dispose qu'il comprend les litiges relatifs, notamment « 1° à l'application des législations et réglementations de sécurité sociale et de mutualité sociale agricole » ou encore « 5° à l'état d'incapacité permanente de travail, notamment au taux de cette incapacité, en cas d'accident du travail ou de maladie professionnelle »[265].

90. Au sein de l'ordre juridictionnel administratif, la création des Tribunaux administratifs et des Cours administratives d'appel a permis de confier à d'autres juridictions que le Conseil d'État la compétence de droit commun pour connaître des recours pour excès de pouvoir. Le Conseil d'État n'étant plus le premier juge de ces recours, la question de la détermination de la juridiction compétente au sein de l'ordre administratif ne se pose plus qu'en de rares cas puisque les tribunaux administratifs sont les juges de droit commun du contentieux administratif, tant en recours pour excès de pouvoir qu'en plein contentieux[266]. Aussi, la sauvegarde des compétences juridictionnelles pouvait conduire le Conseil d'État à ne pas juger certains recours pour excès de pouvoir lorsque ceux-ci visaient des actes intervenant dans la réalisation d'une opération pour le contentieux de laquelle il n'avait pas compétence. Cette préoccupation ne se présente plus ; seuls subsistent deux cas qui peuvent encore étayer cette idée. Le premier concerne la possibilité pour un requérant de saisir, pour un même litige, une juridiction administrative spécialisée et une juridiction administrative générale. À la vérité, cette situation se présente peu. En effet, la compétence de premier

---

264 Art. 96 de la loi n°2019-222 du 23 mars 2019 de programmation 2018-2022 et de réforme pour la justice.

265 Art. L. 142-1 du Code de la sécurité sociale.

266 Cette affirmation générale suppose d'être appréciée en dehors des difficultés susceptibles de s'élever quant à la détermination de la compétence territoriale des tribunaux administratifs. Il faut ici éluder la question du choix du juge administratif territorialement compétent au sein de la juridiction administrative : ceci n'intéresse pas la « coexistence » des recours puisqu'un seul recours est, *in fine*, exerçable. La prohibition des jugements d'incompétence au sein de la juridiction administrative conduit d'ailleurs à confirmer l'existence d'un seul et même recours à disposition du requérant (v. F. Scanvic, Compétence : répartition à l'intérieur des juridictions administratives, Répertoire de contentieux administratif, Dalloz, n°46 et s.). Le Conseil d'Etat conserve une compétence de premier ressort dans le cadre de certains litiges en application du décret n°2010-164 du 22 février 2010 relatif aux compétences et au fonctionnement des juridictions administratives (Art. R. 311-1 du CJA ; v. C. Broyelle, *op. cit.*, p. 38 et s.).

ressort parfois confiée à ces juridictions administratives spécialisées[267] est essentiellement déterminée par la référence à des actes administratifs désignés. À titre d'exemple, la Cour nationale du droit d'asile est chargée de statuer en tant que juridiction administrative sur les recours formés « contre les décisions de l'Office français de protection des réfugiés et apatrides prises en application » des articles L. 711-1 et suivants du Code de l'entrée et du séjour des étrangers et du droit d'asile[268]. Dans le même esprit, le Code de l'action sociale et des familles dispose : « les décisions du président du conseil départemental (...) prévues à l'article L. 131-2 sont susceptibles de recours devant les commissions départementales d'aide sociale mentionnées à l article L.134-6 »[269]. L'article L.134-3 du même code précise encore : « Les recours formés contre les décisions prises en vertu de l'article L. 111-3, du deuxième alinéa de l'article L. 122-1 et des articles L. 122-2 à L. 122-4 et L. 212-1 relèvent en premier et dernier ressort de la compétence de la commission centrale d'aide sociale instituée par l'article L. 134-2 »[270]. Ainsi qu'il l'a déjà été dit, lorsque la compétence de premier ressort confiée à une juridiction par la loi intéresse directement un acte administratif, le recours prévu est exclusif du recours pour excès de pouvoir formé devant les juridictions administratives générales[271]. En cela, la détermination de la compétence de ces juridictions « n'est que rarement la source des difficultés qui apparaissent au sujet de la répartition des compétences au sein de l'ordre administratif »[272]. La coexistence des recours intéresse donc peu le cas où l'un d'eux relèverait de la compétence d'une juridiction administrative spécialisée.

91. Le second cas pour lequel l'admission du recours pour excès de pouvoir peut encore perturber la compétence d'une juridiction dans l'ordre

---

[267] F. Scanvic, *op. cit.*, n°205 et s. V. égal., M. Degoffe, Les juridictions administratives spécialisées, Repertoire de contentieux administratif, Dalloz. Pour une étude substantielle : M. Degoffe, *La juridiction administrative spécialisée*, L. Richer dir., LDGJ, BDP, 1996.

[268] Art. L. 731-2 du CESEDA. V. notamment, sur ce point, CE, 28 déc. 2017, n°404756.

[269] Art. L. 134-1 du CASF.

[270] Art. L.134-3 du CASF.

[271] *V. supra*, p. 67. Les textes attributifs de compétence à ces juridictions semblent traduire cette impossibilité d'exercer un autre recours au fond que celui envisagé par le législateur. La loi n°2011-1862 du 13 décembre 2011 relative à la répartition des contentieux et à l'allègement de certaines procédures juridictionnelles le montre bien puisqu'elle rappelle que les tribunaux administratifs sont juges de premier ressort de droit commun en matière de contentieux administratif « sous réserve des compétences attribuées aux autres juridictions administratives ». Il faut néanmoins réserver certains cas dans lesquels le titre de compétence de la juridiction administrative spécialisée ne vise pas directement un acte administratif (V. par exemple, l'article L. 711-1 du Code des pensions militaires d'invalidité et des victimes de la guerre qui prévoit la compétence de premier ressort du tribunal des pensions s'agissant des « contestations individuelles auxquelles donne lieu l'application des dispositions du livre Ier et des titres Ier, II et III du livre II »). Sur cette question, B. Seiller dit très justement que les juridictions de la tarification sanitaire et sociale « statuent sur des recours dirigés contre une décision administrative » (B. Seiller, Les juges de l'Administration, *Traité de droit administratif*, Dalloz, 2011, t.2, p. 453).

[272] *Ibid.*

administratif se produit lorsque les tribunaux administratifs, en tant que juge de recours de plein contentieux, ont à connaître de la légalité d'actes administratifs susceptibles de faire l'objet d'un recours devant le Conseil d'État. À nouveau, la situation se présente peu, et se présente d'ailleurs encore moins depuis que le décret du 22 février 2010 a restreint la compétence de premier ressort du Conseil d'État[273]. De manière générale, la concurrence entre le recours pour excès de pouvoir et d'autres voies de droit organisées devant les juridictions administratives générales concerne peu la détermination de la compétence de celles-ci, mais aboutit, essentiellement, à envisager la question de la distinction des contentieux.

92. En définitive, les évolutions jurisprudentielles ayant participé au développement du recours pour excès de pouvoir ont conduit à ce que cette voie de droit soit aujourd'hui parfaitement ancrée dans le contentieux administratif, rendant ainsi moins nécessaire l'affirmation par le juge de son rôle de gardien de la légalité administrative. S'il retient son incompétence pour juger d'un recours pour excès de pouvoir formé devant lui, il faudra simplement en conclure que, pour des raisons particulières, la loi a souhaité soustraire certains actes à ce recours de droit commun, sans atteindre l'intérêt qu'il peut conserver par ailleurs. La coexistence des recours est ainsi exclue. Les évolutions textuelles qui ont affecté la détermination des compétences juridictionnelles, notamment au sein de l'ordre juridictionnel administratif, sont, elles aussi, notables. La question de savoir si l'exercice du recours pour excès de pouvoir peut atteindre la compétence d'une juridiction administrative et, en particulier le double degré de juridiction, ne se pose plus qu'en de rares cas. Pour les actes dont le contentieux relève de juridictions administratives spécialisées, le recours pour excès de droit commun est logiquement exclu et les recours ne coexistent donc pas. Pour ceux des actes qui participent à la réalisation d'activités administratives dont le contentieux relève de juridictions administratives générales, le rejet du recours pour excès de pouvoir est lié à une question de recevabilité - même s'il faut encore en comprendre la teneur[274] - puisque les tribunaux administratifs sont juges de premier ressort des recours pour excès de pouvoir. Sans admettre que les requérants puissent effectivement se prévaloir de l'existence de plusieurs recours « disponibles » devant les juridictions administratives générales, ils peuvent au moins saisir plusieurs juges compétents. Il reste que la coexistence des recours, qui impose la détermination de plusieurs juges compétents pour une même situation litigieuse, n'intéresse pas seulement les cas où le recours pour excès de pouvoir est confronté à d'autres voies de droit. Au-delà de ces

[273] Décret n°2010-164 du 22 février 2010 relatif aux compétences et au fonctionnement des juridictions administratives.

[274] Cette irrecevabilité peut en effet être interprétée, soit par l'absence de caractère détachable de l'acte attaqué soit en lien avec l'existence d'une fin de non-recevoir tirée de l'existence d'un recours parallèle.

difficultés historiques propres au recours en annulation des actes administratifs, il convient de rechercher dans la jurisprudence administrative la manière dont peut être identifiée, de manière générale, la coexistence des recours juridictionnels au profit d'un même requérant.

Section 2 : La détermination actuelle de la possibilité de saisir plusieurs juges compétents

93. Par définition, le juge ne peut limiter le libre exercice des recours par les requérants que lorsque ceux-ci disposent bien de plusieurs recours juridictionnels, c'est-à-dire qu'ils sont, en premier lieu, à même de saisir plusieurs juges compétents. À cet égard, avant d'envisager la concurrence entre les recours juridictionnels que le juge entend limiter (en s'opposant à l'exercice de l'un d'eux lorsqu'ils tendent à faire juger des prétentions similaires) il convient, préalablement, de déterminer leur coexistence. On le sait, la lecture de la jurisprudence ne l'a pas parfaitement mise en lumière s'agissant du recours pour excès de pouvoir. Surtout, cette coexistence ne se résume pas aux cas où l'une des voies de droit est un recours pour excès de pouvoir, en ce sens qu'il convient de déterminer, de manière générale, les modalités en vertu desquelles cette coexistence peut être exposée. Elle est parfois explicitement mentionnée lorsqu'il est jugé que les requérants peuvent exercer plusieurs recours juridictionnels pour la situation litigieuse qui les concerne (§1), mais elle reste, plus souvent, déduite des solutions rendues par le juge (§2)

§1. Une possibilité occasionnellement caractérisée par le juge

94. Cumul explicitement toléré des recours juridictionnels. Les requérants peuvent parfois assurément disposer de la possibilité de saisir plusieurs juges compétents en ce que cette faculté leur est explicitement ouverte par une décision juridictionnelle. Le contentieux de la responsabilité en donne un premier exemple puisque le Tribunal des conflits a récemment jugé que la réparation d'un même préjudice pouvait donner lieu à deux demandes d'indemnisation distinctes lorsqu'il est causé par une faute personnelle d'un agent, mais non dépourvue de tout lien avec le service[275]. La première demande peut être présentée devant la juridiction judiciaire par une action civile dirigée contre l'agent ; la seconde peut être formée devant la juridiction administrative et tendre à l'engagement la responsabilité de la personne publique dont l'agent dépend. Puisque le Tribunal des conflits précise que les juridictions saisies doivent « veiller à ce que l'intéressée n'obtienne pas une réparation supérieure à la valeur du préjudice subi du fait

---

[275] T. confl., 19 mai 2014, n°3939, Berthet c. Fillipi, p. 460 ; *Dr. adm.* 2014, comm. 60, note G. Eveillard ; *Procédures* 2014, comm. 219, note S. Deygas.

de la faute commise »[276], la possibilité pour les requérants d'exercer plusieurs recours juridictionnels n'est pas douteuse. La jurisprudence administrative permet aussi de montrer que la coexistence des recours peut être explicitement relevée par le juge, parfois d'ailleurs lorsque le juge rejette la fin de non-recevoir tirée de l'existence parallèle soulevée par le défendeur. Par exemple, un recours pour excès de pouvoir exercé contre un acte estimé détachable de la procédure d'imposition a conduit le juge à reconnaître que le Ministre du budget, défendeur à l'instance, « n'est pas fondé à soutenir que ce recours serait irrecevable en raison du recours parallèle de plein contentieux dont les requérants disposent et qu'ils ont d'ailleurs exercé »[277]. La mention n'est pas rare[278] et traduit la recevabilité du recours pour excès de pouvoir après que les requérants ont exercé un recours de plein contentieux. Ces derniers sont donc en mesure de saisir deux juges compétents.

95. Un autre exemple peut être cité. Il se rattache à la concurrence entre le référé-liberté et la voie de droit ouverte par l'article L. 441-2-3-1 du Code de la construction et de l'habitation. Dans le cadre de la reconnaissance du droit au logement opposable, ont été créées des commissions de médiation qui peuvent être saisies, sous certaines conditions, par toute personne qui n'est pas en mesure d'accéder à un logement décent et indépendant[279]. Lorsque ces commissions reconnaissent le demandeur comme prioritaire, il se voit proposer un logement ou un hébergement adéquat. L'obligation de résultat pesant sur l'État, garant du droit au logement opposable, conduit les Préfets, pour exécuter la décision de la commission de médiation, à rattacher les demandeurs reconnus prioritaires à une commission d'attribution d'un organisme de logement social pour que soit attribué au demandeur un logement correspondant à ses besoins et à ses capacités. Le contentieux du droit au logement opposable montre que plusieurs voies de droit sont ouvertes aux requérants. Lorsque vient à expiration le délai dont le préfet disposait pour exécuter la décision de la commission de médiation, il est jugé que le demandeur dispose de la possibilité « d'exercer un recours spécial devant le tribunal administratif, qui peut ordonner à l'État, au besoin sous astreinte, son logement ou relogement ou son accueil en structure d'hébergement »[280]. Par

---

[276] *Ibid.*

[277] CE, 13 janv. 2010, n°321416 ; *Nouv. fisc.* 2010, n°1040, p. 4 et s., note S. de Lassus ; *RFN* 2010, n°2, alertes 11, note S. de Lassus ; *RGDA* 2010, n°1, p. 193 et s., note F. Douet.

[278] CE, 25 nov. 2009, n°323334, Lachmann, *Dr. fisc.* 2010, n°10, comm. 217 (« que, par suite, le ministre du budget, des comptes publics et de la fonction publique n'est pas fondé à soutenir que ce recours serait irrecevable en raison du recours parallèle de plein contentieux dont les requérants disposent et qu'ils ont d'ailleurs exercé »). Dans le même sens, CAA Marseille, 11 déc. 2018, n°17MA04591 ; CAA Paris, 1er déc. 2016, n°14PA03426, SAS Pavillon Dauphine ; CAA Douai, 31 déc. 2014, n°11DA01495.

[279] V. Loi n°2007-290 du 5 mars 2007 instituant le droit au logement opposable et portant diverses mesures en faveur de la cohésion sociale.

[280] CE, 14 févr. 2018, n°407124, Mariko, T., p. 761.

une jurisprudence constante et eu égard à l'existence de cette voie de droit, il est jugé que les référés d'urgence sont irrecevables lorsqu'ils visent à obtenir l'exécution de la décision rendue par la commission de méditation[281]. En revanche, dans le cadre des mesures prises par le Préfet pour exécuter la décision de la commission de médiation, le demandeur « peut aussi saisir le tribunal administratif d'une demande d'annulation pour excès de pouvoir de la décision par laquelle la commission d'attribution de l'organisme de logement social lui a refusé l'attribution d'un logement »[282]. En se fondant sur ce que la demande ne tend pas à faire exécuter par l'État la décision de la commission de médication et en retenant que cette demande se détache de la procédure juridictionnelle mise en œuvre à cette fin, le Conseil d'État relève bien qu'un même litige peut donner lieu, pour le requérant, à l'exercice de plusieurs recours par lesquels sont posées au juge des questions différentes. Le juge peut ainsi reconnaître, outre sa compétence à connaître de la prétention qui lui est soumise, celle d'un autre juge à en connaître ou à juger une autre demande liée à celle-ci. En faisant cela, le juge témoigne de la coexistence de plusieurs recours et de la possibilité, pour les requérants, *a priori* de les exercer concomitamment, alternativement ou successivement[283].

96. D'autres cas font encore apparaître explicitement la coexistence des recours. Il en va ainsi lorsqu'il est jugé que l'existence de la voie de droit définie aux articles L. 911-4 et L. 911-5 du Code de justice administrative « ne fait pas obstacle à ce qu'une personne intéressée demande au juge des référés, sur le fondement de l'article L. 521-4 du même code, de compléter la mesure de suspension demeurée sans effet par une injonction et une astreinte destinée à en assurer l'exécution »[284]. De la même manière, pour répondre à deux demandes tendant à la suspension de l'exécution d'une déclaration d'utilité publique et d'un arrêté de cessibilité, le Conseil d'État a jugé que les requérants « ont simultanément invoqué, ainsi qu'ils le pouvaient, tant les dispositions de l'article L. 521-1 du Code de justice administrative que celles des articles L. 554-11 et L. 554-12 de ce code renvoyant aux dispositions de l'article L. 123-16 du Code de l'environnement »[285]. La possibilité pour les requérants d'exercer un référé-suspension et un référé spécifique à la matière environnementale est ainsi explicitement relevée. Enfin, le contentieux des étrangers permet aussi aux justiciables destinataires de certaines mesures

[281] *V. infra*, p. 345 et s.

[282] CE, 14 févr. 2018, n°407124, Mariko ; CE, 26 juillet 2018, n°410398. V. sur ce point : L. Marthinet, DALO et refus d'attribution de logement : des recours parallèles, *JCP-A* 2017, n°25, 2163

[283] Cette liberté, pour eux, de le faire, est néanmoins limitée lorsque ces recours font juger une même prétention et sont, ainsi, concurrents (*V. infra*, p. 213).

[284] CE, 27 juill. 2015, n°389007, AP-HP, *JCP-A* 2016, 2069, chron. O. Le Bot.

[285] CE, 5 déc. 2014, n°369522, Le Breton, *AJDA* 2015, p. 583, note F. Priet ; *Dr. adm.* 2015, comm. 26, note G. Eveillard ; *JCP-A* 2015, 2103, chron. O. Le Bot.

d'éloignement de mettre en œuvre plusieurs voies de droit afin de remédier à leur situation. Si les dispositions législatives leur offrent le bénéfice d'un recours pourvu d'un effet suspensif contre ces mesures d'éloignement[286], le juge invite les requérants à exercer plusieurs recours lorsque plusieurs de ces mesures sont prises à l'égard d'un même requérant[287]. La jurisprudence administrative témoigne occasionnellement de cette possibilité, pour les justiciables, de mettre en œuvre plusieurs voies de droit. Cette possibilité reste, dans une très large part, implicitement admise par le juge.

§2. Une possibilité souvent déduite de la jurisprudence

97. Appréciation par le juge saisi de la compétence d'un autre juge. La concurrence des recours – et donc, d'abord, leur coexistence – concerne d'autres voies de droit que le recours pour excès de pouvoir. En revanche, comme pour celui-ci, l'irrecevabilité que le juge oppose à l'exercice d'un recours en se fondant sur l'existence d'une autre voie de droit suppose, préalablement, une situation de coexistence. Admettre ainsi la coexistence des recours se justifie par deux présupposés : si le juge oppose une irrecevabilité exclusivement fondée sur l'existence d'un autre recours, c'est qu'il s'estime compétent pour juger du recours ; c'est aussi qu'il estime qu'un autre juge, également compétent, doit être saisi. Cette manière de voir doit être doublement justifiée. D'abord, puisque le juge saisi d'un recours opère en premier lieu l'examen de sa compétence à juger de la prétention qui lui est soumise, c'est qu'il s'estime compétent pour connaître du recours qui lui est présenté, tout en affirmant néanmoins l'irrecevabilité de celui-ci dans le cadre du traitement de la concurrence des recours[288]. Aussi, et surtout, la mention par le juge saisi d'une fin de non-recevoir tirée de l'existence d'un autre recours que celui exercé impose au requérant d'exercer un recours devant autre juge puisque celui saisi se refuse à statuer sur le bien-fondé de sa prétention. Cette contrainte formulée par le juge repose sur la possibilité pour les requérants l'ayant saisi d'exercer d'autres recours juridictionnels, mais implique que cette autre voie de droit leur soit effectivement ouverte. Un raisonnement à rebours permet en effet d'affirmer qu'un juge ne saurait refuser de connaître du recours formé devant lui en opposant l'existence d'une

[286] Art. L. 512-1 du CESEDA.

[287] Il est jugé que, par ces dispositions, le législateur a entendu instituer, à l'article L. 512-1 du code de l'entrée et du séjour des étrangers et du droit d'asile, une voie de recours spéciale ayant un effet suspensif contre les mesures relatives à l'éloignement des étrangers, parmi lesquelles figure la décision fixant le pays de renvoi de l'intéressé. Lorsque la décision fixant le pays de renvoi est notifiée à l'intéressé simultanément à l'obligation de quitter le territoire, il appartient à l'étranger souhaitant bénéficier de l'effet suspensif d'exécution du recours prévu à l'article L. 512-1 de contester en même temps l'obligation de quitter le territoire français et la décision distincte, conformément aux dispositions du deuxième alinéa de l'article L. 513-3 (Parmi plusieurs exemples, v. CE, 14 déc. 2015, n°393591).

[288] *V. infra, p. 333.* Sur ce point, v. M. Guyomar et P. Collin, « Devant quel juge peut-on contester la légalité des actes préliminaires aux élections législatives, présidentielles et aux opérations de référendum ? », *AJDA* 2001, p. 858.

autre voie de droit que le requérant ne pourrait emprunter, sans quoi il ne pourrait alors saisir aucun juge. Ainsi, le juge administratif ne pourrait délibérément rejeter le recours dont il est saisi en renvoyant le requérant à l'exercice d'un autre recours - et pour cette seule raison - s'il n'estimait que ce second recours soit susceptible d'aboutir à la saisine d'un juge compétent[289].

98. Puisqu'il s'agit d'un rejet pour irrecevabilité, le refus du juge de statuer sur le fond de la prétention dont il est saisi implique aussi sa propre compétence et, ainsi, la coexistence des recours. Il y a là un premier exemple d'une coexistence des recours qui peut être déduite des solutions rendues par le juge sans qu'elle n'apparaisse clairement à la lecture des solutions. Ceci a déjà été vu s'agissant du recours pour excès de pouvoir exercé, notamment, en matière fiscale. Des solutions récentes s'attachent encore à l'illustrer dans d'autres domaines. Par une décision « Marini » le Conseil d'État a considéré comme irrecevable le recours formé devant lui contre un acte administratif préparant le déroulement des élections législatives en raison de l'existence d'une voie de droit exceptionnelle ouverte devant le Conseil constitutionnel[290]. Ce rejet témoigne certes du refus du juge administratif de statuer sur le bien-fondé de la prétention qui lui est soumise, mais témoigne aussi de l'affirmation de sa compétence de principe à l'égard des actes de cette nature[291].

99. D'autres cas n'intéressant pas le recours pour excès de pouvoir montrent encore cette idée. Lorsque le juge saisi d'un recours de plein contentieux subjectif visant à engager la responsabilité d'une personne publique estime celui-ci irrecevable pour la seule raison qu'il existe une autre voie de droit que le requérant aurait dû emprunter, il admet bien sa compétence à connaître de l'action indemnitaire sans, donc, l'exercer effectivement. L'exposé de la décision rendue par le Conseil d'État le 20 mai 2016 le montre

---

[289] Ceci appelle de plus amples développements relatifs au droit au recours juridictionnel et au déni de justice. Sur ces points, *v. infra*, p. 273 et s. L'on peut relever, à titre de comparaison, certaines formules de la Cour de justice de la Communauté européenne dans les solutions par lesquelles elle oppose une fin de non-recevoir à l'exercice du renvoi préjudiciel en appréciation de validité pour la seule raison que le requérant devait exercer le recours direct en annulation. La Cour indique que cette exception ne peut jouer que s'il est « manifeste » que le requérant aurait été recevable dans le cadre du recours en annulation (pour un exemple : CJCE 23 févr. 2006, aff. C-346/03 et C-529/03, Atzeni e.a., Rec. I-1875, pt. 34) ou si celui était « sans aucun doute » recevable à introduire un tel recours (CJCE, 30 janv. 1997, Wiljo c/ Belgische Staat, Rec. I-585, pt. 21 ; CJUE 29 juin 2010, E et F, aff. C-550/09, Rec. I-6213, pt. 48; RSC 2010. 709, chron. L. Idot ; *RTD eur*. 2010. 599, chron. L. Coutron ; *ibid.* 721, chron. P. Beauvais). Sur cette question, v. M. Amilhat, L'exception de recours parallèle : un outil au service de l'articulation des voies de droit, *RTD eur* 2016, p. 537.

[290] CE, 14 sept. 2001, n°237208, Marini, p. 423.

[291] V. sur cette idée, M. Guyomar et P. Collin, *op. cit.*

bien[292]. Le bénéficiaire d'une pension de retraite a recherché la responsabilité de la caisse d'assurance vieillesse, invalidité et maladie des cultes (CAVIMAC) en ce qu'elle s'est abstenue de prendre en compte des éléments qui auraient permis de revaloriser sa pension. Cette abstention résultant selon lui de l'illégalité du règlement intérieur des prestations de la caisse, il cherchait à faire réparer le préjudice subi en engageant la responsabilité fautive de la caisse. L'examen du droit à réparation du requérant a imposé au juge de déterminer sa compétence, en ce que l'article L. 142-1 du Code de la sécurité sociale prévoit que l'organisation du contentieux général de la sécurité sociale « règle les différends auxquels donne lieu l'application des législations et réglementations de sécurité sociale et de mutualité sociale agricole, et qui ne relèvent pas, par leur nature, d'un autre contentieux (...) »[293]. Pour autant, il a été jugé que l'action en responsabilité portait non sur les droits que l'assuré tenait du régime de sécurité sociale, mais sur la faute commise par une personne publique dans l'exercice de son pouvoir réglementaire, ce qui selon le juge « relève par nature de la juridiction administrative »[294]. Si l'affaire relevait bien de sa compétence, le Conseil d'État s'est toutefois opposé à la réparation du préjudice matériel demandée par le requérant. Il a été jugé que les conclusions indemnitaires formulées par ce dernier « avaient en réalité le même objet que des conclusions tendant à la contestation du montant de la pension servie par ce régime »[295] et, alors, que « l'existence de la voie de recours dont *(il)* disposait devant les juridictions du contentieux général de la sécurité sociale (...) s'opposait à ce qu'il engage devant le tribunal administratif une action mettant en cause la responsabilité de la CAVIMAC »[296]. Par ailleurs, le Conseil d'État a accepté de statuer sur la réparation du préjudice moral invoqué par le requérant sans retenir cette fin de non-recevoir puisque, dans ce cas, la réparation du préjudice n'avait pas le même objet qu'une action permettant de contester le montant de la pension. Ainsi, le recours présenté devant lui aurait pu être jugé si le juge n'estimait

---

[292] CE, 20 mai 2016, n°384404, CAVIMAC, T., p. 684.

[293] Art. L. 142-1 du Code de la sécurité sociale.

[294] CE, 20 mai 2016, n°384404, CAVIMAC.

[295] *Ibid.* La formule est présence dans d'autres solutions ; v. par exemple : « Considérant qu'une faute commise par l'Administration lors de l'exécution d'opérations se rattachant aux procédures d'établissement et de recouvrement de l'impôt est de nature à engager la responsabilité de l'Etat à l'égard du contribuable ou de toute autre personne si elle leur a directement causé un préjudice ; qu'un tel préjudice, qui ne saurait résulter du seul paiement de l'impôt, peut être constitué des conséquences matérielles des décisions prises par l'Administration et, le cas échéant, des troubles dans ses conditions d'existence dont le contribuable justifie » (CE, 21 mars 2011, n°306225, M. Krupa, *JCP-A* 2011, 2185 , note L. Erstein ; *AJDA* 2011, p. 1278 , note F. Barque ; *RJEP* 2011, comm. 30, note M. Collet. Dans le même esprit, v. CAA Marseille, 15 juillet 2020, n°19MA02436.

[296] *Ibid.*

pas nécessaire de le fermer eu égard à la politique jurisprudentielle qu'il entend mener pour limiter l'exercice indistinct des recours concurrents[297].

100. Coexistence implicite de plusieurs recours juridictionnels. De la même manière, il ne ressort pas toujours explicitement des solutions jurisprudentielles que les requérants sont admis à exercer cumulativement ou alternativement un référé-suspension et un référé-liberté, alors que cette possibilité leur est effectivement reconnue. Réserve faite de la jonction des deux demandes dans une même requête, le juge accepte, par exemple, que le référé-suspension et le référé-liberté puissent être exercés ensemble ou successivement[298]. Cette possibilité ressort explicitement des conclusions prononcées par D. Chauvaux dans la décision « Philippart et Lesage »[299] sans que le Conseil d'État l'affirme toujours clairement. Quelques rares décisions font explicitement mention de cette possibilité[300]. Celle-ci est plus souvent déduite des solutions rendues lorsque le juge accepte de statuer sur la demande dont il est saisi au titre de l'un de ces référés d'urgence alors que le requérant a déjà emprunté l'une de ces voies de droit. Il en va d'ailleurs de même lorsque le juge accepte de statuer sur une demande de suspension formée au titre de l'article L. 521-1 du Code de justice administrative tandis que le requérant a saisi le juge d'un référé précontractuel sur le fondement de l'article L. 551-1 du même code[301]. Enfin, par une ordonnance du 23 janvier 2013, le Conseil d'État considère qu'il appartient au juge administratif des référés saisi sur le fondement de l'article L. 521-2 du Code de justice administrative, d'enjoindre à l'Administration de faire cesser une atteinte grave et manifestement illégale au droit de propriété « quand bien même cette atteinte aurait le caractère d'une

[297] Ceci est, du reste, explicitement évoqué par le rapporteur public de la décision. Celui-ci envisage le risque que la responsabilité de l'autorité normative soit utilisée pour contourner les voies normalement ouvertes aux intéressés pour faire valoir leurs droits. Il propose, non pas de décliner la compétence de la juridiction administrative mais d'opposer, le cas échéant une irrecevabilité inspirée de la théorie de l'exception de recours parallèle (J. Lessi, concl. sur CE, 20 mai 2016, CAVIMAC, non publiées).

[298] CE, sect., 28 févr. 2001, n°230112 et n°230520, Philippart et Lesage, p. 112, *RFDA* 2001, p. 390, concl. D. Chauvaux. V. égal., CE, sect., 5 mars 2001, Commune de Venelles, n°229247, p. 18 ; CE, 28 fév. 2003, Commune de Pertuis, n°254411, *JCP-A* 2003, 1584.

[299] « Bien évidemment, vous ne sauriez interdire aux justiciables d'utiliser parallèlement les deux voies de droit créées par la loi du 30 juin 2000. En l'absence de dispositions contraires, il leur est loisible de le faire. » (D. Chauvaux, concl. sur CE, sect., 28 février 2001, Philippart et Lesage, *RFDA* 2001, p. 390). Sur cette question, v. encore, M. Long, P. Weil, G. Braibant, P. Delvolvé, B. Genevois, *Les grands arrêts de la jurisprudence administrative*, 20e éd., Dalloz, Grands arrêts, 2015, n°105, p. 783.

[300] CE, réf., 27 mars 2001, n°231735, min. Int. c/ Djalout, *Dr. adm.* 2001, comm. 126 ; *JCP* 2002, II, 10003, Fr. Lichère ; *RFDA* 2001, p. 766.

[301] CE, 29 juill. 2002, n°243686, Ville Nice c/ SARL Loisirs et Innovations, *AJDA* 2002, p. 926, note J.-D. Dreyfus ; *BJCP* 2002, p. 476.

voie de fait »[302]. Sans tout à fait apparaître dans les motifs, la coexistence des recours reste visible compte tenu de la formule retenue par le juge s'agissant de la voie de fait, tant il est notoire que le contentieux qui s'y attache relève, par une jurisprudence séculaire, de la compétence de la juridiction judiciaire[303].

Une dernière précision mérite mention. Lorsque des recours sont concurrents - c'est-à-dire, lorsqu'ils coexistent et qu'ils permettent de soumettre de faire juger des prétentions similaires - le juge ferme l'un d'eux pour imposer aux requérants l'exercice de l'autre[304]. Pour autant, si les justiciables exercent seulement celui des recours que le juge entend imposer, ce dernier ne relève pas que deux recours étaient disponibles et que les requérants ont correctement exercé celui d'entre eux qui convient. Puisque le juge est tenu par les conclusions des parties et statue dans la limite de ce qui lui est demandé[305], il ne s'attache pas à relever que les requérants, l'ayant saisi d'un recours, pouvaient emprunter une autre voie de droit pour faire juger une autre prétention que celle qu'ils ont émise (et qu'ils ont correctement choisi le recours qu'il convenait d'exercer). Le juge fiscal, saisi par un contribuable d'un recours de plein contentieux dirigé contre une opération fiscale, ne relève pas que celui-ci aurait pu contester, seulement, l'acte réglementaire établissant l'imposition par la voie du recours pour excès de pouvoir. Pourtant, la jurisprudence a bien consacré cette possibilité[306]. De la même manière, le juge ne relève pas qu'un tiers lésé par la passation d'un contrat administratif qui l'a saisi d'un recours en contestation de validité de ce contrat, a bien fait de s'abstenir de former un recours pour excès de pouvoir dirigé contre un acte détachable du contrat.

---

302 CE, réf., 23 janv. 2013, n°365262, Commune de Chirongui, *AJDA* 2013, p. 788, chron. X. Domino et A. Bretonneau ; *Dr. adm.* 2013, n°24, note S. Gilbert ; *JCP-A* 2013, p. 2047, note H. Pauliat : *ibid.* 2013, p. 2048, note O. Le Bot ; *RFDA* 2013, p. 299, note P. Delvolvé.

303 *V. infra*, p. 383.

304 *V. infra*, p. 285 et s.

305 C. Broyelle, *op. cit.*, p. 136 et s.

306 CE, 28 juin 1929, Trutié de Varreux, p. 635 ; CE, 2 nov. 1938, Les petits-fils de François de Wendel, p. 814. Pour un panorama complet de cette jurisprudence, v. E. Cortot-Boucher, concl. sur CE, 2 déc. 2016, Min. de l'Economie et des Finances c. Société Export Press, non publiées.

Conclusion du chapitre I

101. L'étude de l'exception de recours parallèle a toujours conduit la doctrine à traiter de la nécessité, pour le juge, d'assurer le respect des compétences juridictionnelles. Qu'il s'agisse pour le Conseil d'État d'affirmer la compétence des juridictions judiciaires ou d'autres juridictions administratives, l'exception de recours parallèle permettait, et permet d'ailleurs encore de préserver l'économie générale des voies de droit. La compétence d'une juridiction pour connaître du contentieux d'une activité administrative déterminée est ainsi confortée, sans que ne soit trop atteint le « principe » du recours pour excès de pouvoir[307], témoin du rôle de gardien de la légalité administrative endossé par le juge administratif. L'utilisation de cette fin de non-recevoir propre au recours pour excès de pouvoir n'est, sur ce point, pas contestable. Elle ne doit pas, pour autant, conduire à négliger l'importance des dispositions textuelles qui organisent certaines voies de droit parallèles à ce recours en annulation. En effet, le rejet du recours pour excès de pouvoir par cette fin de non-recevoir n'a de sens que lorsqu'il permet de résoudre la difficulté engendrée par l'existence de plusieurs voies de droit ouvertes au requérant, pour une même situation litigieuse. Or, tel n'est pas le cas lorsque les textes définissent ou doivent être lus comme définissant le caractère exclusif d'une voie de droit, en ce sens que l'application de telles dispositions doit exclure le recours pour excès de pouvoir. Sur ce point, la doctrine - et le juge dans une moindre mesure - ont pu faire abusivement référence à l'exception de recours parallèle pour des situations dans lesquelles l'application des textes suffisait à exclure le recours pour excès de pouvoir.

102. C'est dans cette même perspective que se place l'étude de la concurrence des recours. La fin de non-recevoir que le juge oppose à une voie de droit, quelle qu'elle soit, est consécutive à la reconnaissance d'une liberté de choix, pour un requérant, entre plusieurs recours. Cette liberté n'existe que lorsque celui-ci est en mesure de saisir plusieurs juges compétents[308]. La question de l'articulation de ces voies de droit qui, sont ouvertes au requérant pour un même litige en application des textes ou de la jurisprudence est secondaire. Mettre en lumière cette coexistence des recours impose encore d'admettre que le requérant, qui peut saisir plusieurs juges, est en mesure de le faire par le biais de recours disponibles.

---

[307] J.-P. Chaudet, *Les principes généraux de la procédure administrative contentieuse*, J. Moreau dir., LGDJ, BDP, 1967, p. 209 et s.

[308] Il peut aussi ne saisir qu'un juge de deux recours, mais ce cas de figure s'analyse, ainsi qu'il l'a été dit, sous l'angle de la disponibilité de ces recours.

Chapitre 2 : La possibilité d'exercer plusieurs recours disponibles

103. L'exception de recours parallèle a répondu à la volonté, pour le juge, de s'opposer à l'exercice du recours pour excès de pouvoir, parce qu'il tendait à engorger le prétoire, qu'il atteignait la compétence d'un autre juge ou affectait la distinction des contentieux[309]. Il a déjà été dit que faire reposer la fermeture de ce recours sur l'existence d'une autre voie de droit est reprochable lorsque les textes doivent être lus comme excluant un tel recours, en application des règles de compétence juridictionnelle. Il en va de même lorsque la fin de non-recevoir est mobilisée alors que le respect des conditions de recevabilité imposait de récuser la coexistence des recours, à laquelle le juge s'oppose ou à laquelle la doctrine considère que le juge s'oppose. Cette manière de voir trouve un écho favorable dans les propos consacrés par A. Ciaudo à l'ordre « aléatoire » dans lequel le juge administratif envisage les différentes irrecevabilités, puisqu'il souligne bien, pourtant, que certaines d'entre elles sont envisagées avant les autres[310]. L'exception de recours parallèle est évoquée en ce sens par l'auteur, lorsqu'il vise un arrêt pour lequel le commissaire du gouvernement, ayant relevé que le requérant invoquait une telle fin de non-recevoir, a soulevé d'office une autre fin de non-recevoir tirée de l'expiration du délai de recours contentieux[311]. Cette présentation est particulièrement juste et fait état du caractère secondaire de la fin de non-recevoir tirée de l'existence d'un recours parallèle : le juge administratif n'a pas besoin de faire jouer cette théorie spéciale si l'un des deux recours est irrecevable pour une autre raison. De plus, la doctrine s'accorde très justement à considérer que l'exception de recours parallèle sert les politiques jurisprudentielles menées par le Conseil d'État[312] dont la mise en œuvre est relativement peu sécurisante pour les requérants. Mieux vaut, à cet égard, que le juge rejette un recours conformément aux conditions plus classiques de recevabilité, dont l'appréciation est davantage perceptible de la part des requérants et leurs conseils.

104. La critique adressée à l'exception de recours parallèle, lorsqu'elle est mobilisée alors qu'une autre irrecevabilité permettait de rejeter le recours exercé, participe alors de la volonté de définir la coexistence des recours. En faisant de l'exception de recours parallèle la cause de l'irrecevabilité opposée au recours dont le juge est saisi, il est implicitement admis que les recours étaient disponibles pour le requérant, mais que le juge s'oppose à l'exercice

---

309 V. *supra*, p. 17.

310 A. Ciaudo, *op. cit.*, p. 283 (L'auteur envisage néanmoins la compétence, le désistement et le non-lieu comme des irrecevabilités *lato sensu*, prioritairement examinés par le juge).

311 O. Le Vavasseur de Precourt, concl sur CE, 19 déc. 1879, Briet, DP, 1880, III, p. 67.

312 Par ex., A. Cepko, *L'exception de recours parallèle en contentieux administratif français*, M. Paillet dir., Toulon, 2014 ; J. Tercinet, Le retour de l'exception de recours parallèle, *RFDA* 1993, p. 705.

de l'un d'eux pour des raisons liées à une politique jurisprudentielle de concurrence des recours qu'il estime devoir mener. La référence abusive à cette fin de non-recevoir, quand elle est mobilisée alors que l'un des deux recours était irrecevable, conduit à considérer faussement des voies de droit comme coexistantes. Démontrer cet abus permet de circonscrire la concurrence des recours au sens de la présente étude. On l'aura compris, ceci concerne dans une large part les cas où le recours pour excès de pouvoir coexiste ou est réputé coexister avec d'autres voies de droit. La mention récurrente de ces cas ne signifie pas que la coexistence des recours – et, consécutivement, leur concurrence – s'y limite. La prise en compte de la recevabilité des recours juridictionnels afin d'envisager la disponibilité de plusieurs voies de droit pour une même situation litigieuse concerne non seulement les recours au fond, mais également les référés administratifs. Il reste que les cas qui intéressent l'exercice du recours pour excès de pouvoir supposent davantage de développements, rendus nécessaires par la mobilisation doctrinale discutable de la fin de non-recevoir tirée de l'existence d'un recours parallèle.

105. La détermination des recours qu'un requérant peut exercer pour une même situation litigieuse vise à mettre en lumière l'étendue du choix que celui-ci peut faire entre plusieurs recours dans le but d'obtenir une complète satisfaction. Le juge saisi de l'un de ces recours entend largement refuser le choix exercé par le requérant lorsque celui-ci dispose de différents recours lui permettant de faire juger une même prétention. L'étude ultérieure de ce traitement de la concurrence des recours par le juge suppose donc d'identifier ce choix à disposition du requérant. Au-delà des difficultés soulevées par la possibilité de saisir plusieurs juges, ce choix n'existe pas lorsque les recours ne sont pas, pour lui, disponibles, soit en raison des actes qu'il entend déférer au contrôle du ou des juges saisis (Section 1) soit parce qu'il ne dispose pas d'un intérêt suffisant pour exercer plusieurs recours juridictionnels (Section 2). En revanche, la circonstance que le requérant ne pouvait prétendre disposer de ces recours au même moment n'influe pas sur la détermination de leur coexistence (Section 3).

Section 1 : La disponibilité des recours ratione materiae

106. L'étude des différentes conditions de recevabilité ne présente pas toujours le même intérêt dans la perspective d'admettre la coexistence des recours. À cet égard, si l'irrecevabilité tenant à l'existence d'un recours parallèle a pu, souvent, être mise en avant au détriment d'une irrecevabilité fondée sur la nature de l'acte attaqué ou l'intérêt à agir du requérant, tel n'a jamais été le cas s'agissant du respect par l'auteur des recours des conditions de forme se rapportant à leur mise en œuvre. Aussi, présente un faible intérêt l'examen des conditions de recevabilité invariablement satisfaites pour l'ensemble des recours dont un requérant pourrait disposer. Par exemple, si une juridiction administrative estime être saisie d'un premier recours exercé par une personne physique majeure, la condition relative à la capacité à agir en justice sera aisément reconnue si ce même requérant emprunte une autre voie de droit.

107. L'examen de la condition tenant à l'acte attaqué rend nécessaires des précisions plus nombreuses. Le Conseil d'État considère que certaines décisions administratives ne peuvent, compte tenu de leur nature, relever que d'un recours de plein contentieux[313] ou que d'autres actes, antérieurement justiciables du recours pour excès de pouvoir ne peuvent plus faire l'objet que d'un recours de plein contentieux[314]. Dans ces matières, le recours pour excès de pouvoir n'est pas ou n'est plus recevable, mais il convient d'en réserver l'analyse : le choix de faire trancher ces litiges par un juge disposant de pouvoirs étendus est une manière de contraindre les requérants dans l'exercice de recours dont ils peuvent disposer puisque le recours en annulation contre de telles décisions se conçoit[315]. En cela, la prise en compte de l'acte contesté pour déterminer la coexistence des recours concerne, essentiellement, le cas où cet acte peut faire l'objet d'un recours en annulation tandis que l'opération administrative à la réalisation de laquelle il participe ou d'autres actes relatifs à cette opération peuvent faire l'objet d'autres recours juridictionnels. C'est ce que fait bien remarquer H. Charles, pour qui l'Administration accomplit rarement sa tâche « par le truchement d'un acte ou d'un agissement isolé ; le plus généralement, son action va nécessiter de vastes opérations »[316]. Les textes et la jurisprudence font relever du plein contentieux les contestations relatives à ces opérations administratives, susceptibles de s'élever entre l'Administration et les administrés. Il appartient au juge, dont la compétence est ainsi déterminée, d'apprécier l'ensemble des actes qui composent cette opération, qu'elle soit électorale, fiscale, ou contractuelle. On sait que certains de ces actes peuvent faire, isolément, l'objet d'un recours pour excès de pouvoir et qu'alors, pour une même situation litigieuse que constitue l'opération, cette voie de droit coexiste avec le recours ouvert devant le juge compétent pour statuer sur le contentieux général de l'opération considérée.

---

[313] Tel est par exemple le cas des recours dirigés contre un état exécutoire ou un titre de perception ; pour une formule particulièrement claire : CE, ord., 18 août 2006, n°295334, Bénassy, T., p. 1011.

[314] V. CE, ass., 16 févr. 2009, n°274000, Société ATOM, concl. C. Legras, *AJDA* 2009, p. 583; *RJEP* 2009, comm. 30, note Melleray. CE, sect., 27 juill. 2012, n°347114, Labachiche, *AJDA* 2012, p. 1845, chron. X. Domino et A. Bretonneau ; CE, sect., 3 juin 2019, n°423001, Vainqueur.

[315] À la vérité, les actes considérés ne relèvent jamais « par nature » d'un recours ou d'un autre. Il s'agit bien d'une distribution par le juge des litiges en vertu d'une politique jurisprudentielle qu'il estime devoir mener. *V. infra*, p. 383.

[316] H. Charles, *op. cit.*, p. 5. Selon l'auteur, la notion d'opération administrative doit être comprise comme « l'œuvre que l'Administration poursuit ou qu'elle contrôle et à la réalisation de laquelle divers actes ou agissements sont exclusivement nécessaires ». V. égal. sur cette question, S. Guérard, *La notion de détachabilité en droit administratif français*, J.-L. De Corail dir., Paris II, 1997.

La détermination de la coexistence des recours suppose donc d'abord d'apprécier la capacité pour certains actes intéressant le déroulement d'une opération administrative à faire l'objet d'un recours pour excès de pouvoir. De plus, reconnaître que ces actes peuvent faire l'objet d'un recours en annulation aboutit, aussi, à admettre la possibilité pour les requérants de faire usage du référé-suspension puisque celui-ci peut accompagner un recours au fond[317]. La jurisprudence administrative relative, notamment, au contentieux contractuel (§1) ou au contentieux électoral (§2) illustre particulièrement bien cette nécessité d'apprécier l'usage de la technique de la détachabilité par le juge pour mettre en lumière la coexistence des recours.

§1. L'incidence de la nature de l'acte attaqué dans le contentieux contractuel

108. C. Broyelle affirme très justement que le droit d'action suppose un différend, duquel dépend l'intérêt, et même l'existence d'un litige[318]. En droit administratif, ce différend est presque toujours matérialisé par l'existence d'une décision de l'Administration, qu'un requérant peut d'ailleurs avoir à provoquer pour lier le contentieux[319]. L'existence de plusieurs recours disponibles peut ainsi consister à reconnaître qu'une même décision administrative est susceptible de faire l'objet de deux recours distincts. Cette coexistence peut encore être observée lorsqu'une même situation litigieuse composée de plusieurs actes administratifs peut donner lieu à plusieurs recours dont certains visent isolément l'un d'eux et d'autres conduisent le juge à apprécier la légalité de plusieurs de ces actes. C'est dans cette perspective qu'il convient d'aborder la recevabilité du recours pour excès de pouvoir en matière de contentieux contractuel.

109. Cet assujettissement de l'Administration au respect du droit par le recours en annulation[320] est soumis, entre autres conditions, à l'exigence du caractère unilatéral de l'acte dont l'annulation est demandée. Le fondement de cette exigence intéresse à double titre la coexistence des recours pour le contentieux des contrats. La nature plurilatérale du contrat suppose d'exclure la possibilité d'un recours pour excès de pouvoir exercé à son encontre et de considérer que seul le recours de plein contentieux est disponible. Certaines

---

[317] Art. L. 521-1 du CJA.

[318] C. Broyelle, *op. cit.*, p. 79 et s.

[319] Art. R. 421-1 du CJA. Le référé-liberté reste susceptible d'être mis en œuvre sans qu'il ne s'agisse de contester une décision administrative (Art. L. 521-2 du CJA). Sur cette question, *v. supra*, p. 25.

[320] Le recours pour excès de pouvoir a « pour objet » le respect de la légalité (CE, ass., 17 fév. 1950, n°86949, Dame Lamotte c. Min. de l'Agriculture. V. les conclusions prononcées par J. Delvolvé sur cette décision (*RDP* 1951, p. 480). V. encore, M. Hauriou, note sous CE, 8 déc. 1899, Ville d'Avignon, S. 1900, III, p. 73 ; F. Melleray, *op. cit.*, p. 520 et s. Pour une opinion plus nuancée : N. Foulquier, *Les droits publics subjectifs des administrés*, F. Moderne dir., Dalloz, NBT, 2003, p. 303.

conceptions doctrinales ont cependant conduit à remettre en cause cette affirmation et à envisager, faussement, la coexistence des recours s'agissant des recours ouverts contre le contrat lui-même (I). Aussi, la prise en compte de la nature de certains actes qui se rapportent à un contrat administratif aboutit à ce que le juge puisse les estimer détachables de l'opération contractuelle et, ainsi, justiciables du recours pour excès de pouvoir. Déterminer ceux des actes qui peuvent être ainsi séparés de l'opération à laquelle ils se rapportent permet de déterminer la coexistence des recours en ce que les requérants qui en recherchent l'annulation disposent aussi, parfois, d'autres recours juridictionnels pour remettre en cause la validité du contrat auquel ces actes sont liés. En ce sens, le contentieux des clauses réglementaires insérées dans certains contrats administratifs (II) et celui des mesures prises pour l'exécution d'un contrat administratif (III) peuvent être évoqués.

I. La coexistence écartée des recours au fond pour la contestation des contrats administratifs

110. La loi du 24 mai 1872 dispose que le recours pour excès de pouvoir peut être exercé contre « les actes des diverses autorités administratives »[321], mais tant la doctrine que le juge ont entendu préciser les termes de la loi afin d'écarter les contrats du champ d'application de ce recours en annulation. Cette inapplicabilité du recours pour excès de pouvoir à la contestation d'actes plurilatéraux conduit à récuser toute forme de coexistence des recours s'agissant des voies de droit permettant d'obtenir le prononcé de la nullité du contrat lui-même (A). La même observation peut être faite à propos du contentieux relatif aux contrats de recrutement d'agents publics même si la justification diffère puisqu'elle aboutit à mettre en lumière l'exclusivité du recours pour excès de pouvoir pour la contestation de ces actes qui n'ont de contractuel que le nom (B).

A. L'irrecevabilité absolue du recours pour excès de pouvoir à l'égard d'actes authentiquement contractuels

111. Irrecevabilité absolue du recours pour excès de pouvoir. L'irrecevabilité du recours pour excès de pouvoir dirigé contre un contrat a

[321] Art. 9 de la loi du 24 mai 1872 portant réorganisation du Conseil d'Etat.

été affirmée en 1897[322] avant de faire l'objet d'une large confirmation[323]. La doctrine s'accorde sur le sens de ce principe[324] même s'il est vrai, comme le font remarquer certains auteurs, qu'elle est empreinte d'un certain dogmatisme[325]. La compréhension de cette irrecevabilité du recours pour excès de pouvoir lorsqu'il est dirigé contre un contrat permet d'envisager la coexistence des recours et de la récuser. À cet égard, J.-M. Auby et R. Drago écrivent que le contentieux des contrats administratifs relève de la pleine juridiction « en raison de sa nature même puisque le litige est, en effet, de même nature que celui qui opposerait entre eux deux particuliers ».[326]. S. Braconnier confirme très justement ce caractère « éminemment subjectif du contentieux de la sphère contractuelle »[327]. À la vérité, la justification qu'il convient d'apporter à cette solution conduit à rapprocher deux distinctions, celle élaborée par Laferrière entre les actes d'autorité et les actes de gestion[328] et celle opérée par L. Duguit entre les droits objectifs et subjectifs[329]. Le contrat étant plurilatéral, sa conclusion ne ressort pas de l'exercice par l'Administration de prérogatives exorbitantes ; le contrat ne saurait alors être rangé au nombre des actes d'autorité qui sont justiciables du recours pour excès de pouvoir. La décision « Syndicat national de l'enseignement technique agricole public » juge explicitement « qu'en raison de son caractère contractuel », une convention « ne constitue pas un acte susceptible de faire l'objet d'un recours pour excès de pouvoir »[330]. Or le caractère contractuel d'un

---

322 CE 24 déc. 1897, Le Buf, p. 848.

323 CE, 19 mai 1899, Levieux, p. 401 ; V. par ex. CE, 20 déc. 1933, Chamfrault, p. 1202 ; CE, 16 avr. 1986, n°75040, Cie luxembourgeoise télédiffusion, D. 1987, jurispr. p. 97, note F. Llorens ; *RDP* 1986, p. 847, concl. O. Dutheillet de Lamothe. En dépit de quelques orientations divergentes (cf. le déféré préfectoral, qualifié de « recours pour excès de pouvoir » (CE, sect., 26 juill. 1991, Commune de Sainte-Marie, p. 302) susceptible d'aboutir à l'annulation par le juge d'un contrat (CE, 2 nov. 1988, Commissaire de la République des Hauts-de-Seine c/ OPHLM de Malakoff, T., p. 659) qui ne valent plus (CE, 23 déc. 2011, n°348647, Min. Intérieur, Outre-mer, Collectivités territoriales et Immigration, p. 662, *AJDA* 2012, p.1064, note M. Quyollet ; BJCP 2012, p.125, concl. B. Dacosta ; *Dr. adm.* 2012, comm. 62, note A. Claeys ; *RFDA* 2012, p. 683, note P. Delvolvé ; RJEP 2012, comm. 25, note F. Brenet) la jurisprudence a affirmé de manière continue cette irrecevabilité (CE, 14 mars 1997, n°119055, Cie aménagement coteaux de Gascogne, p. 638, *RFDA* 1997, p. 337, note P. Delvolvé).

324 G. Debeyre, Le Recours pour excès de pouvoir et le contrat, *RDP* 1938, p. 215 et s. ; O. Guézou, *Traité de contentieux de la commande publique*, 2e éd., Le moniteur, Référence juridique, 2018, p. 564.

325 J.-H. Stahl, concl. sur CE, 30 octobre 1998, Ville de Lisieux, *CJEG* 1999, n°551, p. 61 ; G. Péquignot, proposait « d'ouvrir toutes grandes au contrat administratif les portes du recours pour excès de pouvoir » (*Contribution à la théorie générale du contrat administratif*, Thèse, Montpellier I, 1945, p. 592). V. égal. M. Waline, pour qui l'irrecevabilité du recours pour excès de pouvoir contre les contrats est « inexpliquée et inexplicable » (*Droit administratif*, 4e éd., Sirey, 1946, p. 117).

326 J.-M. Auby et G. Drago, *Traité des recours en matière administrative*, *op. cit.*, p. 626.

327 S. Braconnier, Le recours des tiers aux contrats, *AJDA* 2011, p. 314.

328 E. Laferrière, *Traité de la juridiction administrative et des recours contentieux*, BergerLevrault, 1887, t. 1 p. 5.

329 *Traité de droit constitutionnel*, 3e éd., Paris, Boccard, 1928, t. 2. Sur ce point, v. égal., J. Romieu, concl. sur CE, 30 nov. 1906, Jacquin et autres, p. 863.

330 CE, sect., 20 janv. 1978, n°99613, Synd. national de l' enseignement technique agricole public, p. 22, *AJDA* 1979, p. 37 , concl. R. Denoix de Saint-Marc.

acte apparaît lorsqu'il résulte d'un accord de volonté entre deux parties et il ne peut être fait état d'un tel accord que lorsque la personne publique n'impose pas unilatéralement sa volonté au cocontractant. Le contrat ne peut pas davantage faire l'objet d'un tel recours en annulation pour la raison qu'il fait naître des droits subjectifs et que le recours pour excès de pouvoir n'est pas un recours subjectif[331].

112. Référence inutile à l'exception de recours parallèle. Ces raisons expliquent à elles seules l'irrecevabilité du recours pour excès de pouvoir. Certains auteurs ont pourtant mobilisé l'exception de recours parallèle pour expliquer ce rejet, par le juge, du recours pour excès de pouvoir dirigé contre un contrat administratif. La mention est d'abord allusive pour O. Gohin qui affirme, dans les développements de son manuel consacrés à l'exception de recours parallèle, que le recours pour excès de pouvoir est exclu contre le contrat lui-même puisque seules les parties signataires du contrat peuvent en contester directement la validité devant le juge du contrat[332]. De la même manière, traitant des principales applications de l'exception de recours parallèle, Y. Gaudemet écrit que la matière des contrats échappe au recours pour excès de pouvoir notamment parce que celui-ci est irrecevable contre un contrat de l'Administration, qui relève d'un contentieux différent[333]. D'autres auteurs envisagent ce fondement de l'irrecevabilité de manière plus explicite, que l'on retienne par exemple les propos de S. Hourson : « Les parties ont traditionnellement la faculté de saisir le juge de l'excès de pouvoir afin de contester les actes de passation du contrat (...) cette possibilité est écartée s'agissant de la convention elle-même en raison de l'existence d'une voie spécifique de plein contentieux »[334]. Ces auteurs justifient l'irrecevabilité du recours pour excès de pouvoir dirigé contre le contrat par l'existence d'un recours de plein contentieux ou, du moins, ils présentent cette irrecevabilité comme étant fondée sur cette raison. Ceci est critiquable, puisque le recours pour excès de pouvoir n'étant pas disponible pour la contestation du contrat lui-même, il n'y a pas lieu de lui opposer une irrecevabilité particulière, fondée sur l'existence d'une autre voie de droit.

---

[331] A. Perrin, *Contentieux administratif*, op. cit., p. 123 ; C. Broyelle, *op. cit.*, p. 59 et s.

[332] O. Gohin, *Contentieux administratif*, 8e éd., Lexis Nexis, Manuel, 2014, p. 239.

[333] Y. Gaudemet, *Droit administratif*, 21e éd., LGDJ, Manuel, 2015, p. 149. Dans le même esprit, on peut citer les propos de F. Brenet : « Cette irrecevabilité a d'abord été justifiée par l'exception de recours parallèle, avec cette idée partiellement fausse que les requérants avaient la possibilité de faire valoir leurs droits devant le juge de plein contentieux. (...) À y regarder de plus près, il apparaît que l'exception de recours parallèle était, à l'origine tout au moins, un prétexte qui cachait une raison « d'ordre stratégique ». Le Conseil d'État cherchait en effet à éviter le risque d'engorgement de son prétoire qui aurait pu découler de l'admission du recours pour excès de pouvoir en matière contractuelle (F. Brenet, Le recours pour excès de pouvoir et le contrat, *JCP-A* 2012, n°38-39, 2313.

[334] S. Hourson, Un grand pas en avant et deux pas de côté : retour sur l'arrêt Département de Tarn-et-Garonne, *Dr. adm.* 2015, n°4, étude 6.

113. Une critique plus mesurée peut être adressée à B. Plessix lorsqu'il mentionne l'existence de « deux facteurs complémentaires »[335] qui conduisent le juge à affirmer l'irrecevabilité du recours pour excès de pouvoir exercé par les parties contre les contrats administratifs. Le premier facteur est technique et réside dans l'exception de recours parallèle, opposée par le juge administratif aux parties qui sont recevables à porter devant le juge de plein contentieux la contestation du contrat[336]. Le second est conceptuel et repose sur le caractère contractuel de l'acte déféré. On ne saurait mieux dire s'agissant de cette seconde raison avancée, mais cela conduit nécessairement à contester l'intérêt du premier facteur retenu par l'auteur. En effet, le juge ne mentionne pas l'existence d'un recours parallèle lorsqu'il rejette le recours pour excès de pouvoir exercé contre un contrat pour la seule raison qu'il n'a pas besoin de le faire : il peut légitimement se fonder sur la nature contractuelle de l'acte attaqué. Ceci suffit à justifier l'irrecevabilité opposée au recours pour excès de pouvoir et l'explication d'une telle solution par l'existence d'une fin de non-recevoir tirée de l'existence d'un recours parallèle est surabondante. Mieux vaut dire seulement, comme le souligne B. Plessix par ailleurs, que tout recours pour excès de pouvoir dirigé contre un contrat est « totalement et irrémédiablement irrecevable »[337]. Ces critiques doctrinales répondent à la nécessité de montrer que, s'agissant de la contestation du contrat lui-même, les recours ne coexistent pas, alors que la référence à l'exception de recours parallèle pour l'expliquer conduit, à tort, à l'envisager.

114. Recours unique dirigé contre le contrat lui-même. Deux précisions méritent mention. D'abord, le rejet de cette coexistence des recours pour la contestation du contrat administratif lui-même vaut assurément pour les cocontractants de l'Administration puisque l'existence d'un recours devant le juge du contrat n'a longtemps été admise que pour eux. L'émergence tardive d'une nouvelle voie de droit ouverte aux tiers aux contrats administratifs et leur permettant aussi de saisir le juge du contrat[338] n'a cependant pas remis en cause la règle d'irrecevabilité du recours pour excès de pouvoir dirigé contre le contrat lui-même. À dire vrai, ceci conforte l'idée selon laquelle la fin de non-recevoir tirée de l'existence d'un recours parallèle

---

[335] B. Plessix, *op. cit.*, p. 1482.

[336] *Ibid.* Faisant de l'absence de recours parallèle une condition de recevabilité du recours pour excès de pouvoir, il indique qu'en matière contractuelle « les parties sont irrecevables à contester devant le juge de l'excès de pouvoir la légalité d'un contrat administratif, puisqu'il existe devant le juge de pleine juridiction un contentieux spécialement dédié aux recours en contestation de validité du contrat ».

[337] B. Plessix, *op. cit.*, p. 1413.

[338] CE, ass., 16 juill. 2007, n°291545, Sté Tropic travaux signalisation Guadeloupe, *RFDA* 2007, p. 696, concl. D. Casas ; *AJDA* 2007, p. 1577, chron. F. Lenica et J. Boucher ; CE, ass., 4 avr. 2014, n°358994, Département Tarn-et-Garonne, *CMP* 2014, étude 5, F. Llorens et P. Soler-Couteaux ; *RFDA* 2014, p. 425, concl. B ; Dacosta ; *RFDA* 2014, p. 438, note P. Delvolvé.

n'explique pas l'irrecevabilité du recours pour excès de pouvoir en la matière. Le recours en annulation exercé par les tiers était toujours mis en échec par le juge alors que ceux-ci ne pouvaient prétendre saisir le juge du contrat, à la différence des parties. La possibilité consacrée à leur profit de contester le contrat aurait toutefois pu permettre d'avancer cette même explication. Il faut y renoncer pour la même raison que celle évoquée en s'attachant à souligner que la nature contractuelle de l'acte attaqué exclu, par elle-même, le recours pour excès de pouvoir et, consécutivement, la coexistence des recours.

115. Une seconde précision consiste à dire que ce refus d'admettre la coexistence des recours dont l'exercice permet le prononcé de la nullité d'un contrat ne concerne que les recours au fond. En effet, le Conseil d'État a jugé par la décision Tropic que le recours de plein contentieux permettant aux tiers de contester la validité d'un contrat administratif pouvait être accompagné d'une demande de suspension fondée sur l'article L. 521-1 du Code de justice administrative, tout comme les cocontractants disposent aussi de cette possibilité. Certains référés spécifiques à la matière contractuelle, comme l'est le référé précontractuel, peuvent également être mis en œuvre. Pour autant, il ne s'agit pas de voies de droit permettant de contester la légalité d'un contrat conclu, mais de suspendre son exécution ou sa procédure de passation. En ce sens, ces référés coexistent avec cette dernière voie de droit, sans être, pour autant, concurrents[339]. S'agissant de la contestation d'un contrat pris en lui-même, l'irrecevabilité du recours pour excès de pouvoir est certaine. La coexistence des recours ne saurait donc être admise et il en va de même, pour une autre raison, du contentieux des contrats de recrutement d'agents publics.

B. L'irrecevabilité du recours de plein contentieux à l'égard d'actes faussement contractuels

116. Notion de contrat de recrutement d'agents publics. Ainsi qu'il l'a déjà été dit, le contrat résulte d'un accord de volonté entre deux parties et sa conclusion témoigne d'un engagement réciproque des cocontractants sur un contenu négocié. En matière administrative, l'affirmation supporte des nuances importantes : le contenu de certains contrats passés par l'Administration ne résulte pas d'une négociation et s'impose aux co-cocontractants qui acceptent de les signer. Ces contrats sont dits « d'adhésion » lorsque leur contenu est prédéterminé par des dispositions réglementaires. Tel est le cas des conventions ayant pour objet la création d'un groupement d'intérêt public entre l'État et les organismes d'assurance-

[339] *V. infra*, p. 226.

maladie[340], des contrats passés entre les agences régionales de l'hospitalisation et les hôpitaux privés[341] ou encore des contrats d'agriculture durables[342]. L'observation vaut également, et surtout, pour les contrats de recrutement d'agents publics, qui apparaissent comme de « faux contrats », ou des actes fictivement contractuels[343]. Ceci s'explique par le fait que ces contrats visent essentiellement à soumettre l'agent recruté à un statut légal et réglementaire préétabli. Comme le dit très bien B. Genevois, « derrière le contrat, il y a en fait un statut qui se dessine »[344]. Ces contrats produisent des effets similaires à ceux engendrés par un acte administratif unilatéral[345] et tant le contenu que les modalités d'élaboration de ces actes contredisent ainsi les présupposés attachés à la notion de contrat. La justification empruntée aux idées de Duguit et Laferrière[346] ne peut pas permettre d'exclure la recevabilité du recours pour excès de pouvoir à leur encontre. Leur contenu étant réglementaire, l'acte suscite une question de légalité objective qu'il convient de résoudre dans le cadre d'un recours objectif ; l'exclusion du recours pour excès de pouvoir ne peut donc valoir. Puisque ce contenu s'impose au cocontractant (sauf à renoncer au recrutement) et qu'il est défini unilatéralement, l'élaboration du contrat manifeste un acte d'autorité plus qu'un acte de gestion.

117. Régime contentieux des contrats de recrutement d'agents publics. La possibilité pour les justiciables de contester la légalité de ces contrats par la voie de l'excès de pouvoir a été admise par le Conseil d'État dans la décision Ville de Lisieux[347] mais il convient d'interroger l'éventualité que coexistent, pour la contestation de ces contrats, plusieurs recours contentieux. Il n'est pas douteux que les tiers peuvent saisir le juge de l'excès de pouvoir d'un recours dirigé contre de tels contrats puisqu'ils sont

---

[340] CE, 14 janv. 1998, n°189350, Synd. nat. pers. aff. soc. FO, p. 9 ; JCP-G 1998, IV, 2383 ; *Gaz. Pal.* 1998, 1, lettre jurispr. p. 347. V. sur ce point : J. Petit, L'acte constitutif d'une agence régionale de l'hospitalisation est une convention relative à l'organisation d'un service public, *AJDA* 1999, p. 164.

[341] CE, 21 déc. 2007, n°299608, Clinique Saint-Roch ; *AJDA* 13 oct. 2008, p. 1893.

[342] CE, 26 juill. 2011, n°324523, EARL Le Patis Maillet, p. 419 ; RJEP 2012, comm. 24

[343] V. par ex. S.-J. Lieber ; D. Botteghi, « Le retour du fonctionnaire contractuel ? », *AJDA* 2009, p. 142.

[344] B. Genevois, concl. sur CE 25 mai 1979, n°06436, Mme Rabut, D. 1979, p. 388.

[345] Pour E. Glaser « du point de vue contentieux, le contrat de fonction publique ne se distingue donc plus de l'acte unilatéral » (E. Glaser, concl. sur CE, 31 déc. 2008, n°283256, M. Cavallo, *RFDA* 2009, p. 89). Le Conseil d'Etat a d'ailleurs pu retenir qu'un contrat de recrutement d'agent public contient « une décision individuelle relative à la nomination d'un agent » (CE, 24 avr. 1985, n°62080, Dpt de l'Eure c. Pinauldt, p. 117). Il juge aussi que l'acte d'engagement contractuel peut être retiré dans un délai de quatre mois, à l'instar du régime général applicables aux actes administratifs unilatéraux (CE, 21 nov. 2012, n°329903, Région Languedoc-Roussillon ; *JCP-A* 2013, 2043 , concl. E. Crépey). Sur ce dernier point, v. L. Richer et F. Lichère, Droit des contrats administratifs, 10e éd., LGDJ, Manuel, 2016, p. 699.

[346] *V. supra*, p. 43.

[347] CE, 30 oct. 1998, n°149662, Ville Lisieux, p. 375, concl. J.-H. Stahl ; *AJDA* 1998, p. 969, chron. F. Raynaud et P. Fombeur ; *RFDA* 1999, p. 128, concl. J.-H. Stahl, p. 139, note D. Pouyaud ; *Dr. adm.* 1999, comm. 374 ; *AJFP* 1999, p. 4.

susceptibles de contester, à condition d'y avoir intérêt, tout acte réglementaire. La reconnaissance d'une même possibilité aux agents recrutés pose une question dont la réponse est moins évidente. Certains spécialistes du contentieux contractuels ont fait part de leurs doutes. Tel est le cas de D. Pouyaud qui dit de la décision Ville de Lisieux qu'elle pose un premier jalon, en précisant que le recours pour excès de pouvoir n'est ouvert qu'aux tiers y ayant un intérêt suffisant, mais ajoute par ailleurs que l'hypothèse d'un même recours exercé par le cocontractant est douteuse[348]. Elle l'est moins pour J.-P. Jayet qui appelle le juge administratif à tolérer explicitement cette possibilité[349]. La lecture de la jurisprudence doit la faire admettre. Les agents sont en mesure d'exercer un recours pour excès de pouvoir contre leur contrat de recrutement, même s'il est vrai que la question se pose peu pour ces derniers qui n'ont pas d'intérêt évident à en rechercher l'annulation. Ceux-ci se sont vu reconnaître la possibilité d'exercer un recours en annulation contre un avenant modifiant certaines stipulations de leur contrat[350] ou encore contre une décision refusant d'en modifier les clauses[351] et l'on voit mal quel argument pourrait ainsi leur être opposé pour la contestation du contrat lui-même.

118. Exclusivité du recours pour excès de pouvoir à l'égard de tels contrats. La possibilité d'exercer un recours pour excès de pouvoir pour ces agents ou pour les tiers à ces contrats de recrutement doit être admise compte tenu du contenu de l'acte attaqué, mais il reste que le contentieux contractuel a, depuis la décision Ville de Lisieux, connu des évolutions notables. Il faut ainsi dissiper l'éventualité que ces requérants puissent disposer de la faculté de saisir, également, le juge du contrat. Autrement dit, la lecture de la jurisprudence a pu faire naître un doute sur la possibilité pour les requérants de disposer d'une option entre recours pour excès de pouvoir et recours de plein contentieux pour contester ces contrats de recrutement d'agents publics. Sur ce point, c'est le caractère exclusif du recours pour excès de pouvoir qui ressort pourtant de la doctrine que de la jurisprudence. Les conclusions formulées par E. Glaser à l'occasion de l'arrêt Béziers I sont éclairantes. Proposant au Conseil d'État de redéfinir l'office du juge du contrat saisi par les parties, le rapporteur public souligne que cette évolution « ne concerne pas, à nos yeux, le juge du contrat de fonction publique, dont vous avez récemment défini l'office par votre décision Cavallo »[352]. Une interprétation raisonnable de la réserve formulée par E. Glaser conduit à considérer que si les deux

---

[348] D. Pouyaud, La recevabilité du recours pour excès de pouvoir contre les contrats administratifs : une nouvelle avancée, *RFDA* 1999, p. 139.

[349] J.-P. Jayet, concl sur TA Grenoble, 27 oct. 2000, n°981583, Mme Sendra-Escuriet, *AJFP* 2001, p. 51.

[350] CE, 25 nov. 1983, n°42455, Parlarrieu, p. 812.

[351] CE, sect., 25 mai 1979, Rabut, p. 232, concl. B. Genevois.

[352] V. E. Glaser, concl. sur CE, ass., 28 déc. 2009, Commune de Béziers, *RFDA* 2010, p. 506.

offices sont envisagés aussi distinctement, c'est que le recours de plein contentieux est exclu à l'encontre des contrats de recrutement d'agents publics. La solution n'est pas différente pour les tiers, mais appelle néanmoins quelques précisions. Elles ont d'abord été apportées par certains commentaires de la décision « Département du Tarn-et-Garonne »[353]. L. Janicot a pu s'interroger sur « la disparition du recours pour excès de pouvoir contre les contrats de recrutement des agents contractuels » en soulignant la concordance d'éléments qui « laissent toutefois penser que le recours Tarn-et-Garonne se substitue, pour ces contrats particuliers, au recours pour excès de pouvoir ouvert par l'arrêt Ville de Lisieux (...) »[354]. P. Delvolvé a posé la question dans des termes identiques avant d'affirmer le probable maintien du recours en annulation dirigé contre de tels contrats[355].

119. Cette divergence doctrinale a été alimentée, dans le sillage de la décision Cavallo[356], par la décision « Commune d'Aix-en-Provence »[357] qui intervient après la jurisprudence Tarn-et-Garonne. Le Conseil d'État y a confirmé que les contrats de recrutement d'agents publics étaient justiciables du recours pour excès de pouvoir, mais c'est à nouveau la doctrine qui fournit les éléments de réponse les plus pertinents s'agissant de cette coexistence, envisagée, des recours juridictionnels. On ne trouve pas mention par F. Melleray[358] et D. Pouyaud[359] d'une confirmation explicite du caractère exclusif du recours pour excès de pouvoir, mais ces auteurs s'accordent néanmoins sur le fait que ces contrats de recrutement d'agents publics demeurent particuliers et résistent à la logique simplificatrice voulue par le Conseil d'État dans la décision Département du Tarn-et-Garonne. De la même manière, H. Hoeppfner a envisagé la reconnaissance récente au profit des tiers aux contrats administratifs d'un « recours en rupture des relations

353 CE 4 avr. 2014, n°358994, Département Tarn-et-Garonne ; *CMP* 2014, étude 5, F. Llorens et P. Soler-Couteaux ; RFDA 2014, p. 425, concl. B ; Dacosta ; RFDA 2014, p. 438, note P. Delvolvé.

354 L. Janicot, La nouvelle place du tiers dans le contentieux des contrats administratifs, *RDP* 2014, p. 1175.

355 P. Delvolvé, De Martin à Bonhomme. Le nouveau recours des tiers contre les contrats administratifs, *RFDA* 2014 p. 438.

356 CE, 31 déc. 2008, n°283256, M. Cavallo.

357 CE, 2 févr. 2015, n°373520, Cne Aix-en-Provence ; *JCP-A* 2015, act. 161, obs. Langelier.

358 F. Melleray écrit : « La spécificité des contrats de recrutement d'agents publics a ainsi primé sur la logique simplificatrice de la jurisprudence Département de Tarn-et-Garonne » (F. Melleray, Le recours des tiers contre un contrat de recrutement d'agent public, *AJDA* 2015, p. 990).

359 Pour D. Pouyaud « Le Conseil d'État n'a toutefois pas choisi d'unifier le contentieux de tous les contrats autour de la jurisprudence Tarn et Garonne ; il a conservé leur particularisme aux contrats d'engagement d'agents publics » (D. Pouyaud, « Que reste-t-il du recours pour excès de pouvoir dans le contentieux des contrats ? », *RFDA* 2015, p. 727).

contractuelles »[360]. Elle souligne néanmoins, à juste titre, que les contrats de recrutement d'agents publics « restent soumis à un régime distinct »[361].

120. En définitive, les évolutions récentes de la jurisprudence relative au contentieux contractuel font peu référence aux contrats de recrutement d'agents publics. Il faut dire, comme une large partie de la doctrine, que la nature faussement contractuelle de ces actes conduit à laisser ceux-ci à l'écart des nouveaux recours consacrés par le juge et à les faire toujours relever, exclusivement, du contentieux de l'excès de pouvoir. C'est en ce sens qu'il faut rejeter la conception développée par D. Pouyaud en 2007 qui écrivait que les concurrents évincés de la passation d'un contrat administratif pouvaient former un recours en contestation de validité du contrat et que « l'exception de recours parallèle serait susceptible de leur enlever le bénéfice de la jurisprudence Ville de Lisieux (...) »[362]. La contestation des contrats de recrutement d'agents publics ne fait pas naître une quelconque coexistence des recours puisqu'ils sont seulement justiciables du recours pour excès de pouvoir ; la référence à l'exception de recours parallèle n'est donc pas utile. Elle ne l'est pas davantage lorsqu'il est envisagé la contestation d'actes authentiquement contractuels puisque, dans ce cas, seul le recours de plein contentieux se conçoit. La coexistence des recours est, en revanche, distinctement admissible s'agissant du contentieux relatif aux clauses réglementaires figurant dans les contrats administratifs.

II. La coexistence différenciée des recours pour la contestation des dispositions réglementaires des contrats administratifs

121. Notion de clause réglementaire. Qualifiées d'actes mixtes par Y. Madiot[363], les clauses réglementaires insérées dans les contrats administratifs se caractérisent notamment par le décalage entre leur nature contractuelle dont découle normalement un effet relatif et leur caractère réglementaire emportant un effet général et impersonnel. Le Conseil d'État n'a, pendant longtemps, pas donné de définition précise de la clause réglementaire. La doctrine a posé deux critères d'identification. Un critère matériel impose qu'une clause, pour être réglementaire, soit relative au fonctionnement du service public. Un second critère, formel, réside dans ce que la clause doit conférer des droits ou des obligations aux tiers[364]. Par un

---

[360] H. Hoepffner, L'action en rupture des relations contractuelles ouverte aux tiers, *BJCP* 2017, p. 346.

[361] *Ibid.*

[362] D. Pouyaud, Un nouveau recours contentieux : le recours en contestation de la validité du contrat à la demande du concurrent évincé, *RFDA* 2007, p. 923.

[363] Y. Madiot, *Aux frontières du contrat et de l'acte administratif unilatéral : recherches sur la notion d'acte mixte en droit public français*, J. Lamarque dir., LGDJ, BDP, 1971.

[364] R. Odent, concl. sur CE 5 mars 1943, *CGE*, D. 1944. 121. V. aussi, M. Amilhat, « Les tiers au contrat ne peuvent se prévaloir que des clauses réglementaires de ce dernier... et elles sont strictement définies ! », *JCP-A* 2014, n°2154 ; Q. Alliez, « Une définition de la clause réglementaire ? Oui. Une simplification du contentieux ? Non », *AJDA* 2018 p. 1168.

arrêt récent, il a été précisé par le juge que « revêtent un caractère réglementaire les clauses d'un contrat qui ont, par elles-mêmes, pour objet l'organisation ou le fonctionnement d'un service public » et que « les stipulations relatives notamment au régime financier de la concession ou à la réalisation des ouvrages, qu'il s'agisse de leurs caractéristiques, de leur tracé, ou des modalités de cette réalisation » ne peuvent recevoir une telle qualification[365]. Cet effort tardif de définition de la clause réglementaire n'occulte pas l'intérêt qui s'attache à analyser leur régime contentieux et, en particulier, la coexistence des recours juridictionnels envisageable.

122. La contestation des clauses réglementaires par les tiers. En 1906, le Conseil d'État a jugé que la violation de ces clauses pouvait être invoquée à l'occasion d'un recours pour excès de pouvoir dirigé contre des décisions d'une personne publique contractante qui les méconnaissaient ou refusaient de contraindre son cocontractant à les respecter[366]. Par une décision « Cayzeele », c'est la recevabilité du recours pour excès de pouvoir exercé contre les clauses elles-mêmes qui a été admise[367]. Les tiers à un contrat administratif peuvent donc, depuis 1996, saisir le juge d'un recours pour excès de pouvoir dirigé contre une clause réglementaire divisible d'un contrat. Les évolutions majeures opérées au profit de ces mêmes tiers aux contrats ont maintenu cet état du droit puisque ni la décision Tropic ni la décision Département du Tarn-et-Garonne n'ont entendu fermer le recours pour excès de pouvoir susceptible d'être exercé pour obtenir l'annulation de ces clauses. En effet, il est jugé que le recours en contestation de validité du contrat existe « indépendamment des actions dont disposent les parties à un contrat administratif et des actions ouvertes devant le juge de l'excès de pouvoir contre les clauses réglementaires d'un contrat » et que ce recours peut être exercé par un tiers suffisamment intéressé par la procédure de passation du contrat « ou de certaines de ses clauses, non réglementaires, qui en sont divisibles »[368]. Ceci veut bien dire que les clauses réglementaires continuent à pouvoir faire d'un recours pour excès de pouvoir, ce qui est retenu en doctrine[369] et que confirme une décision récente[370]. La coexistence des recours doit ici être admise : les tiers à contrat administratif, sous

---

365 CE, 9 févr. 2018, n°404982, Val d'Europe Agglomération ; *JCP-A* 2018, act. 155 ; *CMP* 2018, comm. 38, obs. G. Eckert.

366 CE, 21 déc. 1906, Syndicat des propriétaires et contribuables du quartier de Croix-de-Seguey Tivoli, p. 962, GAJA, 18e éd. 2011, n°16, p. 97. V. égal. CE, 14 janv. 1998, Cne Toulon, Cie eaux et ozone ; *Dr. adm.* 1998, comm. 82 ; *JCP-G* 1998, IV, p. 955, n°2185, note M.-C. Rouault.

367 CE, ass., 10 juill. 1996, n°138536, Cayzeele ; p. 274 ; *AJDA* 1996, p. 732, chron. Chauvaux et Girardot ; *RFDA* 1997, p. 89, note P. Delvolvé ; *CJEG* 1996, p. 382, note Terneyre ; *CJEG* 1996, p. 382, note Terneyre ; *JCP-G* 1997, I, 4019, note Petit ; *LPA* 1996, n°152, note Viviano ; Quot. jur. 1996, n°86, p. 5, note Moreno.

368 CE, ass., 4 avril 2014, n°358994, Département du Tarn et Garonne.

369 V. notamment, F. Brenet, L'avenir du contentieux des actes détachables en matière contractuelle, *AJDA* 2014, p. 2061 ; J. Lessi et A. Bretonneau, Contentieux contractuel : la révolution rentre au port, *AJDA* 2014, p. 1035 ; E. Maupin, Le recours Tarn-et-Garonne n'a pas enterré la jurisprudence Cayzeele, *AJDA* 2018, p. 301.

370 CE, 9 févr. 2018, n°404982, Val d'Europe Agglomération.

réserve de satisfaire à la condition relative à l'intérêt à agir, sont à même de rechercher la nullité d'une telle clause devant le juge de l'excès de pouvoir tout en contestant la validité du contrat devant le juge de plein contentieux. L'existence pour les tiers de plusieurs recours disponibles ne préjuge toutefois pas de la concurrence entre ces deux voies de droit, qui dépend de la prétention soumise à l'occasion de chacun de ces recours.

123. Clauses contractuelles « à caractère réglementaire » pour les parties. Cette situation des tiers aux contrats administratifs doit être distinguée de celle des parties à ces mêmes contrats. Joue, à cet égard, la théorie de la double nature des clauses contractuelles. Cette théorie a été mise en lumière par A. de Laubadère dans le Traité des contrats[371], mais se limitait, historiquement, à expliquer le régime contentieux de la concession de service public. Les clauses s'analysent comme étant réglementaires au profit des tiers, mais sont contractuelles pour les parties[372]. P. Terneyre adhère, à raison, à cette théorie de la double nature des clauses[373] tout comme D. Pouyaud puisque, pour elle, cette nature contractuelle « justifie que les parties ne puissent former de recours pour excès de pouvoir à leur encontre et qu'elles ne disposent que du recours Béziers I pour les contester »[374]. Cette idée est conceptuellement dérangeante (soit un acte est contractuel parce qu'il résulte d'un accord de volonté soit il ne l'est pas parce que l'Administration impose unilatéralement le contenu de cet acte), mais les rapporteurs publics en font régulièrement mention[375] et la jurisprudence s'en fait l'écho[376], en confirmant que la théorie de la double nature des clauses réglementaires est une réalité contentieuse.

124. En cela, le contentieux des clauses réglementaires n'est pas envisagé de la même manière pour les tiers que pour les parties puisque ces dernières ne sont

---

[371] A. De Laubadere, F. Moderne ; P. Delvolve, *Traité des contrats administratifs*, 2e éd., LGDJ, 1984, t. 1, p. 102 et s.

[372] Sur ce point, v. par exemple, M. Ubaud-Bergeron, *Droit des contrats administratifs*, 2e éd., Manuel, LexisNexis, 2017, p. 21.

[373] V. notamment, P. Terneyre, Réflexions nouvelles sur les « clauses à caractère réglementaire » des contrats administratifs à objet de service public, *RFDA* 2011 p. 893.

[374] D. Pouyaud, « Que reste-t-il du recours pour excès de pouvoir dans le contentieux des contrats ? », *RFDA* 2015, p. 727.

[375] N. Boulouis écrit « c'est bien parce que comme clauses ou comme dispositions réglementaires, elles pourraient figurer à l'extérieur de ce contrat, dans un acte unilatéral, qu'elles sont réglementaires. Elles le sont « en principe ou même par nature » Sans doute s'agit-il d'une fiction, les dispositions réglementaires étant aussi des stipulations contractuelles » (concl. sur CE, 8 avril 2009, Association ALCALY et autres, non publiées). V. encore, les propos de G. Pélissier qui indique que ces clauses suivent le régime contentieux des actes réglementaires en ce que les tiers au contrat peuvent les contester par la voie du recours pour excès de pouvoir de la même manière qu'ils pourraient attaquer les mêmes dispositions figurant dans le règlement organisant le service s'il était directement assuré par la collectivité mais que ces clauses « n'en sont pas moins également contractuelles » (concl. sur CE, 9 mars 2018, Compagnie des parcs et passeurs du Mont Saint-Michel, non publiées).

[376] CE, sect., 8 avr. 2009, n°290604, Assoc. Alcaly et a., p. 112 ; *CMP* 2009, comm. 165, note W. Zimmer ; CE, 31 juill. 2009, n°296964, Ville Grenoble et Sté GEG ; *Dr. adm.* 2009, comm. 150 ; *RJEP* 2010, comm. 13.

jamais recevables à demander au juge leur annulation pour excès de pouvoir. Elles sont intégrées au contrat dont la conclusion implique un accord de volonté et revêtent une forme authentiquement contractuelle à leur égard, quand bien même le contenu de ces clauses contenu serait similaire à celui susceptible de résulter d'un acte administratif unilatéral. Cette solution s'explique assurément par la nature contractuelle de ces actes en dépit du caractère discutable, sur le plan conceptuel, de la théorie. Du point de vue des parties, l'existence de clauses réglementaires ne porte aucunement atteinte à l'effet relatif du contrat et ne justifie pas, dès lors, qu'il faille saisir un autre juge que le juge de plein contentieux[377]. La contestation de ces clauses doit intervenir à l'occasion d'un recours devant le juge du contrat dont l'office a été défini par l'arrêt Commune de Béziers I[378].

125. En définitive, la contestation des clauses réglementaires insérées dans un contrat administratif engendre une coexistence des recours pour les tiers qui peuvent exercer un recours pour excès de pouvoir contre la clause et saisir le juge de plein contentieux pour contester le contrat, à condition de satisfaite, pour chacun des recours, à la condition relative à l'intérêt à agir[379]. La solution est différente pour les parties ; ces clauses ne sont, pour elles, pas réglementaires, et doivent être contestées à l'occasion d'un recours unique de plein contentieux. C'est bien la nature de l'acte attaqué qui détermine, selon ces cas, la coexistence de plusieurs recours juridictionnels et la possibilité pour les requérants de les mettre en œuvre. Ceci est encore visible s'agissant du contentieux touchant aux mesures se rapportant à l'exécution des contrats administratifs.

III. La coexistence récusée des recours pour la contestation par les parties des mesures d'exécution des contrats administratifs

126. Contentieux de la formation du contrat. Envisager la coexistence des recours pour les parties à un contrat administratif ne présente un intérêt que lorsqu'est envisagé le contentieux se rapportant à son exécution. On sait que la période qui précède la conclusion d'un contrat administratif donne lieu à l'édiction de plusieurs actes administratifs qui peuvent faire l'objet d'un recours pour excès de pouvoir, en vertu d'une jurisprudence séculaire[380]. La doctrine s'est largement fait l'écho de la mise en œuvre de ce recours en

---

377 Les effets de ces clauses, compte tenu de leur contenu réglementaire, dépasse le strict cadre des relations contractuelles entre les parties. La situation se présente notamment dans les contrats de délégation de service public puisque certaines clauses peuvent affecter la situation des usagers de ce service public.

378 CE, ass., 28 déc. 2009, n°304802, Cne Béziers ; *BJCP* 2010, p. 139, concl. E. Glaser, obs. Ch. M. ; *AJDA* 2010, p. 142, chron. S.-J. Lieber et D. Botteghi ; *DGCT* 2010, chron. n°30.

379 *V. infra*, p. 129.

380 En particulier : CE, 11 décembre 1903, Commune de Gore ; CE, 4 août 1905, Martin.

annulation par les tiers aux contrats administratifs en soulignant, à juste titre, que cette possibilité ouverte aux parties était une question « secondaire »[381] ou devait être considérée comme « largement théorique »[382]. À dire vrai, et contrairement à l'opinion de M. Mosset[383], cette voie de droit leur est ouverte par la jurisprudence[384], mais elle reste peu exercée en pratique. Ceci parait aujourd'hui s'expliquer, d'abord, par le fait que la signature d'un contrat et l'ouverture consécutive d'un recours en contestation de la validité du contrat conduisent le juge à rejeter les recours pour excès de pouvoir exercés par les tiers, mais non encore jugés[385]. Nécessairement, il doit en aller de même pour les parties (ou, du moins, pour les candidats qui sont devenus cocontractants de l'Administration), pour la raison qu'elles disposent d'un recours en contestation de validité du contrat en vertu de la décision « Commune de Béziers I »[386]. Reste l'hypothèse du recours pour excès de pouvoir formé par le cocontractant une fois le contrat conclu. Si l'on peut admettre que l'acte préalable à la conclusion du contrat peut toujours être considéré comme étant détachable par le juge - ce que suggère la décision « Département du Tarn-et-Garonne »[387] - il reste que le cocontractant n'a que rarement intérêt à obtenir l'annulation de tels actes, laquelle pourrait aboutir au prononcé de la nullité du contrat qui le lie à l'Administration. Selon L. Follio, cela consisterait, pour la partie contractante, à obtenir l'annulation d'un acte précontractuel qui la décharge de son obligation contractuelle illégalement formée[388]. Cela reste une hypothèse d'école.

---

381 P. Delvolvé, De Martin à Bonhomme : le nouveau recours des tiers contre les contrats administratifs, *RFDA* 2014, p. 438.

382 S. Hourson « Un grand pas en avant et deux pas de côté : retour sur l'arrêt Département de Tarn-et-Garonne », *Dr. adm.* 2015, étude n°6.

383 Celui-ci considère que l'acte unilatéral « fait, pour les cocontractants, partie intégrante du contrat (...) Il s'ensuit qu'ouvrir le recours pour excès de pouvoir aux cocontractants non seulement ne serait d'aucune utilité, puisque ceux-ci sont sûrs d'obtenir une satisfaction plus large en s'adressant au juge du contrat, mais entraînerait au contraire des complications inutiles » (M. Mosset, concl. sur CE, 26 novembre 1954, Syndicat de la raffinerie de souffre française, *RPDA* 1955, p. 7)

384 Par ex. CE, sect., 4 févr. 1955, Ville de Saverne, p. 73 ; CE, 5 déc. 1958, secrétaire d'État à l'agriculture c/ Union pêcheurs à la ligne et au lancer Grenoble, *AJDA* 1959, II, p. 157 ; CE, 10 oct. 1984, Cie générale de constructions téléphoniques, *Marchés publ.* 1985, n°209, p. 10.

385 *V. infra*, p. 151.

386 M. Combarnous écrit : « Sous réserve que le recours pour excès de pouvoir soit jugé avant la conclusion du contrat « Il ne nous paraitrait pas illogique de considérer que tous les actes qui concourent à la formation du contrat peuvent faire l'objet d'un recours pour excès de pouvoir de la part des cocontractants comme des tiers » (concl. sur CE, 24 avril 1964, SA de livraisons industrielles et commerciales, p. 239 ; *AJDA* 1964, p.308).

387 Si les actes détachables du contrat le sont toujours, intellectuellement, c'est en se fondant sur la seule existence d'un recours en contestation de validité du contrat que le Conseil d'Etat a entendu fermer le recours pour excès de pouvoir.

388 L. Folliot, *Pouvoirs des juges administratifs et distinction des contentieux en matière contractuelle*, J. Moreau dir., Paris II, 1994, t. 3, p. 250.

127. Envisager cette hypothèse impose aussi, comme le fait bien remarquer la même auteur, que « le comportement des parties guide l'appréciation du juge » et que « celui-ci sera d'autant plus réticent à prononcer l'annulation d'un acte précontractuel que la partie avait connaissance de l'illégalité de cet acte avant la conclusion du contrat »[389]. En rapprochant cette opinion de l'exigence de loyauté dans les relations contractuelles consacrée par le Conseil d'État[390], l'annulation aurait peu de chances d'aboutir, ce qui rend encore plus illusoire la mise en œuvre d'une telle voie de droit. Ce souhait de faire prononcer la nullité du contrat apparaît bien davantage lors de l'exécution de celui-ci, soit à un stade où le délai pour contester ces actes préalables à la signature du contrat par un recours pour excès de pouvoir a expiré. En cela, l'étude de la coexistence des recours pour les parties ne présente un intérêt que lorsqu'est envisagée l'exécution du contrat.

128. Irrecevabilité du recours pour excès de pouvoir dirigé contre les mesures d'exécution. L'existence pour les parties à un contrat administratif de plusieurs recours au stade de l'exécution du contrat tient, pour l'essentiel, dans la détermination de leur possibilité d'exercer un recours pour excès de pouvoir contre une mesure prise pour l'exécution du contrat que le juge estimerait détachable des relations contractuelles. Or, par une jurisprudence constante, le juge administratif se refuse à admettre ce caractère détachable des actes se rapportant à l'exécution du contrat lorsque le recours est formé par le cocontractant[391]. Pour ne prendre qu'un exemple, il a été encore récemment jugé « qu'eu égard à sa portée, cette mesure d'exécution du contrat n'est pas susceptible d'un recours en annulation de la part des commerçants parties à ces conventions »[392]. Cette précision tenant à la qualité du requérant est importante et est d'ailleurs largement reprise en doctrine. Pour les J.-M. Auby et R. Drago les actes intervenant dans les rapports contractuels après la conclusion définitive du contrat « ne sont pas détachables vis-à-vis du cocontractant »[393]. Selon R. Chapus « Le principe est que ces différents actes – tels que des sanctions, les modifications ou refus de modification des clauses contractuelles – ne sont pas détachables à l'égard des parties »[394]. O. Guézou ne dit pas autre chose : « Lorsque les actes d'exécution sont plus directement

---

389 *Ibid.*

390 CE, ass., 28 déc. 2009, n°304802, Cne Béziers.

391 CE, 24 oct. 1952, Chambre syndicale de la bonneterie, p. 465 ; CE, 20 janvier 1965, Société pompes funèbres générale, p. 42.

392 CE, 23 déc. 2011, n°323309, Halfon, p. 646 ; *JCP-A* 2012, 2281, note F. Dieu ; *RJEP* 2012, comm. 52 ; *Dr. adm.* 2012, comm. 29, note T. Fleury.

393 J.-M. Auby et R. Drago, *Traité des recours en matière administrative*, *op. cit.*, 1992, p. 180.

394 R. Chapus, Droit du contentieux administratif, *op. cit.*, p. 732.

liés aux relations entre les parties ils ne sont pas détachables du contrat »[395]. Tous réservent le sort de certains contrats « particuliers »[396], mais, pour eux, l'irrecevabilité du recours pour excès de pouvoir est, à juste titre, certaine.

129. Dès lors, on comprend mal certaines autres justifications fondées sur l'existence décisive d'un recours devant le juge du contrat. Cet argument, critiquable, est mentionné tant par R. Chapus qui estime que c'est « en raison du recours parallèle dont elles disposent » que les parties sont insusceptibles de former un recours pour excès de pouvoir, faute pour le juge de l'excès de pouvoir d'admettre l'acte comme détachable[397]. Les commentateurs des grands arrêts de la jurisprudence administrative écrivent aussi que les cocontractants de l'Administration « puisqu'ils disposent d'un recours de plein contentieux devant le juge administratif »[398], ne peuvent donc intenter un recours pour excès de pouvoir contre les actes concernant l'exécution du contrat. Les propos de R. Odent semblent également abonder dans ce sens puisqu'en évoquant la fin de non-recevoir tirée du recours parallèle, l'auteur énonce qu'en raison de cette théorie : « le recours pour excès de pouvoir n'est pas recevable de la part d'un cocontractant contre une décision postérieure à la signature et relative à l'exécution de ce contrat »[399].

130. Caractère non détachable des mesures d'exécution. L'analyse de la jurisprudence conduit, selon nous, à réfuter cette manière de voir qui consiste à expliquer l'irrecevabilité du recours pour excès de pouvoir par la fin de non-recevoir tirée de l'existence d'un recours parallèle. D'abord, la formule de l'arrêt « Société TV6 » doit retenir l'attention : « Considérant, d'une part, que les sociétés Scorpio-Music, Aréna et Pathé-Marconi-Emi n'étant pas parties au contrat de concession conclu entre l'Etat et la Société T.V.6, ne sauraient demander au juge du contrat de statuer sur la résiliation de celui-ci ; qu'en revanche, contrairement à ce que soutient le ministre de la Culture et de la Communication, la décision de résilier le contrat, contenue dans le décret attaqué, décision qui est détachable des relations contractuelles, peut être déférée par les tiers au juge de l'excès de pouvoir »[400]. Le juge administratif suprême considère ici que le recours pour excès de pouvoir ne

---

[395] O. Guézou, *op. cit.* p. 584. Dans le même sens A. Perrin considère que le caractère détachable d'un acte dépend, dans certains cas, de la qualité du requérant (Conditions d'exercice du recours pour excès de pouvoir, Jcl. Adm., Fasc. 1140, n°129).

[396] Il s'agit des conventions qui prévoient, pour le cocontractant, une « situation réglementaire » (v., entre autres exemples : L. Folliot, *op. cit.*, p. 334).

[397] R. Chapus, *op. cit.*, p. 732.

[398] M. Long, P. Weil, G. Braibant, P. Delvolvé, B. Genevois, *Les grands arrêts de la jurisprudence administrative*, Dalloz, 18e éd., 2011, p. 95.

[399] R. Odent, *Contentieux administratif, op. cit.*, Fasc. V, p. 1655.

[400] CE, 2 févr. 1987, n°81131, Sté TV6, p. 27 ; *AJDA* 1987, p. 314, chron. Azibert et M. de Boisdeffre ; *RFDA* 1987, p. 29, concl. M. Fornacciari.

peut émaner que des tiers. Cette décision est d'ailleurs considérée, à raison, par la doctrine comme liant la qualité du requérant à la recevabilité du recours pour excès de pouvoir exercé contre les mesures d'exécution du contrat[401]. L'arrêt Société des eaux de Luxeuil les bains[402] est également éclairant. Le Conseil d'État était en l'espèce saisi par une société privée d'un recours dirigé contre un acte par lequel la commune de Luxeuil les bains a mis fin au contrat de concession de l'établissement thermal liant ces deux parties. La conclusion est explicite : « les litiges nés de la résiliation par la commune de ce contrat constituent des litiges contractuels, relevant du plein contentieux »[403]. Cette solution ne fait aucunement mention de l'existence d'une autre voie de droit dont le cocontractant pouvait disposer. Même si tel était effectivement le cas, cette circonstance ne constitue pas le fondement de la solution retenue. La même observation peut être tirée d'une décision antérieure par laquelle le Conseil d'État a considéré « qu'à l'égard du concessionnaire d'un service public, l'acte par lequel l'autorité concédante prononce la résiliation du contrat n'est pas détachable du contrat et qu'ainsi le concessionnaire ne peut exercer contre une telle décision d'autre action que celle qu'il peut engager devant le juge du contrat »[404]. Le terme « ainsi » utilisé à raison par le Conseil d'État démontre que la saisine possible du juge du contrat doit être entendue comme la conséquence du caractère non détachable de l'acte attaqué et non comme son fondement.

131. Sur ce point, on ne saurait mieux dire que B. Plessix pour qui l'irrecevabilité des parties à demander l'annulation d'actes détachables de l'exécution du contrat est « totale »[405] et doit être justifiée par la circonstance qu'une mesure prise en cours d'exécution d'un contrat par une partie à l'encontre d'une autre « ne peut jamais intellectuellement être considérée comme dissociable de l'application des engagements qu'elles ont souscrits en vertu de l'échange de leurs consentements »[406]. Puisque les mesures concernant l'exécution du contrat ne sont jamais détachables du contrat lui-même pour les cocontractants, le recours pour excès de pouvoir est toujours irrecevable et la coexistence des recours ne saurait être admise : toute difficulté liée à l'exécution du contrat doit être soulevée dans le cadre d'un recours de plein contentieux. Justifier l'irrecevabilité du recours pour excès

---

[401] L. Follio, *op. cit.*, p. 329 et s.

[402] CE 9 juill. 1997, n°156784, Sté des eaux de Luxeuil-les-Bains, *RFDA* 1998, p. 535, concl. C. Bergeal. Pour une confirmation ultérieure : CE, 23 déc. 2011, Halfon.

[403] *Ibid.*

[404] CE, ass., 2 févr. 1987, n°82325, Sté France 5, p. 28 ; *RFDA* 1987, p. 29, concl. Fornacciari ; *AJDA* 1987, p. 314, chron. M. Azibert et M. de Boisdeffre.

[405] L'auteur ménage seulement une exception tenant aux contrats de recrutements d'agents publics et une autre relativement à la décision portant refus de résiliation (B. Plessix, *Droit administratif général*, *op. cit.*, p. 1506).

[406] *Ibid.*

de pouvoir par l'exception de recours parallèle ne convient pas et sous-entend d'ailleurs que la mesure d'exécution peut être considérée comme détachable, mais que le juge administratif refuse d'en connaître en estimant devoir limiter l'exercice indistinct des recours contentieux par les requérants. Ainsi, la coexistence des recours dépend généralement, lorsqu'elle concerne le recours pour excès de pouvoir et un recours de plein contentieux, du caractère détachable de l'acte dont l'annulation est demandée par un requérant qui dispose d'un recours plus général dans le cadre duquel le juge peut apprécier la légalité de chacun des actes participant à la réalisation de l'activité administrative. Le contentieux contractuel a donc permis d'illustrer cette manière de voir et le contentieux électoral permet aussi de le montrer.

§2. L'incidence de la portée de l'acte attaqué dans le contentieux électoral

132. Coexistence incertaine des recours en matière d'élections administratives. Le juge a largement mobilisé la technique de la détachabilité pour estimer que les électeurs étaient recevables à exercer un recours contre certains actes préparant le déroulement d'une élection tandis qu'ils pouvaient, une fois l'élection déroulée, saisir le juge électoral d'un recours de plein contentieux. Une première tendance de la jurisprudence peut être expliquée en citant le Président Labetoulle : la détachabilité est admise pour les actes « dont la portée ne se limite pas à une seule opération électorale, mais revêt un caractère permanent »[407]. Il a ainsi été jugé que le recours pour excès de pouvoir pût être dirigé contre des décisions qui établissent un sectionnement[408] ou qui fixent le régime d'une élection[409]. Pour le dire autrement, le juge estime que sont justiciables du recours pour excès de pouvoir ceux des actes se rapportant à l'élection qui survivent après le scrutin. Les actes particuliers, dont les effets s'épuisent après le déroulement de l'élection à laquelle ils se rapportent, ne peuvent faire l'objet d'un recours puisqu'ils ne sont pas

---

[407] CE, 3 juin 1981, Delmas et Haut, p. 244 ; RDP 1982, p. 186, concl. D. Labetoulle.

[408] CE, 24 juillet 1903, Chabot, p. 619, S. 1904, III, I, note M. Hauriou ; CE, 30 janv. 1948, Larricq Maysonnave, p. 43 ; CE, 15 mai 2009, n°317633, Élection municipale Mandailles-Saint-Julien, *AJDA* 2009, p. 1303, chron. Lieber et Botteghi ; CE, 23 janv. 2013, n°359674, Glaise, p. 520.

[409] CE 18 avril 1980, Syndicat national de l'enseignement supérieur, p. 183 ; CE, ass., 22 oct. 1979, Union démocratique du travail, p. 383 ; *RDP* 1980, p. 531, concl. Hagelsteen ; *AJDA* 1980, p. 39, note B.G ; CE, 16 mai 2014, n°377655.

considérés comme détachables de l'opération électorale[410]. Comme en matière fiscale[411], la recevabilité du recours pour excès de pouvoir dépend essentiellement de la portée de l'acte dont l'annulation était recherchée par les requérants. La coexistence des recours en dépend donc consécutivement puisque l'exercice du recours pour excès de pouvoir ne prive pas les requérants de la possibilité de saisir le juge administratif de l'élection une fois les résultats proclamés. Les électeurs peuvent d'ailleurs, s'ils choisissent de ne pas exercer le recours pour excès de pouvoir, invoquer la légalité d'un acte préparatoire dans le cadre du recours de plein contentieux exercé. Comme l'a jugé le Conseil d'État devant qui il était contesté l'annulation d'élections municipales par un tribunal administratif, le requérant, électeur de la commune, « est recevable à contester l'acte par lequel il a été procédé à la division de la commune de Mandailles-Saint-Julien en sections électorales à l'appui de sa protestation contre les opérations électorales du 9 mars 2008 »[412].

133. Cet état du droit a néanmoins changé puisque le Conseil d'État a accepté de juger d'une décision prise par le CSA fixant les conditions de production, de programmation et de diffusion des émissions en vue des élections européennes[413] alors qu'il s'agit bien d'un acte lié à un scrutin déterminé. Il a encore été jugé, plus tard, qu'une décision portant convocation des électeurs pouvait, désormais, être considérée comme détachable de l'élection et faire l'objet d'un recours pour excès de pouvoir[414]. Ce changement de jurisprudence affecte donc la grille de lecture précédemment établie qui distinguait les actes permanents et les actes particuliers. Dès lors, pour B. Maligner « demeurent non détachables des opérations électorales des décisions trop étroitement liées au déroulement du scrutin pour pouvoir en être dissociées »[415]. La formule n'est pas incorrecte, mais elle ne permet pas

---

[410] Pour un acte portant convocation des électeurs : CE, 20 déc. 1946, Casalan p. 314 ; CE, ass., 22 oct. 1979, Mmes Peter-Davis et Domec-Menrath, p. 390, *AJDA* 1980, p. 19, chron. Y. Robineau et M.-A. Feffer ; CE, 11 sept. 1986, Billardon, p. 319. Pour un arrêté fixant la date de l'élection : CE, 21 fév. 1973, Syndicat CFTC de l'éducation nationale, p. 1025. C'est aussi le cas des décisions relatives à l'inscription sur les listes électorales (CE, 1987, Fédération des personnels des départements et des régions) ou à l'enregistrement des candidatures (CE, 28 déc. 1992, n°141349, Assoc. professionnelle des magistrats, T. p. 1092). Pour une étude d'ensemble, v. R. Chapus, *op. cit.*, p. 705 et s. ; B. Maligner, Droit du contentieux électoral, Répertoire de contentieux administratif, Dalloz, n°9 et s.

[411] Les actes réglementaires sont estimés détachables de l'opération d'imposition dont le contentieux relève d'un autre juge que celui de l'excès de pouvoir. C'est la permanence de l'acte dont les effets ne s'épuisent pas par l'achèvement de l'opération (c'est-à-dire l'assujettissement à l'impôt pour l'année considérée) qui permet d'admettre le recours pour excès de pouvoir. *V. supra*, p. 64 et s.

[412] CE, 15 mai 2009, n°317633, Élection municipale Mandailles-Saint-Julien. Sur cette question, v. C. Bardon, Contentieux des élections locales, Jcl. Adm., Fasc. 1132.

[413] CE, ass., 20 oct. 1989, Horblin et autres, p. 199, *AJDA* 1989, p. 763, chron. E. Honorat et E. Baptiste, *RFDA* 1990. 86, concl. A.-M. Leroy. Dans le même esprit, CE, ass., 2 juin 1994, n°158878, Alleaume et autres, p. 281, *AJDA* 1994, p. 837, note J.-P. Camby, *Dr. adm.* 1994. Comm. 450, *RFDA* 1995, p. 555, concl. P. Frydman.

[414] CE, 28 janv. 1994, n°148596, Election municipale de Saint Tropez, p. 1145 ; CE, 27 oct. 2015, n°393026.

[415] B. Maligner, *op. cit.*, n°9.

d'expliquer la jurisprudence. Il est relativement malaisé de déterminer les actes que le juge estime être « trop étroitement liés au déroulement d'un scrutin » autrement que par la mention d'une succession d'exemples se rapportant à la contestation de tels actes. En ce sens, n'est pas détachable de l'élection une décision procédant déclarant recevable une liste de candidature, étant alors entendu que celle-ci « ne peut, dès lors, être critiquée qu'à l'occasion d'un recours formé contre ces opérations électorales »[416]. Il en va de même pour une décision procédant à l'enregistrement d'une telle liste « qui ne peut, par suite, être contestée que devant le juge de l'élection, postérieurement aux opérations électorales concernées »[417]. Plus récemment, des circulaires précisant les catégories d'agents qui composeraient le corps électoral à l'élection de comités techniques paritaires ont été considérées par le Conseil d'État comme insusceptibles de faire l'objet d'un recours pour excès de pouvoir en ne pouvant alors qu'être « à l'occasion de recours formés contre les opérations électorales devant le juge de l'élection »[418]. Dans ces cas, les recours ne coexistent pas pour les requérants puisque le recours pour excès de pouvoir n'est pas disponible, faute d'être dirigé contre un acte administratif susceptible de recours.

134. Coexistence admise des recours en matière d'élections politiques. À l'inverse de la position adoptée pour le contentieux des élections administratives, le Conseil d'État s'est longtemps refusé à admettre que puisse être formé devant lui un recours en annulation dirigé contre un acte préliminaire au déroulement du scrutin dans le cadre des élections politiques[419]. L'ouverture du recours pour excès de pouvoir a succédé à ce refus initial par les décisions « Union nationale écologistique »[420] et « Parti des travailleurs »[421], si bien que les mesures d'organisation du scrutin ont été estimées détachables de l'opération elle-même et consécutivement justiciables du recours pour excès de pouvoir. D. Kessler, dans ses conclusions sur le premier des deux arrêts[422], a clairement exposé l'évolution de la jurisprudence relative aux actes que le Conseil d'État estime détachables de l'élection : « Même si le contrôle des actes préalables aux opérations électorales reste

---

[416] CE, 28 déc. 1992, n°141349, Assoc. professionnelle des magistrats.

[417] CE, 19 janv. 1996, n°165158, M. Balaguette, Élections municipales de Baie-Mahaut, inédit.

[418] CE 24 avr. 2012, n°352306, Roynard, *AJDA* 2012, p. 911.

[419] V. par ex., CE, ass., 8 juin 1951, Hirschowitz, Dreyfus-Schmidt et Brusset, p. 320, D. 1951. 529, note F.M., S. 1951. 3. 7, concl. P. Delvolvé, *JCP* 1952. II. 6810, note G. Vedel ; CE, ass., 2 nov. 1951, Tixier, p. 512, D. 1952. 39, note F.M., *JCP* 1952. II. 6810, note G. Vedel. Cette position était justifiée par la théorie des actes de gouvernement en ce que le juge administratif considérait qu'il n'appartenait qu'aux assemblées parlementaires de vérifier la validité du mandat de leurs membres et de contrôler l'ensemble des actes se rapportant à ces élections.

[420] CE, ass., 12 mars 1993, n°145858, Union nat. écologique et Parti pour Défense des animaux, p. 67, chron. C. Maugüé et L. Touvet ; *AJDA* 1993, p. 336.

[421] CE, sect., 26 mars 1993, n°146475, Parti Travailleurs, p. 88, concl. J.-C. Bonichot ; *RFDA* 1993, p. 506.

[422] D. Kessler, concl. sur CE, ass., 12 mars 1993, Union nationale écologique, non publiées.

complexe, le juge de l'excès de pouvoir est désormais compétent pour les actes touchant à l'organisation générale de la campagne ou de l'élection, pour lesquels il est nécessaire de se prononcer avant le scrutin »[423].

135. L'évolution est notable, mais tardive. Le Conseil constitutionnel avait ainsi admis, avant 1993, sa compétence exceptionnelle pour connaître de recours dirigés contre des actes d'organisation du scrutin. Les conditions de sa saisine ont été précisées dans l'arrêt « Bernard et autres » de 1982 dont la solution mérite d'être reproduite : « (Si) le Conseil constitutionnel peut exceptionnellement statuer sur les requêtes mettant en cause la régularité d'élections à venir, ce n'est que dans la mesure où l'irrecevabilité qui serait opposée à ces requêtes en vertu des dispositions des articles 32 à 45 de l'ordonnance susvisée du 7 novembre 1958 risquerait de compromettre gravement l'efficacité du contrôle par le Conseil constitutionnel de l'élection des députés ou des sénateurs, vicierait le déroulement général des opérations électorales et, ainsi, pourrait porter atteinte au fonctionnement normal des pouvoirs publics »[424]. Le maintien explicite de cette voie de droit exceptionnelle après les arrêts de 1993 susmentionnés a conduit à s'interroger sur l'articulation des voies de droit ouvertes à l'égard de certains actes préliminaires au déroulement d'opérations législatives[425].

136. La réponse a été apportée par la décision Marini[426]. En l'espèce le Conseil d'État était saisi d'un recours pour excès de pouvoir formé par un électeur contre un décret portant convocation des collèges électoraux pour les élections sénatoriales prévues le 23 septembre 2001. Est d'abord rappelée la compétence exceptionnelle du Conseil constitutionnel pour connaître de requêtes dirigées, notamment, contre des décrets portant convocation des électeurs à une élection politique, compétence exercée dans le cas où l'irrecevabilité opposée à ces requêtes risquerait de compromettre gravement l'efficacité de son contrôle des opérations électorales, vicierait le déroulement général du vote ou porterait atteinte au fonctionnement normal des pouvoirs publics. La suite de l'arrêt présente un intérêt certain puisque le juge administratif suprême souligne que « l'existence, devant le Conseil constitutionnel, d'une voie de recours exceptionnelle contre un décret ayant

[423] C. Maugüé et L. Touvet, Compétence du juge administratif pour connaître des actes préalables aux élections législatives, *AJDA* 1993, p. 336.

[424] Cons. const., 16 et 20 avr. 1982, n°82-2 ELEC, Bernard et a., Rec. Cons. const., p. 109. Pour une solution identique antérieure : Cons. const., 11 juin 1981, n°81-1 ELEC, Delmas : Rec. Cons. const., p. 97.

[425] Cons. const., 8 juin 1995, n°95-10 ELEC, Bayeurte : Rec. Cons. const., p. 213.

[426] CE, 14 septembre 2001, n°237208, Marini et autres, p. 423 ; *AJDA* 2001, p. 863, chron. Collin et Guyomar ; *JCP* 2001, act. n°42 ; *Dr. adm.* 2001, n°238, note Piveteau; *RFDA* 2002, p. 393, obs. Ghevontian ; *RDP* 2002, p. 725, chron. Guettier. Voir pour une solution similaire en matière de scrutins référendaires : CE, 1er sept. 2000, n°223890, Larrouturou, Meyet et autres, p. 365 ; chron. M. Guyomar et P. Collin, *AJDA*, 2000, p. 803.

cet objet fait obstacle à ce que la légalité de ce décret soit contestée, par la voie du recours pour excès de pouvoir, devant le Conseil d'État, statuant au contentieux (...) que, par suite, la requête de M. Marini n'est pas recevable »[427]. Comme le soulignent très justement M. Guyomar et P. Collin, l'ordre des questions posées au juge administratif permet de conclure à la reconnaissance du caractère détachable par le Conseil d'État de l'acte déféré à son contrôle[428]. Si tel n'avait pas été le cas, c'est l'incompétence de la juridiction qui aurait fondé la solution, et non l'irrecevabilité du recours. Dans cette hypothèse, il faut bien dire que les recours coexistent et sont disponibles pour les requérants qui sont à même de saisir tant le juge administratif que le Conseil constitutionnel statuant en tant que juge ordinaire, même si le constat d'une concurrence entre ces deux voies de droit conduit le juge à, pour cette seule raison, refuser de juger du recours pour excès de pouvoir formé devant lui.

137. Dans ce contentieux également, la coexistence des recours dépend de la portée de l'acte attaqué, et ce à double titre. D'abord, et comme en matière d'élections administratives, le Conseil d'État estime détachables de l'élection elle-même certains actes administratifs se rapportant à l'organisation du scrutin et accepte par exemple de juger de recours dirigés contre des recommandations du CSA[429] ou sur des actes portant appréciation de la capacité à être candidat[430] ou visant à communiquer les relevés de temps d'antenne et de parole[431]. Les électeurs ou éligibles peuvent ainsi saisir le juge de l'excès de pouvoir et ensuite disposer de la possibilité de saisir le juge électoral compétent pour statuer sur le contentieux de l'élection, recours dans le cadre duquel pourra être appréciée la légalité de l'ensemble des actes se rapportant à l'élection. D'ailleurs, cette possibilité d'exercer de tels recours se double de la faculté des requérants à saisir le juge administratif statuant en urgence, soit en assortissant le recours pour excès de pouvoir formé d'un référé-suspension, soit en exerçant un référé-liberté[432]. Certains de ces actes préparatoires ne sont toutefois pas considérés par le juge comme détachables

---

[427] *Ibid.*

[428] M. Guyomar et P. Collin, « Devant quel juge peut-on contester la légalité des actes préliminaires aux élections législatives, présidentielles et aux opérations de référendum ? », *AJDA* 2001, p. 858.

[429] CE 16 oct. 1995, n°168495, Meyet, T. p. 802, *Dr. adm.* 1995, Comm. 680, obs. R. Schwartz, Quot. jur. 20 févr. 1996, p. 3, note B. Maligner.

[430] CE, 15 mars 2012, n°356527, Bourson.

[431] CE, 6 févr. 2012, n°356394. Pour une étude approfondie, v. notamment, J.-P. Camby, Elections : contentieux de l'élection présidentielle, Répertoire de contentieux administratif, Dalloz, n°14 et s.

[432] CE, ord., 7 mars 2002, n°243833, P. Larrouturou ; CE, ord. réf., 14 mars 2002, n°244038, P. Larrouturou ; CE, ord., 11 janv. 2007, n°300428, Corinne Lepage, *AJDA* 2007, p. 640, note Maligner ; *Dr. adm.* 2007, comm. 42 ; *LPA* 11 juill. 2007, p. 10, note Lamouroux. Dans le même sens, CE, ord., 19 févr. 2007, n°301537, Lepage, *JCP-G.* 2007, IV, 1769 ; CE, ord., 16 mars 2017, n°408730, M. Dupont-Aignan). Sur cette question, v. R. Ghevontian ; S. Lamouroux, Contrôle des élections présidentielles, Jcl. Adm., Fasc. 1473, n°230 et s.

de l'élection. Ce refus découle de la portée de l'acte et non de l'existence de la voie de droit exceptionnelle ouverte devant le Conseil constitutionnel. Ceci peut être montré s'agissant d'actes que le juge administratif s'est refusé à reconnaître détachables avant que le Conseil constitutionnel ne crée cette voie de droit exceptionnelle[433], mais demeure encore valable après[434]. Puisque l'acte dont l'annulation est demandée n'est pas détachable de l'opération électorale, le juge administratif s'estime incompétent pour connaître du recours formé devant lui puisqu'il n'est pas le juge de l'élection. De tels actes ne peuvent donner lieu qu'à un seul recours, celui ouvert après la proclamation des résultats devant le juge électoral sans que le recours pour excès de pouvoir soit, donc, disponible. En second lieu, il faut dire que la détermination de cette coexistence des recours en matière d'élections politiques implique aussi de considérer la compétence du Conseil constitutionnel qui peut connaître de recours visant certains de ces actes que le Conseil d'État estime détachables des opérations électorales. En particulier, lorsque cet acte est à tel point important que le refus d'en apprécier la légalité pourrait conduire à vicier le déroulement du scrutin, et même s'il peut normalement faire l'objet d'un recours pour excès de pouvoir - puisqu'il est détachable - le juge administratif refuse néanmoins d'en connaître. Il estime nécessaire, pour des raisons qui seront développées, que soit opposée aux requérants une fin de non-recevoir tirée de l'existence d'une autre voie de droit. Indépendamment de la contrainte que le juge administratif entend opposer aux requérants, ceux-ci disposent donc d'un choix parmi plusieurs recours disponibles.

Section 2 : La disponibilité des recours ratione personae

138. L'exercice du droit d'action en justice supporte d'autres restrictions que celle tenant à la nature de la décision déférée au contrôle du juge. L'une d'elles consiste à exiger des requérants qu'ils puissent se prévaloir d'un intérêt à ce qu'un juge accède à leurs demandes[435]. L'existence de plusieurs recours disponibles pour un requérant exige, pour être admise, que celui-ci puisse disposer d'un intérêt suffisant à exercer ces recours. L'examen de la recevabilité d'un recours conduit le juge à apprécier cet intérêt à agir afin d'en

---

[433] V. CE, ass., 6 mai 1966, Chaix et a. p. 305 (le CE se déclarant incompétent pour connaître par la voie du recours pour excès de pouvoir des conclusions dirigées contre des instructions du ministre de l'Intérieur prescrivant aux préfets de veiller à l'application de certaines dispositions législatives et réglementaires applicables au second tour des élections présidentielles). V. encore, dans le même sens : CE, 17 avr. 1970, Bemeur, p. 258 ; CE, 29 avr. 1970, Musereau, p. 283.

[434] CE, 19 fév. 1990, n°101495, Préfet du département de la Corse du Sud c/ Wallez, p. 44 ; *Dr. adm.* 1990, comm. 232 ; *RFDA* 1990, p. 292 (à propos de la décision prise par un bureau de vote d'ajouter lors du scrutin pour le second tour de l'élection présidentielle un électeur qui ne figurait pas sur la liste d'émargement).

[435] C. Broyelle, *op. cit.*, p. 80.

vérifier, notamment, le caractère réel, suffisant, certain et personnel[436]. En dépit de quelques divergences terminologiques, la doctrine s'accorde sur cette appréciation par le juge de l'intérêt à agir des justiciables[437]. Selon la nature du recours dont le juge est saisi, cette appréciation peut néanmoins être relativement souple. À cet égard, un libéralisme certain caractérise la manière dont le juge admet cet intérêt lorsqu'il est saisi d'un recours pour excès de pouvoir même si, comme le souligne adroitement D. Chabanol, il n'est pas un recours « ouvert à tout un chacun »[438], compte tenu des risques que cela présenterait pour l'encombrement des juridictions.

139. L'appréciation est également particulière pour certains référés. Le législateur n'envisage pas directement cette condition pour les référés d'urgence. Comme l'écrit très justement G. Eveillard, elle est en réalité « soluble dans la question de l'urgence »[439] s'agissant du référé-suspension. Le meilleur exemple de cette manière de voir peut-être trouvé dans la jurisprudence. Pour caractériser l'urgence au sens de l'article L. 521-1 du Code de justice administrative, la décision dont la suspension est demandée se doit de préjudicier « de manière suffisamment grave et immédiate à un intérêt public, à la situation du requérant ou aux intérêts qu'il entend défendre »[440]. En matière de référé-liberté, le juge saisi ne peut exercer ses pouvoirs que lorsqu'il est fait état d'une atteinte grave et manifestement illégale à une liberté fondamentale[441] et l'intérêt à agir de l'auteur du recours s'apprécie donc à l'occasion de cette condition de fond.

140. Ainsi, la reconnaissance de l'intérêt à agir d'un requérant ne pose pas toujours de réelles difficultés. Apprécier la manière dont le juge entend encadrer l'exercice par les requérants des recours dont il dispose nécessite de traiter de certains cas dans lesquels la coexistence des recours doit être récusée, faute pour les requérants de disposer de plusieurs recours, parce qu'ils ne satisfont pas à cette condition de recevabilité. Le contentieux fiscal (§1) et le contentieux des contrats administratifs (§2) témoignent de quelques difficultés quant à l'intérêt, pour les requérants, d'agir devant plusieurs juges.

---

[436] *Ibid*, p. 77 et s. V. aussi, D. Chabanol *La pratique du contentieux administratif*, 11e éd., Lexisnexis, Droit et professionnels, 2015, p 165 et s.

[437] M. Guyomar et B. Seiller, *op. cit.*, p. 305 et s. ; A. Perrin, *Contentieux administratif*, *op. cit*, p. 98 et s.

[438] D. Chabanol, *op. cit.*, p. 166.

[439] G. Eveillard, Référé-suspension : Le contentieux en référé des arrêtés de cessibilité, *Dr. adm.* 2015, n°4, comm. 26.

[440] CE, sect. 19 janv. 2001, n°228815, Confédération nationale des radios libres, *RFDA* 2001, p. 378, concl. L. Touvet.

[441] Art. L. 521-2 du CJA.

§1. La coexistence des recours à disposition des redevables d'une imposition

141. Recevabilité du recours pour excès de pouvoir en matière fiscale. La jurisprudence administrative traduit, au début du XXe siècle, une ouverture certaine du recours pour excès de pouvoir, notamment par l'emploi de la technique de la détachabilité. En matière fiscale, ont été considérées comme détachables de l'opération d'imposition une délibération créant une taxe directe[442], une autre prorogeant des taxes d'octroi[443], une même délibération relative au cahier des charges de la perception des droits de place établis dans une commune[444] ou encore un arrêté pris par le gouverneur des établissements français d'Océanie pour établir une taxe annuelle de séjour[445]. R. Alibert a expliqué cette évolution de la jurisprudence par la restriction du champ d'application de l'exception de recours parallèle[446]. En critiquant l'imprécision de cette position doctrinale, il peut être montré en quoi la coexistence des recours dépend, notamment, de la satisfaction de la condition de recevabilité relative à l'intérêt à agir.

142. Cette possibilité reconnue par le juge d'exercer un recours pour excès de pouvoir contre ces actes réglementaires exige, de la part des requérants, qu'ils puissent faire état de leur intérêt suffisant à obtenir l'annulation. Toutefois, cet intérêt s'apprécie souplement dans le contentieux de l'excès de pouvoir[447] et d'autant plus lorsqu'il s'agit de contester des délibérations municipales emportant des conséquences sur les finances de la commune[448], comme tel est le cas des actes réglementaires précédemment visé. Cette faculté d'exercer un recours pour excès de pouvoir se double parfois, pour les redevables de l'impôt seulement, de celle de saisir le juge fiscal. R. Alibert mentionne correctement ce point lorsqu'il écrit que le juge ne s'oppose plus systématiquement à la recevabilité du recours pour excès de pouvoir et qu'il admet alors qu'une même opération puisse donner lieu à deux recours

---

[442] CE, 5 mars 1915, Demoiselle Pélissier de Malakoff, p. 52 ; CE, 28 juin 1929, Sieur Trutié de Varreux, p. 635. V. encore, la décision « SA Les petits fils de Wendel » par laquelle le Conseil d'Etat considère « que l'existence d'un recours ouvert à la société requérante devant le juge de l'impôt pour contester la légalité de son imposition individuelle à la taxe établie par les délibérations attaquées ne fait pas obstacle à la recevabilité d'un recours pour excès de pouvoir dirigé contre les délibérations créant ladite taxe » (CE, 2 nov. 1938, p. 814)

[443] CE, 28 fév. 1913, Breil et autres, p. 289.

[444] CE, 27 juin 1913, Cabanis, p. 773.

[445] CE, 6 juin 1913, Ng-Ah-Yang et autres, p. 627.

[446] R. Alibert, *op. cit.*, p. 178 (Ce dernier indique que le Conseil d'Etat a renoncé « pour la première fois, d'une manière catégorique, à la fin de non-recevoir tirée du recours parallèle »).

[447] M. Guyomar et B. Seiller écrivent que le juge administratif français, s'agissant des recours ne posant qu'une question de droit objectif – comme tel est principalement le cas du recours pour excès de pouvoir – « fait preuve d'un grand libéralisme » (*op. cit.*, p. 305)

[448] CE, 29 mars 1901, n°94580, Casanova, p. 333 ; CE, 23 déc. 1938, Sieur Bosc, p. 974.

distincts, sans que soit opposée à l'exercice du recours pour excès de pouvoir par le redevable de l'imposition sa possibilité de saisir le juge fiscal. Une solution récente le confirme encore. Dans une décision du 25 novembre 2009, le Conseil d'État était saisi d'un recours pour excès de pouvoir dirigé contre une instruction ministérielle relative aux options de souscription ou d'achat d'actions[449]. Il a relevé que les requérants « ont par ailleurs introduit devant le tribunal administratif de Versailles une demande tendant à la décharge des impositions qui leur sont réclamées »[450] en jugeant que « le ministre du Budget, des comptes publics et de la Fonction publique n'est pas fondé à soutenir que ce recours serait irrecevable en raison du recours parallèle de plein contentieux dont les requérants disposent et qu'ils ont d'ailleurs exercé »[451].

143. Absence de coexistence des recours pour les tiers à une imposition. La mention par l'auteur de ce que l'ouverture du recours pour excès de pouvoir contre ces actes résulte d'un recul de l'exception de recours parallèle reste excessivement imprécise et, partant, incorrecte. R. Alibert omet de prendre en compte l'intérêt à agir des requérants qui, en matière fiscale, dépend de la qualité d'assujetti à l'impôt litigieux ou de tiers par rapport à celui-ci. Ces derniers, faute de disposer d'un intérêt à agir suffisant, ne peuvent jamais saisir le juge de l'impôt et ne peuvent ainsi prétendre exercer que le recours pour excès de pouvoir contre un acte estimé détachable de l'opération fiscale. C'est ce qu'illustre, par exemple, la décision « Sieur Bosc »[452] à l'occasion de laquelle le juge précise que le requérant « contribuable de la ville de Paris » est recevable à déférer au Conseil d'État par la voie du recours pour excès de pouvoir un acte d'homologation des rôles, mais que ce dernier n'étant pas porté sur ces rôles « ne dispose pas, par suite, d'un recours devant le juge de l'impôt »[453].

144. De la même manière, les conclusions prononcées par E. Cortot-Boucher sur la décision « Société Export Press » plaident en ce sens. Rappelant l'état de la jurisprudence administrative en matière de détachabilité des actes d'imposition, Mme Cortot-Boucher souligne que le Conseil d'État « ne fait pas jouer l'exception de recours parallèle »[454], notamment, lorsque « la voie de l'action fiscale en décharge ou en restitution n'est pas ouverte à

---

[449] CE, 25 nov. 2009, n°323334, Lachmann : *RJF* 2010, n°122, concl. N. Escaut ; *BDCF* 2010, n°19. Dans le même sens : CE, 13 janv. 2010, n°321416, M. et Mme Nemo ; *Dr. fisc.* 2010, n°10, comm. 211 ; *RJF* 4/2010, n°317.

[450] *Ibid.*

[451] *Ibid.*

[452] CE, 23 déc. 1938, Sieur Bosc, p. 974.

[453] *Ibid.* V. égal., CE, 8 mai 1936, Commune de Dugny, p. 515.

[454] E. Cortot-Boucher, concl. sur CE, 2 déc. 2016, Min. de l'Economie et des Finances c. Société Export Press, non publiées.

l'intéressé »[455]. Lorsque le contribuable n'est pas en mesure de saisir le juge de l'impôt, le Conseil d'État, estime que peuvent faire l'objet du recours pour excès de pouvoir une décision fixant son revenu professionnel[456] ou une décision lui refusant la qualité d'assujetti à la TVA[457]. En matière fiscale, le Conseil d'État fait dépendre, de manière contestable, le caractère détachable de l'acte imposition des voies de droit à disposition des requérants[458]. Il reste que la coexistence des recours ne peut être admise que pour les redevables de l'imposition puisque les tiers ne disposent d'aucun choix et sont seulement en mesure de saisir le juge de l'excès de pouvoir. Une décision récente de la Cour administrative d'appel de Nantes renforce cette idée. En l'espèce, la société « Sucrerie de Toury » a demandé au tribunal administratif d'Orléans de condamner l'État à lui verser une indemnité de 98 768 euros en réparation du préjudice qu'elle estime avoir subi du fait du retard mis par l'État à transposer la directive n°2003/96/CE du Conseil du 27 octobre 2003 restructurant le cadre communautaire de taxation des produits énergétiques et de l'électricité. La Cour a jugé que la société n'était pas le redevable de la taxe intérieure de consommation, que l'action en remboursement de la taxe ne lui était donc pas ouverte et que « le ministre n'est pas fondé à opposer l'exception de recours parallèle à la recevabilité de la demande de première instance présentée par la société »[459]. Cette nécessité de prendre en compte la personne du requérant pour déterminer la coexistence des recours à sa disposition ne saurait être visible que pour le contentieux fiscal et se présente, aussi, dans le contentieux des contrats administratifs.

§2. La coexistence des recours à disposition des tiers à un contrat administratif

145. L'incidence de l'intérêt à agir dans la détermination de la coexistence des recours en matière contractuelle est nettement plus visible pour les tiers aux contrats qu'elle ne l'est pour les parties. Pour elles, les recours ne coexistent qu'au stade de la formation du contrat et elle demeure, dans ce cas, hypothétique. Une fois le contrat signé, seule leur est ouverte la saisine du juge du contrat. Les tiers à un contrat administratif sont, en revanche, susceptibles d'être affectés dans leurs intérêts tant au stade de la formation du contrat (I) qu'à celui de son exécution (II) et peuvent prétendre exercer plusieurs recours dans l'une ou l'autre de ces situations.

---

455 *Ibid.*

456 CE, sect. 8 mai 1981, n°17929, Marquiset, RJF 1981, n°712.

457 CE, ass. 20 juillet 1990, n°84846, Association pour l'action sociale de la Charente-Maritime, RJF 1990, n°1177.

458 *V. infra*, p. 383. Pour un exemple : CE, 31 juill. 1992, n°116810, Vidal, *RJF* 1992, n°1551, concl. J. Arrighi de Casanova, *Dr. fisc.* 1993, comm. 695 ; CE 3 févr. 1988, n°81099, *RJF* 1988, n°655 ; CE 4 oct. 1989, n°59244, *RJF* 1989, n°1431). Sur ce point, v., L. Vallée, Recours pour excès de pouvoir : contentieux fiscal, Répertoire de contentieux administratif, Dalloz, n°51 et s.

459 CAA Nantes, 25 juin 2020, n°18NT02943.

I. La coexistence des recours dans le contentieux de la formation du contrat

146. La détermination de la coexistence de plusieurs recours au stade de la formation des contrats administratifs s'est longtemps résumée, exclusivement, à la mise en œuvre par le juge de la technique de la détachabilité de laquelle dépend l'accès des tiers au juge du contrat. Force est de constater que la jurisprudence récente du Conseil d'État bouleverse la manière dont il convient d'apprécier l'existence de plusieurs recours à disposition des tiers pour contester la validité d'un contrat (A). Les conséquences engendrées par ces évolutions prétoriennes sur la coexistence des recours s'ajoutent à celles produites par les différentes réformes législatives. Par celles-ci, les justiciables peuvent disposer de la possibilité de saisir un juge statuant en référé, soit par le biais de référés généraux qui sont susceptibles d'être mobilisés dans le contentieux des contrats, soit en vertu de référés spécifiques à la matière contractuelle. La jurisprudence témoigne bien de ce que ces référés peuvent accompagner l'un des recours au fond, mais cette question de la coexistence des recours au fond et des référés ne suscite pas de difficultés particulières[460]. Il convient en revanche de s'attarder davantage sur la possibilité pour les tiers à un contrat administratif d'exercer plusieurs référés administratifs (B).

A. La coexistence des recours au fond

147. Coexistence des recours pour les concurrents évincés. Le recours pour excès de pouvoir est longtemps resté le seul recours permettant aux tiers à un contrat administratif de contester la légalité du contrat. La reconnaissance par le juge de cette possibilité a précisément répondu à cette préoccupation que certains administrés affectés par la passation d'un contrat administratif ne disposaient d'aucune voie de droit. Cet état du droit a été bouleversé par la reconnaissance d'un recours en contestation de validité du contrat ouvert aux « concurrents évincés de la procédure de passation d'un contrat »[461]. Ces derniers ont ainsi pu saisir le juge du contrat d'un recours de plein contentieux même si le Conseil d'État a, consécutivement, fermé le recours pour excès de pouvoir dirigé contre les actes détachables du contrat et se rapportant à sa passation. Cette fermeture suppose, pour autant, la coexistence des voies de droit. Le recours pour excès de pouvoir est irrecevable, non parce qu'il est dirigé contre un acte qui ne peut être détaché du contrat, mais en raison d'une fin de non-recevoir tirée de l'existence d'un autre recours. Celle-ci est opposée par le juge pour fermer aux requérants leur faculté de choisir entre plusieurs recours juridictionnels. Le recours pour excès de pouvoir restait recevable tant

---

[460] *V. infra*, p. 226.

[461] CE, ass., 16 juill. 2007, n°291545, Sté Tropic travaux signalisation Guadeloupe.

que le contrat n'était pas conclu et tant que, donc, le recours de plein contentieux n'était pas disponible pour ces concurrents « évincés » (qui ne le sont d'ailleurs pas encore)[462]. Cette coexistence des recours, pour limitée qu'elle fût, n'était identifiable que pour les concurrents évincés de la procédure de passation du contrat. Les tiers insusceptibles de se prévaloir d'une telle qualité ne disposaient que du recours pour excès de pouvoir, qui ne leur avait pas été fermé.

148. Coexistence des recours pour les « tiers intéressés ». Par la décision « Département du Tarn-et-Garonne », le Conseil d'État a élargi la saisine du juge du contrat aux tiers susceptibles d'être lésés par la passation d'un contrat administratif ou de certaines de ses clauses[463]. Cet arrêt constitue indéniablement un prolongement de la jurisprudence antérieure, mais marque néanmoins une rupture avec celle-ci. En effet, l'ouverture du recours en contestation de validité du contrat au profit de ces tiers intéressés s'est accompagnée de la fermeture du recours pour excès de pouvoir pour l'ensemble des tiers aux contrats administratifs, à l'exception du représentant de l'État dans le département[464]. Cette solution se justifie, selon B. Dacosta, par la reconnaissance d'une large possibilité de former un recours en contestation de validité du contrat et s'explique alors par la fin de non-recevoir tirée de l'existence d'un recours parallèle[465]. Cette nouvelle voie de recours ferme donc totalement le recours pour excès de pouvoir contre les actes détachables du contrat. Demeure toutefois une exception relative aux actes détachables d'un contrat de droit privé « pour lesquels l'exception de

---

[462] V. notamment, D. Casas, Un nouveau recours de pleine juridiction contre les contrats administratifs, concl. sur CE, 16 juillet 2007, Société Tropic, *RFDA* 2007, p. 696. Le recours pour excès de pouvoir peut donc être jugé si le juge administratif saisi se prononce avant cette échéance. Si cela reste techniquement possible, la situation se présente de manière tout à fait exceptionnelle (G. Clamour, Un an sous le soleil de « Tropic » : recueil de décisions, *CMP* 2008, n°11, chron. 2. V. en particulier : TA Paris, ord., 27 mars 2008, n°0804014/3/2, Sté Arcet Notation, Sté Euro2C. ; TA Toulouse, ord., 9 avr. 2008, n°08/01392, SARL Baltis. – TA Strasbourg, ord., 15 avr. 2008, n°0801511, Sté Performance Partner).

[463] CE, ass., 4 avril 2014, n°358994, Département du Tarn et Garonne.

[464] *V. infra*, p. 383.

[465] B. Dacosta, concl. sur CE, 4 avril 2014, Département du Tarn et Garonne, *RFDA* 2014 p. 425. Le rapporteur public évoque les limites de la fermeture proposée du recours pour excès de pouvoir en indiquant que ce recours ne subsistera que dans deux cas, dont celui correspondant aux contrats de droit privé puisque le juge « ne pourrait en effet opposer à la contestation d'une telle décision une exception de recours parallèle devant le juge du contrat, puisque ce juge est le juge judiciaire ».

recours parallèle devant le juge administratif ne saurait valoir »[466] puisque le contrat privé n'est pas justiciable de la nouvelle voie de recours.

149. Absence de coexistence pour les tiers « non lésés ». L'explication proposée est imprécise et, partant, contestable. En effet, le recours devant le juge du contrat n'est pas ouvert à l'ensemble des tiers aux contrats administratifs, mais seulement à ceux susceptibles d'être lésés dans leurs intérêts « de façon suffisamment directe et certaine » par la passation du contrat ou de ses clauses. Or certains requérants qui ne justifient pas d'un tel intérêt pouvaient prétendre exercer un recours pour excès de pouvoir contre un acte détachable du contrat et se rapportant à sa passation puisque la condition relative à l'intérêt à agir y est appréciée souplement. Ils ne le peuvent plus[467]. Dire que la fermeture du recours pour excès de pouvoir se justifie par l'exception de recours parallèle est donc incorrect, car cela conduit à occulter la situation de ces tiers pour qui le recours pour excès de pouvoir n'est plus disponible et le recours en contestation de validité du contrat n'est pas ouvert. La volonté de simplifier le contentieux contractuel est louable, même s'il faut reconnaître qu'elle préjudicie à ces « tiers sans qualité »[468] qui sont ainsi exclus, à juste titre, du contentieux contractuel. Les recours ne coexistent, indépendamment de la contrainte que le juge entend opposer à l'une des voies de droit disponibles, que pour les tiers intéressés. Ceci fait observer la nécessité de considérer l'intérêt à agir des requérants pour déterminer l'existence, pour eux, de plusieurs recours disponibles.

B. La coexistence des référés administratifs

150. Notion de référé précontractuel. Par la transposition de la directive « Recours » du 21 décembre 1989[469], le législateur a créé le référé précontractuel, voie de droit qui vise à faire sanctionner, avant la signature du

---

[466] B. Dacosta, *op. cit.* ; A. Bretonneau et J. Lessi, Contentieux contractuel : la révolution rentre au port, *AJDA* 2014, p. 1035 ; P. Rees, Tropic II est arrivé - À propos de l'arrêt Département de Tarn-et-Garonne, *CMP* 2014, n°5, étude 5. Dans certaines décisions qui appliquent la solution dégagée par l'arrêt Département du Tarn et Garonne, le juge administratif retient la possibilité, pour l'auteur du recours pour excès de pouvoir, de critiquer la légalité des décisions attaquées à l'occasion du recours en contestation de validité du contrat qu'il peut entreprendre, sans jamais tirer aucune conséquence de ce que le contrat litigieux aurait été, ou non, signé. En ce sens : CE, 30 juin 2016, n°393805, Synd. des compagnies aériennes autonomes, *CMP* 2016, comm. 248 , note P. Devillers ; CAA Lyon, 22 sept. 2016, n°15LY02762, Sté Dokever, *AJDA* 2016, p. 2472. V. égal CAA Nantes, 10 mai 2017, n°15NT03897 et CAA Douai, 3 mai 2018, n°15DA01301.

[467] Cette difficulté est soulignée par plusieurs auteurs. V. surtout, F. Rolin, Du recours pour excès de pouvoir de l'État légal à la protection des intérêts subjectifs dans l'État contemporain : quelques réflexions critiques sur l'arrêt Département du Tarn et Garonne, *RDP* 2014, n°5, p. 1198 ; S. Hourson, *op. cit.*

[468] F. Laffaille, La jurisprudence Tarn-et-Garonne ou le tiers « sans qualité », *AJDA* 2018, p. 1201.

[469] Directive n°89/665/CEE du 21 décembre 1989 portant coordination des dispositions législatives, réglementaires et administratives relatives à l'application des procédures de recours en matière de passation des marchés publics de fournitures et de travaux.

contrat, les manquements aux obligations de publicité et de mise en concurrence auxquelles est soumise la passation de certains contrats[470]. Ce recours conduit le juge saisi à statuer « en la forme des référés »[471] et celui-ci peut ordonner des mesures provisoires telles que, notamment, la suspension de décisions se rapportant à la passation du contrat[472]. Il peut aussi, par des mesures dépourvues de caractère provisoire, « annuler les décisions qui se rapportent à la passation du contrat et supprimer les clauses ou prescriptions destinées à figurer dans le contrat »[473] qui méconnaitraient ces obligations de publicité et de mise en concurrence.

151. Coexistence des référés administratifs en matière de passation des contrats. Ce recours est à même de coexister avec le recours en contestation de validité du contrat[474], mais aussi avec d'autres référés administratifs que sont, d'abord, les référés d'urgence. Si la mise en œuvre de ces référés d'urgence ne peut aboutir qu'au prononcé de mesures provisoires, elle est toutefois à même de concurrencer le référé précontractuel. Tel est le cas lorsque les requérants ne recherchent pas de mesures définitives de la part du juge saisi, mais se bornent à demander la suspension de certaines décisions administratives liées à la passation du contrat. Le champ d'application de ces procédures juridictionnelles n'est évidemment pas identique, mais il est au moins en partie commun, de même que les mesures susceptibles d'être ordonnées par les juges saisis peuvent être similaires. La coexistence de ces recours a été envisagée par la doctrine[475] et prouvée par la jurisprudence, du moins en ce qui concerne le référé-suspension[476]. Elle résulte de la possibilité, pour les mêmes requérants, d'emprunter ces différentes voies de droit. En effet, le référé précontractuel est ouvert aux personnes ayant notamment « un intérêt à conclure le contrat »[477] et susceptibles d'être lésées par un manquement aux règles de publicité et de mise en concurrence, lié à la procédure passation de ce contrat. Puisque l'exercice des référés d'urgence est soumis à une condition d'intérêt à agir qui se confond avec celle de l'urgence de la mesure demandée au juge, celle-ci est réputée satisfaite pour ceux des

---

470 Art. L. 551-1 du CJA.

471 Sur ce point, v. notamment, R. Vandermeeren, Le référé administratif précontractuel, *AJDA* 1994 p. 91.

472 Art. L. 551-1 du CJA.

473 Art. L. 551-2 du CJA.

474 La décision Tarn et Garonne juge explicitement que le recours en contestation de validité du contrat peut être exercé « indépendamment (...) des actions ouvertes (...) devant le juge du référé contractuel sur le fondement des articles L. 551-13 et suivants du code de justice administrative ».

475 D. Bailleul, « Les référés « suspension » et « liberté » au secours du référé précontractuel ? », *CMP* 2002, chron. n°8.

476 CE, 29 juill. 2002, n°243686, Ville Nice c/ SARL Loisirs et innovations ; *BJCP* 2002, p. 476, concl. Piveteau ; *AJDA* 2002, p. 926, note J.-D. Dreyfus.

477 Art. L. 551-10 du CJA.

requérants qui remplissent la condition posée par l'article L. 551-10 du Code de justice administrative.

152. Coexistence des référés spécifiques à la matière contractuelle. Le référé précontractuel peut aussi, ce qui pose des difficultés plus sérieuses, coexister avec le référé contractuel. L'ordonnance du 7 mai 2009 a permis de réformer la procédure du référé précontractuel tout en créant une seconde voie de droit spécifique à la matière contractuelle et permettant de faire sanctionner, après la signature du contrat, certains manquements aux obligations de publicité et de mise en concurrence[478]. Certaines similarités sont entretenues par ces deux voies de droit, qu'il s'agisse de leur champ d'application matériel constitué par les mêmes contrats de la commande publique[479] ou des requérants aptes à saisir le juge qui sont, pour l'essentiel, les personnes qui ont intérêt à conclure le contrat et susceptibles d'être lésées par des manquements aux obligations de publicité et de mise en concurrence[480]. Destiné à remédier aux faiblesses du référé précontractuel dont l'exercice ne permet pas de faire sanctionner des manquements aux obligations de publicité et de mise en concurrence dès lors que le contrat est conclu, le référé contractuel ne peut être engagé qu'à l'encontre des contrats déjà signés. Aussi, et surtout[481], l'article L. 551-14 du Code de justice administrative dispose que le référé contractuel « n'est pas ouvert au demandeur ayant fait usage du recours prévu à l'article L. 551-1 ou à l'article L. 551-5 dès lors que le pouvoir adjudicateur ou l'entité adjudicatrice a respecté la suspension prévue à l'article L. 551-4 ou à l'article L. 551-9 et s'est conformé à la décision juridictionnelle rendue sur ce recours »[482].

153. S'ajoute à cette restriction posée par les textes une limite formulée par le Conseil d'État dans la décision « Grand Port Maritime du Havre »[483]. En vertu de cette jurisprudence « sont seuls recevables à saisir le juge d'un référé contractuel, outre le préfet, les candidats qui n'ont pas engagé un référé précontractuel, lorsque le pouvoir adjudicateur ou l'entité adjudicatrice n'a pas communiqué la décision d'attribution aux candidats non retenus ou n'a pas

---

[478] Ordonnance n°2009-515 du 7 mai 2009 relative aux procédures de recours applicables aux contrats de la commande publique.

[479] Sont visés les « contrats administratifs ayant pour objet l'exécution de travaux, la livraison de fournitures ou la prestation de services, avec une contrepartie économique constituée par un prix ou un droit d'exploitation, la délégation d'un service public ou la sélection d'un actionnaire opérateur économique d'une société d'économie mixte à opération unique » (Art. L. 551-1, L. 551-5, L. 551-13 et L. 551-14 du CJA).

[480] Art. L. 551-10 et L. 551-14 du CJA.

[481] Sur l'étude de cette disponibilité successive des recours : v. *infra*, not. p. 293.

[482] Art. L. 551-14 du CJA.

[483] CE, 19 janv. 2011, n°343435, Grand port maritime du Havre, p. 11 ; *AJDA* 2011, p. 800, note J.-D. Dreyfus ; *RD imm.* 2011, p. 275, obs. R. Noguellou ; *BJCP* 2011, p. 125, concl. N. Boulouis ; *JCP-A* 2011, 2095, note F. Lindich ; *CMP* 2011, comm. 92, G. Eckert.

observé, avant de signer le contrat, un délai de onze jours après cette communication et, s'agissant des contrats non soumis à publicité préalable et des contrats non soumis à l'obligation de communiquer la décision d'attribution aux candidats non retenus, lorsque le pouvoir adjudicateur ou l'entité adjudicatrice n'a pas rendu publique son intention de conclure le contrat ou n'a pas observé, avant de le signer, ce même délai »[484]. En cela, lorsqu'un requérant saisi le juge du référé contractuel, il ne peut lui être opposée la circonstance qu'il n'a pas exercé préalablement un référé précontractuel avant la signature du contrat, si le comportement de l'Administration l'a privé de cette dernière possibilité. Cela veut également dire que lorsque le requérant ne saisit pas le juge du référé précontractuel, volontairement ou par manque de diligence, il n'est pas recevable à mettre en œuvre le référé contractuel à l'égard du même contrat. R. Nogellou écrit sur ce point que « le fait de ne pas avoir formé de référé précontractuel n'ouvre pas pour autant la porte du référé contractuel »[485], mais il faut aller plus loin, et la jurisprudence l'a montré[486].

154. Irrecevabilité effectivement fondée sur l'existence du référé précontractuel. La doctrine voit largement dans cette condition de recevabilité du référé contractuel imposée par le juge une limite inférée du champ d'application personnel du référé précontractuel. M. Guyomar et B. Seiller indiquent que les référés précontractuel et contractuel sont ouverts « aux mêmes personnes » à l'exclusion pour le second de celles qui ont fait usage du référé précontractuel ou de celles qui n'ont pas saisi la possibilité qui leur était offerte de le faire[487]. Dans le même esprit, H. Hoepffner affirme : « le référé contractuel est également fermé lorsque le requérant a eu la possibilité d'exercer un référé précontractuel, mais qu'il ne l'a pas saisie. [...] Il n'est, dans un tel cas, pas recevable à agir »[488]. Ces auteurs paraissent ainsi rattacher la restriction à l'intérêt à agir des requérants. Cette présentation est critiquable. Que l'abstention du requérant à saisir le juge du référé précontractuel résulte d'une négligence ou d'une stratégie contentieuse (pour inutile qu'elle soit) celui-ci a bien intérêt à ce que le juge accède à sa

---

[484] *Ibid.* V. S'agissant des contrats non soumis à l'obligation de communiquer la décision d'attribution aux candidats non retenus comme le sont les délégations de service public : (CE, 25 oct. 2013, n°370393, Cne La Seyne-sur-Mer, T., p. 704 ; *CMP* 2014, comm. 21, note J.-P. Pietri ; CE, 14 févr. 2017, n°403614, Sté eaux de Marseille ; *CMP* 2017, comm. 106, note J.-P. Pietri).

[485] R. Noguellou, Le référé contractuel : un recours subsidiaire, *RDI* 2011 p. 275.

[486] Dans la décision « Société Clean Garden », la société requérante aurait pu utilement former un référé précontractuel alors que cette possibilité n'a été saisie qu'après la signature du marché dont elle a été évincée. Cette observation suffit à emporter l'irrecevabilité du référé contractuel formé par ladite société (CE, 2 août 2011, n°347526, Sté Clean Garden ; *JCP-A* 2011, act. 589 ; *CMP* 2011, comm. 303.

[487] M. Guyomar et B. Seiller, Contentieux administratif, *op. cit.*, p. 224.

[488] H. Hoepffner, Le référé contractuel contre un marché à procédure adaptée : une voie de droit subsidiaire, *AJDA* 2017, p. 888.

prétention. Pour un concurrent évincé de la procédure de passation, la méconnaissance des règles de publicité et de mise en concurrence affecte de manière réelle et certaine ses intérêts, en ce qu'elle a pu le priver d'une chance d'être l'attributaire du contrat.

155. C'est moins l'intérêt à agir du requérant qui justifie cette irrecevabilité du référé contractuel, mais plutôt la contrainte que le juge administratif estime nécessaire de lui opposer en vertu de sa volonté à limiter le libre exercice de plusieurs recours contentieux. Les propos de D. Pouyaud confirment justement cette idée. Pour elle, le référé contractuel formé par un justiciable ayant attendu la signature du contrat et qui aurait pu former un référé précontractuel, mais ne l'a pas fait n'est pas recevable « alors que les termes de l'article L. 551-14 pouvaient être interprétés différemment »[489]. Là où la loi dit seulement que le référé contractuel est fermé au requérant qui a exercé le référé précontractuel, le juge a considéré qu'il convenait aussi de fermer ce recours aux requérants qui se sont abstenus d'emprunter cette dernière voie de droit. En définitive, ces recours coexistent puisqu'ils peuvent exceptionnellement être mis en œuvre successivement lorsque le comportement de l'Administration préjudicie aux requérants. La lecture du Code de justice administrative conduit également à dire qu'ils peuvent être alternativement mis en œuvre et que le requérant dispose d'une option en ce sens qu'il peut exercer l'un ou l'autre de ces recours. Le Conseil d'État a néanmoins fermé cette possibilité en imposant à juste titre, l'exercice du référé précontractuel.

II. La coexistence des recours dans le contentieux de l'exécution du contrat

156. Coexistence générale des recours au stade de l'exécution des contrats. À la différence des parties au contrat, les tiers ont été admis à contester par la voie du recours pour excès de pouvoir certains actes détachables du contrat et concernant son exécution. Le principe a été explicitement consacré par la décision « Société LIC »[490] puis confirmé s'agissant de recours dirigés contre une décision portant refus de résiliation d'un contrat[491], contre une décision de résiliation elle-même ou à l'égard d'une décision portant modification d'un contrat[492]. Cette possibilité pour les tiers de contester certains actes administratifs postérieurs à la conclusion du contrat

---

[489] D. Pouyaud, Contentieux des contrats administratifs, formation du contrat, *Jcl. Adm.* Fasc. 1126, n°34.

[490] CE, 24 avril 1964, SA de livraisons industrielles et commerciales, p. 239, *AJDA* 1964. 308, concl. Combarnous. Le recours pour excès de pouvoir dirigé contre un acte de cette nature était auparavant considéré comme irrecevable : CE, 6 mai 1955, Société des grands travaux de Marseille, *AJDA* 1955, p. 327.

[491] CE, 11 janv. 1984, n°30250, Fayard, p. 4.

[492] CE, 2 févr. 1987, n°81131, Sté TV6, p. 27.

se double de celle leur permettant de mettre en œuvre un recours en contestation de validité du contrat, pour ceux en mesure de se prévaloir d'un intérêt suffisant. Cette coexistence des recours apparaît à la lecture de la jurisprudence. La décision « Département du Tarn-et-Garonne » juge que « la légalité du choix du cocontractant, de la délibération autorisant la conclusion du contrat et de la décision de le signer » ne peut être contestée qu'à l'occasion du recours en contestation de validité du contrat[493]. Autrement dit, les décisions administratives portant sur les objets mentionnés pouvaient antérieurement faire l'objet du recours pour excès de pouvoir, mais la question posée dans le cadre de ce recours l'est désormais devant le juge du contrat. La décision ne mentionne pas le sort des autres actes détachables, notamment relatifs à l'exécution du contrat. En application de cette solution, les tiers recevables à saisir le juge du contrat sont donc toujours recevables à les contester devant le juge de l'excès de pouvoir.

157. Recours contre un acte d'approbation d'un contrat. Deux cas de coexistence méritent encore d'être précisés. Le premier est relatif à la contestation d'actes portant approbation de certains contrats administratifs. Ce dernier acte n'est pas, à proprement parler, un acte relatif à l'exécution du contrat puisqu'il en conditionne l'entrée en vigueur[494]. Il n'est pas non plus un acte se rapportant à la passation du contrat puisqu'il adopté par une autre personne publique que l'autorité contractante, une fois le contrat conclu. B. Dacosta paraissait ne pas s'opposer à ce que les actes d'approbation puissent continuer de faire l'objet d'un recours pour excès de pouvoir « dans la mesure où seraient contestés leurs vices propres »[495]. Le Conseil d'État a confirmé cette hypothèse, en l'assortissant de réserves notables sur le plan des moyens invocables[496], par la décision ASSSECO-CFDT, en admettant l'exercice d'un recours pour excès de pouvoir, « indépendamment du recours de pleine juridiction dont disposent les tiers à un contrat administratif pour en contester la validité »[497]. Les tiers intéressés par la passation d'un contrat ou de certaines de ces clauses peuvent ainsi rechercher le prononcé de la nullité d'un contrat administratif tout en cherchant aussi à « paralyser provisoirement les effets du

---

[493] CE, ass., 4 avril 2014, n°358994, Département du Tarn et Garonne.
[494] O. Henrard, concl. sur CE, 23 déc. 2016, n°392815 et n°392819, ASSECO-CFDT du Languedoc-Roussillon et Assoc. ATTAC Montpellier.
[495] B. Dacosta, concl. Sur CE, 4 avril 2014, Département du Tarn et Garonne, *op. cit.*
[496] *V. infra*, p. 383.
[497] CE, 23 déc. 2016, n°392815 et n°392819, ASSECO-CFDT du Languedoc-Roussillon et Assoc. ATTAC Montpellier. Pour une application : CAA Douai, 18 mai 2017, n°16DA01411, Communauté de communes de la Côte d'Albâtre.

contrat »[498] par la saisine du juge de l'excès de pouvoir, lorsqu'est édicté un acte d'approbation du contrat litigieux.

158. Recours contre la décision portant refus de résiliation d'un contrat. Le second cas de coexistence concerne le sort particulier des décisions portant refus de résiliation d'un contrat administratif, que le juge estimait détachable du contrat administratif selon une jurisprudence bien établie[499]. Par une décision du 30 juin 2017, le Conseil d'État a ouvert une nouvelle voie de droit se rapportant à ces décisions : « Considérant qu'un tiers à un contrat administratif susceptible d'être lésé dans ses intérêts de façon suffisamment directe et certaine par une décision refusant de faire droit à sa demande de mettre fin à l'exécution du contrat, est recevable à former devant le juge du contrat un recours de pleine juridiction tendant à ce qu'il soit mis fin à l'exécution du contrat »[500]. Comme le précise aussi la décision, ce recours, lorsque le contrat est conclu par une collectivité territoriale ou un groupement de collectivités territoriales, est ouvert aux membres de l'organe délibérant de l'entité contractante. L'identité de la condition d'intérêt à agir entre le recours en contestation de validité du contrat et ce recours de plein contentieux en « rupture des relations contractuelles »[501] est apparente. En cela, un requérant recevable à emprunter cette première voie de droit sera vraisemblablement, et souvent, admis à emprunter ensuite la seconde. C'est d'ailleurs ce qui justifie en partie l'évolution apportée par la décision du 30 juin 2017. Selon S. Roussel et G. Odinet, cette décision permet d'éviter, compte tenu du « libéralisme avec lequel le juge de l'excès de pouvoir apprécie l'intérêt pour agir » qu'un tiers qui ne pouvait prétendre à exercer un recours en contestation de validité du contrat ne puisse obtenir la résiliation de ce contrat en soulevant, à l'occasion d'un recours pour excès de pouvoir (comme le permet la jurisprudence SA L.I.C.) des vices tirés de l'illégalité de certains actes se rapportant à sa passation[502]. Cette remarque très juste fait donc aussi observer la coexistence du recours en contestation de validité du contrat et le « recours en résiliation » du contrat. Cela n'est pas douteux puisque ces recours visent à répondre à des demandes différentes. L'on peut aussi convenir

[498] *Ibid.*

[499] CE, 24 avril 1964, SA de livraisons industrielles et commerciales ; CE, 8 déc. 2004, n°270432, Sté Eiffel-Distribution et a., T., p. 804 ; *BJDU* 2005, p. 33, concl. F Séners.

[500] CE, sect., 30 juin 2017, n°398445, Synd. mixte de promotion de l'activité transmanche, p. 209 ; *JCP-A* 2018, 2067, note J. Cornu ; *Dr. adm.* 201, comm. 51, note F. Brenet ; *AJDA* 2017, p. 1669, note G. Odinet et S. Roussel ; *JCP-A* 2017, 2195 note J. Martin.

[501] H. Hoepffner, L'action en rupture des relations contractuelles ouverte aux tiers, *BJCP* 2017, p. 346.

[502] S. Roussel et G. Odinet, Rénovation du contentieux contractuel : travaux de finitions, *AJDA* 2017 p. 1669.

du fait que le Conseil d'État ayant ouvert un recours en contestation de validité du contrat par une évolution remarquable ne ferme pas celui-ci[503].

159. La décision du 30 juin 2017 suscite en revanche une interrogation quant au maintien du recours pour excès de pouvoir contre une décision portant refus de résiliation d'un contrat. G. Pélissier proposait au Conseil d'État « d'adapter » le recours pour excès de pouvoir en indiquant que « la contestation du refus de résiliation qui aura été opposé au tiers ne sera que le vecteur de conclusions qui tendront à ce que le juge du contrat, juge de pleine juridiction qui dispose de ce pouvoir, prononce la résiliation du contrat »[504]. Il s'agit pourtant d'une suppression – c'est-à-dire une fermeture du recours pour excès de pouvoir – puisque les tiers qui empruntent cette voie de droit nouvelle « ne peuvent se prévaloir d'aucune autre irrégularité, notamment pas celles tenant aux conditions et formes dans lesquelles la décision de refus a été prise »[505]. Le recours pour excès de pouvoir ne se conçoit plus à l'égard de telles décisions[506] mais peut continuer à viser d'autres actes se rapportant à l'exécution des contrats que le juge a estimé détachables de ceux-ci. C'est ce que suggère une décision rendue par la Cour administrative d'appel de Bordeaux, jugeant que la délibération attaquée par les requérants « ne saurait être regardée comme ayant eu pour objet ou pour effet de refuser de mettre fin à l'exécution du contrat litigieux ou comme révélant une décision ayant une telle portée » et que « par suite » qu'eu égard à son objet, cette délibération constituait un acte détachable du contrat, justiciable d'un recours pour excès de pouvoir[507]. Demeurent donc détachables du contrat la décision de résiliation d'un contrat[508], les décisions modifiant les obligations contractuelles[509] ou des actes se rapportant à l'exécution de clauses réglementaires[510].

160. Le contentieux de l'exécution des contrats administratifs conduit ainsi à admettre la coexistence des recours compte tenu, notamment, de ce que l'intérêt à agir de certains tiers aux contrats leur permet tout à la fois de contester la validité de celui-ci puis, soit de rechercher le prononcé de sa

---

[503] La doctrine a logiquement souligné cette coexistence (v. par ex. : F. Brenet, L'ouverture d'une action en résiliation du contrat au profit des tiers devant le juge de plein contentieux, Droit Administratif 2017, n°12, comm. 51) mais le rapporteur public de la décision l'avait également rappelé (G. Pélissier, concl. sur CE, 30 juin 2017, Syndicat mixte de promotion de l'activité transmanche (SMPAT), *RFDA* 2017, p. 93).

[504] *Ibid.*

[505] CE, sect., 30 juin 2017, n°398445, Synd. mixte de promotion de l'activité transmanche, p. 209.

[506] *V. infra*, p. 360.

[507] CAA Bordeaux, 18 déc. 2012, n°16BX02303.

[508] CE, 2 févr. 1987, n°81131, Sté TV6, p. 27.

[509] CE, 29 avr. 1987, n°51022, Cne Élancourt, p. 153 ; *CJEG* 1987, p. 573, concl. Robineau ; *AJDA* 1987, p. 543, obs. X. Prétot ; *RFDA* 1987, p. 525, concl. Y. Robineau.

[510] CE, 15 janv. 1999, n°188588, Sabaty ; *Dr. adm.* 1999, comm. 67, obs. J.-C. Bonichot.

résiliation par un recours de plein contentieux nouvellement organisé, soit de contester certaines mesures détachables du contrat par la voie du recours pour excès de pouvoir. Faute de satisfaire à cette même condition d'intérêt à agir les tiers qui ne sont susceptibles d'être lésés dans leurs intérêts de façon suffisamment directe et certaine ni par la passation du contrat ou de certaines de ses clauses ni par une décision refusant de faire droit à leur demande de résiliation d'un contrat sont seulement recevables à exercer un recours pour excès de pouvoir contre une mesure prise dans le cadre de l'exécution du contrat.

Section 3 : La disponibilité des recours ratione temporis

161. Si l'existence de recours disponibles pour un requérant tient à la nature des décisions dont il cherche à contester la légalité et à son intérêt à saisir le juge, elle dépend encore du temps pendant lequel les recours sont respectivement ouverts. La manifestation la plus évidente de la coexistence des recours consiste, pour le juge, à reconnaître que le recours exercé devant lui est irrecevable en raison de l'existence d'une autre voie de droit que le requérant peut emprunter. En cela, les recours coexistent puisqu'ils sont disponibles simultanément - c'est-à-dire, au même moment - que les requérants choisissent d'opter entre eux ou d'en cumuler l'exercice. Le montrer suppose de considérer les délais de recours contentieux respectivement applicables aux recours dont la coexistence est ainsi envisagée et de mettre en lumière le fait qu'ils se chevauchent. Pour autant, le juge peut opposer l'irrecevabilité au recours formé devant lui en se fondant sur l'existence d'une voie de droit dont le requérant a disposé et dont il ne dispose plus. Cette affirmation peut être étayée par la mention d'une décision tout à fait évocatrice. Afin de faire construire un bâtiment comprenant deux salles de tennis, une commune s'est vue délivrer deux permis de construire, l'un le 18 aout 2000 pour faire procéder aux travaux, le second étant un permis modificatif délivré le 19 février 2002 permettant de changer la couleur du revêtement du bardage du bâtiment. Les requérants dont l'habitation jouxte le bâtiment construit ont demandé au maire de la commune que soient exécutés des travaux sur le bâtiment afin de rendre la couleur du bardage conforme à ce que prévoyait le premier permis de construire, demande à laquelle le maire n'a pas répondu. Pour confirmer l'irrecevabilité qui leur a été opposée en première instance, la Cour administrative d'appel de Douai juge que les requérants n'ont pas contesté la légalité de ce premier permis de construire et « qu'un tel recours, s'il avait été exercé, aurait constitué une voie de droit qui leur aurait permis de contester la conformité de la construction projetée avec la réglementation applicable et d'obtenir une satisfaction équivalente à celle que leur assurerait l'annulation de la décision implicite de rejet contestée ; qu'ainsi, ils ne sont pas recevables à demander l'annulation de ladite décision »[511]. La possibilité pour les riverains d'exercer un recours pour excès de pouvoir, qu'ils n'ont pas saisi, justifie que leur soit opposée une fin de non-recevoir tirée de l'existence d'un recours parallèle.

162. La coexistence des recours peut ainsi être admise, non seulement lorsque le requérant dispose simultanément de plusieurs recours[512], mais même lorsque ceux-ci sont successivement disponibles. Dire cela revient à montrer que le juge admet souplement la coexistence des recours d'un point de vue temporel, en estimant qu'il peut parfois renvoyer le requérant à l'exercice d'un recours qu'il aurait dû exercer et, non pas, toujours, à l'exercice d'un recours qu'il devra exercer. La solution évoquée est loin d'être isolée[513], mais elle participe à la détermination de la contrainte que le juge oppose au requérant. D'un point de vue méthodologique, ceci impose de ne pas étudier substantiellement cette disponibilité temporelle des recours puisque la contrainte que le juge peut opposer aux requérants dans la mise en œuvre de plusieurs recours ne se limite pas aux cas où ceux-ci peuvent prétendre mettre en œuvre en même temps plusieurs recours. Pour autant, il convient de faire sommairement mention de cette coexistence temporelle des recours en ce que l'étendue du choix qu'un requérant peut exercer entre plusieurs recours dépend de la circonstance qu'il dispose de ces recours en même temps (§1) ou qu'il en dispose successivement (§2).

§1. La disponibilité simultanée des recours

163. L'existence pour un requérant de la possibilité d'exercer plusieurs recours juridictionnels dans le même temps dépend de trois variables. Elles tiennent au nombre d'actes qui compose la situation litigieuse du requérant (I), à la durée des délais de recours contentieux (II) et aux modalités de computation de ceux-ci (III).

I. L'incidence du nombre d'actes contestés

164. Contestation d'une décision administrative isolée. La situation litigieuse du requérant peut, selon les actes dont elle se compose, engendrer des difficultés variables dans la reconnaissance d'une coexistence simultanée de plusieurs recours juridictionnels. Quelques exemples permettent de le

---

[511] CAA Douai, 29 déc. 2005, n°05DA00118.

[512] Pour une solution qui retient, en tant que « voie de recours parallèle » un « recours formé (…) à ce jour pendant devant le Tribunal administratif de Nîmes » : CAA Marseille, 21 mai 2019, n°17MA01284.

[513] Il a été jugé, par exemple, que ne sont pas recevables des conclusions indemnitaires qui n'invoquent pas de préjudice autre que celui résultant du paiement de l'imposition et ont, en conséquence, le même objet que l'action tendant à la décharge de cette imposition « que le contribuable a introduite ou aurait pu introduire sur le fondement des règles prévues par le livre des procédures fiscales » (CE 9 déc. 2015, n°387630, *AJDA* 2016, p. 860). V. par ex., sur ce point : B. Seiller, La combinaison des jurisprudences Czabaj et Lafon, *Gaz. Pal.* 2018, n°323, p. 30

montrer. D'abord, cette coexistence est aisément admise lorsque le requérant cherche seulement à dissiper les effets d'une seule décision administrative qu'il estime contraire à ses intérêts. En fonction de l'objet de cette décision et compte tenu de la répartition des contentieux, ce dernier peut exercer un recours en annulation ou en réformation de cette décision dans le délai de droit commun de deux mois à compter de publication ou de la notification de la décision. Il peut aussi assortir cette requête d'une demande tendant à en suspendre provisoirement l'exécution. Cette demande de suspension peut accompagner le recours au fond exercé par le requérant aux termes de l'article L. 521-1 du Code de justice administrative ou être présentée de manière autonome par la voie du référé-liberté (étant entendu que l'exercice de ces référés est conditionné par l'urgence de la demande, mais ne répond pas, à proprement parler, à une exigence de délai[514]). Affirmer que le requérant dispose simultanément de plusieurs recours ne se heurte donc, dans ce cas, à aucune difficulté sérieuse.

165. Contestation de plusieurs actes administratifs. Lorsque la situation litigieuse se trouve être une opération administrative, la coexistence des recours est moins aisément admise en ce qu'elle dépend du temps qui sépare les actes participant à la réalisation de cette opération et de la reconnaissance, par le juge, de leur caractère détachable[515]. Tel est par exemple le cas en matière fiscale où les redevables d'une imposition peuvent saisir le juge judiciaire ou administratif de l'impôt dès lors qu'ils ont été assujettis à l'impôt par un acte individuel et après avoir déposé une réclamation préalable devant l'Administration fiscale[516]. Cette possibilité de saisir le juge de l'impôt peut leur être ouverte alors que le délai du recours

[514] Réserve fait du référé précontractuel, les dispositions du Code de justice administrative imposent au juge saisi de statuer dans les « meilleurs délais » (Art. L. 511-1). Toutefois, les conditions d'octroi d'une mesure provisoire de la part du juge imposent, de fait, que le requérant s'astreigne à une certaine diligence (Sur ce point, v. D. Connil, *L'office du juge administratif et le temps*, D. de Béchillon dir., Dalloz, NBT, 2012, p. 226). S'agissant du référé-suspension et du référé-liberté, la demande doit être « justifiée par l'urgence ». Pour ceux des référés non soumis à cette condition d'urgence, ils n'en restent pas moins enfermés dans un certain délai qui, là encore, est déterminé en rapport avec l'utilité de la mesure demandée. Une demande formulée sur le fondement de l'article R. 531-1 du CJA tendant à obtenir du juge la désignation d'un expert afin de constater des faits est dépourvue de caractère utile lorsqu'elle se rapporte à des faits révolus « dont les conséquences ne pouvaient plus être appréciées à la date du constat » (CE, 28 sept 2011, n°347585, Garde des Sceaux c. Lévêque, T., p. 1110 ; *JCP-A* 2001, 627). Le délai laissé au requérant pour faire usage de ces recours est donc variable d'une espèce à l'autre mais semble caractérisé par une certaine brièveté.

[515] Il faut faire remarquer que l'exception d'illégalité permet néanmoins aux requérants qui auraient laissé passer le délai de recours applicable à la contestation d'un acte réglementaire participant à la réalisation d'une opération administrative de contester la légalité de celui-ci à l'occasion du recours dirigé contre un acte individuel poursuivant la réalisation de l'opération administrative considérée (le contentieux de l'expropriation en constitue un bon exemple). C'est ce qui fait, d'ailleurs, tout l'intérêt de la notion d'opération administrative. Pour autant, l'exception d'illégalité n'est qu'un moyen susceptible d'être développé à l'occasion d'un recours et ne constitue pas une voie de droit autonome. Il n'est donc pas question de coexistence des recours (v. *supra*, p. 29, et s.)

[516] Art. L. 190 du LPF.

pour excès de pouvoir susceptible d'être exercé contre l'acte réglementaire établissant l'imposition n'a pas encore expiré, mais cela dépend du temps qui sépare la publication de l'acte réglementaire et la notification de la décision individuelle d'imposition.

166. Recours en réparation d'un préjudice. Un dernier exemple peut encore être cité. Si la situation litigieuse dont fait état un requérant est constituée par un préjudice qu'il estime avoir subi du fait de l'illégalité d'un acte administratif, la coexistence des recours peut dépendre tout à la fois de la date à laquelle il sollicite la personne responsable d'une demande d'indemnisation et du caractère définitif, ou non, de la décision ayant causé le dommage. Lorsque ce préjudice est lié à une abstention fautive d'une personne publique, la coexistence des recours peut encore être reconnue puisque peut être exercé, avec le recours de plein contentieux indemnitaire, un recours permettant de faire cesser un dommage. L'exemple tiré de l'affaire « Djoudar »[517] le montrera bien. Un maire avait édicté le 2 mai 2006 un arrêté de péril imminent pour prescrire la démolition partielle d'un immeuble délabré et la réparation des murs mitoyens. Saisi par un voisin, le juge des référés a enjoint à la commune la réalisation de certains travaux en raison du dommage grave et immédiat auquel le requérant était exposé. La mise en œuvre de l'article L. 521-3 du Code de justice administrative a pu assurément permettre, comme l'a relevé le Conseil d'État, « d'enjoindre à une commune de prendre les mesures conservatoires de nature à faire cesser un dommage grave et immédiat imputable à la carence du maire dans l'exercice des pouvoirs de police qui lui sont conférés par le Code de la construction et de l'habitation »[518]. Outre cette demande, le requérant avait introduit, dans le même temps, un recours au fond destiné à faire réparer les troubles de jouissance, le préjudice moral et les divers frais qui lui ont été occasionnés à la suite de l'abstention fautive du maire, pendant plusieurs années, à faire procéder d'office aux travaux nécessaires à la cessation du péril[519]. L'octroi en appel de la somme et la mention d'autres situations analogues[520] démontrent la possibilité pour le requérant de disposer, dans le même temps, du référé-mesures utiles et d'un recours de plein contentieux subjectif. La possibilité d'exercer dans le même temps plusieurs voies de droit dépend ainsi de la

---

[517] CE 4 févr. 2011, n°342057, Djoudar, *AJCT* 2011. 196, obs. J. Coronat. V. égal. sur l'utilisation du référé-mesures utiles avec d'autres référés d'urgence : L. Dutheillet de Lamothe et G. Odinet, Référé-mesures utiles : la quadrature du cercle, *AJDA* 2016, p. 474.

[518] CE 4 févr. 2011, n°342057, Djoudar

[519] V. en ce sens, TA Marseille, 13 juillet 2011, n°0904967 ; CAA Marseille, 30 juill. 2013, n°11MA03520, Djoudar.

[520] V. notamment en matière de suppression d'accès à la voie publique : CE, ord., 31 mai 2001, n°234226, Commune d'Hyères-les-Palmiers, p. 253 et CAA Marseille, 18 nov. 2005, n°04MA00913, Commune d'Hyères-les-Palmiers et SCI Quartier du paradis. V. pour une étude substantielle : O. Le Bot, « Les référés-libertés et mesures utiles, alternatives à un recours en responsabilité ? », *AJDA*, 2017, p. 1826 et s.

composition de la situation litigieuse du requérant, mais reste également déterminée par les délais dans lesquels les recours considérés peuvent être introduits.

II. L'incidence de la durée des délais de recours

167. Incidence des délais de recours contentieux abrégés. Les voies de droit permettant d'obtenir l'annulation ou la réformation d'une décision peuvent être empruntées, généralement, pendant deux mois après la publication ou la notification de la décision préalable[521]. Pourtant, la contestation de certaines décisions se caractérise parfois par un délai très bref que les textes ont institué. Tel est le cas, par exemple des décisions portant refus d'enregistrer les déclarations de candidature aux élections cantonales, municipales et législatives, qui ne peuvent être contestés au-delà d'un délai de vingt-quatre heures[522]. Les délais de recours applicables pour saisir la Cour nationale du droit d'asile d'un recours dirigé contre une obligation de quitter le territoire français sont également restreints. Ils varient selon plusieurs facteurs tenant au fondement de l'obligation de quitter le territoire français, au bénéfice éventuel d'un délai de départ volontaire et à la présence d'une mesure de surveillance, mais sont toujours abrégés puisque les dispositions du Code précité mettent en lumière un délai de quarante-huit heures, quinze ou trente jours[523]. Enfin, les dispositions de l'article R. 551-7 du Code de justice administrative prévoient que le référé contractuel ne peut être exercé que dans le délai un d'un mois à compter des mesures de publicité à condition que celles-ci aient été régulièrement effectuées[524].

168. La possibilité pour un requérant d'emprunter une autre voie de droit avant l'expiration des délais de recours mentionnés se trouve ainsi amoindrie, même s'il reste possible de saisir, souvent, le juge administratif des référés. Tel est le cas en contentieux des étrangers puisque, compte tenu de ses effets sur la situation du destinataire, une obligation de quitter le territoire français

---

[521] Art R. 421-1 du CJA.

[522] Art. L. 210-1, L. 255-4 et L. 265 du Code électoral. Le recours qu'un candidat ou un électeur de la région souhaiterait former devant le Conseil d'Etat pour contester la tenue ou les résultats de l'élection d'un conseil régional doit quant à lui être introduit « dans les dix jours suivant la proclamation des résultats » (Art. L. 361-1 du Code électoral).

[523] Art. L. 512-1 du CESEDA. Les délais diffèrent aussi pour la contestation de décisions « accessoires » à l'obligation de quitter le territoire français (c'est le cas des décisions accordant ou refusant un délai de départ volontaire, interdisant le retour sur le territoire français ou fixant le pays de destination). Sur ce point : C. Pouly, Étrangers : contentieux de l'obligation de quitter le territoire français, Répertoire de contentieux administratif, Dalloz, n°175 et s. Aussi, la contestation devant la Cour nationale du droit d'asile des décisions du directeur de l'OFPRA rejetant une demande d'admission au statut de réfugié est opérée par un recours qui « doit, à peine d'irrecevabilité, être exercé dans le délai d'un mois à compter de la notification de la décision de l'office » (Art. R. 733-9 du CESEDA). V. encore, CE, ass., 29 juin 1990, n°115900, Engin ; *Dr. adm.* 1990, comm. 447 ; *RFDA* 1990, p. 548, concl. de la Verpillère.

[524] Art. R. 551-7 du CJA.

peut caractériser une situation d'urgence au sens de l'article L. 521-2 du Code de justice administrative et porter une atteinte grave et manifestement illégale à une liberté fondamentale[525]. Aussi, sous réserve que le requérant soit recevable à emprunter ces deux voies de droit, la matière contractuelle donne aussi à voir la coexistence entre le référé contractuel et un recours en contestation de validité d'un contrat administratif susceptible d'entrer dans le champ d'application de l'article L. 551-13 du Code[526]. Le Conseil d'État a en effet jugé que l'exercice du recours en contestation de validité du contrat, ouvert pendant deux mois à compter de la signature du contrat, n'était pas exclusif de la mise en œuvre de certaines autres voies de droit parmi lesquelles figure le référé contractuel[527]. La concomitance de ces deux recours est ainsi possible dans le délai, réduit, d'un mois à compter à compter de la publicité régulière de l'avis d'attribution du contrat.

169. Incidence de l'allongement des délais de recours. Moins fréquemment, les délais de recours peuvent aussi être allongés et permettre plus facilement à un requérant de disposer de plusieurs recours juridictionnels[528]. Tel est le cas des recours formés en cas d'inexécution des décisions de la commission de médiation dans le cadre du droit au logement opposable. Le tribunal administratif peut être saisi pour enjoindre le logement ou le relogement du requérant pendant quatre mois à compter de l'expiration du délai dont le préfet disposait pour exécuter la décision de la commission de médiation[529]. De la même manière, si le référé contractuel est enfermé dans un délai d'un mois à compter des mesures de publicité se rapportant à l'avis d'attribution du contrat ou à la notification de la conclusion de celui-ci[530], ce délai est porté à six mois à compter de la conclusion du contrat lorsque cette

---

[525] Le juge saisi au titre de l'article L. 521-2 du CJA peut également ordonner cette suspension (CE, ord., 27 mars 2001, n°231735, Min. int. c. Djalout). Cependant, dans d'autres cas, le juge peut s'opposer à la demande pour des raisons tenant à la concurrence constatée des voies de droit (*V. infra*, p. 349). Pour un exemple : par ex. CE, 28 novembre 2007, n°305285, Towo, *AJDA* 2007, p. 2290).

[526] Cet article renvoie lui-même aux articles L. 551-1 et L. 551-5 du CJA qui traitent des contrats à l'égard desquels le juge administratif peut être saisi d'un référé contractuel. Il s'agit des contrats administratifs conclus par les pouvoirs adjudicateurs ou les entités adjudicatrices « ayant pour objet l'exécution de travaux, la livraison de fournitures ou la prestation de services, avec une contrepartie économique constituée par un prix ou un droit d'exploitation, la délégation d'un service public ou la sélection d'un actionnaire opérateur économique d'une société d'économie mixte à opération unique ».

[527] Le recours en contestation de validité du contrat est ouvert « indépendamment (…) des actions ouvertes devant le juge de l'excès de pouvoir contre les clauses réglementaires d'un contrat ou devant le juge du référé contractuel sur le fondement des articles L. 551-13 et suivants du CJA » (CE, ass., 4 avril 2014, n°358994, Département du Tarn et Garonne).

[528] L'article R. 421-4 du CJA est ainsi rédigé : « Les dispositions des articles R. 421-1 à R. 421-3 ne dérogent pas aux textes qui ont introduit des délais spéciaux d'une autre durée ».

[529] Art. R. 778-2 du CJA. V. sur ce point, CE, avis, 1er juill. 2016, n°398546, Slimani, min. Logement ; *JCP-A* 2016, act. 592, veille par M. Touzeil-Divina.

[530] Art. R. 551-7 du CJA.

publicité n'a pas été faite. Ceci montre deux choses. D'abord, ce délai allongé permet aux tiers intéressés par la passation d'un contrat ou de certaines de ses clauses, pendant deux mois, de saisir le juge de plein contentieux d'un recours en contestation de validité du contrat et, en même temps, le juge des référés au titre de l'article L.551-10 du Code de justice administrative. Aussi, cette disposition implique que la disponibilité simultanée de plusieurs recours se trouve affectée par la régularité des mesures de publicités dont doivent faire l'objet les actes administratifs contestés devant les juges saisis.

III. L'incidence des modalités de publicité des actes attaqués

170. Incidence de la demande préalable faite à l'Administration. Le point de départ du délai de recours peut encore déterminer l'étendue de la coexistence des recours. En liaison avec la règle de la décision préalable, la saisine du juge administratif est généralement enfermée dans un délai de deux mois à compter de la publicité de la décision attaquée[531]. En particulier, ce délai commence normalement à courir à compter de la publication[532] ou de la notification régulière de la décision contestée[533]. Ceci suppose deux précisions. En premier lieu, si le recours de plein contentieux indemnitaire est bien enfermé dans un délai de deux mois, celui-ci ne débute qu'à compter de la réponse de l'Administration sur la demande d'indemnisation qui lui a été présentée (lorsque la demande préalable est nécessaire[534]). Le temps pendant lequel ce recours de plein contentieux peut être formé dépend de la date à partir de laquelle le requérant a sollicité la réparation de son préjudice de la part de la personne qu'il estime responsable. Par ailleurs, le décret du 2 novembre 2016 a mis fin à la dispense de délai en matière de recours de plein contentieux lorsque l'Administration ne répond pas à la demande préalable[535]. L'exercice d'un recours de plein contentieux subjectif tendant à la réparation d'un préjudice est désormais enfermé dans un délai de deux mois à compter de la notification du rejet de la décision par l'Administration ou de

---

[531] CJA, article R. 421-1.

[532] Les modalités de cette publicité sont fixées par l'article L. 221-2 du CRPA qui impose que les décisions réglementaires soient portées à la connaissance de tous par voie d'affichage ou de publication. Pour une illustration antérieure à l'entrée en vigueur du Code : CE, 19 fév.1993, n°106792, Nainfa, T., p. 945).

[533] Les décisions individuelles être notifiées à leurs destinataires (Art. L. 221-8 du CRPA). Pour les tiers qui, par définition, ne sont pas les destinataires de la décision, le délai de recours n'est déclenché qu'à l'issue d'une publication ou d'un affichage de cette décision. Sur ce point, v. C. Broyelle, Contentieux administratif, *op. cit.*, p. 114 et s.

[534] V. *supra*, p. 25 (en particulier, les décisions à objet exclusivement pécuniaire peuvent directement faire l'objet d'un recours indemnitaire sans que le destinataire ne doive solliciter l'Administration).

[535] Décret n°2016-1480 du 2 novembre 2016 portant modification du code de justice administrative. Pour quelques solutions qui ont témoigné de cette absence de délai : CE, sect., 5 janv. 1966, Dlle Gacon, p. 4 ; *AJDA* 1966. 39, chron. Puissochet et Lecat ; D. 1966. 62, note Sandevoir ; CE, 4 mai 2011, n°339983, Mme Floch.

l'écoulement d'un délai de deux mois à compter de la réception de la demande par l'Administration[536].

171. Incidence de la publication régulière des actes contestés. En second lieu, comme l'indiquent les dispositions du Code de justice administrative, les délais de recours contre une décision administrative ne sont opposables qu'à la condition d'avoir été mentionnés, ainsi que les voies de recours, dans la notification de la décision[537]. Cette exigence a longtemps conduit le juge à n'enfermer la contestation de ces décisions non notifiées ou mal notifiées dans aucun délai faute pour celui-ci de pouvoir être déclenché. Cette solution était cependant différente pour les requérants qui étaient réputés « avoir connaissance »[538] de cette décision individuelle[539] ; la computation du délai étant fixée au jour où ceux-ci ne peuvent plus « avoir ignoré l'existence et le contenu de la décision »[540]. Aussi, par la décision Czabaj, le juge administratif suprême a enfermé dans un « délai raisonnable » la contestation des décisions individuelles dont la notification ne satisfait pas à l'exigence précitée[541]. Le Conseil d'État a considéré que le recours contre la décision individuelle ne saurait être exercé au-delà d'un an à compter de la notification ou, lorsque celle-ci n'a pas été opérée, dans le délai d'un an à compter de la date où le destinataire de la mesure est réputé en avoir eu connaissance[542].

172. Indépendamment de ces évolutions contentieuses, les formalités de publicité des décisions administratives produisent des conséquences sur la disponibilité simultanée des recours. Un arrêt rendu le 13 janvier 2010 le montre bien[543]. En l'espèce le Conseil d'État était saisi d'un recours pour excès de pouvoir dirigé contre une instruction fiscale relative aux modalités d'assujettissement à l'impôt sur le revenu. Le juge a relevé que cette instruction était détachable de la procédure d'imposition pour écarter

---

[536] Art. R. 421 du CJA. La jurisprudence Czabaj emporte néanmoins des conséquences importantes sur cet état du droit (sur ce point, *v. infra*, p. 383.

[537] Art. R. 421-5 du CJA.

[538] Pour quelques exemples : L'existence d'une décision peut ainsi être connue, avant sa publication ou sa notification, par les membres d'une assemblée délibérante ayant adopté une décision. Le délai court, à leur égard, à compter de la date de la séance à laquelle ils ont été régulièrement convoqués ou à laquelle ils ont personnellement pris part(CE, 4 aout 1905, Martin) La connaissance de la décision est également réputée acquise pour l'auteur d'un recours administratif visant cette décision, à la date de ce recours (CE, 11 avr. 2008, n°307085, Sté Défi France ; T., p. 850 ; *JCP-A* 2008, act. 361 ; *JCP-A* 2008, 2160 , note Pacteau). Pour une étude substantielle : J Gliniasty, *Les théories jurisprudentielles en droit administratif*, P. Chrétien dir., LGDJ, BDP, 2018.

[539] Celle-ci ne joue plus à l'égard des actes réglementaires (CE, 19 fév.1993, n°106792, Nainfa)

[540] M. Guyomar et B. Seiller, *op. cit.*, p. 333.

[541] CE, ass., 13 juill. 2016, n°387763, Czabaj ; *JCP-A* 2016, 2238, note H. Pauliat ; *AJDA* 2016, p. 1629-1635, note L. Dutheillet de Lamothe et G. Odinet ; *LPA* 2016, n°178, p. 6-9, note P. Cocheteux.

[542] *Ibid.*

[543] CE, 13 janv. 2010, n°321416, M. et Mme Nemo.

l'irrecevabilité soulevée en défense tirée de l'existence du recours parallèle de plein contentieux « dont les requérants disposent et qu'ils ont d'ailleurs exercé ». Les requérants ont exercé ce recours de plein contentieux en même temps que le recours en annulation mentionné puisqu'il a été jugé qu'« au seul regard de la condition de délai de recours contentieux, le recours pour excès de pouvoir formé contre une instruction fiscale est recevable sans condition de délai, dès lors que celle-ci n'a fait l'objet que d'une publication au bulletin officiel des impôts, insuffisante pour faire courir ce délai »[544].

173. En définitive, la possibilité d'exercer dans le même temps plusieurs voies de droit est fonction de la nature du litige qui les oppose à l'Administration, du délai dans lequel ils peuvent introduire les recours leur permettant de soumettre ce différend à un ou plusieurs juges et des modalités de publication des actes que les requérants entendent contester. En revanche, ces éléments ne déterminent, à dire vrai, que la stratégie contentieuse que les requérants peuvent adopter. Le juge administratif peut en effet refuser de statuer sur le recours exercé devant lui, non parce qu'un requérant a disposé d'une autre voie de droit au moment où il a saisi le juge, mais parce qu'il a eu – et aurait dû - ou aura la possibilité de le faire et qu'il le devra.

§2. La disponibilité successive des recours

174. Disponibilité successive des recours dans le contentieux de la formation du contrat. Le contentieux de certaines opérations administratives peut tenir, on le sait, soit à la contestation de l'opération elle-même dans le cadre d'un recours à l'occasion duquel la légalité des actes participant à la réalisation de l'opération peut être appréciée, soit à l'exercice d'un recours en annulation dirigé contre certains de ces actes que le juge estime pouvoir être détachés de la finalité qu'ils poursuivent. Or, le recours pour excès de pouvoir peut ne pas être disponible en même temps que l'est le recours contre l'opération considérée dans son ensemble. En cela, les recours sont disponibles successivement. Deux exemples permettent d'étayer cette idée. Le premier est connu et traduit une jurisprudence désormais révolue. La contestation par les concurrents évincés d'un acte détachable du contrat se rapportant à sa formation par la voie du recours pour excès de pouvoir a été fermée par le Conseil d'État lorsqu'il a ouvert, pour ces tiers, un recours devant le juge du contrat. La décision Tropic juge : « qu'à partir de la conclusion du contrat, et dès lors qu'il dispose du recours ci-dessus défini, le concurrent évincé n'est, en revanche, plus recevable à demander l'annulation pour excès de pouvoir des actes préalables qui en sont détachables »[545].

---

[544] *Ibid.* V. aussi, CE, sect., 11 févr. 1972, n°79402, OPHLM du Calvados, p. 630.

[545] CE, ass., 16 juill. 2007, n°291545, Sté Tropic travaux signalisation Guadeloupe.

175. De cette solution découlent deux observations. D'abord, l'existence d'un recours de plein contentieux conduit, pour le juge, à fermer le recours pour excès de pouvoir aux concurrents évincés. Ensuite, puisqu'ils ne disposent de cette faculté de saisir le juge du contrat qu'après la conclusion de celui-ci, il a été jugé en 2007 que les tiers pouvaient toujours exercer le recours pour excès de pouvoir avant la signature du contrat. Comme le soulignent à juste titre F. Llorens et P. Soler-Couteaux, en « contrepartie » de l'action en contestation de validité du contrat nouvellement reconnue, les concurrents évincés perdent la possibilité d'attaquer les actes détachables du contrat après sa conclusion, tout en indiquant qu'ils « conservent la faculté de les contester avant »[546]. En revanche, compte tenu des délais de jugement, cette dernière hypothèse aboutissait rarement à ce que le juge de l'excès de pouvoir statue sur la légalité de l'acte attaqué. Elle était plus souvent à même de traduire le prononcé d'un non-lieu à statuer en raison de la disparition de l'intérêt du recours ainsi formé[547]. Certains auteurs ont ainsi évoqué une « fermeture partielle » du recours pour excès de pouvoir contre les actes détachables[548] même s'il faut y voir une fermeture totale qui ne dit pas son nom. Le rapporteur public de la décision lui-même écrit que les demandes de suspensions formées devant le juge des référés ont peu de chances d'aboutir et que le juge « sera contraint de constater le non-lieu dès que le contrat est signé, c'est-à-dire qu'il n'a, en pratique, quasiment jamais le temps de statuer »[549]. Si le jugement du référé-suspension est en pratique rendu impossible, celui du recours pour excès de pouvoir est illusoire. Ceci montre bien que la signature du contrat traduisait l'indisponibilité du recours pour excès de pouvoir alors qu'elle déclenchait la possibilité pour les tiers d'en contester la validité par un recours de plein contentieux. Cet état du droit a changé puisque le Conseil d'État a entendu fermer la possibilité pour les tiers intéressés par la passation d'un contrat ou certaines de ses clauses de saisir le juge de l'excès de pouvoir à l'égard d'un acte détachable du contrat et se rapportant à sa formation. En ce sens, dans la mesure où le juge administratif serait saisi d'un tel recours pour excès de pouvoir, il le déclarera irrecevable en opposant aux requérants l'existence d'une voie de droit dont ils bénéficieront une fois le contrat conclu[550].

---

[546] F. Llorens et P. Soler-Couteaux, « Le recours des candidats évincés contre les contrats : embarras du choix ou embarras tout court ? », *CMP* n°8-9, Août 2007, repère 8.

[547] V. par exemple : CAA Marseille, 16 oct. 2012, n°10MA03032, M. Gilles B. Dans le même sens : CAA Bordeaux, 18 mars 2014, n°11BX03388, Groupe d'architecture Ellipse et autres.

[548] S. Braconnier, Le nouveau visage du contentieux des contrats administratifs, *RDI* 2014, p. 344.

[549] D. Casas, concl. sur CE, ass., 16 juillet 2007, Société Tropic Travaux Signalisation Guadeloupe, *RFDA* 2007, p. 696.

[550] CE, ass., 4 avril 2014, n°358994, Département du Tarn et Garonne.

176. Disponibilité successive des recours en dans le contentieux électoral. Le contentieux électoral permet également de montrer cette disponibilité successive des recours en ce qu'il se rapproche de l'esprit de la jurisprudence Tropic. On sait que nombre d'actes préparatoires au déroulement des scrutins sont estimés détachables par le juge administratif, que ceux-ci se rapportent à des élections administratives ou politiques[551]. Cette possibilité d'exercer un recours en annulation se double de celle de saisir le juge électoral une fois l'élection déroulée, pour en contester la régularité. Dans ce cas, le déroulement de l'élection permet l'ouverture du recours de plein contentieux ou du recours porté devant une juridiction non administrative. En revanche, une fois l'élection passée, l'intérêt du recours pour excès de pouvoir disparait et le juge qui en est saisi prononce le non-lieu à statuer[552]. Ceci s'explique par le fait que cette voie de droit vise à censurer les illégalités de ces actes avant que le scrutin ne se tienne pour éviter que les résultats obtenus soient entachés de l'illégalité se rapportant aux actes qui en ont organisé les modalités[553]. L'on conçoit ainsi qu'il ne soit plus possible, non plus, d'exercer un recours pour excès de pouvoir une fois que l'élection s'est tenue. Dans cette hypothèse, les recours coexistent puisque, pour une même opération électorale, un électeur peut les exercer successivement. Ces voies de droit ne sont toutefois jamais disponibles en même temps.

177. Disponibilité successive du référé précontractuel et du référé contractuel. Compte tenu de son objet et de l'office du juge saisi au titre de l'article L. 551-1 du Code de justice administrative, le référé précontractuel ne peut être exercé que tant que le contrat dont la procédure de passation est contestée n'est pas signé. La jurisprudence a largement confirmé cette affirmation[554]. L'ordonnance du 7 mai 2009 l'a entériné en instaurant le principe de la suspension automatique de la saisine du contrat jusqu'à ce que soit notifiée la décision du juge du référé précontractuel[555]. À l'inverse, le juge du référé contractuel ne peut être saisi selon l'article L. 551-13, qu'une fois le contrat conclut. Ce cloisonnement des deux procédures empêche les requérants de pouvoir disposer simultanément de ces deux voies de droit puisque la signature du contrat ouvre la possibilité d'exercer le référé

---

[551] CE, 24 avril 2012, n°352306, Roynard, *AJDA* 2012, p. 911 ; CE 28 nov. 1983, Bauby, p. 372 ; CE, 16 oct. 1995, n°168495, Meyet, *Dr. adm.* 1995, comm. 680 ; Quot. jur. 20 févr. 1996, p. 3, note B. Maligner

[552] CE, ass., 20 oct. 1989, Horblin et autres ; CE, 28 janv. 1994, n°148596, Election municipale de Saint Tropez.

[553] Sur cette question, v. R. Chapus p. 707 et s.

[554] CE, sect., 3 nov. 1995, n°157304, CCI de Tarbes et des Hautes-Pyrénées, p. 394, *RFDA* 1995 p. 1077. La décision juge que « les pouvoirs conférés au juge administratif, en vertu de la procédure spéciale instituée par l'article L. 22 précité du code des tribunaux administratifs et des cours administratives d'appel, ne peuvent plus être exercés après la conclusion du contrat ».

[555] Ordonnance n°2009-515 du 7 mai 2009 relative aux procédures de recours applicables aux contrats de la commande publique.

contractuel, tandis qu'elle ferme celle d'emprunter le référé précontractuel. Ces recours peuvent, dans une certaine mesure, être successivement disponibles. À cet égard, l'article L. 551-14 ferme le référé contractuel au requérant ayant saisi le juge du référé précontractuel, sauf lorsque le pouvoir adjudicateur n'a pas respecté l'obligation de ne pas signer le contrat consécutivement à cette saisine ou n'a pas respecté la force obligatoire de la décision juridictionnelle rendue sur ce recours, qui s'impose en référé, même en l'absence d'autorité de chose jugée[556]. La coexistence des recours peut ainsi consister pour le requérant à exercer cumulativement ces deux recours en les faisant se succéder, même s'il ne le peut qu'à titre exceptionnel. P. Terneyre et J. Gourdou l'ont très bien dit : le référé contractuel ne constitue pas une « deuxième chance » pour prétendre faire sanctionner les manquements aux obligations de publicité et de mise en concurrence[557].

178. Un rappel mérite mention puisqu'il faut encore considérer, indépendamment que la contrainte que le juge entend opposer, que le requérant peut opter entre ces recours en ne choisissant d'exercer que le référé contractuel sans qu'il n'ait exercé de référé précontractuel. Il le peut, avec certitude, lorsque le comportement du pouvoir adjudicateur ou de l'entité adjudicatrice est la cause de cette abstention du requérant[558]. Là également, les recours coexistent puisque le référé précontractuel était disponible, mais n'a pas été exercé tandis que le référé contractuel l'est aussi en raison, précisément, de cette abstention qui ne peut être reprochée au requérant. Les recours coexistent encore lorsque la personne publique n'a pas privé le requérant de la faculté de saisir le juge du référé précontractuel puisque le requérant peut théoriquement exercer le référé contractuel, même si le juge, dans ce cas, entend lui fermer cette possibilité en raison de la concurrence des deux procédures.

---

[556] En ce sens : CE, 10 nov. 2010, n°340944, France Agrimer ; *JCP-A* 2010, 2379, note F. Linditch ; *Dr. adm.* 2011, comm. 9, note F. Brenet ; *CMP* 2011, comm. 59 , note J.-P. Pietri. V. égal. CE, 24 juin 2011, n°346665, Office public de l'Habitat interdépartemental de l'Essonne, du Val d'Oise et des Yveline ; *Dr. adm.* 2011, comm. 86, note F. Brenet ; *CMP* 2011, comm. 270, note J.-P. Pietri ; *AJDA* 2011, p. 1296, note R. Grand.

[557] P. Terneyre et J. Gourdou, Les référés précontractuel et contractuel après l'ordonnance du 7 mai 2009, *BJCP* 2009, p. 358. P. Cassia écrit, dans le même sens, que le juge du référé contractuel « n'est pas, et ne peut structurellement être, un juge d'appel de celui du référé précontractuel » (P. Cassia, « Le référé contractuel, beaucoup de bruit pour presque rien ? », *À propos des contrats des personnes publiques (Mélanges en l'honneur du Professeur Laurent Richer)*, LGDJ, 2013, p. 571.

[558] CE, 19 janv. 2011, n°343435, Grand port maritime du Havre.

Conclusion du chapitre II

179. L'existence d'un choix ouvert au requérant entre plusieurs recours suppose que ceux-ci puissent être effectivement exercés. Ce n'est qu'en raison des prétentions que ces recours font juger que le juge estime, alors, nécessaire de fermer l'un d'eux, selon certaines modalités qui seront ultérieurement exposées. Relever cette possibilité pour un requérant d'emprunter plusieurs voies de droit pour un même litige revient à traiter, outre de la compétence du ou des juges à saisir, des conditions de recevabilité exigées par les textes ou la jurisprudence. Lorsque ces conditions ne sont pas satisfaites par les requérants pour l'exercice des recours dont ils prétendent disposer, ces recours ne coexistent pas. La question de leur association, éventuellement encadrée par le juge, ne trouve aucunement à se poser. Cette disponibilité des recours dépend naturellement de la nature du litige qui oppose un requérant à l'Administration. À cet égard, le recours pour excès de pouvoir ne se conçoit pas à l'encontre d'un acte contractuel et ne saurait ainsi être disponible pour contester un contrat administratif. Il n'est pas non plus disponible pour les parties à un contrat concernant des actes qui participent à son exécution. De la même manière, la qualité de contribuable ou de tiers par rapport à une imposition détermine la possibilité, pour le requérant considéré, de disposer d'une ou plusieurs voies de droit pour résoudre un même litige.

180. Le juge ne mobilise la fin de non-recevoir tirée de l'existence d'une autre voie de droit qu'à la condition que le requérant ait pu disposer de la faculté d'exercer un autre recours que celui qu'il a choisi de mettre en œuvre. Aussi, la référence à cette cause d'irrecevabilité est assurément contestable lorsque l'exercice de l'une de ces voies de droit se heurte aux conditions de recevabilité liées à l'intérêt à agir de l'auteur du recours ou à la nature de l'acte susceptible d'être attaqué. En revanche, le juge ne considère pas la temporalité dans laquelle les recours qui peuvent être exercés s'inscrivent. Lorsque le juge entend imposer un recours plutôt qu'un autre, il importe peut que ceux-ci aient été, ou non, disponibles au même moment. L'identification de cette situation de coexistence des recours est un préalable nécessaire à la reconnaissance de la concurrence des recours. Néanmoins, il convient encore de considérer les prétentions que les requérants sont en mesure de soumettre au(x) juge(s) par le biais des recours juridictionnels dont ils disposent.

CONCLUSION DU TITRE I

181. L'étude de l'utilisation par le juge de la fin de non-recevoir tirée de l'existence d'un recours parallèle ou de la perception de cette utilisation par la doctrine ne met pas lumière une application parfaitement lisible de cette cause d'irrecevabilité du recours pour excès de pouvoir. Compte tenu du caractère prioritaire des règles déterminant la compétence juridictionnelle et de l'existence de conditions communément admises de recevabilité des recours, cette fin de non-recevoir n'a vocation à priver les requérants du recours pour excès de pouvoir que lorsqu'ils disposent ou ont pu disposer d'une autre voie de droit. Cette manière de voir, qui repose sur le caractère nécessairement secondaire de l'exception de recours parallèle, a été parfois récusée par le juge ou éludée par la doctrine en occultant l'application des règles de compétence et de certaines conditions de recevabilité pour rejeter le recours pour excès de pouvoir en se fondant sur l'existence d'une autre voie de droit. Les solutions qui témoignent d'un tel refus de juger du recours pour excès de pouvoir paraissent répondre à la volonté, pour le Conseil d'État, d'assurer le développement du recours pour excès de pouvoir, sans trop atteindre la compétence d'autres juridictions. Aussi, la référence à l'exception de recours parallèle par la doctrine a parfois primé sur l'application d'autres conditions de recevabilité du recours pour excès de pouvoir, alors même que cette fin de non-recevoir n'a pas vocation à jouer lorsque celui-ci peut être rejeté pour une autre raison ou que l'auteur de ce recours ne dispose pas d'une autre voie de droit que celle-ci.

182. Apprécier ces modalités relativement obscures selon lesquelles l'exception de recours parallèle a été utilisée ou mobilisée permet de déterminer le cadre préalable de l'étude consacrée à la concurrence des recours juridictionnels en contentieux administratif. Celle-ci a trait à la manière dont le juge administratif estime nécessaire d'encadrer les choix que les justiciables peuvent opérer entre les recours juridictionnels dont ils disposent. Avant que ne se pose la question de la limite que le juge entend opposer, et des raisons qui l'y conduisent, il doit être fait état d'un choix entre plusieurs recours juridictionnels. Cette faculté de choisir existe lorsque, pour un même litige, des recours juridictionnels coexistent. En application des règles de compétence et de recevabilité, cette coexistence des recours juridictionnels s'entend de l'existence, pour un même requérant, de la possibilité de saisir, simultanément ou successivement, un ou plusieurs juges compétent(s) de recours respectivement recevables.

183. L'existence de plusieurs voies de droit à disposition d'un requérant est parfois relevée par le juge ou déduite des solutions qu'il rend. Ces solutions traduisent, de manière récurrente, une contrainte que le juge oppose en considérant seulement l'existence, pour le requérant, d'une autre voie de droit que celle exercée. Cette contrainte dépend des prétentions que les requérants sont en mesure de poursuivre par le biais des recours dont ils disposent. En particulier, le libre exercice des recours leur est fermé lorsque les recours sont concurrents, c'est-à-dire que ceux-ci coexistent et qu'ils tendent à faire juger des prétentions similaires.

TITRE 2
LA COEXISTENCE DE RECOURS PERMETTANT DE FAIRE JUGER DES PRETENTIONS SIMILAIRES

184. Le choix entre plusieurs recours dont dispose un même requérant est encadré par le juge selon que ces recours sont ou non concurrents. En particulier, lorsqu'ils sont concurrents, le juge entend limiter la possibilité pour les requérants de mettre en œuvre librement ces recours. Si la recherche des éléments constitutifs de cette concurrence des recours a d'abord supposé de reconnaître l'existence de recours distincts pour une même situation litigieuse, elle impose aussi de déterminer la teneur du « rapport de rivalité »[559] que peuvent entretenir deux ou plusieurs recours. En effet, des recours sont concurrents lorsque les requérants sont en mesure d'obtenir la même chose de la part des juges qu'ils peuvent saisir. En d'autres termes, le juge prend en compte la prétention que le requérant peut soumettre dans chacun des recours dont il dispose (et qui, donc, coexistent) afin de déterminer leur éventuelle concurrence. La référence à l'identité de prétention en tant qu'élément constitutif de cette concurrence des recours impose un effort de définition important. Cet effort est rendu d'autant plus nécessaire que l'exception de recours parallèle, classiquement entendue, mobilise un autre critère, fondé sur le résultat offert par les recours, que l'on se propose d'écarter (Chapitre 1).

185. La détermination de la concurrence des recours permet, consécutivement, d'apprécier ceux qui ne le sont pas et la conséquence qui s'y attache. En effet, le juge tolère que les requérants exercent librement les voies de droit dont ils disposent lorsqu'ils cherchent à faire juger des prétentions différentes. Justifier cette dernière affirmation permet tout à la fois de préciser les contours de la concurrence des recours et d'expliquer les raisons de cette délimitation du champ de la contrainte opposée par le juge et fondée sur la seule existence d'une autre voie de droit à disposition des requérants (Chapitre 2).

---

[559] Le sens commun de la « concurrence » renvoie à « rivalité d'intérêts entre plusieurs personnes qui poursuivent un même but » (Dictionnaire Larousse 2020, Paris, entrée « Concurrence »). V. égal, G. Cornu, *Vocabulaire juridique*, PUF, Asso. Henri Capitant, 12e éd., 2018, p. 226, entrée « concurrence ».

Chapitre 1 : La détermination de la similarité des prétentions exprimées par plusieurs recours

186. Telle qu'appréhendée en doctrine, l'exception de recours parallèle est une fin de non-recevoir qui vise, pour le juge, à s'opposer au recours pour excès de pouvoir lorsqu'une autre voie de droit procure au requérant un résultat équivalent ou une satisfaction équivalente à l'annulation recherchée. L'existence de deux voies de droit permettant d'obtenir la même chose aboutit toujours à la fermeture du recours pour excès de pouvoir, soit d'abord pour éviter l'engorgement du prétoire, soit, après, pour préserver la compétence des juridictions ou la distinction des contentieux. Il faut bien dire que la détermination du recours que le juge entend fermer ne se pose pas, puisqu'il s'agit, dans ce cas, toujours du recours pour excès de pouvoir. Elle se pose lorsque deux voies de droit, autres que ce recours, permettent aussi à un requérant d'obtenir la même chose de la part des juges susceptibles d'être saisis. En cela, il faut dissocier l'existence de recours concurrents pour l'ensemble des cas de concours que compte le contentieux administratif et l'étude du sens de la contrainte que le juge oppose en cas de concurrence, c'est-à-dire la détermination de la voie de droit que le juge entend fermer[560]. Cette seconde question suppose qu'il y soit répondu en identifiant, au préalable, la manière dont le juge apprécie l'existence de recours concurrents.

187. On l'a dit, la doctrine se fonde sur la circonstance qu'un recours parallèle au recours pour excès de pouvoir exercé soit, pour le requérant, aussi satisfaisant que l'annulation recherchée. À la vérité, cette manière de voir qui tente de rendre compte de l'état du droit jurisprudentiel repose sur une faible mention des termes évoqués par le juge. On ne saurait voir dans cette observation une raison suffisante pour récuser l'emploi du critère dégagé par la doctrine s'agissant du recours pour excès de pouvoir. Pour autant, l'absence de définition dont souffre ce critère et les difficultés à appréhender ce qu'il peut recouvrir justifient qu'il soit écarté (Section 1). L'examen des prétentions que les requérants peuvent présenter aux juges dans le cadre des recours dont ils disposent convient mieux et permet de déterminer les cas dans lesquels le juge estime être confronté à des recours concurrents et pour la résolution desquels il ferme aux requérants l'un de ces recours (Section 2).

---

[560] *V. infra*, p. 313.

Section 1 : Un critère classique reposant sur l'équivalence des recours coexistants

188. L'étude doctrinale des solutions par lesquelles le juge administratif s'oppose au recours pour excès de pouvoir en mentionnant l'existence d'une autre voie de droit a fait observer que ce recours parallèle conférait aux requérants une « satisfaction équivalente » ou un « résultat équivalent » à l'annulation de la décision administrative qui est recherchée. Le juge emploie occasionnellement ces termes, mais se contente plus largement de soulever l'existence d'un autre recours sans préciser ce que celui-ci peut offrir aux requérants. Cette condition d'application de l'exception de recours parallèle a été très largement mentionnée par la doctrine et continue d'ailleurs à l'être. Ce critère retenu pour expliquer le refus du juge administratif de connaître du recours formé devant lui n'est pas dépourvu de toute valeur explicative de la jurisprudence, mais il n'a fait l'objet que d'efforts épisodiques de définition (§1). Son imprécision peut, dans une certaine mesure, être atténuée par la compréhension des éléments auxquels renvoient les termes de « satisfaction équivalente » ou de « résultat équivalent ». Il reste que les hésitations terminologiques marquées tant par le juge que par la doctrine demeurent gênantes et justifient que l'étude de la concurrence ne soit pas fondée sur ce critère (§2).

§1. L'affirmation doctrinale du critère

189. Formalisation du critère en doctrine. En dépit d'une faible mention de la « satisfaction équivalente » ou du « résultat équivalent » par le juge, la doctrine a fait émerger cette condition de l'exception de recours parallèle à partir de la fin du XIXe siècle. En ce sens, le recours pour excès de pouvoir est irrecevable dès lors que l'exercice d'un recours qui lui est parallèle permet au requérant d'obtenir une satisfaction équivalente ou au moins égale à l'annulation pour excès de pouvoir recherchée. E. Laferrière, dont les propos ont été largement repris, envisageait ainsi la théorie : « Le recours pour excès de pouvoir n'est pas recevable, si la partie lésée par un acte administratif argué d'illégalité peut obtenir satisfaction en exerçant un autre recours, dit recours parallèle, devant une juridiction judiciaire ou administrative »[561]. L'auteur précisait en ces termes ces conditions : « la fin de non-recevoir tirée du recours existant devant une autre juridiction, n'est opposable que si ce recours est à la fois parallèle et direct : parallèle, c'est-à-dire s'il conduit la partie au but auquel elle a le droit de tendre en vue de son intérêt personnel ; direct, c'est-à-dire s'il

[561] E. Laferrière, *op. cit.* p. 445. Néanmoins, L. Aucoc a esquissé le premier les contours de cette jurisprudence relative à la fin de non-recevoir tirée de l'existence d'un recours parallèle. Celle-ci « sans trop restreindre la faculté des recours pour excès de pouvoirs, évite de l'étendre outre mesure et donne une satisfaction légitime au justiciable » (L. Aucoc, Conférences sur l'Administration et le droit administratif, T. 2, Dunod, 1869, p. 543).

l'y conduit directement au moyen d'une action résultant de sa propre initiative »[562]. À la fin du XIXe siècle, quelques commissaires du gouvernement ont semblé adopter cette position[563] et la doctrine s'accorde, à la même période, sur cette condition du jeu de l'exception[564]. Plus tard, M. Hauriou a avancé cette idée au sujet de certaines décisions administratives « isolées »[565] en indiquant que « la fin de non-recevoir se maintiendra probablement toutes les fois que les autres moyens d'action constitueront un recours direct et parallèle, c'est-à-dire quand l'intéressé pourra obtenir la même satisfaction que lui procurerait le recours pour excès de pouvoir »[566]. Les considérations développées par R. Guillien ne montrent pas autre chose puisqu'il souligne que l'exception ne peut jouer si la satisfaction procurée par le recours parallèle est inférieure à celle offerte par le Conseil d'État en matière de recours pour excès de pouvoir[567]. On le voit, la doctrine ancienne a largement consacré cette condition du jeu de l'exception de recours parallèle reposant sur la satisfaction équivalente que la voie de droit parallèle au recours pour excès de pouvoir permet d'atteindre. Pour autant, l'emploi récurrent de cette condition n'est assurément pas représentatif de la place qui lui est ménagée par la jurisprudence, qui en fait peu mention. Le juge n'ignore pas cette fin de non-recevoir propre au recours pour excès de pouvoir, mais se contente de renvoyer les requérants exerçant un recours de cette nature à une autre voie de droit, sans viser la satisfaction qui peut résulter de sa mise en œuvre[568].

190. Référence persistante au critère par la doctrine. La mention par le juge du résultat offert par l'exercice du recours dont il oppose l'existence pour ne pas juger du recours pour excès de pouvoir se retrouve ponctuellement dans quelques décisions dans la seconde moitié du XXe siècle. Ainsi, l'existence

---

562 *Ibid*, p. 452.

563 R. Marguerie, concl. sur CE, 29 juin 1888, Durand de Fontmagne, p. 581 : « Si le recours ne porte que sur une question de taxe, la théorie du recours parallèle est appliquée, le recours pour excès de pouvoir ne pouvant donner d'autre résultat que celui que le riverain peut obtenir en s'adressant au conseil de préfecture, juge compétent ». V. encore, H. Jagerschmidt, concl. sur CE, 17 mai 1895, Hospices de Nantes, p. 413 : « On peut se demander s'il n'y avait pas lieu d'opposer aux hospices de Nantes la fin de non-recevoir tirée du recours direct et parallèle. En thèse générale, la doctrine du recours direct et parallèle se justifie quand l'intéressé obtient une complète satisfaction par une autre voie de droit que le recours pour excès de pouvoir (…) ».

564 L. Marie, De l'avenir du recours pour excès de pouvoir en matière administrative, *RDP* 1901, p. 267 et s. ; L. Vergniaud, *Des fins de non-recevoir opposables au recours pour excès de pouvoir*, Paris, Arthur Rousseau, 1907, p. 108 ; F. Henry, *La fin de non-recevoir déduite en droit de l'existence d'un recours parallèle*, Thèse, Dijon, 1915, p. 7.

565 L'auteur vise ici les décisions administratives qui n'interviennent pas dans la réalisation d'une opération administrative (M. Hauriou, *Précis de droit administratif et de droit public*, *op. cit.*, p. 413)

566 *Ibid.*

567 R. Guillien, *op. cit.*, p. 30. Il précise néanmoins que si l'équivalence des résultats entre ces voies de droit différentes était impossible ou insuffisante « alors le recours pour excès de pouvoir devait être recevable ».

568 Pour quelques exemples : CE, 18 oct. 1933, Macagno, p. 927 ; CE 24 décembre 1943 Association syndicale autorisée Paris-Village, p. 303 ; CE, 2 fév. 1955, Sieur Valat, p. 62.

d'un recours devant le juge de paix étant « de nature à aboutir pour les intéressés au même résultat que celui qu'ils pourraient obtenir par la voie du recours pour excès de pouvoir » fait obstacle à la recevabilité de cette dernière voie de droit[569]. Au contraire, le recours organisé par le Code général des impôts pour contester le refus de remboursement du droit timbre « n'était pas de nature à aboutir au même résultat qu'un recours en annulation devant la juridiction administrative » et le requérant était ainsi recevable à exercer le recours pour excès de pouvoir dont il a saisi le juge[570]. L'emploi de ces termes par le juge reste relativement peu fréquent, mais la doctrine a continué à appliquer la condition évoquée pour décrire certaines solutions d'irrecevabilités fondées sur la seule existence d'un autre recours que celui exercé par le requérant. En cela, F.-M. Fay, disait de l'exception de recours parallèle qu'elle est « toujours subordonnée à l'obtention d'un résultat équivalent par le demandeur ayant formé un recours pour excès de pouvoir »[571] et « souvent subordonnée à l'obtention d'un résultat identique »[572]. R. Odent explique aussi que la fin de non-recevoir « n'est opposée que si le justiciable dispose devant une juridiction d'un recours véritablement parallèle, c'est-à-dire d'une action directe aboutissant pour lui à un résultat pratique au moins équivalent à celui qu'un recours pour excès de pouvoir pourrait lui procurer »[573]. D'autres auteurs disent encore qu'il faut « prendre en considération la portée respective des effets des deux recours en concurrence : alors que primitivement le recours pour excès de pouvoir était déclaré irrecevable chaque fois que le recours parallèle suffit à donner satisfaction au requérant, il ne l'est aujourd'hui que lorsqu'il procure exactement le même

[569] CE, 26 nov. 1952, Sieur Garnett, p. 533. Dans le même sens : TA Alger, 30 juin 1962, Sieur Ventura, p. 773 (la décision juge que les requérants « disposent d'un recours parallèle susceptible d'aboutir au même résultat que celui qu'ils prétendent obtenir par leurs conclusions »). V. encore CE, 11 décembre 1957, Caisse régionale de sécurité sociale de Bordeaux, p. 675.

[570] CE, 19 juin 1959, Delmas, p. 381.

[571] F.-M. Fay, thèse, *op. cit.* p. 170. Ainsi, ni les recours administratifs préalables ni les recours reposant sur une éventuelle exception d'illégalité ne sont alors en mesure de constituer, pour lui, des recours parallèles. Les premiers n'aboutissent qu'à l'obtention d'une décision administrative, les seconds ne permettent pas d'obtenir l'annulation de la décision dont l'illégalité est soulevée.

[572] *Ibid*, p. 207. Certains auteurs reprennent cette idée de satisfaction identique pour déterminer les cas où l'exception de recours parallèle doit jouer. Pour J. Tercinet, le recours parallèle est celui qui permet au justiciable d'obtenir une satisfaction au moins équivalente et parfois même, selon les exigences du juge, identique à celle que procurerait le recours pour excès de pouvoir (J. Tercinet, Le retour de l'exception de recours parallèle, *RFDA* 1993, p. 705). V. égal. O. Le Bot, *La protection des libertés fondamentales par la procédure du référé-liberté : étude de l'article L. 521-2 du code de justice administrative*, A. Roux dir., LGDJ, Fondation Varenne, Thèses, 2007, p. 389.

[573] R. Odent, *Contentieux administratif, op. cit.,* Fasc. V, p. 1644. M. Waline affirme que la fin de non-recevoir tirée de l'existence d'un recours parallèle ne joue pas quand le recours parallèle ne donne pas, en cas de succès « la même satisfaction que le recours pour excès de pouvoir au requérant » M. Waline, Précis de droit administratif, Montchrestien, 1969, p. 367.

résultat que le recours pour excès de pouvoir »[574]. Dans le même esprit, Y. Gaudemet a indiqué que l'exception peut jouer lorsqu'un particulier prétendant être lésé par un acte administratif illégal dispose, en dehors du recours pour excès de pouvoir, « d'un recours susceptible de lui donner satisfaction et de lui permettre d'échapper aux conséquences de l'acte »[575].

191. Définition laconique du critère. Ce critère de la « satisfaction équivalente » n'a suscité que peu de critiques alors même qu'il n'en est pas exempt. En effet, plusieurs auteurs prennent cette condition pour acquise sans en interroger la teneur. C'était déjà le cas de G. Jèze lorsqu'il indiquait : « Le Conseil d'État tend à n'opposer au recours pour excès de pouvoir une fin de non-recevoir que si, vraiment, le recours faisait double emploi avec un autre recours offrant aux administrés des garanties au moins aussi sérieuses que le recours pour excès de pouvoir »[576]. L'auteur n'insiste pas davantage sur les « garanties au moins aussi sérieuses » que le recours parallèle doit conférer aux requérants. D'autres auteurs définissent les contours de cette condition par une succession d'exemples de ce qu'est ou n'est pas une satisfaction équivalente à une annulation pour excès de pouvoir[577] sans que cela ne puisse parfaitement convenir. La même remarque peut être adressée à l'étude substantielle menée par A. Cepko qui maintient cette référence au résultat équivalent pour apprécier la concurrence de recours dont aucun n'est un recours pour excès de pouvoir, sans interroger la teneur du critère et en soulignant le caractère difficilement comparable du recours en annulation[578].

192. Référence hésitante au critère dans la jurisprudence. Quelques solutions récentes font état de la mention par le juge du résultat « équivalent »[579] ou « au moins équivalent »[580] ou encore de la « satisfaction

---

[574] A. de Laubadère, J.-C. Venezia et Y. Gaudemet, *Traité de Droit administratif*, 15e éd, Paris, LGDJ, 1995, t. 1, p. 591.

[575] Il poursuit en indiquant que « le recours parallèle peut procurer exactement le même résultat que le recours pour excès de pouvoir et dans ce cas la fin de non-recevoir jouera, au contraire le recours pour excès de pouvoir sera recevable s'il procure un résultat plus large et plus complet que celui qu'entraînerait le recours parallèle » (Y. Gaudemet, *Droit administratif*, *op. cit.*, p. 149).

[576] G. Jèze, Les principes généraux du droit administratif, *Revue générale d'Administration*, 1903, t. 3, p. 283.

[577] En ce sens : R. Odent, *op. cit.* et Y. Gaudemet, *op. cit.* V. égal., O. Gohin et F. Poulet, *Contentieux administratif*, 9e éd., Lexisnexis, Manuel, 2017, p. 267 et s.

[578] A. Cepko, *op. cit.*, p. 68 et s.

[579] Certains arrêts mentionnent un « résultat équivalent » (v. CAA Versailles,19 févr. 2013, n°11VE01980, M. Regazzacci ; *Dr. fisc.* 2013, n°25, comm. 351, note L. Dioux Moebs ; CAA Marseille, 28 fév. 2017, n°15MA01979 ; CE, sect., 2 déc. 2016, n°387613 et a., Min. Finances et Comptes publics c/ Sté Export Press, p. 518 avec concl. E. Cortot-Boucher ; *RFDA* 2017, p. 357, note B. Plessix ; *AJDA* 2016, p. 2357 ; *RJF* 2/2017, n°168 et p. 139, chron. A. Iljic.

[580] CAA Versailles, 23 fév. 2017, n°16VE00667.

équivalente »[581] que procure le recours auquel il renvoie les requérants. La terminologie varie et il semble que, pour le juge, ces expressions se valent. Pour autant, dans d'autres cas, le juge oppose la même fin de non-recevoir aux requérants sans faire référence à ces termes. C'est le cas de la décision de principe « S. A. Jacques Dangeville » par laquelle le Conseil d'État s'oppose à l'exercice d'un recours de plein contentieux subjectif mettant en jeu la responsabilité extracontractuelle d'une personne publique lorsque cette action tend à réclamer une indemnité d'un montant égal à une imposition litigieuse ; le recours indemnitaire ayant le même objet que l'action fiscale, il est irrecevable[582]. Toujours sans viser le résultat ou la satisfaction retirée du recours parallèle, le juge oppose la même irrecevabilité à un référé-suspension dirigé contre une mesure d'éloignement, en ce que son auteur doit emprunter la voie de droit prévue par l'article 22 bis de l'ordonnance du 2 novembre 1945[583]. Enfin, ces expressions sont encore éludées, même lorsque le Conseil d'État s'oppose à un recours pour excès de pouvoir[584].

193. Le critère tiré du résultat ou de la satisfaction équivalente qu'un requérant peut trouver dans un recours parallèle à celui dont il saisit le juge n'est ainsi pas totalement absent du droit positif. Il reste aléatoirement mobilisé par le juge administratif, qui ne s'est pas attaché à le consacrer par une formule de principe et qui ne s'est pas accordé sur la nécessité d'en faire mention lorsqu'il entend se fonder sur la seule existence d'une autre voie de droit pour considérer irrecevable le recours formé devant lui. La doctrine a, de tout temps, généralisé l'emploi d'un tel critère pour déterminer les cas dans lesquels la fin de non-recevoir tirée de l'existence d'un recours parallèle était ou devait être mobilisée. L'absence de définition de ce critère peut néanmoins être atténuée en traitant des éléments auxquels le « résultat » ou la « satisfaction » retirés de l'exercice des recours peuvent renvoyer.

§2. L'imprécision du critère

194. La satisfaction équivalente ou le résultat équivalent offerts par l'exercice d'un recours juridictionnel semblent être des expressions « dont le

---

581 Pour des arrêts qui retiennent une « satisfaction équivalente » : CAA Douai, 29 déc 2005, n°05DA00119 ; CAA Versailles, 9 sept. 2008, n°05VE01921.

582 CE, ass., 30 oct. 1996, n°141043, Min. budget c/ Dangeville ; *AJDA* 1996, p. 1044, chron. D. Chauvaux et T. X. Girardot ; *RJF* 1996, p. 799, chron. S. Austry ; *BDCF* 4/1996, p. 67, concl. G. Goulard. Pour une confirmation : CE, 10 nov. 2000, n°186301, Sté SGAP expansion, T., p. 1155, *RJF* 2/01, n°224.

583 CE, ord., 26 janv. 2001, n°229565, Gunès, p. 38 ; CE, 14 mai 2003, n°256808, Méliani, T., p. 913.

584 Par exemple, la décision Marini précitée juge : « Considérant que le décret dont M. Marini demande au Conseil d'Etat l'annulation porte convocation des collèges électoraux pour l'élection des sénateurs ; que l'existence, devant le Conseil constitutionnel, d'une voie de recours exceptionnelle contre un décret ayant cet objet fait obstacle à ce que la légalité de ce décret soit contestée, par la voie du recours pour excès de pouvoir, devant le Conseil d'Etat, statuant au contentieux » (CE, 14 septembre 2001, n°237208, Marini et autres).

sens semble évident jusqu'à ce qu'elles soient soumises à l'épreuve de la réflexion »[585]. La difficulté séculaire à proposer une définition de ce critère de l'exception de recours parallèle plaide en ce sens. Envisager que ce critère puisse ou non être mobilisé pour déterminer les éléments constitutifs de la concurrence des recours suppose que soient pris en compte les éléments qui permettent d'en apprécier la teneur. La lecture des travaux doctrinaux fait indéniablement observer que le résultat ou la satisfaction qu'un requérant peut retirer d'un recours renvoie à ce qu'il peut demander aux juges susceptibles d'être saisis. La doctrine s'accorde sur ce point difficilement contestable sans, pourtant, toujours l'exprimer ainsi (I). De manière critiquable, il est aussi renvoyé, compte tenu de la généralité de ces termes de « résultat » et de « satisfaction » à des éléments accessoires à la solution juridictionnelle *stricto sensu*. (II).

I. Une équivalence reposant sur l'office des juges susceptibles d'être saisis

195. Le résultat ou la satisfaction qu'un requérant peut obtenir dépend nécessairement des pouvoirs reconnus aux juges saisis des recours. La satisfaction qui peut résulter de l'exercice d'un recours juridictionnel ne saurait dépasser ce que le juge peut juridiquement octroyer, au regard, notamment de l'interdiction qui lui est faite de statuer *ultra petita*[586]. Par exemple, l'exercice fructueux d'un recours pour excès de pouvoir ne peut aboutir à autre chose qu'à l'annulation de la décision sans jamais permettre la réformation de la décision attaquée[587]. Dans le même esprit, l'exercice d'un recours de plein contentieux devant le juge fiscal ne permet d'obtenir satisfaction que dans la limite de l'office du juge de l'impôt. La décision « Société Export Press » le montre parfaitement puisque le recours pour excès de pouvoir est ici ouvert à l'encontre de certains rescrits fiscaux lorsque, précisément, ceux-ci entrainent des effets notables « autres que fiscaux »[588] sur la situation du requérant, que le juge de plein contentieux objectif n'est pas en mesure de réparer. Se fonder sur l'office du juge pour apprécier la satisfaction susceptible de résulter du succès d'un recours engendre néanmoins certaines difficultés puisqu'il faut bien souligner « l'absence

[585] S. Carpi-Petit, Partie à l'instance, intervention et sous-traitance, *Dr. adm. 2013,* n°8-9, comm. 66.
[586] Le juge ne saurait statuer au-delà de ce qui lui est demandé. V. par ex., CE, 6 janv. 1954, Angeras, p. 8
[587] Depuis la loi du 8 janvier 1995, les conclusions en annulation peuvent comporter des conclusions subsidiaires aux fins d'injonction mais le choix du juge reste limité à l'annulation de la décision ou au rejet de la demande. Le pouvoir d'injonction dont il peut faire usage vise à assurer le respect, par l'Administration, de l'annulation éventuellement prononcée.
[588] CE, sect., 2 déc. 2016, n°387613 et a., Min. Finances et Comptes publics c/ Sté Export Press.

d'équivalence absolue entre les voies procédurales »[589]. R. Guillien le relevait déjà en 1934, puisqu'il considérait que le jeu de l'exception impliquait, pour le recours parallèle au recours pour excès de pouvoir, non pas qu'il puisse permettre l'annulation de l'acte attaqué, mais au moins « détourner les effets de l'acte incriminé »[590].

196. À l'exception de quelques rares cas où le recours coexiste avec une voie de droit permettant d'obtenir également l'annulation d'un acte administratif (A) la prise en compte de l'office du juge du recours parallèle fait regarder ce recours comme offrant généralement mieux que le recours pour excès de pouvoir (B) et parfois, à l'examen, moins que lui (C). La comparaison du résultat procuré par l'exercice de ces recours coexistant suppose en revanche, dans chacun de ces cas, une analyse empreinte de subjectivité.

A. Un résultat rarement identique à l'annulation pour excès de pouvoir

197. Recours en annulation exceptionnel devant le Conseil Constitutionnel. R. Alibert écrivait, à juste titre « qu'il est rare qu'on puisse obtenir la même satisfaction par le recours pour excès de pouvoir et par le recours parallèle »[591]. Reconnaître que d'autres voies de droit puissent procurer une satisfaction équivalente à un recours pour excès de pouvoir implique que le juge à saisir puisse prononcer une mesure susceptible, pour le requérant, d'avoir « les mêmes effets pratiques »[592] qu'une annulation. En effet, les recours de plein contentieux ne permettent pas, de manière générale, d'obtenir exactement la même chose que le recours pour excès de pouvoir. Le pouvoir d'annuler un acte administratif est, sans nul doute, l'apanage du juge administratif. Si d'autres juridictions peuvent apprécier la légalité de certaines décisions administratives, voire les interpréter[593], seul le juge administratif

---

[589] R. Rouquette écrit très justement que les différents types de recours « ne sont pas juridiquement strictement équivalents (…) un recours de plein contentieux conduit à une condamnation, un recours pour excès de pouvoir à une annulation. Mais il est des cas, ou pour des raisons objectives ou subjectives, les différents recours aboutissent à un résultat pratique analogue » (R. Rouquette, *Petit traité du procès administratif*, 8e éd., Dalloz, Praxis, 2018/2019, p. 277).

[590] R. Guillien, *op. cit.*, p. 30. Dans le même sens, M. Bertrand écrit que la théorie du recours parallèle s'oppose à la recevabilité du recours pour excès de pouvoir lorsque l'auteur du recours en annulation « dispose devant la juridiction administrative ou judiciaire, d'une autre action contentieuse directe devant lui procurer, en cas de succès, un résultat en pratique équivalent à celui de l'annulation demandée, c'est-à-dire, à tout le moins, paralyser l'acte dans ses effets » (concl. sur CE, sect., 21 mars 1969, n°72761, Société Hauser, p. 178).

[591] R. Alibert, *op. cit.*, p. 157.

[592] R. Odent, *Contentieux administratif, op. cit.*, Fasc. p. 1651.

[593] TC, 16 juin 1923, Septfonds ; D. 1924, III, p. 41, concl. Matter ; S. 1923, III, p. 49, note Hauriou ; TC, 7 déc. 1998, District urbain de Agglomération Rennaise contre Société automobiles Citroën, p. 551, D. 1999.J. 179, concl. Sainte-Rose.

dispose du pouvoir de les faire disparaître rétroactivement de l'ordonnancement juridique[594]. Cette présentation connaît une exception notable relative au pouvoir que le Conseil constitutionnel s'est reconnu lorsqu'il entend contrôler certains actes administratifs qui participent à organiser les scrutins se rapportant aux élections politiques ou à la tenue d'un référendum national. Appelé à connaître de la régularité des scrutins en tant que juge ordinaire, le Conseil s'est reconnu le pouvoir de statuer, exceptionnellement, sur la légalité de certains actes administratifs qui constituent le préalable nécessaire aux élections politiques[595] ou à des opérations référendaires nationales[596]. Saisi d'un recours contre l'un de ces actes susceptibles d'entrer dans le champ de sa compétence exceptionnelle à statuer avant la tenue du scrutin, il semble que le Conseil puisse prononcer l'annulation de tels actes[597], ce à quoi le recours pour excès de pouvoir peut donc aussi aboutir. La satisfaction qu'un requérant peut trouver dans la mise en œuvre de cette voie de droit exceptionnelle n'est donc pas différente de celle qu'il peut obtenir par le succès d'un recours pour excès de pouvoir dont il doit normalement disposer.

198. Appréciation de l'équivalence entre annulation et réformation. De la même manière, les recours de plein contentieux objectif permettent au juge saisi de réformer certaines décisions administratives[598], mais il faut comprendre que si le juge peut aller au-delà de la simple annulation, il peut, aussi, s'y limiter. À cet égard, B. Seiller disait que dans le plein contentieux « le juge dispose des plus larges pouvoirs et donc, *a fortiori*, de ce pouvoir juridictionnel « de base » qu'est l'annulation »[599]. Des développements substantiels ont également été consacrés par H. Lepetit-Collin à cette question et l'auteur met en exergue certains contentieux dans lesquels un « simple » pouvoir d'annulation peut être exercé par le juge[600]. Tel est le cas en matière d'opérations électorales où le juge annule l'élection en cas d'irrégularité ayant

---

594 Cons. const., 23 janv. 1987, n°86-224 DC ; Rec. Cons. const. 1987, p. 8 ; *AJDA* 1987, p. 315, note Chevallier ; *RFDA* 1987, p. 301 ; *RDP* 1987, p. 1341, note Gaudemet ; D. 1988, jurispr. p. 117, note Luchaire.

595 V. pour le contentieux des élections législatives : Cons. const., 11 juin 1981, n°81-1 ELEC, Delmas. Pour le contentieux de l'élection présidentielle : Cons. const., 14 mars 2001, n°2001-17 ELEC, Hauchemaille.

596 Cons. const., 25 juill. 2000 , n°2000-21 REF, Hauchemaille.

597 Cons. const., 10 juill. 1962, n°62-235/236, AN, Wallis-et-Futuna, Rec. Cons. const. 1962, p. 39. Le Conseil précise notamment dans sa décision du 25 octobre 1988 que « le rôle du Conseil a un caractère juridictionnel lorsqu'il statue sur des réclamations afférentes au déroulement des opérations de référendum » (Cons. const., 25 oct. 1988 , Diemert et Bannel : Rec. Cons. const. 1988, p. 191 ; *RFDA* 1988, p. 887, obs. B. Genevois). Sur cette question, v. B. Genevois, Le contrôle du référendum, le rôle du Conseil constitutionnel, *RFDA*, 1988, p. 887 ; J. Arrighi de Casanova, Le juge des actes préparatoires à l'élection, NCCC 2013, n°41.

598 Pour une étude substantielle permettant de déterminer les litiges relevant du plein contentieux objectif : H. Lepetit-Collin, *Recherches sur le plein contentieux objectif*, Y. Gaudemet dir., LGDJ, BDP, 2011.

599 B. Seiller, L'illégalité sans l'annulation, *AJDA* 2004, p. 963.

600 H. Lepetit-Collin, *op. cit.*, p. 393.

entaché la sincérité du scrutin[601]. Le contentieux des installations classées donne également lieu à l'exercice de ce pouvoir par le juge, en particulier s'agissant des refus de délivrer une autorisation. Sur ce point, la jurisprudence montre[602], et l'auteur le relève[603], que l'annulation de la décision précède l'étape de réformation par laquelle le juge peut, une fois le refus annulé, accorder l'autorisation. Pour H. Lepetit-Collin l'existence d'un pouvoir d'annulation « est donc acquise pour l'ensemble des plein contentieux objectifs »[604] et la mise en œuvre de ce pouvoir « n'est pas exceptionnelle dans le plein contentieux objectif »[605]. Elle reste rare puisque l'intérêt même du plein contentieux découle, dans une large part, de la réformation susceptible d'être opérée par le juge[606].

199. Aussi, la recherche de cette stricte équivalence entre le recours pour excès de pouvoir et un recours de plein contentieux peut parfois s'avérer inutile. L'exercice du recours pour excès de pouvoir ne se conçoit pas pour plusieurs hypothèses dans lesquelles le juge de plein contentieux peut se limiter à l'annulation d'une décision administrative. Le recours pour excès de pouvoir ne peut ainsi viser que certains actes détachables d'une opération électorale, au nombre desquels ne figure pas celui proclamant les résultats de l'élection qui constitue l'essence même de l'opération électorale (que le juge de plein contentieux peut annuler). De même, les décisions portant autorisation ou refus d'autorisation d'exploiter une installation classée relèvent du plein contentieux par détermination de la loi[607]. Même si le juge de plein contentieux saisi peut se limiter à l'annulation de ces décisions, le

---

601 CE, sect., 10 nov. 2004, n°269727, Élection du Président du comité des finances locales, p. 425 ; *JCP-A* 2004, 1771, concl. Séners.

602 CE, 15 déc. 1989, Min. Env. c/ Sté Spechinor, p. 254 ; *CJEG* 1990, p. 136 s., concl. de la Verpillère ; *Rev. jur. env.* 1990, p. 243 ; *Rev. adm.* 1990, n°253, p. 45, note Terneyre. V. sur ce point, J.-P. Boivin, Les installations classées, *Traité pratique de l'environnement industriel*, 2e éd., Le Moniteur, Analyse juridique, 2003, p. 377.

603 H. Lepetit-Collin, *op. cit.*, p. 393.

604 *Ibid.*

605 *Ibid*, p. 441.

606 Au titre des litiges dans lesquels le juge de plein contentieux objectif se limite à l'annulation, il peut être encore mentionné compétence de la Cour d'appel de Paris qui disposait du pouvoir d'annuler les décisions prises par la Commission des opérations de bourses avant de se prononcer sur les pratiques dont cette commission était saisie, conformément à l'article 12 de l'ordonnance du 28 septembre 1967 (CA Paris, 2 juill. 1999, *LPA*, 15 oct. 1999, p. 7). Il s'agit cependant d'une hypothèse se plaçant hors du contentieux administratif *stricto sensu*. Surtout, la compétence judiciaire est expressément déterminée par la loi si bien que la question de la recevabilité du recours pour excès de pouvoir en la matière ne trouve pas à se poser ni, donc, celle de l'équivalence de la satisfaction procurée. Cette compétence reconnue au juge judiciaire s'exerce, depuis 2003, sur les décisions prises par l'Autorité des marchés financiers au sein de laquelle est désormais incluse la Commission des opérations de bourses.

607 Art. L. 512-1 du Code de l'environnement.

recours pour excès de pouvoir n'est pas disponible dans ces situations[608]. En d'autres termes, puisque les recours ne coexistent pas, la recherche d'un recours permettant d'obtenir un résultat parfois identique au recours pour excès de pouvoir est inutile.

200. Présente en revanche un intérêt l'analyse du résultat offert par un tel recours de plein contentieux objectif, comparé au recours pour excès de pouvoir, lorsque ces recours sont tous deux disponibles. La jurisprudence rend difficile la détermination de cette coexistence puisque le Conseil d'État entend rarement considérer qu'une même décision puisse à la fois faire l'objet d'un recours pour excès de pouvoir et d'un recours de plein contentieux objectif. Ce dernier considère, souvent, que la contestation d'une décision administrative relève « par nature » du plein contentieux ou qu'elle peut intervenir par le seul biais du recours pour excès de pouvoir[609]. À la vérité aucun recours ne relève « par nature » du plein contentieux et il faut considérer que le recours pour excès de pouvoir se conçoit dans ces matières que le juge a fait « basculer » dans le domaine du plein contentieux objectif, mais qu'il est fermé aux requérants[610]. Compte tenu de l'office du juge dans ces matières, le recours de plein contentieux est justement considéré comme procurant aux requérants une satisfaction au moins équivalente à celle susceptible de résulter de l'exercice fructueux d'un recours pour excès de pouvoir.

B. Un résultat souvent supérieur à l'annulation pour excès de pouvoir

201. Satisfaction dépassant l'annulation pour excès de pouvoir. Si la possibilité pour un requérant d'obtenir un résultat identique au recours pour excès de pouvoir en empruntant une voie de droit doit être généralement récusée, il faut aussi considérer que certains recours permettent d'obtenir un résultat supérieur. C'est-à-dire que le résultat auquel permet d'aboutir le recours parallèle, du point de vue de l'office du juge, dépasse celui que peut procurer le recours pour excès de pouvoir. En ce sens, les recours de plein contentieux objectif évoqués permettent au juge saisi de réformer certaines décisions administratives. Le résultat auquel peut aboutir un recours de plein contentieux objectif peut ici apparaître comme équivalent ou aussi satisfaisant que celui procuré par le recours pour excès de pouvoir. Ainsi, bien que le

---

[608] Même s'il faut reconnaître que le recours pour excès de pouvoir peut être admis dans le contentieux des installations classées, il vise les décisions dont le contentieux n'a pas été confié par la loi au juge de plein contentieux, comme le sont par exemple les décisions établissant ou modifiant la nomenclature des installations classées (V., par ex., CE, 15 janv. 1982, « Les amis de la terre », T., p. 686)

[609] Pour les recours dirigés contre des titres de perception portant mise en recouvrement d'un trop-perçu au titre d'une l'allocation temporaire d'invalidité : CE, 23 févr. 1998, n°133318, min. délégué au budget c/ Alexandre, inédit. Pour les recours dirigés contre des états exécutoires : CE, ord., 18 août 2006, n°295334, Bénassy, T., p. 1011.

[610] *V. infra*, p. 383.

recours pour excès de pouvoir conduise en principe à une annulation rétroactive de la décision[611], d'autres voies de droit qui ne permettent pas l'annulation ont pu être justement reconnues comme équivalentes au recours pour excès de pouvoir.

202. La situation s'est notamment présentée en matière fiscale, pour des contestations relevant de la compétence du juge judiciaire[612]. Ce dernier ne dispose pas du pouvoir d'annuler les actes administratifs, mais peut prononcer la décharge de l'imposition[613]. La solution est la même en matière de contributions directes puisque, même s'il peut annuler des actes administratifs, le juge administratif de l'impôt ne peut se limiter à l'annulation, mais prononce la décharge ou la réduction d'une imposition et permet parfois au contribuable de bénéficier d'un droit ; il est ainsi conduit à « déterminer une fois pour toutes le montant de l'impôt dû par le contribuable » en agissant en lieu et place de l'Administration fiscale[614]. Comme l'écrivent justement M. Collet et P. Collin, le juge de l'impôt « ne peut se contenter d'annuler l'acte rejetant la réclamation du contribuable en le renvoyant devant l'Administration fiscale pour que celle-ci tire les conséquences de l'annulation »[615]. Une telle décision juridictionnelle peut procurer au contribuable une satisfaction équivalente, voire supérieure, à celle susceptible de résulter, pour lui, de l'exercice d'un recours pour excès de pouvoir dirigé contre un acte individuel d'application de l'impôt tel que l'est l'acte de mise en recouvrement[616].

C. Un résultat parfois inférieur à l'annulation pour excès de pouvoir

203. Réformation insatisfaisante d'une décision administrative. La réformation d'une décision administrative peut, à première vue, conduire à une satisfaction au moins égale à une annulation pour excès de pouvoir, et même procurer au requérant un résultat plus complet. Ce raisonnement fondé

---

611 Le juge administratif demeure toutefois libre de moduler les effets de cette annulation (CE, ass., 11 mai 2004, n°255886, Assoc. AC ! et a., p. 197, concl. Ch. Devys ; *AJDA* 2004, p. 1183, chron. C. Landais et F. Lenica). Sur cette question, v. notamment, D. Bailleul, *L'efficacité comparée des recours pour excès de pouvoir et de plein contentieux objectif en droit public français*, G. Lebreton dir., LGDJ, BDP 2002, p. 332.

612 Le juge judiciaire est notamment compétent pour le contentieux de certaines taxes (Art. L. 199 du LPF) et en matière, notamment, de droits de douane (Art. 357 Bis du Code des douanes).

613 En ce sens : TC, 27 fév. 1995, Onoroz et Saint-Martin, p. 491. Sur ce point : T. Lambert, *Procédures fiscales*, 3e éd., LGDJ, Domat, 2017, p. 630.

614 P. Colin et M. Collet, *Procédures fiscales : contrôle, contentieux et recouvrement de l'impôt*, 3e éd., PUF, Thémis, 2017, p. 253.

615 *Ibid.* Il appartient au juge de calculer exactement le montant des droits de l'intéressé : CE, 19 mai 2004, n°253375, min. c/ SA Luchaire Défense ; RJF 8-9/2004, n°924.

616 Pour un exemple de fermeture du recours pour excès de pouvoir en raison de l'existence d'une action devant le juge fiscal : CE, 5 déc. 1930, Chambre syndicale de commerce en gros des vins et spiritueux de Paris, p. 1032.

sur l'observation de l'office du juge peut encore supporter des difficultés d'analyse puisque la réformation d'une décision peut ne pas toujours être aussi satisfaisante que son annulation : elle ne l'est que lorsque le juge exerce ses pouvoirs dans un sens favorable au requérant. En effet, bien que le juge administratif de plein contentieux puisse par exemple réduire le montant d'une sanction infligée[617], la somme reste due par le requérant. Une « simple » annulation de la décision administrative considérée l'aurait d'abord déchargé du paiement de la somme et aurait pu conduire l'Administration soit à renoncer à prendre une nouvelle mesure à son encontre soit à retenir un montant inférieur à celui retenu par le juge par une nouvelle décision respectueuse de la force exécutoire de la décision juridictionnelle[618]. C'est ce qu'ont pu dire les commentateurs de la décision « Le Cun »[619], rappelant que « le contrôle du juge de l'excès de pouvoir peut ainsi offrir plus de garanties aux administrés, car le juge annulera la décision de sanction illégale alors qu'en plein contentieux, selon l'illégalité, il peut se contenter de réduire la sanction »[620]. L'affirmation constante voulant que le recours de plein contentieux objectif permette d'aller au-delà de l'annulation en offrant donc un résultat supérieur aux requérants doit être relativisée.

204. Annulation rétroactive insatisfaisante de la décision attaquée. De la même manière, l'équivalence entre le recours pour excès de pouvoir et le recours de plein contentieux subjectif indemnitaire est incertaine du point de vue de l'office du juge. La doctrine s'accorde à considérer que, par la jurisprudence Lafage[621], le Conseil d'État a ouvert le recours pour excès de pouvoir contre certaines décisions administratives à caractère pécuniaire en matière de fonction publique, là où celles-ci étaient d'ordinaire le support d'un recours de plein contentieux, subjectif[622], permettant au juge de condamner

---

617 CE, ass., 16 févr. 2009, n°274000, Société ATOM ; *AJDA* 2009, p. 583, chron. S.-J. Liéber et D. Botteghi ; *RFDA* 2009, p. 259, concl. C. Legras.

618 Sur ce point, C. Landais souligne qu'en matière répressive, « le principe d'opportunité des poursuites permet en outre à l'administré d'espérer que l'Administration renonce finalement à le sanctionner après annulation de la première sanction » (concl. sur CE, 27 juillet 2012, Mme Labachiche, n°347114, *RFDA* 2012, p. 922). V. encore, sur cette question, M. Wiernasz, Légalité externe et pleine juridiction : une illustration par le contentieux de l'orientation professionnelle des travailleurs handicapés, *AJDA* 2012, p. 101.

619 CE, sect., 1er mars 1991, n°112820, Le Cun, p. 70 ; *RFDA* 1991, p. 612, concl. Maryvonne de Saint-Pulgent ; *AJDA* 1991, p. 358, obs. Schwartz et Maugüé ; Quot. jur. 23 mai 1991, note Renault.

620 R. Swchartz et M.-C. Maugüé, L'article 6 de la Convention européenne des droits de l'homme n'est pas applicable aux procédures disciplinaires engagées devant le Conseil des bourses de valeurs, *AJDA* 1991, p. 358. Pour une analyse substantielle : F. Melleray, *Essai sur la structure du contentieux administratif français : pour un renouvellement de la classification des principales voies de droit ouvertes devant les juridictions à compétence générale,* J. du Bois de Gaudusson dir., LGDJ, BDP, 2001, p. 74.

621 CE, 8 mars 1912, Lafage, p. 348, concl. Pichat.

622 Comme le souligne très bien H. Lepetit-Collin, il ne s'agit pas, pour le juge, dans ces cas, de réformer les décisions pécuniaires mais de condamner l'Administration au versement d'une somme ou d'annuler la décision attaquée (*op. cit.*, p. 158).

l'Administration au paiement d'une somme d'argent[623]. Un intérêt pratique s'attache, en effet, à ce que les décisions à caractère pécuniaire qui portent sur des sommes minimes puissent être contestées sans le ministère obligatoire d'un avocat qui rendrait prohibitif le coût du recours exercé[624]. Cette option ouverte aux requérants est une limite, savamment justifiée par des considérations d'opportunité, à l'application par le juge de la fin de non-recevoir tirée de l'existence d'un recours parallèle. Cette manière de voir induit alors que le recours pour excès de pouvoir et le recours de plein contentieux subjectif procurent aux requérants des résultats équivalents, mais que le juge n'estime pas nécessaire, pour une fois, de limiter l'exercice du recours pour excès de pouvoir. Au contraire, le juge ouvre le recours pour excès de pouvoir en reconnaissant une option dans le contentieux pécuniaire de la fonction publique. Cette équivalence est concevable sur le plan financier dès lors qu'est considérée une décision par laquelle l'Administration refuse le versement d'une somme à un fonctionnaire. La force exécutoire de la décision d'annulation de la décision à caractère pécuniaire imposera à la personne publique le versement de la somme en cause[625] tandis que la condamnation pécuniaire au versement de la même somme par l'Administration pourra être prononcée par le juge de plein contentieux. Si la décision met à la charge du requérant une somme d'argent, la force exécutoire de la décision juridictionnelle imposera qu'elle lui soit restituée, cette obligation étant d'ailleurs susceptible d'être renforcée par l'usage du pouvoir d'injonction. Le recours de plein contentieux permettrait, lui, dans ce cas, de condamner l'Administration au versement de la même somme en raison de l'illégalité fautive de la décision.

205. Toutefois, comme le fait bien remarquer P. Sandevoir : « tant sur le plan des principes que sur le plan de la solution des litiges, rien ne conduit à préférer un recours pour excès de pouvoir à un recours de plein contentieux en matière de traitements et indemnités »[626]. Les agents visés par des décisions de révocation ou de mise à la retraite d'office peuvent en effet n'éprouver aucun intérêt à voir cette décision annulée et peuvent ne rechercher que la

---

[623] Pour un recours formé contre un refus de subvention à une association : CE, 7 juill. 1950, Œuvre de Saint-Nicolas, p. 422. Pour des recours formés contre les décisions refusant une remise gracieuse : CE, 14 avr. 1995, Laroque, p. 167 et CE, 24 oct. 2001, n°211813, Min. Économie, finances et industrie c/ Mme Poussin, T., p. 1017, *Dr. adm.* 2002, comm. 33, note C.M. Sur l'ensemble de la question, v. M. Long, P. Weil, G. Braibant, P. Delvolvé, B. Genevois, *Les grands arrêts de la jurisprudence administrative*, 20e éd., *op. cit.*, p. 126.

[624] Pour ne donner qu'un exemple parmi de nombreuses explications doctrinales en ce sens, J. Morand-Deviller souligne que cette jurisprudence repose sur « des raisons pratiques d'équité » (J. Morand-Deviller, P. Bourdon et F. Poulet, *Droit administratif*, 15e éd., LGDJ, Cours, 2017, p. 812).

[625] Sur ce point : R. Beyssac, La désignation et la rémunération des commissaires enquêteurs, *RFDA*, 1991, p. 786 ; R. Chapus, *op. cit.*, p. 735. V. encore, R. Rouquette, *op. cit.* p. 280 ; L. Delbez, De l'excès de pouvoir comme source de responsabilité, *RDP* 1932, p. 443.

[626] P. Sandevoir, note sur CE, 5 janvier 1966, Demoiselle Gacon, *Recueil Dalloz 1966*, p. 367.

réparation du préjudice causé par elle. En effet, compte tenu de ce qu'a longtemps été l'office du juge de l'excès de pouvoir, la légalité constatée de la décision imposait le rejet du recours tandis que son illégalité conduisait le juge à en prononcer l'annulation rétroactive. Pour une révocation ou une mise à la retraite d'office d'un fonctionnaire, l'annulation impose, pour l'Administration, de rétablir l'intéressé dans ses fonctions dans le cas où cela demeure possible. Il n'est pas certain que cette conséquence soit recherchée par les requérants qui, par exemple, ont pu occuper par la suite un autre emploi. Au contraire, le recours de plein contentieux « laisse intacte la situation qui a originairement provoqué le litige »[627]. Le recours indemnitaire peut ici suffire et il peut être plus utile au requérant de solliciter directement – et donc, seulement – le juge de plein contentieux subjectif[628].

206. Appréciation incertaine de l'équivalence. Cette dernière observation fait bien comprendre la difficulté qui réside dans la recherche de l'équivalence du résultat ou de la satisfaction offerte par deux recours parce qu'elle impose de prendre en compte l'intérêt personnel du requérant. M. Collet et P. Collin le font en matière fiscale, en indiquant que « du point de vue du contribuable » le contentieux de l'impôt vise à la résolution d'un litige portant sur l'évaluation de sa dette fiscale, qu'il estime établie de manière illégale. Ce dernier « espère obtenir finalement dans la généralité des cas la décharge ou au moins la réduction d'une imposition non encore acquittée ou bien le remboursement total ou partiel d'un impôt déjà versé »[629]. L'équivalence est moins évidente pour les cas dans lesquels il ne peut être objectivement déterminé ce que le requérant recherche comme peut le montrer, par exemple, la coexistence des recours pour le contentieux de la fonction publique à l'instant mentionné. Du point de vue de l'office du juge, l'équivalence stricte de deux voies de droit est rare, si bien que considérer qu'un recours procure un résultat au moins équivalent que le recours pour excès de pouvoir suppose, pour le juge de considérer subjectivement ce que le requérant peut attendre des différents recours susceptibles d'être exercés. Cette difficulté est inhérente à la distinction des recours contentieux et se présente quel que soit, d'ailleurs, le critère de la concurrence retenu. Pour

---

[627] *Ibid.* Dans une autre matière, on peut aussi relever la dissociation très claire entre les conclusions en excès de pouvoir et celle formulées devant le juge de plein contentieux affirmée par le Conseil d'État : « Considérant que les conclusions de la demande tendant à l'allocation d'une indemnité avaient un objet distinct des conclusions tendant à l'annulation pour excès de pouvoir de la décision refusant au requérant le titre d'interné résistant ; que leur effet, dans le cas où elles seraient reconnues fondées, ne pourrait être de faire attribuer au requérant le titre auquel il prétendait, mais seulement de faire réparer le préjudice qui serait résulté du refus de ce titre » (CE, 7 juin 1961, Min. des anciens combattants contre Anstett, T., p. 1131). V. égal. sur ce point, J. M. Auby et R. Drago, *Traité de contentieux administratif*, *op. cit.*, t. 2, p. 524.

[628] V. sur cette idée : B. Delaunay, *La faute de l'Administration*, Y. Gaudemet dir., LGDJ, BDP, 2007, p. 165. Dans le même sens, R. Rouquette, *op. cit.*, p. 303.

[629] M. Collet et P. Collin, *Procédures fiscales*, *op. cit.*, p. 231.

autant, lorsqu'il est raisonné en termes de « satisfaction équivalente », la doctrine fait référence non seulement à la mesure qui peut être réclamée au juge, mais aussi aux effets pratiques attachés à sa saisine.

II. Une équivalence renvoyant aux effets pratiques des recours susceptibles d'être exercés

207. Envisageant l'exception de recours parallèle, A. de Laubadère disait du recours pour excès de pouvoir qu'il était « plus commode et moins onéreux »[630] que le recours parallèle dont disposent les contribuables devant le juge de l'impôt. Cette appréciation par l'auteur de l'équivalence de la satisfaction procurée par ces deux voies de droit montre qu'il ne s'agit pas simplement de s'attacher à la solution que le juge peut rendre - c'est-à-dire au « profit de la demande »[631] - mais aussi aux conditions dans lesquelles la décision est rendue. Le critère tiré de la « satisfaction équivalente » utilisé par la doctrine pour déterminer le fait qu'une voie de droit puisse être considérée comme parallèle au recours pour excès de pouvoir renvoie à ces effets pratiques attachés à la saisine du juge. Certains de ces effets sont explicitement abordés et d'autres sont induits par le terme de « satisfaction » ; leur étude permet de montrer qu'un critère fondé sur cette « satisfaction équivalente » ne peut qu'imparfaitement convenir.

208. La prise en compte de l'onérosité des recours. Le premier de ces effets réside dans le coût que représente l'exercice du recours parallèle par rapport au faible coût du recours pour excès de pouvoir[632]. Le coût engendré par un procès est une donnée importante que les justiciables sont conduits à prendre en compte dans l'exercice d'un recours juridictionnel. En cela, B. Bouchaud écrit que la volonté d'un requérant à saisir le juge d'un recours peut être atteinte par les frais de procédure « qui peuvent le dissuader d'agir »[633]. Le caractère moins onéreux d'un recours pour excès de pouvoir par rapport à un recours de plein contentieux se traduit peu au niveau des frais liés aux

---

[630] A. de Laubadère, J.-C. Venezia et Y. Gaudemet, *op. cit.*, p. 486.

[631] G. Cornu, *op. cit.* p. 944, entrée « satisfaction ».

[632] G. Jèze évoquait en ce sens le « grand arbre sacré du recours pour excès de pouvoir » comme « la plus merveilleuse création des juristes, l'arme la plus efficace, la plus pratique la plus économique qui existe au monde pour défendre les libertés » (Les libertés individuelles, *Annuaire de l'Institut international de droit public*, PUF, 1929, p. 102). Dans le même sens, sur l'absence d'équivalent au recours pour excès de pouvoir : A. Claeys, *L'évolution de la protection juridictionnelle de l'administré au moyen du recours pour excès de pouvoir*, J.-F. Lachaume dir., Poitiers, 2005 p. 1116.

[633] B. Bouchaud, *Stratégie procédurale et litige administratif*, J.-P. Laborde dir., Bordeaux IV, 2010, p. 18. V. encore, M. Courtin, Le prix de la justice, *« La gratuité, une question de droit ? » (G. Koubi et G.J. Guglielmi dir.)*, L'harmattan, 2003, p. 93.

dépens[634], mais réside essentiellement dans ceux engendrés par l'obligation de recourir au ministère d'un avocat. L'exercice d'un recours de plein contentieux impose, de manière générale, cette forme de représentation[635]. Le faible coût du recours pour excès de pouvoir est l'une de ses caractéristiques principales et participe à son attrait. A. Heilbronner l'a d'ailleurs bien fait remarquer en affirmant que « le bon marché du recours pour excès de pouvoir » le fait rechercher par les plaideurs[636].

209. Que le coût de la procédure juridictionnelle participe à la satisfaction du requérant est un fait difficilement contestable[637]. En effet, il peut être préféré à une réformation de la décision litigieuse ou au prononcé d'une condamnation pécuniaire par le juge de plein contentieux une simple annulation de la décision litigieuse par le juge de l'excès de pouvoir puisque l'obtention de cette dernière mesure est moins coûteuse. Ceci fait dire qu'il est discutable d'admettre qu'une autre voie de droit que le recours pour excès de pouvoir procure une satisfaction au moins égale à celui-ci alors même qu'elle conduit le requérant à engager des frais plus importants pour obtenir une solution comparable du point de vue de l'office du juge. Raisonner en termes de « satisfaction équivalente » pour envisager la concurrence de deux voies de droit peut ainsi mal convenir, et ce d'autant plus que le juge ne semble pas, à raison, prendre cette circonstance en considération. En effet, nombre de solutions l'ont conduit à fermer le recours pour excès de pouvoir en raison de la seule existence d'un recours de plein contentieux que les requérants auraient dû ou doivent emprunter, en s'acquittant, donc, des frais afférents[638].

210. La prise en compte de la portée des recours. Considérer une voie de droit comme parallèle au recours pour excès de pouvoir en relevant la

---

[634] V. sur l'ensemble de la question : J.-P. Négrin, *Contentieux de l'excès de pouvoir et contentieux de pleine juridiction, De la dualité ou de l'unité du contentieux administratif français*, Travaux et mémoires de la faculté de droit et de science politique d'Aix Marseille, CRA, n°25, p. 161 et s. ; C. Klein, Les dépends devant les juridictions administratives, *RDP* 1967, n°6, p. 1074. On fera observer que le terme de « dépens » comprenait, postérieurement à l'ordonnance du 31 juillet 1945, les « frais de justice » que constituaient les droits de timbre et les droits d'enregistrement. Ces frais sont aujourd'hui supportés par l'Etat puisqu'ils ne sont pas mentionnés dans les « dépens » et n'intègrent pas les frais « non compris dans les dépens » (V. Ordonnance n°45-1708 du 31 juillet 1945 portant sur le Conseil d'Etat, JORF 1er aout 1945, p. 4770 et s ; Art. 761-1 du CJA).

[635] Art. R. 431-2 du CJA. Pour des solutions rappelant l'obligation : CE, 13 mai 1966, Vandaele, p. 321 ; CE, 17 fév. 1997, n°183352, M. et Mme Ternon ; CE, 29 janv. 1997, n°144750, Peiffer.

[636] A. Heilbronner, Recours pour excès de pouvoir et recours de plein contentieux, *Dalloz* 1952, chron. p. 1030

[637] Les propos de B. Pacteau vont en ce sens lorsqu'il indique que « les administrés préfèrent parfois intenter un simple recours en annulation fut-ce pour la dispense de ministère d'avocat » (B. Pacteau, Du recours pour excès de pouvoir au recours de pleine juridiction, *AJDA* 1999, n°spécial, p. 52).

[638] Pour ne prendre que deux exemples, tel est le cas en matière contractuelle (CE, ass., 16 juill. 2007, n°291545, Sté Tropic travaux signalisation Guadeloupe ; CE, ass., 4 avril 2014, n°358994, Département du Tarn et Garonne) et pour le contentieux relatif à la contestation des arrêtés de péril (CE, 16 mars 1951, Consorts Chevallier Tedeschi, p. 164, D. 1952, p. 5, note Weil ; CE, 4 juillet 1958, Société des Etablissements Thibout, p. 413).

satisfaction équivalente qu'elle peut procurer à un requérant conduit aussi à s'attacher à la portée du recours parallèle. L'un des traits caractéristiques du recours pour excès de pouvoir tient à sa capacité peu égalée à comporter, en cas de succès, un effet *erga omnes*[639]. L'acte administratif dont l'illégalité est constatée par le juge conduit disparait rétroactivement de l'ordonnancement juridique et ce même acte doit être tenu pour illégal dans tout autre contentieux[640]. Pour P. Weil, ce caractère inhérent aux jugements d'annulation découle du fait que le recours pour excès de pouvoir a « pour but de supprimer le désordre à l'intérieur de la société considérée sous l'angle administratif. Il est normal, dans ces conditions, que le jugement rendu sur ce recours profite et s'impose à tous les membres de cette société. L'ordre social est le même pour tous : il ne peut tolérer tel acte à l'égard des uns et le rejeter à l'égard des autres »[641].

211. Les doctrinaires de l'exception de recours parallèle ont, pour beaucoup, insisté sur cette caractéristique essentielle du recours pour excès de pouvoir. Certains y ont vu un obstacle sérieux à la recherche d'un recours « parallèle » au recours en annulation, en ce sens qu'il ne pourrait y avoir aucun recours équivalent au recours pour excès de pouvoir puisqu'aucun autre recours ne permet de faire disparaître l'acte attaqué pour l'ensemble des administrés. C'est ce qu'écrit M. Pénin, pour qui le recours pour excès de pouvoir est « le seul à proposer une annulation de l'acte *erga omnes* alors que le recours parallèle ne peut que détourner les effets de l'acte à l'égard d'un individu déterminé. Ces effets continueront à se produire vis-à-vis des autres personnes »[642]. D'autres soutiennent une position inverse en éludant cette question de l'effet *erga omnes* du recours pour excès de pouvoir lorsqu'ils

[639] Les jugements rendus en matière de plein contentieux objectifs sont également revêtus d'une telle autorité absolue puisqu'ils prononcent une annulation. On renvoie, sur cette question aux développements substantiels de D. Bailleul (thèse, *op. cit.*, p. 313).

[640] CE, 22 mars 1961, Simonet, p. 211 ; V. égal, CE, sect., 28 mai 2001, Cne Bohars et SARL Minoterie Francès : *Dr. adm.* 2001, comm. n°203 ; *AJDA* 2001, p. 652, chron. M. Guyomar et P. Collin p. 249. V. pour les litiges portés devant les juridictions judiciaires : Cass. Com., 19 mai 1953, Société la ruche Picarde, S. 1954, 1, p.1, note R. Drago ; Cass. civ., 25 jui 1985, Cochin, D. 1985, p. 517.

[641] P. Weil, Les conséquences de l'annulation d'un acte administratif pour excès de pouvoir, Paris, Jouve, 1952, p. 19.

[642] M. Pénin, *L'ouverture progressive du prétoire au recours pour excès de pouvoir dans la jurisprudence du Conseil d'État*, Paris, Sirey, 1935, p. 136). Dans le même sens : J. Déjardin, L'évolution de la théorie du recours parallèle, thèse, Sirey, 1931, p. 14. Aussi, A. de Laubadère, J.-C. Venezia et Y. Gaudemet écrivent que le juge administratif admet le recours pour excès de pouvoir contre l'acte réglementaire d'établissement de l'impôt « parce que le recours procure un résultat plus étendu et plus avantageux que l'action en décharge en faisant disparaître l'impôt lui-même définitivement et au profit de tous les contribuables ». Pour ces auteurs, le recours devant le juge de l'impôt ne saurait être un recours « direct et parallèle » notamment, parce qu'il ne profite pas à d'autres contribuables, à la différence du recours pour excès de pouvoir (*op. cit.*, p. 490).

déterminent les voies de droit qui sont équivalentes[643]. Cette autorité de la chose jugée est une considération essentielle pour le juge puisqu'il est tenu de se saisir d'office de cette fin de non-recevoir lui interdisant de juger la question déjà tranchée[644]. Du point de vue du requérant en revanche, l'incidence reste extrêmement limitée, sauf à considérer que celui-ci cherche, par son recours, à obtenir non seulement satisfaction pour lui-même, mais pour l'ensemble des justiciables susceptibles d'être affectés par l'acte litigieux. Or, cette conception du recours en annulation, qui assimile le recours pour excès de pouvoir à un recours impersonnel et purement objectif[645], suscite peu, à raison, l'adhésion de la doctrine. B. Kornprobst[646] et F. Melleray[647] l'ont, comme d'autres[648], très justement montré. La raison conduisant un administré à intenter un tel recours se trouve dans les effets défavorables que l'acte administratif peut avoir envers lui, et non dans les conséquences positives que son action peut engendrer pour les autres administrés. Le résultat escompté par l'exercice d'un recours pour excès de pouvoir consiste essentiellement, pour un requérant, à faire cesser les effets défavorables d'un acte à son égard, qu'il s'agisse d'ailleurs ou non d'un acte

---

[643] F. Henry, *La fin de non-recevoir déduite en droit de l'existence d'un recours parallèle*, Dijon, 1915, p. 7 ; P. Delvolvé et G. Vedel, *op. cit.*, t. 2, p. 281. A. Cepko traite également de cette question en indiquant que l'appréciation du résultat équivalent au recours pour excès de pouvoir « est à considérer du point de vue des intérêts privés du requérant et non du point de vue de l'ensemble des personnes concernées par l'acte ». L'auteur ajoute que « le critère retenu dans l'équivalence de résultat du recours parallèle doit être la satisfaction suffisante du requérant et non la satisfaction des intérêts de l'administré moins vigilant » (*op. cit.*, p. 70) même si elle renvoie à « l'intérêt privé » du requérant, sans définir ce qu'il convient d'entendre par cette dernière expression et en réitérant la référence à un résultat équivalent dans la définition actualisée de l'exception de recours parallèle proposée en conclusion de sa thèse (*op. cit.*, p. 419).

[644] L'autorité absolue de la chose jugée est un moyen d'ordre public : CE, 21 mars 1961, Simonet, p. 211 ; CE, 28 juill. 2000, n°198318, Cne Port-Vendres, p. 361 ; *RFDA* 2000, p. 1168 ; *Constr.-Urb.* 2000, comm. 282, note Cornille ; *RD imm.* 2000, p. 552, chron. J. Morand-Duviller ; *BJDU* n°4/2000, p. 218, concl. S. Austry.

[645] L. Duguit, *Traité de droit constitutionnel*, 3e éd., Paris, Boccard, 1928, t. 1, p. 239 ; G. Jèse, *Principes généraux de droit administratif*, 3e éd. Paris, 1925, t. 3, p. 170 et s.

[646] B. Kornprobst écrit : « les personnes en cause au recours pour excès de pouvoir exercent une action personnalisée » (*La notion de partie et le recours pour excès de pouvoir*, P. Weil dir., LGDJ, BDP, 1959, p. 15 et 215) On relèvera d'ailleurs que, dans la préface de cette thèse, P. Weil fait bien état du « dogme » que constitue le caractère objectif du recours pour excès de pouvoir en tant que procès fait à un acte.

[647] F. Melleray, thèse, *op. cit.* p.407. L'auteur souligne particulièrement bien l'ambivalence qui s'attache au recours pour excès de pouvoir, recours s'inscrivant dans une perspective holiste ou individualiste selon qu'il vise une norme impersonnelle dans le premier cas, personnelle dans le second.

[648] Entre autres exemples, J. Kahn énonce en 1956 : « Ce que le requérant demande au juge, ce n'est pas qu'il statue sur la légalité intrinsèque de la décision attaquée, qui lui est indifférente, mais sur son droit » (J. Kahn, concl. sur CE, 23 mars 1956, Ginestet, A.J, 1957-2-164). J. Rivero le relève aussi : « Au demeurant, chez vous comme chez nous, sans doute, ce que le plaideur souhaite, me semble t'il, c'est que, dans la réalité de sa vie quotidienne, quelque chose, au terme de ce recours, se trouve changé en mieux : qu'il puisse faire ce qui lui était interdit à tort, occuper la fonction qu'on lui refusait illégalement. Est-ce l'annulation, cette abstraction qui l'intéresse ? Non pas, mais bien les fruits qu'il en attend » (Le Huron au Palais Royal ou réflexions naïves sur le recours pour excès de pouvoir, *D.*, 1962. Chron. 37. p. 311).

individuel[649]. La définition doctrinale de ce qu'est un recours parallèle au recours pour excès de pouvoir par l'emploi du critère tiré de l'équivalence de la satisfaction équivalente engendre donc, à nouveau, une difficulté gênante.

212. Étendue des moyens invocables. Le terme de « satisfaction » peut encore renvoyer à d'autres éléments qui ne concernent pas, à proprement parler, les effets de la décision juridictionnelle. Dans l'étude substantielle menée en droit privé sur le concours d'actions en justice, F. Bussy-Dunaud fait référence aux « conditions légales respectives du succès des actions en concours »[650] et vise, notamment, l'étendue des moyens invocables dans chacune des actions en justice pour déterminer si celles-ci sont « en situation de concours »[651]. G. Jèse semble également y faire référence en soulignant le caractère « pratique »[652] du recours pour excès de pouvoir compte tenu du fait que peut y être développé tout moyen de légalité. A. de Laubadère met aussi en évidence son caractère plus « commode »[653] par rapport à certains autres recours et cette commodité peut naturellement envoyer à absence de limitation, pour les requérants, des moyens qu'ils peuvent invoquer pour faire admettre l'illégalité de la décision contestée. En effet, tout moyen de légalité peut être invoqué à l'appui du recours pour excès de pouvoir tandis que le juge se montre plus exigeant dans le cadre des recours de plein contentieux subjectif en imposant, par exemple, que les moyens développés se rapportent « à l'intérêt lésé »[654]. Cette question des moyens invocables pourrait donc encore participer à la détermination de l'équivalence de la satisfaction procurée par des voies de droit disponibles puisque la réponse conditionne les chances, pour le requérant, de voir le juge accéder à sa demande[655]. Ni la doctrine ni la jurisprudence ne renseignent sur la nécessité de considérer l'étendue des moyens invocables dans chaque recours disponible pour le

---

[649] Même lorsqu'un requérant exercer un recours en annulation contre un règlement, celui-ci concerne, outre celle des autres justiciables, également la sienne, au premier plan (V. sur ce point : B. Kornprobst , *op. cit.* p. 254).

[650] F. Bussy-Dunaud, *op. cit.*, p. 51.

[651] *Ibid.*

[652] G. Jèse, *Principes généraux de droit administratif, op. cit.*

[653] A. de Laubadère, J.-C. Venezia et Y. Gaudemet, *Traité de Droit administratif, op. cit.*, p. 563. P. Sandevoir retient la même expression (note sur CE, 5 janvier 1966, Demoiselle Gacon, Receuil Dalloz, Sirey, 1966, p. 364).

[654] V. par ex., CE, 3 oct. 2008, n°305420, Synd. mixte intercnal réalisation et gestion élimination ordures ménagères secteur Est Sarthe (SMIRGEOMES), *CMP* 2008, comm. 264, note J.-P. Pietri ; CE, ass., 4 avril 2014, n°358994, Département du Tarn et Garonne ; CE, sect., 30 juin 2017, n°398445, Synd. mixte de promotion de l'activité transmanche.

[655] Les moyens sont pris en compte par le juge pour déterminer la contrainte qu'il oppose ou qu'il n'oppose pas à l'exercice des recours concurrents (v. *infra*, p. 383) et peuvent également déterminer le choix pour le juge d'imposer un recours plutôt qu'un autre, mais ils ne sont pas considérés pour admettre ou rejeter l'identification de cette concurrence des recours.

requérant lorsqu'il s'agit d'admettre l'équivalence de la satisfaction retirée de l'exercice de ces voies de droit.

213. Possibilité pour le juge saisi de mettre fin définitivement au litige. Enfin, la satisfaction qu'un requérant obtient par l'exercice d'un recours peut encore renvoyer à la capacité du juge saisi à résoudre totalement la situation litigieuse du requérant. La doctrine a souligné à plusieurs reprises que le recours pour excès de pouvoir permettait, lorsqu'il visait un acte réglementaire qui établit un impôt de mettre définitivement fin au litige. Comme l'écrit J. Rivero, l'annulation de l'impôt illégal procure au requérant une « satisfaction définitive, supérieure à la simple annulation de l'imposition irrégulière »[656]. L'annulation de l'acte réglementaire établissant la taxe permet au requérant de faire tomber l'imposition litigieuse plutôt que de saisir le juge fiscal chaque année en lui déférant la mesure individuelle d'exécution de cet acte litigieux l'assujettissant à la taxe. Pour cette raison, la doctrine souligne que le juge ne doit pas fermer ce recours pour excès de pouvoir en raison de l'existence d'une voie de droit ouverte devant le juge fiscal[657], ce que la jurisprudence montre[658]. Ceci peut donc encore être pris en compte dans l'analyse de la satisfaction résultant de l'exercice d'un recours.

214. Indétermination des éléments constitutifs de l'équivalence. D'autres effets inférés de l'exercice des recours peuvent être évoqués[659], mais il faut, en définitive, faire observer l'imprécision certaine du critère tiré de la satisfaction équivalente au recours pour excès de pouvoir que le requérant peut obtenir en saisissant un autre juge (critère dont dépend la fermeture du recours

---

[656] J. Rivero, *Droit administratif*, 11e éd., Dalloz, Précis, 1985, p. 257. V. encore, J.-M. Woehrling, Vers la fin du recours pour excès de pouvoir, *L'état de droit* (*Mélanges en l'honneur de Guy Braibant*), Dalloz, 1996, p. 781.

[657] A. de Laubadère a pu indiquer que la contestation par un requérant de l'acte réglementaire établissant l'impôt ne devait pas se heurter à une fin de non-recevoir tirée de l'existence d'un recours parallèle devant le juge fiscal. Pour lui, le recours pour excès de pouvoir « procure un résultat plus étendu et plus avantageux que l'action en décharge en faisant disparaître l'impôt en lui-même définitivement » (*Traité de Droit administratif*, *op. cit.*, p. 563). De même, pour M. Waline, « la circonstance que la légalité d'un arrêté est susceptible d'être discutée devant l'autorité judiciaire à l'occasion de chacune de ses applications ne peut faire obstacle à l'exercice du recours pour excès de pouvoir, qui permet de se débarrasser d'un coup et définitivement de l'acte illégal sans entamer de nombreuses procédures successives » (*Précis de droit administratif*, *op. cit.*, p. 367).

[658] *V. supra*, p. 64.

[659] Tel est le cas de la célérité du jugement rendu, de laquelle peut dépendre la satisfaction du requérant. Pour autant, l'étude comparative menée par D. Bailleul ne montre pas de différence notable entre ces recours dans les délais de jugement ; tout au plus distingue-t-il la différence de traitement des contentieux objectifs et subjectifs en ce que les seconds exigent une instruction plus importante mais que certains d'entre eux sont inscrits prioritairement au rôle (D. Bailleul, *op. cit.*, p. 148). De même, D. Connil a consacré des développements substantiels à la réception par le juge administratif d'une exigence temporelle dans l'exercice de son office sans faire état d'une distinction entre recours pour excès de pouvoir et recours de plein contentieux s'agissant des délais de jugement mais en liant le temps du jugement à la composition de la formation de jugement (D. Connil, *L'office du juge administratif et le temps*, D. de Béchillon dir., Dalloz, NBT, 2012, p. 50 et 125).

pour excès de pouvoir par le juge). La faible mention du critère en jurisprudence montre que celui-ci a été essentiellement mobilisé par la doctrine pour expliquer le droit positif. Il souffre pourtant d'une absence de définition claire. Raisonner en termes de « résultat » parait mieux convenir puisqu'il est renvoyé à ce que les requérants souhaitent obtenir de la part du juge, ce qui peut, sauf quelques rares cas, être plus objectivement appréhendé. En revanche, considérer comme parallèle une voie de droit offrant une « satisfaction équivalente » au recours pour excès de pouvoir conduit à mettre en balance les effets pratiques attachés à la saisine du juge, ce qui suppose une appréciation moins aisée et bien plus subjective de ce qu'un requérant peut espérer lorsqu'il exerce un recours. Cette manière de faire rend aussi nécessaire une hiérarchisation de ces effets : les requérants préfèrent-ils obtenir une satisfaction plus complète qu'une annulation à une satisfaction moindre, mais moins coûteuse ? La réponse dépend des préférences subjectives du requérant et le juge ne se risque pas à une telle analyse. Surtout, le recours pour excès de pouvoir peut largement apparaître comme offrant une satisfaction supérieure à d'autres recours du point de vue des moyens invocables, de son faible coût et de l'effet *erga omnes* de l'annulation prononcée. Or, le juge ferme le recours pour excès de pouvoir dans nombre de cas en se fondant sur l'existence d'une voie de droit qui, sur ces points, est alors moins intéressante. Il semble donc que le critère de la satisfaction traduise mal les solutions jurisprudentielles exprimant une irrecevabilité fondée sur la seule existence, pour le requérant, d'une autre voie de droit que le recours pour excès de pouvoir.

215. Si les critiques portées au critère fondé sur le « résultat équivalent » que peut offrir le recours parallèle sont plus mesurées, il convient pourtant de ne pas réitérer la référence compte tenu de ce que la doctrine ou le juge emploient indistinctement cette expression et celle de « satisfaction équivalente » alors que les termes renvoient à des considérations différentes. L'évolution terminologique qui consiste à se fonder sur les prétentions dont les requérants peuvent saisir plusieurs juges, sans être absolument nécessaire, reste souhaitable. Raisonner en termes de similarité des prétentions consiste à s'attacher seulement à ce qui peut être jugé dans le cadre des recours susceptibles d'être exercés.

Section 2 : Un critère renouvelé reposant sur la similarité des prétentions soumises aux juges

216. La jurisprudence administrative traduit une contrainte que le juge oppose parfois aux requérants lorsque ceux-ci disposent de plusieurs recours pour un même litige. Cette limitation apportée à l'exercice indistinct des recours par les justiciables est absolument visible lorsqu'est opposée au recours introduit une irrecevabilité fondée sur la seule existence d'une autre voie de droit. Pour autant, le juge ne mentionne pas toujours explicitement la raison pour laquelle il entend limiter ce choix dont les requérants pouvaient prétendre disposer ni la raison pour laquelle il impose l'exercice d'un recours plutôt qu'un autre. Indépendamment de la détermination du recours dont l'exercice est alors imposé[660], il convient au préalable, de considérer les situations dans lesquelles le juge estime que l'un des recours doit être fermé au requérant. La doctrine considère que le juge ferme le recours pour excès de pouvoir lorsqu'il est concurrencé par une autre voie de droit, c'est-à-dire lorsqu'un autre recours permet d'obtenir une satisfaction équivalente à une annulation rétroactive. Compte tenu de l'imprécision d'un tel critère et de la nécessité d'apprécier la concurrence des voies de droit au-delà des cas où les requérants disposent du recours pour excès de pouvoir, la jurisprudence administrative peut être autrement expliquée.

217. Les solutions par lesquelles le juge s'oppose à l'exercice d'un recours, en se fondant seulement sur ce que les requérants auraient dû ou devront en exercer un autre, peuvent être comprises en retenant un critère tiré de la similarité des prétentions que ceux-ci peuvent émettre dans le cadre des voies de droit dont ils disposent. Ce critère n'est pas posé par le droit positif et son emploi impose un effort important de définition (§1). Il permet de rendre compte des cas dans lesquels le juge estime que les requérants disposent de recours concurrents et limite, alors, le libre exercice de ceux-ci (§2).

§1. Le choix du critère de la similarité des prétentions

218. Notion de prétention. L'article 30 du Code de procédure civile place la prétention au fondement de l'exercice de l'action en justice : « L'action est le droit, pour l'auteur d'une prétention, d'être entendu sur le fond de celle-ci afin que le juge la dise bien ou mal fondée »[661]. Pour Motuslky, la prétention s'analyse en une « réclamation de toute nature fondée sur des éléments de fait »[662] tandis que G. Cornu et J. Foyer écrivent : « La prétention peut être dite juridique lorsqu'elle porte sur un objet susceptible d'être accordé par le juge en vertu du droit »[663]. Si nombre d'auteurs se sont attachés à en proposer une définition[664], ces considérations font dire de la prétention qu'elle est ce que les requérants cherchent à obtenir de la part du juge, par le biais de l'action

---

[660] *V. infra*, p. 313.

[661] Art. 30 du Code de procédure civile. V. égal., G. Cornu, *op. cit.*, p. 24, entrée « Action en justice ».

[662] H. Motulsky, *Droit processuel*, Textes recueillis par Mme Capel, Paris, 1973, p. 6.

[663] G. Cornu et J. Foyer, *Procédure civile*, PUF, Thémis, 1958, p. 37.

[664] N. Voidey, La notion de "prétentions" en procédure civile, *G.P.* 3-5 sept. 2006, p. 2840 ; R. Martin, Le double langage de la prétention, *JCP-G* 1981, I, 3024. V. égal, sur ce point, R. Martin, Le juge devant la prétention, *Dalloz*, 1987, p. 35. F. Melleray, thèse, *op. cit.*, p. 234.

en justice exercée et matérialisée par les conclusions présentées[665]. Puisque le contentieux administratif retient peu le terme d'« action en justice »[666] il faut entendre de la prétention qu'elle est « l'objet de la demande »[667] faite au juge dans le cadre du recours formé devant lui. En ce sens, admettre le caractère similaire des prétentions qu'un même requérant peut faire valoir par l'exercice de plusieurs recours revient à dire que celui-ci peut, par des recours différents, demander la même chose aux juges susceptibles d'être saisis. Cette similarité est appréciée *in abstracto* par le juge administratif lorsqu'il entend se fonder sur la seule raison qu'il existe une autre voie de droit pour rejeter le recours dont il est saisi par un requérant en considérant que cette autre voie de droit permettait, permet, ou permettra à celui-ci, de faire juger la même prétention que celle qu'il a présenté au juge.

219. Identité d'objet des recours. Quelques solutions jurisprudentielles renvoient à cette idée d'identité de prétention, notamment lorsqu'il est fait référence à l'identité d'objet des recours. La décision « Krupa » juge par exemple que des conclusions indemnitaires « qui n'invoquent pas de préjudice autre que celui résultant du paiement de l'imposition » ne sont pas recevables puisqu'elles « ont, en conséquence, le même objet que l'action tendant à la décharge de cette imposition que le contribuable a introduite ou aurait pu introduire sur le fondement des règles prévues par le livre des procédures fiscales »[668]. Dans une autre matière, un recours pour excès de pouvoir dirigé contre une décision par laquelle un maire refuse à un administré de faire rétablir l'assiette d'un chemin rural desservant sa parcelle est recevable malgré l'existence alléguée d'un « recours parallèle constitué par l'action possessoire qu'il (le demandeur) détiendrait aux fins de se voir reconnaître des droits sur le chemin litigieux » puisque « le litige soumis au juge administratif n'a pas le même le même objet »[669]. Cette mention par le juge de la circonstance que deux recours ont le même objet aboutit à ce que les requérants ne puissent les mettre en œuvre indistinctement. Le juge impose l'exercice de l'un d'eux parce qu'ils sont concurrents en ce qu'ils tendent à faire juger une même prétention. Pour autant, il convient de ne pas retenir un critère fondé sur

---

[665] Les conclusions sont l'expression des prétentions soumises au juge, c'est-à-dire la chose demandée, l'objet de la demande. V. C. Meurant, *L'interprétation des écritures des parties par le juge administratif français*, C. Chamard-haim dir., LGDJ, BDP, 2019, p. 25.

[666] L. Cadiet, *Théorie générale du procès*, 2e éd, PUF, Thémis, 2013, p. 342 ; R. Chapus, *op. cit.*, p. 373. Il faut ici prendre pour acquis la dissociation entre le droit et l'action : l'action est une voie de droit permettant de faire valoir un droit mais ne se confond pas avec celui-ci (la demande matérialise l'acte par lequel s'exerce cette voie de droit).

[667] R. Martin, Le double langage de la prétention, *JCP-G*, Doctr, 1981, 3024 ; C. Broyelle, *op. cit.*, p. 157.

[668] CE, 21 mars 2011, n°306225, M. Krupa. Pour une formulation identique : CE, 9 déc. 2015, n°387630, *AJDA* 2016, p. 860 ; CAA Paris, 2 mars 2018, n°17PA02877. Pour un exemple récent : CAA Versailles, 27 fév. 2002, n°18VE02813.

[669] CAA Marseille, 26 juin 2001, n°99MA00164, Cne San Martino di Lota. Retenant encore le terme d'objet : CAA Douai, 16 janv. 2020, n°15DA02065, Société Roquette frères.

l'identité d'objet ou la similarité de l'objet de deux recours. Deux raisons s'y opposent.

220. D'abord, des divergences terminologiques sont observées en doctrine lorsqu'il s'agit de définir l'objet des recours contentieux. Certains auteurs, comme G. Pélissier, voient bien dans l'objet des recours la prétention que le requérant entend poursuivre par leur exercice ; l'objet du recours pour excès de pouvoir consiste, par exemple, en l'annulation d'une décision administrative[670]. D'autres considèrent que l'objet renvoie à ce vers quoi le recours est dirigé, c'est-à-dire l'acte attaqué[671]. En suivant cette idée, l'objet d'un recours pourrait être une décision administrative, un contrat administratif ou encore certains agissements matériels de l'Administration. D'autres auteurs encore paraissent dire que l'objet du recours renvoie à la nature de la question posée au juge, qu'il s'agisse pour ce dernier de statuer, ou non, sur un droit subjectif du requérant[672]. Cette divergence terminologique ne constitue pas un obstacle dirimant à l'emploi d'un critère qui déterminerait la concurrence de plusieurs recours en fonction de leur identité d'objet, à la condition de se rattacher, notamment, à l'opinion de M. Pélissier.

221. Adopter un tel critère reste néanmoins insatisfaisant puisque la jurisprudence elle-même parait conférer plusieurs sens à la notion d'objet. Par une décision du 22 décembre 2008, le Conseil d'État a rappelé que l'impératif de sécurité juridique imposait de n'ouvrir le recours en contestation de validité du contrat nouvellement créée qu'à l'encontre des contrats dont la procédure de passation avait été engagée postérieurement au 16 juillet 2007 et « sous réserve des actions en justice ayant le même objet et déjà engagées avant cette date ». Il est ensuite jugé, par une formule qui mérite d'être reproduite : « Considérant que pour écarter le moyen de la société qui entendait se prévaloir de ce qu'elle aurait engagé, avant le 16 juillet 2007, une action en justice ayant le même objet que celle tendant à l'annulation du traité de concession, le juge des référés du tribunal administratif de Rouen, dont l'ordonnance est suffisamment motivée, n'a pas commis d'erreur de droit en jugeant qu'un recours en annulation d'un acte détachable du contrat ne saurait s'analyser comme une action en justice ayant le même objet que le recours contestant la validité du contrat ouvert par la jurisprudence mentionnée ci-dessus, quand bien même la finalité poursuivie par le requérant, soit la résiliation ou l'annulation du contrat, serait la même dans les deux cas »[673].

---

[670] G. Pélissier, Recours pour excès de pouvoir : conditions de recevabilité, Répertoire de contentieux administratif, Dalloz, n°23 et s. Dans le même sens : Y. Gaudemet, Élections locales : contentieux des élections, Jcl. Adm., n°42.

[671] D. Truchet, Recours administratif, Répertoire de contentieux administratif, Dalloz, n°12 et s ; E. Guillaume, Audiovisuel, Répertoire de contentieux administratif, Dalloz, n°12.

[672] B. Genevois, concl. sur, CE, 8 janv. 1982, Aldana Barrena, p. 15 ; A. Heilbronner, *op. cit.*

[673] CE, 22 déc. 2008, n°313677, Sté Berri Développement, *CMP* 2009, comm. 66 ; *Procédures* 2009, comm. 97.

Dans cet arrêt, pour le Conseil d'État, l'objet du recours n'est pas, semble-t-il, ce que le requérant cherche à obtenir de la part du juge. Or, la décision Krupa précitée parait bien assimiler l'objet du recours en responsabilité à ce que le requérant recherche, c'est-à-dire l'obtention d'une somme d'argent dont le montant est égal à la somme qu'il a dû débourser en raison de l'imposition litigieuse qu'il pouvait contester par un recours de plein contentieux objectif. Même si le juge retient le terme d'objet, y faire référence convient mal. Le choix d'un critère fondé sur l'identité de prétention permet de mieux expliquer l'état du droit positif en matière de concurrence des recours.

222. Absence de mention expresse du critère de la similarité des prétentions. Sans, exactement, faire référence à cette similarité entre les prétentions qu'un même requérant peut faire juger, la jurisprudence administrative retient quelques formules qui peuvent être interprétées en ce sens. En premier lieu, il est parfois fait référence aux « conclusions » formulées par les requérants dans les arrêts pour lesquels le juge apprécie l'existence d'un recours parallèle à celui exercé. Le Conseil d'État juge, par exemple, que la demande d'annulation d'une décision préfectorale refusant la délivrance d'une carte de commerçant étranger « comporte des conclusions différentes » de la requête dirigée contre une circulaire relative à l'établissement en France des étrangers en qualité de commerçant et « ne présente pas le caractère d'un recours parallèle rendant irrecevable ladite requête »[674]. La chose demandée au juge étant différente selon l'une ou l'autre des voies de droit évoquées, la concurrence des recours n'est pas retenue. Dans une autre espèce, c'est le terme de « portée » qui fait observer la similarité entre deux prétentions. Il est jugé que « l'expiration du délai permettant d'introduire un recours en annulation contre une décision expresse dont l'objet est purement pécuniaire fait obstacle à ce que soient présentées des conclusions indemnitaires ayant la même portée »[675]. En ce sens, conformément à une jurisprudence bien établie – même si elle retient l'identité « d'objet » des demandes - le recours de plein contentieux est irrecevable pour la seule raison que le requérant disposait du recours pour excès de pouvoir[676]. Le juge considère aussi que les recours peuvent être concurrents, parce qu'ils permettent de faire juger la même chose, en retenant leurs « effets » respectifs. Une solution rendue par la Cour administrative d'appel de Douai est, à cet égard, évocatrice : « Considérant que les dispositions citées au point 4, qui introduisent la faculté d'exercice, par toute personne intéressée à le faire, d'une

---

[674] CE, 2 oct. 1981, n°24345, N'Diaye et autres, p. 348.

[675] CAA Paris, 13 fév. 2020, n°19PA02997 ; CE, 9 mars 2018, n°405355, Communauté de communes du Pays roussillonnais ; *JCP-A* 2018, act. 260 ; *Dr. adm.* 2018, alerte 69 ; *AJDA* 2018, p. 538, obs. de Monteclerc.

[676] CE, 8 janv. 1960, Lafon, p. 15 ; *AJDA* 1960, p. 183, note Gardiès. V. encore, CE, 5 oct. 1984, Tambafedouno, p. 320.

action en restitution devant le juge judiciaire du bien sans maître, et de son indemnisation éventuelle par le juge de l'expropriation en cas d'impossibilité de restitution, n'ont pas le même objet ni les mêmes effets qu'un recours tendant à l'annulation pour excès de pouvoir d'un acte administratif incorporant le bien dans le domaine privé de la collectivité ; qu'il s'ensuit que la commune de Castres n'est pas fondée à se prévaloir sur ce point d'une exception de recours parallèle »[677]. Ainsi, le juge retient la différence des conclusions présentées ou d'effets attachés à l'exercice de plusieurs recours en laissant les requérants emprunter ces voies de droit ou limite cette même faculté au requérant qui disposait de deux recours ayant la même portée. C'est la similarité de la chose demandée qui détermine la concurrence ou l'absence de concurrence entre ces recours et, consécutivement, la limitation que le juge impose ou non aux requérants dans l'exercice des recours.

223. Intérêt à considérer « l'objet du litige » en matière d'autorité relative de la chose jugée. Une dernière précision mérite mention. La concurrence des recours peut, pour être approchée, tenir compte de la manière dont le juge apprécie la condition « d'objet du litige » lorsqu'il envisage l'autorité relative de la chose jugée. Une décision juridictionnelle rendue au principal n'a autorité de chose jugée que lorsqu'il existe une identité d'objet, de cause et de parties entre le litige à l'occasion duquel elle a été rendue et celui dans lequel elle est invoquée. L'une des conditions requises pour que soit opposée l'exception tirée de l'autorité relative de la chose consiste ainsi en une identité d'objet des litiges. Or, l'objet du litige n'est pas déterminé par autre chose que les prétentions des parties. Les propos de G. Cornu plaident d'ailleurs en ce sens. Selon lui, la prétention est « l'affirmation en justice tendant à réclamer quelque chose soit de la part du demandeur soit de la part du défendeur et dont l'ensemble – les prétentions respectives – détermine l'objet du litige dans la mesure où chacun s'oppose à la prétention adverse »[678]. E. Cassia et C. Guettier soulignent que la condition tirée de l'identité d'objet est réputée satisfaite lorsque la chose demandée au juge, dans chacun d'eux est identique : « Il s'agit en réalité d'une identité de conclusions »[679]. Le juge, saisi d'un moyen en ce sens, doit ainsi refuser de statuer sur le bien-fondé d'une prétention si celle-ci a déjà été examinée dans un précédent litige

---

[677] CAA Douai, 7 avr. 2016, n°12DA00287, Mme F et autres. De même, un autre arrêt retient que l'existence d'un recours en décharge de la contribution litigieuse « dont les effets seraient, en l'espèce, si la requête était recevable et fondée, identiques à l'action en responsabilité engagée, faisait obstacle à la recevabilité de la demande de condamnation de l'Etat par un recours n'invoquant aucun préjudice distinct » (CAA Paris, 31 décembre 2015, n°14PA04030).

[678] G. Cornu, *op. cit.*, p. 800.

[679] E. Cassia et C. Guettier, chose jugée, Jcl. Adm., Fasc. 1110, n°12. G. Delvolvé ne dit pas autre chose : « L'objet se définit comme étant le résultat recherché : par exemple, dans le contentieux de pleine juridiction, la condamnation à des dommages-intérêts ou la résiliation d'un marché, et dans le recours pour excès de pouvoir, l'annulation de l'acte attaqué » (G. Delvolvé, Chose jugée, Répertoire de contentieux administratif, Dalloz, n°51.

opposant les mêmes parties et fondée sur la même cause juridique. La recherche par le juge de ce que deux recours peuvent faire juger des prétentions similaires peut ainsi apparaître comme relativement proche de la démarche qui consiste, pour lui, à apprécier l'identité d'objet de deux litiges en matière d'autorité relative de la chose jugée. Par exemple, la condition relative à l'identité d'objet en matière d'autorité de la chose jugée n'est pas satisfaite s'agissant de recours poursuivant l'annulation d'actes administratifs distincts. Un recours qui vise l'annulation d'un refus de titre de séjour n'a pas le même objet que celui dirigé contre un arrêté d'expulsion[680]. Les requérants poursuivent ainsi des prétentions distinctes dans les recours envisagés et ne sont pas concurrents et le juge, à raison, ne refuse pas de juger l'un de ces recours en raison de la seule existence de l'autre.

224. Ce rapprochement du critère permettant de déterminer la concurrence des recours avec la manière dont le juge apprécie l'identité d'objet des litiges lorsqu'il envisage l'autorité relative de la chose jugée n'est pourtant pas toujours pertinent. D'abord, il peut être fait état d'une concurrence entre plusieurs référés administratifs alors que les ordonnances rendues par le juge des référés ne sont jamais revêtues d'une autorité de la chose jugée[681]. Des prétentions similaires peuvent ainsi être présentées au juge par un même requérant par le biais de recours distincts[682]. Aussi, le juge peut admettre la concurrence des recours et contraindre les requérants à exercer un recours plutôt qu'un autre alors même que, du point de vue de l'autorité de la chose jugée, les recours ont un objet différent. Par exemple, la décision « Allaux » montre que l'objet du litige diffère lorsque les litiges relèvent de contentieux distincts, tel est le cas du recours pour excès de pouvoir permettant d'obtenir l'annulation d'un acte et d'un recours de plein contentieux visant à engager la responsabilité de l'Administration en raison du préjudice causé par l'illégalité de cet acte[683]. Pour autant, le juge retient que ces voies de droit ont le même objet lorsque le recours pour excès de pouvoir est dirigé contre une décision à objet exclusivement pécuniaire et il s'oppose au recours de plein contentieux lorsque celui-ci est exercé une fois la décision devenue définitive[684]. Les

---

[680] CE, 8 juillet 1998, n°179064, Gantier, p. 1110. De même, comportent un objet différent des recours dirigés respectivement contre un arrêté de reconduire à la frontière et un recours contre le refus de délivrer un titre de séjour : CE 30 sept. 1998, n°171309, Diallo, p. 1111.

[681] Les ordonnances de référé sont en effet dépourvues d'autorité de chose jugée et le juge administratif ne peut donc être saisi d'une telle cause d'irrecevabilité (Art. L. 522-1 du CJA). Il peut en revanche connaître de la méconnaissance de la force exécutoire de l'ordonnance de référé mais il s'agit là d'une question distincte.

[682] La suspension d'une décision administrative peut, par exemple, être obtenue tant sur le fondement de l'article L. 521-1 que sur celui de l'article L. 521-2 du CJA. Pour une solution explicite : CE, ord., 27 mars 2001, n°231735, Min. int. c. Djalout.

[683] CE, 3 mai 1963, Alaux, p. 261, concl. Combarnous ; *AJDA* 1963, p. 352, chron. M. Gentot et J. Fourré. V. égal : CE, 16 janv. 2006, Schlienger, p. 21 ; *JCP-A* 2006, 1070, note D. Jean-Pierre ; *AJDA* 2006, p. 881, note C. Peiser.

[684] Sur ce point, v. *infra*, p. 376 et s.

recours sont concurrents alors que « l'objet du litige » tel qu'il est apprécié en matière d'autorité relative de la chose jugée diffère.

225. On le voit, le critère tiré de la similarité des prétentions ne peut être défini par la référence à la condition d'identité d'objet telle qu'elle est appréciée par le juge lorsqu'il considère l'autorité de chose jugée dont sont revêtues les décisions juridictionnelles. Son appréhension doit résulter de l'étude de la jurisprudence dans le cas où le juge administratif se fonde sur la seule existence d'une voie de droit pour refuser de juger le recours dont il est saisi ou lorsqu'il s'attache à écarter cette fin de non-recevoir pour tolérer l'exercice indistinct de plusieurs recours juridictionnels.

§2. La valeur explicative du critère de la similarité des prétentions

226. Adopter un critère reposant sur la similarité des prétentions que les requérants peuvent soumettre dans le cadre des recours dont ils disposent rend nécessaire deux remarques. En premier lieu, cette similarité est observée par le juge lorsqu'il est saisi d'un recours dont il refuse de connaître en raison de l'existence d'une autre voie de droit. Le juge apprécie ce que le requérant est en mesure de rechercher en exerçant cet autre recours, en considérant, alors, qu'il lui est demandé de juger la même chose, ce à quoi il s'oppose. Il s'agit donc, à dire vrai, d'une similarité avérée des prétentions. Tout comme le juge saisi d'un recours doit nécessairement apprécier l'existence d'une autre voie de droit disponible pour le requérant lorsqu'il entend l'y renvoyer[685], il lui appartient également de rechercher si la prétention qui lui est soumise peut-être poursuivie par l'exercice d'un autre recours. Dans ce cas, à proprement parler, le juge n'interprète pas les conclusions qu'un requérant présente dans le cadre d'un autre recours puisque, précisément, il n'en est pas saisi. Il s'agit, pour le juge, de déterminer abstraitement, si la prétention qui lui est présentée peut l'être dans le cadre d'une autre voie de droit.

227. En second lieu, la concurrence des recours déterminée par la référence à la similarité des prétentions conduit à prendre en compte ce que les requérants peuvent obtenir des juges susceptibles d'être saisis et non les conditions dans lesquelles ils peuvent obtenir la mesure réclamée. En cela, le critère tiré de la similarité des prétentions est plus précis que ne l'est celui tiré de la « satisfaction équivalente » ou du « résultat équivalent ». Pour autant, il faut bien dire que deux recours ne permettent que rarement d'obtenir, strictement, la même chose de la part des juges susceptibles d'être saisis. En d'autres termes, un requérant ne peut qu'exceptionnellement soumettre deux

---

[685] V. *supra*, p. 86.

prétentions identiques dans le cadre de recours distincts. La concurrence des recours est ainsi faiblement déterminée de manière objective (I). L'apprécier suppose toujours une certaine subjectivité de la part du juge ayant à se représenter la finalité du recours dont il est saisi et de celui dont le requérant peut ou pouvait disposer (II).

I. La détermination épisodiquement objective de la similarité des prétentions

228. En contentieux administratif, les voies de droit sont essentiellement distinguées selon les pouvoirs dont les juges disposent pour faire droit à la demande qui leur est présentée. Parce que ces pouvoirs sont différents, l'exercice de plusieurs contentieux répond en principe à la volonté, pour les requérants, de faire juger des prétentions différentes. Compte tenu de cette classification, il est rare qu'un requérant puisse demander exactement la même chose au juge par l'exercice des recours dont il dispose (A), à l'exception de quelques rares cas dont il faut faire mention (B).

A. L'absence de stricte similarité entre des prétentions liée à la classification des recours en contentieux administratif

229. Différences notables entre les recours contentieux. Pour E. Jeuland, la typologie des actions en justice, qui « traduit la diversité des situations litigieuses », peut être esquissée au gré des différentes manières de classer, que l'on distingue les actions selon la nature du droit invoqué, les pouvoirs du juge saisi, la matière du litige ou encore l'auteur de l'action en justice[686]. La classification retenue en contentieux administratif combine deux approches, l'une formelle et l'autre matérielle. Elles renvoient pour la première aux pouvoirs du juge saisis et pour la seconde à la nature de la question qui lui est posée[687]. Il convient de partager l'opinion, répandue, selon laquelle la classification formelle est la plus opérante et, surtout, la plus explicative du droit positif[688]. Néanmoins, la manière dont les recours sont ainsi distingués par la doctrine, mais surtout par le juge, influe sur la possibilité qu'ils puissent ou non être concurrents. En effet, la distinction des recours n'a de sens que si elle emporte des conséquences pratiques. Celles-ci tiennent essentiellement aux règles dans lesquelles les recours sont jugés. Force est de constater qu'elles ne sont, par exemple, pas les mêmes selon que l'on considère un recours pour excès de pouvoir ou un recours de plein contentieux. Les pouvoirs des juges sont évidemment différents, mais les

---

[686] E. Jeuland, *Droit processuel général*, *op. cit.*, p. 339 et s.

[687] *V. supra*, p. 43.

[688] Selon Didier Truchet, la jurisprudence actuelle montre que le Conseil d'Etat « a choisi de la conserver *(la classification formelle)*, en régénérant le plein contentieux, qui donne à son office sa plus grande ampleur » (D. Truchet, *Droit administratif*, *op. cit.*, p. 124).

conditions de recevabilité se distinguent tout autant[689], comme aussi la date à laquelle le juge se place pour rendre sa décision[690] ou encore l'autorité de la décision juridictionnelle[691]. De la même manière, tous les recours de plein contentieux ne sont pas tous soumis aux mêmes conditions s'agissant, entre autres exemples, de l'obligation de recourir au ministère d'un avocat[692].

230. Distinction assurée des recours contentieux. Les requérants subissent cette distinction des recours. La jurisprudence, et dans une moindre mesure le législateur[693], s'attache à assigner à une catégorie de prétentions un recours juridictionnel déterminé, dans le cadre duquel le requérant devra se placer. Si le législateur a parfois considéré que certaines matières devaient ressortir de la pleine juridiction[694], c'est en règle générale le juge qui détermine la nature du recours et, par conséquent, tant la nature des prétentions dont il peut être saisi que les conditions dans lesquelles il a vocation à en connaître[695]. Pour chaque domaine du contentieux administratif, la jurisprudence a déterminé l'étendue des pouvoirs du juge. Si le Conseil d'État juge que certaines contestations ressortissent « par nature » au contentieux de

---

[689] L'intérêt à agir est, par exemple, apprécié plus souplement par le juge dans le cadre du recours pour excès de pouvoir qu'il ne l'est dans le cadre d'un recours de plein contentieux subjectif. De même, l'exercice du recours pour excès de pouvoir est dispensé du ministère obligatoire d'un avocat comme tel n'est pas le cas, de manière générale, des recours de plein contentieux subjectif.

[690] Le juge saisi d'un recours pour excès de pouvoir se place au jour de la décision attaquée pour apprécier sa légalité tandis qu'il se place à la date du jugement pour statuer sur le recours de plein contentieux formé devant lui. Rappelant la règle en matière de plein contentieux : CE, sect., 29 janv. 2003, n°245239, Synd. Dptal de l'électricité et du gaz des Alpes-Maritimes et Cne Clans c/ Gasiglia ; *JCP-G* 2003, II, 10118. S'agissant du recours pour excès de pouvoir, le Conseil d'Etat maintien cette règle à l'instant évoqué tout en consacrant la possibilité de s'en écarter au nom de l'effet utile du recours en annulation : CE 28 févr. 2020, n°433886, *AJDA* 2020, p. 489, obs. J.-M. Pastor. V. aussi : B. Defoort, « À la recherche de l'« effet utile » : l'excès de pouvoir perdu ou retrouvé ? », *AJDA* 2020, p. 857.

[691] Pour une solution particulièrement explicite : CE, 10 sept. 1997, n°146864, *RJF* 1997, n°1054.

[692] Art. R. 431-3 du CJA.

[693] Les termes de la loi ne font que rarement apparaître la nature exacte du recours contentieux et de caractère de recours de pleine juridiction découle de la définition de l'office du juge. En ce sens, A. Heilbronner disait que « définir les pouvoir d'un juge, c'est définir le recours » même si, moins souvent « la loi elle-même peut donner à la voie de recours ouverte à un particulier le caractère de recours pour excès de pouvoir ou de recours de plein contentieux » (A. Heilbronner, *op. cit.*, p. 186).

[694] Les termes du Code de l'environnement sont particulièrement explicites, selon l'article L. 514-6 : « I. – Les décisions prises en application des articles L. 512-7-3 à L. 512-7-5, L. 512-8, L. 512-12, L. 512-13, L. 512-20, L. 513-1, L. 514-4, du I de l'article L. 515-13 et de l'article L. 516-1 sont soumises à un contentieux de pleine juridiction ». V. égal., pour le contentieux des immeubles menaçant ruine, Art. L. 511-1 et L. 511-3 du Code de la construction et de l'habitation.

[695] Comme l'écrit C. Legras, la qualification de la nature du recours ouvert contre la décision administrative « procède en principe, en l'absence de texte, de l'entière liberté du juge. Celui-ci se détermine, le plus souvent, en fonction de l'objet de la contestation dont il est saisi, des caractéristiques de la matière comme des pouvoirs qu'il lui paraît utile de se reconnaître » (concl. sur CE, 16 fév. 2009, n°274000, Société ATOM, *RFDA* 2009, p. 259) V. dans le même sens, R. Odent, *Contentieux administratif, op. cit.*, Fasc. IV, p. 1313.

pleine juridiction[696], des considérations plus pratiques l'ont conduit à adopter la même solution pour d'autres recours formés contre les états exécutoires et les ordres de reversement[697] ou pour ceux dirigés contre certaines sanctions administratives[698]. Le Conseil d'État s'attache à faire respecter cette distinction des contentieux. La rigueur du principe de l'irrecevabilité du recours pour excès de pouvoir dirigé contre un contrat en témoigne puisque la contestation d'un acte de cette nature relève exclusivement du juge de plein contentieux[699]. Sans que cela n'atténue la rigueur de la distinction des contentieux, au contraire d'ailleurs, le juge peut aussi requalifier dans certaines conditions le recours qui lui est soumis en considérant, compte tenu de ce que le requérant demande, qu'il a entendu le saisir du recours adéquat en la matière[700].

231. Dans le même esprit, le juge administratif suprême a entendu préciser le champ d'application du référé-mesures utiles par une décision dont les motifs peuvent être reproduits : « Considérant que, saisi sur le fondement de l'article L. 521-3 d'une demande qui n'est pas manifestement insusceptible de se rattacher à un litige relevant de la compétence du juge administratif, le juge des référés peut prescrire, à des fins conservatoires ou à titre provisoire, toutes mesures que l'urgence justifie, notamment sous forme d'injonctions adressées à l'Administration, à la condition que ces mesures soient utiles et ne se heurtent à aucune contestation sérieuse ; qu'en raison du caractère subsidiaire du référé régi par l'article L. 521-3, le juge saisi sur ce fondement ne peut prescrire les mesures qui lui sont demandées lorsque leurs effets pourraient être obtenus par les procédures de référé régies par les articles L. 521-1 et L. 521-2

---

696 La contestation des décisions de la commission nationale des comptes de campagne et des financements politiques réformant un compte de campagne soulève « par nature » un litige de plein contentieux (V. CE, 1er avr. 2005, n°273319, Mme Le Pen, p. 136).

697 Il s'agissait en l'occurrence de l'application des règles de compétence à l'occasion de l'entrée en vigueur de la loi du 31 décembre 1987. V. CE, 27 avr. 1988, n°74319, M'Bakam, p. 172, chron. M. Azibert et M. de Boisdeffre ; *AJDA* 1988, p. 449 ; CE, Sect., 23 déc. 1988, n°70113, Cadilhac, p. 465 ; *AJDA* 1989, p. 234, concl. Fornacciari.

698 CE, 16 fév. 2009, n°274000, Société ATOM. Pour apporter certaines garanties aux administrés, le contentieux du retrait de points sur le permis de conduire relève, lui aussi, du plein contentieux (CE, avis, 9 juill. 2010, n°336556, Berthaud ; *AJDA* 2010, p. 2162).

699 CE, 14 mars 1997, n°119055, Cie aménagement coteaux de Gascogne.

700 Cette interprétation des conclusions du requérant ne saurait dépasser certaines limites, notamment lorsque l'irrecevabilité encourue n'est pas régularisable. C'est le cas lorsque le recours pour excès de pouvoir vise un acte non détachable d'une opération ressortissant de la compétence du juge de plein contentieux où que celui-ci est, par exemple, introduit dans une matière dans laquelle les contestations requièrent le ministère d'un avocat. (V. sur ce point, E. Laferrière, *op. cit.*, p. 495). R. Odent soulignait aussi que dans les matières où le juge ne dispose que de pouvoirs d'annulation, il transforme en recours pour excès de pouvoir les recours de pleine juridiction qui lui sont soumis (R. Odent, *Contentieux administratif, op. cit., Fasc. IV,* p. 1313). C. Meurant évoque quant à lui une interprétation « utilitariste » des conclusions des requérants, puisque le juge cherche à faire produire à ces conclusions un « effet utile » ; l'irrecevabilité du recours est donc parfois évitée (C. Meurant, *op. cit.*, p. 185).

(…) »[701]. Les conclusions du rapporteur public[702] et le commentaire de la décision par L. Dutheillet de Lamothe et G. Odinet[703] laissent entendre que le juge administratif s'est astreint à faire respecter la lettre de l'article L. 521-3 du Code de justice administrative confiant au juge du référé-mesures utiles le pouvoir d'ordonner « toutes autres mesures utiles sans faire obstacle à l'exécution d'une décision administrative »[704]. Lue au regard des deux procédures d'urgence préalablement envisagées par le Code de justice administrative, la subsidiarité du référé-mesures utiles fait ici peu de doutes. Le juge administratif veille à limiter le champ d'application d'un tel référé en excluant qu'un recours fondé sur l'article L. 521-3 puisse porter la même prétention qu'un recours fondé sur les articles L. 521-1 ou L. 521-2. En ce sens, il évite que les requérants ne puissent obtenir la mesure d'urgence sollicitée sans avoir à satisfaire aux conditions plus strictes du référé-suspension ou du référé-liberté. Sans que les référés ne soient clairement classés aux côtés du recours pour excès de pouvoir et des recours de plein contentieux dans les classifications usuelles puisqu'ils ne permettent d'obtenir, en principe, que des mesures provisoires, la saisine du juge des référés permet d'obtenir le prononcé de mesures qui, pour variées qu'elles puissent être, doivent présenter un caractère provisoire[705].

232. Distinction des recours selon la prétention émise. Une typologie des recours contentieux fondée sur une classification formelle des recours juridictionnels doit permettre de distinguer les référés du recours pour excès de pouvoir et des recours de plein contentieux puisque les juges disposent, dans le cadre de ces recours, de pouvoirs différents. Mais, au-delà des classifications usuelles, il est possible de dresser une liste exhaustive de ce qui peut être demandé, à titre principal, au juge administratif. Ceci n'est pas absolument novateur[706], mais permet de rendre compte de cette idée que le contentieux administratif connaît peu d'hypothèses dans lesquelles un

---

[701] CE, sect., 5 févr. 2016, n°393540, Benabdallah, ; *AJDA* 2016, p. 474, chron. L. Dutheillet de Lamothe et G. Odinet.

[702] A. Bretonneau, concl. sur CE, sect., 5 fév. 2016, M. B., *RFDA* 2016, p. 323.

[703] L. Dutheillet de Lamothe et G. Odinet, Le référé-mesures utiles : la quadrature du cercle, *AJDA* 2016 p. 474.

[704] Art. L. 521-3 du CJA.

[705] Art. L. 511-1 du CJA.

[706] C'est l'opinion exprimée, déjà, par J. Rivero au siècle dernier lorsqu'il écrit que, devant le juge administratif « aux buts poursuivis par le plaideur correspondent des voies propres, ayant chacune leurs particularités de procédure, et qu'il lui faut suivre sous peine de voir sa demande irrecevable » (*Droit administratif, op. cit.*, p. 217). V. aussi, B. Genevois, concl. sur, CE, 8 janv. 1982, Aldana Barrena, p. 15 ; A. Perrin ; H. Lepetit-Collin, La distinction des recours contentieux en matière administrative, Nouvelles perspectives, *RFDA* 2011, p. 813 ; D. Truchet, Office du juge et distinction des contentieux : renoncer aux « branches », *RFDA*, 2015 p. 657. D. Truchet traite de la « cartographie » des pouvoirs du juge en évoquant l'ensemble des pouvoirs dont le juge administratif peut faire usage (*Droit administratif, op. cit.* p. 126). La présentation ici adoptée est proche mais s'intéresse à ce que les requérant peuvent obtenir du juge. Il convient aussi d'exclure certains pouvoirs du juge lorsque ce dernier en fait usage d'office, comme tel est le cas du pouvoir d'évocation.

requérant peut, par différents recours, demander au juge strictement la même chose. Dans le cadre d'un contentieux de l'acte, un requérant peut chercher à obtenir du juge qu'il en prononce l'annulation, la réformation, la suspension, qu'il en fixe le sens ou encore qu'il constate son inexistence, étant entendu que le juge peut aussi prononcer la résiliation ou encore l'annulation d'un contrat administratif. En dehors de ces hypothèses, le juge administratif peut aussi connaître, à titre principal, d'actions visant à faire reconnaître des droits[707], à obtenir la réparation d'un préjudice par la condamnation d'une personne publique au versement d'une indemnité ou à imposer à l'Administration un certain comportement[708]. Cette dernière situation se présente souvent dans le cadre du référé-liberté ou du référé-mesures utiles[709], lorsqu'il ordonne la reprise ou la poursuite de relations contractuelles[710], ou, plus rarement, dans le cadre d'une réparation en nature du préjudice subi par un requérant[711]. De manière moins fréquente, le juge peut aussi répondre à une demande tendant à fixer le montant d'une créance ou les bases d'une imposition, ou à ce qu'il prononce lui-même une sanction[712].

233. À cet égard, les développements consacrés par B. Plessix à la classification des recours en contentieux administratif doivent susciter une entière adhésion. L'auteur énonce qu'il est possible de renoncer à la présentation classique et qu'en assurant la synthèse entre Laferrière et Duguit « on pourrait établir une liste des recours en fonction de l'objet du litige et des pouvoirs nécessaires pour le trancher, dont l'un a toujours déterminé les autres ; toute action en justice suppose une question posée et une question apportée »[713]. On sait que les prétentions que peuvent porter les requérants se voient assignées, sous peine de ne pas être examinées, un recours juridictionnel dont la nature est déterminée par le juge. Lorsque celui-ci souhaite obtenir le prononcé d'une mesure provisoire de suspension d'une décision, l'exercice d'un référé d'urgence s'impose. Lorsqu'il recherche

---

[707] CJA, articles L. 77-12-1 et s.

[708] Les articles L. 911-1 et L. 911-2 du CJA font bien état du caractère accessoire des injonctions prononcées par le juge ; celles-ci permettent de compléter utilement la solution juridictionnelle rendue pour en favoriser la correcte exécution. Les injonctions ne sauraient ainsi, par principe, être prononcées à titre principal par le juge (V. par ex., A. Zarca, Les limites du pouvoir d'injonction, *RFDA*, 2015 p. 650).

[709] Comme l'écrit très justement A. Perrin, l'office du juge des référés « englobe souvent le pouvoir d'injonction » (Contentieux administratif, *op. cit.*, p. 142).

[710] CE, sect., 21 mars 2011, n°304806, p. 117 ; RJEP 2011, comm. 44, Cossalter ; *JCP-A* 2011, act. 249 ; *JCP-A* 2011, 2171, note F. Linditch ; JCP-G 2011, 1094, note M. Ubaud-Bergeron ; *Dr. adm.* 2011, comm. 46, note F. Brenet ; *RFDA* 2011, p. 170, note E. Cortot-Boucher ; GAJA n°118-II.

[711] CE, 27 juill. 2015, n°367484, Baey, p. 285 ; *AJDA* 2015, p. 2277, note Perrin ; *AJCT* 2016, p. 48, obs. Defix ; *Dr. adm.* 2015, n°12, p. 47, note Zacharie ; *JCP-A* 2016, 2069, obs. Le Bot ; *JCP-G* 2015, 1442, obs. G. Eveillard. Sur ce point, v. A. Perrin, *L'injonction en droit public français*, *op. cit.*, p. 103 et s.

[712] *V. supra*, p. 45.

[713] B. Plessix, *Droit administratif général*, *op. cit.* p. 1341.

l'annulation d'un acte administratif, son recours doit revêtir le caractère d'un recours pour excès de pouvoir. S'il souhaite obtenir la condamnation de l'Administration sur le fondement de sa responsabilité contractuelle ou extracontractuelle, son action s'analysera en un recours de plein contentieux subjectif et devra être exercée en tenant compte des règles propres à ce type de contentieux. La réformation d'une décision administrative ne peut, elle, qu'être obtenue en saisissant le juge d'un recours de plein contentieux objectif. Ces différents recours répondent, là encore, à des conditions de recevabilité et de jugement différentes des voies de droit précédemment mentionnées.

234. R. Morel a bien fait état des « classifications auxquelles notre droit attache certains effets et dont la doctrine, par un esprit de généralisation peut être excessif, a fait des divisions fondamentales »[714]. L'obstination doctrinale à opposer recours pour excès de pouvoir et recours plein contentieux et à distinguer plusieurs voies de droit dans cette dernière catégorie parait aujourd'hui peu utile compte tenu des disparités qui opposent les recours de plein contentieux et, d'ailleurs, de l'unité relative qui continue de les lier du point de vue des pouvoirs du juge. L'introduction des recours de plein contentieux obéit à des conditions variables et les juges disposent certes de larges pouvoirs, mais dont la teneur est différente selon la nature du litige dont ils sont saisis[715]. Aussi, intrinsèquement, l'émergence des référés administratifs affecte l'intérêt d'une telle classification. L'usage absolument fréquent qui en est fait aboutit, extrinsèquement, à faire douter de l'intérêt de cette classification.

235. Au-delà de ces considérations, il convient simplement de souligner, en définitive, que la classification formelle des recours contentieux peut faire observer la faible possibilité que deux voies de droit puissent permettre, pour le requérant, de faire juger une même prétention. Se départir de cette classification en distinguant les voies de droit selon ce qu'il est possible de demander au juge aboutit à la même observation. Quelques cas, rares, font cependant exception à cette présentation générale.

B. La reconnaissance résiduelle d'une stricte identité des prétentions

236. Concurrence des recours visant l'annulation d'un même acte. Dans ses conclusions prononcées à l'occasion de la décision « Larrouturou », H. Savoie cherchait à montrer que la lecture des décisions du Conseil d'État et du Conseil constitutionnel relatives à la contestation des actes préparatoires

[714] R. Morel, *op. cit.* p. 77.

[715] V. sur cette question : B. Plessix, *Droit administratif, op. cit.*, p. 1362 et s. V. aussi, M. Fornacciari, concl. sur CE, 8 mars 1991, n°100180, *AJDA* 1991, p. 463.

aux référendums ne devait pas conduire à l'affirmation d'une dualité des compétences juridictionnelles pour le contentieux des mêmes actes administratifs puisqu'il « n'est pas habituel que deux juges distincts soient compétents pour statuer sur un même acte »[716]. Le Conseil d'État n'a pas fait une exacte application de ces propositions du rapporteur public. Il a retenu sa compétence à l'égard de tels actes tout en opposant l'irrecevabilité au recours formé devant lui en raison de l'existence d'une autre voie de droit ouverte devant le Conseil constitutionnel. Le contentieux des actes préalables aux scrutins dont le contentieux relève du Conseil constitutionnel constitue l'une de ces hypothèses dans laquelle la concurrence des recours peut être objectivement déterminée. Les électeurs, par cette voie ou par le biais du recours pour excès de pouvoir, demandent au juge d'annuler l'acte administratif détachable du scrutin. En contentieux administratif *stricto sensu*, cette manière d'apprécier la concurrence se présente encore pour des cas où une même décision administrative peut faire l'objet d'une demande d'annulation présentée devant des juges distincts. À cet égard, l'exercice de certains recours de plein contentieux objectif conduit les juges saisis à ne prononcer qu'une annulation alors qu'ils disposent de plus larges pouvoirs, mais l'hypothèse reste exceptionnelle[717]. Hors des cas où le recours pour excès de pouvoir est considéré, l'exercice de plusieurs recours au fond ne traduit pas la possibilité pour un requérant de formuler plusieurs prétentions strictement identiques.

237. Concurrence des recours visant la suspension d'un même acte. Cette possibilité peut en revanche transparaître de la mise en œuvre des référés administratifs. Une même décision administrative peut faire l'objet d'une demande de suspension selon plusieurs voies de droit. La possibilité est explicitement reconnue par la jurisprudence, s'agissant des référés d'urgence puisque le juge du référé-liberté peut être saisi d'une demande tendant à la suspension d'un acte administratif s'il porte une atteinte grave et manifestement illégale à une liberté fondamentale[718]. La suspension du même acte peut aussi être ordonnée en référé-suspension par le juge saisi au titre de l'article L. 521-1 du Code de justice administrative. Même si les conditions d'octroi de la mesure diffèrent, le requérant dispose bien de la possibilité de soumettre exactement la même prétention dans le cadre de deux recours distincts (et d'ailleurs, en l'occurrence, de deux requêtes distinctes[719]). Dans le même esprit, les référés environnementaux que sont le référé étude d'impact et le référé enquête publique permettent aux justiciables de rechercher la

---

[716] H. Savoie, concl. sur CE , ass., 1er sept. 2000, Larrouturou, Meyet et autres, *RFDA* 2000, p. 989. Dans le même sens : O. Schrameck, note sur CC, 8 juin 1995, Bayeurte, *AJDA* 1995, p. 517.

[717] Lorsque ce cas se présente, le recours de plein contentieux est la seule voie de droit disponible pour le requérant.

[718] CE, ord., 27 mars 2001, n°231735, Min. int. c. Djalout ; CE, 20 déc. 2005, n°288253, Meyet, p. 586.

[719] CE, sect., 28 févr. 2001, n°230112 et n°230520, Philippart et Lesage.

suspension d'une décision administrative[720]. La première de ces voies de droit permet de demander au juge administratif des référés la suspension d'une décision d'autorisation ou d'approbation d'un projet adoptée sans qu'ait été réalisée l'étude d'impact exigée. Le juge prononce cette suspension dès lors que l'absence d'étude d'impact est constatée. La seconde voie de droit permet de faire prononcer la même mesure de suspension pour des décisions administratives prises après des conclusions défavorables du commissaire enquêteur ou de la commission d'enquête à l'occasion de l'enquête publique préalable au projet. Le juge « fait droit » à cette demande si la décision « comporte un moyen propre à créer, en l'état de l'instruction, un doute sérieux quant à la légalité de celle-ci »[721] ; lorsque l'enquête publique requise n'a pas lieu, le juge fait également droit à la demande de suspension[722].

238. Ces procédures juridictionnelles permettent ainsi aux requérants d'obtenir la suspension de certaines décisions administratives que les requérants peuvent rechercher, aussi, sur le fondement de l'article L. 521-1 du Code de justice administrative. Si ces référés administratifs spécifiques à la matière environnementale se distinguent des référés d'urgence par leur champ d'application et par des considérations procédurales, il reste que la mesure ordonnée par le juge peut être exactement la même dans les deux cas et que les requérants peuvent disposer concomitamment de ces deux voies de droit[723]. Dans de tels cas, la concurrence entre ces voies de droit doit être aisément admise compte tenu de l'identité stricte de prétention dont le constat s'impose au juge administratif. Pour autant, la détermination de la concurrence des recours relève, dans une bien plus large mesure, de son appréciation des prétentions que les requérants peuvent être amenés à présenter dans le cadre de recours distincts.

II. La détermination essentiellement subjective de la similarité des prétentions

239. L'irrecevabilité qui dépend de l'existence d'une autre voie de droit est consécutive à la reconnaissance, par le juge, du fait que le recours dont il est saisi est concurrencé par cette autre voie de droit qu'il estime devoir être empruntée. En dehors des cas précédemment exposés, cette concurrence n'est admise qu'au prix d'une appréciation de ce que les requérants cherchent en le saisissant et peuvent rechercher de la part d'un autre juge en exerçant un autre

---

720 Art. L.122-12 et L. 123-16 du Code de l'environnement (Art. L. 554-11 ; L. 554-12 du CJA).

721 Art. L. 123-16 du Code de l'environnement.

722 *Ibid.*

723 CE, 14 févr. 2003, n°248556, Angelras et a. ; *BJDU* 2003, p. 60, concl. Lamy ; CE, 13 juin 2003, n°252542, Association de défense de la vallée du Loing et des sites environnants, *DAUH* 2005, n°830, chr. C. Debouy ; CE, 5 déc. 2014, n°369522, Le Breton.

recours. Ce postulat peut d'abord s'appuyer sur la circonstance que le juge fait largement usage de son pouvoir d'interprétation des écritures des requérants, notamment lorsqu'elles ne définissent pas exactement leurs prétentions. C'est ce que montre l'étude substantielle de C. Meurant[724] et l'un des cas qu'il cite, par lequel le juge admet qu'il est saisi d'un recours en rectification d'erreur matérielle alors que la commune requérante se bornait à demander si « l'on ne pouvait faire quelque chose »[725]. C. Meurant écrit très justement, envisageant la situation des parties à un litige, que le juge administratif « peut comprendre ce qu'elles souhaitent »[726]. Ce pouvoir d'interprétation des écritures des requérants s'exerce encore lorsque ceux-ci présentent au juge des conclusions dont il ne peut normalement pas connaître[727] et fait observer une subjectivité indéniable du juge, par ailleurs favorable aux requérants[728].

240. C'est dans le même ordre d'idée que le juge administratif se représente la finalité du recours dont il est saisi et de celui dont le requérant peut ou pouvait disposer pour admettre ou rejeter leur concurrence. Sans proposer un recensement exhaustif de l'ensemble des cas de concurrence entre plusieurs voies de droit, cette idée peut être montrée lorsque le juge estime que plusieurs recours permettent d'obtenir une même somme d'argent (A) peuvent conduire à l'annulation d'un même contrat administratif (B) ou aboutissent à réclamer une même mesure positive aux juges susceptibles d'être saisis (C).

A. La concurrence entre des recours permettant d'obtenir une même somme d'argent

241. Concurrence entre recours pour excès de pouvoir et recours de plein contentieux subjectif. Par la décision « Lafage » le Conseil d'État a reconnu que certaines décisions administratives à objet pécuniaire pouvaient faire l'objet d'un recours pour excès de pouvoir alors que le juge de plein contentieux subjectif devait traditionnellement connaître de ces

---

[724] C. Meurant, *op. cit.*, p. 492 et s.

[725] CE, 15 janv. 1993, n°125250, Commune de Cabrière d'Avignon, inédit. V. égal., M. Pochard concl. sur CE, 15 janv. 1993, n°125250, Commune de Cabrière d'Avignon, *RDP* 1993, p. 542.

[726] C. Meurant, *op. cit.*, p. 291.

[727] Pour une formule explicite : « Considérant que si la cour administrative d'appel pouvait, ainsi qu'elle l'a fait, juger que Mme A n'était pas recevable à attaquer son propre contrat de travail par la voie du recours en excès de pouvoir, il lui appartenait toutefois, afin de conférer une portée utile aux écritures qui lui étaient soumises, de requalifier les conclusions de l'intéressée comme des conclusions de plein contentieux, tendant à ce que le juge du contrat constate la nullité de ce contrat ou de l'une de ses clauses » (CE, 30 nov. 2009, n°319881, Ibarburu). Dans le même sens, v. CE, 11 mai 1987, n°62459, Divier, p. 167 ; *RFDA* 1988, p. 780, concl. O. Schrameck.

[728] C. Meurant, *op. cit.*, p. 534.

contestations[729]. En d'autres termes, la somme réclamée pourra être obtenue non pas par la condamnation de la personne publique à réparer le préjudice causé[730], mais en vertu de la force exécutoire de la décision d'annulation de la décision, qui imposera à la personne publique de verser la même somme au requérant. La solution issue de la jurisprudence Lafage s'est étendue[731] même si elle a été limitée dans plusieurs matières[732]. Circonscrire le champ d'application de cette option entre recours pour excès de pouvoir et recours de plein contentieux présente un faible intérêt puisque, pour les contentieux concernés par cette option, le juge n'admet pas directement cette concurrence entre les deux voies de droit considérées. En effet, la concurrence est le préalable à la fermeture d'un recours et la jurisprudence Lafage répond, pour des considérations d'opportunités, à la volonté pour le juge d'ouvrir le recours pour excès de pouvoir. Pour autant, la prétention que le requérant formule dans l'un et l'autre des recours évoqués n'est pas différente : il s'agit d'obtenir de la part du juge qu'il contraigne l'Administration à lui verser la somme, soit par une condamnation pécuniaire, soit par l'annulation de la décision pécuniaire dont il lui faudra tirer les conséquences nécessaires.

242. Concurrence entre plusieurs recours de plein contentieux. Cette concurrence des recours permettant d'obtenir une même somme d'argent est plus aisément identifiable dans d'autres cas. Une situation litigieuse peut consister, pour un requérant, à rechercher le versement d'une somme de la part de l'Administration en mettant en œuvre plusieurs recours de plein contentieux. En matière fiscale, le juge de l'impôt dispose d'un pouvoir de réformation des décisions administratives pour, par exemple, déterminer lui-même le montant d'une créance ou fixer les bases d'une imposition sur le fondement d'une décision administrative dont il aurait constaté l'illégalité. Un requérant estimant avoir été imposé à tort peut ainsi obtenir le remboursement

---

[729] CE, 8 mars 1912, Lafage, n°42612. Les décisions dont l'objet est exclusivement pécuniaire sont assurément des actes de gestion et par conséquent justiciables du recours de plein contentieux (V. sur ce point, P. Sandevoir, note sur CE, 5 déc. 1966, Demoiselle Gacon, *op. cit.*).

[730] CE, 31 mars 1911, Blanc, Argaing, Bézie, p. 407, S. et P. 1912.3.129, note Hauriou. Il faut d'ailleurs souligner que le juge admettait, avec cet arrêt, la possibilité d'obtenir l'annulation de la décision devenue définitive par l'exercice du recours de plein contentieux, permettant alors une « réouverture » du délai de recours contre la décision (V. M. Hauriou, note sous CE, 31 mars 1911, Blanc, Argaing et Bézie, 3 arrêts, S. et P. 1912.3.129). Cette solution a été atténuée par le Conseil d'Etat, qui n'admet plus la possibilité d'obtenir l'annulation de la décision devenue définitive mais seulement celle d'invoquer son illégalité à l'appui d'un recours indemnitaire : CE, 3 déc. 1952, Dubois, p. 555 ; *JCP-G* 1953, II, 7353, note G. Vedel (Pour une application récente : CE, 22 sept. 2014, n°365199, Delgado ; *JCP- A* 2014, act. 766 ; *AJDA* 2014, p. 1858, note A. Perrin).

[731] Pour des recours formés contre les décisions refusant une remise gracieuse : CE, 14 avr. 1995, Laroque, p. 167 et CE, 24 oct. 2001, n°211813, Min. Économie, finances et industrie c/ Mme Poussin, T., p. 1017

[732] Par ex. CE, 27 avr. 1988, n°74319, M'Bakam et CE, Sect., 23 déc. 1988, n°70113, Cadilhac ; CE, 22 juill. 1994, n°118155, Centre hospitalier spécialisé Gérard Marchand, *LPA* 16 nov. 1994, p. 5, concl. Arrighi de Casanova. V. sur cette question : D. Pouyaud, La réforme du 31 décembre 1987 de la distinction des contentieux, *Mélanges René Chapus*, LGDJ, Montchrestien, 1992, p. 541 ; H. Lepetit-Collin, *op. cit.*, p. 159 et s.

des sommes versées à tort de la part du juge statuant dans le cadre d'un recours de plein contentieux objectif. Pour autant, l'illégalité d'une décision intervenant dans le processus d'imposition peut aussi mettre les requérants en capacité d'engager la responsabilité pour faute de l'Administration fiscale[733] pour obtenir la réparation du préjudice engendré par cette décision illégale, en saisissant celle-ci d'une demande préalable puis en attaquant la décision de refus.

243. Le Conseil d'État a limité cette possibilité, pour les requérants, de s'adresser au juge de la responsabilité pour engager la responsabilité de l'Administration fiscale en retenant la concurrence des voies de droit considérées. La décision « S. A. Jacques Dangeville » le montre bien. En l'espèce, la société requérante estimait avoir subi un préjudice en raison de ce qu'elle s'est acquittée d'une taxe sur la valeur ajoutée conformément aux dispositions d'une loi non conforme aux objectifs d'une directive communautaire. Au-delà des difficultés que pouvait engendrer l'examen de ce recours de plein contentieux indemnitaire s'agissant de l'engagement de la responsabilité de l'État en raison des exigences communautaires[734], il faut surtout dire que la société Dangeville disposait de l'action en restitution des droits de TVA versés et qu'elle avait d'ailleurs exercé sans succès[735]. Saisi en 1996 d'un recours de plein contentieux indemnitaire, le Conseil d'État juge que celui-ci vise à obtenir une indemnité réparatrice dont le montant est égal à celui de la taxe supportée et qui correspond à un préjudice lié à la charge que cette taxe a constitué. Ce recours a « en réalité, le même objet »[736] que la voie de droit permettant d'obtenir la restitution de la taxe. Cette solution de principe a été largement reprise[737] et confirmée par des formules explicites[738]. Il est par exemple jugé dans l'arrêt « Krupa » que des conclusions indemnitaires « qui n'invoquent pas de préjudice autre que celui résultant du paiement de l'imposition » ne sont pas recevables puisqu'elles « ont, en conséquence, le même objet que l'action tendant à la décharge de cette imposition que le contribuable a introduite ou aurait pu introduire sur le

---

[733] CE, sect., 26 janv. 1973, n°84768, Driancourt, p. 77 ; *AJDA* 1973, p. 245, chron. Cabanes et Léger ; *Gaz. Pal.* 1973, 2, p. 859, note Rougeaux ; *Rev. adm.* 1974, p. 29, note Moderne.

[734] G. Goulard, concl. sur CE, 30 octobre 1996, SA Jacques Dangeville, *RFDA* 1997, p 1056

[735] CE, 19 mars 1986, n°45105, SA Cabinet Jacques Dangeville, T., p. 465 ; *RJF* mai 1986, n°553.

[736] CE, ass., 30 octobre 1996, n°141043, SA Jacques Dangeville.

[737] CE, 10 nov. 2000, n°186301, Sté SGAP expansion, T. p. 1155, *RJF* 2/01, n°224.

[738] Pour une solution récente : CAA Paris, 6 déc. 2018, n°17PA00610. La décision juge que la requête de la société Hédios tend au versement par l'État d'une indemnité dont le montant est identique à celui de l'amende qui lui a été infligée sur le fondement de l'article 1740 du code général des impôts et qu'elle a le « même objet que l'action tendant à la décharge de cette amende ». La Cour considère, par suite que « les conclusions de la requête de la société Hédios Patrimoine tendant à ce que soit engagée la responsabilité pour faute de l'État du fait de la méconnaissance par l'Administration fiscale des principes de sécurité juridique et de confiance légitime sont irrecevables et ne peuvent qu'être rejetées ».

fondement des règles prévues par le livre des procédures fiscales »[739]. Cette manière de juger se retrouve d'ailleurs en dehors du contentieux fiscal, chaque fois que le requérant cherche à engager la responsabilité de l'Administration pour obtenir de sa part le versement de sommes qui pourraient être mises à sa charge par l'exercice d'un autre juge, statuant dans le cadre d'un recours de plein contentieux objectif[740].

244. Il faut bien dire qu'une différence apparente oppose le recours indemnitaire exercé et les différents recours de plein contentieux objectif que les requérants ont choisi de ne pas exercer et à l'exercice desquels ils sont renvoyés. En matière fiscale, le recours dont dispose le contribuable devant le juge de l'impôt tend à obtenir la décharge de l'impôt et, lorsque celui-ci a été versé, la restitution des sommes. Le recours de plein contentieux subjectif vise quant à lui à obtenir la condamnation pécuniaire de l'Administration fiscale en raison du préjudice subi. Les prétentions ne sont ainsi pas strictement identiques, mais le juge admet la concurrence de ces voies de droit. L'un et l'autre des recours visent à obtenir de la part du juge une même somme d'argent, que cela résulte d'une injonction ou d'une condamnation. En revanche, lorsque la décision illégale engendre un préjudice qui n'est pas seulement constitué par les sommes que le requérant a versées à tort, son action indemnitaire ne conduit pas à porter devant le juge la même demande que celle qu'il peut formuler dans le cadre du recours dont dispose devant le juge fiscal. Il n'y a, dans ce cas, pas de concurrence des recours et ces voies de droit peuvent être toutes deux mises en œuvre[741]. Cette détermination subjective de l'identité de prétention entretenue par deux recours est également visible pour des litiges qui ne sont pas d'ordre pécuniaire.

B. La concurrence entre des recours permettant l'annulation d'un contrat administratif

245. Contestation de la validité du contrat par les tiers. Les tiers à un contrat administratif peuvent, depuis plus d'un siècle, contester des actes considérés comme détachables du contrat lui-même. Parmi ces requérants, certains ont été admis à saisir directement le juge du contrat par une évolution récente de la jurisprudence. Depuis l'arrêt Tropic, les concurrents évincés de la procédure de passation du contrat sont recevables à intenter une telle action

---

[739] CE, 21 mars 2011, n°306225, M. Krupa. Pour une formulation identique : CE, 9 déc. 2015, n°387630 ; CAA Paris, 2 mars 2018, n°17PA02877.

[740] Par ex., CE, 15 juill. 2004, n°248669, Cie Corse Méditerranée ; *RJF* 11/2004, n°1204 ; *BDCF* 11/2004, n°136, concl. G. Bachelier. V. encore, CAA Paris, 31 décembre 2015, n°14PA04030.

[741] CE, 5 juill. 1996, n°150398, SCI Saint-Michel, p. 269 ; *Dr. fisc.* 1996, n°52, comm. 1574, concl. Ph. Martin ; *RJF* 8-9/1996, n°1055 ; CE, 20 mars 1996, n°171159, Lakhdar. Pour une décision récente : CE, 18 mars 2019, n°414814, *AJDA* 2019, p. 615.

tandis que cette possibilité a été étendue en 2014 aux tiers intéressés par la passation du contrat ou de certaines de ses clauses. L'existence de ce recours en contestation de validité du contrat s'est accompagnée de la fermeture progressive de la possibilité, pour l'ensemble des tiers aux contrats administratifs, de contester les actes détachables d'un contrat intervenus dans le cadre de sa passation. La doctrine a largement souligné que l'irrecevabilité, nouvelle, opposée au recours pour excès de pouvoir résultait d'une logique propre à l'exception de recours parallèle[742]. C'est-à-dire que, pour ces auteurs, le résultat auquel les requérants peuvent parvenir par l'exercice du recours en contestation de validité du contrat est au moins équivalent (et même supérieur) à celui que pourrait leur procurer le recours pour excès de pouvoir dirigé contre un acte détachable du contrat et relatif à sa passation. Cette manière de voir suscite quelques réserves puisqu'elle ne saurait valoir pour l'ensemble des tiers aux contrats administratifs[743], mais reste correcte pour nombre d'entre eux. Elle doit être expliquée et rapprochée de l'idée que le juge admet subjectivement la concurrence entre le recours pour excès de pouvoir et le recours en contestation de validité des contrats administratifs.

246. Remise en cause indirecte de la validité du contrat par le recours pour excès de pouvoir. L'office du juge du contrat saisi par les tiers, tel qu'il résulte des décisions précédemment citées, lui permet de modifier certaines clauses du contrat, d'ordonner que son exécution soit poursuivie sous réserve de mesures de régularisation nécessaires, de prononcer la résiliation du contrat ou son annulation totale ou partielle. Il peut encore allouer une indemnité aux requérants l'ayant saisi en réparation des conséquences qu'a pu avoir, pour les tiers, la passation irrégulière du contrat. Lorsqu'il est exercé, le recours pour excès de pouvoir dirigé contre un acte détachable du contrat se rapportant à sa passation ne peut conduire le juge saisi qu'à annuler l'acte litigieux. Si le juge a pu connaître d'actes qui autorisent la passation d'un contrat[744], qui approuvent le contrat[745], qui témoignent de la volonté de conclure le contrat

---

[742] S. Braconnier, Le nouveau visage du contentieux des contrats administratifs, *op. cit.* ; L. Janicot et J.-F. Lafaix, La nouvelle place du tiers dans le contentieux des contrats administratifs, *RDP* 2014, n°5, p. 1175. Il est également souligné que le recours pour excès de pouvoir reste ouvert pour les actes détachables des contrats de droit privé pour la raison que les tiers ne peuvent saisir le juge judiciaire du contrat. Ceci témoigne corrélativement d'une explication fondée sur l'exception de recours parallèle s'agissant de la fermeture du recours pour excès de pouvoir dirigé contre les actes détachables du contrat administratif se rapportant à sa formation. V., par ex., P. Delvolvé, De Martin à Bonhomme. Le nouveau recours des tiers contre les contrats administratifs, *op. cit.*

[743] V. *supra*, p. 130 et s.

[744] CE, 6 avr. 1906, Camus ; S. 1906, 3, p. 49, note Hauriou ; DP 1907, 3, p. 349 ; CE, 9 juillet 1948, Bourgade, p. 314.

[745] CE, sect., 4 févr. 1955, Ville de Saverne, p. 73.

ou encore qui concrétisent l'acte de passation lui-même[746], il a été largement montré que l'annulation d'un acte détachable du contrat n'emportait pas, par elle-même, la nullité de celui-ci[747]. La doctrine a bien fait observer ce caractère « platonique » de l'annulation et il ressort bien de la jurisprudence que les tiers qui empruntent la voie du recours pour excès de pouvoir ne peuvent directement obtenir l'annulation du contrat, ni d'ailleurs des clauses non réglementaires qu'il peut comporter[748]. Par les décisions « Société le Yacht-Club international de Bormes-les-Mimosas »[749] et « Époux Lopez »[750], le Conseil d'État s'est attaché à faire produire certaines conséquences à l'annulation d'un acte détachable se rapportant à la formation du contrat et, notamment, l'obligation faite aux parties de saisir le juge du contrat. L'entrée en vigueur de la loi du 8 février 1995 a naturellement conforté cette solution et, saisi par les parties, le juge du contrat peut être amené à prononcer la résiliation ou l'annulation du contrat[751]. Ces évolutions sont notables, mais il n'en demeure pas moins que la prétention que les tiers à un contrat administratif soumettent au juge de l'excès de pouvoir se limite à l'annulation d'un acte intervenant dans la procédure de passation d'un contrat et que le juge, saisi de ce recours, ne peut remettre en cause la validité du contrat.

247. Cette voie de droit que constitue le recours pour excès de pouvoir a donc été progressivement fermée au profit du recours en contestation de validité du contrat et tant les conclusions de D. Casas[752] que B. Dacosta[753] montrent que l'existence de ce recours de plein contentieux justifie, à elle

---

[746] CE, 9 nov. 1934, Chambre de commerce d'industrie et d'agriculture de Tamatave, p. 1034 ; CE, sect., 20 janv. 1978, n°99613, Synd. national de l' enseignement technique agricole public. V. sur l'ensemble de la question : A. de Laubadère, *Traité des contrats administratifs*, *op. cit.* p. 1037 et s.

[747] J. Romieu, concl. sur CE, 4 aout 1905, Martin, *RDP* 1906 p. 263. Pour Alibert, l'annulation pour excès de pouvoir d'un tel acte intervenu préalablement à la conclusion du contrat n'était pas dépourvue de toute utilité, et imposait même la nullité du contrat (R. Alibert, *op. cit.*, p. 164). B. Pacteau souligne quant à lui que le retentissement de l'annulation sur le contrat n'est « ni automatique ni systématique » même s'il demeure « possible et accessible » (B. Pacteau, « Quel retentissement de l'annulation d'un acte détachable sur la validité et l'exécution du contrat auquel cet acte se rapporte ? », *CJEG*, 1991 chron. p. 115).

[748] Pour une solution particulièrement évocatrice : CE, 20 déc. 1933, Chamfrault, p. 1202. V. aussi, sur ce point : P. Terneyre, Les paradoxes du contentieux de l'annulation des contrats administratifs, *EDCE* 1988, p. 71.

[749] CE, 1er oct. 1993, n°54660, Sté « Le yacht-club international de Bormes-les-Mimosas », T., p. 875 ; *AJDA* 1993, p. 810, concl. Pochard ; *RFDA* 1994, p. 248, note Pacteau.

[750] CE, sect., 7 oct. 1994, n°124244, Épx Lopez, p. 430 ; *RFDA* 1994, p. 1098 ; *RFDA* 1994, p. 1090 s., concl. R. Schwartz ; *RFDA* 1994, p. 1098 s., note D. Pouyaud ; CE, 10 déc. 2003, n°248950, Institut recherche pour développement, p. 501 ; *BJCP* 2004, p. 136, concl. Piveteau ; *AJDA* 2004, p. 394, note Dreyfus ; *Dr. adm.* 2004, comm. 59, note Ménéménis.

[751] V. sur l'ensemble de la question : D. Pouyaud, *La nullité des contrats administratifs*, P. Weil dir., LGDJ, BDP, 1991, p. 321 ; L. Richer, Vie et survie du contrat administratif illégal, *Confluences (Mélanges en l'honneur de Jacqueline Morand-Deviller)*, LGDJ, Montchrestien, 2008, p. 513

[752] D. Casas, concl. sur CE, ass., 16 juillet 2007, Société Tropic Travaux Signalisation Guadeloupe, *op. cit.*

[753] B. Dacosta, concl. Sur CE, 4 avril 2014, Département du Tarn et Garonne, *op. cit.*

seule, l'irrecevabilité que le juge doit opposer aux recours pour excès de pouvoir. Il faut voir dans cette construction jurisprudentielle la manifestation de la contrainte que le juge oppose aux requérants disposant de recours concurrents en ce qu'ils permettent de faire juger des prétentions similaires. Les prétentions que formulent les requérants par le recours pour excès de pouvoir ou par le recours de plein contentieux sont objectivement distinctes puisqu'elles ne visent pas les mêmes actes et qu'elles ne visent pas à demander au juge de faire usage des mêmes pouvoirs. Pour autant, le recours pour excès de pouvoir exercé tant les concurrents évincés de la procédure de passation d'un contrat que les tiers intéressés par la passation d'un contrat ou de ses clauses cherchent ne poursuit pas d'autre objectif que celui d'obtenir, *in fine*, la nullité du contrat ou au moins sa résiliation.

248. La disparition du contrat ne fait pas disparaître les besoins de la personne publique ayant cherché à le conclure. Une fois le contrat résilié ou annulé par le juge, une nouvelle procédure de passation sera ainsi organisée à laquelle le requérant pourra participer. C'est ce qui ressort des développements consacrés par A. de Laubadère aux effets de l'annulation pour excès de pouvoir de l'acte détachable dans son traité des contrats puisque celui-ci mentionne la nullité du contrat comme seule conséquence éventuelle de l'annulation de l'acte détachable[754]. F. Brenet ne dit pas autre chose en considérant que par la fermeture du recours pour excès de pouvoir « les tiers sont ainsi invités à saisir un juge aux pouvoirs élargis, mais qui ne pourra pas, dans l'immense majorité des cas, prononcer la décision d'annulation qu'ils attendent »[755]. De manière générale, la doctrine admet que les tiers désormais recevables à saisir le juge du contrat sont ceux qui, avant que cette voie ne leur soit ouverte, cherchaient à obtenir sa disparition par la voie périlleuse de la contestation des actes détachables[756]. Leur possibilité de saisir le juge du contrat leur permet d'obtenir directement l'annulation ou la résiliation du contrat, mais le juge considère, à raison, que l'exercice du recours pour excès de pouvoir ne poursuivait pas d'autre but. Il reste que ce but est plus facilement atteignable par la saisine du juge du contrat[757]. L'identité de prétention entre le recours pour excès de pouvoir et le recours en contestation de validité du contrat est, à nouveau, subjectivement déterminée. La même manière de faire apparaît encore dans le cas où plusieurs recours mettent en mesure les requérants de demander au juge la même mesure.

---

[754] A. de Laubadère, F. Moderne ; P. Delvolve, *Traité des contrats administratifs*, *op. cit.*, t. 2, p. 1051 et s.

[755] F. Brenet, Le recours pour excès de pouvoir et le contrat, *JCP-A*, 2012, n°38-39.

[756] G. Clamour, Un an sous le soleil de « Tropic » : recueil de décisions, *CMP* 2008, n°11, chron. 2.

[757] En ce sens, J.-M. Auby écrit très justement : « La recevabilité du recours contre l'acte détachable de passation n'est qu'un palliatif nullement équivalent à ce que serait la recevabilité du recours contre le contrat et son éventuelle annulation » (J.-M. Auby, note sur CE, 24 avril 1985, Département de l'Eure contre Pinauld, *RDP* 1985, p. 1687).

C. La concurrence entre des recours permettant aux juges d'ordonner des mesures similaires

249. Admission d'un mineur à l'aide sociale à l'enfance. La reconnaissance par le juge d'une concurrence des recours peut encore être observée lorsque, saisi d'un recours, il estime que la mesure recherchée par le requérant peut être autrement obtenue. L'hypothèse décrite peut d'abord être vérifiée s'agissant des solutions d'irrecevabilité que le juge oppose aux recours pour excès de pouvoir dirigés contre les décisions prises par le département en matière d'aide sociale à l'enfance. L'admission d'un mineur à l'aide sociale à l'enfance, en l'absence d'accord de ses représentants légaux, ne peut être ordonnée que par le juge judiciaire. À cet égard, lorsqu'un mineur s'adresse au président du conseil départemental pour obtenir cette admission, ce dernier ne peut pas faire droit à cette demande, mais doit se borner à saisir l'autorité judiciaire à cette fin[758]. Dans le cas où le président du conseil départemental refuse de saisir l'autorité judiciaire, le mineur peut lui-même saisir le juge des enfants, conformément aux dispositions de l'article 375 du Code civil, pour que soit décidée son admission à l'aide sociale à l'enfance. Le Conseil d'État juge qu'en raison de l'existence de cette voie de droit le recours pour excès de pouvoir dirigé contre la décision de refus du président du conseil départemental est irrecevable[759]. Le recours pour excès de pouvoir n'a d'autre fin, ici, que d'obtenir du juge administratif qu'il annule la décision de l'autorité administrative. La force obligatoire de la décision juridictionnelle d'annulation, à laquelle peut aussi s'ajouter le prononcé d'une injonction, impose au président du conseil départemental de saisir l'autorité judiciaire qui statuera sur la demande d'admission. La prétention n'est donc pas strictement identique puisqu'il s'agit de demander l'annulation devant le juge administratif et d'obtenir une mesure positive de la part du juge judiciaire. L'opinion du juge administratif est que, sur ce point, le recours pour excès de pouvoir n'a d'autre but, pour le requérant, que d'obtenir ce qu'il recherche devant le juge judiciaire. C'est ce que relève explicitement R. Decout-Paolini dans ses conclusions sur la décision citée lorsqu'il écrit que la saisine du juge des enfants doit être imposée au détriment « de l'action contentieuse engagée aux mêmes fins devant le juge administratif de l'excès de pouvoir ou du référé-suspension »[760].

250. Cette solution est constante et a d'ailleurs été explicitement confirmée par un arrêt du 1er juillet 2017[761]. Le Conseil d'État a néanmoins pris le soin de préciser, à cette occasion, que l'irrecevabilité du recours pour

---

[758] Art. L. 221-1 et s. du Code de l'action sociale et des familles ; Art. 375 du Code civil.

[759] CE, 1er juill. 2015, n°386769, Dpt Nord ; *JCP-A* 2015, 2368, note L. Domingo.

[760] R. Decout-Paolini, concl. sur CE, 1er juill. 2015, n°386769, Dpt Nord, non publiées.

[761] CE, ord., 13 juillet 2017, n°412134.

excès de pouvoir ne valait qu'à l'égard de la décision du président du conseil départemental refusant de saisir l'autorité judiciaire. Il était en l'espèce question d'une décision par laquelle un mineur s'était vu refuser le bénéfice de l'accueil provisoire d'urgence et de l'évaluation prévus par l'article R. 221-11 du Code de l'action sociale et des familles. Le Conseil d'État a jugé que : « cette décision, qui relève de la juridiction administrative, ne conduit pas le juge à statuer sur la question de la saisine de l'autorité judiciaire ou sur celle de l'admission de l'intéressé à l'aide sociale à l'enfance. La circonstance que l'intéressé puisse saisir lui-même le juge des enfants pour qu'il statue sur son admission à l'aide sociale, y compris en décidant sa remise à titre provisoire à un centre d'accueil, ne rend donc pas irrecevable la contestation d'une telle décision devant le juge administratif (...) »[762]. Les prétentions sont, dans ce cas, distinctes puisque le juge des enfants peut être saisi aux fins d'admission à l'aide sociale à l'enfance, mais le recours pour excès de pouvoir vise, cette fois, à rechercher le bénéfice de l'accueil provisoire du mineur dans une structure d'hébergement. La corrélation entre la similarité des prétentions qui peuvent être soumises au juge dans le cadre de plusieurs recours et la liberté pour les requérants d'exercer ces recours est particulièrement visible. Elle l'est aussi dans d'autres cas pour lesquels il n'est pas question d'un recours en annulation.

251. Admission dans une structure d'hébergement adéquate. Le référé-liberté est une voie de droit relativement attractive compte tenu de la généralité de son champ d'application et des larges pouvoirs dont dispose le juge saisi sur ce fondement. Au regard de la variété des mesures que le juge peut ordonner pour faire cesser une atteinte grave et manifestement illégale à une liberté fondamentale, le recours fondé sur l'article L. 521-2 du Code de justice administrative permet d'obtenir ce que d'autres juges peuvent ordonner. Ceci est particulièrement visible dans le contentieux du droit au logement opposable. Le législateur a institué une voie de droit pour les demandeurs reconnus prioritaires par la commission de médiation en matière de droit au logement opposable et n'ayant pas été accueillis dans une structure adaptée à l'issue d'un certain délai. Ces demandeurs n'ayant pas reçu d'offre de logement peuvent introduire, aux termes de l'article L. 441-2-3-1 du Code de la construction et de l'habitation, un recours devant la juridiction administrative pour être accueillis dans l'une des structures visées par les dispositions précitées. Saisi d'un tel recours, le président du tribunal administratif peut, lorsqu'il constate que la demande a été reconnue prioritaire sans qu'il ait été proposé au demandeur une place dans une structure

---

762 *Ibid.*

d'hébergement, ordonner l'accueil dans l'une de ces structures et assortir son injonction d'une astreinte[763].

252. La situation visée par cette disposition législative s'est produite et a donné lieu à une décision du Conseil d'État le 11 janvier 2017[764]. En l'espèce, un réfugié afghan a été reconnu prioritaire par la commission de médiation du département de Paris et le tribunal administratif de Paris a enjoint au Préfet d'assurer son hébergement. En l'absence d'exécution de ce jugement, le requérant a introduit une demande fondée sur l'article L. 521-2 du Code de justice administrative, tendant à ce qu'il soit enjoint au préfet d'exécuter le jugement et de lui attribuer un hébergement. Le juge des référés du Conseil d'État, statuant en tant que juge d'appel, à la suite du rejet initial de la demande a rappelé que des conclusions tendant à l'exécution d'un jugement ne relèvent pas de l'office du juge du référé-liberté. Il précise ensuite que les dispositions de l'article L. 441-2-3-1 du Code de la construction et de l'habitation précitées définissent « la seule voie de droit ouverte devant la juridiction administrative afin d'obtenir l'exécution d'une décision de la commission de médiation. Par suite, ces personnes ne sont pas recevables à agir à cette fin sur le fondement de l'article L. 521-2 du Code de justice administrative »[765].

253. Le fondement, apparent, de la solution retenue par le Conseil d'État est critiquable puisqu'il repose sur ce que l'exécution d'une décision juridictionnelle n'entre pas dans les mesures que le juge saisi d'un référé-liberté peut être amené à prendre. Or, la lettre de l'article L. 521-2 permet au juge saisi sur ce fondement de prendre « toutes mesures » nécessaires à la sauvegarde d'une liberté fondamentale[766]. Le référé- liberté paraissait bien en mesure de permettre au requérant, dans la mesure où l'inaction de l'Administration serait constitutive d'une atteinte à une liberté fondamentale, d'obtenir l'exécution de la décision de la commission de médiation susvisée. Du moins, la lecture de l'article L. 521-2 ne permet pas, à l'évidence, de limiter ainsi les pouvoirs du juge du référé-liberté. En revanche, l'on comprend que ce recours ne puisse être mis en œuvre, mais cela s'explique par d'autres raisons qui tiennent au fait que le juge entend contraindre le requérant disposant, dans ce cas, de recours concurrents[767]. La prétention que le requérant peut présenter au juge sur le fondement de l'article L.441-2-3-1 du Code de la construction et de l'habitation s'analyse en une demande

---

[763] Art. L. 441-2-3-1 du Code de la construction et de l'habitation.

[764] CE, ord., 11 janv. 2017, n°406154, Pasoon ; *AJDA* 2017, p. 1784, note O. Le Bot. V. sur cet arrêt : M.-C. de Montecler, Du DALO à l'hébergement d'urgence, le rôle du juge du référé-liberté, *AJDA* 2017 p. 84. V. égal. CE, 14 févr. 2018, n°407124, Mariko.

[765] *Ibid.*

[766] Art. L. 521-2 du CJA.

[767] *V. infra*, p. 337.

d'exécution d'une décision juridictionnelle. Celle qu'il a entendu poursuivre en mettant en œuvre le référé-liberté parait différente puisqu'il recherchait à faire cesser l'atteinte portée au droit d'asile et au droit à un recours effectif. Dans les deux cas, le juge considère, à raison, que le requérant demande qu'il soit enjoint à l'Administration d'assurer son hébergement. Les prétentions telles qu'interprétées par le juge sont similaires puisque l'exécution de la décision juridictionnelle tend à assurer l'hébergement du requérant tout comme, d'ailleurs, le respect de l'injonction par l'Administration l'aurait conduit à exécuter, de fait, la décision juridictionnelle. Compte tenu de cette concurrence, le juge entend limiter le libre exercice par les requérants de ces voies de droit en fermant le référé-liberté.

254. Contentieux des mesures d'éloignement. Le contentieux des étrangers donne aussi à voir cette concurrence concernant une voie de droit particulière ouverte à l'égard de certains actes administratifs et les référés d'urgence. L'article 22 bis de l'ordonnance du 2 novembre 1945 permettait aux requérants désireux de contester la légalité d'un arrêté de reconduite à la frontière de saisir le juge administratif d'un recours ayant un effet suspensif puisque l'arrêté ne pouvait « être exécuté avant l'expiration d'un délai minimum de quarante-huit heures »[768]. Les dispositions de l'article L. 512-1 du Code de l'entrée et du séjour des étrangers et du droit d'asile ont confirmé l'existence de cette voie de droit et l'effet suspensif attaché à la saisine du juge. L'étranger qui fait l'objet d'un refus de séjour, d'un refus de délivrance ou de renouvellement de titre de séjour, lorsque ces mesures sont assorties d'une obligation de quitter le territoire français mentionnant le pays de destination, dispose de la possibilité de demander l'annulation de ces décisions au tribunal administratif. Son recours suspend l'obligation de quitter le territoire français sans pour autant faire obstacle au placement en rétention administrative[769]. Les personnes visées par cette mesure d'éloignement, outre cette voie de droit, peuvent également disposer des référés d'urgence que sont, en la matière, les référés suspension et liberté. Ces derniers permettent d'obtenir, exclusivement pour le premier, entre autres mesures pour le second, la suspension d'une décision administrative.

255. La jurisprudence administrative témoigne du large usage de ces référés d'urgence par les destinataires de ces mesures d'éloignement. Elle montre aussi l'irrecevabilité générale que le juge oppose aux requérants qui mettent en œuvre ces voies de droit. Ces solutions s'expliquent par la concurrence entre ces référés d'urgence et la voie de droit aujourd'hui définie

---

[768] Art. 22 bis de l'ordonnance n°45-2658 du 2 novembre 1945 relative aux conditions d'entrée et de séjour des étrangers en France.

[769] Art. L. 512-1 du CESEDA.

par le Code de l'entrée et du séjour des étrangers et du droit d'asile. Entre autres exemples, le Conseil d'État juge que les requérants doivent contester les mesures de reconduite à la frontière « en usant de la voie particulière de recours prévue par l'article 22 bis de l'ordonnance du 2 novembre 1945 »[770] et en relevant explicitement que celle-ci est pourvue d'un effet suspensif. À dire vrai, le recours organisé par l'article L. 512-1 du Code de l'entrée et du séjour des étrangers et du droit d'asile permet, notamment, de contester la légalité de l'arrêté de reconduite à la frontière. La prétention que le requérant soumet au juge se limite donc à une demande d'annulation d'une décision administrative. Lorsque celui-ci exerce un référé d'urgence, c'est seulement la suspension de cette décision qu'il recherche. Pour autant, le juge estime que la saisine du juge aux fins d'annulation de l'acte vise aussi la recherche d'une suspension puisqu'un effet suspensif est attaché à l'exercice du recours. Pour le destinataire de la décision préfectorale, l'effet suspensif peut d'ailleurs être ce qu'il recherche prioritairement puisque l'exécution immédiate de l'arrêté de reconduite à la frontière aurait probablement pour effet de rendre inutile l'examen au fond de cette décision. Les propos de R. Schwartz paraissent incliner en ce sens lorsqu'il souligne le « contournement de procédure »[771] que constitue l'exercice par les requérants d'un référé-liberté lorsqu'il est dirigé contre un arrêté de reconduite à la frontière. Si la procédure prévue par les dispositions du Code de l'entrée et du séjour des étrangers et du droit d'asile est contournée, c'est bien que les requérants peuvent obtenir la même mesure que celle recherchée dans d'autres conditions. En ce sens, le juge admet la concurrence entre ces voies de droit et ferme la possibilité, pour les requérants, de saisir le juge des référés pour obtenir la suspension de l'arrêté de reconduite à la frontière[772]. Lorsque les requérants contestent des décisions qui ne sont pas considérées comme des mesures d'éloignement, le juge n'admet pas cette concurrence[773].

256. Au surplus, les recours dirigés contre les états exécutoires émis par les collectivités territoriales ont, eux aussi, un effet suspensif qui joue même en l'absence de disposition expresse le prévoyant[774]. Cette circonstance doit être de nature à rendre irrecevable un référé d'urgence lorsqu'il consiste à demander au juge de suspendre ces titres. Certaines décisions illustrent l'absence d'objet de la demande de suspension puisque celle-ci est naturellement accessoire à un recours au fond, dont l'introduction suspend

---

[770] CE, ord., 26 janv. 2001, n°229565, Gunès, p. 38 ; CE, 14 mai 2003, n°256808, Méliani. V. égal., CE, ord., 23 janv. 2012, n°355769 ; CE, avis, 14 déc. 2015, n°393591.

[771] R. Schwartz, concl. sur CE, 21 nov. 2001, n°238214, Zhary, non publiées.

[772] Les référés d'urgence restent en revanche ouverts pour contester les refus de titre de séjour ou les refus de renouvellement de ceux-ci : CE, 28 novembre 2007, n°305285, Towo ; CE, 11 juin 2012, n°360043, Zitouni.

[773] CE, 19 nov. 2018, n°416403.

[774] CE, 19 juin 1985, Cne Angles, p. 194 ; *RFDA* 1986, p. 937.

déjà l'exécution de l'acte litigieux[775]. Il est notamment jugé que la demande de suspension est « superfétatoire »[776]. Tel ne devrait pas être le cas pour le référé-liberté qui, à supposer que le titre porte atteinte à une liberté fondamentale, devrait être considéré comme irrecevable pour la seule raison qu'il existe une voie de droit permettant, dès sa mise en œuvre, d'obtenir la suspension de l'exécution de la décision recherchée[777].

257. Réparation en nature d'un préjudice. La concurrence entre deux voies de droit dont l'une est un référé-liberté peut encore être autrement illustrée. Le juge des référés administratifs, au regard de la double exigence imposée par le Code de justice administrative [778], se doit en principe d'ordonner des mesures ayant un caractère provisoire. Puisqu'il n'a pas à être saisi du principal, il ne dit pas le droit et n'endosse pas une fonction authentiquement juridictionnelle. Cette caractéristique fait regarder les référés, primitivement, comme des procédures accessoires à une contestation au fond, même lorsque les textes ne le prévoient pas explicitement. Pour autant, ce principe a été souvent écorné par des décisions juridictionnelles rendues en application des procédures prévues par le livre V du Code et en particulier pour le référé-liberté[779]. La doctrine l'a parfaitement souligné[780] et le constat dépasse d'ailleurs le contentieux administratif, puisque les référés civils appellent la même remarque[781]. Le caractère « juridiquement provisoire » des mesures ordonnées par le juge est incontestable. Les ordonnances rendues en référé sont seulement revêtues d'une autorité de chose

---

[775] CE, 28 nov. 2003, n°249737, Centre Hospitalier Felix Guyon, T., p. 917, *AJDA* 2004, p. 615.

[776] CE, ord., 18 août 2006, n°295334, Bénassy.

[777] Le législateur peut parfois écarter cet effet suspensif, en conséquence de quoi les titres exécutoires devraient pouvoir faire l'objet d'un référé d'urgence. Aussi, le recours dirigé contre un arrêté portant évacuation d'un campement fixe illégal n'ayant pas de caractère suspensif (à la différence du recours prévu à l'art. 2 de la loi n°2000-614 du 5 juillet 2000 qui permet l'évacuation des « résidences mobiles), cet arrêté peut alors faire l'objet d'un référé-liberté : CE, 5 avr. 2011, n°347949, Mme Curar et a. ; *AJDA* 2011, p. 1389, note M. Carius.

[778] Il s'agit de faire état du caractère provisoire des mesures à ordonner (Art. L. 511-1 du CJA) et du caractère réversible des mesures qui sont ordonnées par le juge (Art. L. 521-4 du CJA). V. sur ce point, O. Le Bot, *Guide des référés administratifs et des autres procédures d'urgence devant le juge administratif*, 2e éd., Dalloz, Guides, 2018-2019, p. 414.

[779] Pour un exemple récent, une décision juge que les mesures ordonnées par le juge saisi d'un référé-liberté « doivent, en principe, présenter un caractère provisoire, sauf lorsque aucune mesure de cette nature n'est susceptible de sauvegarder l'exercice effectif de la liberté fondamentale à laquelle il est porté atteinte » (CE, ord., 30 avr. 2020, n°440250, Ligue des droits de l'Homme). Sur cette question, *v. infra*, p. 383.

[780] Par exemple, C. Broyelle écrit, s'agissant de la procédure prévue par l'article L. 521-1 du CJA, qu'il n'est pas rare que la conséquence normale de la suspension prononcée en référé « consiste en une mesure dont les effets s'épuisent immédiatement (*op. cit.*, p. 499). Dans le même sens, M. Guyomar et B. Seiller, *op. cit.*, p. 210.

[781] Par ex., V. Mazeaud, Référés et responsabilité civile, *AJDA* 2017, p. 1824.

ordonnée[782], c'est-à-dire qu'elles ont la force obligatoire d'une décision juridictionnelle, mais qu'elles peuvent être remises en cause par un juge statuant sur le fond du litige et, aussi, par un autre juge saisi en référé. Admettre qu'une ordonnance rendue par le juge administratif des référés puisse être définitive dans ses effets tend à rapprocher la mesure ordonnée de celle qui peut l'être dans le cadre d'un autre recours au fond. Tel est le cas, en particulier, dans le cadre du recours de plein contentieux subjectif tendant à mettre en jeu la responsabilité de l'Administration.

258. La recherche de la réparation d'un préjudice causé par une personne publique à un requérant consiste dans l'immense majorité des cas à obtenir de la part du juge la condamnation pécuniaire du responsable en ce sens que la responsabilité se conçoit essentiellement comme un mécanisme de réparation en valeur permettant à la victime d'obtenir des dommages et intérêts[783]. En cela, les référés ne peuvent normalement concurrencer un tel recours indemnitaire : la condamnation s'analyse en une mesure définitive qui ne saurait être ordonnée par le juge saisi au titre de l'article des procédures du livre V du Code de justice administrative. La possibilité épisodique, mais récemment renouvelée d'engager la responsabilité de l'Administration pour obtenir une réparation en nature conduit toutefois, lorsqu'elle est recherchée à titre principal, à admettre cette concurrence. Cette possibilité était initialement refusée par le juge compte tenu de l'obstacle premier que constituait l'impossibilité de prononcer une injonction à l'égard de l'Administration[784]. Aussi, puisque la réparation en nature trouve particulièrement à s'appliquer pour les dommages liés à un ouvrage public, la règle d'intangibilité de l'ouvrage a conduit également au refus, pour le juge, de prescrire une mesure susceptible d'y porter atteinte[785]. Ces deux obstacles ont été levés, assurément pour le premier[786] et pratiquement pour le second[787], même s'il convient de reconnaître que le pouvoir d'injonction ne peut être exercé à titre principal et qu'il ne fait qu'accompagner l'exécution d'une

---

[782] CE, sect., 5 nov. 2003, n°259339, Association convention vie et nature pour une écologie radicale, p. 440 ; *AJDA* 2003, p. 2253, chron. F. Donnat et D. Casas ; *RFDA* 2004, p. 601, concl. F. Lamy ; *RTD eur.* 2004. 333, chron. D. Ritleng ; *ibid.* 363, chron. J. Dutheil de La Rochère, N. Grief et E. Saulnier. V. sur ce point, P. Cassia, L'autorité de la chose ordonnée en référé, *JCP-G* 2004, n°40, doctr. 164.

[783] H. Belrhali, *Responsabilité administrative*, LGDJ, 2017, p. 329 et s. V. l'analyse substantielle livrée par A. Perrin (thèse, *op. cit.*, p. 103 et s.)

[784] CE, 27 janv. 1933, Le loir, p. 136, D. 1934.3.68, concl. H. Detton. Sur cette question, R. Chapus, *op. cit.*, p. 393.

[785] CE, 7 juill. 1853, Robin de la Grimaudière, S. 1854, 2, p. 213.

[786] Loi n°95-125 du 8 février 1995 relative à l'organisation des juridictions et à la procédure civile, pénale et administrative.

[787] CE, sect., 19 avr. 1991, n°78275, Epoux Denard et Martin, p. 148 ; *AJDA* 1991. 563, note G. Teboul ; *RFDA* 1992. 59, concl. H. Toutée ; *ibid.* 65, note J.-P. Maublanc ; *CJEG* 1992. 75, concl. H. Toutée ; *LPA*, 26 juin 1992, note Boutin ; CE, sect., 29 janv. 2003, n°245239, Synd. Dptal de l'électricité et du gaz des Alpes-Maritimes et Cne Clans c/ Gasiglia.

décision juridictionnelle[788]. Le Conseil d'État s'est néanmoins résolu, récemment, à admettre que l'office du juge de la responsabilité pouvait conduire au prononcé de telles injonctions à titre principal qui constituent alors les « modalités de la réparation du dommage »[789]. En vertu de cette évolution jurisprudentielle notable, il est possible pour le juge administratif, à titre principal, d'ordonner que cesse le comportement à l'origine du dommage ou que les effets négatifs de ce comportement soient compensés. En ce sens, le juge peut vraisemblablement enjoindre à une commune de procéder à des travaux d'étanchéité d'une voie piétonne[790] ou de mettre fin aux pollutions causées par des installations d'assainissement[791].

259. Ces mesures paraissent également pouvoir être ordonnées par le juge des référés statuant au titre des articles L. 521-2 et L. 521-3 du Code de justice administrative compte tenu du développement constant de ces recours et de leur propension à être mis en œuvre en cas de dommage trouvant sa cause dans un ouvrage public. Le juge du référé-mesures utiles a pu, par une décision bien connue, enjoindre la réalisation de travaux pour parer à l'aggravation du dommage subi par le requérant[792]. La mesure ordonnée, dépourvue, en fait, de caractère provisoire[793] est bien celle que pourrait prononcer le juge de plein contentieux saisi d'une demande de réparation en nature du préjudice que l'accumulation des eaux de ruissellement de la route départementale a causé au bien du requérant. La différence dans les prétentions soumises aux juges se trouve dans le caractère juridiquement provisoire de la mesure recherchée, mais il reste que ces prétentions sont bien similaires. De même, le juge du référé-liberté peut ordonner toute mesure de nature à faire cesser une atteinte grave et manifestement illégale au droit de propriété des requérants qui trouverait sa cause dans une carence de l'Administration liée à l'entretien ou de construction d'un ouvrage public ou dans le déroulement de telles

---

[788] Pour une confirmation : CE, 27 juill. 2009, n°302110, Mme Giard, p. 310 ; *AJDA* 2009. 1525. A cet égard, plusieurs solutions jugent que les conclusions par lesquelles il est demandé au juge d'ordonner des mesures de réparation en nature (c'est-à-dire, en pratique, des travaux propres à mettre un terme au dommage causé par l'existence ou le fonctionnement d'un ouvrage public) sont irrecevables lorsqu'elles sont présentées à titre principal (CAA Nantes, 5 févr. 1997, n°94NT01240, Francine Castres ; CAA Douai, 29 déc. 2006, n°05DA01477). Sur ce point, J. Petit, *op. cit.*

[789] CE, 6 déc. 2019, n°417167, Syndicat des copropriétaires du Monte Carlo Hill ; *AJDA* 2020. 296, chron. C. Malverti et C. Beaufils ; *ibid.* 2019. 2519 ; *RFDA* 2020. 121, concl. G. Pellissier. V. aussi, CE, 27 juill. 2015, n°367484, Baey (Le Conseil d'Etat juge que ce pouvoir d'injonction, exercé à titre principal par le juge, l'est « en vertu de ses pouvoirs de pleine juridiction »)

[790] *Ibid.*

[791] CE, 27 juill. 2015, n°367484, Baey.

[792] CE, sect., 18 juill. 2006, n°283474, Elissondo Labat, p. 369, *AJDA* 2006, p. 1839, chron. Landais et Lenica ; Gaz. Pal. 2007, n°84, p. 17, obs. Pissaloux ; *JCP-A* 2006, 1267, note Ch. Guettier ; *RFDA* 2007, p. 314, concl. Chauvaux.

[793] Cela n'est pas exceptionnel en matière de référé-mesures utiles ; v. CE, ass., 3 mars 1978, n°06079, Lecoq, p. 116 ; *AJDA* 1978, p. 581, concl. D. Labetoulle ; CE, Section, 6 févr. 2004, n°256719, Masier.

opérations[794]. Cette possibilité est d'ailleurs confortée par l'évolution récente de la jurisprudence. Le référé-liberté peut être valablement mis en œuvre même lorsque l'atteinte alléguée est constitutive d'une voie de fait[795], laquelle peut découler de telles opérations relatives aux ouvrages publics. Dans ces hypothèses pour lesquelles les référés d'urgence sont susceptibles d'être utilement exercés, les requérants recherchent habituellement la réparation pécuniaire du dommage dont les effets ont cessé des suites de l'ordonnance rendue. La reconnaissance du pouvoir d'injonction du juge de la responsabilité conjuguée à cette large pratique des référés d'urgence engendre une concurrence entre ces voies de droit. Il est vrai que cette concurrence se présente peu en pratique, mais elle reste envisageable.

[794] CE, 8 mars 2010, n°331115, *Djoudar*, T. p. 68 ; *RFDA* 2010, p. 639 ; *Dr. adm.* 2010, comm. 83. L'atteinte peut aussi, exceptionnelle, être portée au droit à la vie (en ce sens : CE, sect., 16 nov. 2011, n°353172, Ville de Paris, Société d'économie mixte PariSeine, ; *AJDA* 2011. 2207 ; *AJCT* 2012. 156, obs. L. Moreau ; *RFDA* 2012. 269, concl. D. Botteghi ; *ibid.* 455, chron. H. Labayle, F. Sudre, X. Dupré de Boulois et L. Milano)

[795] CE, 23 janv. 2013, n°365262, Cne Chirongui ; *AJDA* 2013, p. 788, note A. Bretonneau et X. Domino ; *JCP-A* 2013, 2047, note H. Pauliat.

Conclusion du chapitre I

260. Appréhender la concurrence des recours juridictionnels en contentieux administratif aurait pu conduire à mobiliser les éléments constitutifs de l'exception de recours parallèle pour expliquer la fermeture par le juge d'un recours juridictionnel, qu'il soit ou non le recours pour excès de pouvoir, en raison de l'existence d'une autre voie de droit. Puisque la doctrine considère comme parallèle au recours pour excès de pouvoir les voies de droit qui offrent une « satisfaction équivalente » à l'annulation recherchée, il eut été nécessaire de transposer cette condition pour admettre la concurrence entre un recours exercé devant le juge, quel qu'il soit, et une autre voie disponible pour le requérant. Cette manière de voir doit être récusée compte tenu, notamment, de l'imprécision du critère retenu en doctrine et de l'indétermination des éléments auxquels il renvoie. Comparer les recours juridictionnels au regard des prétentions qu'ils permettent de faire juger, en vue d'admettre leur concurrence, convient mieux. Des recours juridictionnels sont concurrents lorsqu'ils sont susceptibles de conduire le requérant qui en dispose à présenter à un ou plusieurs juges des prétentions similaires.

261. Cette manière de concevoir la concurrence des recours a pour mérite de reposer sur la notion de prétention, présente en droit positif, et de renvoyer à la comparaison des pouvoirs dont disposent les juges susceptibles d'être saisis ; la jurisprudence administrative permet de l'appréhender. Ce critère de l'identité de prétention supporte néanmoins quelques critiques. Il s'agit d'une notion doctrinale mobilisée en vue de rendre compte des différentes solutions rendues par le juge qui font apparaître une terminologie variable pour considérer que deux recours permettent à un même requérant de faire juger la même chose. Aussi, la référence à l'identité de prétention comporte une part indéniable de subjectivité puisqu'elle tend à considérer, outre les pouvoirs du juge, la représentation que celui-ci se fait des prétentions que les requérants sont en mesure de faire juger. Il reste que déterminer la concurrence des recours en fonction des prétentions que les requérants peuvent faire juger permet de considérer aussi objectivement que possible les solutions par lesquelles le juge entend s'opposer au libre exercice des recours, puisque les requérants qui en disposent ne sont ainsi contraints dans l'exercice d'une voie de droit plutôt qu'une autre, seulement lorsque ces voies de droit font juger des prétentions similaires.

Chapitre 2 : La tolérance pour l'exercice de recours exprimant des prétentions distinctes

262. La jurisprudence administrative exprime une contrainte que le juge oppose aux requérants lorsqu'ils disposent de plusieurs recours leur permettant de faire juger des prétentions similaires et qu'ils mettent en œuvre celui des recours que le juge estime devoir être fermé. Cette fermeture de l'un des recours concurrents est générale même si elle supporte quelques exceptions dont il sera ultérieurement fait mention. En revanche, lorsque les requérants disposent de plusieurs recours sans que ceux-ci ne conduisent à faire juger une même prétention, ils peuvent les mettre en œuvre sans que ne leur soit opposée une quelconque contrainte fondée sur l'existence d'une autre voie de droit qu'ils n'ont pas emprunté. En d'autres termes, des recours qui ne font que coexister peuvent être librement exercés par les justiciables qui en disposent.

263. Le montrer présente un double intérêt. Outre le fait de renforcer la valeur explicative du critère reposant sur l'identité de prétention, il s'agit, *in fine*, de déterminer l'étendue de la faculté de choix des requérants entre plusieurs recours dont ils disposent, en délimitant les cas pour lesquels le juge tolère, ou non, que ceux-ci soient exercés cumulativement ou alternativement. Lorsque les recours dont un requérant dispose font juger des prétentions différentes, celui-ci est donc libre d'associer ces voies de droit (Section 1). Démontrer que le juge n'entend fermer un recours à disposition du requérant pour la raison qu'il en dispose d'un autre que lorsque ces recours font juger des prétentions similaires permet aussi, et surtout, de situer la concurrence des recours dans la perspective du droit au recours juridictionnel. Ce droit constitutionnellement garanti à tout justiciable impose au juge administratif de ne leur fermer une voie de droit qu'à la condition qu'ils puissent toujours obtenir une décision juridictionnelle sur leurs prétentions (Section 2).

Section 1 : La reconnaissance d'une liberté d'associer des recours non concurrents

264. Certaines situations litigieuses permettent aux requérants d'associer plusieurs recours juridictionnels pour obtenir de la part de plusieurs juges qu'ils mettent en œuvre des pouvoirs différents. Quelques hypothèses sont connues, comme l'est celle du cumul du recours pour excès de pouvoir d'un recours de plein contentieux indemnitaire pour un requérant qui cherche à engager la responsabilité extracontractuelle d'une personne publique. L'étude substantielle de L. Delbez montrait déjà cette possibilité pour les recours de se succéder : « le particulier dans la plupart des cas adoptera le parti suivant : après avoir triomphé sur le recours pour excès de pouvoir, il demandera réparation du préjudice subi par un recours de pleine juridiction »[796] Ceci s'explique par l'assimilation de l'illégalité d'une décision administrative à une faute commise par l'auteur de cette décision, susceptible d'engager sa responsabilité[797]. Il n'est pas rare que le juge mentionne dans certains arrêts l'illégalité déjà prononcée avant d'examiner le recours indemnitaire dont il est saisi[798]. La démarche est très certainement utile, mais les requérants choisissent plus souvent, à raison, d'exercer concomitamment ces recours en les présentant dans une même requête[799]. Bien sûr, l'exercice du recours pour excès de pouvoir n'est pas rendu obligatoire par les requérants qui souhaitent obtenir réparation d'un préjudice causé par l'illégalité d'une décision administrative[800]. Il est d'ailleurs, parfois à l'opposé de ce qu'ils recherchent[801]. Il n'en demeure pas moins qu'il leur est permis de le faire compte tenu de ce que ces recours tendent, généralement, à faire juger des prétentions distinctes[802]. Certains cas de coexistence des recours, moins

---

[796] L. Delbez, De l'excès de pouvoir comme source de responsabilité, *op. cit.*, p. 444. Pour B. Delaunay « On a longtemps pensé et écrit que le requérant pouvait effectuer un recours en indemnité seulement après avoir exercé un recours pour excès de pouvoir » (B. Delaunay, thèse, *op. cit.*, p. 166).

[797] Si la doctrine ancienne n'assimilait pas encore de manière automatique faute et illégalité, le lien entre les deux termes était néanmoins indéniable (V. par ex., G. Teissier, *La responsabilité de la puissance publique*. Dalloz, La mémoire du droit, 2009, p. 180 ; P. Duez, *La responsabilité de la puissance publique*, Dalloz, 1938, p. 52 et svt). V. l'étude importante de J.-C. Hélin (*Faute de service et préjudice dans le contentieux de la responsabilité pour illégalité*, Thèse, Nantes, 1969, p. 69). Le juge administratif a retenu la superposition entre illégalité et faute par la décision Driancourt (CE, sect., 26 janv. 1973, n°84768, Driancourt ; v. aussi, CE, sec., 30 avril 1976, Siméon, p. 225) et l'affirme de manière explicite, notamment par l'arrêt Imbert : « en principe, toute illégalité commise par l'Administration constitue une faute susceptible d'engager sa responsabilité, pour autant qu'il en soit résulté un préjudice direct et certain » (CE, 30 janv. 2013, n°339918, Imbert, p. 9 ; *JCP-A* 2013, 2259 , note J.M. Pontier ; *AJDA* 2013, p. 792, chron. X. Domino et A. Bretonneau)

[798] CE, 26 mars 1990, Commune de Villeneuve-le-Roi c. Époux Ruby, *DA* 1986, p. 43, note B. Pacteau.

[799] CE, 31 mars 1911, Blanc, Argaing, Bézie, p. 407. B. Delaunay persiste à voir, dans cette jonction des demandes « l'antériorité du contentieux de la légalité sur la faute » puisque le juge saisi des deux recours examinera toujours la question de la légalité préalablement à celle de la responsabilité (B. Delaunay, thèse, *op. cit.* p. 165.) La structure des décisions juridictionnelles le montre bien puisque le juge administratif distingue toujours ainsi les étapes de son raisonnement « Sur la légalité de la décision (…) Sur la responsabilité… » V. par ex., CE, sect., 6 nov. 2002, n°227147, Guisset ; *RFDA* 2015, p. 1115, concl. B. Dacosta (dans cet arrêt le Conseil d'État statue d'abord « sur la légalité de la décision attaquée » puis sur « le principe et l'étendue de la responsabilité de l'État »). V. encore, CE, sect., 5 déc. 2014, n°359769, Cne Scionzier ; *JCP-A* 2014, act. 980 ; *Dr. adm.* 2015, comm. 22 ; *Procédures* 2015, comm. 62.

[800] CE, 31 mars 1911, Blanc, Argaing et Bézie, p. 407 ; CE, 8 juillet 1977, Ministre de l'équipement contre Bouvier, p. 547. V. égal., sur ce point : G. Vedel, note sur CE, 3 déc. 1952, Dubois, JCP 1953, II, 7352. D'ailleurs, lorsqu'un requérant obtient réparation devant le juge judiciaire au regard du préjudice causé par une délimitation erronée, cette réparation peut intervenir alors même que le requérant n'a pas recherché l'annulation de l'acte de délimitation devant le juge administratif (TC, 28 juillet, 1921, Époux de la barre de Naudeuil, S. 1924. III. 68)

[801] Tel peut être le cas en matière de fonction publique lorsqu'un requérant, destinataire d'une décision le mettant à la retraite d'office ou procédant à une mutation, ne cherche pas à être rétabli dans ses fonctions mais seulement à obtenir réparation du préjudice causé par l'illégalité de la décision (*V. supra*, p. 177).

[802] Le recours de plein contentieux en responsabilité ne permet qu'une réparation pécuniaire, laquelle ne peut qu'être exceptionnellement obtenue par l'exercice d'un recours pour excès de pouvoir (v. sur ce point, R. Rouquette, *op. cit.*, p. 305), sauf le cas des décisions à objet exclusivement pécuniaire.

étudiés, doivent être traités. Tel est le cas des rapports entretenus entre les référés administratifs et les recours au fond qui ne font pas observer une concurrence des recours et permettent aux requérants de rechercher le bénéfice cumulé de ces voies de droit ou d'opter entre elles (§1). En dehors de ces hypothèses intéressant la mise en œuvre des référés administratifs, d'autres cas doivent encore être exposés en ce qu'ils présentent une certaine difficulté quant à déterminer la possibilité, pour les requérants exerçant les recours au fond concernés, de soumettre au juge des prétentions similaires (§2).

§1. L'absence générale de concurrence entre référés administratifs et recours au fond

265. Les référés administratifs ne permettent, selon l'article L. 511-1 du Code de justice administrative, que d'obtenir du juge administratif le prononcé de mesures présentant un caractère provisoire. De prime abord, cette caractéristique les fait regarder comme des procédures accessoires à une contestation au fond, même lorsque les textes ne le prévoient pas. Tel est par exemple le cas du référé-liberté qui donne au juge la capacité d'ordonner, aux termes de l'article L. 521-2 du Code, « toutes mesures nécessaires » à la sauvegarde d'une liberté fondamentale à laquelle une personne publique aurait porté atteinte dans l'exercice de ses pouvoirs. Cette voie de droit n'est pas accessoire ; elle est autonome parce que sa mise en œuvre n'a pas nécessairement à être associée à l'exercice d'un recours au fond. C'est pourtant cette stratégie contentieuse que les requérants adoptent régulièrement. Les solutions sont, sur ce point, connues. Il suffit de rappeler, par exemple, qu'en matière de travaux publics, les requérants peuvent saisir le juge du référé-liberté pour qu'il ordonne la suspension de travaux dont la réalisation porte atteinte à une liberté fondamentale et rechercher par ailleurs, la réparation des préjudices résultat des travaux litigieux en engageant la responsabilité extracontractuelle de la personne publique[803]. Dans le même esprit, le recours devant le juge judiciaire demeure ouvert pour obtenir la réparation du préjudice causé par une voie de fait alors même que le référé-liberté permet aux victimes de faire cesser l'atteinte portée à leurs droits par l'Administration[804]. D'autres cas montrent encore cette association entre le

---

[803] CE, 2 oct. 2015, n°393858, Société Sequano Aménagement. En l'espèce, le Conseil d'État a d'abord relevé que les sociétés requérantes ont saisi le juge des référés du tribunal administratif de Montreuil afin qu'il ordonne, sur le fondement de l'article L. 521-2 du CJA, la suspension des travaux en cause et qu'il enjoigne à la société Sequano Aménagement de réexaminer les aménagements projetés. La décision juge, surtout, que les sociétés requérantes « peuvent par ailleurs prétendre à la réparation des préjudices résultant pour elles des travaux litigieux, sur le fondement de la responsabilité pour dommages de travaux publics causés aux tiers (…) »

[804] *V. infra*, p. 383 et s. V. par ex., A. Jacquemet-Gauché, Responsabilité et référés : une confrontation féconde, *AJDA* 2017, p. 1816.

référé-liberté et un recours au fond[805], mais ceci traduit, de manière générale et pour l'ensemble des référés administratifs, que ceux-ci ne concurrencent pas les recours au fond.

266. En définitive, hormis quelques rares hypothèses, les référés, compte tenu de leur finalité, ne sauraient être considérés comme permettant au juge saisi de juger une prétention similaire à celle susceptible d'être présentée dans le cadre d'un autre recours juridictionnel. De cela découlent deux possibilités pour les requérants. Cette absence de concurrence entre référés administratifs et recours au fond est manifeste lorsque les premiers constituent un préalable utile à la mise en œuvre des seconds. Leur exercice cumulé est admis par le juge et constitue, en pratique, une stratégie contentieuse largement recherchée par les requérants (I). Pour d'autres référés administratifs, c'est moins leur capacité à préparer un recours au fond qui retient l'attention, mais que la possibilité, pour les requérants, de les mettre en œuvre afin de résoudre leur situation litigieuse. En ce sens, même s'ils ne concurrencent pas les recours au fond et que le juge ne s'oppose donc pas à la mise en œuvre cumulée de ces voies de droit, les conséquences pratiques attachées à la mesure prononcée par le juge des référés, permettant de les voir comme une alternative à l'exercice d'un recours au fond (II).

I. La complémentarité générale entre référés et recours au fond

267. Le livre V du Code de justice administrative comprend plusieurs référés administratifs dont l'exercice s'inscrit dans la perspective d'un recours ultérieur au fond. Que les textes fassent explicitement mention de ce caractère accessoire ou que celui-ci découle des conditions de recevabilité de ces référés, ces voies de droit se caractérisent par leur capacité à préparer un recours au fond (A). L'absence de concurrence entre ces référés et les recours au fond qui leur succèdent peut également résulter de ce que les référés administratifs permettent de préserver l'intérêt qui s'attache à un recours au fond (B).

A. L'exercice de référés préparant un recours ultérieur au fond

268. Référés « préparatoires ». Au regard de la lettre du Code de justice administrative, de l'utilisation qui en est faite par les justiciables et des

[805] V. CAA Bordeaux, 17 janv. 2017, n°15BX00033 et CE, ord., 2 oct. 2015, n°393766, Commune de Mérignac, *AJFP* 2016, p. 96. Pour ce litige, le référé-liberté a permis de mettre fin à la situation de harcèlement moral dont la requérante était victime puis de la rétablir dans une fonction effective en adéquation avec ses qualifications Le recours au fond a permis de faire réparer les conséquences dommageables, notamment financières, des décisions prises illégalement par la commune à son encontre. V. pour une analyse conséquente : O. Le Bot, « Les référés libertés et mesures utiles, alternatives à un recours en responsabilité ? », *AJDA* 2017, p. 1826.

solutions jurisprudentielles qui en précisent les modalités d'exercice, le référé-constat et le référé-instruction se caractérisent par le fait qu'ils constituent un préalable à l'exercice d'un autre recours. Ces référés administratifs coexistent avec d'autres voies de droit et les justiciables n'éprouvent un intérêt à mettre en œuvre ces référés qu'en raison de leur volonté d'introduire, plus tard, un recours au fond. Celui-ci permet, à l'évidence, de faire juger une prétention différente de celle que les requérants peuvent présenter au juge dans le cadre des référés constat et instruction. Dans le même esprit, et même si cette voie de droit peut poursuivre d'autres buts, le référé-mesures utiles peut également s'analyser comme un recours « préparatoire » permettant aux requérants de l'exercer en empruntant, aussi, une autre voie de droit.

269. Dans la perspective d'un procès administratif, les requérants peuvent, préalablement à la saisine du juge, faire constater les faits susceptibles de fonder leur réclamation. Rénovant l'ancienne procédure de « constat d'urgence »[806], l'article R. 531-1 a institué le référé-constat[807]. Cette voie de droit permet de demander au juge la désignation d'un expert pour constater des faits. Dans la même veine, le référé-instruction permet de demander au juge de prescrire « toute mesure utile d'expertise ou d'instruction » [808], mesure consistant notamment à désigner un expert susceptible, cette fois, de faire plus que de simples constatations[809]. L'utilité de ces deux référés s'apprécie au regard de l'exercice d'un recours ultérieur et une stratégie contentieuse courante consiste, pour les requérants, à faire précéder un recours au fond de la mise en œuvre de l'un de ces référés. La coexistence des recours s'impose pour le référé-constat compte tenu de ce que les faits dont la constatation est demandée par les requérants doivent être « susceptibles de donner lieu à un litige devant la juridiction »[810]. La doctrine souligne largement l'exigence supplémentaire d'utilité du constat qui serait requise par le juge pour ordonner la mesure[811]. Certains voient alors deux conditions cumulatives dans l'article

---

[806] Art. 24 de la loi du 22 juillet 1889 relative à la procédure à suivre devant les conseils de préfecture.

[807] Au surplus, depuis le décret n°2000-1115 du 22 novembre 2000 pris pour l'application de la loi n°2000-597 du 30 juin 2000 relative au référé devant les juridictions administratives, la procédure de l'article R. 531-1 n'est plus soumise à une condition d'urgence.

[808] Ce référé est parfois dénommé « Référé-expertise » compte tenu du fait que la mesure d'instruction ordonnée par le juge consiste, dans la plupart des cas, à ordonner la désignation d'un expert. En ce sens, O. Le Bot, *Guide des référés en matière administrative*, *op. cit.*, p. 538).

[809] L'expert désigné peut notamment permettre le prononcé de mesures d'enquête ou de vérifications administratives. En ce sens : J. Barthélémy, « Les référés non subordonnés à la condition d'urgence », *RFDA* 2002, p. 274. V. pour des illustrations : O. Le Bot, *op. cit.*, p. 565 et s.

[810] Art. R. 531-1 du CJA.

[811] Pour des arrêts qui mentionnent l'exigence : CE, 16 déc., 1987, Comité Stop Nogent sur Seine, *CJEG* 1988, p. 145 ; CE 26 juill. 1982, n°40701, p. 312 ; CE, 28 sept. 2011, n°347585, Garde des Sceaux, min. Justice et Libertés c/ Lévêque, T., p. 110 ; *JCP-A* 2001, 627.

R. 531-1 tel qu'interprété par le juge[812], mais il faut partager l'opinion que cette condition d'utilité est « implicitement contenue » dans cet article[813], puisque le juge apprécie l'utilité du constat lorsqu'il vérifie que les faits qui sont à constater se placent dans la perspective de l'exercice d'un recours ultérieur au fond. C'est ce que juge le Conseil d'État lorsqu'il indique à un requérant, qui souhaitait faire constater l'absence d'affichage du projet de Traité établissant une Constitution pour l'Europe sur les panneaux officiels des différentes communes de métropole et d'outre-mer, que le constat demandé « ne présente aucune utilité » parce qu'aucune disposition législative ou réglementaire ne prévoit l'affichage sur les panneaux officiels du texte adressé à chaque électeur[814]. L'absence d'affichage n'étant pas illégale, elle ne peut donner lieu à aucun recours au fond. Quoi qu'il en soit, le référé-constat n'a d'intérêt et ne peut aboutir que s'il constitue le préalable à l'exercice d'un recours ultérieur[815].

270. À l'inverse, le référé instruction, pour aboutir, impose que la mesure demandée au juge soit utile, sans que l'article R. 532-1 ne fasse référence à l'éventualité d'un litige ultérieur. Pourtant, le juge impose bien cette condition par une formule qui mérite d'être reproduite : « Considérant que, si le juge des référés n'est pas saisi du principal, l'utilité d'une mesure d'instruction ou d'expertise qu'il est demandé au juge des référés du tribunal administratif d'ordonner sur le fondement de l'article R. 532-1 du Code de justice administrative doit être appréciée dans la perspective d'un litige principal actuel ou éventuel, relevant lui-même de la compétence de ce tribunal, et

812 B. Daugeron, indique que la demande de constat doit satisfaire à la double condition de se rapporter à des faits susceptibles de donner lieu à un litige devant la juridiction administrative et d'être utile (B. Daugeron, L'intérêt de la procédure du référé-constat : l'exemple du droit de l'environnement, *AJDA* 2004, p. 17). V. aussi, L. Abramowitch, pour qui l'ordonnance de référé-constat vise à la constatation de faits matériels susceptibles de donner lieu à un litige et qui souligne que « sur le fond, la mesure demandée doit simplement être utile » (L. Abramowitch, Un janus procédural : le référé-constat, *AJDA* 2013, p. 449). Pour autant, M. Guyomar et B. Seiller écrivent très justement que « cette première condition (relative à l'utilité) se distingue parfois malaisément de la seconde » M. Guyomar et B. Seiller, *op. cit.*, p. 198 et 199.

813 J. Raymond écrit, par exemple, que « « Le juge des référés apprécie l'utilité dans la perspective d'un litige principal actuel ou éventuel, relevant lui-même de la compétence de ce tribunal, et auquel cette expertise se rattache » (J. Raymond, Les référés expertise, *JCP-A* 2005, n°28, p. 1262 ». V. aussi, J.-C. Bonichot, P. Cassia et B. Poujade, *Les grands arrêts du contentieux administratif*, 5e éd., Dalloz, Grands arrêts, 2016, p. 462 ; D. Giltard, Référés constat et instruction, Répertoire de contentieux administratif, *Dalloz*, n°53.

814 CE, ord., 23 mai 2005, n°280731, Hoffer.

815 Il peut d'ailleurs être particulièrement nécessaire en matière environnementale eu égard à l'instantanéité des dommages causés (B. Daugeron, *op. cit.*) ou lorsque les préjudices à constater sont susceptibles d évoluer par l'écoulement du temps, comme en matière médicale (V. R. Rouquette, *op. cit.*, p. 306).

auquel cette mesure se rattache »[816]. Le juge des référés saisi sur le fondement de l'article L. 532-1 ne peut donc ordonner une mesure que si cette dernière présente un intérêt pour la résolution d'un litige à venir. En d'autres termes la mesure doit être intrinsèquement utile, mais surtout utile pour la résolution du litige « né ou éventuel »[817], c'est-à-dire, dans ce dernier cas, engagé après l'expertise ordonnée. Le référé instruction est, comme le référé constat, un référé « préparatoire »[818], destiné à l'établissement de fait ou de tout élément utile à l'examen ultérieur d'un litige éventuel. De manière générale, il est largement fait état en doctrine de ce que l'exercice de ces référés précède utilement la mise en œuvre de recours au fond, particulièrement en matière indemnitaire[819]. L'association de ces recours est tolérée par le juge ; ils ne sont pas concurrents puisque le requérant fait valoir des prétentions absolument différentes.

271. Référé-mesures utiles. Sans qu'il conduise à faire établir des faits matériels, le référé-mesures utiles peut aussi s'analyser en un préalable utile à l'exercice d'un recours au fond[820], même s'il n'est pas que cela. La réforme des procédures d'urgence par la loi du 30 juin 2000 a profondément transformé le référé « conservatoire » défini par l'ordonnance du 31 juillet 1945 et la loi du 28 novembre 1955. Ce référé permettait au juge saisi d'ordonner « toutes mesures utiles », mais l'exercice de ses pouvoirs par le juge ne devait pas porter préjudice au jugement ultérieur du recours principal et ne pouvait faire obstacle à l'exécution d'aucune décision administrative[821].

---

[816] CE, 30 déc. 2002, OPH de Nice, n°241793, *RFDA* 2003, p. 179. En l'espèce le juge administratif a pu considérer comme dépourvue d'utilité une demande d'expertise en matière immobilière au motif « qu'aucune action mettant en cause la responsabilité de constructeurs ne pouvait plus être engagée utilement en raison de l'expiration du délai de garantie décennale ». Dans le même sens : CE, 19 déc 2008, Marina, n°314505, *Procédures* 2009, comm. 99, note S. Deygas.

[817] *Ibid.* V. aussi, CE, 22 juillet 1992, n°129264, Commune de Rove c. Mechetti T., p. 767 (la décision juge que la saisine du juge des référés n'était pas subordonnée à l'existence d'un litige né et actuel (...) que la demande de l'intéressée était donc recevable »). V., aussi CE, 7 juin 2004, n°252869, Assistance publique à Marseille, p. 810 ; CE, 14 fév. 2017, n°401514, *AJDA* 2017, p. 373. Le juge exige toutefois que les requérants souhaitant introduire une demande d'expertise précisent la nature du litige qui justifierait leur prétention : CE, ass., 17 déc. 1976, Férignac, n°00217, p. 553, concl. Latournerie.

[818] M. Guyomar et B. Seiller, *op. cit.*, p. 199.

[819] H. Belrhali énonce aussi que le référé-constat ou le référé-expertise peuvent constituer un « préalable à l'action en responsabilité » (H. Belrhali, Référé-provision : Quand la responsabilité de l'Administration est « non sérieusement contestable », *AJDA* 2017, p. 1833) et sont utilisés, notamment en matière pénitentiaire, par les détenus « qui souhaitent faire constater l'état de leur cellule avant d'engager une action en responsabilité pour conditions de détention indignes » (H. Belrhali, *Responsabilité administrative*, LGDJ, 2017, p. 284)

[820] On notera toutefois que le juge saisi au titre de l'article L521-3 du CJA peut d'enjoindre à l'Administration de dresser un procès-verbal d'infraction face à la poursuite illégale de travaux, après la suspension d'une décision accordant un permis de construire : CE, Sect., 6 févr. 2004, n°256719, Masier ; *AJDA* 2004. 1047 ; *D.* 2004. 678, et les obs. ; *RDI* 2004. 221, obs. P. Soler-Couteaux ; *RFDA* 2004. 1170, concl. J.-H. Stahl.

[821] V. notamment, l'art. 1er de la loi n°55-1557 du 28 nov. 1955 instituant le référé administratif et modifiant l'article 24 de la loi du 22 juillet 1889 sur la procédure à suivre devant les conseils de préfecture.

Une ambivalence certaine s'attachait au référé conservatoire compte tenu des conditions relativement strictes d'obtention de la mesure confrontées au champ étendu des mesures susceptibles d'être ordonnées par le juge. L'article L. 521-3 du Code de justice administrative a supprimé l'interdiction de préjudicier au principal en entendant faire du référé « mesures utiles » une voie de droit subsidiaire par rapport aux autres procédures d'urgence. Le juge saisi sur ce fondement ne peut plus désormais qu'ordonner toutes « autres » mesures utiles[822] et la jurisprudence a d'ailleurs explicitement conforté cette évolution[823]. Ce référé d'urgence est largement mis en œuvre par l'autorité administrative[824], mais il profite aussi aux personnes privées[825] qui disposent, concomitamment, d'autres recours. Le juge des référés, lorsqu'il est saisi sur le fondement de l'article L. 521-3, est amené à statuer sur des demandes visant à la communication de décisions administratives ou de documents administratifs. Le juge des référés a ainsi pu ordonner dans plusieurs espèces à l'Administration de communiquer aux administrés des documents qui les concernent, qu'il s'agisse par exemple d'un dossier sur la base duquel a été pris un arrêté préfectoral autorisant la création d'une pharmacie[826], de documents relatifs à la passation d'un marché public de dragage[827] ou encore une décision formalisant le choix par le ministre de l'Économie des sociétés autorisées à déposer une offre dans le cadre d'une procédure de vente d'une partie du capital de la société C.I.C[828].

272. L'obtention de tels documents constitue souvent, pour les demandeurs, la première étape d'une stratégie contentieuse. Ceci ressort de plusieurs solutions pour lesquelles le Conseil d'État, statuant comme juge du référé-mesures utiles, souligne que la demande lui est transmise « en vue de

---

[822] Art. L. 521-3 du CJA.

[823] CE, sect., 5 févr. 2016, n°393540, Benabdallah. V. sur ce point, L. Dutheillet de Lamothe, Le référé-mesures utiles : la quadrature du cercle, *AJDA* 2016, p.474.

[824] Il est notamment utilisé aux fins d'expulsion d'occupants sans titre du domaine public. Parmi une jurisprudence abondante : CE, ass., 3 mars 1978, n°06079, Lecoq ; CE, ord., n°274123, 24 nov. 2004, Flosse, T. p. 829). Il permet également de de rendre exécutoires certaines décisions administratives qui ne présentent pas ce caractère (V. par ex., CE, ord., 10 mars 2005, n°278035, Fonds de garantie des dépôts, p. 99).

[825] C. Broyelle indique par exemple que la communication de documents administratifs est « une mesure classique en matière de référé-mesures utiles » C. Broyelle, *op. cit.* p. 515. O. Le Bot souligne aussi que le référé-mesures utiles peut être assimilé à un « référé communication » puisque l'une des deux finalités principales de cette voie de droit est, outre l'expulsion d'occupants irréguliers du domaine public, l'obtention de la communication de décisions et documents administratifs (*Guide des référés administratifs*, *op. cit.*, p. 451).

[826] CE, 11 mai 1979, n°11551, Ministre de la Santé et de la famille c/ Espinasse, p. 214.

[827] CE, 29 avr. 2002, n°239466, Sté Baggerbedrijf de Boer, T., p. 730, *CMP* 2002, comm. 176, note J.-P. Piétri.

[828] CE, ord., 9 avril 1998, n°195453, Crédit commercial de France, p. 177.

former un recours pour excès de pouvoir »[829]. L'affirmation peut aussi être confortée en ce que la perspective d'un recours au fond joue, pour le juge, dans l'appréciation de l'utilité de la mesure à ordonner : le succès de la demande de communication de documents administratifs peut ici dépendre de la possibilité pour le requérant d'introduire un recours au fond. Par exemple, dans l'arrêt « Mazeron », le Conseil d'État s'est opposé à ce que soit communiquée à un agent, interne en médecine, la liste des internes de garde pour le mois de novembre 1988 et les registres d'infirmerie de la Prison de Fresnes. Le juge administratif a d'abord relevé qu'il résultait de l'instruction que cette demande de communication a été présentée « pour permettre à l'intéressé de contester, à l'aide des premières pièces, l'arrêté, en date du 10 mars 1992, du directeur général de l'Assistance publique de Paris le suspendant temporairement de ses fonctions d'interne de médecine »[830]. Il s'est opposé à la demande de communication en la regardant comme dépourvue d'utilité puisque le recours contre l'arrêté avait déjà été introduit et qu'il revenait au juge du fond de faire usage de ses pouvoirs d'instruction pour ordonner la communication des documents nécessaires à la solution des litiges »[831]. La doctrine relève bien cette corrélation entre la mise en œuvre du référé-mesures utiles et l'exercice d'un recours au fond[832] et témoigne de la coexistence entre ces voies de droit.

273. En définitive, plusieurs référés organisés par les dispositions du Code de justice administrative permettent aux requérants de faciliter l'exercice d'un recours au fond. Les référés constat et instruction ne se conçoivent d'ailleurs qu'en ce qu'ils constituent un préalable à la mise en œuvre d'un autre recours, ce que traduisent les conditions d'obtention de la mesure demandée, que celles-ci soient directement imposées par les textes ou exigées par le juge. Le référé-mesures utiles ne s'inscrit pas seulement dans cette perspective, mais il

---

[829] CE, 11 mai 1979, n°11551, Ministre de la Santé et de la famille c/ Espinasse. Dans le même sens : CE, 6 juin 1980, n°17547, Conseil d'État, 26 mars 1982, n°34200, Min. Int. c/ Aboudou Mze, p. 137 (on relève néanmoins dans l'arrêt une erreur de rédaction puisque c'est l'article R. 130 du Code des tribunaux administratifs et des Cours administratives d'appel qui semblait visé par le Conseil d'État, relatif à l'ancien « référé conservatoire » et non, comme l'arrêt l'évoque, l'article R. 102 relatif aux délais de recours). V. encore CE, 9 avril 1998, n°195453, Crédit commercial de France ; CAA Paris, 22 mars 2001, n°01PA00064, Fricault, *AJFP* 2001, p. 53.

[830] CE, 28 sept 1994, n°146681, Mazeron, T., p. 111.

[831] *Ibid.* Dans le même sens : CE, ord, 22 fév. 2001, n°230407, Association Declic.

[832] Certains commentateurs du Code de justice administrative écrivent que, le plus souvent, les demandes qui sont satisfaites en référé-mesures utiles sont destinées à permettre aux intéressés de saisir la juridiction administrative d'un recours contre la décision dont ils cherchaient à obtenir communication (B. Dacosta et N. Polge, Commentaires et annotations jurisprudentielles, *Code des procédures administratives*, Dalloz, 2016, p. 105). Dans le même sens, M. Guyomar et B. Seiller disent du recours ouvert par l'article L. 521-3 du même code « qu'en pratique, il sert principalement aux particuliers à obtenir la communication de documents administratifs utiles pour former un recours » (*op. cit.*, p. 202). O. Gohin et F. Poulet émettent aussi l'opinion selon laquelle, par la mesure d'urgence dirigée contre l'Administration, le juge peut prescrire la communication à l'administré de documents qui le concernent « afin qu'il soit en mesure d'engager, en temps utile, l'action au fond » (*Contentieux administratif*, *op. cit.*, p. 394).

peut toutefois être mis en œuvre à cette fin, ce que la jurisprudence montre dans une large mesure. Ces référés préparatoires, au regard de leur finalité, ne concurrencent aucunement les recours au fond qui leur succèdent. Le juge ne s'oppose donc pas à ce que les requérants puissent mettre en œuvre ces recours qui permettent de saisir plusieurs juges de prétentions distinctes. D'autres référés administratifs s'analysent, non comme des recours permettant de préparer l'exercice d'un autre recours, mais de préserver l'intérêt de celui-ci.

B. L'exercice de référés préservant l'intérêt d'un recours ultérieur au fond

274. Caractère préventif du référé-suspension. Le privilège du préalable dont bénéficie l'Administration aboutit à ce que les actes qu'elle prend s'imposent aux administrés dès leur publication ou leur notification. Ils sont directement exécutoires et l'exercice d'un recours dirigé contre ceux-ci ne permet pas de faire obstacle à cette dernière constatation compte tenu de l'absence d'effet suspensif des recours[833]. Le législateur a organisé, pour remédier à cette situation, une procédure de sursis à exécution permettant aux justiciables d'assortir leur recours au fond d'une demande de suspension de l'exécution de la décision objet du recours. La loi du 30 juin 2000[834] a réformé cette procédure pour consacrer le référé-suspension, qui s'analyse en une voie de droit accessoire à un recours en annulation ou en réformation et dont le succès est conditionné à l'urgence et à l'existence d'un doute sérieux sur la légalité de la décision litigieuse[835]. La finalité de cette voie de droit montre bien que l'exercice du référé-suspension se conçoit essentiellement dans la perspective d'un jugement au fond ultérieur. La circonstance que le référé-suspension soit accessoire à un recours au fond et que, consécutivement, la recevabilité de la demande de suspension soit conditionnée à la recevabilité du recours principal, plaident en ce sens[836]. Au-delà de cette observation, il faut surtout reconnaître que le référé-suspension permet de préserver l'utilité ou l'efficacité du recours auquel la demande de suspension se rapporte. C'est ce qu'écrivent très justement les P.-L. Frier et J. Petit qui, envisageant la question de l'efficacité des recours contentieux, soulignent l'importance de procédures d'urgence permettant « en amont du procès au principal » de préserver les droits ou les intérêts des requérants[837].

---

833 Art L. 4 du CJA. V. G. Lavau, Du caractère non suspensif des recours devant les tribunaux administratifs, *RDP* 1950, p. 717.

834 Loi n°2000-597 du 30 juin 2000 relative au référé devant les juridictions administratives.

835 Art. L. 521-1 du CJA.

836 V. entre autres exemples, CE, 15 mai 2001, n°231802, Commune de Loches, T. p. 1099, RD imm. 2001, p. 404 ; CE, 1er mars 2004, n°258505, Socquet-Juglard, T. p. 825 ; *RD imm.* 2004, p. 220, obs. Soler-Couteaux. A. Ciaudo évoque à cet égard une « appréhension combinée de l'irrecevabilité en référé » (thèse, *op. cit.*, p. 435).

837 P.-L. Frier et J. Petit, *Droit administratif*, *op. cit.*, p. 611.

275. Cette capacité du référé-suspension à préserver l'utilité d'un recours au fond implique, pour les requérants qui en font usage, de placer ce recours dans la perspective d'un jugement au fond ultérieur. Cette manière de voir - et donc cette conception de la finalité du référé-suspension - se comprend aisément au regard de l'appréciation par le juge de la condition d'urgence. Le Conseil d'État juge ainsi « que la construction d'un bâtiment autorisée par un permis de construire présente un caractère difficilement réversible et que par suite, lorsque la suspension d'un permis de construire est demandée sur le fondement des dispositions de l'article L. 521-1 du Code de justice administrative, la condition d'urgence est en principe satisfaite »[838]. De la même manière, le juge des référés du Conseil d'État a pu ordonner, dans un arrêt du 12 février 2001, la suspension d'un arrêté ministériel dérogeant à la date de fermeture de la chasse aux oiseaux en repoussant cette dernière de six semaines[839]. L'exécution de la décision conduit à des conséquences irréversibles sur l'environnement, en l'occurrence sur la préservation des espèces ornithologiques. On comprend bien, ici, l'intérêt du référé-suspension. Si le recours au fond peut permettre d'annuler la dérogation, la suspension prononcée par le juge vise à maintenir l'intérêt qui s'attache à cette annulation[840]. Il est indéniable que le juge du référé-suspension apprécie la condition d'urgence en tenant compte du recours au fond qui a vocation à être exercé contre la décision dont la suspension est demandée, ce qu'il relève d'ailleurs parfois explicitement[841]. Enfin, le référé-suspension peut aussi permettre aux justiciables de rechercher la suspension de l'exécution d'un contrat[842], ce qui répond aussi à la volonté de préserver l'intérêt du recours au fond. Le référé-suspension peut être ainsi mis en œuvre pour éviter une « annulation platonique du contrat » qui se produirait s'il était impossible de remettre les parties dans leur situation précédant l'édiction de la décision de

---

[838] CE, 21 oct. 2005, n°280188, Marel, inédit ; *BJDU* 2006, p.55, concl. H. Mitjaville. V. encore, CE, 9 fév. 2011, n°338831, Chastanet, inédit.

[839] CE, ord., 12 fév. 2001, n°229797, France nature environnement, p. 56, *LPA* 6 mars 2001, p. 18, note de Gaudemar.

[840] Poursuivant une logique analogue, le Conseil d'État a relevé explicitement le caractère « irréversible » de l'opération de démantèlement de la coque de l'ancien porte-avions Clémenceau pour ordonner la suspension de décisions prévoyant l'autorisation d'exportation d'un tel matériel en vue de son désamiantage (CE, 15 févr. 2006, n°288801 et n°288811, Assoc. Ban Abestos France et a. ; *Environnement* 2006, étude 5, F. Braud et A. Moustardier).

[841] Dans une affaire relative à la suspension d'une décision prise par la commission nationale d'équipement commercial accordant à une société l'autorisation de créer une jardinerie, le Conseil d'État a considéré la condition d'urgence comme satisfaite et a accordé la suspension en relevant qu'avant la date d'ouverture du magasin « le Conseil d'État n'aura pas été en mesure de se prononcer sur la requête tendant à l'annulation pour excès de pouvoir de l'autorisation contestée » (CE, ord., 27 juin 2001, n°234089, Gaec Le Haut-de-l'Isle, T., p. 1115). De la même manière : CE, 6 avr. 2001, n°230338, France Télécom, T., p. 1114.

[842] V. CE, ass., 16 juill. 2007, n°291545, Sté Tropic travaux signalisation Guadeloupe. V. sur ce point, les développements importants consacrés par A. Sayede-Hussein (*Le juge administratif, juge du référé-suspension*, J.-M. Pontier dir., PUAM, 2014, p. 204 et s.). La solution reste quelque peu déroutante compte tenu de la lettre du Code (sur cette question, v. par ex. P. Delvolvé, note sous CE, Ass., 16 juillet 2007, Société Tropic Travaux Signalisation, *BJCP* 2007, n°54, p. 391.

signer[843] et/ou si le contrat venait à être entièrement exécuté avant que le juge du fond ne statue[844]. Ces solutions ne signifient pas que l'urgence à suspendre la décision est toujours conditionnée par le caractère irréversible ou difficilement réparable de l'exécution de l'acte à suspendre, mais permettent de faire remarquer que, dans un nombre important de situations, le référé-suspension est mis en œuvre dans la perspective, essentielle, de préserver l'intérêt, voir l'objet, du recours au fond coexistant.

276. Caractère préventif du référé-liberté. Contrairement au référé-suspension, le référé-liberté est un recours autonome qui n'accompagne pas nécessairement un recours au fond. À cet égard, le juge saisi au titre de l'article L. 521-2 n'apprécie pas la condition d'urgence compte tenu de l'exercice d'un recours ultérieur au fond puisque celui-ci n'est pas obligatoire. Il reste que, dans certains cas, le référé-liberté constitue bien, comme le référé-suspension, un préalable à l'exercice d'un recours ultérieur. Un exemple d'utilisation de ce référé en matière contractuelle le montrera. S'il est certain que cette matière ne constitue pas le principal terrain d'élection du référé-liberté, le juge administratif n'est pas rétif à ce que les requérants recherchent dans ce cadre, le bénéfice de la voie de droit ouverte par l'article L. 521-2 du Code de justice administrative[845]. En l'espèce, une société qui exploitait le casino municipal de Pau a présenté une candidature lorsque la commune a procédé au renouvellement du contrat d'exploitation de l'établissement[846]. Son offre n'ayant pas été retenue, au profit de celle d'une entreprise concurrente, la société a saisi le juge administratif des référés en arguant de l'atteinte grave et manifestement illégale à sa liberté d'entreprendre. Si le Conseil d'État n'a pas retenu une telle atteinte en l'espèce, c'est sur le fond qu'il a rendu sa décision, et non au stade de la recevabilité. L'utilisation du référé-liberté est ainsi admise dans son principe. Même si le juge s'y est refusé, ce recours permettait que soit suspendue l'exécution des contrats conclus entre la commune et la société dont la candidature avait été retenue. Cette suspension aurait permis qu'il puisse être statué sur la légalité du contrat signé dans le cadre d'un recours ultérieur au fond, dirigé contre un acte détachable du contrat et préalable à sa signature, exercé par cette société[847]. Le référé-liberté peut, dans ce cas, constituer un préalable utile à l'exercice d'un recours ultérieur au fond

---

[843] C. Paillard, Le référé-suspension, *JCP-A* 2016, n°51-52, 2336.

[844] A. Sayede-Hussein, *op. cit.*, p. 219.

[845] O. Le Bot, thèse, *op. cit.*, p. 391. V. entre autres exemples : R. Vandermeeren, Les procédures d'urgence devant le juge administratif en matière de contrats publics a la veille de l'entrée en vigueur de la loi du 30 juin 2000, *BJDCP* 2000, n°13, p. 396 ; D. Bailleul, « Les référés « suspension » et « liberté » au secours du référé précontractuel ? », *CMP* 2002, chron. n°8.

[846] CE, ord. 12 avril 2006, n°292255, Société Pau Loisirs.

[847] La décision intervient avant que ne soit rendue applicable la solution dégagée dans la décision Tropic précitée.

parce qu'il permet d'éviter le commencement de l'exécution du contrat, conduisant le juge du contrat à, rarement, prononcer la nullité de celui-ci.

277. À dire vrai, cet usage du référé-liberté à l'égard de ces actes détachables est relativement limité[848], mais, comme le référé-suspension, la voie de droit ouverte par l'article L. 521-2 du Code de justice administrative peut apparaître comme un préalable utile à l'exercice d'un recours ultérieur au fond. L'exercice de ces deux recours vise à saisir le juge de prétentions complémentaires. En effet, un référé-liberté ou un référé-suspension peut permettre d'obtenir une suspension d'une décision administrative dont l'annulation pourra être ultérieurement recherchée. Ceci permet de préserver l'intérêt, mais aussi parfois l'objet de la demande au fond. Cette association des référés et des recours au fond est fréquemment recherchée par les requérants compte tenu de la différence des prétentions qu'ils soumettent au juge. Dans une autre mesure, ces voies peuvent parfois s'opposer. Même si un référé ne permet pas de faire juger une prétention similaire à celle qui peut être présentée au juge dans le cadre d'un recours au fond, les requérants peuvent opter pour l'exercice du premier au détriment du second.

II. L'opposition ponctuelle entre référés et recours au fond

278. La possibilité pour les requérants d'exercer indistinctement un référé administratif et un recours au fond se traduit souvent par la mise en œuvre cumulée de ces voies de droit par les requérants, mais ceux-ci peuvent parfois seulement opter entre elles. L'absence de concurrence entre référés et recours au fond, qui sera montrée, ouvre cette alternative. Les requérants peuvent ne mettre en œuvre qu'un recours au fond, mais il s'agit de la voie normale pour résoudre une situation litigieuse compte tenu du caractère définitif de la solution juridictionnelle. De manière plus inattendue, ils peuvent n'exercer qu'un référé administratif et se satisfaire de la mesure ordonnée sans exercer, ultérieurement, un recours au fond. Marginalement, la mise en œuvre d'un référé constat ou d'un référé instruction peut suffire à résoudre une situation litigieuse. Ces référés permettent d'obtenir de la part du juge qu'il ordonne la constatation de faits matériels sur le fondement desquels une action ultérieure a vocation à être engagée ou, du moins, peut être éventuellement engagée. Ces recours ont pour finalité principale de préparer l'exercice d'un autre recours, ce que montrent leurs conditions d'octroi et la lecture que le juge en fait. Pour autant, la simple constatation des faits peut aboutir à une résolution non-juridictionnelle du litige. C'est ce que soulignent justement B. Daugeron et A. Jacquemet-Gauché. Le premier indique que le référé constat peut permettre

[848] Cet usage limité résulte vraisemblablement de l'existence du référé précontractuel, de la difficulté à démontrer l'existence, en matière contractuelle, d'une atteinte grave et manifestement illégale à une liberté fondamentale ainsi que de la possibilité corrélative d'exercer, en la matière, un référé-suspension.

d'aboutir à une « transaction réparatrice du dommage et de faire l'économie d'un long procès contentieux »[849] tandis que la seconde écrit : « l'expertise permet de déterminer la source des dommages et de proposer d'autres options qui limiteraient les nuisances et, par conséquent, les actions en responsabilité »[850]. D'autres référés peuvent aussi ponctuellement endosser une telle fonction conciliatrice[851], mais ce n'est pas en raison du fait que le référé puisse permettre de faire droit à leur demande. Ceci résulte du fait que l'Administration est, après l'ordonnance rendue en référé, parfois plus encline à la résolution du litige par la voie non juridictionnelle.

279. Aussi, un référé peut être la seule voie de droit mise en œuvre par un requérant compte tenu de ce qu'il permet de faire juger une prétention proche de celle dont il aurait pu saisir le juge dans le cadre d'un recours au fond, que celui-ci n'a plus d'intérêt à exercer. Les recours ne sont pas concurrents, mais le choix d'exercer seulement un référé administratif n'est pas exceptionnel. Ce choix peut être observé dans les cas où un référé d'urgence suffit à résoudre la situation litigieuse et rend inutile, ou surabondant, un recours au fond (A). Il peut encore être montré que le référé-provision, compte tenu de ce qu'il permet au juge d'octroyer une somme d'argent au requérant, prive parfois d'intérêt l'exercice d'une action indemnitaire ultérieure (B).

A. L'exercice unique d'un référé d'urgence

280. Dépassement du caractère provisoire des mesures à ordonner. La célérité de la procédure et les pouvoirs importants dont dispose le juge administratif des référés participent de l'attrait pour ces voies de droit. Un autre de ces traits caractéristiques des référés d'urgence réside, dans ce que le juge des référés est en principe tenu par le caractère provisoire des mesures à ordonner au regard de l'article L. 511-1 du Code de justice administrative. La jurisprudence montre néanmoins que le juge s'affranchit parfois de cette exigence[852] et qu'alors les référés d'urgence ne s'inscrivent plus seulement

---

[849] B. Daugeron, *op. cit.*

[850] A. Jacquemet-Gauché, *op. cit.* Certains auteurs disent du référé-instruction qu'il remplit une « fonction conciliatrice et « paracontentieuse » et (qu'il) ne débouche pas obligatoirement sur une instance contentieuse au fond » (J.-P. Jouguelet, J.-F. Gipoulon et P. Cadenat, Étendue des pouvoirs du juge des référés en matière de référé- instruction, *AJDA* 1993, p. 99)

[851] En ce sens, v. notamment, H. Muscat, Quinze ans de nouveaux référés administratifs, *JCP-A* 2016, n°51-52, 2335.

[852] En matière de référé-liberté, le juge relève expressément que les mesures ordonnées doivent, en principe, présenter un caractère provisoire « *sauf lorsque aucune mesure de cette nature n'est susceptible de sauvegarder l'exercice effectif* de la liberté fondamentale à laquelle il est porté atteinte ». En ce sens, v. parmi une jurisprudence abondante : CE, 31 mai 2007, n°298293, Syndicat CFDT Interco 28, p. 222 ; *AJDA* 2007, p. 1237, chron. F. Lenica et J. Boucher ; CE, 31 juill. 2017, n°412125, Cne Calais et ministre de l'Intérieur ; *JCP-A* 2017, act. 570 ; *JCP-A* 2017, 2225 ; CE, 30 avr. 2020, n°440250, *AJDA* 2020, p. 920 ; *AJ fam.* 2020, p. 269.

dans la perspective d'un recours ultérieur au fond[853]. Ceci est particulièrement visible pour le référé-liberté dont le Conseil d'État cherche à assurer le développement[854]. Il se peut alors que, lorsque le juge accède à une demande dont il est saisi sur le fondement d'un référé d'urgence, il mette fin au litige en ce que le requérant ne souhaite rien d'autre que la mesure obtenue. Plus souvent, la mesure reste provisoire en droit, puisqu'elle peut être remise en cause par l'exercice d'un jugement au fond ou en présence d'un élément nouveau devant le juge des référés[855], mais se veut définitive en fait[856]. C'est en ce sens qu'il convient d'aborder certaines décisions qui, au vu des effets définitifs qu'elles emportent sur le règlement de la situation litigieuse, peuvent être regardées comme dépassant le caractère provisoire des mesures à ordonner[857]. Ces mêmes mesures sont susceptibles d'affecter l'intérêt qui s'attache à exercer un recours ultérieur.

281. Caractère définitif, en fait, de la mesure ordonnée. La principale difficulté qui s'attache à circonscrire la notion de « provisoire » réside dans le doute quant à l'assimilation de ce dernier terme au caractère « réversible » de la mesure à ordonner. La doctrine se fait largement l'écho de cette assimilation. Ainsi, pour F. Lenica et J. Boucher, ce caractère provisoire doit s'apprécier « au regard de l'objet et des effets des mesures en cause, en particulier de leur caractère réversible »[858]. La notion de réversibilité souffre d'une définition mal assurée. Si les ordonnances du juge des référés restent toujours réversibles en droit parce qu'elles ne sont pas revêtues de l'autorité de la chose jugée, elles peuvent ne pas l'être en fait lorsque la mesure permet de régler définitivement le litige[859]. Par exemple, lorsque le juge saisi au titre

---

[853] Pour le référé-suspension, s'il est évidemment accessoire à un recours principal, le requérant conserve la possibilité de se désister de ses conclusions une fois la suspension obtenue.

[854] C'est ce que dit très bien C. Broyelle en indiquant que le juge du référé-liberté est parfois « autorisé à s'affranchir de la contrainte du provisoire » et qu'il est alors fréquent, en fait, que les mesures ordonnées soient définitives (*op. cit.*, p. 506). V. aussi, F. Dieu, Du provisoire à l'irréversible ou comment le juge de l'urgence pèse sur le comportement de l'Administration, *JCP-A* 2007, n°46, 2293.

[855] Art. L. 524-1 du CJA.

[856] La formule de F. Moderne peut être ici soulignée : « C'est jouer sur les mots que de qualifier « provisoires » des mesures sur lesquelles on sait pertinemment ne plus pouvoir revenir en fait » (F. Moderne, Vers la banalisation des procédures d'urgence, *RFDA* 2007, p. 91.

[857] Au surplus, il convient de ne pas confondre ce caractère provisoire avec l'immédiateté du résultat auquel la mesure permet de parvenir. Le juge du référé-liberté statue dans un délai de quarante-huit heures et il ne saurait donc ordonner des mesures qui impliquent une action sur le long terme. V. sur ce point, O. Le Bot, *Le guide des référés administratifs*, *op. cit.*, p. 412). Pour une illustration : CE, ord. réf., 30 juill. 2015, n°392043, Section française de l'observatoire international des prisons ; *JCP-A* 2015, act. 721 ; *JCP-A* 2016, 2069, chron. O. Le Bot ; CE, 27 nov. 2013, n°373300, Charle ; *RFDA* 2014, p. 531, note L. Fermaud.

[858] « Champ des mesures ordonnées en référé : Provisoires, sauf si... », *AJDA* 2007, p. 1237. Dans le même sens, O. Le Bot, *op. cit.*, p. 414.

[859] CE, 31 mai 2007, n°298293, Syndicat CFDT Interco 28. V. sur ce point, J. Petit, Propos conclusifs, Les 15 ans de la loi du 30 juin 2000 relative au référé devant les juridictions administratives, *JCP-A* 2016, n°51-52, 2341.

de l'article L. 521-3 du Code de justice administrative ordonne la communication de décisions administratives, la mesure est provisoire en droit, mais, en fait, irréversible puisque le requérant aura connaissance du document demandé[860]. Sur le fondement de l'article L. 521-2 du même Code, le juge administratif des référés a pu, par exemple, enjoindre une commune à autoriser la location d'une salle pour y effectuer une célébration religieuse[861]. Le succès du référé-liberté permet aux requérants, à qui la ville de Lyon avait initialement refusé la demande, de pratiquer la célébration à la date souhaitée. Il est parfaitement concevable que, dans ce cas, aucun recours au fond ne soit introduit. Qu'il soit statué sur la légalité de la décision de refus importe peu puisque la célébration s'est déroulée. Il n'est pas utile, non plus, de former une demande indemnitaire puisque le préjudice susceptible de résulter de l'illégalité de la décision n'est autre que celui découlant de l'impossibilité de pratiquer la célébration ; il n'existe pas puisque la célébration s'est tenue. Présente un caractère définitif la suspension par le juge du référé-liberté d'un arrêté municipal ou préfectoral ayant interdit la tenue d'un spectacle humoristique[862]. De manière générale, les ordonnances qui suspendent des décisions d'interdictions de diverses manifestations ayant vocation à se tenir dans une brève échéance présentent un caractère irréversible[863]. Ceci concerne d'ailleurs, aussi, les mesures prononcées sur le fondement de l'article L. 521-1 à la différence que le requérant a, dans ce cas, nécessairement exercé un recours au fond. Il pourra alors se désister de celui-ci et quelques cas montrent que ce recours au fond peut perdre son objet après la suspension prononcée[864]. Lorsque la suspension est ordonnée par le juge du référé-liberté, le recours au fond ne sera, vraisemblablement, pas introduit.

282. O. Le Bot relève enfin, dans une étude détaillée de l'emploi du référé-liberté en matière indemnitaire, que la carence du département dans la mise à

---

[860] CE, 11 mai 1979, n°11551, Ministre de la Santé et de la Famille c/ Espinasse. Dans le même esprit, est irréversible le fait d'ordonner au maire de faire dresser un procès-verbal d'infraction aux règles d'urbanisme et de le transmettre au Procureur de la République (CE, Sect., 6 févr. 2004, n°256719, Masier). De même, pour une mesure d'expulsion : CE, 28 mai 2001, n°230692, Société Codiam, T., p. 1136.

[861] CE, ord., 30 mars 2007, n°304053, Ville de Lyon, T., p. 1013 ; *AJDA* 2007, p. 1242, note S. Damarey. Dans le même sens : CE ord. 19 août 2002, n°249666, Front national, Institut de formation des élus locaux, p. 311 ; *AJDA* 2002, p. 1017, note X. Braud ; D. 2002. 2452 ; CE, ord. 9 juillet 2007, n°307046, Commune du Port, *AJDA* 2007, p. 1950.

[862] CE, ord., 26 fév. 2010, n°336837, Cne d'Orvault, *AJDA* 2010, p. 1104. V. égal., pour un arrêté préfectoral : CE, ord., 6 fév. 2015, n°387726, Cne Cournon d'Auvergne, p. 55.

[863] A. Bretonneau et J. Lessi, La question de l'arrêt de traitement devant le Conseil d'Etat, *AJDA* 2014, p. 790. Tel est aussi le cas des arrêtés préfectoraux « antidéplacement » de supporters, dont la suspension permet aux groupes destinataires des mesures d'assister à la rencontre sans qu'il ne leur soit donc utile de contester, au fond, l'arrêté une fois la rencontre passée (v. sur cette question, A. Simonneaux, Le Conseil d'État précise les « règles du jeu » en matière de restriction de déplacement de supporters de football, *JCP-A* 2020, n°37, 2242).

[864] CE, 4 déc. 2013, n°357839, Assoc. France Nature Environnement ; *Environnement et dév. durable* 2014, comm. 16 , note P. Trouilly.

disposition d'un auxiliaire de vie scolaire pour les personnes atteintes d'un handicap a conduit le juge administratif, saisi sur le fondement de l'article L. 521-2 à ordonner cette mise à disposition[865], sans que cette absence de mise à disposition n'ait « donné lieu à des procédures topiques au fond »[866]. Lorsque le requérant obtient une mesure définitive dans ses effets par la voie du référé-liberté l'éventualité d'un procès ultérieur au fond est nécessairement affaiblie. La décision prise par le juge du référé-liberté peut être regardée comme vidant le contentieux en fait et elle se suffit alors, le plus souvent, à elle-même[867].

283. Intérêt limité du recours au fond. L'intérêt d'exercer un recours au fond ne disparaît pas toujours lorsque la décision rendue par le juge des référés présente un caractère irréversible en fait. Tel est le cas, par exemple, lorsque le juge des référés, saisi au titre de l'article L. 521-2, suspend une décision préfectorale refusant de prêter le concours de la force publique pour faire procéder à une expulsion d'un terrain illégalement occupé appartenant à un particulier et ordonne au Préfet « de prendre toutes mesures nécessaires afin de procéder à l'expulsion »[868]. La solution est audacieuse et démontre parfaitement l'irréversibilité de la mesure, mais l'expulsion est tardive compte tenu du refus initial du Préfet de prêter le concours de la force publique. Cette circonstance rend concevable la mise en œuvre d'une action indemnitaire ultérieure. Ceci n'occulte pas le fait que, dans nombre d'hypothèses, l'intervention du juge des référés prive d'intérêt ou d'objet le recours au fond se rapportant à la même situation litigieuse. Le référé-liberté apparaît ainsi comme une procédure substantielle susceptible de constituer « l'unique intervention du juge dans le litige »[869]. Il faut, à cet égard, adhérer aux propos de D. Truchet, pour qui, le souci officiel du législateur, le 30 juin 2000, a été « de permettre au justiciable d'obtenir très rapidement une première décision du juge »[870]. Il écrit surtout que cette réforme est allée bien au-delà en transformant profondément l'office du juge et en lui donnant « un rôle de

---

[865] TA Marseille, ord., 21 déc. 2010, n°1008137 ; TA Toulouse, 26 oct. 2016, n°1604737. Pour la solution de principe : CE, ord., 15 déc. 2010, n°344729, min. Env. c/ P. ; *Dr. adm.* 2011, comm. 21, note Ph. Raimbault ; *JCP-A* 2011, 2066, note A. Legrand ; *AJDA* 2011, p. 859, note P.-H. Prélot.

[866] O. Le Bot, « Les référés libertés et mesures utiles, alternatives à un recours en responsabilité ? », *op. cit.*

[867] J. Petit, Propos conclusifs, Les 15 ans de la loi du 30 juin 2000 relative au référé devant les juridictions administratives, *op. cit.* Il faut néanmoins relever que l'intérêt d'une action indemnitaire peut subsister. Le recours en annulation peut en effet s'avérer peu utile au regard de la mesure obtenue, dont les effets sont « difficilement réversibles », mais cela n'entrave pas la possibilité du requérant à demander la réparation du préjudice subi.

[868] CE, 1er juin 2017, n°406103, SCI La Marne Fourmies.

[869] M. Guyomar et B. Seiller, *op. cit.*, p. 214. Dans le même sens, F. Melleray compte le référé-liberté au nombre des « fausses procédures d'urgences » qui « constituent, *in fine*, de véritables actions en justice » (thèse, *op. cit.*, p. 250). G. Eveillard écrit encore que le référé-liberté est, parfois, « un véritable recours au fond » (Quinze ans de mise en œuvre du référé-liberté, *JCP-A* 2016, n°51-52, 2337).

[870] D. Truchet, Droit administratif général, op. cit. p. 133.

prévention des abus que peut commettre l'Administration »[871]. L'intervention du juge des référés constitue certes la première décision obtenue par les justiciables, mais, dans plusieurs cas, elle est la seule décision juridictionnelle qu'il sollicitera.

B. L'exercice unique d'un référé-provision

284. Le référé-provision consiste, pour les personnes s'estimant titulaires d'une créance à l'égard de l'Administration, à saisir le juge administratif pour qu'il ordonne le versement d'une avance sur la somme totale de la créance. Le juge du référé-provision doit, pour accorder l'avance, constater que l'obligation de payer n'est « pas sérieusement contestable »[872]. Pour le dire autrement, il doit s'agir d'une somme dont il apparaît, avec évidence, que l'Administration est débitrice[873]. Des développements nombreux ont été consacrés à cette condition d'obtention de la provision pour le demandeur puisque, pour la regarder comme satisfaite, le juge administratif se doit, souvent, de se saisir du fond du litige[874]. Il est certain que l'appréciation du caractère « non sérieusement contestable » de l'obligation peut conduire le juge du référé-provision à entamer « plus que tout autre juge des référés le travail des juges du fond »[875], même si le Conseil d'État s'attache à affirmer le contraire[876]. Cette formule de C. Broyelle induit, à juste titre, que le référé-provision est un référé accessoire à un recours au fond. Il l'était obligatoirement avant l'entrée en vigueur du décret du 22 novembre 2000[877]. L'article R. 541-1 du Code de justice administrative doit être lu, depuis, comme faisant du référé-provision un recours autonome. Il reste que si les requérants ne sont pas tenus d'exercer un recours au fond lorsqu'ils souhaitent

---

[871] *Ibid.*

[872] Art. R. 541-1 du CJA.

[873] C. Broyelle, *op. cit.* p. 522. Pour C. Landais et F. Lenica l'objectif de ce référé « est de permettre au créancier d'obtenir une avance sur sa créance certaine ou quasi certaine » (L'illégalité de la décision fondant l'obligation ne rend pas cette dernière sérieusement contestable, *AJDA* 2006, p. 582).

[874] V. par ex. S. Verclytte, concl. sur CE, sect., 16 décembre 2005, Lacroix, *RFDA* 2006, p. 513.

[875] C. Broyelle, *op. cit.*

[876] L'obligation non sérieusement contestable doit apparaître du point de vue de l'office du juge du référé (Une décision juge que l'existence de l'obligation qui incombe, selon la ville, à l'État au titre des dotations en cause doit, « eu égard à l'office du juge du référé-provision, être regardée comme sérieusement contestable » (CE, sect., 29 janv. 2003, n°247909, Cne Annecy, p. 4 ; *AJDA* 2003, p. 613, concl. L. Vallée).

[877] Décret n°2000-1115 du 22 novembre 2000 pris pour l'application de la loi n°2000-597 du 30 juin 2000 relative au référé devant les juridictions administratives. Avant l'entrée en vigueur du décret, lorsque le demandeur saisissait le juge du référé-provision, il devait faire état d'une demande au fond, étant entendu que la recevabilité de la demande, accessoire, de provision pouvait dépendre de celle du recours principal Par exemple : CAA Lyon, 13 juin 1989, Centre Hospitalier de Hyères, p. 849 ; CAA Lyon, 31 déc. 1996, Commune de Cap d'Ail, p. 1088).

obtenir cette provision, ils associent fréquemment ces recours[878]. Le dire suppose tout à la fois de montrer l'absence de concurrence entre ces voies de droit compte tenu de la complémentarité des prétentions dont les juges peuvent être saisis. Cela impose aussi de faire état d'une limite importante à cette manière de faire qui découle de ce que la provision allouée peut suffire aux requérants et priver d'intérêt la mise en œuvre d'un recours au fond.

285. Absence de concurrence. La concurrence entre ces recours, pour être récusée, conduit à distinguer deux cas. Le premier, courant, est celui dans lequel le juge du référé-provision ne peut déterminer avec certitude l'étendue exacte de la créance du demandeur. C'est ce qu'a rappelé le Conseil d'État dans l'arrêt Thévenot rendu le 6 décembre 2013 : « dans l'hypothèse où l'évaluation du montant de la provision résultant de cette obligation est incertaine, le juge des référés ne doit allouer de provision, le cas échéant assortie d'une garantie, que pour la fraction de ce montant qui lui parait revêtir un caractère de certitude suffisant »[879]. La solution est fréquente[880] et illustre donc la possibilité pour le requérant de n'obtenir qu'une provision au sens strict du terme. L'exercice d'un recours au fond permettant de rechercher la condamnation d'une personne publique est rendu nécessaire pour obtenir l'intégralité de la somme que celui-ci estime devoir lui être alloué. Les recours envisagés ne tendent pas à faire juger des prétentions similaires puisque le montant des sommes en jeu est différent. La doctrine souligne d'ailleurs clairement que le montant de la provision allouée est généralement inférieur à celui de la créance. C'est ce qu'écrivent H. Belrhali et A. Jacquemet-Gauché en indiquant que la victime « ne va pas nécessairement obtenir en référé un montant équivalent à celui que lui attribuerait la juridiction au fond »[881] ou que « bien souvent, seule une partie de la créance est accordée par le juge du référé-provision »[882].

---

[878] En ce sens, v. J. Piasecki, *L'office du juge administratif des référés : entre mutations et continuité jurisprudentielle*, M. Paillet dir., Toulon, 2008, p. 121). Au surplus, une décision récente (au demeurant largement critiquée au regard du respect par la juridiction administrative du principe d'impartialité) montre bien que le référé-provision peut être suivi d'un recours au fond (CE, 5 juillet 2017, n°402481, Enec c/ Centre hospitalier Loire Vendée Océan, T., p. 747, *AJDA* 2017, p. 1424).

[879] CE, sect., 6 déc. 2013, n°363290, Thévenot, p. 309. V. égal., D. Hédary, concl. sur CE, sect., 6 déc. 2013, n°363290, Thévenot, *AJDA* 2014, p. 237.

[880] Par exemple : CE, 2 avr. 2003, Chantalou, n°249805, T., p. 909 ; *JCP-A* 2003. Actu. 1520, obs. C. Broyelle ;
; CE, 17 déc. 2003, Société Laser, n°250494. V. par ex. CE, 23 déc. 2003, n°253748, Société Bernard Travaux Polynésie, p. 848 ; *Dr. adm.* 2004, comm. 68 ; CE, 4 nov. 2005, n°263429, Sté AMEC Spie ; *BJCP* 2006, p. 55, concl. Boulouis, obs. Ch. Maugüé ; *CMP* 2006, comm. 75, note G. Eckert.

[881] H. Belrhali, Référé-provision : quand la responsabilité de l'Administration est « non sérieusement contestable, *AJDA* 2017, p. 1836.

[882] A. Jacquemet-Gauché, *op. cit.* p. 1819.

286. Le second cas, moins fréquent, est celui dans lequel le juge du référé-provision accorde une provision correspondant au montant total de la créance. Celle-ci peut donc être, dans son ensemble, non sérieusement contestable. En droit privé, la Cour de cassation l'admet depuis longtemps et juge bien que le montant d'une provision « n'a d'autre limite que le montant non sérieusement contestable de la dette alléguée »[883]. La jurisprudence administrative recèle aussi plusieurs exemples de cette manière de faire en ce que le juge accorde une provision dont le montant est celui de la créance alléguée envers la personne publique[884]. Le Conseil d'État a également pu annuler une provision ordonnée en ce qu'elle n'accordait qu'une partie de la créance que détenaient les ayants droit d'une personne infectée par le virus de l'hépatite C à la suite d'une transfusion sanguine à l'égard de l'Établissement français du sang. Ayant accordé 10 000€ de provision au titre du préjudice moral, le Conseil d'État juge que la juste appréciation de cette créance non sérieusement contestable conduit à condamner l'établissement à une provision de 65 000€ ; le montant résultant de la prise en compte de tous les chefs de préjudice invoqués par les demandeurs[885]. Mais, même lorsque l'intégralité de la créance n'est pas sérieusement contestable et que le juge accorde une provision de ce montant, il faut bien dire que les recours, en droit, ne sont pas concurrents. Au sens de l'étude, les prétentions sont différentes puisqu'il est bien demandé au juge d'enjoindre le versement d'une somme en référé-provision comme dans le cadre d'un recours indemnitaire, mais il s'agit d'une somme provisoirement acquise dans le premier cas tandis que, dans le second, la personne publique verse définitivement la somme. L'absence d'autorité de la chose jugée des décisions rendues par le juge des référés conduit à récuser la similarité des prétentions. Il convient ainsi d'écarter cette « concurrence » envisagée par A. Jacquemet-Gauché même s'il semble que cette dernière y fasse référence en l'entendant du point de vue de la stratégie contentieuse que les débiteurs peuvent adopter[886].

287. Libre exercice des recours. De cette étude des solutions jurisprudentielles par lesquelles le juge des référés accorde une provision ressort deux manières d'apprécier l'exercice, par les requérants, du référé-

---

[883] Cass. Com, 20 janv. 1981, n°79-13050, Bull. civ. 1981, IV, n°40. Dès lors qu'est démontrée l'absence d'obligation sérieusement contestable, le Juge des référés dispose d'un pouvoir souverain pour déterminer le montant de la provision à allouer au demandeur (Cass. com., 20 nov. 2007, n°06-20669). V. sur cette question, V. Mazeaud, *op. cit.*

[884] CE, 20 mars 2000, n°199013, T., p. 1157, Dpt des Hautes de Seine, CE, sect., 16 décembre 2005, n°274545, Lacroix, p. 584, *AJDA* 2006, p. 582, Chron. C. Landais et F. Lenica, *RFDA* 2006, p. 513, concl. S. Verclytte ; CE, 14 juin 2006, n°282317, Sté France Télécom Marine ; *Dr. fisc.* 2006, n°52, comm. 826 ; *RJF* 2006, n°1242 ; CE 12 juill. 2006, n°275638, Min. Int. c/ Bobrowska. V. sur ce point, C.-A. Dubreuil, « Le référé-provision, référé administratif au fond ? », *RFDA* 2007, p. 1013.

[885] CE 5 déc. 2005, n°275616, Etablissement Public du Sang, p. 549 ; *AJDA* 2005, p. 2432.

[886] *Op. cit.*

provision et d'un recours indemnitaire au fond. Ces recours conduisent ainsi qu'il l'a été dit, à faire, souvent, juger des prétentions complémentaires. Le référé-provision n'est qu'un préalable à la mise en œuvre d'un recours ultérieur au fond, dans le cadre duquel le montant de la créance du requérant sera définitivement fixé[887]. La provision accordée ne valant que pour une partie du montant total de la créance, le recours indemnitaire au fond permet au requérant d'obtenir la totalité des sommes réclamées et, surtout, permet de demander au juge saisi qu'il statue définitivement sur son droit subjectif à indemnité. Par ailleurs, ce recours au fond peut être rendu nécessaire lorsque le juge saisi refuse d'octroyer la provision en ce que l'obligation de payer est sérieusement contestable. L'exercice d'un recours au fond peut alors seul permettre au requérant d'obtenir l'allocation des sommes recherchées. Pour autant, cet intérêt à se faire succéder les recours peut être atteint, de fait, lorsque le juge octroie une provision d'un montant égal à celui de la créance dont le requérant estime être débiteur ou proche de celui-ci. Puisque le référé-provision est devenu un recours juridiquement autonome, et qu'il sera jugé avant que ne le soit le recours au fond[888], le requérant peut se satisfaire de la provision octroyée, sans engager un tel recours indemnitaire, ou se désister de celui-ci lorsqu'il a été exercé[889]. Cette possibilité que le montant de la provision puisse approcher celui de la créance n'est pas exceptionnelle, de l'aveu même du groupe de travail du Conseil d'État sur les procédures d'urgence[890]. On ne saurait mieux dire sur ce point que R. Chapus, qui émet l'opinion que le référé-provision permet parfois de « prévenir ou de terminer le litige principal »[891]. Le choix que le requérant manifeste en optant pour l'exercice unique du référé-provision peut en effet répondre à cette dernière affirmation, et ce d'autant plus que la personne publique débitrice peut se satisfaire d'une ordonnance de provision, notamment en raison de ce que les

---

887 V. sur cette idée : B. Plessix, *Droit administratif, op. cit.,* p. 1391. V. encore, H. Belrhali, *Responsabilité administrative*, LGDJ, Manuel, 2017, p. 284.

888 Même dispensé de la condition d'urgence, c'est la célérité de la procédure qui caractérise, entre autres éléments, l'office du juge des référés, au nombre desquels figure le référé-provision (V. Art. L. 511-1 du CJA).

889 H. Belrhali écrit ainsi, à raison, que lorsque le juge du référé-provision accorde une somme proche ou égale au montant de l'indemnité demandée « la provision allouée est fréquemment ordonnée à titre définitif, le référé-provision vide alors le litige indemnitaire de son contenu et conduit le requérant à abandonner toute velléité d'action au fond » (*Responsabilité administrative, op. cit.* p. 285).

890 Rapport du groupe de travail du Conseil d'Etat sur les procédures d'urgence, *RFDA* 2000, p. 941.

891 R. Chapus, *op. cit.*, p.1476. Dans le même sens, B. Plessix évoque un « substitut d'une demande au fond » (*op. cit.*, p. 1390). V. encore, S. Platon, « Le référé-provision administratif : référé ou procédure de jugement rapide ? », *Dr. adm.* 2008, n°1, étude 1.

intérêts que le juge prononce à l'occasion de la demande de provision[892] sont nécessairement d'un montant inférieur à celui qu'il pourrait retenir au fond[893].

288. En définitive, l'éventualité qu'un contentieux indemnitaire puisse être définitivement réglé ou préalablement éteint par l'exercice d'un référé-provision ne prête pas à discussion. Cette éventualité s'explique par la possibilité, pour le requérant, d'opter seulement pour l'exercice du référé provision, possibilité découlant de l'absence de concurrence entre cette voie de droit et le recours au fond.

§2. L'absence discutée de concurrence entre certains recours au fond

289. L'adoption d'un critère tiré de la similarité des prétentions que les requérants peuvent soumettre au juge dans le cadre de recours distincts conduit, sous quelques réserves, à écarter la concurrence entre recours au fond et des référés d'urgence. Certaines situations déjà exposées ont pu, à l'inverse, montrer la concurrence entre plusieurs recours au fond, auquel cas le juge ferme l'une des voies de droit dont disposent les requérants. La jurisprudence administrative montre également que cette concurrence peut être récusée par le juge lorsque celui-ci souligne que les recours dont disposent les requérants ne font pas juger la même chose[894]. Aussi, la récurrence de certaines solutions jurisprudentielles par lesquelles les requérants sont admis à exercer librement plusieurs recours s'explique par ce même constat que les voies de droit dont ils disposent visent à soumettre aux juges des prétentions différentes.

290. Sans qu'il soit nécessaire d'écarter chaque cas hypothétique de concurrence, quelques-uns de ces cas pour lesquels la concurrence pouvait

---

892 Sur la possibilité du juge de prononcer de tels intérêts : CE, 2 avr. 2004, n°256504, Sté Alstom Power Turbomachines, p. 150 ; *BJCP* 2004, n°35, p. 299, concl. Piveteau, note R.S.

893 La personne publique dispose toutefois, dans l'éventualité où la provision octroyée serait d'un montant supérieur à celui de la créance, définitivement arrêté, de la possibilité de recouvrer les sommes versées, compte tenu notamment de l'obligation faite au requérant de constituer des garanties (Art. R. 541-4 du CJA). Pour un exemple : CE, 20 déc. 2006, n°293399, Mme Bès, p. 573, *AJDA* 2007, p. 10.

894 Par exemple, une décision juge qu'une action en restitution devant le juge judiciaire du bien sans maître, et de son indemnisation éventuelle par le juge de l'expropriation en cas d'impossibilité de restitution, « n'ont pas le même objet ni les mêmes effets qu'un recours tendant à l'annulation pour excès de pouvoir d'un acte administratif incorporant le bien dans le domaine privé de la collectivité (…) qu'il s'ensuit que la commune de Castres n'est pas fondée à se prévaloir sur ce point d'une exception de recours parallèle » (CAA Douai, 7 avril 2016, n°, 12DA00287 Mme F et autres). Dans le même sens, la décision « Dame Chétrit » juge : « ce pourvoi, dirigé contre une décision individuelle prise à l'égard de l'intéressée, comporte des conclusions différentes de celles de la requête au Conseil d'Etat, formée à l'encontre de l'arrêté réglementaire (…) ; que, dès lors, le ministre de la Justice n'est pas fondé à soutenir que la demande sus analysée adressée au Tribunal administratif présenterait le caractère d'un recours parallèle rendant irrecevable le présent pourvoi » (CE, 6 janv. 1961, Dame Chétrit, p. 8). Sur l'analyse de cette décision, v. M. Waline, *Notes d'arrêt de M. Waline*, vol. II, Dalloz, 2005, p. 578.

être envisageable méritent mention. Faire état des solutions qui conduisent à récuser cette concurrence permet tout à la fois de préciser l'étendue de celle-ci et d'affirmer, lorsqu'elle ne se présente pas, que les justiciables peuvent indistinctement mettre en œuvre les recours dont ils disposent. En ce sens, peuvent être évoquées les prétentions parfois proches, mais distinctes, que les requérants peuvent soumettre au juge dans le cadre d'un recours pour excès de pouvoir et par la voie d'un recours de plein contentieux (I). Dans le même esprit, les recours permettant d'obtenir le versement d'une somme qu'il s'agisse de recours de plein contentieux objectif ou subjectif, peuvent généralement être associés par les requérants, sous réserve des oppositions déjà mentionnées, puisqu'ils ne sont pas concurrents (II). Enfin, le contentieux de la responsabilité traduit la possibilité pour les requérants de mettre en œuvre plusieurs recours indemnitaires pour faire réparer un préjudice causé par plusieurs responsables (III).

I. L'absence fréquente de concurrence entre les recours disponibles dans le contentieux des opérations administratives

291. Si la jurisprudence montre plus souvent une concurrence entre recours pour excès de pouvoir et recours de plein contentieux, le juge peut parfois mentionner explicitement une différence entre les prétention que le requérant peut soumettre dans le cadre de ces voies de droit. Par exemple, on sait que le Code de la construction et de l'habitation a ouvert un recours spécial destiné aux demandeurs reconnus comme prioritaires par la commission de médiation pour l'obtention d'un logement au titre du DALO lorsqu'ils n'ont pas reçu d'offre de logement correspondant à leur situation[895]. Le tribunal administratif saisi peut ainsi ordonner le logement ou le relogement ou l'accueil dans une structure de celui-ci par l'État. L'existence de cette voie de droit s'oppose à tout autre recours qui aurait pour but de faire exécuter par l'État la décision de la commission de médiation[896]. Tel n'est pas le cas du recours pour excès de pouvoir dirigé contre la décision par laquelle la commission d'attribution de l'organisme de logement social lui a refusé l'attribution d'un logement parce que cette demande « est détachable de la procédure engagée par ailleurs pour obtenir l'exécution de cette décision »[897]. Par une formulation déroutante, c'est la demande qui est considérée par le juge comme détachable de la procédure juridictionnelle engagée au titre de la voie de droit ouverte par la loi. Les termes de la décision font bien observer la différence de prétention entre les recours considérés tout comme la possibilité, pour le demandeur reconnu comme prioritaire, de les mettre en œuvre cumulativement.

292. Plus classiquement, cette faculté du recours pour excès de pouvoir à être exercé parallèlement à un recours de plein contentieux concerne la contestation des actes détachables d'opérations administratives. À cet égard, par une évolution récente de la jurisprudence, le juge administratif retient explicitement la possibilité pour les contribuables de contester certains actes d'imposition par la voie du recours pour excès de pouvoir alors qu'ils peuvent contester l'imposition elle-même, prise dans son ensemble, devant le juge fiscal (A). Le contentieux contractuel peut aussi être évoqué dans le même sens. Si le recours pour excès de pouvoir est irrecevable lorsqu'il est dirigé contre des actes détachables du contrat et se rapportant à sa formation ou qu'il vise une décision portant refus de résiliation d'un contrat administratif, celui-ci demeure recevable pour contester d'autres actes intervenant dans la réalisation de l'opération contractuelle (B).

---

[895] Art. L. 441-2-3-1 I) et II) du Code de la construction et de l'habitation.

[896] CE, ord., 11 janv. 2017, n°406154, Pasoon.

[897] CE, 14 févr. 2018, n°407124, Mariko.

A. La coexistence du recours de plein contentieux fiscal et du recours en annulation dirigé contre certains actes détachables de la procédure d'imposition

293. Actes d'imposition détachables. Si les tiers à une imposition peuvent contester certains actes que le juge considère comme détachables de l'opération fiscale, qu'ils soient réglementaires ou même individuels, c'est surtout la faculté pour les contribuables de le faire qui retient l'attention puisqu'ils disposent, par ailleurs, d'une voie de droit ouverte devant le juge fiscal. Par une jurisprudence séculaire, les actes administratifs réglementaires établissant des impositions directes ou indirectes peuvent être contestés devant le juge de l'excès de pouvoir[898]. Pour le requérant, l'annulation de l'acte réglementaire vise à obtenir, *in fine*, la décharge de l'impôt litigieux[899], mais aussi à éviter toute imposition ultérieure fondée sur l'acte attaqué[900]. Force est de constater que, lorsque ce requérant saisit le juge de plein contentieux fiscal, il ne soumet pas la même prétention. Sont également justiciables du recours pour excès de pouvoir, nonobstant l'existence du recours devant le juge de l'impôt, les actes qui précisent l'application des règles résultant du Code général des impôts[901] ou encore les instructions de l'Administration fiscale[902]. Le juge administratif a d'ailleurs pu relever explicitement la coexistence de ces voies de droit et la possibilité pour les contribuables de les emprunter cumulativement. Par exemple, saisi d'un recours pour excès de pouvoir dirigé

---

[898] *V. supra*, p. 126.

[899] L'annulation, engendre pour le juge, l'obligation d'ordonner à l'Administration le dégrèvement d'office des impositions établies en vertu de l'acte condamné (puisque l'acte individuel d'imposition ne peut être légalement édicté qu'en vertu d'un acte réglementaire régulier, v. sur ce point, CE, sect., avis, 30 déc. 2013, n°367615, Mme Okosun, p. 342, concl. X. Domino ; *JCP-A* 2014, act. 65, note L. Erstein ; *JCP-G* 2014, doctr. 547, chron. G. Eveillard). C. de la Mardière souligne que le contribuable peut alors demander à l'Administration fiscale le dégrèvement même si, en cas de refus, il lui reviendra d'exercer un autre recours pour obtenir qu'il soit enjoint à l'Administration d'y procéder (C. de la Mardière, *Recours pour excès de pouvoir et contentieux administratif de l'impôt*, M. Cozian dir., LGDJ, BDP 2002, p. 162).

[900] Sur ce point : T. Lambert, *Procédures fiscales, op. cit.*, p. 630 et s. La formule de C. de la Mardière doit ici emporter la conviction : « Le recours pour excès de pouvoir dirigé contre les règlements fiscaux offre des avantages que n'a pas l'action du plein contentieux de l'imposition ; on comprend donc son utilité » (*op. cit.*, p. 183).

[901] C'est notamment le cas des arrêts d'assimilation, qui s'appliquent aux contribuables exerçant une même profession (CE, 21 mars 1969, n°72761, Société Hauser, p. 178, concl. Bertand ; *AJDA* 1969, p. 468). V. égal, dans le même esprit : CE, sect., 16 déc. 2005, n°272618, Sté Friadent France, p. 580, *JCP-E* 2006, 1194 ; *Procédures* 2006, comm. 59, note S. Deygas ; *AJDA* 2006, p. 721 ; *RJF* 3/2006, n°294 ; *BDCF* 3/2006, n°36, concl. L. Olléon ; CE, 6 juin 2008, n°299287, SNRPO, inédit, *RJF* 2008, p. 1065.

[902] CE, sect., 4 mai 1990, n°55124 à 55137, Assoc. Freudienne ; *RJF* 6/1990, n°674 ; *RJF* 8-9/1990, n°1101 et p. 535, chron. J. Turot. V. aussi, CE, 25 nov. 2009, n°323334, Lachmann. Pour une décision refusant le bénéfice d'un agrément fiscal : CE, Sect., 10 mars 1967, Ministre de l'économie et des finances c/ Société Samat, p. 112 ; *AJDA* 1967. 280, concl. Y. Galmot. Pour une décision relative à l'assujettissement à la TVA (CE, 20 juill. 1990, n°84846, Assoc. pour l'action sociale de la Charente-Maritime (APAS) ; *Dr. fisc.* 1990, n°41, comm. 1867, concl. P.-F. Racine ; *RJF* 10/1990, n°1177. V. sur cette question : J. Martinez-Mehlinger, *Le recours pour excès de pouvoir en matière fiscale*, L'Harmattan, Logiques juridiques, 2002, p. 530 et s.

contre une instruction de la directrice de la législation fiscale du 26 aout 2008, le Conseil d'État juge que « le recours pour excès de pouvoir formé par M. et Mme A est dirigé contre un acte détachable de la procédure d'imposition ; que, par suite, le ministre du Budget, des Comptes publics, de la Fonction publique et de la Réforme de l'État n'est pas fondé à soutenir que ce recours serait irrecevable en raison du recours parallèle de plein contentieux dont les requérants disposent et qu'ils ont d'ailleurs exercé »[903]. Les prétentions poursuivies par les requérants à l'occasion de chacun de ces recours sont bien différentes puisque le recours pour excès de pouvoir exercé contre l'instruction ne vise pas à la récupération des sommes relatives à l'imposition que les requérants estiment illégale.

294. Contentieux des rescrits fiscaux. Cette absence de concurrence des recours explicitement relevée par le juge est encore visible dans la jurisprudence administrative récente relativement au contentieux des rescrits fiscaux[904]. Ces actes permettent aux contribuables d'obtenir que l'Administration fiscale, par une décision administrative, fasse état par écrit du régime fiscal qu'elle estime applicable à leur situation ou à une opération qu'ils envisagent de réaliser[905]. Cette prise de position par l'Administration vise à éviter, en particulier, un rehaussement d'imposition dans le souci de prévenir les difficultés susceptibles de faire naître un contentieux fiscal. Le juge administratif refusait auparavant de connaître des demandes tendant à l'annulation de telles prises de position formelles de l'Administration sur une situation de fait du contribuable. Le fait que celles-ci fassent grief au demandeur ne suffisait pas à faire admettre la recevabilité du recours compte tenu de leur absence de caractère détachable ; c'est ce qui ressort notamment de la décision « Association Pro-musica »[906].

295. Cette position jurisprudentielle a connu un infléchissement notable, par la décision du 2 décembre 2016. La formule de principe perdure : « une telle décision ne peut, compte tenu de la possibilité d'un recours de plein contentieux devant le juge de l'impôt, pas être contestée par le contribuable

---

[903] CE, 13 janv. 2010, n°321416, M. et Mme Nemo. V. égal, évoquant le « problème des circulaires » dans l'analyse des décisions susceptibles de recours en annulation en matière fiscale : M.-C. Bergères, Le recours pour excès de pouvoir en matière fiscale, *Procédures* 2003, n°4, chron. 7.

[904] Selon les propos d'A.-L. Girard, le rescrit trouve particulièrement à s'appliquer à la matière fiscale (A.-L. Girard, Le rescrit, *RFDA* 2018, p. 838).

[905] Le Conseil d'État a pu définir le rescrit comme « une prise de position formelle de l'Administration, qui lui est opposable, sur l'application d'une norme à une situation de fait décrite loyalement dans la demande présentée par une personne et qui ne requiert aucune décision administrative ultérieure » (La documentation française, *Rapport annuel du Conseil d'État*, 2014, p. 15).

[906] CE, 26 mars 2008, n°278858, Association Pro-Musica, p. 116 ; *Dr. fisc.* 2008, comm. 368, concl. F. Séners, note O. Fouquet ; *JCP-A* 2008, 2175, note F. Dieu.

par la voie du recours pour excès de pouvoir »[907]. Néanmoins, le rescrit peut désormais faire l'objet d'un recours en annulation « lorsque la prise de position de l'Administration, à supposer que le contribuable s'y conforme, entraînerait des effets notables autres que fiscaux et qu'ainsi, la voie du recours de plein contentieux devant le juge de l'impôt ne lui permettrait pas d'obtenir un résultat équivalent »[908]. E. Cortot-Boucher a proposé l'évolution jurisprudentielle envisagée en raison des « effets propres » que produisent les rescrits en insistant sur le fait que le recours fiscal ne puisse aboutir, pour le contribuable, à ce que cessent les « effets pratiques non fiscaux » engendrés par un rescrit, le cas échéant contraires au droit[909]. L'absence de concurrence entre ces voies de droit réside moins dans l'absence de « protection équivalente »[910] à l'annulation du rescrit qu'offre le recours de plein contentieux objectif, mais s'explique surtout par le fait que l'office du juge de l'impôt ne lui permet pas de connaître de la prétention formée par le requérant dans le cadre du recours pour excès de pouvoir. Le rescrit fiscal peut entraîner des effets que le juge de l'impôt ne peut réparer et les contribuables se sont alors vu reconnaître la faculté d'emprunter cumulativement plusieurs voies de droit. Cette solution, ultérieurement confirmée[911] conduit à partager avec J.-M. Mehlinguer l'opinion que, parfois, le recours pour excès de pouvoir constitue le « suppléant du recours fiscal »[912].

B. La coexistence des recours en annulation du contrat et du recours en annulation dirigé contre certains actes détachables de l'exécution d'un contrat administratif

296. Le contentieux contractuel, qu'il concerne les parties à un contrat administratif ou les tiers par rapport à celui-ci, donne à voir plusieurs hypothèses de concurrence des recours, mais aussi, dans une large part, la

---

[907] CE, sect., 2 déc. 2016, n°387613 et a., Min. Finances et Comptes publics c/ Sté Export Press.

[908] *Ibid.* Le Conseil d'Etat précise ensuite utilement les hypothèses non exhaustives dans lesquelles ce recours en annulation peut désormais être exercé (tel est le cas, par exemple, lorsque le fait de se conformer à la prise de position de l'Administration aurait pour effet, en pratique, de faire peser sur le contribuable de lourdes sujétions, de le pénaliser significativement sur le plan économique ou encore de le faire renoncer à un projet important pour lui ou de l'amener à modifier substantiellement un tel projet).

[909] E. Cortot-Boucher, concl. sur CE, 2 déc. 2016, Min. de l'Economie et des Finances c. Société Export Press, non publiées.

[910] En effet, le recours fiscal ne peut permettre de réparer les effets pénalisants, pour le contribuable, engendrés par le rescrit.

[911] CE, 1er juill. 2019, n°421460, Sté Biomnis, p. 260 ; *RJF* 10/2019, n°965 et p. 1347, concl. R. Victor (La décision juge que, « compte tenu des enjeux économiques qui motivent l'option pour l'intégration fiscale et des effets notables autres que fiscaux qui sont susceptibles de résulter du refus opposé par l'Administration pour les sociétés concernées », cette décision peut être contestée par la voie du recours pour excès de pouvoir, même si « les sociétés concernées pourraient ultérieurement former un recours de plein contentieux devant le juge de l'impôt en vue d'obtenir, le cas échéant, les restitutions d'impôt résultant de la constitution d'un groupe fiscal intégré »).

[912] J. Martinez-Mehlinger, thèse, *op. cit.*, p. 343.

simple coexistence de plusieurs voies de droit. En ce sens, si les requérants peuvent parfois saisir plusieurs juges de prétentions similaires, ils disposent aussi, dans d'autres cas, de la possibilité d'exercer plusieurs recours leur permettant de faire juger des prétentions distinctes et qu'ils peuvent librement introduire sans que l'un d'eux ne leur soit fermé en raison de l'existence d'autres voies de droit disponibles. Tel est le cas lorsque les recours au fond s'accompagnent de la mise en œuvre de référés administratifs, qu'il s'agisse des référés d'urgence ou des référés spécifiques à la matière contractuelle. De la même manière, la possibilité reconnue aux tiers de contester la validité d'un contrat administratif ou une décision portant refus de résilier un contrat administratif par des recours de plein contentieux ne saurait leur fermer le recours pour excès de pouvoir dirigé contre certains actes détachables de l'exécution d'un contrat administratif.

297. Actes détachables de l'exécution du contrat. La volonté d'obtenir l'annulation d'un acte détachable de l'exécution d'un contrat administratif, sauf dans le cas particulier des décisions portant refus de résiliation[913], ne peut être regardée comme une demande tendant, indirectement, à mettre fin à l'exécution du contrat. C'est cette conception qui a justifié la fermeture du recours pour excès de pouvoir contre les actes détachables du contrat et se rapportant à sa formation, mais elle ne saurait être réitérée pour les actes relatifs à son exécution. À cet égard, un requérant qui conteste un acte réglementaire nécessaire à l'exécution d'un contrat[914] ou une mesure prise pour l'exécution d'une clause réglementaire d'un contrat ne cherche pas nécessairement l'annulation ou la résiliation du contrat[915]. C'est d'ailleurs ce que laisse entendre G. Pélissier lorsqu'il écrit que la décision Transmanche ne saurait traiter de l'ensemble des actes postérieurs à la conclusion du contrat actuellement susceptibles de recours pour excès de pouvoir puisque le contentieux de ces actes « soulève des questions très différentes »[916] de celle relative à la contestation des décisions portant refus de résiliation. D'ailleurs, l'on peut même admettre que, dans certains cas, le requérant qui conteste un acte d'exécution d'un contrat administratif soumet au juge une prétention contraire à celle dont il peut saisir le juge du contrat au titre d'un recours en contestation de validité de celui-ci. Tel est le cas lorsqu'est contestée une

---

[913] G. Pélissier écrit justement, sur ce point, que le recours dirigé contre le refus une décision portant résiliation, qu'il propose au Conseil d'Etat de reconnaître par la décision Transmanche, doit être dirigé vers le juge du contrat et « recentré sur l'objectif recherché par le requérant, qui est d'obtenir la cessation de l'exécution du contrat » (G. Pélissier, concl. sur CE, 30 juin 2017, Syndicat mixte de promotion de l'activité transmanche (SMPAT), *op. cit.*)

[914] CE, sect., 9 déc. 1983, n°30665, Ville de Paris, p. 499, concl. Genevois.

[915] CE, 13 oct. 1976, SCI de la rue des Farges, p. 375 ; CE, 3 févr. 2012, n°353250, Comité d'agglomération de Villefranche-sur-Saone, inédit.

[916] G. Pélissier, *op. cit.*

décision de résiliation[917] à l'égard de laquelle le recours pour excès de pouvoir demeure possible pour les tiers[918]. L'exercice d'un tel recours témoigne du souhait de voir se poursuivre l'exécution du contrat, souhait qui peut être celui des membres de l'organe délibérant d'une collectivité territoriale cocontractante, par ailleurs recevables à saisir le juge d'un recours en contestation de validité du contrat[919] ou d'un recours dirigé contre une décision portant refus de résiliation d'un contrat administratif[920]. Puisque les recours ont vocation à faire juger des prétentions distinctes, le juge ne limite pas leur mise en œuvre, même si la stratégie contentieuse que les requérants adoptent peut toutefois conduire à les exercer alternativement plutôt que de manière cumulée.

298. Clauses réglementaires. Cet exercice indistinct des recours caractérise aussi, on l'a dit, la contestation des clauses réglementaires des contrats administratifs : celles-ci peuvent faire l'objet d'un recours pour excès de pouvoir tandis que le contrat auquel elles se rapportent peut, lui, être contesté devant le juge de plein contentieux. Le cas des clauses tarifaires des contrats de délégation de service public mérite toutefois d'être plus largement abordé. En effet, l'exercice d'un recours pour excès de pouvoir dirigé contre de telles clauses qui fixent le tarif des prestations assurées dans le cadre d'une délégation de service public, par l'annulation qu'il permet d'obtenir, peut conduire, *de facto*, à la nullité du contrat. Cette annulation n'a en principe pas d'effet sur le contrat dont l'exécution se poursuit, même malgré l'importance de la clause du point de vue de l'économie générale du contrat[921]. En effet, le Conseil d'État a récemment rappelé que, même si les clauses tarifaires d'un contrat de délégation revêtent un caractère réglementaire, parce qu'elles se

---

[917] CE, 2 févr. 1987, n°81131, Sté TV6 ; CE, 27 avr. 1998, n°185644, Confédération des syndicats médicaux français, p. 180, *Dr. adm.* 1998, comm. 254, obs. C.M., *RFDA* 1999. 97, concl. Maugüé.

[918] CE, sect., 30 juin 2017, n°398445, Synd. mixte de promotion de l'activité transmanche. Sur ce point, v. H. Hoepffner, L'action en rupture des relations contractuelles ouverte aux tiers, *op. cit.* Evoquant un « îlot d'excès de pouvoir » que constitue les décisions de résiliation : G. Odinet et S. Roussel, Rénovation du contentieux contractuel : travaux de finitions, *AJDA* 2017 p. 1669.

[919] CE, ass., 4 avril 2014, n°358994, Département du Tarn et Garonne. V. aussi, sur cette question, B. Dacosta, Esquisse d'une typologie des requérants en matière contractuelle, *AJDA* 2014, p. 2049 ; B. Faure, « L'intérêt pour agir des membres des assemblées locales contre les actes de leur collectivité Pourquoi le juge a-t-il plusieurs définitions ? », *AJDA* 2018, p. 1400.

[920] CE, sect., 30 juin 2017, n°398445, Synd. mixte de promotion de l'activité transmanche (La décision juge que « s'agissant d'un contrat conclu par une collectivité territoriale ou un groupement de collectivités territoriales, cette action devant le juge du contrat (*le recours en réalisation ouvert par la décision*) est également ouverte aux membres de l'organe délibérant de la collectivité territoriale ou du groupement de collectivités territoriales concerné ainsi qu'au représentant de l'Etat dans le département »).

[921] F. Brenet, La clause réglementaire, Cohérence et actes administratifs (F. Brenet et A.-L. Girard dir.), Faculté de droit et des sciences sociales de Poitiers, Actes et colloques, 2020, p. 189.

rattachent au fonctionnement du service public délégué[922], « les tarifs sont au nombre des éléments essentiels qui concourent à l'équilibre économique du contrat »[923]. D'un point de vue contentieux, le caractère réglementaire des clauses les fait regarder comme divisibles « par nature » du contrat qu'elles accompagnent[924] et peuvent être contestées par les tiers par la voie du recours pour excès de pouvoir[925] alors même que les parties ne bénéficient pas de cette possibilité[926].

299. Ceci suppose deux remarques. La première n'est pas liée à la concurrence des recours, mais fait observer que la théorie de la double nature des clauses réglementaires, conception retenue par le droit positif[927], comporte alors une faiblesse importante dans le cas des clauses tarifaires. Le recours exercé par les tiers peut conduire à affecter la survie du contrat pour les parties compte tenu de ce que cette clause qui fixe la rémunération du titulaire du contrat est déterminante de son consentement et se veut logiquement essentielle à l'équilibre économique du contrat[928]. La seconde remarque conduit à ne traiter que de la situation contentieuse des tiers qui sont donc recevables à demander l'annulation de telles clauses, privant d'intérêt la poursuite du contrat, tandis qu'ils peuvent contester la validité de celui-ci pour obtenir sa résolution ou sa résiliation devant le juge du contrat[929]. En ce sens, il pourrait être envisagé que la similarité des prétentions que ces requérants peuvent soumettre au juge dans l'un et l'autre des cas conduise à ce que le juge ferme le recours pour excès de pouvoir lorsqu'il est dirigé contre une clause tarifaire d'un contrat de délégation de service public en retenant, par exemple, la circonstance que les recours ont le même objet. Deux raisons imposent néanmoins d'écarter cette concurrence des recours. D'abord, considérer que le requérant qui demande l'annulation des tarifs d'une concession entend rechercher la nullité de celle-ci relève d'une interprétation

---

[922] CE, 21 déc. 1906, Synd. Propriétaires et contribuables du quartier Croix de Seguey-Tivoli, p. 962 ; D. 1907, jurispr. p. 41, concl. Romieu ; S. 1907, p. 33, note M. Hauriou ; CE, 9 févr. 2018, n°404982, Communauté d'agglomération Val d'Europe Agglomération.

[923] CE, 9 mars 2018, n°409972, Cne Mont-Saint-Michel ; *CMP* 2018, comm. 120 ; *Dr. adm.* 2018, alerte 63 ; *JCP-A* 2018, 2195.

[924] CE, sect., 8 avr. 2009, n°290604, Assoc. Alcaly et a.

[925] CE, ass., 10 juill. 1996, n°138536, Cayzeele ; CE, 9 févr. 2018, n°404982, Val d'Europe Agglomération.

[926] Ces clauses restent contractuelles pour les parties (sur ce point, v. P. Terneyre, Réflexions nouvelles sur les « clauses à caractère réglementaire » des contrats administratifs à objet de service public, *RFDA* 2011, p. 893 J. Bousquet, L'effet relatif des contrats administratifs, à propos de décisions récentes, *RFDA* 2020, p. 443.

[927] V. *supra*, p. 110. N. Boulouis écrit également que la définition même des clauses réglementaires implique leur divisibilité d'avec le reste du contrat : « c'est bien parce que comme clauses ou comme dispositions reglementaires, elles pourraient figurer à l'extérieur de ce contrat, dans un acte unilatéral, qu'elles sont réglementaires. Elles le sont « en principe ou même par nature » (concl. sur CE, 8 avril 2009, Association ALCALY et autres, non publiées).

[928] V. sur ce point, H. Hoepffner, L'encadrement de la modification d'une concession par les principes généraux de la commande publique, *AJDA* 2018, p. 1104.

[929] CE, 9 févr. 2018, n°404982, Val d'Europe Agglomération.

éminemment subjective de la demande par le juge saisi. Cette interprétation est admissible pour ceux des recours en annulation dirigés contre les actes détachables des contrats administratifs se rapportant à la passation tant il est notoire que les auteurs de ces recours recherchent, *in fine*, la nullité du contrat. Elle serait exagérément critiquable si elle était mobilisée pour la contestation de telles clauses puisque les tiers peuvent se satisfaire du contrat de concession, en estimant, par ailleurs, que certaines modalités d'organisation du service public sont illégales, que cela concerne les clauses tarifaires ou, d'ailleurs, d'autres clauses réglementaires.

300. La seconde raison exige de considérer la personne du requérant. Force est de constater, comme l'écrit à raison B. Defoort, que la contestation des clauses ou des décisions refusant d'abroger ces clauses est un contentieux essentiellement engagé par les usagers du service public[930] qui estiment que la prestation fournie par le délégataire de service public l'est dans des conditions illégales. O. Henrard écrit aussi que la notion de clause réglementaire, essentiellement fonctionnelle, « n'a en effet été dégagée qu'à seule fin de permettre aux tiers, particulièrement aux usagers, de faire valoir leurs droits, s'agissant de l'organisation et du fonctionnement du service public »[931]. Or, les usagers du service public ne disposent pas d'un intérêt à agir suffisant pour saisir le juge du contrat en application de la décision Département du Tarn-et-Garonne. Pour eux, les recours ne peuvent pas, hypothétiquement, être concurrents parce qu'ils ne coexistent même pas. À cet égard, la concurrence entre le recours en contestation de validité du contrat et le recours pour excès de pouvoir visant les clauses tarifaires des contrats de délégation de service public doit être récusée.

II. L'absence de concurrence entre les recours indemnitaires et d'autres recours permettant l'obtention d'une somme d'argent

301. Recours indemnitaire et recours de plein contentieux objectif. Les contentieux pécuniaires donnent lieu à un recours de plein contentieux objectif dans le cadre duquel le juge saisi peut ordonner la restitution d'une somme au requérant ou réduire le montant d'une telle somme mise à sa charge. Le contentieux fiscal et le contentieux des pensions illustrent particulièrement bien ce pouvoir du juge. Par ailleurs, les requérants disposent de la possibilité de rechercher la responsabilité de l'Administration à raison de l'accomplissement de ces opérations administratives en arguant d'une illégalité fautive commise et ayant entraîné un préjudice pour le requérant.

---

[930] B. Defoort, Les paradoxes du contentieux des actes administratifs unilatéraux : à propos de quelques arrêts récents, *RFDA* 2018, p. 1071. V. par ex., CE, 3 févr. 2012, n°353250, Comité d'agglomération de Villefranche-sur-Saone.

[931] O. Henrard, concl. sur CE, 9 fév. 2018, Val d'Europe agglomération, non publiées.

Lorsque le montant de ce préjudice allégué correspond à la somme que le requérant peut obtenir en saisissant le juge de plein contentieux objectif, les recours sont concurrents et le recours en responsabilité est irrecevable[932]. En revanche, la concurrence est récusée lorsque le préjudice dont le requérant recherche la réparation en argent n'est pas égal à la somme qu'il peut récupérer dans le cadre d'un recours de plein contentieux objectif. La décision « SCI Saint Michel » le fera bien comprendre[933]. En l'espèce, une société civile immobilière avait cherché à mettre en cause la responsabilité de l'État en invoquant un préjudice découlant d'un rappel de droits en principal mis à sa charge par l'Administration fiscale. La Cour administrative d'appel avait rejeté la réclamation de la société en considérant que celle-ci n'avait pas saisi le juge de première instance, à savoir le juge fiscal, dans le cadre des dispositions figurant à l'article R.199-1 du livre des procédures fiscales. Le Conseil d'État a infirmé cette solution en relevant que l'action engagée par la société tendait « non à l'octroi d'une indemnité équivalant à la décharge, non obtenue, des droits en principal qu'elle a dû acquitter, mais à la réparation du préjudice distinct, de caractère commercial et financier »[934] constitué par le retard mis par l'Administration à dégrever la société des pénalités pour mauvaise foi dont l'imposition litigieuse avait été assortie. En ce sens, le préjudice causé par l'imposition prétendument illégale que constitue la privation de la somme ne peut être réparé par le juge de la responsabilité puisqu'il s'agit de la même prétention que celle susceptible d'être soumise au juge de l'impôt. En revanche, le juge de l'impôt ne peut être saisi de la demande formée par la société et tendant à réparer un préjudice non directement lié à une imposition litigieuse et les deux recours de plein contentieux dont dispose la société tendaient à faire juger, dans ce cas, des prétentions distinctes. Les recours peuvent ainsi être exercés ensemble[935].

302. Recours indemnitaire et recours en annulation d'une décision à objet pécuniaire. Dans le même esprit, on sait que le juge administratif, en application de la jurisprudence Lafon, s'oppose au recours en responsabilité lorsqu'il vise à faire réparer un préjudice dont le montant est égal à celui visé par une décision à objet exclusivement pécuniaire devenue définitive[936]. En

---

[932] CE, 8 janv. 1960, Lafon, p. 15.

[933] CE, 5 juill. 1996, n°150398, SCI Saint-Michel. Dans le même esprit : CE, 6 mai 2015, n°369512 ; CAA Nancy, 14 nov. 2019, n°18NC01269.

[934] *Ibid.* Dans le même sens, en matière de pensions : CE, 20 mars 1996, n°171159, Lakhdar.

[935] Comme le font justement remarquer D. Chauvaux et T.-X. Girardot, le juge de l'action indemnitaire pourra statuer sur la légalité de l'imposition sans être lié par l'appréciation portée sur ce point par le juge fiscal puisque cette appréciation n'aura pas à son égard l'autorité de la chose jugée, faute pour la condition d'identité d'objet entre les deux litiges d'être remplie (D. Chauvaux et T.-X. Girardot ? Conséquences de l'incompatibilité de la législation française en matière de TVA avec le droit communautaire, *AJDA* 1996, p. 980.

[936] CE, 8 janv. 1960, Lafon.

revanche, lorsque le requérant cherche à faire réparer un préjudice distinct de celui né de la privation de la somme d'argent par l'effet de la décision contestée, sa demande est recevable. C'est ce que rappelle le Conseil d'État dans une décision récente : « Dès lors qu'une décision ayant un objet exclusivement pécuniaire est devenue définitive avec toutes les conséquences pécuniaires qui en sont inséparables, toute demande ultérieure présentée devant le tribunal administratif qui, fondée sur la seule illégalité de cette décision, tend à l'octroi d'une indemnité correspondant aux montants non versés ou illégalement réclamés est irrecevable »[937]. Dans cette espèce, un demandeur d'emploi s'est vu refusé le bénéfice de l'allocation équivalent retraite par une décision de Pôle emploi, au motif que cette demande a été déposée trop tardivement. Le tribunal administratif saisi en première instance a opposé au requérant l'existence du recours parallèle que constituait la possibilité, pour lui, de contester la décision de refus de Pôle emploi. Le Conseil d'État juge recevable le recours indemnitaire formé par le requérant parce qu'il était fondé sur des agissements fautifs de pôle emploi ayant, selon lui, conduit à le priver de la possibilité de soumettre sa demande dans le délai exigé.

303. La concurrence des recours est écartée lorsqu'un requérant cherche, par un recours en responsabilité à obtenir une somme d'argent qui ne correspond pas à celle en jeu dans le cadre d'un recours de plein contentieux objectif ou à celle visée par une décision à objet exclusivement pécuniaire devenue définitive. Le juge administratif, dans ce cas, tolère la mise en œuvre indistincte de ces différentes voies de droit en ce qu'elles conduisent à faire juger des prétentions différentes.

III. L'absence de concurrence entre les recours en responsabilité exercés pour la réparation d'un même préjudice

304. Préjudice résultant d'un unique fait fautif. Le contentieux de la responsabilité témoigne sans nul doute de la possibilité, pour les requérants, de mettre en œuvre plusieurs voies de droit lorsque ceux-ci estiment avoir subi un ou plusieurs préjudices. Leur capacité à le faire est peu douteuse lorsqu'ils cherchent à obtenir la réparation de préjudices distincts puisque les prétentions soumises au juge sont nécessairement différentes[938]. Les situations dans

---

[937] CE, 18 mars 2019, n°414814, *AJDA* 2019, p. 615.

[938] Ceci vaut aussi lorsque ces différents préjudices sont causés par un même fait dommageable imputable à un même auteur puisqu'un seul recours permet de demander la réparation des deux chefs de préjudice (qu'ils soient patrimoniaux ou extrapatrimoniaux. Compte tenu du lien qu'entretiennent les demandes susceptibles d'être introduites par ce même requérant, le juge administratif admet que son droit à indemnité puisse être apprécié dans son ensemble dans le cadre d'une même instance : le juge administratif statuera, par une seule décision, sur ces demandes.

lesquelles les requérants disposent de plusieurs voies de droit pour obtenir la réparation d'un même préjudice impliquent un effort d'analyse plus sérieux lorsqu'il s'agit de récuser leur concurrence. En droit de la responsabilité administrative, un préjudice peut notamment résulter d'un fait unique, qu'il soit fautif ou non fautif. C'est le premier cas qui retient l'attention puisque le second ne permet aux victimes que d'exercer un seul recours, devant le juge administratif, afin d'engager la responsabilité de la personne publique à raison du risque qu'elle a fait courir ou de la rupture d'égalité qu'elle a causée par l'édiction d'une norme régulière. Lorsque le fait à l'origine du préjudice est fautif, celui-ci peut être imputable seulement à un agent public, exclusivement au service, ou s'analyser comme impliquant tout à la fois l'agent et le service dans lequel l'agent exerce ses fonctions. En application de la jurisprudence Pelletier, la faute personnelle commise par un agent public peut, lorsqu'elle cause un préjudice, donner lieu à un recours devant la juridiction judiciaire pour que soit prononcée la condamnation de l'agent[939]. C'est le juge administratif qui doit en revanche être seul saisi lorsque la faute commise par l'agent s'analyse en une faute de service. Compte tenu de la solvabilité incertaine de l'auteur d'une faute personnelle, il a été admis que la victime puisse s'adresser à l'Administration pour la réparation du dommage causé par l'agent lorsque la faute commise par lui est « en lien avec le service », qu'elle soit ou non commise pendant le service[940]. Si cette garantie de la réparation par l'Administration permet de désintéresser les victimes et conduit à tolérer un « cumul pur et simple d'actions »[941], il reste que l'agent demeure seul responsable du dommage et doit, *in fine*, réparer le préjudice dont il est à l'origine[942]. Aussi, le fait unique ayant causé le préjudice peut revêtir tout à la fois la qualification de faute personnelle et de faute de service et donner lieu à un « cumul de responsabilité »[943]. Cette hypothèse rend possible une action indemnitaire engagée soit contre les deux responsables, soit seulement contre l'Administration qui, là encore, peut être

---

939 Sur l'affirmation de la distinction : TC, 30 juillet 1873, Pelletier, p. 117, concl. E. David.

940 CE, 26 juill. 1918, Épx Lemonnier, p. 761 ; D. 1918, 3, p. 9, concl. L. Blum ; S. 1919, 3, p. 41, note M. Hauriou ; CE, 18 nov. 1949, Demoiselle Mineur, p. 492. V. égal., CE, 18 nov. 1988, Min. Défense contre époux Raszweski, p. 416.

941 Y. Gaudemet, *Droit administratif, op. cit.*, p. 168.

942 CE, ass., 28 juill. 1951, Laruelle, p. 464 ; D. 1951, jurispr. p. 623, note Nguyen Do ; *JCP-G* 1951, II, 6532, note J.-J. R. ; *JCP-G* 1952, II, 6734, note C. Eisenmann ; *RDP* 1951, p. 1087, note M. Waline ; S. 1952, 3, p. 25, note A. Mathiot.

943 CE, 26 juill. 1918, Épx Lemonnier. Sur cette question, v. notamment, H. Belrhali, *Les coauteurs en droit administratif*, J.-P. Biays dir., LGDJ, BDP, 2003, p. 126 ; N. Albert, Les concours de responsabilites en droit administratif, *Responsabilité civile et assurances* 2012, n°2, Dossier 7.

condamnée à réparer entièrement le préjudice subi par la victime en garantissant, provisoirement, l'agent coresponsable[944].

305. Ces différents cas traduisent une possibilité certaine pour les victimes d'obtenir réparation en saisissant alternativement plusieurs juges, même si le choix se porte logiquement, sauf faute personnelle dénuée de tout lien avec le service[945], sur l'exercice unique d'une action indemnitaire devant le juge administratif compte tenu de la solvabilité évidente de l'Administration. Le juge administratif tolère la mise en œuvre de ces différents recours et le tribunal des conflits est allé jusqu'à admettre que la victime d'une faute personnelle « non dépourvue de tout lien avec le service » soit à même de poursuivre à la fois l'agent responsable devant le juge judiciaire et l'Administration devant le juge administratif, en cherchant à faire réparer le même préjudice, seulement causé, donc, par une faute personnelle[946]. Cette manière de faire s'explique par la circonstance que les requérants soumettent des prétentions différentes. En effet, demander la condamnation de l'agent ou de l'Administration conduit à faire reposer la charge financière de la réparation sur des patrimoines différents et il n'est donc pas demandé au juge la condamnation du même responsable. Subsidiairement, la saisine de l'Administration fait renoncer les victimes à la satisfaction morale de voir condamné l'auteur du dommage en obtenant qu'une réparation purement matérielle[947], mais fait disparaître alors le risque d'insolvabilité qui s'attache à l'exercice d'une action indemnitaire dirigée contre l'auteur d'une faute personnelle.

306. Préjudice causé par un cumul de fautes. Au-delà de ces situations dans lesquelles le préjudice résulte de la survenance d'un unique fait dommageable, l'association des recours est particulièrement prégnante lorsque plusieurs faits, fautifs ou non, imputables à un ou plusieurs auteurs, concourent à la réalisation du préjudice. Lorsqu'une personne publique et une personne privée sont à l'origine de plusieurs faits fautifs qui concourent à la réalisation d'un même préjudice, la victime du dommage ne peut en principe que demander à chaque coauteur la réparation de la fraction du dommage

---

[944] CE, ass., 28 juill. 1951, n°01074 et 04032, p. 464 ; *JCP-G* 1951, II, p. 6532, note J. J. R. et p. 6734, note Ch. Eisenmann. V. aussi, CE, ass., 12 avr. 2002, n°238689, Papon, p. 139, concl. Boissard ; *AJDA* 2002. 423, chron. Guyomar.

[945] CE, 12 mars 1975, Pothier, p. 190.

[946] T. confl., 19 mai 2014, n°3939, Berthet c. Fillipi. Cette solution vaut donc, aussi, pour les hypothèses où, comme celle de l'arrêt Lemonnier, un même fait peut relever de deux qualifications distinctes. Enfin, même s'il a été avancé par le Tribunal des conflits que l'indemnisation qui pourrait résulter du succès de l'un et l'autre des recours, le montant de celle-ci ne saurait dépasser le montant du préjudice.

[947] Sur cette opinion, G. Eveillard, Nouveautés sur le(s) juge(s) compétent(s) en cas de faute personnelle, *Droit Administratif* 2014, n°10, comm. 60) et A. Jacquemet-Gauché, *La responsabilité de la puissance publique en France et en Allemagne : étude de droit comparé*, H. Belrhali dir., LGDJ, BDP, 2013, p. 423.

« correspondant à la part de responsabilité personnellement encourue par chacun d'eux »[948]. Le Conseil d'État a récemment rappelé cet état du droit[949]. L. Marion l'affirme aussi de manière claire : « Lorsqu'un dommage est imputable à la fois à une personne publique et à un tiers, vous savez que la victime doit se contenter de demander à l'Administration la réparation de la part de responsabilité qui lui incombe. Vous refusez, en effet, d'appliquer le principe d'obligation *in solidum* qui permet à une victime, devant le juge civil, lorsque plusieurs personnes sont coauteurs du même dommage, d'agir contre un seul de ces coauteurs et d'obtenir une condamnation à la réparation intégrale de son préjudice »[950]. Ainsi, sauf lorsque ce cumul de faute résulte de la coaction de l'Administration et de l'un de ses agents, c'est-à-dire de la conjonction d'une faute de service et d'une faute personnelle[951], le juge administratif impose à la victime d'exercer plusieurs recours pour faire réparer, par différents responsables, les différentes fractions de leur préjudice. Les prétentions soumises aux juges sont ici distinctes. Le juge administratif a par exemple retenu un « partage des responsabilités »[952] entre une commune et le propriétaire d'un cinéma à l'occasion d'un recours en réparation d'un préjudice corporel causé par un incendie dudit cinéma. Le Conseil d'État a reconnu les « fautes respectivement commises »[953] par les coauteurs pour laisser à la charge de commune la moitié des préjudices indemnisables et en laissant donc la victime agir devant le juge judiciaire pour obtenir l'autre moitié. De même, le juge administratif a reconnu qu'une commune devait « supporter le tiers des sommes mises à la charge du Sieur D. par l'autorité judiciaire en réparation d'un accident imputable à la présence sur le terrain d'un artifice non tiré »[954] sur la base d'un contrat conclu par cette commune

[948] R. Odent, *Contentieux administratif, op. cit.*, Fasc. IV, p. 1565.

[949] CE, 19 juill. 2017, n°393288, Cne de Saint-Philippe, *AJDA* 2017, p. 1966.

[950] L. Marion, concl. sur CE, 19 juillet 2017, n°393288, Cne de Saint-Philippe, *AJDA* 2017, p. 1966.

[951] Dans le souci de favoriser la réparation, la survenance d'un cumul de fautes, l'une personnelle, l'autre de service, a conduit le juge administratif à admettre que l'Administration puisse être actionnée pour la réparation de l'entier préjudice et garantir ainsi l'agent co-auteur du dommage (CE, 3 févr. 1911, Anguet : p. 146 ; S. 1911, 3, p. 137 ; CE, 13 déc. 1963, Min. des Armées c. consorts Occelli, p. 629, concl. Braibant ; *AJDA* 1964, II, n°28, p. 65, et I, p. 23, chr. J. Fourré et Mme Puybasset ; CE, ass., 12 avr. 2002, n°238689, Papon. La tolérance du juge pour cette mise en œuvre indistincte des recours ne s'explique pas par une autre raison que celle qui motive cette tolérance en cas de cumul de responsabilités.

[952] CE, 10 juillet 1957, Ville de Rueil-Malmaison c. Sieur Tournier, p. 457.

[953] *Ibid.*

[954] CE, 29 nov. 1978, n°02797, Deux et Société les travailleurs français, p. 727.

avec le Sieur D pour tirer un feu d'artifice et en vertu des obligations réciproques de sécurité consenties par ces deux parties[955].

307. Du point de vue des recours à introduire, la situation est différente lorsque le préjudice résulte de faits fautifs imputables à différentes personnes publiques. Dans ce cas, les différents recours contentieux peuvent être exercés devant la même juridiction. Ainsi, certaines espèces montrent le partage des responsabilités entre plusieurs personnes publiques[956], mais la réparation du préjudice n'impose pas, dans ce cas, l'exercice de plusieurs recours. La victime peut, par un recours unique, obtenir que soit fixée la répartition de la charge indemnitaire à l'égard de chaque coauteur du dommage. Elle peut aussi, ce qui est utile, et fréquent, obtenir une condamnation *in solidum* des coauteurs[957]. Dans le cas où plusieurs recours seraient exercés, pour actionner chaque coauteur du dommage, les demandes seraient jugées ensemble au regard de leur connexité[958].

---

[955] *Ibid.* D'autres décisions vont dans le même sens. Dans la décision « Kéchichian » le juge administratif mentionne que « la responsabilité de l'État pour les fautes commises par la Commission bancaire dans l'exercice de sa mission de surveillance et de contrôle des établissements de crédit ne se substitue pas à celle de ces établissements vis-à-vis, notamment, de leurs déposants » et que « l'ouverture d'une procédure collective ne privait pas ces derniers de la possibilité d'engager une action » devant le juge judiciaire (CE, ass., 30 nov. 2001, n°219562, min. Éco. et Fin. c/ Kechichian ; *CJEG* 2002, p. 380, concl. Seban ; *Dr. adm.* 2002, comm. 58 ; *AJDA* 2002, p. 133, chron. M. Guyomar et P. Collin). De manière générale, lorsque l'Administration et une personne privée sont coauteurs d'un dommage, chacun est tenu de réparer que la part qui correspond à sa participation à la réalisation du préjudice en fonction des fautes respectivement commises. Pour une illustration récente à l'occasion de « l'affaire du Médiator » : CE, 9 nov. 2016, n°393902, *JCP-A* 2017, 2199, M. –L. Moquet-Anger ; Resp. civ. et ass. 2017, étude 1, L. Bloch, Médiator : vers de nouveaux effets indésirables. V. sur cet arrêt : S. Brimo, Le Mediator devant le Conseil d'État : remèdes et effets secondaires, *AJDA* 2017, p. 426. V. égal., J. Petit, L'affaire du Mediator : la responsabilité de l'État, note sous TA Paris, 3 juillet 2014, Mme A., n°1312345/6, *RFDA* 2014, p. 1193.

[956] Le Conseil d'État a pu notamment retenir une telle solution en retenant la responsabilité d'une commune et une école de voile dépendante de l'État pour un accident subi par stagiaire de l'école de voile à l'occasion d'un entraînement préparatoire à une régate (CE 28 mai 1971, Commune de Chatelaudren, p. 399). Dans une autre affaire, pour se prononcer sur la réparation du dommage causé par le meurtre commis par un patient d'un établissement public de santé, le Conseil d'État a retenu une responsabilité pour faute lourde de l'hôpital à hauteur de 50% du préjudice, conjuguée à la faute de l'État pour la même part, compte tenu de la mesure prise par le Préfet ordonnant la sortie de l'auteur du crime en parfaite connaissance des antécédents du malade (CE, Sect., 31 déc. 1976, Hôpital psychiatrique de Saint-Egrève, p. 584). Plus récemment, le Conseil d'État a retenu l'insuffisance fautive de l'établissement gestionnaire du Parc national des Cévennes concurremment à celle de l'État dans le cadre d'un dommage causé par des cervidés aux biens du propriétaire requérant (CE, 26 nov. 2008, n° 274061, Parc national des Cévennes, T., p. 824.). Sur l'ensemble de la question : D. Chauvaux et M. Fornaciari, Exonérations ou atténuations de responsabilité, Répertoire de responsabilité de la puissance publique, Dalloz, n°75.

[957] Le requérant peut en effet demander par ce recours juridictionnel une condamnation conjointe et solidaire des débiteurs. Pour quelques exemples : CE, 9 avr. 1993, M. G., M. B., M. et Mme B., p. 110 ; CE, 2 juillet 2010, n°323890, Madranges, *JCP-A* 2010, Act. 558 ; CAA Versailles, 12 avril 2018, n°16VE01131, *AJFP* 2018, p. 243. Sur la définition de l'obligation *in solidum, v. l'é*tude substantielle de F. Moderne (Recherches sur l'obligation *in solidum* dans la jurisprudence administrative, *EDCE* 1973, 1974, p. 16 et s. ; H. Belrhali, thèse, *op. cit.*, p. 269.

[958] *V. supra*, p. 46.

308. Ainsi, en cas de préjudice causé par plusieurs faits fautifs, les recours disponibles ne sont pas concurrents. En dehors des rapports unissant l'Administration et ses agents, lorsque la faute commise par une personne privée conjugue ses effets avec celle imputable à une personne publique, les recours disponibles pour la victime conduisent à demander au juge la condamnation de différents responsables en recherchant la réparation de fractions différentes du préjudice. Dans le cas où plusieurs personnes publiques causent un préjudice par leur comportement fautif, les recours ne font que coexister et sont toujours jugés dans le cadre d'une même instance. Cette situation ne permet pas de reconnaître un éventuel risque d'insolvabilité de l'un des débiteurs coresponsables, mais il n'en demeure pas moins qu'en cas de cumul de fautes, les différents recours ouverts aux victimes les conduisent à faire juger des prétentions différentes.

309. Responsabilité sans faute et caractère non exonératoire du fait du tiers. La doctrine administrativiste s'accorde sur le fait que l'engagement de la responsabilité sans faute de la personne publique ne puisse être atténué par la reconnaissance du fait d'un tiers ayant contribué à la réalisation du dommage[959]. Comme le résume F. Séners : « Lorsque la responsabilité de la puissance publique est engagée sur un terrain autre que celui de la faute, l'invocation du fait d'un tiers est, en principe, inopérante »[960]. Malgré quelques admonestations doctrinales[961] la personne publique auteur du fait dommageable non fautif est déclarée entièrement responsable, sous réserve cependant de l'appel en garantie du tiers lorsque son action est susceptible de relever de la compétence du juge administratif ou, plus généralement et précisément lorsque tel n'est pas le cas, de l'exercice d'une action récursoire contre lui[962]. À cet égard, l'engagement de la responsabilité sans faute d'une personne publique ne donne pas lieu à l'exercice cumulé de plusieurs recours par la victime, mais plutôt à une possibilité d'option entre des recours

[959] CE, 14 novembre 1956, Commune du Crotoy, p. 431 ; CE, 22 janv. 1968, Ville de Libourne c/ Magne p. 37 ; CE, 14 juin 1978, Garde des Sceaux, c/ Mutuelle générale française accident et garage Caron et Dodon, p. 258. Sur ce point : H. Belrhali, *Responsabilité administrative, op. cit.* p. 347 ; Y. Brard, A propos de la notion de fait du tiers, *JCP-A* 1980, Doctr., 2976.

[960] F. Séners, Imputabilité du préjudice, Répertoire de responsabilité de la puissance publique, Dalloz, n°37.

[961] D. Chauvaux et M. Fornaciari, *op. cit.*, n°93 et svt (ces auteurs que cette position du Conseil d'Etat « ne rend pas compte du caractère non exonératoire du fait du tiers considéré, indépendamment de son caractère fautif, comme un simple facteur causal »). V. égal. V. F.-P. Bénoit, Essai sur les conditions de la responsabilité en droit public et privé, *JCP-G* 1957. I. 1351.

[962] CE, 19 nov. 1958, Électricité de France c/ Ville de Nice, p. 571 ; CE, Sect., 19 janv. 1962, Min. de l'Agriculture c/ Sieur Barcons et Cne de Vernet-les-Bains, p. 52 ; CE, 26 juin 1963, Seguinot, p. 400.

permettant de rechercher la responsabilité de débiteurs différents[963]. Quelques cas imposent pourtant exceptionnellement à la victime d'introduire plusieurs recours, lorsque la jurisprudence reconnaît que le fait du tiers peut exonérer la responsabilité de la personne publique dont la condamnation est recherchée. La première exception survient lorsque le fait du tiers peut revêtir les caractères d'un cas de force majeure. Ce cas résulte de l'interprétation doctrinale extensive de certaines solutions[964], mais la jurisprudence ne retient pas explicitement cette possibilité[965]. La seconde exception intervient lorsque la personne publique dont la responsabilité est recherchée se trouve dans l'impossibilité de se retourner, par l'exercice d'une action récursoire, contre le tiers coauteur du dommage dont la réparation est recherchée par le requérant. Tel est notamment le cas, en matière de travaux publics, lorsqu'une victime est considérée comme tiers par rapport à un ouvrage ou un travail public et que le dommage subi par elle est imputable à la fois à une personne publique, responsable même en l'absence de faute et à une faute commise par un tiers qui se trouve être l'employeur de la victime[966]. Puisque l'Administration ne peut se retourner contre le coauteur du dommage, elle aurait à payer définitivement une somme qu'elle ne doit pas. Sans que les

---

963 CE, sect., 1er févr. 2006, n°268147, garde des Sceaux, min. Justice c/ MAIF, p. 42 ; *Dr. famille* 2007, comm. 24, obs. X. Dupré De Boulois. Dans cet arrêt, le juge a combiné la responsabilité du gardien du mineur avec la responsabilité fondée sur le risque issue de la décision Thouzellier (CE, 3 févr. 1956, Thouzellier, p. 49). Les responsabilités en jeu se cumulent, laissant ainsi à la victime une option entre les recours en responsabilité dont elle dispose puisque celle-ci peut actionner l'Etat sur le fondement du risque ou l'établissement assurant la garde du mineur délinquant, devant le juge administratif ou le juge judiciaire selon la nature de cet établissement.

964 CE, 19 mars 1952, Dame Veuve Dreano et Société des courriers normands, p. 520. F. Séners laisse entendre, tout en soulignant le caractère exceptionnel de la situation, que l'arrêt « Dame Veuve Dreano » admet que le fait du tiers puisse être assimilable à un cas de force majeure et exonérer ainsi en tout ou partie de la personne publique de sa responsabilité, alors même que celle-ci est une responsabilité sans faute (F. Séners, *op. cit.*, n°43). Dans une autre affaire (CE, 4 novembre 1966, Département de la Vendée et Consorts Hoffmann, p. 587), la victime, circulant sur un chemin rural, avait engagé la responsabilité du département de la Vendée pour défaut d'entretien normal de l'ouvrage eu égard à la survenance d'une excavation sur la chaussée. Le Conseil d'État a reconnu que l'excavation était due à l'effondrement d'une dalle située sous la chaussée et dépendant du réseau d'assainissement de la ville, sans pour autant caractériser un cas de force majeure et sans, donc, faire état d'une circonstance « de nature à exonérer le département de tout ou partie de sa responsabilité à l'égard de la victime ». P. Loheac-Derboulle souligne, au sujet de cet arrêt, que si l'effondrement avait pu revêtir les caractères d'un cas de force majeure alors le département aurait été exonérée de sa responsabilité ((P. Loheac-Derboulle, *Le tiers en droit de la responsabilité administrative*, N. Albert dir., Tours, 2012, p. 447).

965 On peut, pour appuyer cette idée, relever que le juge administratif est extrêmement exigeant s'agissant de la caractérisation d'un cas de force majeure. La circonstance qu'un fait du tiers puisse alors en revêtir les caractères semble rester une hypothèse d'école (en ce sens : D. Truchet, *Droit administratif général, op. cit.* p. 429).

966 CE, Sect., 15 juillet 1959, Électricité de France contre Veuve Cornut, p. 471, *RPDA* 1960, p. 41, Concl. J. Kahn ; CE 14 nov. 1973, Électricité de France c/ Leynaert, p. 646. La législation relative aux accidents du travail conduit à l'impossibilité tant pour la victime que pour la personne publique responsable, maître de l'ouvrage, de se retourner par une action récursoire classique contre l'employeur. L'article L. 451-1 du code de la sécurité sociale institue une exonération légale de l'employeur en cas d'accident du travail. C'est en cela que le fait du tiers revêt, dans ce cas particulier, un effet exonératoire de responsabilité (v. sur ce point, v. P. Loheac-Derboulle, *op. cit.*, p. 448).

raisons justifiant cet état du droit soient parfaitement limpides, ni parfaitement cohérentes[967], la reconnaissance du caractère exonératoire du fait du tiers en matière de responsabilité sans faute reste limitée à quelques rares cas. Ceux-ci permettent toutefois de reconnaître la nécessité, pour la victime, d'actionner la personne publique responsable et le tiers ayant contribué à la réalisation du dommage qu'elle estime avoir subi, en associant donc les recours contentieux qui, à nouveau, soumettent aux juges des prétentions différentes.

310. La mise en exergue de cette différence de prétention entre les recours dont un même requérant peut disposer doit faire observer, consécutivement, sa liberté à les associer de la manière qu'il estime lui être la plus profitable. Cette liberté de choisir entre plusieurs recours juridictionnels découle ainsi de l'absence de concurrence entre ces recours, étant entendu que la contrainte opposée par le juge à l'exercice des recours, lorsqu'ils sont concurrents, découle elle-même de l'existence du droit au recours reconnu aux justiciables.

Section 2 : Une liberté d'associer des recours non concurrents justifiée par le droit au recours

311. Notion de droit au recours. La contrainte que le juge administratif entend opposer aux requérants en leur fermant l'une des voies de droit dont ils disposent n'est admissible, précisément, qu'en raison de ce que cette concurrence concerne des recours permettant de faire juger une même prétention. Les solutions précédemment exposées ont d'ailleurs montré que lorsque les requérants disposaient de recours par lesquels ils présentent aux juges des demandes différentes, ils peuvent cumuler l'exercice de ces recours ou opter entre eux. Dans ce cas, le juge ne limite pas l'exercice de l'un de ces recours en opposant la circonstance que le requérant peut mettre en œuvre une autre voie de droit. Cette manière de faire – et donc, corrélativement, la détermination de l'étendue de la concurrence des recours – s'explique par le droit au recours reconnu à tout justiciable. La fermeture par le juge d'un recours, lorsqu'ils sont concurrents, ne saurait atteindre ce principe du droit au recours juridictionnel (§2) dont il convient de préciser préalablement le contenu (§1).

---

[967] Le fait du tiers exonératoire en matière de responsabilité pour faute et non exonératoire en matière de responsabilité sans faute, P.-L. Frier et J. Petit relèvent que ces solutions peuvent être contestées puisqu'elles « mélangent deux logiques », à savoir : affirmer le caractère exonératoire du fait du tiers pour éviter une socialisation excessive et considérer en équité que le fait du tiers n'exonère pas la responsabilité de la personne publique (P.-L. Frier et J. Petit, *op. cit.*, p. 688). V. égal., P. Loheac-Derboulle, *op. cit.* p. 456 et s.

§1. L'étendue du droit au recours en contentieux administratif

312. Conséquence essentielle du concept d'État de droit permettant de faire contrôler le respect des règles de droit et du principe de légalité[968], le droit au recours juridictionnel implique que les justiciables puissent, pour un litige qui les concerne, faire juger leur différend par une juridiction[969]. Les juridictions européennes garantissent le droit au recours[970] tout comme le Conseil constitutionnel. Celui-ci estime que la bonne administration de la justice « commande que l'exercice d'une voie de recours appropriée assure la garantie effective des droits des intéressés »[971] et considère par ailleurs que ce droit au recours est un principe à valeur constitutionnelle[972]. Le juge administratif reconnaît assurément ce « droit fondamental »[973] des requérants à un recours juridictionnel[974] et l'existence d'un principe général du droit voulant que toute décision administrative puisse faire l'objet d'un recours pour excès de pouvoir même en l'absence de texte le prévoyant en est une des illustrations les plus notoires[975]. Dans le même esprit, c'est « pour remédier à l'absence de recours » que le Conseil d'État a récemment ouvert, de manière circonstanciée, le recours pour excès de pouvoir dirigé contre les rescrits

[968] V. par ex., sur ce point : L. Sermet, *Convention européenne des droits de l'homme et contentieux administratif français*, L. Dubouis dir., Economica, Coopération et développement, 1996, p. 28).

[969] Le droit au recours, *lato sensu*, n'implique pas nécessairement que la contestation soit portée devant un tribunal. Il faut, pour les besoins de l'étude, ne considérer que le droit au recours juridictionnel. Sur cette question, A. Ciaudo, thèse, *op. cit.*, p. 343.

[970] CEDH, 27 juin 2000, n°22277/93, Ilhan c/ Turquie ; *JCP-G* 2001, I, 291, chron. F. Sudre, §97 ; CJCE, 15 mai 1986, aff. 222/84, Marguerite Johnston c/ Chief Constable : Rec. CJCE 1986, p. 1651.

[971] Cons. const., 28 juill. 1989, déc. n°89-26 DC ; *RFDA* 1989, p. 689, note B.

[972] Cons. const., 9 avr. 1996, n°96-373 DC ; Rec. Cons. const., p. 43 ; Cons. const., 4 avr. 2014, n°2014-387 QPC, *JCP-S* 2014, act. 161.

[973] Sur cette qualification, v. R. Vandermeeren, Permanence et actualité du droit au juge, *AJDA* 2005, p. 1102. Par ailleurs, le Conseil d'Etat qualifie le droit au recours effectif de liberté fondamentale au sens du référé-liberté, v. CE, 13 mars 2006, n°291118, Bayrou.

[974] CE, 29 juill. 1998, n°188715, Synd. des avocats France et a. ; *AJDA* 1998, p. 1010 , concl. Schwartz ; CE, avis, 6 mai 2009, n°322713, Jafor Khan ; *AJDA* 2009, p. 960, obs. C. de Monteclerc ; CE, 30 juin 2009, n°328879, Min. c/ Beghal.

[975] Le Conseil d'Etat a ouvert le recours pour excès de pouvoir en l'absence de texte (CE, ass., 17 fév. 1950, n°86949, Dame Lamotte c. Min. de l'Agriculture ; CE, ass., 17 avr. 1953, n°24044, Falco et Vidaillac, p. 175 ; D. 1953, p. 683, note Eisenmann ; S. 1954, 3, p. 33, note Mathiot ; *JCP-G* 1953, II, 7598, note Vedel ; RD publ. 1953, p. 448, note Waline ; *Gaz. Pal.* 1953, 1, p. 300, concl. J. Donnedieu de Vabres ; *Rev. adm.* 1953, p. 265, note Liet-Veaux). V. sur cette question, X. Domino, Droit au recours et équité du procès devant la justice administrative aujourd'hui, *NCCC* 2014, n°44, p. 35.

fiscaux[976]. Cette ouverture conduit d'ailleurs à engendrer, pour les contribuables, une coexistence des voies de droit.

313. Cette possibilité pour les administrés d'agir en justice contre l'Administration est parfois considérée comme mettant en lumière un « droit au recours juridictionnel »[977] ou un « droit au juge »[978]. Ces formules sont équivalentes[979], même si certains distinguent le « droit au juge » qui serait cette possibilité de soumettre la résolution d'un litige à un juge et le « droit d'accès au juge » qui se présente comme la mise en œuvre des règles du droit au juge, c'est-à-dire les garanties procédurales nécessaires à la saisine effective d'un juge[980]. Il faut considérer ici que la première expression contient, et d'ailleurs implique, la seconde. Le « droit au recours » ou le « droit au juge » met en évidence la nécessité que les justiciables puissent exercer un recours pour un litige qui les oppose à l'Administration, dans des conditions propres à garantir l'effectivité de ce droit[981]. L'ensemble des juridictions européennes et nationales imposent, pour que ce droit au recours soit garanti, qu'il soit effectif. Entre autres exigences, ceci conduit les États à mettre les justiciables en mesure de bénéficier, notamment, de l'aide juridictionnelle[982]. Du point de vue des voies de droit elles-mêmes, le Conseil constitutionnel a imposé, au titre du droit au recours effectif, que les requérants puissent saisir le juge aux fins de faire ordonner des mesures provisoires[983]. Pour le juge

---

[976] V. E. Cortot-Boucher, concl. sur CE, 2 déc. 2016, Min. de l'Economie et des Finances c. Société Export Press, non publiées (L'ouverture du recours pour excès de pouvoir à l'égard des rescrits fiscaux vise à « remédier à l'absence de recours dans les cas où elle est pénalisante en raison des effets propres que produit le rescrit » puisque ces effets ne pourront être considérés par le juge fiscal saisi d'une action en décharge ou en restitution de l'impôt).

[977] M. Guyomar et B. Seiller, *op. cit.*, p. 251.

[978] Parmi de nombreux exemples : B. Plessix, Droit administratif, *op. cit.*, p. 340 ; G. Cohen-Jonathan, Le droit au juge, *Gouverner, administrer, juger (Liber amicorum Jean Waline)*, Dalloz, 2002, p. 471.

[979] R. Vandermeeren, *op. cit.*, ; C. Meurant, thèse, *op. cit.*, p. 290 ; L. Garrido, *Le droit d'accès au juge administratif. Enjeux, progrès et perspectives*, B. Pacteau dir., Bordeaux 4, 2005, p. 10.

[980] A. Ciaudo, thèse, *op. cit*, p. 343.

[981] Pour quelques exemples : CE, 10 oct. 2014, n°367807, Syndicat national des fabricants d'isolants en laines minérales manufacturées, T., p. 500 ; Cons. const, 14 juin 2013, n°2013-314 QPC, M. Jérémy F., , Rec. C.C. p. 824, §. 9, *JCP-G* 2013 n°649, note A. Levade ; D. 2013, p. 1805, note J.-C. Bonichot ; *AJDA* 2013, p. 817 tribune de D. de Béchillon ; Cons. Const.., 25 oct. 2013, n°2013-350 QPC, Commune du Pré-Saint-Gervais, Rec. C.C. p. 1010, §. 7, *AJCT* 2014, p. 119, obs. S. Lavric ; *JCP-A* 2013, no 50, p. 31, note V. Saint-James ; *JCP-G* 2013, no 46, p. 2092, chron. B. Mathieu ; *JCP-G* 2013 no 48, p. 2167, note P. Mbongo.

[982] CE, sect., 28 juill. 2000, n°151068, M. E. A., p. 347 ; *JCP-G* 2001, IV, 1368, M.-C. Rouault ; CEDH, 20 juill. 1998, Aerts c/ Belgique, n°25357/94 : Recueil 1998-V ; D. 1998, p. 1, obs. F. Rolin. V. L. Sermet, *op. cit.*, p. 145 et s.

[983] Cons. const., 3 sept. 1986, n°86-216 DC, Rec. p. 135 ; Cons. const. 22 avril 1997, n°97-389 DC, Rec. p. 45 ; *AJDA* 1997, p. 524, note F. Julien-Laferrière ; Cons. const. 13 mars 2003, n°2003-467 DC, Rec. p. 211.

administratif, le droit au recours juridictionnel doit ainsi permettre l'intervention du juge « en temps utile »[984].

314. Le droit au recours connaît, en revanche, des limitations. La Cour européenne des droits de l'Homme reconnaît en ce sens des limitations « implicitement admises » qui circonscrivent le contenu du droit au recours[985]. Il ressort de la jurisprudence que les conditions de recevabilité des recours juridictionnels sont des restrictions tolérées au droit au recours parce qu'elles n'atteignent pas la substance de ce droit et qu'elles poursuivent un but légitime[986]. La bonne administration de la justice est l'un de ces buts. Pour cela, l'exigence tenant au ministère obligatoire d'un avocat[987], à l'exercice obligatoire d'un recours administratif préalable à l'introduction du recours juridictionnel[988] ou encore celles relatives aux délais de recours tenant à ce que les décisions administratives ne puissent être indéfiniment contestées[989] sont des obstacles légitimes à la saisine du juge administratif. Ce droit au recours impose seulement que les requérants puissent saisir le juge d'une prétention, mais le rejet pour irrecevabilité du recours introduit ne saurait être analysé comme une violation de ce droit, sauf dans le cas où l'application de ces règles d'irrecevabilité conduit au déni de justice[990]. Les requérants doivent

---

[984] CE, 28 déc. 2012, n°357494. Théron, AJDA 2013, p.958 ; D. 2013. Pan. 1304, obs. Céré, Herzog-Evans et Péchillon.

[985] CEDH, 21 févr. 1975, n°4451/70, Golder c/ Royaume-Uni, série A n°28 : GACEDH, n°27. V. sur ce point, G. Cohen-Jonathan écrit aussi que le droit d'accès au juge n'est pas absolu et que les États disposent d'une marge d'appréciation dans les conditions de mises en œuvre de ce droit (*op. cit.*)

[986] Cons. const., 13 avr. 2012, n°2012-231/234 QPC, Stéphane C. et a. ; *JCP-A* 2012, act. 259. V. sur cette question, M. Guyomar et B. Seiller, *op. cit.*, p. 256.

[987] CE, 19 juill. 1991, n°89250, Boyer-Manet, T., p. 675 ; CE, 8 févr. 1999, n°164175, Andas, T., p. 790.

[988] CE, 3 mai 2002, n°224565, Clinique médicale pneumologie Sainte-Anne, p. 166 ; *RFDA* 2002, p. 855 ; CE, 27 nov. 2002, n°234748, Bourrel, p. 412.

[989] CEDH, Req. 8407/78, X. c. Suisse, décision du 6 mai 1980, DR 20.179. Sur cette question, v. L. Sermet, thèse, *op. cit.*, p. 122.

[990] Comme le fait justement remarquer A. Ciaudo, la notion de déni de justice est parfois liée à tort, en doctrine, à l'irrecevabilité. En ce sens, une opinion doctrinale répandue tend à considérer que l'irrecevabilité opposée par le juge, lorsqu'il refuse de connaître de recours dirigés contre des mesures d'ordre intérieur ou des actes s'insérant dans une opération administrative, s'apparentait à un tel déni de justice. Pour autant, selon l'article 4 du code civil, le déni de justice est constitué lorsque le juge refuse de statuer sur un litige « sous prétexte du silence, de l'obscurité, ou de l'insuffisance de la loi ». La définition qu'en donne L. Favoreu, pour le droit public, doit emporter l'adhésion en ce qu'elle traduit « l'impossibilité pour le plaideur d'obtenir confrontation, par un juge, de sa situation aux règles de droit applicables, à la suite d'une défaillance dans l'organisation ou le fonctionnement de l'appareil juridictionnel » (L. Favoreu, *Du déni de justice en droit public français*, M. Waline dir., LGDJ, BDP, 1964, p. 27). L'irrecevabilité que le juge administratif oppose au requérant ne saurait ainsi conduire au déni de justice sauf lorsqu'elle traduit une telle défaillance dans l'organisation ou le fonctionnement de la justice administrative (v. encore, sur ce point, L. Favoreu, Résurgence de la notion de déni de justice et droit au juge, *Gouverner, administrer, juger (Liber amicorum Jean Waline)*, Dalloz, 2002, p. 513)

pouvoir obtenir une décision juridictionnelle sur leur prétention, sans aller jusqu'à imposer au juge qu'il statue sur le bien-fondé de celle-ci[991].

§2. Le respect du droit au recours en cas de fermeture d'un recours concurrent

315. Absence théorique d'atteinte au droit au recours. En apparence, et à la différence des autres causes d'irrecevabilité, cette fin de non-recevoir tirée de la fermeture d'un recours concurrent est une limitation relativement faible apportée au droit au recours. En effet, elle traduit la fermeture d'une voie de droit à un requérant en raison du fait qu'il dispose d'un autre recours lui permettant de faire juger la même prétention. L'absence d'atteinte portée au droit au recours est parfois explicitement relevée par le juge, comme le montre une décision du 18 novembre 2015 par laquelle le Conseil d'État juge « qu'eu égard à l'existence d'autres voies de recours utiles, en particulier celles prévues aux articles L. 521-1 et L. 521-2 du Code de justice administrative, le rejet de la demande présentée sur le fondement de l'article L. 521-3 de ce code n'a pas porté atteinte au droit à un recours effectif garanti par l'article 13 de la Convention européenne de sauvegarde des droits de l'Homme et des libertés fondamentales »[992]. Surtout, la fermeture de l'un des recours concurrents n'atteint pas le droit au recours précisément parce qu'elle se limite aux cas où les justiciables disposent de plusieurs recours permettant de faire juger une même prétention. Quelques exemples le montrent bien. Si le Conseil d'État fermait le recours en responsabilité au requérant qui cherche à voir réparer un préjudice de nature commerciale dont l'Administration fiscale est responsable en raison de l'existence d'un recours devant le juge de l'impôt, celui-ci ne pourrait soumettre à aucun juge sa demande indemnitaire puisque le juge fiscal ne peut connaître d'un tel recours. De la même manière, le recours en contestation de validité d'un contrat administratif ne conduit pas à faire juger la même prétention que celle qui peut consister à demander l'annulation d'une mesure prise dans le cadre de l'exécution d'un contrat administratif. Seul le recours pour excès de pouvoir peut, dans ce cas, permettre à l'administré affecté par la mesure de porter son litige devant un juge.

316. Le droit au recours n'impose pas qu'un requérant puisse faire valoir sa prétention par la voie de plusieurs actions en justice, mais rend seulement nécessaire l'existence d'une voie de droit effective. Lorsque le juge entend opposer cette irrecevabilité tirée de l'existence d'un autre recours, il doit ainsi

---

[991] Y. Struillou considère à raison que le droit d'accès au juge est « borné par les règles d'irrecevabilité » (concl. sur CE, sect., 10 mars 2006, n°278220, Sté Leroy Merlin, *RFDA* 2006, p. 559. V. encore, sur ce point, A. Ciaudo, thèse, *op. cit.*, p. 357 ; L. Milano, *Le droit à un tribunal au sens de la Convention européenne des droits de l'homme*, F. Sudre dir., Dalloz, NBT, 2006, p. 55.

[992] CE, sect., 18 nov. 2015, n°381998, Section française de l'Observatoire international des prisons, inédit.

veiller à ce que le recours qu'il laisse ouvert puisse répondre à cette exigence d'effectivité. Que le juge estime nécessaire de fermer l'un des deux recours peut être perçu par les requérants comme une restriction apportée à leur droit au recours puisqu'elle limite le choix qu'ils peuvent exercer parmi les recours que les textes ou la jurisprudence leur ouvrent. Cette limitation reste néanmoins, *in abstracto*, relativement faible puisque ces derniers peuvent toujours soumettre leur prétention par la voie du recours à l'exercice duquel ils sont renvoyés.

317. Incidence pratique de la fermeture d'un recours concurrent. La manière dont le juge entend fermer un recours en raison de l'existence d'une autre voie de droit suppose toutefois d'opérer quelques précisions en considérant, *in concreto*, les effets de cette fermeture sur le droit au recours reconnu aux justiciables. En premier lieu, le droit au recours n'est pas affecté lorsque le juge ferme le recours dont il est saisi en opposant l'existence d'une voie de droit dont les requérants disposent encore. Il peut être atteint, en revanche, lorsque les requérants ne disposent plus de la voie de droit que le juge considère comme devant être empruntée. Parmi plusieurs exemples[993], tel est le cas, des solutions dans lesquelles le juge fait application du principe dégagé dans la décision Lafon[994], lorsqu'il estime que les requérants auraient dû former un recours pour excès de pouvoir contre la décision pécuniaire dont ils invoquent l'illégalité pour former un recours de plein contentieux subjectif[995]. L'atteinte est néanmoins compensée par le fait que la contrainte soit consécutive à une certaine négligence du requérant ayant omis de contester en temps utile la décision pécuniaire qui lui faisait grief.

318. Le droit au recours peut aussi être atteint lorsque le juge reconnaît pour la première fois cette cause d'irrecevabilité fondée sur l'existence d'une autre voie de droit disponible. Faute d'avoir pu prédire cette évolution, les requérants ont exercé un recours que le juge entend fermer et ceux-ci ne sont plus recevables à exercer le recours qu'ils auraient normalement dû mettre en œuvre. Telles sont les conséquences inévitablement emportées par un changement de jurisprudence. Cette situation se présente, notamment, dans les solutions qui empruntent à l'esprit de la décision « S. A. Jacques Dangeville »[996] puisque l'irrecevabilité du recours de plein contentieux indemnitaire est parfois opposée en raison de la possibilité de saisir le juge fiscal, qui ne peut plus l'être à la date où le recours en responsabilité est

---

[993] CAA Marseille, 18 déc. 2018, n°17MA04591.

[994] CE, 8 janv. 1960, Lafon, p. 15.

[995] La jurisprudence Lafon vaut, néanmoins, dans le seul cas où les requérants recherchent, par le recours en responsabilité, à obtenir une indemnité dont le montant est égal à la somme qu'ils auraient pu obtenir par l'exercice d'un recours pour excès de pouvoir dirigé contre la décision à objet pécuniaire litigieuse.

[996] CE, ass., 30 octobre 1996, n°141043, SA Jacques Dangeville.

considéré par le juge comme irrecevable. On fera remarquer, pour ces solutions, que les requérants cumulent généralement l'exercice de ces recours et que, malgré l'irrecevabilité du recours indemnitaire, un juge peut statuer sur le litige qui les oppose à l'Administration fiscale[997]. Aussi, la consécration d'une telle contrainte fondée sur l'existence d'un autre recours s'accompagne parfois de mesures d'application dans le temps de la solution jurisprudentielle. C'est ce que montrent les décisions « Société Tropic travaux signalisation »[998] et « Département du Tarn-et-Garonne »[999] qui reconnaissent un recours de plein contentieux en contestation de validité du contrat et emportent la fermeture du recours pour excès de pouvoir dirigé contre certains actes détachables se rapportant à la formation du contrat. Le Conseil d'État a toutefois pris soin de préciser que les règles définissant cette voie de droit nouvelle « prises dans leur ensemble, n'apportent pas de limitation au droit fondamental qu'est le droit au recours »[1000]. Aussi, et surtout, le recours défini par ces décisions est institué « sous réserve des actions en justice ayant le même objet et déjà engagées avant la date de lecture de la présente décision »[1001] et ne pourra être exercé « qu'à l'encontre des contrats dont la procédure de passation a été engagée postérieurement à cette date »[1002]. En ce sens, les recours pour excès de pouvoir engagés et non encore jugés pourront l'être malgré la reconnaissance de cette nouvelle voie de droit et de la conséquence qu'elle emportera, du point de vue des recours exerçables, pour les contrats conclus après la date de la décision juridictionnelle considérée.

319. Enfin, une conséquence fâcheuse de cette fermeture d'un recours concurrent apparaît lorsque le juge renvoie, non pas à un recours dont les requérants ne disposent plus, mais à une voie de droit dont ils ne disposent pas. La décision Département du Tarn-et-Garonne, dans une certaine mesure, incline en ce sens. On sait que le recours pour excès de pouvoir est désormais fermé aux tiers susceptibles d'être lésés par la passation d'un contrat administratif ou certaines de ses clauses en raison de l'ouverture du recours en contestation de validité du contrat. Pour autant, les tiers qui étaient antérieurement recevables à engager un recours pour excès de pouvoir contre

---

[997] Tel était le cas pour le litige opposant l'Administration fiscale à la société Dangeville (v. CE, 19 mars 1986, n°45105, SA Cabinet Jacques Dangeville, T., p. 465). Certaines solutions retiennent bien d'ailleurs que les requérants qui exercent un recours en responsabilité, que le juge considère comme irrecevable, ont « d'ailleurs exercé » le recours devant le juge fiscal (CE, 13 janv. 2010, n°321416, M. et Mme Nemo).

[998] CE, ass., 16 juill. 2007, n°291545, Sté Tropic travaux signalisation Guadeloupe.

[999] CE, ass., 4 avril 2014, n°358994, Département du Tarn et Garonne.

[1000] La formule apparaît dans les deux décisions susvisées.

[1001] *Ibid.*

[1002] CE, ass., 16 juill. 2007, n°291545, Sté Tropic travaux signalisation Guadeloupe. Pour l'arrêt « Département du Tarn et Garonne », il est jugé que l'existence d'un recours contre le contrat, qui n'était ouvert avant la présente décision qu'aux seuls concurrents évincés « ne prive pas d'objet les recours pour excès de pouvoir déposés par d'autres tiers contre les actes détachables de contrats signés jusqu'à la date de lecture de la présente décision ».

les actes détachables du contrat et se rapportant à sa formation ne le sont plus en application de la solution évoquée. Cette fermeture n'est pas nécessairement compensée par la possibilité de saisir le juge du contrat au regard de la condition d'intérêt à agir. En ce sens, ces requérants se voient privés de tout recours là où, avant la décision Département du Tarn-et-Garonne, ils disposaient du recours pour excès de pouvoir. La solution exposée est donc fâcheuse du point de vue de ces tiers « sans qualité »[1003], mais n'atteint que limitativement le droit au recours. En effet, l'intérêt à agir est une restriction légitime apportée au droit au juge en ce qu'elle évite l'*actio popularis* et c'est bien sûr ce plan que la décision du 4 avril 2014 a entendu, en l'exprimant maladroitement, fermer tout recours à ces tiers qui n'ont pas d'intérêt à contester la légalité du contrat. Les conclusions de B. Dacosta font état de cette liaison entre le respect du droit au recours et la fermeture du recours pour excès de pouvoir lorsqu'il insiste sur « la nécessité d'éviter le risque de déni de justice que s'est attachée à prévenir la jurisprudence Martin, tout en n'ouvrant le prétoire du juge du contrat que dans une mesure utile et nécessaire »[1004]. D. Pouyaud souligne bien, aussi, ce lien entre droit au recours et fermeture du recours pour excès de pouvoir lorsqu'elle écrit, au sujet des tiers qui ne peuvent pas démontrer la lésion de leur intérêt, que le recours en annulation pourrait être maintenu puisque « les priver de leur recours contre les actes détachables ferait régresser leur droit au juge »[1005].

320. En définitive, le droit au recours comporte indéniablement une incidence sur la manière dont le juge conçoit la concurrence des recours et fait produire des conséquences contentieuses à la possibilité, pour le requérant, de disposer de tels recours. La concurrence des recours est définie en lien avec le droit au recours. Le respect de ce « droit au juge » impose qu'un recours puisse être fermé pour la seule raison que le requérant peut en exercer un autre, seulement lorsque les prétentions susceptibles d'être soumises aux juges sont similaires. De plus, la manière dont le juge entend fermer l'un des recours concurrents atteint peu l'effectivité du droit au recours. Celui-ci n'ignore pas cette question pour autant lorsqu'il oppose une fin de non-recevoir tirée de l'existence d'un autre recours disponible. Au surplus, certaines solutions montrent d'ailleurs que le juge peut aller au-delà de ce qu'exige le droit au

---

[1003] B. Dacosta, Esquisse d'une typologie des requérants en matière contractuelle, *op. cit.*

[1004] B. Dacosta, concl. Sur CE, 4 avril 2014, Département du Tarn et Garonne, *op. cit.*

[1005] D. Pouyaud, « Que reste-t-il du recours pour excès de pouvoir dans le contentieux des contrats ? », *op. cit.* Il faut aussi adhérer aux propos de F. Rolin, pour qui la « la formulation du principe général contenu dans l'arrêt Dame Lamotte, ne vaut en effet que sous réserve de l'application des conditions de recevabilité normales au recours pour excès de pouvoir ». À cet égard, le principe du recours pour excès de pouvoir « n'ouvre pas de droit au recours dissocié notamment des exigences tenant à l'intérêt à agir des requérants » (F. Rolin, Du recours pour excès de pouvoir de l'État légal à la protection des intérêts subjectifs dans l'État contemporain : quelques réflexions critiques sur l'arrêt Département du Tarn et Garonne, *op. cit.*)

recours, dans l'intérêt des requérants. Par exemple, il eut été concevable de fermer le recours pour excès de pouvoir dirigé contre un acte réglementaire établissant une imposition aux contribuables en raison de l'existence du recours devant le juge de l'impôt. La prétention est différente dans l'un et l'autre des cas puisque, notamment, l'annulation de l'acte réglementaire évite toute nouvelle imposition sur le fondement de l'acte réglementaire annulé. Toutefois, le recours devant le juge fiscal est une voie de droit effective à l'occasion de laquelle les requérants peuvent obtenir la décharge de l'impôt qu'ils doivent et il eut été admissible que les personnes imposées ne disposent que de cette voie de droit. Du reste, même si le juge fiscal ne peut annuler l'acte réglementaire établissant une imposition, le constat de l'illégalité d'une imposition ainsi fondée peut conduire l'Administration fiscale à remédier aux irrégularités affectant l'acte réglementaire. Le souhait du Conseil d'État d'ouvrir largement le recours pour excès de pouvoir[1006], permet aux contribuables de disposer de plusieurs voies de droit même si le droit au recours ne semblait imposer que l'existence du recours devant le juge de l'impôt.

[1006] V. *supra*, p. 64.

Conclusion du chapitre II

321. Les requérants peuvent trouver un certain intérêt à associer les recours dont ils disposent et qui permettent de saisir le juge de prétentions distinctes. Il ne peut être dressé un panorama complet de l'articulation des voies de droit en contentieux administratif puisque celle-ci est assurément contingente : des recours de même nature peuvent, selon les situations litigieuses, être exercés cumulativement ou alternativement. Cette possibilité pour les requérants d'exercer librement les recours dont ils disposent est distinctement admise par le juge et peut être comprise par la détermination de la concurrence des recours. En effet, lorsque les recours sont concurrents, l'exercice d'un recours spécial leur est, en principe[1007], imposé.

322. La possibilité qui leur est reconnue d'associer plusieurs voies de droit en recherchant leur bénéfice cumulé constitue l'expression la plus certaine de leur liberté à exercer les recours dont ils disposent. Ceux-ci peuvent en effet exercer plusieurs recours ou, aussi, choisir de n'en exercer qu'un seul, en optant pour celui qu'ils estiment être le plus adapté. Même si les requérants ne saisissent pas toujours cette faculté d'exercer plusieurs voies de droit en préférant n'en mettre en œuvre qu'une seule, il reste que l'absence de concurrence entre les recours dont ils disposent offre une telle liberté. Cette manière pour le juge d'encadrer l'exercice des recours, selon qu'ils font ou non juger la même chose, est justifiée par le souhait de préserver le droit constitutionnel au recours reconnu aux justiciables. La fermeture d'un recours pour imposer l'exercice d'une autre voie de droit concurrente est concevable parce qu'elle laisse aux requérants, ainsi contraints, au moins une possibilité de saisir le juge concernant le litige qui les oppose à l'Administration.

[1007] V. *infra*, p. 383 et s.

CONCLUSION DU TITRE II

323. La doctrine, en développant la notion d'exception de recours parallèle, a entendu préciser, uniquement, la liberté pour les justiciables d'user du recours pour excès de pouvoir. En effet, l'irrecevabilité tirée de l'existence d'une autre voie de droit n'est, à l'origine, opposée par le juge qu'aux recours de cette nature. Cette explication de la jurisprudence par la référence à cette fin de non-recevoir, parfois maladroite, a conduit à déterminer comme parallèles au recours pour excès de pouvoir les voies de droit dont le succès permet d'obtenir une satisfaction équivalente à une annulation rétroactive. Adopter une perspective plus générale en considérant l'ensemble des recours juridictionnels, quelle que soit leur nature, aboutit à retenir l'identité de prétention entre les recours dont les requérants disposent pour apprécier les cas dans lesquels le juge entend les contraindre à mettre en œuvre l'un des recours dont ils disposent.

324. L'existence pour les requérants de recours leur permettant de faire juger des prétentions similaires ne met pas en exergue leur liberté de choisir entre ces recours juridictionnels. Conséquemment, cette liberté leur est reconnue lorsqu'ils sont en mesure de saisir un ou plusieurs juges de prétentions différentes. Indépendamment de leur possibilité d'associer les recours dont ils disposent, l'étude de la jurisprudence a permis de montrer que les requérants se contentent, régulièrement, d'opter pour l'exercice de l'un des recours dont ils disposent. Il n'en demeure pas moins que l'exercice d'une option entre ces recours témoigne d'une liberté de choisir, qui leur est reconnue lorsque les recours ne sont pas concurrents. À la vérité, cette corrélation entre la délimitation de la concurrence des recours et la reconnaissance d'une faculté de choix entre les recours juridictionnels à disposition des requérants résulte du respect, par le juge administratif, des exigences découlant du droit au recours. Puisque le respect de celui-ci impose que les requérants puissent saisir un juge, sa substance n'est pas atteinte lorsque leur est fermée la possibilité d'en saisir un autre de la même prétention.

CONCLUSION DE LA PARTIE I

325. Un litige opposant un administré à l'Administration peut rendre possible l'exercice de différents recours juridictionnels. La manière dont ces différents recours sont organisés par le juge et distingués par la doctrine traduit la volonté d'associer des conditions de recevabilité et de jugement particulières à une catégorie de prétentions déterminées. En d'autres termes, selon ce que les requérants cherchent à obtenir de la part du juge, ils doivent satisfaire à des conditions de recevabilité différemment appréciées par le juge et des conditions de jugement différentes. La circonstance que deux ou plusieurs de ces recours peuvent être mis en œuvre aux mêmes fins, en étant soumis à des conditions différentes, perturbe le droit processuel. Le juge administratif entend y répondre en fermant l'un de ces recours. Cette intervention du juge n'est nécessaire qu'en raison du fait que les domaines d'application des différents recours juridictionnels se chevauchent, en ce sens que, pour un même litige, un requérant peut disposer de plusieurs recours.

326. Puisqu'il peut être exercé à l'égard de la plupart des décisions administratives - ce que confirme encore la jurisprudence récente - le champ d'application du recours pour excès de pouvoir le fait regarder, à raison, comme un recours de droit commun en contentieux administratif. Ses conditions favorables d'exercice ont, historiquement, fait craindre qu'il puisse éclipser d'autres recours juridictionnels, portés devant les conseils de préfecture ou les juridictions judiciaires. La volonté pour le Conseil d'État d'éviter ce danger d'usurpation tout en développant ce recours juridictionnel, permettant de servir au mieux le respect de la légalité administrative, l'a conduit à créer une fin de non-recevoir particulière à ce recours en annulation des actes administratifs. Cette cause d'irrecevabilité a été trop largement mobilisée par le Conseil d'État, le conduisant à occulter l'application des règles de compétence. À cet égard, il a été parfois considéré que les requérants disposaient, en théorie, du recours pour excès de pouvoir, mais qu'il ne pouvait pas être jugé en raison de l'existence d'une autre voie de droit. Il eut été quelques fois plus juste d'assigner des limites plus claires au champ d'application de ce recours. L'explication de la jurisprudence par la doctrine a aussi témoigné de ce que les requérants pouvaient normalement disposer du recours pour excès de pouvoir (sans que le juge n'accepte pourtant d'en connaître) alors que l'application des règles de compétence et de recevabilité commandait d'écarter la possibilité d'exercer un tel recours.

327. Apprécier la liberté pour les justiciables d'exercer plusieurs recours juridictionnels en contentieux administratif impose, incontestablement, de comprendre cette fin de non-recevoir tirée de l'existence d'un recours parallèle. Il convient aussi de la dépasser, en considérant que la question de l'articulation entre le recours pour excès de pouvoir et d'autres voies de droit n'est que l'une des manifestations de la politique jurisprudentielle menée par le juge, en vertu de laquelle il entend encadrer la possibilité pour les justiciables d'exercer plusieurs recours pour un même litige. La jurisprudence administrative montre, en effet, que le juge ne limite cette liberté pour les justiciables d'exercer plusieurs recours - à condition qu'ils en disposent effectivement - que lorsque ceux-ci permettent de faire juger une même prétention. Cette hypothèse, on l'a dit, résulte tant des imperfections affectant la distinction des recours contentieux que de l'intervention du législateur, lorsqu'il consacre l'existence de certaines voies de droit. Tout comme un recours en annulation peut permettre de présenter au juge des conclusions similaires à celles qui peuvent être formulées dans le cadre d'un recours de plein contentieux, l'exercice d'un référé d'urgence peut aussi conduire à demander au juge la suspension d'une décision administrative, solution à laquelle l'exercice d'autre voie de droit permet de parvenir. De la même manière, un recours en responsabilité peut aussi conduire le juge qui en est saisi à indemniser le requérant en lui accordant une somme qu'il pourrait obtenir en exerçant un autre recours.

328. La détermination des éléments constitutifs de cette concurrence des recours permet déjà d'apprécier la liberté pour les requérants d'exercer plusieurs recours. En effet, en vertu du droit au recours, le juge ne contraint les requérants à exercer un recours plutôt qu'un autre que lorsqu'ils permettant de faire juger la même chose. Consécutivement, l'option ou le cumul entre des voies de droit disponibles sont autorisés lorsque leur mise en œuvre aboutit à saisir un ou plusieurs juges de prétentions différentes. Pour autant, il convient encore d'apprécier la contrainte que le juge oppose aux requérants lorsqu'ils disposent de recours concurrents, en déterminant la nature du recours à l'exercice duquel le juge s'oppose et les raisons pour lesquelles il estime nécessaire de le faire.

PARTIE 2 : LE TRAITEMENT DE LA CONCURRENCE DES RECOURS

329. La limitation que le juge oppose à l'exercice de plusieurs recours permettant de faire juger des prétentions similaires résulte historiquement de l'application de l'exception de recours parallèle, en vertu de laquelle le juge s'opposait à l'exercice du recours pour excès de pouvoir lorsque celui-ci visait, en pratique, à faire juger la même prétention que celle susceptible d'être portée devant le juge du plein contentieux ou une autre juridiction. L'inscription de cette question dans une perspective plus large de concurrence des recours (sans, donc, que l'un des recours en concurrence soit nécessairement le recours pour excès de pouvoir) doit conduire à reconsidérer les conditions d'application de cette notion doctrinale, sans occulter son intérêt historique. Cette perspective impose, surtout, de traiter certains aspects de cette contrainte jurisprudentielle légitimement impensés par la doctrine lorsqu'il n'était question que de la seule irrecevabilité du recours pour excès de pouvoir. En particulier, dépasser l'exception de recours parallèle nécessite d'interroger le sens de cette fermeture par le juge de l'un des recours concurrents, c'est-à-dire la détermination du recours que celui-ci ferme et, consécutivement, celui qu'il entend imposer (Titre 1). Considérer la limitation que le juge administratif oppose à tout recours juridictionnel en raison de l'existence d'une autre voie conduit, au même titre, à éclairer les modalités selon lesquelles les requérants sont contraints à exercer une voie de droit alors qu'ils disposaient de plusieurs recours. En effet, les solutions qui traduisent l'application de cette contrainte ne sont pas toujours lisibles, de même que les raisons pour lesquelles cette fin de non-recevoir est mobilisée. L'expression de cette limitation par le juge doit, pour cela, être précisée (Titre 2).

TITRE 1 : LE SENS DE LA FERMETURE DES RECOURS CONCURRENTS

330. Sans ignorer le choix du recours que le juge entend imposer, la doctrine abordant l'exception de recours parallèle n'a qu'une vision partielle de cette question en raison du fait qu'elle ne considère pas l'ensemble de l'organisation des recours contentieux et qu'elle se limite aux rapports entretenus par le recours pour excès de pouvoir et d'autres voies de droit. Puisque le juge entend limiter le libre exercice des recours pour les requérants au-delà de ce seul cas de concurrence, il convient de traiter du sens de la contrainte qu'il oppose. Il s'agit, en définitive, de déterminer, lorsque les requérants disposent de recours concurrents, le recours qui est imposé par le juge et, consécutivement, celui qu'il entend fermer. La récurrence des solutions jurisprudentielles sur cette question a été étudiée par la doctrine.

331. De manière plus ou moins affirmée, il a été dégagé plusieurs critères permettant de décrire le sens de cette contrainte. Certains des critères avancés n'ont qu'une pertinence limitée : ils permettent seulement d'expliquer quelques cas, sans être en mesure de rendre compte de l'ensemble des solutions jurisprudentielles relatives à la concurrence des recours (Chapitre 1). Une analyse approfondie de ces solutions fait apparaître que le juge administratif entend privilégier le recours qui comporte le champ d'application ou l'objet le plus limité, par rapport à celui d'une voie de droit concurrente.

332. Ce critère tiré de la « spécialité » du recours a été dégagé par F. Bussy-Dunaud pour éclairer la manière dont le juge judiciaire appréhende les concours d'actions en justice[1008], même si, pour l'auteur, ce critère n'est que l'un des éléments permettant d'expliquer la jurisprudence. En contentieux administratif, il est à même de transcender les solutions par lesquelles le juge administratif entend s'opposer au libre exercice de recours concurrents. Il peut alors être fait état d'une obligation, pour les requérants qui disposent de recours concurrents, d'exercer celui d'entre eux que le juge considère comme étant « spécial » par rapport à l'autre recours considéré comme « général » (Chapitre 2).

[1008] F. Bussy-Dunaud, *op. cit.*, p. 270.

Chapitre 1 : Le rejet de conceptions doctrinales explicatives de la fermeture des recours concurrents

333. L'appréciation par la doctrine des solutions exprimant la fermeture de l'un des deux recours en concurrence par le juge a fait émerger deux séries de justifications. Une réflexion relative à la nature « subsidiaire » du recours pour excès de pouvoir, confronté aux autres voies de droit avec lesquelles il coexistait, a d'abord été avancée. La contrainte opposée par le juge au requérant dans l'exercice des recours dont ils disposent vise naturellement le recours pour excès de pouvoir puisque c'est pour limiter le nombre des recours en annulation dispensés du ministère obligatoire d'un avocat que cette fin de non-recevoir a vu le jour[1009]. Dans cette perspective, il a été dit que le juge pouvait, pour s'opposer à l'exercice d'un tel recours, prendre en considération le rapport de subsidiarité que le recours pour excès de pouvoir entretient avec les autres recours ouverts aux requérants.

334. Cette mention du caractère subsidiaire de la voie de droit empruntée par le requérant, justifiant que lui soit préféré l'exercice d'un autre recours, est épisodique. Non dépourvu de toute valeur explicative de la jurisprudence, ce critère ne saurait pour autant être admis (Section 1). Il en va de même du second critère avancé, plus récemment, par la doctrine administrativiste. Selon quelques auteurs, le juge privilégierait toujours, parmi deux recours permettant de faire juger une même prétention, celui qui est, pour le requérant, le plus efficace. Cette manière d'apprécier la jurisprudence conduit à montrer que le juge, lorsqu'il ferme un recours concurrent, ne préjudicie pas aux intérêts des requérants. Pour autant, le maniement d'un tel critère révèle des hésitations dirimantes et il apparaît, d'ailleurs, que cette explication n'est pas corroborée par l'état du droit positif (Section 2).

Section 1 : Le rejet d'un critère fondé sur la subsidiarité de l'un des recours concurrents

335. La référence au caractère subsidiaire d'un recours dans le cadre d'une étude relative à la concurrence des voies de droit n'est pas un argument nouveau. La doctrine a très largement fait valoir que la création du mécanisme de l'exception de recours parallèle répondait à la volonté du Conseil d'État de contenir le recours pour excès de pouvoir, considéré, dans ses premiers temps d'existence, comme un recours subsidiaire. Une précision essentielle s'impose. Puisque l'exception de recours parallèle est consubstantielle au recours pour excès de pouvoir, la référence au caractère subsidiaire de cette

---

[1009] V. *supra*, p. 17.

voie de droit par rapport à un autre recours permettait, non pas de déterminer le recours que le juge entendait fermer (puisqu'il s'agissait toujours du recours pour excès de pouvoir), mais de justifier cette fermeture : le recours pour excès de pouvoir devait s'effacer lorsqu'il permettait de procurer au requérant le même résultat qu'un recours de plein contentieux ou qu'une action en justice devant une juridiction non administrative.

336. La doctrine contemporaine a pu mobiliser cette idée de subsidiarité afin de décrire la contrainte opposée par le juge en cas de concurrence des recours, en dépassant l'exception de recours parallèle et l'une de ses justifications historiquement datées (§1). Quelques auteurs considèrent ainsi que le juge, en cas de concurrence des recours, ferme au requérant le recours qu'il estime être subsidiaire parmi ceux qu'une même situation litigieuse autorise ce dernier à exercer. L'emploi d'un tel critère explicatif des solutions jurisprudentielles ne saurait pourtant valoir (§2).

§1. L'exposé du critère

337. Notion de voie de droit subsidiaire. Sans qu'une définition ne soit proposée, la subsidiarité d'un recours peut renvoyer à deux choses[1010]. Il peut d'abord s'agit d'un recours qui supplée une voie de droit venant à faire défaut, en ce sens que le recours subsidiaire est exercé lorsque le recours « normal » ne le peut pas. L'idée de subsidiarité d'un recours peut aussi conduire à considérer un recours qui s'ajoute, de manière secondaire, à un recours principal. Cette seconde conception doit être retenue puisque la première renvoie, à l'analyse, à une absence de coexistence et donc de concurrence des recours. Un recours subsidiaire paraît être, pour la doctrine, un recours qui peut être exercé au même titre qu'une autre voie de droit, mais à l'exercice duquel le juge oppose le caractère prioritaire d'une autre voie de droit. Rarement, le juge a pu lui-même faire référence à cette subsidiarité pour décrire les rapports entretenus par les voies de recours. En ce sens, le recours en rectification d'erreur matérielle est considéré comme subsidiaire par rapport au recours en révision[1011]. Le recours dans l'intérêt de la loi l'est aussi par rapport à d'autres voies de recours puisqu'il « ne peut être présenté par un ministre qu'à l'encontre d'un jugement de tribunal administratif ou d'un arrêt

---

[1010] Le terme renvoie à « ce qui vient à l'appui d'une chose plus importante, qui constitue un élément accessoire » ou ce qui est « destiné à suppléer ce qui viendrait à faire défaut » (CNRTL, entrée « subsidiaire »).

[1011] CE, 2 nov. 1957, Creytat, p. 573 ; C.E., 15 janv. 1993, n°125250, Commune de Cabrières-d'Avignon, inédit, concl. M. Pochard, *RDP* 1993, p. 543. Sur l'ensemble de la question : A.-L. Constant, *op. cit.*, p. 361 et s.

de cour administrative d'appel ayant acquis l'autorité de chose jugée et devenu définitif »[1012].

338. La doctrine fait parfois mention de cette idée. A. Ciaudo a très justement souligné que le Conseil d'État a montré « cet aspect subsidiaire »[1013] du recours dans l'intérêt de la loi. Le caractère subsidiaire de certaines voies de droit est surtout évoqué par la doctrine s'agissant des recours contentieux. S. Braconnier envisage par exemple la subsidiarité du recours en annulation dirigé contre le contrat lui-même ou contre des actes administratifs susceptibles de s'en détacher par rapport aux recours, principaux, que sont le recours en contestation de validité du contrat ou les référés en matière contractuelle[1014]. M. Deguergue a aussi fait observer que, s'agissant de préjudices découlant de l'application irrégulière de normes communautaires valables, la compétence de droit commun appartenait au juge national, qui est le juge communautaire de droit commun par rapport à la Cour de justice, qui serait alors le juge d'exception[1015]. Pour l'auteur, ceci traduit logiquement, en la matière, l'exercice privilégié du recours de plein contentieux subjectif visant à faire rechercher la responsabilité extracontractuelle de l'État par rapport à la voie de droit subsidiaire que constitue le recours en responsabilité dirigé contre la communauté européenne sur la base de l'ancien article 215-2 du traité CEE[1016]. Au-delà de ces références ponctuelles, le concept de subsidiarité a été essentiellement mobilisé pour appréhender la nature du référé contractuel et du référé-mesures utiles, respectivement confrontés au référé contractuel et aux autres référés d'urgence.

339. Subsidiarité du référé contractuel. La transposition de la directive « Recours »[1017] du 21 décembre 1989 a conduit à la création du référé précontractuel qui vise à faire sanctionner, avant la signature du contrat, les

---

[1012] CE, 14 sept. 2007, n°300911, Min. Jeunesse et Vie associative c/ Sté Vacances Éducatives, T., p. 1050 ; *AJDA* 2008, p. 51, note A. Ciaudo.

[1013] A. Ciaudo, Une nouvelle condition de recevabilité du recours dans l'intérêt de la loi, *AJDA* 2008, p. 51. V. égal., pour une étude complète : sur cette question, G. Pes, *Le recours dans l'intérêt de la loi en matière administrative*, thèse, Paris II, 1974, p. 253.

[1014] S. Braconnier, Les recours ouverts aux tiers, *AJDA* 2011, p. 314.

[1015] M. Deguergue, Le contentieux de la responsabilité : politique jurisprudentielle et jurisprudence politique, *AJDA* 1995, p. 211.

[1016] Sur ce point : CJCE, 13 févr. 1979, aff. 101/78, Granaria c/ Hoofdproduktschap voor Akkerbouwprodukten ; Rec. CJCE 1979, p. 623 ; CJCE, 12 déc. 1979, aff. 12/79, Wagner ; Rec. CJCE 1979, p. 3657. L'on peut faire remarquer toutefois, sur ce point, qu'il s'agit aussi de considérer le fait générateur de responsabilité : puisque la régularité de la norme communautaire n'est pas contestée et que seule son application l'est, le préjudice trouve alors sa cause dans l'action des autorités nationales. L'engagement de la responsabilité de l'Etat ne devrait ainsi pas être, selon l'auteur, recherchée à titre « principal » (par rapport à une autre demande indemnitaire subsidiaire) mais à titre exclusif.

[1017] Directive 89/665/CEE du Conseil relative à l'application des procédures de recours en matière de passation de marchés publics.

manquements aux obligations de publicité et de mise en concurrence auxquelles est soumise la passation de certains contrats[1018]. L'ordonnance du 7 mai 2009 a amplifié les moyens contentieux donnés aux parties de faire sanctionner ces mêmes manquements par l'introduction d'un référé contractuel[1019] afin de répondre à l'impossibilité pour le juge du référé précontractuel d'exercer ses pouvoirs une fois le contrat signé[1020]. Pour autant, il est souligné à plusieurs reprises que ce référé contractuel ne peut être regardé comme l'équivalent du référé précontractuel exercé après la signature du contrat[1021]. Il convient, pour les requérants disposant d'un intérêt à agir, de saisir le juge prioritairement sur le fondement de l'article L. 551-1 du Code de justice administrative[1022]. En effet, aux termes de l'article L. 551-14 du même code, le référé contractuel est, par principe[1023], fermé aux requérants ayant exercé un référé précontractuel. Surtout, le juge administratif a entendu limiter considérablement la mise en œuvre de cette voie de droit en considérant que les requérants qui n'ont pas saisi la possibilité d'exercer un référé précontractuel avant la signature du contrat ne pouvaient disposer, ensuite, du référé contractuel[1024]. Dès lors, compte tenu des restrictions imposées par les textes et la jurisprudence, les référés précontractuel et contractuel coexistent, mais n'ont pas vocation normale à se succéder.

340. Il est indéniable que le référé précontractuel est favorisé par le juge par rapport au référé contractuel et les raisons qui motivent ce choix sont connues. Il est préférable pour la sécurité juridique et les intérêts des parties contractantes que le juge cherche à éviter la signature du contrat plutôt que d'avoir à en prononcer la nullité[1025]. À cet égard, le juge s'oppose à l'exercice du référé contractuel, qu'il considère être subsidiaire, lorsque le requérant n'a pas recherché le bénéfice du référé précontractuel dont il pouvait bénéficier. Les conclusions du rapporteur public N. Boulouis sur l'arrêt « Grand Port

---

[1018] Art. L. 551-1 du CJA.

[1019] Art. L. 551-13 du CJA (introduit par l'ordonnance n°2009-515 du 7 mai 2009 relative aux procédures de recours applicables aux contrats de la commande publique).

[1020] CE, sect., 3 nov. 1995, n°157304, CCI de Tarbes et des Hautes-Pyrénées.

[1021] H. Hoepffner, Le référé contractuel contre un marché à procédure adaptée : une voie de droit subsidiaire, *AJDA* 2017 p. 888 ; G. Eckert, Référé contractuel : Limitation des manquements invocables, *CMP* 2011, n°3, comm. 92.

[1022] V. *supra*, p. 134.

[1023] L'art. L. 551-14 du CJA dispose que le référé contractuel est ouvert au requérant ayant fait usage du référé précontractuel lorsque la personne publique ne respecte pas la décision juridictionnelle lui ayant ordonné de ne pas signer le contrat.

[1024] CE, 19 janv. 2011, n°343435, Grand port maritime du Havre.

[1025] Il existe indéniablement une volonté de privilégier le référé précontractuel car il est moins grave d'annuler la procédure de passation du contrat plutôt que d'attendre que celui-ci soit signé et qu'il fasse ensuite, éventuellement, l'objet d'une annulation. E. Glaser écrivait, sur ce point, que le but du référé contractuel est de « conforter l'efficacité du référé précontractuel, en évitant son contournement » (concl. sur CE, ass., 28 déc. 2009, Commune de Béziers, *RFDA* 2010, p. 506)

maritime du Havre »[1026] vont en ce sens. Celui-ci écrit à juste titre que les opérateurs économiques ne choisissent pas véritablement l'un ou l'autre de ces référés et que l'on exerce le référé contractuel « parce que pour des raisons indépendantes de sa volonté, on n'a pu bénéficier des effets qui auraient dû s'attacher à l'exercice d'un référé précontractuel »[1027]. C'est aussi ce qu'a explicitement relevé R. Noguellou en montrant que le référé contractuel est nécessairement un recours subsidiaire au référé précontractuel, ce dernier devant impérativement être mis en œuvre « aussi longtemps que cela est possible »[1028]. Une précision parait nécessaire. Si ces deux procédures sont relatives à un même objet, à savoir le contrat dont la procédure de passation est contestée, elles ne tendent pas exactement à demander la même chose aux juges susceptibles d'être saisis. Le juge du référé précontractuel peut suspendre ou annuler une décision se rapportant à la passation du contrat ou supprimer certaines clauses ayant vocation à figurer dans celui-ci[1029] tandis que le juge du référé contractuel peut prononcer la nullité du contrat illégal[1030].

341. Il reste que, subjectivement, les tiers qui mettent en œuvre ces recours souhaitent que le contrat envisagé ne produise pas ses effets, soit en cherchant à éviter sa signature, soit en obtenant son annulation lorsqu'il a été conclu. Au regard de la lettre du Code de justice administrative, les deux référés sont disponibles pour un requérant ayant intérêt à agir même si l'exercice du référé précontractuel parait favorisé puisque, lorsqu'il est exercé et que la personne publique s'est conformée à la décision du juge, le référé contractuel n'est pas ouvert[1031]. Le Code ne prohibe que l'exercice cumulé des deux procédures dans un cas de figure précis tandis que le juge se montre bien plus restrictif en fermant le référé contractuel aux requérants qui ont été en mesure d'exercer un référé précontractuel et qui ne l'ont pas fait[1032]. C'est lui qui fait du référé contractuel un recours subsidiaire.

342. Subsidiarité du référé-mesures utiles. La lecture combinée par le juge administratif des articles L. 521-1, L. 521-2 et L. 521-3 du Code de justice administrative fait aussi observer le caractère subsidiaire du référé « mesures utiles » par rapport aux deux principaux référés d'urgence que sont le référé-

---

[1026] N. Boulouis, concl. sur CE, 19 janv. 2011, Grand port maritime du Havre, *BJCP* 2011, n°75, p. 125.

[1027] *Ibid.*

[1028] R. Noguellou, Le référé contractuel : un recours subsidiaire, *RDI* 2011 p. 275. Dans le même sens, v. H. Hoepffner, Le référé contractuel contre un marché à procédure adaptée : une voie de droit subsidiaire, *op. cit.* V. égal. les propos de P. Delelis, évoquant le caractère « anecdotique » de cette voie de droit mise en œuvre pour des contrats de la commande publique qui ne sont pas conclus aux termes d'une procédure formalisée (Les insuffisances des procédures de référé, *AJDA* 2011, p. 320).

[1029] Art. L. 551-2 du CJA.

[1030] Art. L. 551-18 du CJA.

[1031] Art. L. 551-14 du CJA.

[1032] CE, 19 janv. 2011, n°343435, Grand port maritime du Havre.

suspension et le référé-liberté. Le référé-mesures utiles permet au juge administratif qui en est saisi d'ordonner, en cas d'urgence, « toutes autres mesures utiles, sans faire obstacle à l'exécution d'aucune décision administrative »[1033]. L'article L. 521-3 ne peut alors être compris qu'au regard des mesures susceptibles d'être ordonnées par le juge saisi d'un référé-suspension ou d'un référé-liberté et l'intention du législateur était d'ailleurs bien celle-là[1034]. L'intérêt du référé-suspension provient du fait que les requérants peuvent demander au juge saisi de suspendre l'exécution d'une décision administrative. Dès lors, l'exercice de ses pouvoirs par le juge du référé-mesures utiles ne peut conduire à obtenir pareille mesure, qui d'ailleurs atteindrait l'obligation qui lui est faite de ne pas faire obstacle à l'exécution d'une décision administrative[1035]. La recevabilité du référé-mesures utiles doit également être appréciée au regard de l'office du juge du référé-liberté. Si ce dernier dispose aussi du pouvoir de suspendre l'exécution d'une décision administrative, il peut faire usage de plus larges pouvoirs. C'est ce que le Conseil d'État s'est notamment attaché à rappeler, limitant ainsi substantiellement le « réveil du référé conservatoire »[1036] dont la jurisprudence postérieure à la loi du 30 juin 2000 pouvait témoigner[1037].

343. Dans une décision « Section française de l'OIP »[1038] le juge administratif suprême a considéré que le juge des référés saisi sur le fondement de l'article L. 521-3 du Code de justice administrative « peut prescrire, à des fins conservatoires ou à titre provisoire, toutes mesures, autres que celles régies par les articles L. 521-1 et L. 521-2 du Code de justice administrative »[1039]. Le Conseil d'État a pu, de cette manière, justifier le refus

---

[1033] Art. L. 521-3 du CJA.

[1034] A l'occasion des travaux parlementaires préalables à l'adoption de la loi du 30 juin 2000, F. Colcombet écrit que le référé conservatoire « permettra au requérant d'obtenir le prononcé de mesures simples et qui ne rentrent pas dans le champ des articles 3 et 4 (ces articles renvoient au référé-suspension et au référé-liberté) » (F. Colcombet, *Rapport fait au nom de la commission des lois sur le projet de loi adopté par le Sénat relatif au référé devant les juridictions administratives*, 13 déc. 1999, n°2002.

[1035] Le juge administratif a pu, toutefois, concevoir souplement cette dernière condition. V. par ex., CE, sect., 18 juill. 2006, n°283474, Elissondo Labat.

[1036] C. Landais et F. Lenica, Le réveil du juge du référé conservatoire, *AJDA* 2006, p. 1839

[1037] Pour quelques exemples : CE, sect., 18 juill. 2006, n°283474, Elissondo Labat ; CE, sect., 16 nov. 2011, n°353172, Ville de Paris et autres, *AJDA* 2011, p. 2207 ; *AJCT* 2012, p. 156, obs. L. Moreau. Dans ses conclusions sur cet arrêt, D. Botteghi écrit que cette appréciation souple du caractère subsidiaire du référé conservatoire permet de ne pas fermer cette voie de droit « aux requérants dont l'urgence de la situation aurait pu permettre de saisir le juge du référé-liberté » et que « plus que la subsidiarité du référé conservatoire, c'est donc la particularité de l'objet du référé-liberté, en tant que procédure d'extrême urgence, qui est consacrée par la jurisprudence » (concl. sur concl. sur CE, sect., 16 nov. 2011, Ville de Paris et autres, *RFDA* 2012, p. 269)

[1038] CE, sect., 27 mars 2015, n°385332, Section française de l'Observatoire international des prisons, p. 132 ; *JCP-A* 2015, 2246, chron. O. Le Bot ; *Dr. adm.* 2015, comm. 47, note G. Eveillard ; *AJDA* 2015, p. 979, chron. J. Lessi et L. Dutheillet de Lamothe ; *RFDA* 2015, p. 491, concl. E. Crépey.

[1039] *Ibid.*

de faire droit à une demande tendant à ce qu'il soit ordonné à une autorité administrative de prendre des mesures de nature réglementaire. Une telle mesure est en effet au nombre de celles que le juge du référé-liberté peut ordonner s'il est fait état d'une atteinte grave et manifestement illégale portée par l'Administration à une liberté fondamentale d'un détenu[1040]. Aussi, et c'est ce que souligne le rapporteur public de la décision[1041], le refus de l'Administration d'édicter une telle norme réglementaire peut faire l'objet d'un recours pour excès de pouvoir[1042]. Cette abstention de l'autorité compétente peut être « efficacement combattue par un référé-suspension de l'article L. 521-1, assorti en tant que de besoin de conclusions tendant à ce qu'il soit enjoint à l'Administration de prendre, fût-ce à titre provisoire, les mesures réglementaires voulues dans un délai déterminé »[1043]. Il eut été possible de retenir seulement l'absence de caractère provisoire de la mesure demandée, mais le Conseil d'État a insisté sur le caractère subsidiaire du référé-mesures utiles pour soutenir son raisonnement. Postérieurement à cette décision, le juge administratif a explicitement consacré ce caractère subsidiaire du référé-mesures utiles[1044]. De ce fait, saisi sur le fondement de l'article L. 521-3 du Code de justice administrative, il peut rejeter, au regard de la seule possibilité pour le demandeur d'exercer un référé-suspension ou un référé-liberté, toute demande tendant à obtenir la suspension d'une décision administrative et/ou à faire cesser une atteinte grave et manifestement illégale portée par l'Administration à l'exercice d'une liberté fondamentale, quand bien même l'utilité de la mesure ne serait pas contestable.

§2. Le rejet nécessaire du critère

344. Conception différenciée de la subsidiarité. Pour les situations décrites, la doctrine considère que le juge ferme, parmi deux recours concurrents dont disposent les requérants, celui qu'il estime être subsidiaire par rapport à l'autre. Plusieurs raisons s'opposent à ce qu'il soit adhéré à cette manière de voir. D'abord, une différence apparaît entre la subsidiarité telle

---

[1040] V. par ex., CE, 6 juin 2013, n°368816, Section française de l'observatoire international des prisons, T., p. 770 ; *AJDA* 2013. 1191 ; *AJ pénal* 2013, p. 497, obs. E. Péchillon. Il était en l'espèce question d'ordonner à un chef d'établissement pénitentiaire de modifier une note de service relative au régime des fouilles corporelles.

[1041] E. Crépey, concl. sur CE, sect., 27 mars 2015, n°385332, Section française de l'Observatoire international des prisons, précité, *RFDA* 2015, p. 491.

[1042] Pour un précédent en matière pénitentiaire, à propos des règles de sécurité contre les incendies, v. par ex., CE, 23 juill. 2010, n°316440, *Section française de l'observatoire international des prisons*, T., p. 771 ; *Gaz. Pal.* 2010, n°266, p. 19.

[1043] E. Crepey, *op. cit.*

[1044] CE, sect., 5 févr. 2016, n°393540, Benabdallah. Pour une mention plus récente : CE, ord., 25 Juillet 2018, n°422147, Occhipinti. V. sur cette question, S. Boussard, Quinze ans de mise en œuvre du référé-mesures utiles, *JCP-A* 2016, n°51-52, 2338 ; L. Dutheillet de Lamothe et G. Odinet, Référé-mesures utiles : la quadrature du cercle, *op. cit.*

que conçue pour le référé contractuel, confronté au référé précontractuel et celle qui s'attache à décrire les rapports entre le référé-mesures utiles et les autres référés d'urgence. Dans le premier cas, la subsidiarité renvoie à une hiérarchisation entre les recours que le Conseil d'État a imposée par la reconnaissance du caractère prioritaire du référé contractuel. Dans le second, elle renvoie à une distinction des champs d'application des procédures, puisque le référé-mesures utiles ne peut être mis en œuvre pour suppléer un référé-suspension ou un référé-liberté que le requérant n'aurait pas exercé ; le recours fondé sur l'article L. 521-3 est recevable lorsqu'il tend au prononcé de mesures que le juge saisi sur le fondement des articles L. 521-1 ou L. 521-2 ne peut ordonner.

345. La subsidiarité comme conséquence de la contrainte. Un second argument plaide pour réfuter l'idée d'une contrainte qui serait opposée par le juge à celui des recours en concurrence qui comporterait ce caractère « subsidiaire ». Les considérations précédentes montrent que la subsidiarité d'un recours concurrent par rapport à un autre découle essentiellement des textes, ce que la jurisprudence a confirmé. Or, cette confirmation jurisprudentielle de la subsidiarité d'une voie de droit répond à des raisons variables, teintées de pragmatisme et d'opportunité. Le caractère subsidiaire du référé-mesures utiles parait, pour certains litiges, affirmé par le Conseil d'État afin de « situer le débat devant le juge sur le terrain de la légalité des choix que l'Administration a préalablement faits ou pas faits »[1045]. En ce sens, il faut faire prévaloir les référés suspension et liberté, nécessitant respectivement moyen propre à créer un doute sérieux quant à la légalité de la décision ou une atteinte grave et manifestement illégale à une liberté fondamentale, lorsqu'il s'agit par exemple d'ordonner l'édiction de mesures réglementaires[1046]. Comme le relève E. Crepey, « le circuit court par l'article L. 521-3 occulterait au contraire la question de l'illégalité éventuelle de la carence administrative pour concentrer la discussion sur l'utilité de la mesure réglementaire demandée »[1047]. Le Conseil d'État s'attache parfois à appuyer ce caractère subsidiaire du référé-mesures utiles pour des raisons d'opportunité, en favorisant d'ailleurs son propre rôle.

346. Pour autant, il a pu interpréter l'article L. 521-3 de manière relativement accommodante à d'autres égards, sans, donc, adopter une lecture particulièrement rigoureuse du caractère subsidiaire du référé-mesures utiles. Par exemple, dans une décision « Ville de Paris et autres »[1048], le Conseil

[1045] E. Crepey, *op. cit.*

[1046] CE, sect., 27 mars 2015, n°385332, Section française de l'Observatoire international des prisons.

[1047] *Ibid.*

[1048] CE, Section, 16 nov. 2011, n°353172, Ville de Paris et autres.

d'État a jugé qu'en cas de péril dont il n'est pas sérieusement contestable qu'il trouve sa cause dans l'action ou la carence de l'autorité publique, le référé-liberté peut être exercé si la situation nécessite que des mesures soient adoptées dans un délai de quarante-huit heures pour mettre un terme au péril causé par la carence ou l'action de l'Administration. Le juge administratif suprême a, pour autant, également considéré l'éventualité pour le requérant d'exercer un référé-mesures utiles afin que le juge saisi puisse ordonner des mesures propres à mettre fin au péril, sous réserve de ne pas faire obstacle à l'exécution d'une décision administrative[1049]. Les conclusions prononcées par D. Botteghi sur cette décision sont particulièrement éclairantes : « Cette appréciation relativement souple du caractère subsidiaire du référé conservatoire permet donc un traitement efficace de l'urgence, en ne fermant pas la voie du référé conservatoire aux requérants dont l'urgence de la situation aurait pu permettre de saisir le juge du référé-liberté. Ainsi, plus que la subsidiarité du référé conservatoire, c'est donc la particularité de l'objet du référé-liberté, en tant que procédure d'extrême urgence, qui est consacrée par la jurisprudence »[1050]. La formule du rapporteur public abonde dans le sens d'une lecture finaliste de la subsidiarité du référé-mesures utiles.

347. Pour ce qui concerne les référés spécifiques à la matière contractuelle, l'article L. 551-14 ne permet pas d'affirmer clairement la subsidiarité du référé contractuel par rapport au référé contractuel et c'est le juge qui a largement consacré ce caractère[1051]. La volonté d'éviter la remise en cause peu sécurisante d'un contrat conclu a conduit le juge administratif à faire prévaloir le référé précontractuel sur le référé contractuel, en préférant sanctionner, avant la signature du contrat, la méconnaissance des règles de publicité et de mise en concurrence. Mais, alors, la subsidiarité consiste moins ici à déterminer le sens de la contrainte et se veut plutôt une conséquence de la solution rendue par le juge. En d'autres termes, le juge ne fait pas découler du caractère subsidiaire du référé contractuel la contrainte qu'il oppose aux requérants lorsqu'ils exercent ce recours sans avoir exercé le référé contractuel alors qu'ils avaient la capacité de le faire. C'est au contraire pour rendre subsidiaire le référé contractuel (plus encore qu'il ne l'est à la lecture du Code de justice administrative) que le juge ferme ce recours.

[1049] *Ibid.*

[1050] D. Botteghi, *op. cit.*

[1051] CE, 19 janv. 2011, n°343435, Grand port maritime du Havre.

Section 2 : Le rejet d'un critère tiré de l'efficacité supérieure de l'un des recours concurrents

348. Il a déjà été montré que la « satisfaction » qu'un requérant peut retirer d'un recours ne peut valablement délimiter la concurrence de plusieurs recours : cette référence ne ressort pas des solutions jurisprudentielles et les considérations doctrinales qui plaident pour l'emploi d'un tel critère dénotent, par leur imprécision, d'une incapacité à rendre fidèlement compte du droit positif[1052]. Pour autant, certains auteurs ont cherché à montrer que l'analyse de la satisfaction qui résulte de l'exercice d'un recours joue, non sur la détermination des recours concurrents, mais sur la contrainte que le juge entend opposer lorsqu'il est saisi de l'un deux. Plus précisément, c'est en comparant les recours sur le plan de leur efficacité que la doctrine a cru percevoir ici le sens de la contrainte opposée par le juge à l'exercice de recours en concurrence.

349. Il faut ici convenir de ce que les notions d'efficacité et de satisfaction se recoupent dans une large part. Les propos de G. Lebreton vont en ce sens lorsqu'il affirme que mesurer l'efficacité respective du recours pour excès de pouvoir et du recours de plein contentieux objectif revient à mesurer leur « degré d'adéquation aux attentes de la société »[1053]. La différence entre les deux notions parait seulement résider dans ce que l'efficacité fait référence non seulement au résultat que le requérant peut obtenir, mais aussi aux conditions dans lesquelles le recours est admis puis jugé, ce à quoi ne renvoie pas exactement la notion de satisfaction. Quoi qu'il en soit, il a été avancé que le juge administratif imposait au requérant, entre les recours en concurrence, l'exercice du recours le plus efficace en s'opposant à l'exercice du recours qu'il considère être le moins efficace, lorsqu'il est exercé. La référence à ce critère tiré de l'efficacité des recours est ainsi perceptible en doctrine (§1). Son application ne saurait, cependant, rendre compte des différentes solutions d'irrecevabilité opposées par le juge administratif à l'exercice des recours concurrents (§2).

[1052] V. *supra*, p. 168 et s.

[1053] G. Lebreton, préface à la thèse de D. Bailleul, *L'efficacité comparée des recours pour excès de pouvoir et de plein contentieux objectif en droit public français*, *op. cit.*

§1. L'exposé du critère

350. Notion d'efficacité des recours. La question de l'efficacité des recours n'est pas ignorée de la doctrine et a d'ailleurs intéressé l'étude comparative menée par D. Bailleul. Dans sa thèse, ce dernier livre une définition particulièrement précise de cette notion d'efficacité attachée à un recours : elle dépend d'abord de la qualité de son organisation, qui doit être à même de réaliser les objectifs de célérité et d'accessibilité à la justice, induisant ainsi pour le requérant une « saisine juridictionnelle facile et sereine »[1054], dans une perspective plus large de bonne administration de la justice. L'efficacité d'un recours doit, encore, s'entendre de la qualité de l'intervention juridictionnelle et, corrélativement, de la capacité du juge à répondre à la prétention qui peut lui être soumise. On comprend que l'efficacité est un concept dont l'objectif de bonne administration de la justice constitue l'essence. Considérer un recours comme plus efficace qu'un autre impose de prendre en compte tant l'accès au juge que la qualité de son intervention et sa capacité à vider le litige en répondant à la prétention qui lui est soumise. Employer ce concept d'efficacité suppose d'aller au-delà de la seule obtention par un requérant du succès de sa prétention pour s'attacher aux garanties antérieures et postérieures au prononcé de la décision juridictionnelle favorable.

351. Référence doctrinale à l'efficacité des recours. Au-delà des références occasionnelles à l'efficacité intrinsèque de certaines voies de droit[1055], ce concept a été mobilisé par la doctrine afin d'envisager certaines solutions par lesquelles le juge administratif s'opposait à l'exercice d'un recours en renvoyant le requérant à la mise en œuvre d'une autre voie de droit. Comme d'autres, M. Waline a par exemple fait de l'absence de recours parallèle une condition de recevabilité du recours pour excès de pouvoir[1056]. L'auteur indiquait, en particulier, que le juge devait refuser de juger un tel recours en annulation lorsque le requérant « disposait d'un recours aussi efficace » relevant de la compétence d'une autre juridiction ou ayant à être

---

[1054] *Ibid.*

[1055] Pour G. Jèze le recours pour excès de pouvoir est « l'arme la plus efficace, la plus pratique, la plus économique qui existe au monde pour défendre les libertés » G. Jèze, Les libertés individuelles, *Annuaire de l'Institut international de droit public, op. cit. De* même, B. Seiller a soutenu le caractère « théoriquement efficace » du recours pour excès de pouvoir, au vu, notamment, de l'autorité absolue de chose jugée dont sont revêtues les décisions juridictionnelles d'annulation (B. Seiller, Le recours pour excès de pouvoir (art. 6), *La Constitution administrative de la France*, Dalloz, 2011, p. 105). V. encore, s'agissant du recours pour excès de pouvoir : L. Vallée, Recours pour excès de pouvoir et contentieux fiscal, *op. cit.*, n°4. Pour l'utilisation de ce terme à propos d'autres voies de droit, v. par exemple : E. Benguigui, Le référé précontractuel constitue-t-il toujours une voie de recours « efficace et rapide ? », *Dalloz actualité,* 8 juin 2009.

[1056] M. Waline, *Précis de droit administratif, op. cit.*, p. 367.

présenté dans la forme d'un recours de pleine juridiction[1057]. J. Tercinet évoque incidemment ce concept d'efficacité en soulignant que l'exception de recours parallèle est « tributaire du rapport entre avantages et inconvénients des deux types de contentieux »[1058], à savoir recours pour excès de pouvoir et plein contentieux. Par cette formule, l'auteur démontre que le recours le moins avantageux est irrecevable s'il est introduit par un requérant susceptible d'emprunter une autre voie de droit concurrente qui est, elle, plus avantageuse. La comparaison des recours sur le plan de leur efficacité, permettant de déterminer le sens de la contrainte opposée par le juge à l'exercice de recours concurrents, a été également avancée par P. Yolka[1059]. C'est pour décrire l'étendue de la liberté des justiciables face à la possibilité d'entreprendre plusieurs référés d'urgence que le P. Yolka interroge, sans la retenir, la pertinence de la notion d'exception de recours parallèle « qui imposerait la procédure la plus adéquate lorsque plusieurs sont possibles pour atteindre un même but »[1060]. Dès lors qu'un requérant disposerait de la faculté d'intenter plusieurs référés, le juge administratif serait ainsi susceptible d'imposer l'exercice de la voie de droit la plus adéquate. L'expression peut raisonnablement être assimilée à l'application du critère d'efficacité puisqu'elle témoigne de la capacité d'un requérant à obtenir le résultat souhaité, dans les meilleures conditions et vise tout à la fois la qualité de la décision juridictionnelle et l'accès au juge[1061].

352. Mention de l'efficacité des recours par les rapporteurs publics. Cette référence à l'idée d'efficacité des recours justifiant qu'il soit imposé au détriment d'un autre est aussi présente dans les conclusions de certains rapporteurs publics. À cet égard, J.- C. Bonichot a bien rappelé qu'en certaines situations le juge administratif hésitait à priver les requérants du recours « rapide et radical » qu'est le recours pour excès de pouvoir[1062]. De même, G. Pélissier énonce que les raisons ayant conduit le Conseil d'État à transformer le contentieux de la passation du contrat en reconnaissant aux tiers aux contrats administratifs un recours en contestation de validité de celui-ci visent à rendre la possibilité de cette contestation « à la fois plus simple dans son usage, plus efficace et plus équilibrée dans ses effets »[1063]. C'est donc l'efficacité supérieure du recours de plein contentieux qui justifie, pour M.

[1057] *Ibid.*

[1058] J. Tercinet, *op. cit.*, p. 705.

[1059] P. Yolka, Vers une exception de référé parallèle, *AJDA*, 2004, p. 57.

[1060] *Ibid.*

[1061] Plus récemment, M. Collet et L. Ayrault ont rappelé que le « principe d'exception de recours parallèle (…) interdit en principe la saisine du juge de l'excès de pouvoir lorsqu'une autre voie de droit au moins aussi efficace a été aménagée par les textes » (M. Collet et L. Ayrault, Chronique de droit public financier, *RFDA* 2017 p. 1197)

[1062] J.-C. Bonichot, concl. sur CE, 6 janv. 1995, Société des manufactures ERAM, *op. cit.*

[1063] G. Pelissier, concl. sur CE, 30 juin 2017, Syndicat mixte de promotion de l'activité transmanche, *op. cit.*

Pélissier, que le juge l'impose au détriment du recours pour excès de pouvoir. Enfin, c'est encore le caractère « au moins efficace, sinon plus » de la saisine du juge judiciaire spécialisé des enfants qui justifie, pour R. Decout-Paolini, que soit fermé le recours pour excès de pouvoir dirigé contre une décision du Président du Conseil départemental refusant de saisir l'autorité judiciaire aux fins d'admission à l'aide sociale à l'enfance[1064].

353. Référence à l'efficacité des recours dans les solutions du juge. Bien que plus rare, la référence à l'efficacité des recours est parfois perceptible dans les solutions du juge elles-mêmes. Dans le contentieux des étrangers, le juge administratif refuse de statuer sur les demandes formulées en référé-suspension ou en référé-liberté et dirigées contre des arrêtés de reconduite à la frontière[1065] ou des obligations de quitter le territoire français[1066]. Il justifie l'irrecevabilité opposée à ces recours par l'existence d'un recours susceptible d'être exercé contre de tels actes, prévu par les dispositions du Code de l'entrée et du séjour des étrangers et du droit d'asile est contournée et comportant un « effet suspensif », ce qu'il relève explicitement. Il fait peu de doutes que la voie de droit ouverte par la loi concurrence les différents référés d'urgence. Celle-ci permet d'obtenir la suspension de l'exécution de la décision, ce qui est également recherché par la mise en œuvre des référés. Le choix du juge administratif de considérer comme irrecevables l'un ou l'autre des référés d'urgence parait alors être lié au caractère plus efficace du recours prévu par le Code puisqu'il est pourvu d'un effet suspensif. C'est donc la seule introduction du recours devant le juge qui permet d'obtenir la suspension. Si les procédures d'urgence visent à l'obtention d'une décision avec une certaine célérité, c'est seulement l'ordonnance du juge qui permet la suspension de l'exécution de la décision. La voie de droit particulière organisée pour la contestation de ces actes est, en raison de ses effets, logiquement privilégiée par le juge.

354. La comparaison de l'efficacité des voies de droit dont les tiers peuvent disposer en contentieux contractuel peut aussi conduire à déterminer l'efficacité supérieure de l'un des recours en concurrence. Aussitôt que les tiers aux contrats administratifs se sont vu reconnaître la possibilité de contester certains actes intervenant au stade de leur formation, il a été souligné que la nullité du contrat ne pouvait directement en découler[1067]. Si la reconnaissance progressive d'un pouvoir d'injonction au juge administratif a contribué à atténuer le caractère platonique de l'annulation pour excès de

---

[1064] R. Decout-Paolini, concl. sur CE, 1er juillet 2015, n°386769, Département du Nord, non publiées.

[1065] CE, ord., 26 janv. 2001, n°229565, Gunès ; CE, 14 mai 2003, n°256808, Méliani. V. sur ce point, notamment : R. Vandermeeren, Le référé-suspension, *RFDA* 2002, p. 250.

[1066] CE, 28 nov. 2007, n°305285, Towo.

[1067] J. Romieu, concl. sur CE, 4 nov. 1905, Martin, *op. cit.*

pouvoir, la remise en cause du contrat n'a longtemps pu être admise qu'au prix d'une procédure contentieuse longue et complexe. L'arrêt Société Ophrys de 2011 montrait bien cet état du droit puisqu'en cas de saisine du juge du contrat, la nullité du contrat s'appréciait à raison des illégalités commises et des intérêts en présence[1068] et demeurait donc relativement incertaine. Pour un requérant désireux de faire constater la nullité du contrat, l'aléa qui s'attachait à l'exercice du recours pour excès de pouvoir dirigé contre un acte détachable du contrat intervenant au stade de sa formation présentait un inconvénient sérieux. Cette faiblesse du recours pour excès de pouvoir dirigé contre un acte détachable du contrat intervenant au stade de sa passation a néanmoins été, non corrigée, mais dépassée, par la reconnaissance du recours en contestation de la validité du contrat. Si le prononcé de la nullité du contrat reste toujours incertain, la saisine d'un juge susceptible de juger cette prétention ne l'est plus. Cette voie de droit a permis aux tiers qui disposent d'un intérêt suffisant d'obtenir un accès direct au juge du contrat. Ceci facilite nécessairement la recherche de la nullité du contrat que les requérants estiment illégal. Entre ces recours concurrents, le juge administratif a nettement et progressivement favorisé le recours de plein contentieux. Considérer que ce dernier a privilégié, pour les requérants, l'exercice du recours le plus efficace - au moins dans l'accès au juge - ne peut être sérieusement démenti.

355. On le voit, la référence à l'efficacité des voies de droit concurrentes ne ressort qu'indirectement des solutions rendues par le juge tandis que la doctrine fait plus largement référence à cette idée pour expliquer la jurisprudence. C'est à cet égard qu'il convient d'interroger la pertinence de ce critère doctrinal pour expliquer les modalités de la fermeture par le juge de l'un des recours concurrents.

§2. L'inopportunité du critère

356. Détermination subjective de l'efficacité d'un recours. Le critère tiré de l'efficacité supérieure d'un recours par rapport à un autre, justifiant que le premier soit imposé par le juge au détriment du second, parait rendre compte de certaines solutions jurisprudentielles relatives à la concurrence des recours. Plusieurs raisons s'opposent pourtant à la généralisation d'une telle conception. En premier lieu, la recherche de l'identité de prétention pour reconnaître une situation de concurrence entre plusieurs recours contentieux a déjà démontré la subjectivité de l'interprétation, par le juge, du résultat recherché par le requérant dans la mise en œuvre des recours. Admettre, à l'occasion de chaque cas de concurrence des recours, la supériorité d'un

[1068] CE, 21 févr. 2011, n°337349, Société Ophrys, Communauté d'agglomération Clermont-Communauté, p. 54 ; *AJDA* 2011, p. 356 ; *RDI* 2011, p. 277, obs. R. Noguellou ; *AJCT* 2011, p. 419, obs. F. Scanvic ; *BJCP* 2011, p. 133, concl. B. Dacosta.

recours par rapport à un autre du point de vue de son efficacité conduirait à introduire, là encore, une part de subjectivité conséquente dans l'analyse. Cette subjectivité peut, on le sait, déjà résider dans ce que l'office du juge permet au requérant d'atteindre. Selon le recours considéré, le juge administratif peut disposer du pouvoir d'annuler l'acte déféré à son contrôle ou de pouvoirs plus étendus de réformation. Cette comparaison de la « satisfaction » résultant du succès de l'un ou l'autre des recours disponibles pour le requérant emporte assurément des difficultés sérieuses. À titre d'exemple, on rappellera qu'en matière de sanctions administratives, le recours de plein contentieux à l'occasion duquel le juge dispose de plus larges pouvoirs peut ne pas être toujours aussi efficace du point de vue du requérant que ne l'est le recours pour excès de pouvoir[1069], alors que l'affirmation inverse se vérifie dans bon nombre d'autres cas.

357. Cette difficulté à comparer deux voies de droit sur le plan de l'office du juge ne concerne pas, d'ailleurs, que le seul recours pour excès de pouvoir. Une espèce le montre bien. Un requérant avait saisi le juge administratif d'une demande tendant à faire condamner l'État au paiement d'une somme correspondant au montant d'une contribution spécifique (mentionnée à l'article L. 137-11-1 du code de la sécurité sociale et assise sur les rentes versées dans le cadre des régimes mentionnés au I de l'article L. 137-11) acquittée par l'intéressé au titre des années 2011 et 2012. Le Conseil d'État a d'abord relevé que le préjudice invoqué par le requérant ne se distinguait pas de celui résultant du paiement de la contribution et « qu'il lui était ainsi loisible s'il le croyait utile, d'introduire devant la juridiction compétente un recours tendant à la décharge de cette contribution »[1070]. Surtout, le juge administratif suprême souligne, pour valider la solution des premiers juges qui ont estimé le recours irrecevable, que « l'existence de cette voie de recours, dont les effets seraient, en l'espèce, si la requête était recevable et fondée, identiques à l'action en responsabilité engagée, faisait obstacle à la recevabilité de la demande de condamnation de l'État par un recours n'invoquant aucun préjudice distinct »[1071]. Le Conseil d'État relève explicitement que les effets des deux recours considérés seraient, en cas de succès, identiques, mais impose pourtant l'exercice du recours devant le Tribunal des affaires de la sécurité sociale. Ainsi, sur le plan de l'office du juge, il ne peut être soutenu

---

[1069] V. *supra*, p. 175.

[1070] CE, 20 mai 2016, n°384404, CAVIMAC. V. dans le même sens : CAA Paris, 31 décembre 2015, n°14PA04030.

[1071] *Ibid.* Le requérant avait engagé un tel recours devant le tribunal compétent mais l'URSAFF, dans cette instance, avait soutenu l'irrecevabilité des moyens développés par le requérant. Le Conseil d'Etat considère que cette circonstance « ne saurait faire regarder cette voie de recours comme insusceptible de faire droit aux prétentions de M.B ».

que cette voie de droit est plus efficace que le recours visant à faire rechercher la responsabilité pour faute de l'État.

358. Incertitude quant aux éléments constitutifs de l'efficacité. Cette incertitude liée au résultat susceptible d'être obtenu par le requérant en exerçant l'un ou l'autre des recours disponibles n'est pas la seule objection à l'emploi du critère de l'efficacité pour déterminer le sens de la contrainte opposée par le juge à l'exercice de recours concurrents. Raisonner sur le plan de l'efficacité des recours impose aussi de considérer la conception différenciée de l'accès au juge. Pour chaque recours en concurrence, il conviendrait d'abord de comparer les conditions classiques de recevabilité, à savoir la nécessité de former un recours administratif préalable, l'exigence d'intérêt à agir du requérant, l'existence de délais de recours applicables ou encore le respect des conditions de forme imposées pour la présentation de la requête. Comparer l'efficacité des recours impose encore de prendre en compte la fiabilité de l'action en tenant compte de la mutabilité des conclusions et des moyens pour chaque recours considéré[1072]. La souplesse avec laquelle pourrait être considérée l'immutabilité du litige serait alors plus ou moins avantageuse pour le requérant selon les recours considérés. Mener une telle analyse est concevable à condition de limiter l'objet d'étude. Les travaux de D. Bailleul l'ont montré s'agissant de l'opposition entre recours pour excès de pouvoir et recours de plein contentieux objectif, mais la comparaison de l'efficacité respective de ces voies de droit n'aboutit pas, d'ailleurs, à une affirmation claire de la supériorité de l'un sur l'autre[1073]. Sur certains aspects, le recours en annulation parait être plus efficace parce que l'intérêt à agir y est par exemple apprécié plus souplement et que, de manière générale, les conditions de mise en œuvre du recours pour excès de pouvoir sont moins contraignantes. En revanche et malgré la reconnaissance d'un pouvoir d'injonction au juge de l'excès de pouvoir, le contrôle de pleine juridiction demeure supérieur à celui exercé en recours pour excès de pouvoir « tant dans la manière de dire le droit que dans les conséquences qui en résultent »[1074].

359. La recherche du recours le plus efficace dans chaque hypothèse de concurrence des recours devrait donc consister à apprécier leurs qualités respectives, selon chaque élément susceptible de permettre leur comparaison, soit en considérant l'accès au juge, soit dans son office. Il est des cas, comme le montre l'étude précitée, où l'un des recours est plus aisément exerçable par le requérant, mais ouvre au juge de moindres pouvoirs que l'autre recours.

[1072] D. Bailleul, thèse, *op. cit.*, p. 157 et p. 175.
[1073] *Ibid*, p. 387.
[1074] *Ibid*, p. 377.

C'est assurément le cas du recours pour excès de pouvoir, dont l'exercice est généralement dispensé du ministère d'un avocat et qui, eu égard à la question de légalité objective qu'il tend à poser au juge, bénéficie de conditions de recevabilité relativement favorables. Ces circonstances le rendent attractif dans les cas où les requérants qui en font usage ne recherchent rien d'autre que la disparition d'une décision administrative. Pour autant, c'est bien au recours pour excès de pouvoir que le juge administratif s'est historiquement opposé et s'oppose d'ailleurs toujours dans une large part, lorsqu'un recours de cette nature vient à être concurrencé. Il ne peut être indiscutablement affirmé que le juge fait, dans ces cas, primer le recours le plus efficace.

360. Pondération des éléments constitutifs de l'efficacité du recours. La délicate hiérarchisation entre l'accès au juge et l'office du juge dans la recherche du recours le plus efficace peut être également perçue dans le cadre d'une jurisprudence bien établie relative à concurrence entre le recours de plein contentieux fiscal et le recours de plein contentieux en responsabilité extracontractuelle. Dans ce cas de concurrence des recours, le même requérant dispose d'un recours devant le juge fiscal pour contester une imposition litigieuse et d'un recours indemnitaire, fondé sur l'illégalité d'une décision prise par l'Administration fiscale, pour faire réparer le préjudice que celui-ci estime avoir subi du fait de l'illégalité de la décision d'imposition[1075]. Dans l'un et l'autre des recours, la prétention est, subjectivement, la même ; elle consiste en l'obtention d'une somme de la part de l'Administration[1076]. Le juge administratif refuse de statuer sur le recours indemnitaire qui lui est présenté lorsque le montant du préjudice allégué est égal à celui qui serait alloué au requérant en cas de décharge de l'imposition, en renvoyant le requérant à l'exercice du recours organisé devant le juge fiscal[1077]. Or il est relativement incertain d'affirmer, dans ce cas, l'efficacité supérieure du recours devant le juge fiscal[1078]. Sur le plan de l'office du juge, les recours ne sauraient être distingués puisque, dans un cas comme dans l'autre, les pouvoirs du juge sont relativement étendus. Sur le plan de l'accès au juge, il est à noter que le ministère d'un avocat n'est pas obligatoire en plein contentieux fiscal[1079] tandis qu'il l'est en matière indemnitaire. En matière de délais, les recours ne se distinguent que partiellement. L'exercice d'un recours de plein contentieux

[1075] V. par ex. CE, ass., 30 oct. 1996, n°141043, SA Jacques Dangeville.

[1076] Le recours de plein contentieux subjectif aboutit à une condamnation pécuniaire de la personne publique tandis que le juge fiscal prononce la restitution des sommes versées à tort.

[1077] V. par ex., CE, 10 nov. 2000, n°186301, Sté SGAP expansion ; CE, 16 nov. 2009, n°304632, M. Colas ; *RJF* 2010, n°164.

[1078] Tel pouvait être le cas lorsque la responsabilité de l'Administration fiscale ne pouvait être engagée que pour faute lourde, mais la généralisation de la faute simple en la matière doit permettre de récuser cette idée (v. CE, 21 mars 2011, n°306225, M. Krupa).

[1079] Art. R. 431-3 du CJA.

subjectif tendant à la réparation d'un préjudice est enfermé dans un délai de deux mois à compter de la notification du rejet de la décision par l'Administration. En l'absence de réponse de l'Administration sur la demande, le requérant pouvait, avant l'intervention du décret du 2 novembre 2016[1080], s'affranchir du respect d'un quelconque délai pour saisir le juge. La saisine du juge fiscal doit, elle, faire suite à l'exercice d'une réclamation préalable[1081] qui peut être contestée devant le tribunal compétent dans un délai de deux mois à compter de la réception de la décision prise sur la réclamation[1082]. Aucun délai de recours ne peut toutefois être opposé au requérant si l'Administration fiscale ne répond pas expressément à la réclamation[1083]. En revanche, les recours se distinguent quant à l'extinction de la possibilité, pour les requérants, de soumettre leur prétention au juge. L'action devant le juge fiscal se prescrit par deux ans[1084], tandis que la règle de la prescription quadriennale des dettes de l'État s'impose en matière de recours de plein contentieux subjectif. Enfin, il faut relever qu'en matière fiscale, la règle qui consiste à ce que le juge de plein contentieux se place à la date où il statue ne s'applique pas[1085]. Il ressort de cette comparaison le caractère globalement plus favorable du recours de plein contentieux subjectif, lequel devrait, compte tenu de son efficacité supérieure être privilégié par le juge. Pour autant, le Conseil d'État s'oppose précisément à l'exercice d'un tel recours en privilégiant le recours ouvert devant le juge fiscal.

361. Enfin, l'analyse livrée par D. Bailleul révèle, de son propre aveu, l'incertitude de la comparaison au regard de ces deux points de vue que sont l'office du juge et les conditions d'accès au juge. La réponse apportée démontre que le choix du recours le plus efficace ne peut entièrement s'opérer en faveur de l'un ou de l'autre[1086]. Ces difficultés relatives à la hiérarchisation

---

[1080] L'article R. 421-3 du code disposait que le requérant était forclos après expiration d'un délai de deux mois « à compter du jour de la notification d'une décision expresse de rejet : 1° En matière de plein contentieux (…) » Le décret n°2016-1480 du 2 nov. 2016 portant modification du code de justice administrative a supprimé cette hypothèse dérogatoire. Il est à noter que les solutions mentionnées témoignant de l'irrecevabilité du recours de plein contentieux subjectif sont toutes antérieures à l'intervention de ce décret.

[1081] Art. L. 199 et R. 190-1 du LPF.

[1082] Art R. 199-1 du LPF.

[1083] Le Conseil d'Etat a rappelé que, « en cas de silence gardé par l'Administration fiscale sur la réclamation pendant six mois, le contribuable peut soumettre le litige au tribunal administratif, le délai de recours contentieux ne peut courir à son encontre tant qu'une décision expresse de rejet de sa réclamation, laquelle doit être motivée et, conformément aux prévisions de l'article R 421-5 du Code de justice administrative, comporter la mention des voies et délais de recours, ne lui a pas été régulièrement notifiée » (CE, 7 déc. 2016, n°384309, EURL Cortansa, p. 547 ; *Dr. fisc.* 2017, n°12, comm. 219, concl. B. Bohnert)

[1084] Art. L. 190 du LPF.

[1085] Art. L. 190 A du LPF. Confirmant ce point : B. Plessix, *Droit administratif général*, *op. cit*, p. 1365.

[1086] D. Bailleul, thèse, *op. cit.*, p. 387.

ou à la pondération des différents critères permettant d'approcher l'efficacité des recours contentieux ont été savamment mises en œuvre par l'auteur dans le cadre d'une étude dont le champ a été précisément défini. Il parait néanmoins incertain d'apprécier, pour chaque cas de concurrence de voies de droit (dont certaines d'ailleurs n'entrent pas dans la classification doctrinale des recours que retient le contentieux administratif[1087]) l'efficacité supérieure de l'une par rapport à l'autre.

[1087] Tel est le cas des recours ouverts devant des juridictions non administratives qui ne reprennent pas, à l'évidence, cette conception des actions en justice. C'est aussi le cas des référés, même si certains auteurs s'attachent à considérer que certains référés d'urgence peuvent être qualifiés de recours de plein contentieux (V. G. Eveillard, qui écrit : « Le référé-liberté, malgré son nom, apparaît comme une véritable procédure au fond. Il n'est dès lors pas inutile de s'interroger sur son insertion dans la classification des recours contentieux, pour constater qu'il s'agit d'un recours de plein contentieux très spécifique » (G. Eveillard, Quinze ans de mise en œuvre du référé-liberté, *op. cit.*). L'opinion repose sur l'utilisation qui est parfois faite de ce référé d'urgence mais les mesures que prononce le juge saisi sur le fondement de l'article L. 521-2 du CJA restent provisoires en droit (v. *supra*, p. 239).

Conclusion du chapitre I

362. La fermeture par le juge d'un recours juridictionnel en raison de l'existence d'une voie de droit concurrente résulte nécessairement de sa volonté de à imposer la mise en œuvre d'un recours particulier relativement à un contentieux déterminé. Il convient, pour déterminer les recours qui restent ouverts aux requérants, de systématiser la limitation qui leur est ainsi opposée lorsqu'ils disposent de plusieurs recours leur permettant de faire juger des prétentions identiques. Certains auteurs expliquent cette contrainte imposée par le juge en indiquant que ce dernier ferme celui qu'il estime être subsidiaire. Sans que le terme ne soit suffisamment explicité par les auteurs qui s'y réfèrent, il apparaît que la détermination du caractère subsidiaire d'un recours par le juge se fait en fonction de politiques jurisprudentielles diverses qui sont difficilement prévisibles[1088]. Surtout, un recours considéré comme subsidiaire peut s'analyser comme une voie de droit susceptible d'être mise en œuvre lorsqu'un premier recours, principal, ne peut l'être. Or, admettre que des recours sont concurrents suppose de considérer qu'ils sont, chacun, disponibles. L'affirmation d'une contrainte qui viserait celui des recours en concurrence qui comporte un caractère « subsidiaire » ne saurait ainsi convenir.

363. Il est également expliqué par d'autres auteurs que le juge limite l'exercice des recours concurrents en imposant au requérant l'exercice du recours le plus efficace. Le Conseil d'État ne fait jamais explicitement référence au concept d'efficacité des recours, même s'il est épisodiquement mentionné par certains rapporteurs publics. Retenir un critère essentiellement doctrinal pour fonder le sens de la contrainte est concevable, mais la détermination de celui-ci se heurte à certains écueils. En particulier, l'efficacité d'un recours doit être mesurée du point de vue du requérant, sans qu'il ne soit possible d'apprécier avec certitude ce qu'il attend de la saisine du juge. Selon les recours qu'il peut exercer, l'un pourra le conduire à un jugement plus rapide, un autre à un procès moins coûteux ou à le dispenser d'exercer ultérieurement d'autres juridictionnels. D'autres encore pourraient lui garantir des chances de succès plus importantes compte tenu, notamment, des moyens invocables. Au-delà de ces difficultés inhérentes à la perception de la teneur du critère tiré de l'efficacité d'un recours, il semble surtout que

---

[1088] Outre les solutions déjà évoquées, la solution rendue dans l'arrêt Cassinari incline aussi en ce sens, le Conseil d'Etat estimant que le contribuable qui a intérêt à exercer lui-même un recours pour excès de pouvoir ne saurait demander une autorisation d'exercer cette action qu'il croit appartenir à la commune et, alors, contester le refus du Tribunal administratif signifié par une décision administrative. Cette voie de droit parait en effet subsidiaire par rapport à la voie principale que constitue l'exercice personnel du recours en annulation. V., CE 28 avril 2006, n°280878, Cassinari, p. 210 ; *AJDA* 2006, p. 903 ; *BJCL* 2006, n° 8, p. 599, concl. C. Devys ; *JCP-A* 2006, n° 1198, note J. Moreau. V. égal., A. Claeys, L'introduction de l'exception de recours parallèle dans le régime des autorisations de plaider pour le compte d'une collectivité territoriale, *AJDA* 2007, p. 266.

celui-ci ne fonde pas le raisonnement du juge. En définitive, comparer l'efficacité des recours en concurrence est une entreprise périlleuse à laquelle il convient de ne pas se risquer et à laquelle d'ailleurs, le juge ne se risque pas.

Chapitre 2 : L'obligation générale d'exercer les recours spéciaux

364. Les règles organisant le contentieux administratif traduisent, historiquement, une place relativement faible du droit écrit. Cette place initialement réduite des textes a conduit le Conseil d'État à jouer un rôle fondateur dans la détermination des règles de compétence et de procédure applicables aux litiges intéressant ces activités. Le caractère essentiellement prétorien du contentieux administratif n'est pas douteux, mais cette observation ne saurait occulter l'importance des règles écrites, notamment du point de vue des recours ouverts aux justiciables. Certaines dispositions textuelles n'ont fait que reprendre les règles dégagées par le Conseil d'État[1089], mais d'autres ont rénové les voies de droit existantes en contentieux administratif[1090]. Il en résulte que la saisine du juge administratif peut résulter de l'existence de voies de droit organisées par la jurisprudence, mais, aussi, de l'instauration de recours résultant de dispositions législatives et réglementaires. Le juge administratif, logiquement tenu par ces dispositions, peut néanmoins en donner une interprétation en éclairant les conditions de sa saisine[1091] ou, plus largement, en comblant les « angles morts » des règles écrites de compétence et de procédure contentieuse[1092]. Il faut toutefois reconnaître une progression du droit écrit en contentieux administratif, constatée par la doctrine[1093], même si le juge administratif continue à faire

---

[1089] Cette conception est partagée par plusieurs auteurs. Y. Gaudemet écrit par exemple que le statut général des fonctionnaires de 1946 résultait largement de la codification de la jurisprudence du Conseil d'Etat (*Les méthodes du juge administratif*, G. Vedel dir., LGDJ, BDP, 1972, p. 134). Comme le confirme J. Flour, le législateur, souvent, « se contente de reprendre et confirmer la jurisprudence » (*Cours d'institutions judiciaires et de droit civil*, Paris, Les cours de droit, 1960, p. 239).

[1090] V. la loi n°2000-597 du 30 juin 2000 relative au référé devant les juridictions administratives, la loi n°2007-290 du 5 mars 2007 instituant le droit au logement opposable et portant diverses mesures en faveur de la cohésion sociale ou encore l'ordonnance n°2009-515 du 7 mai 2009 relative aux procédures de recours applicables aux contrats de la commande publique.

[1091] Le Conseil d'Etat a par exemple entendu limiter l'exercice par les requérants du référé contractuel en ajoutant une condition de recevabilité du recours (CE, 19 janv. 2011, n°343435, Grand port maritime du Havre). Il a également limité les conséquences à tirer de l'absence de mention, par une décision administrative, des voies et délais de recours. La lettre de l'article R. 421-1 du CJA fait état, à ce titre, de ce que le délai de deux mois n'est pas – c'est-à-dire « jamais » - opposable au requérant. Le Conseil d'Etat a entendu, au nom du principe de sécurité juridique, limiter la contestation de telles décisions administratives dans le délai d'un an à compter de leur notification (CE, 13 juillet 2016, n°387763, Czabaj).

[1092] P. Cassia, *Les grands textes de la procédure administrative contentieuse*, Dalloz, 3e éd., avant-propos, VII.

[1093] Y. Gaudemet a pu constater que le législateur « a rallié le champ du contentieux administratif qu'il avait auparavant délaissé » en adoptant des lois particulières comprenant, d'ailleurs, des règles de procédure destinées à assurer l'effectivité du dispositif substantiel qu'elles instituent (Y. Gaudemet, Remarques sur l'évolution des sources du droit administratif, *Le juge entre deux millénaires (Mélanges offert à P. Drai)*, Paris, Dalloz, p. 339. De même, B. Pacteau a fait état du « retour en force du législateur sur la scène du contentieux administratif » (« Procédure administrative, retour à la loi, et après ? », *RFDA* 1996, p. 5).

usage de son pouvoir normatif, en particulier lorsqu'il organise lui-même des voies de droit nouvelles au profit des justiciables[1094].

365. C'est dans ce cadre qu'il convient de placer l'étude de la concurrence des recours. Si les dispositions législatives limitent l'exercice de son pouvoir normatif par le juge administratif, elle ne saurait le priver de son rôle séculaire d'élaboration des règles organisant le contentieux administratif. En particulier, la lecture doctrinale de la jurisprudence administrative montre que le Conseil d'État entend définir les conditions dans lesquelles les justiciables peuvent introduire des recours devant les juridictions administratives lorsque ces derniers disposent de plusieurs voies de droit. Il s'agissait initialement, pour le juge, de s'opposer au seul recours pour excès de pouvoir. L'irrecevabilité reposant sur l'existence d'un recours parallèle a été ensuite étendue à d'autres recours contentieux. La concurrence des recours telle qu'elle doit être conçue aujourd'hui concerne des voies de droit qui sont, pour certaines organisées par les textes, pour d'autres, définies par le juge. Cette différence de nature entre les normes qui organisent les recours est fondamentale. Elle parait, surtout, ne pas être ignorée du juge qui appréhende ainsi la concurrence des recours en fonction de considérations découlant d'une logique normative.

366. Les travaux de quelques auteurs renseignent sur le contenu d'une telle logique. Les propos de Carbonnier s'inscrivent dans cette perspective puisque celui-ci considère que l'existence d'un ordonnancement juridique résulte d'un enchaînement logique découlant de la coordination de toutes les règles de droit et de toutes les institutions juridiques[1095]. Cette exigence de coordination est aussi envisagée par Kelsen, au sens où, pour lui, l'ordre juridique peut être décrit « en propositions de droit qui ne se contredisent pas »[1096]. C. Perelman s'inscrit également dans cet ordre d'idées en avançant que le droit « se développe en équilibrant une double exigence, l'une d'ordre systématique, l'élaboration d'un ordre juridique cohérent, et l'autre d'ordre pragmatique, la recherche des solutions acceptables par le milieu, parce que conformes à ce qui parait juste et raisonnable »[1097]. Ces auteurs renseignent ainsi sur le fait que la cohérence du droit, de l'ordre juridique, repose sur l'absence de contradiction entre les normes qui le compose. Cet objectif doit

---

1094 L'arrêt « Département du Tarn et Garonne » en est un bon exemple (CE, ass., 4 avril 2014, n°358994, Département du Tarn et Garonne). Dans le commentaire qu'il livre de la décision, le P. Delvolvé en fait particulièrement mention et souligne une « illustration éclatante du pouvoir créateur du juge administratif » (P. Delvolvé, De Martin à Bonhomme, Le nouveau recours des tiers contre les contrats administratifs, *op. cit.*).

1095 J. Carbonnier, *Droit civil*, PUF, Thémis, 11e éd, p. 13 et s.

1096 H. Kelsen, *Théorie pure du droit*, traduction française de la 2e éd. de la « Reine Rechtslehere » par C. Eisenmann, Dalloz, Paris, 1962, p. 274.

1097 C. Perelman, Logique juridique, nouvelle rhétorique, *Recueil Dalloz* 1976, p. 173.

être, selon Kelsen, distinctement atteint selon que les normes contradictoires ont, ou non, la même valeur juridique[1098]. Lorsque ces normes n'ont pas la même valeur, la contradiction est aisément résolue par l'application de celle ayant la valeur la plus élevée ; lorsque ces normes sont de même valeur, le juge entend régler leur incompatibilité en mobilisant les règles traditionnellement applicables en matière de conflits de normes.

367. Transposée à la concurrence des recours, cette conception fait observer, soit la concurrence de recours organisés par des normes de même valeur, soit une concurrence opposant des recours organisés par des normes de valeur différente et, d'ailleurs, de nature différente. Dans un cas comme dans l'autre, la jurisprudence montre que le juge entend imposer, parmi plusieurs recours concurrents, le recours « spécial », c'est-à-dire celui qui comporte le champ d'application le plus restreint (même si ces qualités sont évidemment contingentes et varient selon les recours qui sont considérés). Le traitement de la concurrence des recours par le juge peut être ainsi déterminé mais son choix de faire prévaloir ce recours spécial ne s'explique pas toujours de la même manière. Lorsque les recours concurrents sont organisés par des normes de même valeur, l'exercice imposé du recours spécial constitue bien une manière pour le juge de répondre à la difficulté que soulève l'existence de conditions de recevabilité et de jugements différentes (déterminées par des normes dont la valeur est égale) s'agissant d'une même prétention (Section 1). Lorsque les recours concurrents sont organisés par des normes qui n'ont pas la même valeur, ni d'ailleurs la même nature, le juge entend imposer l'exercice des voies de droit dont les conditions d'exercice sont déterminées par la loi. Compte tenu de la physionomie du contentieux administratif, le juge impose, dans ce cas, des recours qui apparaissent comme étant spéciaux, par rapport aux recours généraux consacrés par voie prétorienne (Section 2).

Section 1 : Les recours concurrents organisés par des normes de même valeur juridique

368. La détermination du recours que le juge administratif estime devoir être emprunté lorsque plusieurs sont disponibles pour un même requérant ne saurait reposer ni sur l'observation de l'efficacité supérieure de l'un sur l'autre ni sur ce que l'un des deux puisse être considéré comme subsidiaire. La compréhension du sens de la contrainte que le juge oppose aux requérants a trait aux normes qui organisent les recours en concurrence. Cette prise en compte guide sa conception de la concurrence des recours et détermine la nécessité, pour lui, de s'opposer au libre exercice des recours. Lorsque les normes qui organisent l'exercice de deux recours ont une même valeur

[1098] H. Kelsen, *op. cit.*, p. 273.

juridique et que ces recours sont concurrents, cette concurrence traduit un conflit entre deux normes : plusieurs normes dont le sens n'est pas le même régissent un même objet, à savoir la poursuite par le requérant d'une même prétention. La jurisprudence montre que, dans ce cas, le juge mobilise une règle lui permettant de régler ce conflit de normes.

369. En particulier, le juge impose le recours « spécial », au détriment du recours qu'il considère comme étant général (§1). Cette explication de la jurisprudence semble traduire, pour le juge, la nécessité de préserver « l'efficacité » du recours dont il impose l'exercice, c'est-à-dire sa capacité à être mis en œuvre[1099]. En d'autres termes, lorsque plusieurs recours ouverts par des normes de même valeur permettent aux requérants de faire juger des prétentions comparables, le juge impose aux requérants l'exercice du recours que le législateur a nécessairement souhaité voir exercé (§2).

§1. La détermination du critère tiré de la spécialité du recours imposé

370. Le juge administratif ne vise pas explicitement la spécialité du recours dont il impose l'exercice lorsque plusieurs recours sont concurrents[1100]. Quelques solutions font, toutefois, mention de ce terme ou de ce que la voie de droit devant être empruntée est « spécifique » ou « particulière ». En cela, même s'il ne le dit pas, le juge fait bien prévaloir un tel critère de spécialité du recours, renvoyant ainsi à une logique normative connue. Ce critère doit ainsi être précisé (I) pour en apprécier, ensuite, la valeur probante (II)

I. La définition du critère

371. S'il est évoqué par certains auteurs, le critère tiré de la préférence du juge pour le recours spécial apparaît de manière relativement incidente dans la doctrine et n'a pas fait l'objet d'une étude d'ensemble ni d'une vérification approfondie (A). Ce critère de spécialité souffre ainsi d'une définition peu assurée qu'il convient de préciser (B).

[1099] Sur ce point, il faut bien distinguer « l'efficacité du recours » envisagé en tant que critère permettant au juge de déterminer celui des recours en concurrence qu'il entend imposer (et dont l'emploi a été récusé, v. *supra*, p. 306) de l'efficacité recherchée des dispositions qui organisent une voie de droit en définissant ses conditions de mise en œuvre (ce qui est envisagé ici).

[1100] En revanche, le juge judiciaire s'y réfère parfois explicitement pour fermer une voie de droit aux requérants et leur imposer l'exercice d'une autre action. V. par ex. Cass. Civ. 2e, 11 juin 1960, Bull. civ., II, n°373, p. 260 ; Cass. Civ. 2e, 4 mai 1972, Bull. civ. II, n°128, p. 105.

372. Existence de cette conception en doctrine. On trouve dans les écrits d'Hauriou, consacrant des développements à l'exception de recours parallèle, l'idée que le recours pour excès de pouvoir devait disparaître devant toute « voie de nullité spéciale »[1101] relative à la contestation de certains actes administratifs. G. Vedel et P. Delvolvé écrivent, pour envisager la nécessité de la notion de recours parallèle, qu'il existe des « recours spécialement aménagés »[1102] pour faire trancher certains litiges qui opposent les administrés à l'Administration, au nombre desquels figurent les litiges fiscaux. Il convient selon eux d'éviter, par le jeu de l'exception de recours parallèle, que les administrés vident de leur contenu normal de tels contentieux par l'exercice du recours pour excès de pouvoir[1103]. Cette mention du caractère spécial d'une voie de droit se retrouve encore dans d'autres écrits. R. Chapus relève par exemple qu'un contribuable qui n'a pas exercé le recours « spécialement ouvert par le droit fiscal en vue de la restitution d'un impôt irrégulièrement perçu »[1104] n'est pas recevable à intenter un recours visant à engager la responsabilité extracontractuelle de l'Administration et fondé sur l'illégalité de l'imposition lorsque ce recours vise en la réparation des sommes versées. Il faut encore dire que, pour B. Pacteau, l'objet de l'exception de recours parallèle consiste à contraindre les requérants à préférer au recours pour excès de pouvoir « toute autre voie de droit spécialement aménagée dans la matière en cause et à se soumettre alors à son régime comme à ses contraintes spécifiques »[1105]. Ce caractère spécial que comporte le recours parallèle a été particulièrement souligné par M. Waline. Ce dernier envisageait l'exception de recours parallèle ainsi : « La vraie raison de l'exception c'est application de la règle voulant que les règles spéciales dérogent aux règles générales, si la loi a pris soin d'organiser pour un cas précis une procédure particulière alors ce serait tourner cette loi que d'employer le recours pour excès de pouvoir au

---

[1101] M. Hauriou, *Précis de Droit administratif, op. cit.*, p. 414. Tel était par exemple le cas des délibérations des conseils municipaux dont la contestation était régie par l'article 63 de la loi 5 avril 1884. M. Hauriou indiquait que si le juge annule la délibération, il fait, « du même coup tomber la décision exécutoire qu'elle contient ». En ce sens CE, 1er avril 1898, Pillon de Saint Philbert, p. 272 ; CE, 22 juin 1900, Larnaudie, p. 414.

[1102] G. Vedel et P. Delvolvé, *op. cit.*, p. 277

[1103] *Ibid.* D'autres auteurs écrivent encore : « La question se pose de savoir si le recours pour excès de pouvoir est recevable contre ces actes préliminaires (en matière électorale) malgré l'existence du recours spécial en annulation de l'élection » (A. de Laubadère, J.-C. Venezia et Y. Gaudemet, *op. cit.*, t. 2, p. 491).

[1104] R. Chapus, Droit du contentieux administratif, *op. cit.*, p. 747. On relèvera aussi dans le même esprit la mention quelque peu allusive par S. Austry de la voie « normale » du contentieux fiscal devant être privilégié par les requérants au détriment du recours de plein contentieux destiné à faire reconnaître la responsabilité de l'Administration fiscale (S. Austry, Directives communautaires non transposées : articulation entre les conditions d'invocabilité et le droit à réparation devant le juge national, RJF 1996, n°12, p. 803).

[1105] B. Pacteau, *Contentieux administratif,* PUF, Droit fondamental, 1985, p. 200.

lieu de cette procédure et ce serait bouleverser l'ordre des compétences contentieuses voulu par cette loi »[1106].

373. Absence de définition proposée. La lecture d'ouvrages généraux permet ainsi de souligner l'intérêt porté par certains auteurs au caractère « spécial » de la voie de droit à privilégier, au détriment, souvent, du recours pour excès de pouvoir et, parfois, du recours de plein contentieux indemnitaire. On trouve également trace de cette même référence dans quelques écrits qui envisagent la situation des tiers aux contrats administratifs[1107], qui traitent de la situation contentieuse des requérants visés par un arrêté de reconduite à la frontière[1108] ou encore relatifs à l'articulation des voies de recours en contentieux administratif[1109]. Si, pour ces auteurs, la mention de la spécialité du recours reste occasionnelle et insuffisamment justifiée, d'autres ont affirmé avec plus de vigueur ce critère comme expliquant les solutions traitées sous l'angle de l'exception de recours parallèle. J.-C. Rotoullié dit de l'exception de recours parallèle qu'elle « sert en principe à garantir l'exercice du recours spécialement institué »[1110]. C'est en ce sens que l'auteur évoque, en matière de droit au logement opposable, le recours spécial prévu par le Code de la construction et de l'habitation justifiant l'irrecevabilité du référé-mesures utiles[1111]. Sans définir précisément en quoi consiste le caractère « spécial » du recours dont l'exercice est privilégié par le juge, J.-C. Rotoullié met en exergue le sens de l'application de l'exception de recours parallèle sur lequel il convient, ici, d'insister.

[1106] M. Waline, *Précis de droit administratif*, *op. cit.*, p. 367. Dans le même sens, M. Waline, *Traité élémentaire de Droit administrat*if, *op. cit.*, p. 132. L'auteur souligne que le Conseil d'Etat ne souhaite pas « soustraire des procès à leurs juges naturels » compte tenu de ce que la compétence du juge administratif sur les demandes d'annulation d'actes administratifs « est plus générale » que la compétence d'autres tribunaux dans des matières déterminées.

[1107] F. Rolin écrit que lorsque le concurrent évincé de la procédure de passation « dispose d'une voie de recours spéciale, ayant le même objet et permettant d'atteindre le même résultat, il voit se fermer la porte du recours pour excès de pouvoir (…) » (Naissance de « l'action en contestation de la validité du contrat, *Revue des contrats* 2008, n°2, p. 465). Le recours en contestation de validité du contrat a été envisagé de la même manière par S. Braconnier : « le recours des tiers devant le juge du contrat demeurait donc un recours spécial et limité, même si son champ empiétait largement sur celui du recours général contre les actes détachables, devenu plus subsidiaire » (S. Braconnier, *op. cit.*). Dans sa thèse, L. Preud'Homme évoque aussi les « voies de droit spécialisées dans le contentieux de la commande publique » que sont le référé précontractuel, référé contractuel et recours en contestation de la validité du contrat » (*L'articulation des voies de droit dans le contentieux de la commande publique à l'initiative des tiers aux contrat*, P. Cassia dir., Paris I, 2013).

[1108] J. Gourdou se réfère à l'existence de la « procédure spéciale » prévue par l'article 22 bis de l'ordonnance du 2 nov. 1945 pour justifier l'irrecevabilité d'un référé-suspension, dirigé contre un tel arrêté (Référé-suspension, Jcl. Adm., Fasc. 1093. En ce sens : CE, 30 juill. 2003, n°257660, Djelida, p. 362 ; *AJDA* 2003, p. 1527, obs. M. Brillié.

[1109] A.-L. Constant, *op. cit.*, p. 364.

[1110] J.-C. Rotoullié, À la recherche de l'exception de recours parallèle, *RDP* 2017, n°4, p. 903.

[1111] CE, 3 mai 2016, n°394508, Lourdjane. V. aussi, CE, 30 déc. 2013, n°367533, Bashardost, *JCP-A* 2014, p. 2368, note Marti G.

374. La même remarque peut être faite à propos de la thèse de A. Cepko qui étudie la place de l'exception de recours parallèle dans le contentieux administratif français contemporain. Celle-ci envisage aussi la prise en compte du caractère « spécial » d'un recours, justifiant qu'il soit exercé de préférence à un autre recours et écrit : « La pratique de l'exception de recours parallèle a révélé qu'au-delà d'une mission dans [la] distinction des compétences et des contentieux, le juge avait identifié un autre critère de détermination du recours parallèle : celui de la spécialisation des recours. Le juge administratif interprète le recours parallèle comme étant spécialement institué pour apporter une solution au litige qui lui est soumis »[1112]. L'auteur parait d'abord confondre le sens de la contrainte que le juge oppose - c'est-à-dire la détermination du recours qui est fermé - et les conséquences qui résultent de l'application, par le juge, de cette contrainte. Le mouvement de spécialisation des recours observable dans la jurisprudence administrative est bien une conséquence de la politique jurisprudentielle menée par le Conseil d'État[1113]. Surtout, A. Cepko fait du caractère spécial du recours un élément essentiel de la définition « actualisée » de l'exception de recours parallèle sans proposer aucune définition d'un tel critère. Il semble ainsi particulièrement malaisé d'apprécier sa valeur explicative de la jurisprudence.

375. Il ressort de ces considérations que la doctrine accorde un certain intérêt à l'idée que le juge administratif retient, en cas de concurrence des recours, l'exercice du recours considéré comme « spécial » au détriment donc du recours plus général. Trois observations terminales sont nécessaires. D'abord, il est assez peu contestable que ce soit essentiellement pour la doctrine que ce critère tiré de la spécialité du recours détermine le sens de la contrainte. En effet, il ne ressort pas explicitement de la jurisprudence que le juge adhère à cette manière de voir. Les rapporteurs publics consacrent parfois quelques développements à cette idée, mais dans une proportion trop faible pour être réellement significative. Il s'agit donc d'un critère doctrinal qui se donne pour ambition de rendre compte de la jurisprudence qui retiendrait, sans le dire, cette approche. Ensuite, si plusieurs auteurs considèrent que la spécialité d'un recours conduit à ce que le juge impose qu'il soit exercé de préférence à un autre recours concurrent, et général, l'explication est exclusivement avancée pour le recours pour excès de pouvoir. Cette vision restrictive de la concurrence des recours, au demeurant légitime, conduit à négliger le fait que le juge ne s'attache pas tant à imposer l'exercice d'un recours « spécialement institué », mais surtout à imposer l'exercice d'un

---

[1112] A. Cepko, *op. cit.*, p. 412. Elle ajoute d'ailleurs : « L'exception de recours parallèle est la méthode du juge qui consiste à invoquer l'irrecevabilité du recours général lorsque le requérant dispose d'un recours spécial lui permettant d'obtenir un résultat équivalent » (*ibid.*, p. 419).

[1113] P. Yolka, « Vers une exception de référé parallèle ? », *op. cit.* V. *infra*, p. 383 et s.

recours ouvert par le législateur par rapport à un recours dont les contours ont été dessinés par le juge. Enfin, il faut dire que si la mention du caractère « spécial » d'un recours est heureuse, elle n'est ni suffisamment étayée ni assez précisée. La détermination du sens de la contrainte opposée par le juge impose, alors, de s'attarder sur la manière dont il faut entendre le critère envisagé.

B. La définition nécessaire du critère tiré de la spécialité des recours

376. La recherche d'une définition appropriée du critère permettant de déterminer le sens de la contrainte opposée par le juge à l'exercice de recours concurrents est rendue nécessaire par la traduction de la concurrence des recours en un conflit entre des normes qui régissent une même situation. Lorsque les recours concurrents sont tous deux ouverts par la loi ou qu'ils sont créés et organisés par la jurisprudence, l'incompatibilité entre ces normes – qui régissent les conditions liées à la mise en œuvre de ces recours et au jugement de ceux-ci – est réglée par le juge en faisant référence, sans toujours le dire, à la spécialité de l'un des recours. Les solutions par lesquelles le juge parait adopter un tel critère tiré de la spécialité des recours reposent sur l'interprétation des normes textuelles instituant des recours contentieux, mais aussi sur l'analyse de normes jurisprudentielles ayant reconnu l'existence de voies de droit. En effet, la concurrence des recours concerne des voies de droit ouvertes par des normes de valeur juridique différente, comme tel est largement le cas du recours pour excès de pouvoir ou du recours de plein contentieux subjectif confrontés à des recours déterminés par la loi. Elle a trait, aussi, à la possibilité que les requérants puissent faire juger une même prétention par le biais de recours, chacun ouvert par la loi[1114] ou, chacun, organisé par la jurisprudence[1115].

377. Que l'on considère l'une ou l'autre de ces hypothèses, cette recherche du recours spécial est donc rendue nécessaire par l'incompatibilité des normes qui organisent ces recours en concurrence. Sans qu'il ne s'agisse, à proprement parler, d'un élément de définition du critère, celui-ci est mobilisé, précisément, pour répondre à une telle incompatibilité (1). Cette réponse est apportée par le juge en imposant l'exercice du recours qu'il considère être spécial. La compréhension de cette opération à laquelle le juge se livre sans

---

[1114] Tel est essentiellement le cas de la concurrence entre les référés administratifs.

[1115] Ceci concerne, notamment, la concurrence entre le recours pour excès de pouvoir et le recours de plein contentieux subjectif, qu'il tende à l'engagment de la responsabilité extracontractuelle de l'Administration ou à contester la validité d'un contrat.

s'en expliquer, exige que soit appréciée l'application, par le juge, de l'adage *specialia generalibus derogant* à la concurrence des recours (2).

1. L'incompatibilité entre les normes instituant les recours concurrents

378. Incompatibilité dans l'application concomitante de deux normes. R. Gassin a traité de ce qu'il convenait d'entendre par lois « spéciales » ; elles sont celles qui donnent une règle particulière à une série de cas déterminés, par opposition aux lois générales qui déterminent les règles applicables à tous les cas qui composent un genre donné de rapports juridiques[1116]. Traditionnellement opérée en matière d'application des lois, cette recherche du caractère « spécial » d'une loi revient à envisager un rapport d'espèce à genre[1117]. Un exemple illustrera bien ce rapport. L'article L. 242-1 du Code des relations entre le public et l'Administration dispose que l'Administration ne peut abroger ou retirer une décision créatrice de droits que dans un délai de quatre mois suivant la prise de cette décision et seulement lorsque celle-ci est illégale. L'article L. 242-2 du même Code prévoit que la condition de délai n'est pas applicable lorsqu'il est envisagé par l'Administration d'abroger « une décision créatrice de droits dont le maintien est subordonné à une condition qui n'est plus remplie »[1118]. L'article L. 242-1 visé est ici la norme générale puisqu'elle détermine les règles de sortie de vigueur propres à l'ensemble des décisions créatrices de droit tandis que l'article L. 242-2 ne s'applique qu'à celles des décisions créatrices de droit « dont le maintien est subordonné à une condition ». Cet exemple permet de montrer deux choses essentielles : la reconnaissance du rapport d'espèce à genre réside dans la détermination du « champ » ou du « domaine » d'application des normes considérées ; la reconnaissance de ce même rapport vise à résoudre une incompatibilité entre l'application des deux dispositions. Ces deux propositions ont été abordées par la doctrine, lorsqu'il s'est agi d'étudier les méthodes d'interprétation du juge, et en particulier lorsque ce dernier entend faire application de l'adage « *specialia generalibus derogant* »[1119]. Transposée à la concurrence des recours (et, *in fine*, à la concurrence des normes instituant des voies de droit) la mise en œuvre de cet adage répond aux éléments à l'instant évoqués. La recherche du recours « spécial » par opposition au

---

[1116] R. Gassin, « Lois spéciales et droit commun », D. 1961, chron. XVIII, p. 91.

[1117] Cette distinction a, semble-t-il, été introduite par Aristote au sujet des choses d'intérêt social qu'il convenait de classer en genres et en espèces afin de déterminer les règles devant leur être appliquées (M. Villey, Deux conceptions du droit naturel dans l'antiquité, *Rev. Histoire du droit*, 1953, p. 485). Un objet « spécial » concerne, constitue une espèce par opposition à ce qui est, dans le même domaine, général (CNRTL, entrée « spécial »).

[1118] Art. L. 242-1 du CJA.

[1119] H. Roland et L. Boyer, *« Locutions latines et adages du droit français contemporain »*, 4e éd., Litec, 1999, p. 297 ; G. Cornu, *op. cit.*, p. 1102.

recours général repose donc, d'abord, sur une incompatibilité avérée entre les normes qui instituent ces voies de droit concurrentes.

379. C. Perelman, a bien traité de l'éventualité que deux normes puissent être incompatibles dans un système juridique en ce que leur application respective serait inconciliable[1120]. Pour un objet donné s'opposent deux prescriptions différentes, inconciliables, ou encore contradictoires[1121]. A. Siri a bien montré, aussi, toute la difficulté qui peut s'attacher à reconnaître une telle incompatibilité, ne serait-ce que parce que celle-ci n'est jamais figée et demeure susceptible d'évoluer au gré de l'interprétation par le juge des normes dont le rapport d'espèce à genre est analysé[1122]. Dans l'article qu'il consacre à l'application juridictionnelle des adages traditionnellement mobilisés en vue de la résolution de conflits de normes en droit français, le même auteur envisage l'incompatibilité découlant de la lecture même des textes[1123]. Cette incompatibilité peut donc, d'abord, intervenir formellement. L'incompatibilité entre les textes résulte directement des dispositions législatives ou réglementaires définissant les voies de droit concurrentes. C'est-à-dire que ces textes de même valeur juridique contiennent, objectivement, des prescriptions contraires. En contentieux administratif, les règles régissant l'introduction des recours contentieux devant le juge administratif sont pour beaucoup non écrites, et lorsqu'elles le sont, elles renseignement peu sur les rapports que ces recours peuvent entretenir avec d'autres voies de droit[1124]. S'agissant de la concurrence des recours, l'incompatibilité dans l'application respective des normes instituant les voies de droit concurrentes est ainsi faiblement caractérisable. En effet, les textes qui reconnaissent aux requérants la faculté de saisir le juge dans tel ou tel contentieux ne comportent pas d'indication sur la possibilité pour ces mêmes requérants de rechercher le bénéfice d'autres voies de droit ; seul l'article L. 551-14 du Code de justice administrative instituant le référé contractuel impose explicitement une limite de cet ordre.

380. Incompatibilité considérée subjectivement par le juge. L'incompatibilité n'est donc jamais purement formelle[1125], mais résulte

---

1120 C. Perelman, Les antinomies en droit (essai de synthèse), Etudes publiées par C. Perelman, Travaux du Centre national de recherches de logique, Bruxelles, Bruylant, 1965, p. 392. Dans le même sens : J. Saison, Le juge administratif et l'adage *lex specialis derogat generalis,* réflexions sur la liberté de l'interprète, *RFDA* 2016, p. 556.

1121 Ces termes semblent, selon A. Jeammaud, « être tenus pour synonyme lorsqu'ils se rapportent à des règles de droit » (A. Jeammaud, *Des oppositions de normes en droit privé interne*, thèse, Lyon III, 1975, p. 23). Sur l'analyse de ce caractère inconciliable de deux normes, v. H. Kelsen, *op. cit.*, p. 274.

1122 A. Siri, Des adages *lex posterior derogat priori* et *specialia generalibus derogant* : contribution à l'étude des modes de résolution des conflits de normes en droit français, *RRJ* 2009, n°129, p. 1803.

1123 *Ibid.*

1124 V. *supra*, p. 1.

1125 Sur cette idée v. C. Perelman, Les antinomies en droit (Essai de synthèse), *op. cit.*, p. 404.

davantage de la conviction, pour le juge, que plusieurs normes ne peuvent être appliquées ensemble. Tel est le cas lorsque, pour faire juger une même prétention, un requérant dispose de plusieurs recours ouverts par les textes, dont aucun ne prévoit le caractère exclusif de la voie de droit qu'il organise. Ces recours répondant à des conditions de recevabilité et de jugement différentes, c'est le juge qui estime que ces recours ne peuvent être exercés alternativement ou cumulativement puisque cela reviendrait à méconnaître l'application de ces conditions. Ceci aura vocation à être largement montré, mais le choix de faire primer une voie de droit en retenant son caractère « spécial » par opposition au recours considéré par le juge comme général, repose ce constat, subjectif, de l'antinomie des normes qui organisent ces voies de droit.

2. La résolution de l'incompatibilité par l'application de l'adage specilia generalibus derogant

381. Comme l'écrit très justement J. Saison, le juge administratif se réfère rarement de manière explicite à l'adage *speciala genralibus derogant*[1126]. La jurisprudence administrative montre néanmoins que le juge n'ignore pas cette règle permettant de résoudre un conflit entre des normes de même valeur juridique (a). Ce dernier mobilise parfois cette règle lorsqu'il est confronté à l'application de différentes dispositions qu'il considère comme étant incompatibles. Tel parait être le cas, lorsque des recours sont concurrents, des conditions qui déterminent les modalités d'exercice de ceux-ci et la manière dont ils sont jugés. À cet égard, les solutions ayant trait à la concurrence des recours, lorsqu'ils sont organisés par des normes de même valeur, rend compte de cette utilisation par le juge de l'adage *specialia generalibus derogant* (b).

a. La référence à l'adage dans la jurisprudence administrative

382. Référence allusive à l'adage. Le droit administratif n'ignore pas la notion de spécialité, qu'elle soit utilisée pour décrire un pouvoir de police dont l'objet se limite à un certain domaine ou mentionnée pour caractériser un préjudice qui, ne concernant qu'un nombre restreint d'individus, peut être réparé sur le fondement de la rupture de l'égalité devant les charges publiques. Au-delà de ces mentions, les solutions jurisprudentielles ne retiennent que rarement la règle évoquée. Quelques espèces le montrent toutefois. La référence est implicite dans la décision « Association Radio Zinzine ». En l'espèce, une association avait formulé une demande auprès du Conseil supérieur de l'audiovisuel pour émettre ses programmes sur plusieurs fréquences radio. Cette autorité n'ayant répondu favorablement qu'à une partie de la demande, la réponse devait être considérée comme une décision

---

[1126] J. Saison, *op. cit.*

implicite de rejet s'agissant des fréquences sur lesquelles le Conseil ne s'était pas prononcé. Sur ce point, la loi du 30 septembre 1986 disposait que les refus d'autorisation d'émettre sont notifiés aux candidats et, aussi, motivés. La loi du 11 juillet 1979 permettait, elle, qu'une décision implicite de rejet, par nature non motivée, soit légalement prise. Le Conseil d'État a considéré « que l'obligation de motiver ayant pour base légale une disposition spécifique de la loi du 30 septembre 1986 fait obstacle à l'application des dispositions de portée générale de l'article 5 de la loi du 11 juillet 1979 (...) »[1127]. L'incompatibilité dans l'application de ces dispositions de même valeur a conduit le juge à faire prévaloir les dispositions les plus récentes, mais, surtout, eu égard à la formulation retenue, à écarter l'application des dispositions générales. Dans le même esprit, en matière d'accès aux documents administratifs, le Conseil d'État juge « qu'il ressort des dispositions combinées des articles 3 et 6 *bis* de la loi du 17 juillet 1978 modifiée par la loi du 11 juillet 1979 que le droit à la communication des documents administratifs institué par cette loi ne peut s'exercer que dans la mesure où les dispositions de la loi du 6 janvier 1978 relative à l'informatique, aux fichiers et aux libertés ne sont pas, elles-mêmes, applicables »[1128]. La référence est allusive, mais, dans ses conclusions sur la décision citée, R. Denoix de Saint Marc caractérise cette spécialité d'une législation sur l'autre[1129]. Plus clairement, le Conseil d'État a pu juger que « les dispositions de la loi du 17 juillet 1978, qui définissent les règles générales en matière de communication de documents administratifs, ne sont applicables que sous réserve qu'une loi spéciale, postérieure, n'ait pas défini des modalités particulières de communication de certains documents administratifs »[1130].

383. Référence explicite à l'adage par le juge. La décision « Commune de Ramatuelle » est plus évocatrice. Elle juge que « la règle spéciale », édictée par le ministre de l'intérieur et le ministre du budget et relative aux délégations de service public consenties à l'exploitant d'un casino, « se combine, sans les méconnaître, avec les dispositions générales issues de la loi du 29 janvier 1993 »[1131]. De même, à propos d'un contentieux relatif à la répétition d'une rémunération indument versée, la Cour administrative d'appel de Bordeaux a récemment considéré que « le ministre de l'Intérieur appelant ne saurait

---

[1127] CE, 25 mars 1994, n°124765, Assoc. Radio Zinzine et a., p. 161 ; *Dr. adm.* 1994, comm. 31.

[1128] CE, ass. 19 mai 1983, n°40680, Bertin, p. 208, concl. R. Denoix de Saint Marc ; *AJDA* 1983, p. 405, chron. B. Lassere, J.-M. Delarue ; D. 1983, p. 546.

[1129] *Ibid.*

[1130] CE, 21 nov. 2007, n°280969, Commune de Sausheim, p. 947 ; *AJDA* 2007, p. 2229.

[1131] CE, 3 oct. 2003, n°248523, Cne Ramatuelle, T., p. 635 ; *CMP* 2003, comm. 235, note G. Eckert ; *BJCP* 2004, p. 50, concl. M.-H. Mitjavile. Il est jugé « que la règle spéciale qu'ils ont ainsi édictée pour les délégations de service public consenties à l'exploitant d'un casino se combine, sans les méconnaître, avec les dispositions générales issues de la loi du 29 janv. 1993 ».

utilement se prévaloir des règles de prescription générales mentionnées aux articles L. 111-3 et L. 111-4 du code des procédures civiles d'exécution pour faire obstacle à l'applicabilité, de plein droit, de la règle spéciale instaurée par l'article 37-1 de la loi du 12 avril 2000, à la créance dont il cherche à obtenir le remboursement auprès de M. C »[1132]. Ces quelques exemples traduisent l'utilisation le juge de la règle *Lex specialis generalibus derogant* pour déterminer les conditions d'application d'une loi lorsque d'autres dispositions législatives.

384. Explication doctrinale de l'adage. La mention de cette règle n'étant ni fréquente ni tout à fait explicite, la teneur de celle-ci peut être déterminée par la référence à certaines présentations doctrinales. Pour R. Gassin « peu importe qu'une loi déroge à la règle générale ou se borne à l'appliquer, le seul fait que son champ d'application est plus limité suffit à lui attribuer le caractère de loi spéciale »[1133]. Selon H.-M. Crucis, deux normes en conflit doivent se chevaucher, mais également « présenter des différences en ce que l'objet de l'une doit être plus spécial, plus limité que celui de l'autre, tout en étant inclus dans ce dernier »[1134]. L'opinion de E. Untermaier, est que l'identification du rapport de spécialité constitue une opération objective, résultant de la comparaison du champ d'application des deux règles[1135]. Ces auteurs, au-delà des divergences terminologiques, montrent bien que la référence à cet adage consiste, pour le juge, à comparer le champ d'application de deux normes susceptibles de s'appliquer à une même situation. Comme le fait très bien remarquer E. Untermaier, le juge fait référence à cet adage avec une certaine subjectivité, compte tenu de l'étendue souvent indéterminée et imprécise des catégories visées par les règles de droit, et considère que si les champs d'application de plusieurs textes ne font que se croiser (sans, donc, être parfaitement imbriqués) le juge n'en fait pas moins application de l'adage[1136]. L'exclusion de la norme générale au profit de l'application de la norme spéciale consiste, pour une situation régie par ces deux normes, à appliquer, ou à faire prévaloir[1137], celle dont le domaine ou le champ d'application est le plus restreint. Cette application rare par le juge de l'adage *specilia generalibus derogant* parait, pourtant, en mesure d'expliquer dans nombre de cas les solutions qu'il rend en matière de concurrence des recours.

[1132] CAA Bordeaux, 19 nov. 2018, n°16BX03822, M. Jean-Louis C, *AJDA* 2019, p. 317.

[1133] R. Gassin, *op. cit.*

[1134] H.-M. Crucis, *Les combinaisons de normes dans la jurisprudence administrative française : contribution à l'étude du pouvoir normatif du juge de l'excès de pouvoir*, LGDJ, BDP, 1991, p. 116 s.

[1135]E. Untermaier, *Les règles générales en droit public français*, S. Caudal dir., LGDJ, BDP, 2011, p. 270.

[1136] *Ibid*, p. 280. Le juge peut, même dans ce cas, « décider de l'application exclusive, cumulative, ou alternative de la règle spéciale avec la règle générale » (*ibid.*, p. 293). Il faut convenir de cette opinion

[1137] C. Gueydan, *La notion d'exception en droit public*, A.Vidal-Naquet dir., Aix Marseille III, 2017, p 342 et s.

b. La mobilisation de l'adage en matière de concurrence des recours

385. Conception envisagée en droit privé. Les travaux éclairants de F. Bussy-Dunaud renseignent sur cette application par le juge de l'adage en matière de concours d'actions en justice. En s'appuyant sur plusieurs exemples jurisprudentiels, l'auteur prend en compte l'étendue du champ d'application des actions en présence pour expliquer que le juge donne et doit d'ailleurs donner la préférence à celle dont le champ d'application est le plus restreint[1138]. F. Bussy-Dunaud fait néanmoins état de deux raisons qui atteignent l'intérêt de généraliser l'emploi de cette règle propre aux conflits de normes pour résoudre les concours d'actions en justice[1139]. La première raison résulte de ce que l'étude de la doctrine et de la jurisprudence ne renseigne pas assez sur ce qu'il faut entendre par caractère « spécial » d'une norme, en l'occurrence de celle ouvrant une action en justice, par rapport à une autre norme instituant une autre action. La seconde raison conduit à faire état de ce que la « spécialité » est une notion relative : une même action peut être alternativement spéciale ou générale selon l'action à laquelle on la compare. L'indétermination de la notion et de ses contours rend son application difficilement prévisible. Ceci favorise peu l'élaboration d'une règle de conflit d'action qui, d'ailleurs, s'éloignerait de l'objectif de sécurité juridique poursuivi en permettant de déterminer par avance l'étendue de la faculté de choix du plaideur.

386. Objections limitées à appliquer cette conception en contentieux administratif. Appliquée à la procédure administrative contentieuse, la première réserve retenue par l'auteur n'est pas contestable, mais n'entrave pas sérieusement la possibilité d'expliquer le sens de la contrainte par la référence à la spécialité du recours imposé par le juge. Si la jurisprudence administrative n'est pas particulièrement éclairante quant à la description du rapport d'espèce à genre entretenu par les recours juridictionnels concurrents, une lecture approfondie des solutions confirme l'intérêt du critère envisagé[1140]. La seconde objection est substantielle en droit privé puisque les actions en justice ont un objet délimité en fonction du droit subjectif protégé ou dont la reconnaissance est réclamée. Une même action en justice peut ainsi paraître

---

[1138] Comme le dit très justement l'auteur, lorsque le champ d'application de l'une des actions contient celui de l'autre, il est permis de penser que le législateur a voulu, en soumettant à des dispositions spécifiques cette situation particulière, déroger au droit commun (*ibid*, p. 323). Il faut toutefois redire que la définition par l'auteur du « concours d'actions en justice » s'apparente davantage à la définition de la « coexistence » au sens de la présente étude (v. *supra*, p. 13).

[1139] *Ibid.*

[1140] V. *infra*, p. 331 et s.

tantôt générale tantôt spéciale selon l'action à laquelle on la confronte[1141]. Cette objection tenant à la relativité du caractère spécial ou général d'une voie de droit, perd de sa force lorsqu'elle est transposée en contentieux administratif. En effet, l'existence des recours contentieux n'y est pas, à la différence du droit judiciaire privé, fondée et délimitée sur l'existence d'un droit particulier lésé ; les recours contentieux sont distingués, essentiellement, selon les pouvoirs dont le juge dispose pour trancher la question qui lui est posée[1142]. Il est vrai que la détermination du rapport d'espèce à genre entretenu par deux recours contentieux comporte une part d'incertitude puisqu'elle résulte d'une interprétation juridictionnelle, variable par nature. Pour autant, l'appréciation par le juge du caractère spécial d'un recours, confronté à un autre, peut être objectivée.

387. Détermination du domaine d'application des recours en concurrence. Plusieurs exemples justifient cette dernière affirmation. En ce sens, le recours pour excès de pouvoir, dont la finalité est de permettre au requérant de faire sanctionner par une annulation l'illégalité de tout acte administratif unilatéral, peut aisément être considéré comme un recours général, dès lors qu'il est confronté à un autre recours ouvert, par les textes ou par la jurisprudence, pour permettre aux requérants de contester seulement certains actes administratifs. Tel est le cas de la voie de droit ouverte devant le Conseil constitutionnel qui, en tant que juge des élections politiques, accepte de statuer de manière exceptionnelle sur certains actes administratifs préalables au déroulement des scrutins[1143]. L'observation vaut aussi pour le recours pour excès de pouvoir envisagé dans le contentieux fiscal ou contractuel. Lorsque le juge du plein contentieux fiscal se voit reconnaître la compétence de statuer sur le contentieux de l'établissement ou du recouvrement de l'impôt, cette compétence vise certains actes administratifs pris par l'Administration fiscale. Le recours devant le juge de l'impôt comporte bien un champ d'application plus restreint que celui du recours pour excès de pouvoir. Il en va de même pour le contentieux contractuel à l'occasion duquel interviennent plusieurs actes administratifs, dans la formation ou l'exécution du contrat, dont la légalité peut être appréciée par le juge du contrat, spécialement chargé d'en connaître. De la même manière, et cette fois en dehors du cadre du recours pour excès de pouvoir, le juge administratif peut être saisi par un recours de plein contentieux subjectif

[1141] R. Gassin l'a également soulevé en écrivant que « l'opposition entre les deux sortes de lois présente une certaine relativité. Une loi spéciale au regard d'une disposition générale peut faire, elle-même, figure de loi générale à côté d'autres dispositions ». (R. Gassin, *op. cit.*). C'est ce que montre aujourd'hui l'article 1242 du code civil instituant une règle de responsabilité du fait des choses. Cette règle est générale au regard de l'art 1240 du même code tandis qu'elle est générale lorsque confrontée à l'art 1244 relatif à la responsabilité des dommages causés par la ruine des bâtiments.

[1142] Voir *supra*, p. 43.

[1143] Pour un exemple : CE, 14 sept. 2001, n°237208, Marini et autres.

lorsqu'est recherchée devant lui la condamnation de l'Administration sur le fondement de sa responsabilité extracontractuelle. Ce recours peut sans difficulté être considéré comme général au regard de la voie de droit ouverte, par exemple, devant le juge fiscal lorsque le préjudice dont il est fait état est exclusivement lié au paiement de l'impôt. Certains cas de concurrence intéressant des référés éclairent aussi sur la possibilité de comparer efficacement le champ d'application de recours concurrents. Percevoir avec précision le champ d'application de chacun des référés d'urgence n'est pas chose aisée, mais il reste que certaines dispositions législatives instituent des voies de droit concurrentes au profit des justiciables dans certains contentieux particuliers, à savoir le contentieux des étrangers ou celui du droit à l'hébergement d'urgence. Le domaine d'application de ces voies de droit « particulières »[1144] est à l'évidence plus resserré que ne l'est celui du référé-liberté ou du référé-suspension puisque l'exercice de ces référés d'urgence ne se cantonne pas à une matière déterminée.

388. En définitive, les raisons avancées par F. Bussy-Dunaud pour atténuer l'intérêt qui s'attache à l'application de la règle *« Specialia Generalibus derogant »* au concours d'action en justice ont moins de force lorsqu'elles sont réitérées en contentieux administratif. Le juge administratif s'oppose, lorsque plusieurs recours sont disponibles au profit d'un même requérant et lui permettent de faire juger une même prétention, à l'exercice du recours dont le champ d'application est le plus large. À dire vrai, ceci correspond à la volonté de respecter l'intention de l'auteur de la norme « spéciale » qui, en édictant la règle contenue dans la disposition, a entendu faire juger certains litiges dans des conditions particulières, tenant à la recevabilité du recours à introduire où à la manière dont le juge aura à statuer sur la prétention émise. La recherche par le juge du recours « spécial » consiste ainsi à faire respecter une certaine logique normative[1145]. L'étude de la jurisprudence administrative confirme l'intérêt de ce critère doctrinal permettant d'apprécier le sens de la contrainte opposée à l'exercice de recours concurrents.

II. La valeur probante du critère

389. Sans qu'il s'agisse de faire la preuve exhaustive du caractère opérant du critère évoqué, plusieurs cas témoignent de ce que le juge impose, lorsque les recours concurrents sont ouverts par des dispositions de même valeur, l'exercice de celui qui comporte le champ d'application ou l'objet le plus

---

[1144] Le terme apparaît expressément dans les solutions juridictionnelles. V. CE, ord., 14 mai 2003, n°256808, Méliani ; CE, 11 juin 2012, n°360043, Zitouni. Pour la mention d'un « recours spécial » prévu par les dispositions du Code de la construction et de l'habitation : CE, 11 nov. 2017, n°406154, Pasoon.

[1145] V. *infra*, p. 383.

limité. Cela concerne, notamment, le recours pour excès de pouvoir lorsqu'il est opposé à d'autres voies de droit définies et organisées par la jurisprudence (A). C'est dans le même esprit que peuvent être envisagées les solutions par lesquelles le juge administratif s'oppose à la mise en œuvre de référés d'urgence eut égard à l'existence d'autres voies de droit dont les conditions sont définies par la loi (B).

A. L'irrecevabilité du recours pour excès de pouvoir confronté à des voies de droit prétoriennes

390. Large champ d'application du recours pour excès de pouvoir. Le caractère général du recours pour excès de pouvoir, par rapport à d'autres recours, réside dans sa capacité à atteindre la plupart des actes administratifs unilatéraux. Son « épopée », datée du début du XXe siècle, fait dire très justement à F. Melleray qu'il fut très largement ouvert à cette période compte tenu de l'élargissement progressif de la notion d'intérêt pour agir, la progression de la théorie des actes détachables et le perfectionnement de l'office du juge[1146]. Plus tard, la décision « Dame Lamotte »[1147] et les réformes successives du contentieux administratif[1148] ont encore conforté ce caractère général du recours pour excès de pouvoir puisqu'il permet aux administrés de contester la légalité de l'ensemble des actes administratifs unilatéraux, en dehors de certaines restrictions reconnues par le juge administratif[1149]. La jurisprudence a récemment prouvé la généralité de ce recours en ouvrant encore davantage la possibilité de soumettre certains actes de droit souple au contrôle du juge de l'excès de pouvoir[1150]. Le Conseil d'État considère

---

[1146] F. Melleray, Les actions en justice, *op. cit.*, p. 533.

[1147] CE, ass., 17 fév. 1950, n°86949, Dame Lamotte c. Min. de l'Agriculture. V. égal., la qualification par J.-P. Chaudet du recours pour excès de pouvoir en principe général de la procédure administrative contentieuse (*Les principes généraux de la procédure administrative contentieuse*, thèse, *op. cit.*, p. 209)

[1148] En particulier, v. le décret n°53-934 du 30 sept. 1953 portant réforme du contentieux administratif et la loi n°87-1127 du 31 décembre 1987 portant réforme du contentieux administratif.

[1149] Le juge administratif se refuse par exemple à connaître d'actes qui, bien qu'édictés par l'Administration, revêtent un caractère politique (v. par ex., CE 20 févr. 1989, n°98538, Allain, p. 60 ; *RFDA* 1989, p. 868, concl. P. Frydman). De même, certains actes pris par l'Administration restent insusceptibles de recours compte tenu du fait qu'ils n'affectent pas suffisamment la situation juridique de leurs destinataires (CE 25 sept. 2015, n°372624, B, p. 322 ; *AJDA* 2015, p. 1775 ; *ibid.* 2147, chron. L. Dutheillet de Lamothe et G. Odinet ; *AJFP* 2016, p. 39, comm. C. Fortier ; *AJCT* 2016, p. 176, obs. F. Mokhtar ; *RFDA* 2015, p. 1107, concl. G. Pellissier) même si cette catégorie de décisions insusceptibles de recours juridictionnels régresse.

[1150] V. par ex., CE, ass., 21 mars 2016, n°368082, Sté Fairvesta International, p. 77 ; *RFDA* 2016, p. 506, concl. S. von Coster. CE, sect., 12 juin 2020, n° 418142, GISTI ; *Dr. adm.* 2020, comm. 39, note G. Eveillard ; *AJCT* 2020, p. 523, note S. Renard et É. Péchillon ; *AJDA* 2020, p. 1407, chron. C. Malverti et C. Beaufils ; *JCP-A* 2020, act. 351, libres-propos M. Touzeil-Divina ; *JCP -A* 2020, 2189, étude G. Koubi ; *Procédures* 2020, comm. 160, note N. Chifflot ; *RFDA* 2020, p. 798, concl. G. Odinet, note F. Melleray.

d'ailleurs lui-même, expressément, que le recours pour excès de pouvoir constitue « le droit commun des recours devant le juge administratif »[1151].

391. Par rapport à lui, le champ d'application d'autres voies de droit parait nécessairement plus limité, puisque le juge saisi ne peut connaître que de certains actes particuliers. M. Guyomar et B. Seiller montrent bien cette idée en disant de l'exception de recours parallèle qu'elle « est opposée à un requérant qui exerce un recours autre que celui spécifiquement adapté à ses prétentions »[1152]. L'exception de recours parallèle a en effet toujours conduit à limiter la recevabilité du recours en annulation, confronté à d'autres voies de droit spéciales. Raisonner en termes de concurrence des recours n'impose pas de renoncer à cette idée, bien au contraire, mais de montrer qu'elle peut être transposée au-delà des solutions intéressant le recours pour excès de pouvoir. Il reste que, lorsque la concurrence intéresse des recours ouverts par des normes de même valeur, elle concerne le recours pour excès de pouvoir, confronté à d'autres voies de droit organisées par la jurisprudence[1153].

392. Spécialité de la voie de droit ouverte pour la contestation des actes préparatoires aux scrutins nationaux. La concurrence entre le recours pour excès de pouvoir et la voie de droit exceptionnelle ouverte devant le Conseil constitutionnel relative à la contestation d'actes préalables aux scrutins politiques en donne une première illustration. Dans la décision « Marini et autres »[1154] le Conseil d'État estime irrecevable le recours pour excès de pouvoir présenté devant lui et tendant à l'annulation d'un décret portant convocation des électeurs. Le Conseil constitutionnel admet en effet sa compétence pour connaître de tels actes « dès lors qu'une irrecevabilité opposée à ces requêtes risquerait de compromettre gravement l'efficacité de son contrôle des opérations électorales, vicierait le déroulement général du vote ou porterait atteinte au fonctionnement normal des pouvoirs publics »[1155]. Cette conception par le Conseil constitutionnel de sa fonction de juge des élections législatives, confiée par l'article 59 de la Constitution, l'a conduit à étendre sa compétence à ces actes administratifs particuliers. Le Conseil constitutionnel peut alors apprécier la légalité de certains actes administratifs,

---

1151 CE, 2 oct. 2019, n°432388, Sté Auchan Hypermarché ; *Dr. adm.* 2019, alerte 155, n°11.

1152 M. Guyomar et B. Seiller, *op. cit.*, p. 301.

1153 Il faut souligner, sur ce point, que le juge administratif dispose en effet d'un pouvoir normatif, ce que plusieurs auteurs ont bien montré. V., par ex., F. Rolin, Contribution à la théorie des normes jurisprudentielles : la généalogie du caractère inquisitoire de la procédure administrative contentieuse », *RFDA* 2019, p. 481 ; B. Seiller, Le juge administratif officialise enfin son pouvoir normatif, *JCP-A* 2007, 10160.

1154 CE, 14 sept. 2001, n°237208, Marini et autres.

1155 V. par exemple : Cons. const., déc. no 95-10 ELEC du 8 juin 1995, Bayeurte, Rec., p. 213 ; obs. O. Schrameck, *AJDA*, 1995, p. 517 ; Cons. const., déc. no 2000-21 REF du 25 juillet 2000, Hauchemaille, Rec., p. 117 ; déc. no 2000-23 REF du 23 août 2000, Larrouturou, Rec., p. 137 et no 2000-24 REF du 23 août 2000, Hauchemaille, Rec., p. 134 ; Cons. const., déc. no 2001-95 PDR du 14 mars 2001, Hauchemaille, Rec., p. 53.

mais le champ d'application de cette voie de droit est fort restreint, relativement au champ d'application du recours pour excès de pouvoir. La catégorie des actes dont le Conseil constitutionnel accepte de connaître est ainsi entièrement imbriquée dans celle des actes que le juge de l'excès de pouvoir accepte, normalement, de juger. Tout en admettant sa compétence, le Conseil d'État se refuse en l'espèce à connaître de tels actes, pour des raisons de politique jurisprudentielle.

393. Spécialité des recours de pleine juridiction en contentieux contractuel. En second lieu, la généralité du recours pour excès de pouvoir justifie encore qu'il soit irrecevable en présence de recours de plein contentieux ouverts aux tiers et permettant de contester la validité d'un contrat ou sa résiliation. Parce qu'il atteint l'ensemble des actes administratifs, le recours pour excès de pouvoir a été reconnu comme susceptible de viser, aussi, ceux normalement intégrés dans l'opération contractuelle et qui interviennent préalablement à sa signature ou dans le cadre de son exécution. En reconnaissant aux tiers à un contrat administratif la possibilité de saisir le juge du contrat pour obtenir, directement, l'annulation du contrat ou de la décision de résiliation du contrat, le Conseil d'État a entendu instituer une voie de droit spécifique et dont le champ d'application est plus restreint que celui du recours pour excès de pouvoir. La compétence du juge du contrat s'exerce à l'égard du contrat lui-même. Toutefois, il lui revient aussi d'apprécier l'ensemble des actes administratifs pris par l'Administration dans le cadre de ses relations contractuelles, mais ceux-là seulement. Par une évolution jurisprudentielle bien connue, le Conseil d'État a choisi de faire prévaloir cette voie de droit particulière que constitue le recours en contestation de validité du contrat[1156] et a étendu cette solution à la contestation de la décision de refus de résiliation d'un contrat administratif[1157]. L'existence d'actes administratifs intellectuellement dissociables du contrat justifie que les cocontractants de l'Administration puissent exercer un recours pour excès de pouvoir à leur encontre. La possibilité de faire juger une prétention similaire par le juge du contrat justifie que le recours en annulation leur soit fermé au profit du recours « spécial » qui leur est ouvert.

394. Saisine imposée de la chambre régionale des comptes. Un dernier point mérite mention. Il concerne l'exercice du recours pour excès de pouvoir par le représentant de l'État, en vertu, donc, de dispositions législatives. À cet égard, la décision « Commune de Gardonne » peut également montrer la valeur probante du critère tiré de la spécialité du recours imposé par le juge lorsqu'il est confronté à des recours ouverts par des dispositions de même

---

[1156] CE, ass., 4 avril 2014, n°358994, Département du Tarn et Garonne.

[1157] CE, 30 juin 2017, n°398445, Syndicat mixte de promotion de l'activité transmanche (SMPAT).

valeur[1158]. La loi du 2 mars 1982 relative aux droits et libertés des communes, des départements et des régions a mis en œuvre la volonté de supprimer la tutelle financière de l'État sur les collectivités. Il reste que les dispositions de cette loi ont prévu un contrôle de l'inscription des dépenses obligatoires au budget des collectivités exercé par la chambre régionale des comptes. La chambre régionale des comptes est saisie par le représentant de l'État dans le département, le comptable public concerné, ou par toute personne y ayant intérêt et se devait d'opérer la constatation dans le délai d'un mois à compter de sa saisine, en adressant alors une mise en demeure à la commune concernée[1159]. Surtout, le législateur avait indiqué qu'en l'absence de mesure positive prise en ce sens par la commune, « la chambre régionale des comptes demande au représentant de l'État d'inscrire cette dépense au budget de la commune et propose, s'il y a lieu, la création de ressources ou la diminution de dépenses facultatives destinées à couvrir la dépense obligatoire »[1160].

395. Le Conseil d'État, pour refuser de juger le recours pour excès de pouvoir dirigé contre une délibération par laquelle un conseil municipal refuse d'inscrire une dépense au budget communal, a rappelé le contenu de l'article 11 de la loi du 2 mars 1982, puis a jugé « que ces dispositions, dont il résulte que les contestations relatives à l'inscription d'une dépense obligatoire doivent être soumises à la chambre régionale des comptes et le sont alors par le préfet, le comptable public ou les personnes intéressées font obstacle à ce que les autorités ou personnes ainsi énumérées défèrent au juge de l'excès de pouvoir la délibération »[1161]. Les dispositions législatives précitées ont été interprétées comme faisant obstacle à l'exercice du recours pour excès de pouvoir, en précisant d'ailleurs implicitement que l'irrecevabilité valait tant pour le Préfet que pour le comptable public ou les requérants suffisamment intéressés. L'exercice par le Préfet du déféré préfectoral contre la délibération qu'il juge litigieuse est ici irrecevable en raison de l'existence d'une procédure spéciale que l'intéressé était à même de mettre en œuvre. La volonté pour le juge administratif suprême d'assurer le respect des dispositions législatives visées n'est, ici, pas douteux. De plus, le commissaire du gouvernement a bien insisté, dans ses conclusions, sur ce que cet article 11 de la loi permettait au Préfet de faire respecter le caractère obligatoire de la dépense « par une procédure dont le résultat est plus impératif encore pour la commune que le ne serait une annulation contentieuse, en même temps qu'il présente pour la

---

[1158] CE, 13 mars 1989, n°75038, Commune de Gardonne, p. 89, concl. Moreau, LPA 1990, n°64, p. 17, note F. Llorens *Dr. adm.* 1989, n°221. V. encore : TA Lyon, 22 mars 1990, Commune de Meximieux, T., p. 912.

[1159] Art. 11 de la loi n°82-213 du 2 mars 1982 relative aux droits et libertés des communes, des départements et des régions (la disposition est aujourd'hui codifiée à l'article L. 1612-15 du CGCT).

[1160] *Ibid.*

[1161] CE, 13 mars 1989, n°75038, Commune de Gardonne.

commune de sérieuses garanties »[1162]. En ce sens, M.-A. Moreau souligne que la saisine de la Chambre régionale des comptes doit être considérée comme une « procédure obligatoire »[1163].

396. C'est d'ailleurs ce que considère J. Tercinet. S'interrogeant sur la possibilité pour le Préfet d'user du déféré parallèlement à la saisine de la chambre régionale des comptes, elle fait valoir que, « dans la mesure où la loi a organisé à son profit cette procédure, elle devient pour lui une obligation (...) fermant la voie du déféré contre la délibération du conseil municipal »[1164]. Les spécificités du contrôle budgétaire paraissent ainsi déterminer sa « primauté » sur le contrôle de légalité opéré par le Préfet[1165]. En définitive, le Préfet dispose du déféré préfectoral à l'égard de l'ensemble des actes des collectivités territoriales (s'analysant ici en un recours pour excès de pouvoir), mais ceux de ces actes qui témoignent d'un refus d'inscription d'une dépense obligatoire doivent faire l'objet du recours prévu par les dispositions législatives précitées. Le champ d'application de ces dispositions est assurément plus limité que celui du déféré préfectoral. Ceci justifie que le juge contraigne le Préfet à exercer le recours prévu par la loi au détriment de sa capacité plus générale à saisir le juge administratif pour faire prononcer la nullité des actes des collectivités territoriales. La saisine de la chambre régionale des comptes doit être préférée à l'exercice par le juge administratif du contrôle de légalité, compte tenu de l'interprétation par le juge de l'intention du législateur.

397. La contrainte opposée par le juge administratif à un requérant dans l'exercice de recours dont il dispose ne se limite pas à cette hypothèse de concurrence intéressant le recours pour excès de pouvoir. D'autres cas de concurrence montrent aussi que le juge s'attache à mobiliser ce critère de spécialité pour imposer l'exercice d'un recours lorsqu'ils sont concurrents.

B. L'irrecevabilité des référés d'urgence confrontés à des voies de droit législatives spéciales

398. Contentieux du droit au logement opposable. P. Yolka avait envisagé, avant de la réfuter, l'émergence d'une « exception de référé parallèle » en tant que réplique de l'exception de recours parallèle dans le

---

[1162] M.-A. Moreau, concl. sur CE, 13 mars 1989, Commune de Gardonne, non publiées

[1163] *Ibid.*

[1164] J. Tercinet, *op. cit.*

[1165] S. Damarey, Le contrôle budgétaire d'inscription d'office d'une dépense obligatoire, *AJDA*, 2017, p. 2368. V. égal., TA Strasbourg, 19 juill. 1983, Commissaire de la République de la Moselle c/ Cne de Talange, p. 564. Sur ce point, v. A. Pariente, Les rapports entre contrôle de légalité et contrôle budgétaire : un problème de frontière, *Les contrôles de l'État sur les collectivités territoriales aujourd'hui (P. Combeau dir.)*, L'harmattan, 2008, p. 89 ; J.-C. Douence, Collectivités locales : contrôle de la légalité, Répertoire de contentieux administratif, Dalloz, n°215 et s.

contentieux des référés[1166]. Force est de constater que la jurisprudence peut pourtant être lue comme impliquant, dans de nombreux cas, une contrainte adressée au requérant dans le libre exercice des référés dont il dispose. Le contentieux issu de l'application de la loi du 5 mars 2007 relative au droit au logement opposable le montre. Cette loi a introduit dans le Code de la construction et de l'habitation un certain nombre de dispositions permettant aux administrés de faire valoir un droit à un logement ou hébergement décent. L'effectivité de ce droit à un logement décent et indépendant est recherchée par l'article L. 441-2-3 du même code qui crée des commissions de médiation pouvant être saisies par toute personne qui n'est pas en mesure d'accéder à un tel logement. Un demandeur reconnu comme prioritaire par une commission doit alors, selon ces mêmes dispositions, se voir proposer un logement ou un hébergement répondant à ses besoins et à ses capacités. Néanmoins, le Code de la construction et de l'habitation dispose : « Le demandeur qui a été reconnu par la commission de médiation comme prioritaire et comme devant être accueilli dans une structure d'hébergement, un établissement ou logement de transition, un logement-foyer ou une résidence hôtelière à vocation sociale et qui n'a pas été accueilli, dans un délai fixé par décret, dans l'une de ces structures peut introduire un recours devant la juridiction administrative tendant à ce que soit ordonné son accueil dans une structure d'hébergement, un établissement ou logement de transition, un logement-foyer ou une résidence hôtelière à vocation sociale »[1167].

399. Par une décision du 3 mai 2016, le Conseil d'État a estimé que les dispositions de l'article L. 441-2-3-1 du Code de la construction et de l'habitation « par lesquelles le législateur a ouvert aux personnes déclarées prioritaires pour l'attribution d'un logement un recours spécial en vue de rendre effectif leur droit au logement, définissent la seule voie de droit ouverte devant la juridiction administrative afin d'obtenir l'exécution d'une décision de la commission de médiation »[1168]. Le litige soumis au juge administratif suprême reposait, en l'espèce, sur une décision prise par commission de médiation du département de Paris et qui n'avait pas reçu exécution. Le tribunal administratif de Paris, saisi par le bénéficiaire de cette décision, avait estimé que la demande qui lui avait été présentée et fondée sur l'article L. 521-3, visait exclusivement à obtenir l'exécution de la décision de la commission de médiation, en déduisant de ce constat l'irrecevabilité de la demande. C'est bien la concurrence des deux voies de droit considérées qui est retenue par le tribunal administratif de Paris et qui, ici, justifie l'irrecevabilité de celle que le requérant a choisi d'emprunter. Le Conseil d'État a relevé l'absence

---

[1166] P. Yolka, « Vers une exception de référé parallèle ? », *op. cit.*

[1167] Code de la construction et de l'habitation, art. L. 441-2-3-1, II.

[1168] CE, 3 mai 2016, n°394508, Lourdjane. V. sur cette question : D. Poupeau, Etendue des pouvoirs du juge du référé-mesures utiles, *AJDA* 2016 p. 928.

d'erreur de droit du tribunal de Paris en confirmant le raisonnement des premiers juges qui a consisté à rappeler au requérant l'obligation d'introduire le recours spécial prévu par le Code de la construction et de l'habitation, à l'exclusion du recours, général, que constituait pour ce litige le référé-mesures utiles.

400. Cette solution a été confirmée par une décision en date du 14 février 2018, ayant trait à un recours pour excès de pouvoir formé par un demandeur de logement social (reconnu comme prioritaire par la commission de médiation) et n'ayant pas été retenu par une commission d'attribution d'un organisme proposant des logements à bail. Le Conseil d'État s'est à nouveau attaché à rappeler que ce même article L. 441-2-3-1 « permet au demandeur reconnu comme prioritaire d'exercer un recours spécial devant le tribunal administratif, qui peut ordonner à l'État, au besoin sous astreinte, son logement ou relogement ou son accueil en structure d'hébergement »[1169]. Le cas d'espèce ne traduit pas l'irrecevabilité du recours pour excès de pouvoir, opposée en raison de l'existence d'un tel recours. L'annulation de la décision attaquée « ne tend pas à faire exécuter par l'État la décision de la commission de médiation reconnaissant l'intéressé comme prioritaire et devant être relogé en urgence » et doit être considérée comme « détachable de la procédure engagée par ailleurs pour obtenir l'exécution de cette décision »[1170]. Pour autant, le Conseil d'État fait bien état, une nouvelle fois de l'existence d'un « recours spécial » ouvert devant le tribunal administratif lorsque qu'aucune proposition de logement n'est faite au requérant, et ce alors même que ce terme ne figure pas dans la disposition législative évoquée. Il fait peu de doute que le caractère « spécial » du recours fonde le sens de la contrainte opposée par le juge administratif à l'exercice de certains recours, dont le caractère exclusif ne s'imposait pas.

401. Contentieux des mesures d'éloignement. Le juge administratif s'est également opposé à l'exercice de référés d'urgence dans d'autres cas. La concurrence des recours susceptibles d'être exercés à l'encontre des décisions autorisant l'ouverture d'établissements le dimanche permet d'en faire mention[1171], mais le contentieux des étrangers est plus évocateur. L'article 22 bis de l'ordonnance du 2 novembre 1945 permettait aux requérants désireux de contester la légalité d'un arrêté de reconduite à la frontière de saisir le juge

---

1169 CE, 14 févr. 2018, n°407124, Mariko.

1170 *Ibid.*

1171 CE 13 oct. 2003, n°257365, Sté Ekima international, T., p. 918 ; *AJDA* 2004. 47 ; D. 2004. 1705, note Prétot et Chelle.

administratif d'un recours ayant un effet suspensif[1172]. Cet effet attaché à l'exercice du recours a conduit le Conseil d'État à considérer comme irrecevables les recours fondés sur les articles L. 521-1 et L. 521-2 du Code de justice administrative. Le Conseil d'État juge que les requérants se doivent de contester les mesures de reconduite à la frontière « en usant de la voie particulière de recours prévue par l'article 22 bis de l'ordonnance du 2 novembre 1945 »[1173]. Cette position a par la suite été confirmée par des formules approchantes. Le juge administratif considère toujours que par l'ordonnance du 2 novembre 1945 « le législateur a entendu déterminer l'ensemble des règles de procédure contentieuse régissant la contestation devant la juridiction administrative d'un arrêté préfectoral décidant la reconduite à la frontière d'un étranger »[1174] et qu'ainsi, un arrêté de reconduite à la frontière n'est pas justiciable des procédures de référé instituées par le livre V du Code de justice administrative.

402. La justification exacte de ces solutions d'irrecevabilité opposées aux référés d'urgence impose néanmoins une précision. Dans une ordonnance du 26 janvier 2001, le Conseil d'État avait indiqué en termes particulièrement clairs que le référé-suspension ne pouvait être exercé par le requérant, qui devait privilégier la voie de l'article 22 bis de l'ordonnance précitée, en raison du fait que recours en annulation formé contre l'arrêté avait déjà entraîné un effet suspensif[1175]. Il apparaît que l'explication de la solution se trouve dans ce que le référé-suspension était dépourvu d'objet. En effet, le recours organisé par les dispositions de l'article L. 521-1 du Code de justice administrative doit être accessoire à un recours au fond ; il s'agit en l'espèce du recours en annulation dirigé contre l'arrêté de reconduite à la frontière. Puisque ce recours comporte déjà un effet suspensif en vertu de l'ordonnance précitée, la demande soumise au juge des référés par le requérant était déjà satisfaite. Il est alors possible d'objecter que cette décision ne témoigne pas

---

[1172] Ordonnance n°45-2658 du 2 nov. 1945 relative aux conditions d'entrée et de séjour des étrangers en France, article 22 bis (désormais codifiée à l'article L. 512-2 du CESEDA). L'article 22 bis permettait à un étranger ayant fait l'objet d'un arrêté préfectoral de reconduite à la frontière de former un recours en annulation contre cet arrêt dans les quarante-huit heures suivant sa notification. Cet arrêté ne pouvait « être exécuté avant l'expiration d'un délai minimum de quarante-huit heures (…) ».

[1173] CE, 14 mai 2003, n°256808, Méliani.

[1174] CE, ord., 29 sept. 2004, n°272552, Préfet Marne, T., p. 829 ; *AJDA* 2005, p. 398 ; CE, réf., 14 janv. 2005, n°276123, Luzeyido X : *Dr. adm.* 2005, comm. 68, V. Tchen. On notera toutefois que cette dernière décision réserve un point important en ce que le mécanisme particulier de contestation d'un arrêté de reconduite à la frontière « ne fait pas obstacle à l'intervention du juge des référés dans le cas où les mesures par lesquelles il est procédé à l'exécution d'un tel arrêté comportent des effets qui, en raison de changements dans les circonstances de droit ou de fait depuis l'intervention de cet arrêté, excèdent le cadre qu'implique normalement sa mise à exécution » (dans le même sens : CE, ord., 14 avr. 2005, n°279340, Benbehar , inédit ; CE, ord., 25 mai 2005, n°280607, Préfet de Seine-Maritime c/ Madzabou ; CE, ord., 26 mai 2005 n°280690, Min. de l'Intérieur c/ Ahamadi.

[1175] CE, ord., n°229565, 26 janv. 2001, Gunès.

d'une authentique concurrence des recours puisque l'irrecevabilité s'explique par la circonstance que le référé-suspension est dépourvu d'objet. Cependant, c'est l'existence même de la procédure de l'article 22 bis de l'ordonnance du 2 novembre 1945 qui produit cette conséquence. Aussi, les décisions déjà citées affirment de manière générale que les arrêtés de reconduite à la frontière « ne sont pas justiciables des procédures du Livre V du Code de justice administrative »[1176]. Or, si les référés suspension et liberté sont évoqués indistinctement, l'explication à l'instant envisagée est concevable pour le premier, mais ne saurait valoir pour le second[1177]. Le référé-liberté n'est pas, on le sait, accessoire à un recours au fond. Le requérant visé par l'arrêté de reconduite à la frontière peut ainsi décider d'introduire, seulement, un référé-liberté sans rechercher l'annulation au fond de l'arrêté de reconduite à la frontière et sans, alors, que l'exécution de cet arrêté soit suspendue. Ainsi, c'est bien le caractère spécial du recours en annulation pourvu d'un effet suspensif qui justifie, ici, les solutions du juge administratif. Le juge s'oppose à l'exercice des référés d'urgence qui, par leur champ d'application doivent être considérés comme des recours « généraux » eu égard à la portée relative de l'article 22 bis de l'ordonnance de 1945, qui se limite à la contestation des arrêtés de reconduite à la frontière ou du moins, selon l'article L. 512-1 du Code de l'entrée et du séjour des étrangers et du droit d'asile, ayant repris les dispositions de l'ordonnance, de mesures d'éloignement.

403. L'irrecevabilité opposée par le juge administratif à certains référés d'urgence en contentieux des étrangers est également visible s'agissant de la contestation des décisions signifiant une obligation de quitter le territoire français, et pour la même raison. Les dispositions de l'article L. 512-1 du code de l'entrée et du séjour des étrangers et du droit d'asile prévoient, pour l'étranger qui fait l'objet d'un refus de séjour, d'un refus de délivrance ou de renouvellement de titre de séjour (...) assorti d'une obligation de quitter le territoire français mentionnant le pays de destination la possibilité de demander l'annulation de ces décisions au tribunal administratif. Son recours suspend l'obligation de quitter le territoire français sans pour autant faire obstacle au placement en rétention administrative. Le Conseil d'État, dans une

---

[1176] CE, ord., 29 sept. 2004, n°272552, Préfet Marne. CE, réf., 14 janv. 2005, n°276123, Luzeyido X.
Le Conseil d'Etat retient aussi plus directement que « le législateur a entendu instituer, à l'article L. 512-1 du code de l'entrée et du séjour des étrangers et du droit d'asile, une voie de recours spéciale ayant un effet suspensif contre les mesures relatives à l'éloignement des étrangers » (CE, avis, 14 déc. 2015, n°393591, p. 463 ; *AJDA* 2015, p. 2463).

[1177] V. pour étayer cette idée : CE, ord., 18 août 2006, n°295334, Benassy. Il est jugé : « Considérant qu'en raison, d'une part du fait que M. B. a contesté tant auprès de l'Administration que devant le Conseil d'Etat le bien-fondé de l'ordre de reversement de la somme litigieuse et, d'autre part, du caractère suspensif attaché à cette contestation, la présente requête aux fins de suspension revêt un caractère superfétatoire et se trouve par là même dépourvue d'objet ».

décision « Towo »[1178] a relevé que ces dispositions, « qui prévoient que le recours devant le juge administratif a un effet suspensif sur la seule obligation de quitter le territoire français, n'ont ni pour objet ni pour effet de priver les requérants de la possibilité de présenter une demande de suspension à l'encontre de la décision de refus de séjour, de refus de délivrance ou de renouvellement d'un titre de séjour dans les conditions énoncées aux articles L. 521-1 et L. 521-2 du Code de justice administrative »[1179]. En effet les dispositions législatives précitées n'organisent un recours à effet suspensif que pour la contestation des obligations de quitter le territoire français, sans viser les recours contre la décision de refus de séjour ou de renouvellement de ce titre de séjour. Alors, la contestation de ces décisions, qui ne font pas l'objet d'une procédure juridictionnelle spéciale, peut être entreprise par l'exercice d'un référé d'urgence[1180]. Les obligations de quitter le territoire français doivent, elles, faire l'objet d'un recours spécialement organisé par les dispositions législatives.

404. Enfin, c'est dans le même esprit que la décision « Conroy » juge que les dispositions législatives fixant le nouveau statut de la Polynésie française, qui ont entendu encadrer la contestation de l'élection du président de la Polynésie française en permettant à toute personne habilitée à prendre part au scrutin de former un recours dans un délai de cinq jours, font obstacle à ce que puisse être utilement mise en œuvre la procédure de suspension en référé prévue par les dispositions de l'art. L 521-1 du Code de justice administrative [1181]. Ce dernier exemple, comme les autres, illustre bien la volonté du juge de fermer l'un des recours en concurrence et, en particulier, celui dont le champ d'application est général.

[1178] CE, ord., 28 nov. 2007, n°305285, Towo ; CE, 11 juin 2012, n°360043, Zitouni. Le Conseil d'Etat juge, dans cette dernière décision que « les dispositions particulières prévues pour contester devant le juge administratif la légalité d'une obligation de quitter le territoire français déterminent l'ensemble des règles de procédure applicables en la matière ».

[1179] CE, ord., 28 nov. 2007, n°305285, Towo. V. aussi, CE, 11 juin 2012, n°360043, Zitouni. Le Conseil d'Etat juge, dans cette dernière décision que « les dispositions particulières prévues pour contester devant le juge administratif la légalité d'une obligation de quitter le territoire français déterminent l'ensemble des règles de procédure applicables en la matière ».

[1180] En particulier, les référés sont recevables lorsque les « modalités spécifiques de recours » déterminées par les articles L. 512-1, L. 512-2 et L. 513-3 du CESEDA ne sont pas applicables (CE, 1er mars 2012, n°355133, Calixte, T., p. 931). V. aussi, pour une formulation claire : CE, ord., 19 nov. 2018, n°416403.

[1181] CE, 19 nov. 2004, n°274089, Conroy. V. sur cette question, P.-O. Caille, Le Conseil d'Etat et la crise politique en Polynésie française, *RFDA* 2005, p. 1117.

§2. La justification du critère par la préservation de l'efficacité du recours imposé

405. Dans un article consacré à l'abrogation implicite en droit public français, J. Moreau écrivait : « la coexistence dans le même système juridique de normes en contradiction les unes avec les autres est rationnellement insupportable »[1182]. L'absence de contradiction entre les normes soulignée par l'auteur fait référence, de manière générale, à l'exigence de cohérence du droit qui, quant à elle, renvoie à l'efficacité des règles de droit. En d'autres termes, un ordre juridique cohérent doit comporter des normes dont l'application concomitante est possible sans, donc, qu'elles ne se contredisent. La contradiction entre des normes ne comportant pas la même valeur juridique est aisément résolue par le primat accordé à la norme supérieure si bien que cette difficulté apparaît, surtout, pour l'opposition entre des normes de même valeur. Dans l'analyse qu'elle livre de la théorie pure du droit de Kelsen, E. Zoller estime, justement, que l'efficacité est un caractère essentiel de la règle de droit puisqu'elle définit le caractère contraignant de la règle ou, autrement dit, le fait qu'elle soit obéie[1183]. L'auteur ajoute : « Cette efficacité doit s'entendre de l'ordre juridique considéré dans sa globalité. Un ordre juridique est considéré comme valable si ces normes sont efficaces, c'est-à-dire effectivement obéies et appliquées en gros de façon générale »[1184]. Il n'est pas sérieusement contestable que la contradiction entre deux normes de même valeur aboutisse à interroger leur éventuelle application concomitante et, en définitive, leur capacité à être chacune obéies. L'existence de recours concurrents traduit la possibilité pour un même requérant de faire juger des prétentions similaires dans des conditions différentes. Cette circonstance révèle une contradiction. Il suffit de prendre le cas où, par exemple, deux voies de droit répondent à des conditions différentes en matière de délais. Qu'un requérant exerce un recours alors qu'il encourt la forclusion pour l'autre conduit à désobéir à la condition de délai fixée pour saisir le juge.

406. Le juge administratif, chargé d'appliquer la loi et d'assurer l'obéissance aux dispositions législatives, parait tenir compte de cette exigence de cohérence du droit. Il est appelé à le faire en présence de recours ouverts par les textes. En particulier, la jurisprudence a montré, en certaines occasions, l'absence de rationalité du législateur[1185]. Ziembinski écrit que le législateur rationnel doit, dans les dispositions légales, établir « des normes qui ne sont pas contradictoires ou contraires les unes par rapport aux

---

[1182] J. Moreau, De l'abrogation implicite en droit public français, *JCP-A* 2005, n°42, 1339.

[1183] E. Zoller, *Droit constitutionnel*, 2e éd., PUF, Droit fondamental, 1999, p. 47 et s.

[1184] *Ibid.*

[1185] V. par ex., A. Jeammaud, *Des oppositions de normes en droit privé interne*, *op. cit.*, p. 587.

autres »[1186]. Or, l'application concomitante de plusieurs dispositions législatives peut révéler une contradiction, notamment lorsque, pour une même prétention, les requérants sont soumis au respect de conditions de recevabilité différentes et que les conditions de jugement des actions qu'ils introduisent diffèrent. C'est au juge qu'il revient nécessairement de définir l'application de ces règles de droit après qu'il a constaté leur incompatibilité. Confronté à l'obligation de juger, le juge doit faire disparaître les insuffisances et les lacunes de la loi « y compris celles résultant d'antinomies dont les règles générales ne fournissent pas la solution »[1187] de sorte que le système juridique ne comporte, après la décision judiciaire, ni lacunes ni antinomies. Le juge mobilise, par son interprétation, des règles propres aux conflits de normes pour résoudre la question de l'incompatibilité entre deux dispositions législatives et assurer la cohérence du droit[1188].

407. Cette démarche ne diffère pas de celle que le juge adopte pour résoudre la contradiction entre deux dispositions réglementaires. De la même manière, en organisant lui-même certaines voies de droit, le Conseil d'État peut engendrer une contradiction entre plusieurs normes d'origine prétorienne, qu'il s'attache également à résoudre. En définitive, le juge administratif mobilise des « techniques combinatoires (…) au service de la logique et de la cohérence du système juridique composé des normes qu'elles ont vocation à agencer »[1189]. La résolution par le juge de la contradiction entre des normes de même valeur se rapportant à l'exercice des recours juridictionnels, au service de la cohérence du système juridique, s'opère lorsque les recours en concurrence sont ouverts par les textes (I) mais également lorsqu'ils sont organisés par la jurisprudence (II).

[1186] Z. Ziembinski, La notion de rationalité du législateur, *Archives de Philosophie du droit*, t. 22, p. 179. V. aussi L. Nowak, De la rationalité du législateur comme élément de l'interprétation juridique, *Logique et analyse*, vol 12, n°45, 1969, p. 65. J. Delvolvé a, également, particulièrement bien souligné ce point dans ses conclusions sur l'arrêt « Dame Lamotte » en écrivant qu'il incombait au premier plan au législateur de respecter le principe de légalité « puisqu'une loi qui le méconnaitrait contiendrait en elle-même un principe de contradiction » J. Delvolvé, concl. sur CE, 17 fév. 1950, Dame Lamotte contre Min. de l'agriculture, *RDP* 1951, p. 480.

[1187] C. Perelman, Les antinomies en droit (Essai de synthèse), *op. cit.*, p. 399.

[1188] A. Ciaudo dit aussi très bien que le Conseil d'Etat est « chargé de maintenir la cohérence et la régularité de l'ordre juridique » (Une nouvelle condition de recevabilité du recours dans l'intérêt de la loi, *op. cit.*). De même, R. Chapus souligne que la position centrale du Conseil d'État reste primordiale dans la régulation de l'ordre juridictionnel administratif, puisque ses attributions concourent à « assurer, comme seule une juridiction peut le faire, l'unité et la cohérence de l'état du droit » (R. Chapus, Droit du contentieux administratif, *op. cit.*, p. 289).

[1189] Au nombre de ces techniques combinatoires figure la règle *Specialia generalibus derogant (*H.-M. Crucis, *op. cit.*, p. 223).

I. L'efficacité assurée de recours spéciaux organisés par les textes

408. En vertu de dispositions prévues par des textes de valeur réglementaire ou législative, un requérant peut souhaiter exercer différents recours à l'occasion d'un même litige. Lorsque la prétention qu'il peut porter par l'une ou l'autre des voies de droit est la même, alors que les conditions dans lesquelles ces demandes ont vocation à être jugées diffèrent, il faut admettre la concurrence des recours, mais aussi le caractère contradictoire des dispositions textuelles considérées. À dire vrai, cette contradiction peut être entendue au sens formel lorsqu'elle apparaît sans difficulté à la lecture des textes. Elle peut, aussi, découler de la conviction, pour le juge, que les normes qui organisent ces recours en concurrence sont contradictoires. Dans un cas comme dans l'autre, le juge se trouve confronté à des normes de même valeur qui organisent différemment des recours permettant de faire juger une même prétention. La mise en application alternative ou cumulative de ces normes, que traduit le choix effectué par le requérant entre les recours disponibles, peut atteindre l'efficacité des règles qui les organisent. La cohérence du droit est affectée, soit au regard de l'énoncé même des normes instituant les voies de droit concurrentes soit par la manière dont les requérants introduisent les recours en concurrence. En particulier, elle l'est lorsque le requérant entend exercer celui des recours en concurrence dont l'exercice a, selon le juge, été implicitement exclu par le législateur ou le pouvoir réglementaire ayant organisé une voie de droit spécifique.

409. L'interprétation des dispositions textuelles par le juge, encadrant consécutivement l'exercice des recours disponibles au profit des requérants, poursuit alors cet objectif de rechercher l'intention des auteurs des normes organisant la concurrence des recours. La concurrence des recours ayant traité à la mise en œuvre du référé-mesures utiles dans le cadre du contentieux relatif au logement opposable justifie cette manière de voir (A). Il en va de même lorsque ce recours prévu à l'article L. 521-3 du Code de justice administrative est exercé en vue d'obtenir une mesure qui peut l'être par la voie des autres référés d'urgence (B). Aussi, cette recherche de l'intention des auteurs des normes apparemment contradictoires peut être illustrée s'agissant de la concurrence entre les autres référés d'urgence et certaines voies de droit particulières organisées par la loi (C). Enfin, il peut être traité, dans le même esprit, de l'irrecevabilité du référé provision confrontée aux voies de droit permettant aux justiciables de remettre en cause des frais d'expertise mis à leur charge lors d'une instance juridictionnelle (D).

A. L'irrecevabilité du référé-mesures utiles dans le contentieux du droit au logement opposable

410. Ainsi qu'il l'a déjà été exposé, le recours prévu par l'article L. 441-2-3-1 du Code de la construction et de l'habitation permet aux personnes bénéficiaires d'une décision de la commission de médiation, qui a reconnu la nécessité pour le demandeur d'être relogé, et n'ayant pas reçu une offre de logement adéquate, de saisir la juridiction administrative en vue de faire ordonner leur logement ou leur relogement. D'autre part, la loi du 30 juin 2000, en rénovant les procédures d'urgence en contentieux administratif, a conféré aux justiciables la possibilité d'exercer un référé sur le fondement de l'article L. 521-3 du Code de justice administrative afin de demander au juge le prononcé de toute mesure utile à la résolution de leur litige ou, du moins, à la préservation de l'intérêt de celui-ci. Il peut résulter de l'application de ces dispositions une concurrence entre ces voies de droit, lorsque le requérant entend demander au juge des référés, sur le fondement de l'article L. 521-3, qu'il ordonne à l'Administration son logement ou son relogement. L'analyse des dispositions législatives visées doit, pourtant, justifier le choix du juge de s'opposer à une telle demande. En consacrant une voie de droit nouvelle dans la loi DALO, il faut admettre que le législateur a nécessairement souhaité soumettre ce contentieux du droit au logement opposable à des conditions de jugement particulières. La lecture des dispositions du Code de justice administrative témoigne déjà d'une observation en ce sens. L'article L. 778-1 du code, intégré dans le chapitre VIII du livre VII relatif aux « dispositions spéciales », dispose que le jugement des litiges relatifs à la garantie du droit au logement est régi par les l'article L. 441-2-3-1 du Code de la construction et de l'habitation.

411. Les débats parlementaires préalables à l'adoption du projet de loi DALO et, en particulier, le rapport de la commission des lois de l'Assemblée nationale, renseignent aussi sur cette intention. La commission parlementaire a souligné que le juge, saisi au titre de l'article précité, « n'aura pas à se préoccuper de savoir si le demandeur aurait dû ou non être considéré comme prioritaire par la commission de médiation »[1190] et n'aura pas non plus « à rechercher si une autre offre de logement, de relogement ou d'accueil dans une structure adaptée aurait pu être faite au demandeur. Il devra simplement

[1190] Cette question devra en effet être examinée dans le cadre du recours pour excès de pouvoir dont les décisions de la commission pourront faire l'objet (P. Jarlier, Avis rendu au nom de la commission des lois sur le projet de loi instituant le droit opposable au logement et portant diverses mesures en faveur de la cohésion sociale, 24 janv. 2007, n°175).

dire si l'offre présentée tient compte de ses besoins et de ses capacités »[1191]. De même, il est souligné que la procédure prévue se veut originale : elle est « guidée par un double objectif de rapidité et d'économie des moyens » et traduit un contentieux du droit au logement qui sera « vraisemblablement un contentieux de masse et simple »[1192]. Ces débats ont abouti à la création du recours visé, qui doit être porté devant la juridiction administrative, dirigé contre l'État et examiné par un juge unique statuant en urgence, en dernier ressort, et sans que soient requises les conclusions d'un rapporteur public[1193]. Il est également prévu que lorsque le juge administratif ordonne sous astreinte le logement ou le relogement du demandeur le produit de l'astreinte doit être versé aux fonds d'aménagement urbain[1194].

412. Dans ces conditions, admettre que le juge administratif des référés soit saisi sur le fondement de l'article L. 521-3 du Code de justice administrative pour qu'il enjoigne à l'Administration de proposer au requérant, sous astreinte, une offre de logement ou de relogement, porterait atteinte au dispositif spécial voulu par le législateur. Le juge administratif saisi ne statuera pas en premier et dernier ressort puisque la décision du juge du référé-mesures utiles peut faire l'objet d'un pourvoi en cassation[1195]. Celle-ci peut d'ailleurs être modifiée en cas de changement de circonstances de fait ou de droit[1196]. De même, le produit de l'astreinte ne sera pas versé au fonds régional visé. Aussi, le délai de trois mois (à compter de la décision de la commission de médiation reconnaissant le demandeur comme prioritaire et comme devant être logé d'urgence) dans lequel le demandeur qui n'a pas reçu d'offre de logement doit saisir la juridiction administrative[1197] peut être écarté si le requérant obtient une mesure favorable de la part du juge des référés.

413. Ainsi, le fait que le requérant recherche le bénéfice de l'article L. 521-3 du Code de justice administrative peut, de fait, priver d'effet les dispositions précitées du Code de la construction et de l'habitation, contrairement à l'intention du législateur. Or lorsque plusieurs dispositions législatives régissent une même situation, celles de ces dispositions qui comportent un objet plus restreint doivent être appliquées parce que cela correspond à l'objectif recherché par le législateur. Comme l'a très bien

---

[1191] *Ibid.* Ce point peut être rapproché de celui déjà mentionné au titre de la concurrence entre le recours pour excès de pouvoir et la voie de droit ouverte devant le juge des enfants par l'article 375 du Code civil, dans le cadre de laquelle le juge saisi doit tenir compte de « l'intérêt de l'enfant ».

[1192] *Ibid.*

[1193] Art. R. 778-1 à R. 778-5 du CJA.

[1194] Art. R. 778-8 du CJA.

[1195] Art. R. 523-1 du CJA.

[1196] Art. L. 521-4 du CJA

[1197] Art. R. 778-1 du CJA ; Art. R. 441-16-1 du Code de la construction et de l'habitation.

souligné Ziembinski, « un *règlement* plus détaillé exprime la volonté du législateur de façon plus ferme que les lois formulant seulement des normes générales »[1198]. La concurrence entre ces voies de droit peut d'ailleurs, dans ce cas, être appréciée au regard de la volonté apparente du législateur de déroger aux dispositions déjà existantes de la loi du 30 juin 2000. Le Conseil d'État s'attache à faire respecter cette volonté « rationnelle » du législateur en poursuivant ainsi l'objectif de cohérence du droit[1199]. En l'espèce, cette exigence l'a conduit à faire prévaloir la voie de droit ouverte par les dispositions du Code de la construction et de l'habitation, puisqu'il faut considérer que le référé-mesures utiles comporte un champ d'application bien plus large que celui du recours ouvert par l'article L. 441-2-3-1 précité[1200]. Le fait qu'une même prétention soit indifféremment portée par des recours dont les conditions de recevabilité ou de jugement diffèrent porte ainsi atteinte à la cohérence du droit puisque la mise en application d'une norme – dont découle l'existence d'un recours – prive d'effet une autre norme que le législateur a souhaité imposer. L'espèce évoquée montre bien que, par la contrainte signifiée au requérant, le juge s'efforce de résoudre l'incompatibilité entre deux dispositions législatives en s'assurant de l'efficacité de celles-ci.

B. L'irrecevabilité du référé-mesures utiles au regard de l'existence d'autres référés d'urgence

414. La concurrence intéressant le référé-mesures utiles et les autres référés d'urgence peut être abordée dans le même sens. On sait que le Conseil d'État a fermé le référé-mesures utiles aux requérants lorsque ce recours est exercé en vue de faire juger une prétention similaire à celle susceptible d'être jugée sur le fondement des articles L. 521-1 et L. 521-2 du Code de justice administrative[1201]. La contrainte, tardivement opposée par le juge, repose sur l'apparente subsidiarité du référé-mesures utiles, procédant d'un argument de

---

1198 Z. Ziembinski, *op. cit.* p. 182.

1199 Le juge interprète certaines dispositions législatives comme déterminant l'exclusivité du recours qu'elles organisent. F. Desportes le remarque très justement. Appelé à déterminer la compétence de la juridiction à saisir pour le litige qui lui était présenté, le rapporteur public envisage, éventuellement l'irrecevabilité qui pourrait être opposée au recours formé devant le juge administratif. Il écrit : « De cet ensemble de dispositions, il pourrait être déduit que les recours contentieux ouverts pour la mise en œuvre du DALO sont exclusifs de tous autres » (F. Desportes, concl. sur T. confl., 9 mai 2016, n°4048 , Lery c/ Office public de l'habitat Vitry-sur-Seine, p. 587. V. dans le même sens : Laurent Marthinet, DALO et refus d'attribution de logement : des recours parallèles, *JCP-A* 2017, n°25, 2163.

1200 V. par ex., CE, 3 mai 2016, n°394508, Lourdjane.

1201 CE, sect., 27 mars 2015, n°385332, Section française de l'Observatoire international des prisons.

texte[1202], le cas échéant conforté par le Conseil d'État[1203]. La concurrence entre ces voies de droit doit d'abord être réglée par la lecture des dispositions législatives qui semble imposer l'irrecevabilité du référé-mesures utiles lorsqu'il tend à faire ordonner au juge une mesure susceptible d'être obtenue sur le fondement des deux précédents articles du Code. Pour autant, dans la décision « Section française de l'OIF », le rapporteur public avait attiré l'attention de la formation de jugement sur une seconde raison appuyant l'irrecevabilité du référé-mesures utiles. En effet, selon E. Crepey, admettre le référé-mesures utiles pour combattre une carence de l'Administration dans l'édiction de mesures réglementaires « occulterait la question de l'illégalité éventuelle de la carence administrative pour concentrer la discussion sur l'utilité de la mesure réglementaire demandée »[1204]. Surtout, le rapporteur public relève très justement le « choix du législateur de ne pas prévoir, à l'article L. 522-1, d'audience publique pour cette catégorie de référés, alors qu'il l'impose pour ceux des articles L. 521-1 et L. 521-2 »[1205].

415. La prise en considération de la volonté rationnelle du législateur n'est, on le voit, pas absente de l'esprit du juge. Au contraire, le caractère subsidiaire du référé-mesures utiles, explicitement consacré par le Conseil d'État et justifiant la fermeture casuistique du référé-mesures utiles, est renforcé par cette considération. Les conclusions de Monsieur Crepey paraissent ainsi se rattacher à la volonté d'assurer l'efficacité des articles L. 521-1 et L. 521-2, ou, plus largement, la « cohérence des procédures d'urgence »[1206]. C'est en particulier le cas lorsqu'il s'agit, pour les requérants, d'emprunter une voie concurrente à ces deux référés d'urgence pour ordonner à l'Administration l'édiction d'un acte réglementaire.

[1202] L'article L. 521-3 du CJA permet au juge de prononcer « toutes autres mesures utiles ». Sur ce point, M. Colcombet disait du référé conservatoire, dans le cadre des travaux parlementaires préalables à l'adoption de la loi du 30 juin 2000, qu'il permettra au requérant « d'obtenir le prononcé de mesures simples et qui ne rentrent pas dans le champ des articles 3 et 4 (ces articles, dans le projet de loi, renvoient au référé-suspension et au référé-liberté). F. Colcombet, Rapport n°2002, *op. cit.*

[1203] CE, sect., 5 févr. 2016, n°393540, Benabdallah.

[1204] E. Crépey, concl. sur CE, sect., 27 mars 2015, n°385332, Section française de l'Observatoire international des prisons, *op. cit.*

[1205] *Ibid.* Dans le même esprit, D. Botteghi relevait : « Par ailleurs, sa décision (celle du juge du référé-mesures utiles) n'est susceptible que de cassation, alors que le législateur a voulu que l'appel soit ouvert pour le référé-liberté. Or, si le juge a mal apprécié un danger imminent, le contrôle, tardif et éloigné, de la cassation n'est pas satisfaisant » (D. Botteghi, concl. sur CE, sect., 16 nov. 2011, n°353172, Ville de Paris et autres, *op. cit.*).

[1206] F. Barque, Le Conseil d'État et le référé conservatoire : un rééquilibrage stratégique, *JCP-A* 2016, n°27, 2205.

C. L'irrecevabilité fréquente des référés d'urgence en matière de contentieux des étrangers

416. Un autre exemple peut encore illustrer le raisonnement mobilisé par le juge en cas de concurrence des recours et fondé sur sa volonté d'assurer l'efficacité de dispositions législatives. Le contentieux des étrangers a déjà pu montrer que les référés d'urgence ne sont pas exerçables par les requérants lorsqu'ils visent à obtenir la suspension d'une décision signifiant une obligation de quitter le territoire français. Cette solution repose sur l'existence d'un recours dont les conditions sont définies par le Code relatif au séjour des étrangers et au droit d'asile. En particulier, les articles L. 512-1 et L. 512-3 du même code organisent un recours à effet suspensif contre ces décisions[1207]. Le Conseil d'État a toujours refusé, qu'il s'agisse des arrêtés de reconduite à la frontière puis, désormais les décisions signifiant une obligation de quitter le territoire français[1208], que les référés d'urgence puissent être employés pour suspendre l'exécution de ces décisions. L'irrecevabilité du référé-mesures utiles fait peu de doutes : il ne peut permettre d'obtenir une mesure de cet ordre. Le refus du juge d'admettre le référé-suspension et le référé-liberté suscite de plus amples remarques. Le Conseil d'État a opposé cette irrecevabilité à une demande formée au titre de l'article L. 521-1 du Code de justice administrative peu après la loi du 30 juin 2000, en se fondant sur « la différence de nature entre les voies de recours ouvertes respectivement par le premier alinéa de l'article L. 523-1 du Code de justice administrative et par l'article 22 bis de l'ordonnance du 2 novembre 1945 »[1209].

417. Même s'il eut été concevable que le juge soulève dans ce cas l'absence d'objet de la demande de suspension[1210], c'est le respect des conditions procédurales qui a visiblement inspiré la solution du Conseil d'État

---

[1207] L'obligation de quitter le territoire français ne peut faire l'objet d'une exécution d'office ni avant l'expiration du délai de départ volontaire ou, si aucun délai n'a été accordé, avant l'expiration d'un délai de quarante-huit heures suivant sa notification par voie administrative, ni avant que le tribunal administratif n'ait statué s'il a été saisi (v. par ex., CE, avis, 14 déc. 2015, n°393591

[1208] Les articles L. 512-1 à L. 512-5 du Code de l'entrée et du séjour des étrangers, dont les dispositions sont entrées en vigueur le 1er mars 2005, organisent une procédure particulière de contestation des arrêtés de reconduite à la frontière en reprenant les termes de l'article 22 bis de l'ordonnance n°45-2658 du 2 nov. 1945. Sur cette évolution des dispositions textuelles : C. Pouly, Étrangers : contentieux de l'obligation de quitter le territoire français, Répertoire de contentieux administratif, Dalloz. V. aussi, V. Tchen, Référé-liberté et reconduite à la frontière, Droit Administratif n°5, mai 2005, comm. 68.

[1209] CE, 21 nov. 2001, n°238214, Zhary ; *Dr. adm.* 2002, comm. 87. V. encore, sur cette question, les propos de R. Vandermeeren pour qui la la jurisprudence a souligné que le référé-suspension ne pouvait pas être utilisé « au lieu et place du dispositif qu'organise l'article 22 bis de l'ordonnance du 22 nov. 1945 afin de faciliter la contestation de ces arrêtés (de reconduite à la frontière) » (R. Vandermeeren, Le référé-suspension, *op. cit.*)

[1210] Le référé-suspension accompagne nécessairement un recours au fond aux termes de l'article L. 521-1 du CJA. Ce recours au fond, lorsqu'il est dirigé contre la mesure d'éloignement considérée emporte déjà cet effet suspensif aux termes de l'article L. 512-1 du CESEDA.

et, en particulier, le fait que l'ordonnance du 2 novembre 1945 témoigne de l'existence d'une procédure d'appel. Ce dernier argument ne permet pas de justifier l'irrecevabilité que le juge oppose, aussi, au référé-liberté[1211]. La décision du juge saisi sur le fondement de l'article L. 521-2 est, à la différence de la décision rendue en référé-suspension, susceptible d'appel[1212]. Cette solution semble reposer, à nouveau, sur la recherche d'une cohérence rhétoriquement justifiée par la référence à l'intention du législateur. Ce dernier a entendu enfermer la contestation des mesures d'éloignement dans des conditions particulières et, surtout, exclusives d'autres voies de droit. Ceci transparaît de certaines décisions puisque le Conseil d'État a pu juger que le législateur « a entendu instituer, à l'article L. 512-1 du code de l'entrée et du séjour des étrangers et du droit d'asile, une voie de recours spéciale ayant un effet suspensif contre les mesures relatives à l'éloignement des étrangers »[1213]. Les solutions par lesquelles le juge administratif entend s'opposer au référé-liberté renseignent peu sur les motivations qui sous-tendent le raisonnement, mais celles-ci paraissent être liées aux conditions de délai. En particulier, les dispositions du Code des étrangers prévoient que la personne qui fait l'objet d'une obligation de quitter le territoire « sans délai » dispose de quarante-huit heures pour saisir le juge administratif avant que la mise à exécution d'office de la décision puisse être recherchée par l'Administration[1214]. Une fois ce délai écoulé, l'étranger destinataire de la mesure pourrait alors faire valoir l'urgence qui s'attache à suspendre l'exécution de l'obligation de quitter le territoire français pour obtenir une décision favorable du juge des référés sur le fondement de l'article L. 521-2 du Code de justice administrative. Admettre le référé-liberté à l'égard de telles décisions conduirait, pour le juge, à priver d'intérêt la condition de délai fixée par la loi, d'autant plus que l'appréciation de cette condition se veut relativement stricte puisque toute prorogation éventuelle est exclue[1215].

418. En ce sens, le Conseil d'État, par une jurisprudence constante, s'oppose à l'exercice du référé-liberté et, de manière générale, aux référés d'urgence, lorsqu'ils sont utilisés pour demander au juge la suspension d'une telle mesure d'éloignement. Il considère que les dispositions particulières

---

1211 V. par ex. CE, ord., 14 janv. 2005, n°276123, Mme Luzeyido X. Cette solution ménage toutefois la recevabilité des référés d'urgence dirigés contre les mesures d'exécution de l'arrêté signifiant l'obligation de quitter le territoire français, en particulier la mesure déterminant le pays de destination lorsque ces décisions « comportent des effets qui, en raison de changements dans les circonstances de droit ou de fait depuis l'intervention de cet arrêté, excèdent le cadre qu'implique normalement leur mise à exécution » (CE, 11 juin 2012, Zitouni, n°360043). V. pour une analyse, O. Lecucq, Exception au principe de non-cumul entre contestation de la reconduite et référé-liberté, *AJDA* 2005, p. 1360.

1212 Art. L. 521-4 du CJA.

1213 CE, avis, 14 déc. 2015, n°393591, p. 463.

1214 Art. L. 512-1 II) et L. 512-3 du CESEDA.

1215 Art. R. 776-5 du CJA.

prévues pour contester devant le juge administratif la légalité d'un arrêté décidant la reconduite d'un étranger à la frontière « déterminent l'ensemble des règles de procédure applicables en la matière »[1216]. Le Conseil d'État entend donc faire respecter les règles spécifiques du contentieux de la reconduite à la frontière[1217]. De la même manière, dans ses conclusions sur la décision « Zhary », R. Schwartz insistait déjà sur le « contournement de procédure »[1218] que constitue l'exercice par les requérants d'un référé-liberté lorsqu'il est dirigé contre un arrêté de reconduite à la frontière. Le commissaire du gouvernent disait de la procédure de contestation des arrêtés de reconduite à la frontière qu'elle instituait une « procédure d'urgence spécifique »[1219] de nature à écarter les procédures d'urgence de droit commun. Le caractère exclusif de la voie de droit consacrée par ces articles transparait, pour le juge, de l'intention du législateur.

419. Les conclusions rendues par F. Lenica sur la décision « Towo » abondent également en ce sens[1220]. Dans cette affaire, le Conseil d'État était saisi en cassation après que le requérant eut saisi le juge des référés du tribunal administratif d'Amiens d'une demande fondée sur l'article L. 521-1 du Code de justice administrative et dirigée contre une décision de refus de séjour. Le tribunal a jugé irrecevable le recours formé par le requérant au nom de l'effet suspensif qui s'attache au recours au fond que ce requérant aurait dû former, en vertu de l'article L. 512-2 du Code de l'entrée et du séjour des étrangers et du droit d'asile. F. Lenica propose au Conseil d'État d'infirmer la solution du tribunal en ce que ces dispositions législatives limitent le bénéfice de l'effet suspensif au seul recours contre la décision signifiant l'obligation de quitter le territoire français. La décision de refus de séjour n'est pas concernée par cet effet suspensif. Elle était bien, selon F. Lenica, justiciable d'une demande de suspension fondée sur l'article L. 521-1. Dans ses conclusions, le rapporteur public se réfère explicitement aux travaux parlementaires en citant les rapports faits par F.-N. Buffet et T. Mariani au nom de la commission des lois du Sénat et de l'Assemblée nationale[1221]. Il en ressort que le recours contre le refus de séjour n'est pas suspensif et que, lorsque ce refus s'accompagne d'une obligation de quitter le territoire français, le recours est bien suspensif, mais

---

[1216] Entre autres exemples, outre les décisions déjà citées (CE, ord., 29 sept. 2004, n°272552, Préfet Marne ; CE, 11 juin 2012, Zitouni, n°360043), v. CE, 21 sept. 2007, n°309532, Mme Naoual B. ; CE, ord., 15 avr. 2009, n°326976, Maamar A ; CE, ord., 25 févr. 2011, n°334226, Sohail A.

[1217] Confirmant cette idée, V. Tchen, Référé-liberté et reconduite à la frontière, *op. cit.*

[1218] R. Schwartz, concl. sur CE, 21 nov. 2001, n°238214, Zhary, non publiées.

[1219] *Ibid.*

[1220] F. Lénica, concl. sur CE, 28 nov. 2007, n°305285, Towo, non publiées.

[1221] F.-N. Buffet, Rapport fait au nom de la commission des lois du Sénat sur le projet de Loi n°2986 relatif à l'immigration et à l'intégration, 31 mai 2006, n°371 ; T. Mariani, Rapport fait au nom de la commission des lois de l'Assemblée nationale sur le projet de loi n°2986 relatif à l'immigration et à l'intégration, 26 avril 2006, n°3058.

seulement en ce qui concerne la mesure d'éloignement[1222]. La recherche de l'intention du législateur aboutit, en l'espèce, à récuser la concurrence des recours.

420. Dans une perspective plus générale, la lecture combinée des conclusions rendues par les rapporteurs publics, dans des espèces traduisant l'exercice d'un référé d'urgence contre une mesure d'éloignement, éclaire la volonté du Conseil d'État d'assurer l'efficacité des règles de droit lorsqu'il traite de la concurrence des recours. La fermeture d'un recours répond, pour le juge, à la nécessité de rendre cohérente l'articulation des procédures d'urgence instituées par la loi, au regard des normes qui encadrent et définissent leur mise en œuvre. Pour le contentieux des étrangers, le législateur n'a, semble-t-il, pas envisagé cette articulation entre les voies de droit définies par le Code de l'entrée et du séjour des étrangers et du droit d'asile et les référés tels qu'ils sont organisés par la loi du 30 juin 2000. En ce sens, la volonté rationnelle du législateur telle qu'appréciée par le Conseil d'État le conduit à refuser aux requérants le bénéfice des voies de droit organisées par le livre V du Code de justice administrative.

D. L'irrecevabilité du référé provision en matière de contestation de frais d'expertise

421. Référé-provision confronté à l'existence d'une voie de droit spéciale. Le juge administratif entend assurer l'efficacité de dispositions législatives lorsqu'il lui apparaît qu'elles sont contradictoires. La logique qu'il poursuit ne diffère pas dans le cas où l'incompatibilité ressort de la confrontation de dispositions réglementaires : la concurrence entre des voies de droit organisées par des dispositions de cette nature est réglée par le juge en fermant, à nouveau, celle d'entre elles dont le champ d'application est le plus large. C'est en ce sens que la Cour administrative d'appel de Bordeaux a récemment apprécié la coexistence du référé provision[1223] avec la voie de droit ouverte par les articles R. 621-13 et R. 761-5 du Code de justice administrative en matière de contestation des frais et honoraires d'expertise engagés dans le cadre d'une procédure juridictionnelle[1224]. Les frais et honoraires d'expertise décidés par le juge administratif et susceptibles de revêtir le caractère de dépens[1225] peuvent être mis à la charge d'une partie de manière provisoire ou

[1222] F. Lenica, *op. cit.*

[1223] Art. R. 541-1 du CJA.

[1224] CAA Bordeaux, 22 déc. 2015, n°14BX02459, Sté Bureau Véritas c/ Cne Bayonne ; *AJDA* 2016, p. 955, note G. de La Taille.

[1225] Elle peut résulter d'une ordonnance du juge des référés, saisi sur le fondement de l'article R. 532-1 du CJA ou avoir été décidée par le juge du fond statuant avant dire droit en application de l'article R. 621-1 du même code.

définitive par le biais d'une ordonnance prise par l'autorité juridictionnelle compétente, ordonnance ayant le caractère d'une décision administrative[1226].

422. En l'espèce, de graves désordres avaient affecté la nouvelle bibliothèque universitaire de la commune de Bayonne et cette dernière avait, dans le cadre d'une procédure juridictionnelle engagée devant le juge des référés du tribunal administratif de Pau, demandé une expertise de ces désordres. Le chef de la juridiction ayant mis à sa charge les frais de l'expertise, la commune a saisi le même tribunal d'un référé provision pour obtenir une avance sur la créance non sérieusement contestable qu'elle estimait lui être due au titre des désordres et de ces frais d'expertise. Les constructeurs débiteurs de l'obligation de payer ont fait appel de cette provision et la Cour, confirmant la provision accordée au titre des désordres, a dû statuer sur le bien-fondé de la provision accordée au titre des frais d'expertise. La solution fait état d'une irrecevabilité de la demande de provision compte tenu de la « voie de droit spéciale »[1227] dont dispose la partie désignée par l'ordonnance de taxation comme devant supporter les frais d'expertise.

423. Les conclusions du rapporteur public éclairent les motifs de cette solution à deux égards. Elles renseignent d'abord sur la concurrence entre ces voies de droit puisque la demande de provision s'analysait, pour la commune, en une remise en cause de l'ordonnance de taxation en ce que cette dernière considérait que la société cocontractante était en réalité débitrice des frais d'expertise[1228]. Les conclusions abordent, surtout, la question des justifications de la solution d'irrecevabilité. G. de la Taille s'emploie à fonder le raisonnement proposé à la formation de jugement en s'interrogeant sur la possibilité de recourir à une autre voie de droit que celle ayant été prévue par les textes. Le rapporteur public relève l'existence de la voie de droit « spéciale », organisée par les articles R. 621-13 et R. 761-5 du Code de justice administrative, qui permet à la partie qui supporte les frais d'expertise de remettre en cause ces frais, dans un délai réduit de forclusion d'un mois, par l'exercice d'un recours de plein contentieux dirigé contre l'ordonnance rendue

---

[1226] Sur ce point, CE, sect., 17 juin 1983, n°24265, Lassallette, p. 260, concl. J. F. Verny ; *Dr. fisc.* 1984, n°14, comm. 737 ; CE 30 mai 1986, n°73508, Ministre du redéploiement industriel et du commerce extérieur c/ Guerret, p. 154 ; *Dr. adm.* 1986, comm. 354 ; *AJDA* 1986, p. 460.

[1227] CAA Bordeaux, 22 déc. 2015, n°14BX02459, Sté Bureau Véritas c/ Cne Bayonne.

[1228] Sur le fondement de l'article R. 541-1, le juge des référés peut accorder une provision par une décision qui reste exécutoire seulement le temps que le juge du fond, s'il y a lieu, se prononce. En vertu des termes de l'article R. 621-13, la décision juridictionnelle prise sur recours contre l'ordonnance du chef de juridiction (art. R. 761-5 du CJA) peut également être remise en cause par la juridiction statuant sur le fond, qui détermine la charge définitive des dépens. Les articles R. 621-13 et R. 761-5 organisent donc une voie de recours qui, s'agissant de l'attribution de la charge des dépens, a exactement la même portée qu'un référé-provision (G. de la Taille, concl. sur CAA Bordeaux, 22 déc. 2015, Sté Bureau Véritas c/ Cne Bayonne, *AJDA* 2016, p. 955).

par l'autorité juridictionnelle compétente. Confrontée au référé-provision, il apparaît, pour Monsieur de la Taille que cette voie doit être privilégiée pour remettre en cause l'ordonnance au regard, notamment des « règles de compétence et de procédure spéciales que, dans le cas de sa réclamation, le jurislateur a jugé bon de mettre en place »[1229].

424. Poursuite d'une logique normative par le juge. Il n'est pas douteux que le juge administratif s'attache à assurer l'efficacité des règles de droit prévues par les textes, en s'astreignant à prendre en compte la volonté rationnelle du législateur, ou l'intention du législateur lorsque l'exclusivité du recours transparait de la lecture des dispositions textuelles. Cette démarche ressort peu des motifs des décisions, mais elle peut être observée au travers de la lecture des conclusions rendues par les rapporteurs publics sur ces différentes espèces. Elle repose sur l'existence, en vertu de législations différentes, de la possibilité pour un même requérant d'emprunter plusieurs voies de droit pour faire juger une même prétention dans des conditions différentes. À l'occasion de certains litiges dont il est saisi, le juge considère que cette situation traduit une certaine contradiction entre des règles de droit de même valeur organisant les recours juridictionnels qu'il s'attache à résoudre. En effet, il est incohérent de faire relever une même prétention de conditions de recevabilité ou de jugement différentes selon le juge saisit ; des prescriptions contradictoires s'attachent dans ce cas à un même objet. Cette concurrence entre des recours organisés par des dispositions de même valeur est résolue par le juge en faisant prévaloir les dispositions dont le domaine d'application est le plus limité. Cette manière de faire permet d'assurer la cohérence du système juridique : par la contrainte que le juge leur oppose, les requérants ne peuvent se soustraire, à leur gré, aux conditions dans lesquelles le législateur ou parfois le pouvoir réglementaire ont entendu faire juger certaines prétentions.

425. Ces solutions, par lesquelles le juge ferme aux requérants un recours concurrent, paraissent être directement imposées par les textes, alors même que les dispositions législatives ne renseignent pas explicitement sur la faculté pour requérants d'exercer plusieurs recours dans le contentieux que ces textes régissent. La formule retenue par le juge n'est pas sans rappeler celle qu'il mobilise en matière de procédure administrative non contentieuse lorsqu'il s'agit, notamment, d'écarter l'application de l'article 24 de la loi du 12 avril

---

[1229] *Ibid.*

2000[1230]. Entre autres exemples, le juge administratif a considéré, en vertu des articles L. 262-46 du code de l'action sociale et des familles, « que le législateur a entendu, par ces dispositions, déterminer l'ensemble des règles de procédure administrative et contentieuse auxquelles sont soumises les décisions relatives au revenu de solidarité active »[1231]. La suite du raisonnement opéré par le juge consiste à exclure, pour une décision de répétition d'indu d'allocation de revenu de solidarité active, l'application de l'article 24 de la loi du 12 avril 2000[1232]. Le juge n'interprète pas autrement les dispositions de l'article 726 du code de procédure pénale relative au contentieux des établissements pénitentiaires puisque, selon lui, le législateur « a entendu déterminer l'ensemble des règles de procédure administrative et contentieuse auxquelles sont soumises les décisions par lesquelles le chef d'un établissement pénitentiaire place en cellule disciplinaire, à titre préventif, les détenus qui sont suspectés d'avoir commis une faute »[1233]. L'édiction d'une décision de placement en cellule disciplinaire à titre préventif n'a donc pas à obéir à l'organisation préalable de la procédure contradictoire prévue par le même article 24 de la loi du 12 avril 2000[1234]. Ces différents exemples témoignent de ce que le juge refuse, en application de dispositions législatives particulières à certaines catégories de décisions administratives, d'imposer le respecter des dispositions de la loi du 12 avril 2000 qui fixent les règles générales de procédure applicables aux décisions devant être motivées en vertu de la loi du 11 juillet 1979. Il en résulte que les requérants ne sauraient se prévaloir, à l'occasion de recours dirigés contre les décisions soumises à cette procédure administrative spécifique, du moyen tiré de la violation de l'article 24 de la loi du 12 avril 2000.

426. L'analyse de ces décisions relatives à la procédure administrative non contentieuse ne montre pas autre chose que ce qui transparait de celles rendues

---

[1230] L'article 24 de la loi n°2000-321 du 12 avril 2000 relative aux droits des citoyens dans leurs relations avec les administrations disposait : « Exception faite des cas où il est statué sur une demande, les décisions individuelles qui doivent être motivées en application des articles 1er et 2 de la loi n°79-587 du 11 juillet 1979 relative à la motivation des actes administratifs et à l'amélioration des relations entre l'administration et le public n'interviennent qu'après que la personne intéressée a été mise à même de présenter des observations écrites et, le cas échéant, sur sa demande, des observations orales » (Cette disposition figure aujourd'hui à l'article L. 121-1 du CRPA).

[1231] CE, avis, 16 oct. 2013, n°368174, Epx Baillemont, p. 256 ; *AJDA* 2013, p. 2055, obs. J.-M. Pastor. Dans le même sens : CAA Nantes, 15 mai 2014, n°12NT01747.

[1232] *Ibid.*

[1233] CAA Paris, 15 mars 2018, n°16PA03365.

[1234] *Ibid.* Il en va enfin de même des dispositions du code de la santé publique ou encore de l'article 5 de la loi du 5 juillet 2000 par lesquelles le législateur a, selon le juge, entendu déterminer l'ensemble des règles de procédure administrative et contentieuse ayant trait, respectivement, aux décisions prononçant le maintien en soins psychiatriques (CAA Paris, 30 juin 2015, n°14PA02253) et aux décisions préfectorales mettant en demeure les occupants d'un terrain de quitter les lieux (CAA Versailles, 1er déc. 2009, n°07VE03227, Istfan). V. égal, sur cette question : CE, 28 nov. 2007, n°307999, Barjamaj, p. 451 ; *AJDA* 2008, p. 590, note L. Gros ; CE, 26 nov. 2008, n°315441, Silidor, p. 442 ; *AJDA* 2008, p. 2258 ; *AJDA* 2009, p. 270, concl. M. Guyomar ; *RFDA* 2009, p. 145, chron. C. Santulli.

dans le cadre de la procédure juridictionnelle : le juge écarte l'application de dispositions générales en considérant que des dispositions spéciales, de même valeur juridique, ont entendu y déroger. La différence se situe simplement dans le fait que ces dispositions sont relatives à l'exigence du contradictoire en procédure administrative non contentieuse alors qu'elles traitent de la faculté d'exercer un recours juridictionnel dans le cadre de la procédure administrative contentieuse. L'analogie témoigne de ce que ces solutions s'inscrivent dans une logique normative poursuivie par le juge : bien que le législateur n'ait pas expressément prévu l'exclusivité de l'application des dispositions qu'il consacre, le juge administratif s'attache à ce qu'il en soit ainsi. Pour autant, si le juge ferme un recours concurrent en se fondant directement sur le contenu de dispositions législatives, il reste que l'irrecevabilité qu'il oppose au recours dont il est saisi résulte d'une interprétation de ces dispositions, qui n'imposent pas explicitement la solution retenue. La contrainte opposée s'inscrit dans une démarche prétorienne puisqu'elle renvoie à la compréhension de l'intention du législateur, mais, *in fine*, à l'intention que le juge prête au législateur et à la volonté rationnelle de celui-ci. Cette explication vaut pour la concurrence de recours prévus par des textes de même valeur, mais parait aussi s'étendre à des hypothèses dans lesquelles les recours ne sont pas ouverts par les textes.

II. L'efficacité assurée de recours spéciaux organisés par la jurisprudence

427. Le contentieux administratif traduit, on le sait, une place prépondérante du juge dans la détermination des règles qui encadrent l'exercice des recours. Les textes ne définissent pas seuls les recours permettant aux justiciables de faire juger l'action administrative. Le juge administratif a créé des recours que les justiciables peuvent emprunter pour contester certains actes de l'Administration. L'instauration d'un recours en contestation de validité du contrat illustre parfaitement ce pouvoir normatif exercé par le juge administratif. Le Conseil constitutionnel, en l'absence d'habilitation textuelle, a également accepté de connaître de recours dirigés contre certains actes préalables aux scrutins nationaux[1235]. La création de voies de droit nouvelles s'accompagne nécessairement de la détermination prétorienne des conditions dans lesquelles les justiciables sont amenés à saisir le juge compétent. Elle répond, surtout, au constat d'une insuffisance des voies de droit existantes pour faire juger certaines prétentions des requérants. Les deux exemples précédents présentent d'ailleurs ce trait commun.

[1235] V. *supra*, p. 119.

428. Pour autant, ils se distinguent quant à la situation de concurrence qu'elles ont pu engendrer. Dans le premier cas, le recours en contestation de validité du contrat s'oppose, pour le juge, à ce que les tiers au contrat administratif puissent disposer du recours pour excès de pouvoir qu'ils exerçaient auparavant contre certains actes administratifs préalables à la conclusion du contrat et susceptibles de s'en détacher. L'irrecevabilité du recours pour excès de pouvoir repose exclusivement sur l'existence de cette voie de droit créée par le juge. La situation est différente pour la concurrence qui concerne le recours ouvert devant le Conseil constitutionnel puisque ce n'est pas la création de la voie de droit « exceptionnelle » évoquée qui y a mené. La concurrence résulte de l'évolution de la jurisprudence du Conseil d'État sur la détachabilité des actes intervenant dans la réalisation d'élections politiques ou de référendums nationaux[1236]. Malgré cette divergence relative à l'origine de la concurrence des recours, le juge administratif refuse de juger des recours pour excès de pouvoir dont il est saisi. La contrainte opposée aux requérants dans le premier cas (A) comme dans le second (B) se rattache aux raisons déjà exposées et tenant à assurer l'efficacité des règles de droit, dont la valeur est ici jurisprudentielle.

A. L'exercice imposé des recours de plein contentieux consacrés en matière contractuelle au profit des tiers

429. La concurrence entre des recours d'origine prétorienne concerne, en droit administratif, les rapports entretenus par le recours pour excès de pouvoir avec les recours de plein contentieux et, en particulier, les recours de plein contentieux subjectif. Cette forme de concurrence des recours peut alors opposer le recours excès de pouvoir à un recours de plein contentieux indemnitaire en ce que le requérant demande par le premier, l'annulation d'une décision à objet pécuniaire permettant la restitution d'une somme qu'il estime être versée à tort, et par le second que la personne publique soit condamnée à lui verser une somme identique. Les solutions rendues en la matière oscillent entre l'admission du recours pour excès de pouvoir et le rejet de celui-ci en fonction de la nature de la décision attaquée et des sommes en jeu dans les litiges[1237].

430. Concurrence des recours au stade de l'exécution du contrat. La concurrence entre le recours pour excès de pouvoir et les recours de plein contentieux concerne aussi, essentiellement, le contentieux de la validité du contrat engagé par les tiers à un contrat administratif. Ces requérants peuvent, en effet saisir le juge du contrat afin d'obtenir qu'il en prononce, éventuellement, l'annulation. Ils disposent également de la faculté, historique,

---

[1236] *Ibid.*

[1237] V. *infra*, p. 383.

d'exercer un recours pour excès de pouvoir dirigé contre un acte détachable de l'opération contractuelle, que cet acte intervienne au stade de son exécution ou au stade de sa passation. Dans certaines circonstances, le recours pour excès de pouvoir peut aussi permettre l'annulation du contrat.

431. La concurrence entre le recours en contestation de validité du contrat et le recours pour excès de pouvoir exercé contre un acte détachable intervenant dans l'exécution du contrat ne se pose que lorsque sont contestés, par les tiers[1238], des décisions portant refus de résiliation[1239]. En effet, lorsque les tiers à un contrat administratif défèrent au juge d'autres mesures se rapportant à l'exécution d'un contrat administratif, parmi celles que le juge accepte de détacher de l'opération, il ne peut être affirmé qu'ils recherchent la disparition du contrat. La décision de refus de la personne publique de modifier un contrat[1240], d'autoriser une cession de contrat[1241] ou encore de déterminer l'emplacement d'éléments de mobilier urbain[1242] sont jugées détachables du contrat. La décision de résiliation prise par la personne publique contractante l'est également[1243], mais le recours pour excès de pouvoir dirigé contre ces mesures, et, en particulier celle-ci, ne vise pas l'annulation du contrat. Au stade de l'exécution du contrat, la concurrence entre le recours de plein contentieux et le recours pour excès de pouvoir ne concerne donc que les cas où il est demandé l'annulation d'un refus de résiliation puisque les requérants peuvent être regardés, ici, comme cherchant à obtenir la nullité du contrat ou, au moins, sa disparition pour l'avenir.

432. Certains auteurs ont mis en lumière les conditions différentes dans lesquelles ces prétentions comparables pouvaient être jugées et, en particulier, les conditions plus strictes dans lesquelles est enfermé le jugement du recours en contestation de validité du contrat, notamment au regard des moyens invocables[1244]. Le recours pour excès de pouvoir apparaît alors comme une

---

[1238] Un acte d'exécution du contrat n'est pas, de manière générale, considéré comme détachable à l'égard des parties ; celles-ci disposent, par ailleurs, de la possibilité de saisir directement le juge du contrat. Sur cette question, v. L. Folliot, *op. cit.*, p. 328 et s.

[1239] CE, 24 avril 1964, SA de livraisons industrielles et commerciales. Sur ce point, v. H. Hoepffner, L'action en rupture des relations contractuelles ouverte aux tiers, *op. cit.*

[1240] CE, 29 avril 1987, n°51022, Commune d'Elancourt, p. 153, *RFDA* 1987, p. 525, concl. Robineau ; *AJDA* 1987, p. 543, note Prétot ; CJEG 1987, p. 855, note PS ; *Dr. adm.* 1987, comm. 343.

[1241] CE, 3 fév. 2012, n°353250, Communauté d'agglomération de Villefranche-sur-Saône, inédit.

[1242] CE, 9 déc. 1983, n°34303, Ville de Paris, T., p. 499, concl. B. Genevois.

[1243] CE, 2 fév. 1987, Société TV6.

[1244] D'autres différences opposent le recours pour excès de pouvoir et le recours de plein contentieux, elles tiennent notamment à l'appréciation de l'intérêt à agir et aux pouvoirs des juges saisis. Sur ce point v. : F. Brenet, L'ouverture d'une action en résiliation du contrat au profit des tiers devant le juge de plein contentieux, *Dr. adm.* 2017, n°12, comm. 51 ; S. Eustache et L. Janicot, Contentieux - Retour sur les transformations contemporaines du contentieux de la validité des contrats administratifs, *Dr. adm.* 2018, étude 4.

voie de contournement du recours de plein contentieux[1245]. Pour autant, cette situation de concurrence ne s'est pas présentée avant la décision du 30 juin 2017[1246] et n'a donc pas pu conduire le juge à fermer le recours pour excès de pouvoir en se fondant sur la seule existence d'une autre voie de droit. La décision « Transmanche » ne témoigne pas non plus d'une contrainte similaire à celle que le juge oppose dans les cas de concurrence des recours déjà observés, mais la raison peut être brièvement exposée. Par conjecture, il est possible d'admettre que, saisi par un tiers, après 2007, d'un recours pour excès de pouvoir dirigé contre une décision de refus de résiliation d'un contrat, le juge administratif aurait pu estimer ce dernier recours comme étant irrecevable en raison de l'existence du recours en contestation de validité du contrat que le requérant pouvait exercer. La solution aurait été déraisonnable puisque l'intérêt de ce tiers à obtenir la nullité du contrat pouvait n'apparaître qu'une fois le contrat conclu, sans que cet intérêt ait donc été présent avant la conclusion du contrat. Opposer au requérant la possibilité qu'il avait d'exercer ce recours de plein contentieux et qu'il n'a pas saisi, alors même qu'il n'avait aucune raison de le faire, eut été assurément peu raisonnable. Le Conseil d'État n'a donc pas entendu, à juste titre, retenir cette solution. Il a été consacré par la décision du 30 juin 2017 un recours permettant aux tiers de faire prononcer par le juge la résiliation des relations contractuelles[1247]. Ce faisant, le juge administratif suprême a fermé le recours pour excès de pouvoir en faisant relever la même contestation de l'exercice d'un recours de plein contentieux dont l'existence est exclusivement prétorienne. Cette nouvelle voie de droit se distingue de celle permettant de contester la validité du contrat.

433. Concurrence des recours au stade de la formation du contrat. La concurrence déjà observée entre cette dernière voie de droit et le recours pour excès de pouvoir dirigé contre un acte détachable du contrat intervenant au stade de sa formation témoigne bien, cette fois, de la contrainte exposée. Si les conséquences de l'annulation pour excès de pouvoir de tels actes ont pu un temps paraître relativement faibles sur le plan de la remise en cause du contrat, il reste que le pouvoir d'injonction reconnu au profit du juge administratif a

---

[1245] H. Hoepffner, L'action en rupture des relations contractuelles ouverte aux tiers, *op. cit.* ; G. Pélissier, concl. sur CE, 30 juin 2017, Syndicat mixte de promotion de l'activité transmanche (SMPAT), *op. cit.*

[1246] La décision « SA de livraisons industrielles et commerciales » a peu reçu application mais cette absence de concurrence résulte aussi de ce que les tiers à un contrat administratif, s'ils ont été autorisés à saisir le juge de l'excès de pouvoir d'un recours contre une décision administrative portant refus de résiliation d'un contrat dès 1964, n'ont pu bénéficier d'un recours en contestation de validité du contrat qu'à compter de la décision Tropic (sous réserve, encore, des modalités d'application dans le temps de cette décision : v. CE, ass., 16 juill. 2007, n°291545, Sté Tropic travaux signalisation Guadeloupe). Il était aussi nécessaire que ces requérants puissent satisfaire à la qualité de « concurrent évincé de la procédure de passation » pour prétendre disposer de ce recours en contestation de validité et, depuis 2014, doivent être susceptibles d'être lésés dans leurs intérêts « de façon suffisamment directe et certaine par sa passation ou ses clauses » (CE, ass., 4 avril 2014, n°358994, Département du Tarn et Garonne).

[1247] CE, sect., 30 juin 2017, n°398445, Synd. mixte de promotion de l'activité transmanche.

renforcé l'effectivité de l'annulation prononcée en lui faisant produire des conséquences plus certaines[1248]. Le recours pour excès de pouvoir a pu être regardé comme un concurrent du recours en contestation de validité du contrat. Le juge a, on le sait, entendu privilégier, en deux temps, cette dernière voie de droit[1249]. Le sens de la contrainte se comprend parfaitement : si le juge administratif a entendu reconnaître aux tiers à un contrat administratif la faculté de saisir le juge du contrat, c'est pour répondre à l'insatisfaction qui naissait de l'exercice du recours en annulation, seul ouvert pour cette catégorie de requérants. En ce sens, il a souhaité faire juger dans des conditions particulières, notamment de recevabilité, les recours susceptibles d'aboutir à la remise en cause la validité des contrats administratifs[1250].

434. D. Casas insistait déjà en 2007 sur la nécessité, pour la sécurité juridique, de préciser les règles de délai de recours applicables au recours en contestation de validité du contrat afin « d'abréger de façon raisonnable la période pendant laquelle les contrats pourraient être exposés à de possibles actions des tiers »[1251]. D. Pouyaud ne dit pas autre chose sur ce point en relevant que le Conseil d'État, dans la décision Tropic, a pris soin d'enfermer le recours dans des délais stricts afin de ne pas laisser subsister trop longtemps d'incertitude sur le sort du contrat »[1252]. Le recours en contestation de validité du contrat conduit également le juge à apprécier plus restrictivement les moyens invocables qu'il ne le fait dans le contentieux de l'excès de pouvoir. Cette conception différenciée des moyens, qui permet aux tiers d'invoquer seulement « des vices en rapport direct avec l'intérêt lésé dont ils se prévalent ou d'une gravité telle que le juge devrait les relever d'office »[1253] manifeste la différence importante entre le recours pour excès de pouvoir et ce recours de plein contentieux[1254].

[1248] V. *supra*, p. 209.

[1249] *Ibid.*

[1250] Le recours en contestation de validité était initialement ouvert aux « concurrents évincés de la procédure de passation » et permettait au juge de disposer de larges pouvoirs qu'il ne peut exercer dans le cadre du recours pour excès de pouvoir (v. par ex. F. Brenet, Le recours pour excès de pouvoir et le contrat, *JCP-A* 2012, n°38-39, 2313).

[1251] D. Casas, concl. sur CE, ass., 16 juillet 2007, Société Tropic Travaux Signalisation Guadeloupe, *op. cit.*

[1252] Le Conseil d'Etat avait d'ailleurs précisé que le délai de deux mois s'appliquait même si le contrat contesté était relatif à des travaux publics dans le cadre desquels la règle était la dispense de délai. D. Pouyaud y voit très justement une volonté de limiter « en toute hypothèse » les délais de recours (Un nouveau recours contentieux : le recours en contestation de la validité du contrat à la demande du concurrent évincé, *op. cit.*).

[1253] CE, ass., 4 avril 2014, n°358994, Département du Tarn et Garonne.

[1254] B. Dacosta indiquait à la formation de jugement : « Si vous nous suivez, le recours en contestation de la validité du contrat sera soumis à un double filtre, au stade de l'intérêt à agir et au stade de l'opérance des moyens » (concl. sur CE, 4 avril 2014, Département du Tarn et Garonne, *op. cit.*). V. encore, J.-C. Rotoullié, Le recours Tarn-et-Garonne, une voie de droit à l'effectivité limitée, *AJDA* 2019, p. 412.

435. La consécration de ce recours de plein contentieux subjectif ne se comprend ainsi qu'au regard du souhait, pour le juge, d'entourer de conditions de jugement particulières la contestation des contrats administratifs. Il résulte de cette évolution jurisprudentielle la volonté non dissimulée de limiter les requérants dans l'exercice des recours dont ils disposent en fermant le recours pour excès de pouvoir. La contrainte opposée par le juge administratif témoigne, logiquement, de la prévalence du recours spécial que constitue le recours en contestation de validité du contrat. Cette voie de droit permet d'atteindre les actes se rapportant à la passation des contrats administratifs, y compris le contrat lui-même, alors que le recours pour excès de pouvoir permet d'atteindre l'ensemble des actes administratifs, au nombre desquels figurent ces actes se rapportant à la passation du contrat. Contraindre les requérants à exercer le recours de plein contentieux évite qu'ils ne puissent s'affranchir des règles de procédure instaurées par la jurisprudence. Cette analyse est parfaitement résumée par G. Pélissier : « La conséquence de l'ouverture aux tiers d'une voie de recours directe contre le contrat est la fermeture de la voie de contournement que représentait le recours pour excès de pouvoir contre les actes détachables de la conclusion du contrat. Elle ne demeure que de manière marginale, dans des cas et dans des conditions qui garantissent contre toute velléité des tiers de l'utiliser pour s'affranchir des règles régissant la voie nouvelle qui leur a été ainsi ouverte »[1255]. Dans une moindre mesure, cette concurrence entre deux voies de droit ne reposant pas directement sur les textes concerne également le contentieux des élections politiques.

B. L'exercice imposé de la voie de droit exceptionnelle organisée devant le juge des élections politiques

436. Conception étendue de sa compétence par le Conseil constitutionnel. Les électeurs et éligibles sont à même de contester certains actes administratifs préalables au déroulement des élections législatives, présidentielles, ou d'un référendum national tant devant le Conseil d'État que devant le Conseil constitutionnel. Statuant en tant que juge ordinaire dans le cadre du contentieux électoral, le Conseil constitutionnel a considéré qu'il lui appartenait de connaître de la légalité de certains de ces actes[1256] lorsque l'irrecevabilité qui serait opposée aux requêtes mettant en cause la régularité d'élections à venir « risquerait de compromettre gravement l'efficacité du contrôle par le Conseil constitutionnel de l'élection des députés ou des

---

[1255] G. Pélissier, concl. sur CE, 30 juin 2017, Syndicat mixte de promotion de l'activité transmanche, *op. cit.*

[1256] Le Conseil constitutionnel accepte de statuer, dans le cadre de scrutins nationaux, sur la légalité d'un acte intéressant directement la régularité du scrutin déterminé. Il doit s'agir, en définitive, d'une disposition non permanente. Sur cette question : S. Lamouroux, *Le Contentieux des actes périphériques en matière électorale*, R. Ghevontian dir., Aix-Marseille III, 2000.

sénateurs, vicierait le déroulement général des opérations électorales et, ainsi, pourrait porter atteinte au fonctionnement normal des pouvoirs publics »[1257]. Il faut bien relever que cette compétence exceptionnelle est admise par le Conseil constitutionnel dans le silence des textes[1258]. En effet, l'article 58 de la Constitution dispose que le Conseil constitutionnel « examine les réclamations » s'agissant de l'élection du Président de la République. L'article 59 précise que celui-ci « statue, en cas de contestation, sur la régularité de l'élection des députés et des sénateurs » tandis que l'article 60 ne charge le Conseil constitutionnel que de veiller à la régularité des opérations de référendum et de proclamer les résultats. D. Piveteau a très bien souligné la hardiesse du Conseil constitutionnel dans l'élaboration de cette ligne jurisprudentielle en abordant « la compétence d'excès de pouvoir que s'arroge le Conseil constitutionnel, sur des bases textuelles, il est vrai, assez vagues »[1259]. En matière d'élections législatives, Monsieur Piveteau écrit d'ailleurs que le Conseil constitutionnel a fait une application directe de l'article 59 de la Constitution « par-dessus ou au-delà des pouvoirs juridictionnels » que lui confiait l'ordonnance du 7 novembre 1958[1260].

437. Pour autant, le Conseil constitutionnel a laissé aux électeurs et éligibles la possibilité de le saisir d'un recours en annulation dirigé contre certains actes préparatoires à un scrutin national. Le Conseil d'État a également accepté, tardivement, de statuer sur les recours dirigés contre certains actes intervenant dans la réalisation de l'élection et formés avant la tenue du scrutin[1261]. Il avait admis plus tôt sa compétence en matière de contentieux lié aux référendums[1262] eu égard à l'argument de texte que constitue l'article 60 de la Constitution. Dans tous les cas, un même requérant peut ainsi théoriquement saisir deux juges, chacun doté du pouvoir de priver d'effet l'acte administratif attaqué puisque le Conseil constitutionnel accepte bien de statuer sur des recours « en annulation »[1263] d'actes administratifs. Les

---

[1257] Cons. const., 16 et 20 avr. 1982, n°82-2 ELEC , Bernard et a., Rec. Cons. const., p. 109. Dans le même sens, pour le contentieux électoral se rapportant à l'élection présidentielle : Cons. const., 14 mars 2001, n°2001-17 ELEC, Hauchemaille. Pour les votations référendaires : Cons. const., 25 juill. 2000 , n°2000-21 REF, Hauchemaille.

[1258] Sur cette opinion : R. Ghévontian, Un labyrinthe juridique : le contentieux des actes préparatoires en matière d'élections politiques, *RFDA* 1994, p. 793.

[1259] D. Piveteau, concl. sur CE, 26 sept. 2001, Marini, non publiées

[1260] *Ibid.*

[1261] Pour quelques exemples, en matière d'élections législatives : CE, ass., 12 mars 1993, n°145858, Union nat. écologique et Parti pour Défense des animaux. Pour les élections présidentielles (implicitement) : CE 28 nov. 1983, Bauby, p. 372.

[1262] CE, 19 oct. 1962, Brocas, p. 553.

[1263] Dans les décisions du Conseil constitutionnel précitées et admettant sa compétence, il était, chaque fois, saisi d'un recours en annulation d'un décret. Sur ce point, v. R. Chapus, *op. cit.*, p. 711 et s. V. encore, P. Delvolvé Le juge constitutionnel, juge administratif, *Les mutations contemporaines du droit public (Mélanges B. Jeannau)*, Dalloz, 2012, p. 55.

solutions retenues par le Conseil constitutionnel ont répondu à l'affirmation par le Conseil d'État du caractère préparatoire des actes considérés et ont été maintenues malgré l'évolution de la jurisprudence administrative sur ce point. La concurrence des deux voies de droit ouvertes par les jurisprudences constitutionnelle et administrative n'est alors pas douteuse. Elle est résolue par la fermeture du recours pour excès de pouvoir lorsque les actes qui font l'objet de ce recours entrent dans le champ de la compétence du Conseil constitutionnel.

438. Il faut observer que la contrainte opposée par le juge administratif tend à imposer aux requérants l'exercice du recours dont le champ d'application est le plus limité : le Conseil constitutionnel ne peut qu'exceptionnellement statuer sur la légalité d'actes administratifs et sa compétence ne vaut qu'à l'égard de ceux de ces actes administratifs se rapportant au déroulement d'un scrutin national et intervenant avant celui-ci[1264]. Le recours pour excès de pouvoir, lui, est susceptible d'atteindre l'ensemble des actes administratifs. Les raisons conduisant le juge administratif à fermer le recours pour excès de pouvoir sont, dans ce cas de concurrence, difficilement perceptibles. D'une part, la doctrine a bien montré tout l'intérêt qui s'attache à cette compétence « préélectorale »[1265] du Conseil constitutionnel, ne serait-ce que parce qu'elle permet à celui-ci de conserver intacte la plénitude de sa compétence de droit commun. Pour D. Piveteau, le Conseil constitutionnel manifeste une « prudence défensive » en ce que ces actes préparatoires seraient en effet, pour certains, susceptibles de « subvertir l'exercice ultérieur de son contrôle juridictionnel »[1266]. Pour certains constitutionnalistes, cette compétence pour connaître des actes préparatoires pourrait aussi s'inscrire dans le cadre d'un « bloc de compétence » qu'il conviendrait, avec certaines réserves, de consacrer au profit du juge de l'élection[1267]. D'autre part, le Conseil d'État est le juge de droit commun des décrets. H. Savoie évoquait à cet égard, et sans la retenir, l'idée que le Conseil d'État puisse naturellement connaître des décisions attaquées lorsqu'elles sont détachables du processus électoral « quel que soit le champ de compétence du Conseil constitutionnel »[1268] et ce d'autant plus que des garanties

---

[1264] Le Conseil constitutionnel ne saurait apprécier les actes permanents dont la portée dépasse la tenue d'un scrutin particulier. V. par exemple, s'agissant de l'élection présidentielle : Const. const. 15 avr. 2002, n°2002-98 PDR, Hauchemaille, Meyet et Cazaux, Rec. Cons. const., p. 99.

[1265] F. Mélin-Soucramanien, Le Conseil constitutionnel, juge électoral, *Pouvoirs* 2003, n°105, p. 117.

[1266] D. Piveteau, *op. cit.*

[1267] R. Ghévontian, *op. cit.* La reconnaissance de cette plénitude de juridiction du Conseil constitutionnel, c'est-à-dire de son aptitude à être saisi de l'ensemble des aspects de l'élection considérée, ne pourrait intervenir que par les textes. Pour une opinion plus nuancée s'agissant de la pertinence d'une telle évolution de la compétence du Conseil constitutionnel : F. Mélin-Soucramanien, *op. cit.*

[1268] H. Savoie, concl. sur CE , ass., 1er sept. 2000, Larrouturou, Meyet et autres, *op. cit.*

supplémentaires s'attachent à ce que le recours soit porté devant la juridiction administrative[1269].

439. Fermeture du recours pour excès de pouvoir. Il résulte de ces jurisprudences convergentes le risque d'aboutir à des solutions juridictionnelles contradictoires dans le cas où le requérant porterait sa requête à la fois devant les deux juridictions. La pratique du contentieux préélectoral par les requérants a d'ailleurs montré qu'il ne s'agissait pas d'une hypothèse d'école. Confronté à l'exercice d'un recours pour excès de pouvoir dirigé contre un acte entrant dans le champ de la compétence du Conseil constitutionnel, le Conseil d'État a, semble-t-il, souhaité éviter que ce risque ne se concrétise. Ceci n'est pas nouveau, mais contribue également à atteindre l'objectif de cohérence du droit. Comme le soulignait J. Delvové, l'existence de législations contradictoires emporte la possibilité pour l'Administration d'agir arbitrairement[1270]. L'existence de solutions juridictionnelles opposées produit la même conséquence et affecte, par la même, la sécurité juridique. Le risque de contrariété de jurisprudence peut être source de confusion, mais reste conditionné par l'ordre selon lequel les demandes sont jugées. Une décision d'annulation pour excès de pouvoir prononcée par le Conseil d'État et qui interviendrait avant que le Conseil constitutionnel ne juge le recours formé devant lui priverait d'objet la demande, en vertu de l'autorité absolue de chose jugée qui s'y attache aux décisions d'annulation pour excès de pouvoir. Une décision de rejet, seulement revêtue de l'autorité relative de la chose jugée, pourrait toutefois conduire à la contradiction de jugements évoquée si le Conseil constitutionnel annulait, par la suite, l'acte attaqué. En revanche, si le Conseil constitutionnel venait à annuler le décret avant que celui-ci ne soit examiné par le juge administratif, l'article 62 de la Constitution devrait, en toute logique, anéantir la possibilité pour le Conseil d'État de connaître du recours pour excès de pouvoir formé devant lui[1271]. H. Savoie fait part, sur ce point, d'une incertitude quant au fait de savoir si l'article 62, qui s'applique nécessairement aux décisions rendues par le Conseil en matière de contrôle de constitutionnalité des lois, vaut également pour celles des décisions prises par le Conseil constitutionnel dans le cadre de sa fonction de juge électoral[1272]. Cet obstacle parait dépassable pour la seule raison qu'il est difficilement admissible de distinguer là où la Constitution ne le fait pas. Une décision

---

[1269] Le jugement du recours devant le Conseil d'Etat obéirait nécessairement à une procédure contradictoire, à la publicité de l'audience et exigerait l'intervention d'un rapporteur public formulant des conclusions (D. Piveteau, *op. cit.*)

[1270] J. Delvolvé, concl. sur CE, 17 fév. 1950, Dame Lamotte contre Min. de l'agriculture, *op. cit.*

[1271] L'article 62, al. 3 de la Constitution est ainsi rédigé : « Les décisions du Conseil constitutionnel ne sont susceptibles d'aucun recours. Elles s'imposent aux pouvoirs publics et à toutes les autorités administratives et juridictionnelles ». V. sur cette question, CE, ass., 11 mars 1994, n°115052, Sté La Cinq, p. 117, *RFDA* 1994, p. 429, concl. Frydman.

[1272] H. Savoie, *op. cit.*

d'annulation prononcée par le Conseil constitutionnel priverait alors d'objet le recours pour excès de pouvoir exercé devant le Conseil d'État, mais non encore jugé par lui.

440. Enfin, dans le cas où le juge constitutionnel rejetterait, au fond, le recours formé devant lui, la possibilité pour le juge administratif de juger le recours pour excès de pouvoir dépendrait de l'étendue de la chose jugée par le Conseil constitutionnel. En définitive, le risque qu'interviennent des solutions juridictionnelles contradictoires est, à l'évidence, faible. Il n'en est pas moins réel. La fermeture du recours pour excès de pouvoir prévient l'incohérence qui découlerait de cette contradiction, en même temps qu'elle permet de maintenir l'intérêt qui s'attache à l'existence d'une voie de droit exceptionnelle devant le Conseil constitutionnel.

441. En présence de plusieurs recours qui ne sont pas organisés par les textes, le juge administratif cherche à résoudre l'incompatibilité qui peut, également dans ce cas, résulter de leur exercice alternatif ou cumulé par les requérants. À la vérité, cette concurrence est parfois engendrée par le juge lui-même lorsqu'il crée une nouvelle voie de droit en la soumettant à des conditions de recevabilité et de jugement distinctes de celles propres aux voies de droit déjà existantes. La logique impose, dans ce cas, que le recours dont le champ d'application est le plus restreint, puisque limité à un objet particulier, soit privilégié. Dans le contentieux contractuel, le juge a entendu instituer une voie de droit particulière et faire juger une catégorie de prétentions dans les conditions qu'il a définies. La solution est différente en matière électorale puisque le Conseil d'État a admis sa compétence à l'égard de certains actes préparant le déroulement de scrutins nationaux afin d'affirmer son rôle de gardien de la légalité administrative, sans qu'il ne s'agisse ici de créer de toute pièce une voie de droit nouvelle. Cette conception de la détachabilité n'a d'ailleurs jamais abouti à ce que le Conseil d'État juge, au fond, celles des contestations qui pouvaient être soumises au contrôle du Conseil constitutionnel. La concurrence des recours est logiquement appréhendée par la prévalence accordée au recours « spécial » afin d'assurer l'efficacité des règles jurisprudentielles organisant ces voies de droit particulières.

Section 2 : Les recours concurrents organisés par des normes de valeur juridique différente

442. Lorsque les textes reconnaissent aux justiciables une voie de droit nouvelle ou renouvelée sans déterminer l'ensemble des règles de procédure applicables, le juge administratif entend largement préciser les conditions de sa saisine[1273]. Cette restriction dans l'accès au juge, si elle peut sembler nécessaire, ne saurait néanmoins priver d'effet la disposition législative dont l'application est ainsi précisée. Il ne s'agit pas, en écartant les recours au stade de leur recevabilité, de dénier aux requérants le bénéfice des dispositions envisagées. La soumission de l'activité administrative au principe de légalité traduit notamment le souhait pour le juge d'assurer le respect de la hiérarchie des normes. Ce dernier parait également le faire au travers des solutions jurisprudentielles organisant le déroulement du procès administratif[1274], en particulier lorsque les requérants disposent de recours concurrents dont l'un est déterminé par la loi tandis que l'autre est organisé par la jurisprudence. Dans ce cas, il revient au juge d'assurer le plein effet des dispositions législatives, dont certaines renseignent explicitement sur les conditions, notamment de recevabilité, dans lesquelles certaines prétentions doivent être jugées. Force est de constater que les justiciables sont parfois à même de contrarier le respect de ces dispositions, notamment lorsqu'ils usent de voies de droit générales, instituées par la jurisprudence, pour faire juger une prétention qu'ils pourraient soumettre au juge dans les conditions définies par la loi relativement à un contentieux particulier. Les solutions qui aboutissent à limiter, pour les requérants, l'exercice des recours concurrents dont ils disposent sont nombreuses et doivent être exposées (§1). Celles-ci peuvent être justifiées par cette volonté du juge d'assurer le respect des conditions dans lesquelles le législateur a entendu faire juger certains contentieux (§2).

§1. L'exercice imposé des recours ouverts par la loi

443. « Il nous semble que le Conseil d'État n'a jamais considéré le recours pour excès de pouvoir comme destiné à remplacer complètement, au gré des parties, les recours organisés par la législation, soit devant la juridiction administrative soit surtout devant l'autorité judiciaire »[1275]. Ces propos de L. Aucoc ne traduisent qu'implicitement la préoccupation du juge administratif à assurer, par l'exception de recours parallèle, la validité des règles législatives. Pour autant, il suffit de poursuivre la réflexion menée par l'auteur en mentionnant simplement la raison pour laquelle le recours en annulation ne saurait remplacer les recours organisés par différentes législations : l'exercice

---

[1273] Il l'a fait, notamment, pour le référé-mesures utiles en considérant que le prononcé de la mesure ne doit « se heurter à aucune contestation sérieuse » (v. par ex., CE, 6 avr. 2001, n°230000, Min. Éducation nationale c/ Cros Decam et Mme Michel, p. 180 ; D. 2002. 2230, note Vandermeeren ; CE 21 avr. 2017, n°405164, Min. Intérieur c/ M. ; *AJDA* 2017. 841 et 1338, concl. Domino)

Sur cette question : M. de Monsembernard, Référés d'urgence : le référé-conservatoire, Répertoire de contentieux administratif, Dalloz, n°45 et s.

[1274] F. Rolin évoque, sur ce point, une « sensibilité croissante du juge administratif aux enjeux de la hiérarchie des normes » (Contribution à la théorie des normes jurisprudentielles : la généalogie du caractère inquisitoire de la procédure administrative contentieuse, *RFDA* 2019, p. 481).

[1275] L. Aucoc, Conférences sur l'Administration et le droit administratif, *op. cit.*, p. 404.

d'un recours en annulation conduirait, pour les requérants, à méconnaître les conditions fixées par la loi, afférentes au jugement de certaines contestations. Le juge, en s'opposant au recours pour excès de pouvoir, fait ainsi respecter les dispositions législatives qu'il lui revient d'appliquer (I). Cette manière de voir vaut aussi pour le recours en responsabilité. Compte tenu de l'évolution des règles permettant d'engager la responsabilité de l'Administration dans un sens plus favorable aux victimes[1276], ce recours peut être largement mis en œuvre pour obtenir des sommes que les requérants sont en mesure de réclamer à un autre juge par l'exercice une voie de droit organisée par les textes (II)

I. La concurrence entre le recours pour excès de pouvoir et des voies de droit spéciales organisées par la loi

444. Exercice imposé du recours fiscal. D'abord, le recours pour excès de pouvoir est jugé irrecevable, en matière fiscale, lorsqu'il est exercé par le contribuable et qu'il vise à contester un acte individuel d'imposition[1277]. La solution, valable tant en matière d'impositions directes qu'indirectes conduit, comme le souligne J. Buisson, à ce que le juge administratif « oppose au contribuable qui conteste son imposition par la voie du recours pour excès de pouvoir l'exception tirée de l'existence des recours spéciaux prévus par le Livre des procédures fiscales »[1278]. Les dispositions du Livre des procédures fiscales disposent en effet que « les réclamations relatives aux impôts, contributions, droits, taxes, redevances, soultes et pénalités de toute nature, établis ou recouvrés par les agents de l'Administration, relèvent de la juridiction contentieuse lorsqu'elles tendent à obtenir soit la réparation d'erreurs commises dans l'assiette ou le calcul des impositions, soit le bénéfice d'un droit résultant d'une disposition législative ou réglementaire »[1279]. Lorsqu'un contribuable exerce un recours pour excès de pouvoir, il peut prétendre à la restitution des sommes versées à tort, du fait de l'illégalité constatée dans l'établissement de l'impôt et compte tenu du caractère rétroactif de l'annulation. Sa prétention ne diffère pas de celle qu'il peut soumettre au juge de l'impôt sur le fondement des dispositions législatives précitées. Malgré l'absence de précision du législateur sur ce point, la compétence du juge de l'impôt, qu'il soit administratif ou judiciaire, s'exerce à l'égard des différents actes administratifs ayant concouru à l'établissement de l'impôt. Puisque cette compétence ne vise donc que certains actes

---

[1276] V. notamment : J. Travard, *La victime et la puissance publique : réflexions sur l'évolution de la responsabilité administrative extracontractuelle*, J. Untermaier dir., Mare et Martin, Droit public, 2008.

[1277] V. notamment : CE, 5 déc. 1930, Chambre syndicale de commerce en gros des vins et spiritueux de Paris, p. 1032 ; CE, 24 déc. 1943, Association syndicale autorisée Paris Village, p. 304 ; CE, 12 nov. 1958, Société les successeurs de C. G. Constantinidès, p. 548 ; CE, 12 janv. 1973, Anselmo, p. 35.

[1278] J. Buisson, Contentieux fiscal – Jugement, Jcl. Adm., Fasc 70-19, n°73.

[1279] Art. L. 190 du LPF

administratifs particuliers, il apparaît à l'évidence que le recours devant le juge fiscal comporte un champ d'application bien plus limité que celui du recours pour excès de pouvoir.

445. M. Collet et P. Collin soulignent cette très juste mesure du juge administratif en indiquant que « le contribuable ne doit pas pouvoir brûler en toute impunité les étapes que le législateur a mises sur la route qui le sépare du juge de l'impôt »[1280]. En particulier, l'admission du recours pour excès de pouvoir aurait pour effet de dispenser le contribuable de l'obligation, exigée dans le cadre de l'action devant le juge de l'impôt, de former une réclamation préalable[1281]. Admettre que le contribuable puisse obtenir la décharge de son impôt litigieux par la disparition rétroactive de l'acte individuel d'imposition conduirait donc à méconnaître les conditions dans lesquelles le législateur a entendu faire juger cette réclamation. Un litige fiscal doit être tranché selon les règles propres à ce contentieux ; il reviendra aux contribuables de saisir le juge de l'impôt d'une action en décharge, lesquels pourront soulever, seulement à cette occasion, l'illégalité des actes non réglementaires les concernant[1282].

446. Exercice imposé du recours organisé devant le juge des enfants. Cette nécessité que l'exercice du recours pour excès de pouvoir ne puisse permettre de se soustraire aux conditions fixées par la loi est également visible s'agissant de la concurrence entre ce recours en annulation et la voie de droit ouverte devant le juge judiciaire par l'article 375 du Code civil. En vertu de cet article, un mineur dispose lui-même de la possibilité de saisir le juge des enfants pour prétendre à son admission à l'aide sociale à l'enfance alors qu'il peut également exercer un recours pour excès de pouvoir à l'encontre d'une décision par laquelle le président du conseil général aurait refusé de saisir l'autorité judiciaire en vue de faire ordonner cette admission[1283]. Les prétentions sont ici considérées comme similaires par le juge administratif qui rejette les recours pour excès de pouvoir formés contre les décisions de cette nature[1284]. Cette solution repose vraisemblablement sur le souci, pour le juge, de faire dépendre l'admission à l'aide sociale à l'enfance de la seule compétence du juge des enfants, sans que les juridictions administratives ne puissent ici connaître du recours, bien qu'il soit dirigé contre une décision administrative émanée d'un pouvoir exécutif local. La solution d'irrecevabilité ménage donc la compétence de la juridiction administrative

---

1280 M. Collet et P. Collin, *op. cit.*, p. 291.

1281 Art. R. 190-1 du LPF.

1282 V. R. Chapus, *op. cit.*, p. 721.

1283 Art. 375 du Code civil. L'incapacité d'agir en justice, normalement applicable, ne peut, dans ce cas, être opposée au mineur. Pour un rappel récent de la solution et de cette réserve : CE, ord., 13 mars 2019, n°427708.

1284 CE, 1er juill. 2015, n°386769, Dpt Nord. Dans le même sens : CE, ord., 13 juillet 2017, n°412134, inédit.

(puisqu'elle est implicitement admise), mais traduit le respect nécessaire des dispositions législatives et, en particulier, des articles 375 et 375-1 du Code civil. Ce dernier article, s'il donne pleine compétence au juge des enfants en matière d'assistance éducative, fait obligation à celui-ci de « toujours s'efforcer de recueillir l'adhésion de la famille à la mesure envisagée et se prononcer en stricte considération de l'intérêt de l'enfant »[1285]. Il est absolument certain que l'office du juge de l'excès de pouvoir, dans le cadre d'un contentieux objectif de la légalité, n'est pas guidé par cette préoccupation. Reconnaître la voie de droit ouverte par les dispositions législatives comme exclusive de tout recours en annulation devant le juge administratif conduit assurément à faire respecter la volonté du législateur ayant entendu faire dépendre l'admission à l'aide sociale de cette considération et lier ainsi l'office du juge des enfants.

447. Exclusion du recours pour excès de pouvoir en matière d'aide juridictionnelle. Un dernier cas peut encore permettre de montrer que le recours pour excès de pouvoir est irrecevable en présence d'une procédure spécifique prévue par les textes. Il est relatif à la contestation d'une décision octroyant le bénéfice de l'aide juridictionnelle. À l'occasion d'un pourvoi formé contre une décision rendue par le tribunal administratif de Cergy-Pontoise, un requérant avait saisi le bureau d'aide juridictionnelle près le Conseil d'État d'une demande d'aide juridictionnelle, rejetée par le Président dudit bureau. Cette décision de refus a fait l'objet d'un recours porté devant le Conseil d'État et fondé sur l'article L. 521-1 du Code de justice administrative[1286]. Le juge a d'abord rappelé qu'en vertu des articles 12 à 23 de la loi du 10 juillet 1991 ces décisions en matière d'aide juridictionnelle ont le caractère de décisions d'administration judiciaire[1287] et peuvent faire l'objet d'un recours devant le président de la juridiction compétente pour connaître de l'action envisagée. Surtout, le Conseil d'État a visé les « garanties particulières qui entourent ainsi l'examen des droits des intéressés au bénéfice de l'aide juridictionnelle » en jugeant par la suite que ces décisions « sont exclusives d'autres voies de recours que celles prévues par la loi »[1288].

448. Plusieurs précisions s'imposent pour apprécier l'intérêt de cette solution. La première consiste à relever que la décision en cause demeurait bien susceptible de faire l'objet d'un recours pour excès de pouvoir et, alors, d'un référé-suspension. En effet, la décision d'administration judiciaire est

---

[1285] Art. 375-1 du Code civil.

[1286] CE, 5 juillet 2005, n°281974, Ekouta, T., p. 1024 (Le contentieux concernait, au fond, une demande de suspension dirigée contre une décision de refus de délivrance de titre de séjour prise par le Préfet de Seine Saint-Denis).

[1287] Loi n°91-647 du 10 juillet 1991 relative à l'aide juridique. Ces décisions sont prises par des organismes collégiaux présidés par des magistrats ou des membres de la juridiction administrative (art. 16).

[1288] CE, 5 juillet 2005, n°281974, Ekouta.

une décision dont l'objet est administratif et non juridictionnel[1289]. Il faut ensuite faire remarquer que la concurrence des recours ne s'impose pas directement en l'espèce. Le requérant, recherche, par la demande de suspension, que la décision de refus cesse provisoirement de produire ses effets ; ce recours n'emporte pas le bénéfice de l'aide juridictionnelle sollicitée. Pour autant, le référé-suspension est nécessairement accompagné d'un recours au fond et, vraisemblablement, ici, d'un recours pour excès de pouvoir[1290]. L'annulation de la décision et l'exercice consécutif de son pouvoir d'injonction par le juge pourraient, en revanche, conduire à ce que le requérant obtienne le bénéfice de l'aide juridictionnelle sollicitée. La prétention soumise au juge ne diffère pas, dans ce cas, de celle qu'il peut présenter à l'autorité juridictionnelle compétente en vertu de l'article 23 de la loi du 10 juillet 1991. Ainsi, en admettant explicitement le caractère exclusif de la voie de droit spécifique organisée par la disposition législative susvisée, c'est non seulement à l'exercice du référé-suspension que le juge a entendu s'opposer, mais probablement aussi à l'exercice du recours au fond dirigé contre cette décision.

449. Les motifs de la décision ne renseignent pas sur les raisons ayant conduit le juge à exprimer une telle contrainte. Une solution antérieure intéressant un litige similaire - cette fois relative à l'exercice d'un recours en annulation – est plus évocatrice[1291]. Si les termes de la solution ne retiennent pas de manière aussi évidente le caractère exclusif de la voie de droit ouverte par la loi du 10 juillet 1991, le Conseil d'État a toutefois souligné, pour justifier l'irrecevabilité du recours pour excès de pouvoir, que, par ce texte, « le législateur a entendu garantir qu'il soit statué de manière complète, sous la réserve du dernier alinéa de l'article 7, sur les droits des intéressés à obtenir l'aide juridictionnelle ; qu'en vertu de l'article 23 de la même loi, les décisions d'Administration judiciaire par lesquelles les présidents de juridiction statuent sur de telles demandes sont sans recours »[1292]. Il résulte de la lecture de ces deux décisions que le Conseil d'État a entendu rejeter la possibilité pour les requérants d'exercer un recours susceptible de conduire à l'annulation de la décision d'administration judiciaire considérée afin de faire relever les contestations de cette nature d'une procédure déterminée par la loi. En particulier, le législateur a entendu instituer un recours en premier et dernier ressort contre ces décisions. Ceci ne s'impose pas pour le recours pour excès de pouvoir lorsqu'il vise une décision de refus d'aide juridictionnelle prise

[1289] Sur ce point : B. Seiller, Acte Administration : identification, Répertoire de contentieux administratif, Dalloz, n°72 et s.

[1290] La loi du 10 juillet 1991 est muette sur ce point mais la jurisprudence a confirmé cette conception : v. CE, 22 janv. 2003, n°244177, Issa M'Trengoueni ; *AJDA* 2003, p. 1182.

[1291] CE, 22 janv. 2003, n°244177, Issa M'Trengoueni.

[1292] *Ibid.*

dans le cadre d'une procédure de première instance ou d'appel. En ce sens, admettre le recours pour excès de pouvoir pourrait conduire le juge saisi à statuer dans des conditions différentes de celles organisées par le législateur et ces solutions ne montrent alors pas autre chose que celles précédemment visées.

450. Le large champ d'application du recours pour excès de pouvoir en fait un recours général lorsqu'il est confronté à une autre voie de droit concurrente, qu'elle soit ouverte par les textes ou par la jurisprudence. Pour autant, le juge administratif n'impose pas le recours ouvert par la loi précisément parce qu'il comporte un objet ou un champ d'application plus limité que celui du recours pour excès de pouvoir, mais parce l'exercice du recours pour excès de pouvoir conduit à éluder certaines conditions de recevabilité[1293] ou de jugement, propres à certaines prétentions, déterminées par la loi. En revanche, le recours « spécial » est bien imposé par le juge, mais cela s'explique par le fait que, lorsque le législateur organise une voie de droit, celle-ci se veut limitée à certaines contestations limitativement énumérées[1294]. La compétence que le législateur confie à un juge d'attribution conduit à écarter la recevabilité du recours pour excès de pouvoir, recours général ouvert contre l'ensemble des décisions administratives. La manière dont le juge détermine ici le sens de la contrainte qu'il oppose aux requérants en présence d'une voie de droit ouverte par les textes s'étend au-delà du recours pour excès de pouvoir et concerne aussi les recours indemnitaires de plein contentieux subjectif.

II. La concurrence entre le recours en responsabilité et des voies de droit spéciales organisées par la loi

451. Par l'exercice d'un recours indemnitaire, les requérants peuvent rechercher la condamnation de l'Administration, sur le fondement de sa responsabilité contractuelle ou extracontractuelle, au versement d'une somme permettant de réparer le préjudice qu'ils estiment avoir subi. Ces recours de plein contentieux peuvent concurrencer d'autres voies de droit par le biais desquelles un autre juge peut enjoindre à l'Administration de verser les mêmes

---

[1293] Il faut ici considérer, sur ce point, celles des conditions de recevabilité du recours pour excès de pouvoir qui ne se rapportent pas à la décision attaquée puisqu'elles ont trait, en réalité, au champ d'application du recours. Sont visées, pour l'essentiel, l'exigence d'une décision préalable, les délais de recours ou, encore, l'obligation de recourir au ministère d'un avocat.

[1294] Pour ne prendre qu'un exemple, l'article L. 512-1 du CESEDA organise des modalités particulières de contestation de certaines mesures d'éloignement dans le cadre du contentieux des étrangers. Dès lors que le recours pour excès de pouvoir ne vise pas de telles mesures, il peut être exercé librement (comme, d'ailleurs, un référé d'urgence). V., CE, 11 juill. 2007, n°302040 et n°302137, Union syndicale des magistrats administratifs ; *AJDA* 2007, p. 2218, note T. Gründler. Dans le même sens, en matière de contentieux du droit au logement opposable : CE, 14 févr. 2018, n°407124, Mariko.

sommes, sans qu'il ne s'agisse en revanche de statuer sur un droit à réparation. Les recours de plein contentieux indemnitaire peuvent alors concurrencer certains recours pécuniaires non indemnitaires[1295], qui sont essentiellement organisés par les textes[1296]. Le Conseil d'État entend, dans ces cas, s'assurer de ce que les requérants ne privent pas d'effet les conditions de jugement instaurées par les textes.

452. Cette manière de faire se vérifie d'abord par la référence à certaines solutions rendues en contentieux fiscal (A). La concurrence d'un recours de plein contentieux subjectif avec un recours pécuniaire non indemnitaire a, néanmoins, largement dépassé ce cadre. Dans les hypothèses qui recouvrent notamment la contestation de titres de perception non fiscaux ou les demandes de remboursement de certaines contributions spécifiques, les solutions jurisprudentielles – et d'ailleurs essentiellement les conclusions des rapporteurs publics – permettent de relever que la concurrence des recours traduit, *in fine*, une question de hiérarchie des normes (B).

A. La concurrence de recours portant sur la contestation de créances fiscales

453. Par une jurisprudence constante, il est jugé que des conclusions indemnitaires tendant à l'obtention d'une indemnité d'un montant égal à l'imposition litigieuse, qui ont le même objet que la demande aux fins de restitution de l'imposition, ne peuvent être présentées « que dans les formes et les délais prévus par les articles L. 190 et suivants du livre des procédures fiscales »[1297]. C'est en particulier ce dernier point qui justifie les solutions retenues, conformément à l'opinion émise par G. Goulard, dans ses conclusions sur la décision « SA Jacques Dangeville »[1298]. Ce dernier insistait sur la nécessité que les requérants ne puissent s'affranchir du respect des « règles de procédure spéciale, notamment en matière de délais »[1299]. Le rapporteur public a encore justifié la solution proposée à l'assemblée du contentieux, dont l'esprit emprunte notamment à la jurisprudence Lafon[1300], en soulignant qu'elle permettait d'éviter qu'une personne assujettie à l'impôt ne puisse engager un contentieux indemnitaire pour obtenir ce qu'il n'a pas

---

[1295] Sur cette typologie : S. Austry, A. Brière de la Hosseraye et F. Tenailleau, L'action en paiement en contentieux administratif, *AJDA* 2019, p. 1143. Il s'agit de différencier, pour l'essentiel, les recours de plein contentieux objectif qui tendent au paiement d'une somme d'argent des recours de plein contentieux subjectif tendant à mettre en jeu la responsabilité extracontractuelle de la personne publique en vue d'obtenir la réparation d'un préjudice.

[1296] Tel est notamment le cas en matière de pensions, en matière fiscale, ou s'agissant de certaines contributions spécifiques.

[1297] CE, 10 nov. 2000, n°186301, Société SGAP Expansion.

[1298] CE, ass., 30 oct. 1996, n°141043, SA Jacques Dangeville.

[1299] G. Goulard, concl. sur CE, 30 oct. 1996, SA Jacques Dangeville, *op. cit.*

[1300] CE, 2 mai 1959, Lafon.

demandé dans le délai de réclamation. Plus largement, cette solution évite qu'un requérant puisse multiplier les contentieux en saisissant les juridictions administratives d'une demande similaire à celle qu'il aurait déjà fait juger et rejuger par le jeu des voies de recours ouvertes contre la décision du juge de l'impôt. Surtout, G. Goulard ajoute que cette solution, en matière fiscale, « correspond à l'intention du législateur, qui par les articles L. 190 et suivants du livre des procédures fiscales a prévu des règles de procédure juridictionnelle propres au contentieux fiscal »[1301] et qu'alors il serait « contraire à la loi de permettre à un contribuable d'obtenir la restitution des impôts qu'il conteste par une autre voie que le contentieux fiscal »[1302].

454. Le commentaire de cette même décision par Didier Chauvaux et Thierry-Xavier Girardot est aussi révélateur de l'importance qu'il convient d'attacher à cette contrainte opposée par le juge. Ces auteurs écrivent que l'irrecevabilité de l'action en responsabilité est certaine et qu'il y a un très grand intérêt à la maintenir[1303]. En ce sens, puisque son objet est similaire à celle d'une action fiscale, « si la règle d'irrecevabilité était renversée, le respect de la procédure que le législateur a instituée pour le jugement des litiges relatifs aux impositions deviendrait facultatif. C'est ainsi qu'une brèche ouverte du côté de l'action en responsabilité entraînerait inéluctablement l'effondrement du contentieux fiscal »[1304]. La formulation particulièrement claire retenue par ces auteurs montre la volonté du juge administratif à assurer le respect des dispositions législatives organisant les recours devant le juge administratif ou judiciaire de l'impôt.

455. Cette solution n'est pas propre aux impositions mentionnées à l'article L. 190 du Livre des procédures fiscales puisqu'elle concerne également les litiges portant sur l'assujettissement à certaines cotisations supplémentaires d'impôt sur le revenu. Un cas d'espèce le montera bien[1305]. À la suite d'un avis à tiers détenteur adressé par un trésorier-payeur général compétent, les sommes réclamées à un contribuable avaient été saisies auprès des établissements bancaires teneurs des comptes de l'intéressé. Le contribuable a alors exercé un recours de plein contentieux contre l'État et destiné à faire réparer le préjudice causé par cette saisie, dépourvue selon lui de base légale. Le Conseil d'État a relevé que ces conclusions, auxquelles la Cour administrative d'appel avait fait droit, tendaient à l'obtention d'une indemnité pour faute de l'État d'un montant égal à celui des impositions

---

[1301] G. Goulard, *op. cit.*

[1302] *Ibid.*

[1303] D. Chauvaux et T.-X Girardot, Conséquences de l'incompatibilité de la législation française en matière de TVA avec le droit communautaire, *AJDA* 1996, p. 980.

[1304] *Ibid.*

[1305] CE, 13 juillet 2007, n°276296, Ministre de l'économie, des finances et de l'industrie c/ Mme de Laurière.

recouvrées. Elles avaient ainsi, en réalité, le même objet qu'une contestation relative au recouvrement des impositions. Il a été jugé, par une formule qui mérite d'être reproduite, que ces conclusions « ne pouvaient être présentées que dans les formes et délais prévus par les articles L. 281 et suivants du livre des procédures fiscales »[1306]. La fermeture par le juge du recours de plein contentieux subjectif repose à l'évidence sur la volonté d'assurer, le respect des dispositions du livre des procédures fiscales organisant la voie de droit devant le juge de l'impôt, sans que les requérants ne puissent échapper aux conditions de jugement de telles contestations en se plaçant dans le cadre d'un recours ouvert par la jurisprudence.

456. Ces solutions confirment le primat accordé par le juge à l'action particulière exerçable devant le juge fiscal sur le recours de plein contentieux subjectif. Ces solutions évitent que le contribuable ne puisse obtenir sur le terrain de la responsabilité ce qu'il n'a pas pu obtenir par la voie « normale »[1307] du contentieux fiscal. Cette explication de la jurisprudence peut aussi être transposée à d'autres hypothèses intéressant le recours en responsabilité lorsqu'il concurrence des actions en paiement qui ne sont pas relatives à une imposition.

B. La concurrence de recours portant sur la contestation de créances non fiscales

457. Recouvrement de contributions spécifiques en matière de sécurité sociale. Si le contentieux fiscal constitue sans nul doute le principal terrain d'application de l'idée que l'on se propose de démontrer, d'autres espèces traduisent encore cette irrecevabilité du recours de plein contentieux subjectif, confronté à une voie de droit organisée par des dispositions législatives. Le code de la sécurité sociale institue une contribution spécifique en matière de régimes de retraite dont doivent s'acquitter les bénéficiaires de certaines rentes versées par l'entreprise dans laquelle ceux-ci ont achevé leur carrière[1308]. Il est également prévu que les différends nés de l'assujettissement aux contributions de cette nature relèvent du contentieux de la sécurité sociale et qu'ils sont réglés « selon les dispositions applicables aux cotisations de sécurité sociale »[1309]. Dans un arrêt du 31 décembre 2015, la Cour administrative d'appel de Paris était saisie d'une demande tendant à la condamnation de l'État au paiement d'une somme dont le montant correspondait à la contribution spécifique versée au titre de

---

[1306] ***Ibid.***

[1307] S. Austry, Directives communautaires non transposées : articulation entre les conditions d'invocabilité et le droit à réparation devant le juge national, *op. cit.*

[1308] Art. L.137-11 et L. 137-11-1 du Code de la sécurité sociale.

[1309] Art. L. 136-5 du Code de la sécurité sociale.

l'article L. 137-11-1 du code de la sécurité sociale susvisé. Cette demande se fondait sur la contrariété de cette disposition législative avec un engagement international et consistait, ainsi, à engager la responsabilité de l'État dans les conditions définies par la décision Gardedieu[1310]. La Cour a jugé cette demande irrecevable au regard de l'existence de la voie de droit dont disposait le demandeur devant les juridictions du contentieux général de la sécurité sociale, permettant d'obtenir la décharge de cette contribution, en soulignant d'ailleurs que les effets d'un tel recours seraient « si la requête était recevable et fondée, identiques à l'action en responsabilité engagée »[1311].

458. Cette solution, ultérieurement confirmée par le Conseil d'État[1312], témoigne bien d'une concurrence de deux voies de droit. Pour le requérant, le succès du recours pécuniaire peut aboutir à la décharge de la contribution versée. En même temps, le juge administratif peut condamner la personne publique au versement de la somme correspondant à la contribution litigieuse, lorsqu'il est saisi d'un recours indemnitaire visant à engager la responsabilité de l'État. Dans un cas comme dans l'autre, la prétention consiste à récupérer la somme versée. Le juge administratif s'est opposé au libre exercice des recours en refusant de statuer sur le recours indemnitaire formé par le requérant. J. Sorin, dans ses conclusions, a bien fait remarquer que les requérants, qu'ils aient ou non déjà saisi le Tribunal des affaires de la sécurité sociale, ne sont pas recevables à saisir le juge d'un recours indemnitaire[1313]. Dans le prolongement la jurisprudence « SA Jacques Dangeville », le rapporteur public souligne « le nécessaire respect des formes et procédures applicables au recouvrement des cotisations au régime général, en application de l'article L. 136-5 du Code de la sécurité sociale, auquel renvoi, via l'article L. 136-1, l'article L. 137-11-1 relatif au régime de retraite supplémentaire à prestations définies »[1314].

459. Contestation du titre de perception de redevances d'approche. C'est encore la même logique qui préside à l'exposé de la solution « Société Corse Méditerranée »[1315] relative à l'exercice par une société de transport aérien d'un recours de plein contentieux pour rechercher la condamnation

---

[1310] CE, 8 févr. 2007, n°279522, Gardedieu ; D. 2007, p. 1214, chron. G. Clamour ; *RTD civ.* 2007, p. 297, obs. J.-P. Marguénaud ; *JCP-G* 2007, II, 10045, M.-C. Rouault ; *JCP-A* 2007, 2083, C. Broyelle ; *RFDA* 2007, p. 361, concl. L. Derepas et p. 525, note D. Pouyaud ; *AJDA* 2007, p. 585, chron. F. Lenica et J. Boucher

[1311] CAA Paris, 31 décembre 2015, n°14PA04030.

[1312] CE, 20 mai 2016, n°384404, CAVIMAC.

[1313] J. Sorin, concl. sur CAA Paris, 31 décembre 2015, 14PA04030, non publiées.

[1314] *Ibid.*

[1315] CE, 15 juill. 2004, n°248669, Cie Corse Méditerranée ; *RJF* 11/2004, n°1204 ; *BDCF* 11/2004, n°136, concl. G. Bachelier.

de l'État à lui rembourser des sommes qu'elle estime avoir versées à tort au titre de redevances d'approche[1316]. Le rapporteur public G. Bachelier a estimé que la Cour administrative d'appel avait, à juste titre, fait appliquer le « principe de distinction des contentieux »[1317] à l'action en responsabilité engagée par la société requérante puisque celle-ci disposait d'un autre recours contre le titre de perception en vertu duquel elle avait dû verser les sommes estimées excessives. Le recours de plein contentieux permettant la contestation du titre de perception de ces redevances d'approche avait le même objet que le recours indemnitaire engagé et le Conseil d'État a confirmé l'irrecevabilité de ce dernier recours, sans, d'ailleurs, qu'il soit nécessaire de s'attacher au moment où ce recours de plein contentieux indemnitaire est exercé[1318]. En effet, la société estimait que la solution portée par la décision « S. A. Dangeville » n'imposait l'irrecevabilité du recours que lorsque celui-ci intervenait une fois que la décision à caractère exclusivement pécuniaire était devenue définitive. Dans ses conclusions, G. Bachelier relève la solution « radicale » affirmée par cette jurisprudence puisque l'irrecevabilité ne doit pas dépendre, selon lui, du point de savoir si l'acte d'imposition est ou non devenu définitif faute d'avoir été contesté en temps utile[1319]. Pour Monsieur Bachelier, cette solution a pour objet « de faire respecter les formalités procédurales spécifiques régissant le recours propre tendant à la contestation de la décision pécuniaire et d'éviter que le requérant ne s'affranchisse ou soit relevé d'une forclusion éventuelle en utilisant en ses lieu et place la voie du recours indemnitaire »[1320]. Le rapporteur public a ensuite proposé l'extension de cette solution à d'autres taxations relevant d'un régime comparable à celui de l'impôt et, notamment, au cas des redevances d'approches dont les modalités de contestations du titre émis pour leur paiement sont déterminées par le décret du 29 décembre 1992[1321]. C'est à l'évidence le respect de la procédure prévue par ces dispositions réglementaires qui a conduit le juge administratif à s'opposer au recours de plein contentieux subjectif engagé par la compagnie requérante.

460. Remboursement de redevances d'occupation du domaine public. C'est dans le même esprit que le Conseil d'État a pu opposer

---

[1316] Aux termes de l'article R. 134-4 du Code de l'aviation civile, les services rendus par l'Etat pour la sécurité de la circulation aérienne et la rapidité des mouvements des avions à l'arrivée et au départ de certains aérodromes donnent lieu à une rémunération sous forme de redevance, due par les transporteurs aériens.

[1317] G. Bachelier, concl. sur CE, 15 juillet 2004, n°248669, Compagnie Corse Méditerranée et autres, non publiées

[1318] CE, 15 juill. 2004, n°248669, Cie Corse Méditerranée.

[1319] G. Bachelier, *op. cit.*

[1320] *Ibid.*

[1321] Décret n°92-1369 du 29 décembre 1992 modifiant le décret n°62-1587 du 29 décembre 1962 portant règlement général sur la comptabilité publique et fixant les dispositions applicables au recouvrement des créances de l'Etat.

l'irrecevabilité à des conclusions indemnitaires présentées par un requérant estimant avoir versé, à tort, des redevances d'occupation du domaine public[1322]. Le recours est exercé pour engager la responsabilité fautive de la personne publique en tant qu'autorité chargée de la gestion du domaine public, eu égard aux conditions dans lesquelles cette dernière a délivré l'autorisation d'occupation dudit domaine. Il est jugé irrecevable puisque celui-ci tend à l'obtention d'une indemnité dont le montant est égal à celui des redevances versées pour l'occupation et qu'il a, alors, le même objet que la restitution des redevances ainsi versées. La contestation ne peut, selon le juge, qu'être présentée « dans les formes et les délais prévus par les dispositions de l'article L. 1617-5 du Code général des collectivités territoriales, relatives à la contestation des titres de recettes émis par les collectivités territoriales et les établissements publics locaux »[1323]. Il est ici particulièrement nécessaire pour le juge de rejeter le recours indemnitaire dont il est saisi en vertu de l'existence de ce « recours parallèle »[1324]. La disposition législative susvisée, si elle prévoit que le titre de recette émis par la personne publique permet l'exécution d'office, dispose surtout que l'introduction d'une instance ayant pour objet de contester le bien-fondé d'une créance assise et liquidée par une collectivité territoriale ou un établissement public local suspend la force exécutoire du titre[1325]. Puisque le recours pécuniaire non indemnitaire dirigé contre le titre de recette comporte un effet suspensif sur l'obligation de payer, le législateur a vraisemblablement souhaité exclure la récupération des sommes versées à tort par les redevables en privilégiant la résolution juridictionnelle de la contestation avant tout versement des sommes par celui-ci. Aussi, les termes de la loi définissent un délai de prescription de deux mois qui suit la réception du titre exécutoire[1326] et qui pourrait alors être détourné par les

---

[1322] CE, 7 mai 2012, n°343697, Synd. Intercomm. du canal des Alpines septentrionales ; *JCP-A* 2012, act. 328, L. Erstein ; *RLCT* 2012, p. 36, note E. Glaser.

[1323] Ibid.

[1324] L'expression est utilisée par N. Escault dans ses conclusions sur la décision étudiée. La terminologie employée est reprochable mais les propos de Madame Escault se rattachent indéniablement à la concurrence des recours au sens de l'étude (concl. sur CE, 7 mai 2012, n°343697, Syndicat intercommunal du canal des Alpines Septentrionales, non publiées).

[1325] Art. L. 1617-6 du CGCT.

[1326] Ibid. L'article vise néanmoins le cas où le titre exécutoire n'aurait pas été notifié : le délai court alors à compter du premier acte procédant de ce titre ou de la notification d'un acte de poursuite.

requérants s'ils exercent un recours de plein contentieux subjectif pour faire, *in fine*, juger la même prétention[1327].

461. Conclusions aux fins de révision du montant d'une pension. Enfin, la démarche qui guide le juge administratif ne parait pas différente en matière de contentieux des pensions. L'article L. 55 du Code des pensions définit précisément les conditions dans lesquelles la pension ou la rente viagère d'invalidité peuvent être révisées. La révision peut intervenir à tout moment en cas d'erreur matérielle et, en cas d'erreur de droit, dans un délai d'un an à compter de la notification de la décision de concession initiale de la pension ou de la rente viagère[1328]. Saisi d'un recours à l'occasion duquel un bénéficiaire d'une pension invoquait une erreur de droit dans la liquidation de sa pension afin de la revaloriser, le Conseil d'État s'est opposé aux conclusions subsidiairement formulées par ce requérant tendant à la condamnation de l'État à lui verser une indemnité en réparation du préjudice constitué par la privation de cette somme[1329]. Le juge administratif n'a pas entendu répondre au moyen soulevé par le requérant[1330] en jugeant irrecevables ces conclusions puisque celles-ci avaient le même objet que les conclusions pécuniaires tendant à la révision de sa pension[1331]. Le Conseil d'État s'oppose à ce que le requérant puisse, par l'exercice d'un recours indemnitaire, obtenir les sommes qui lui auraient été versées dans le cadre de la révision de sa pension en cas d'erreur de droit commise à l'occasion de sa liquidation.

462. Les conclusions du rapporteur public éclairent sur les fondements de cette solution. G. Goulard écrit que les sommes réclamées par le recours

---

[1327] 1. Au surplus, cette solution a d'ailleurs été étendue au recours pour excès de pouvoir : les requérants ne sauraient, par cette voie, contester un titre de recette exécutoire émis par une personne publique dès lors que les dispositions de l'article L. 1617-5 du Code général des collectivités territoriales instituent un recours de plein contentieux permettant de contester le bien-fondé des redevances mises à leur charge (CAA Marseille, 20 oct. 2016, n°15MA00306). Selon la Cour administrative d'appel de Marseille, ces mêmes dispositions « doivent s'entendre comme excluant toute contestation directe, par la voie du recours pour excès de pouvoir, de la délibération de la collectivité territoriale ou de l'établissement public local décidant de répercuter le montant des redevances dues sur les usagers du canal et de procéder à l'émission d'un tel titre » (V. encore, dans le même sens : CAA Paris, 8 déc. 2019, n°18PA00430).

[1328] Art. L. 55 du Code des pensions.

[1329] CE, 19 mai 2004, n°253425, Santalucia, T., p. 622, 789 et 803, concl. G. Goulard.

[1330] Pour le requérant, le préjudice subi est imputable au retard de l'Etat français à harmoniser le droit interne avec le principe d'égalité des rémunérations entre fonctionnaires masculins et féminins. Dans tous les cas, le moyen n'aurait, semble t'il, pas prospéré : l'incompétence négative du législateur n'est pas considérée par le juge administratif comme ouvrant droit à réparation. Elle pouvait d'autant moins l'être avant la consécration par le Conseil d'Etat d'une responsabilité de l'Etat fondée sur la méconnaissance par le législateur des engagements internationaux (v. CE, ass., 8 fév. 2007, n°279522, Gardedieu). Si le juge ne concevait pas que l'Etat puisse être responsable en vertu d'une loi ayant violé une disposition d'une convention internationale, il n'aurait probablement pas engagé cette responsabilité du fait d'une méconnaissance par le législateur de traduire en droit interne l'application de ces dispositions conventionnelles.

[1331] CE, 19 mai 2004, n°253425, Santalucia.

indemnitaire sont exactement égales à celles qu'obtiendrait le requérant s'il était fait droit à ses conclusions principales, à savoir le recours permettant de faire revaloriser, rétroactivement, le montant de la pension[1332]. Concluant à l'irrecevabilité des conclusions subsidiaires, G. Goulard souligne que le contentieux indemnitaire « ne peut être utilisé comme une façon de tourner les règles de forclusion fixées par la loi »[1333]. La solution retenue par la formation de jugement, conformément à ces conclusions, consiste ainsi à faire prévaloir la volonté du législateur ayant entendu limiter la possibilité pour les pensionnés de contester leur droit à pension. Dans une affaire récente déjà citée, J. Lessi écrit également qu'il convient, pour le juge, de considérer comme irrecevables des conclusions tendant à la réparation du préjudice matériel causé par une décision illégale en matière de pensions « sauf à créer un désordre dans le système des voies de recours, et contourner la règle d'intangibilité des pensions »[1334].

463. Ainsi, les recours permettant d'engager la responsabilité extracontractuelle de l'Administration sont irrecevables lorsqu'ils visent à obtenir une réparation d'un montant égal aux sommes dont les requérants estiment avoir été privés sur le fondement d'une législation spécifique, qu'il s'agisse de redevances d'occupation, de contributions spécifiques en matière de sécurité sociale, d'impositions, d'une absence de revalorisation en matière de pensions ou, encore, de sommes à verser au titre de frais d'expertise[1335]. Mobilisés dans ces hypothèses, ces recours généraux permettraient aux requérants d'éluder les conditions dans lesquelles le législateur, et par voie de conséquence le pouvoir réglementaire, ont entendu faire juger ces contestations particulières[1336]. Le juge administratif s'attache dans ce cas à faire prévaloir l'intention du législateur. Bien que celui-ci n'ait pas explicitement considéré la voie de droit comme exclusive, le juge considère

---

[1332] G. Goulard, concl. sur CE, 19 mai 2004, Santalucia, non publiées.

[1333] *Ibid.*

[1334] J. Lessi, concl. sur CE, 20 mai 2016, CAVIMAC, non publiées.

[1335] CE, 10 févr. 2016, n°382016, Communauté agglomération Côte Basque ; *BJCP* 2016, p. 237. Le Conseil d'État rappelle qu'au regard de l'article R. 621-13 précité, relatives aux frais d'une expertise ordonnée, il apparaît que l'ordonnance désignant la partie qui en assume la charge « peut faire l'objet, dans le délai d'un mois à compter de sa notification, du recours prévu à l'article R. 761-5 du CJA et le Conseil d'État juge que la partie qui assume la charge de ces frais « ne peut remettre en cause la taxation des frais et honoraires que dans les conditions fixées par les articles R. 621-13 et R. 761-5 du CJA ; qu'elle n'est, dès lors, pas recevable à former un recours indemnitaire ayant pour objet la condamnation d'une autre partie à lui verser les sommes correspondantes » Le Conseil d'État a entendu s'opposer à l'exercice du recours général de sorte que la contestation doit être jugée dans les conditions particulières fixées par les dispositions réglementaires précitées qui, indiquent que le recours considéré doit être introduit dans un délai d'un mois à compter de l'ordonnance fixant les frais.

[1336] Il peut dans ce cas s'agir de conditions de recevabilité tenant à l'exigence d'une décision préalable, aux délais de recours ou, encore, à l'obligation de recourir au ministère d'un avocat. Il peut aussi s'agir de conditions liées au jugement des prétentions par le juge, notamment à l'instruction des demandes.

qu'il doit en être ainsi. Ces solutions permettent assurément que les requérants ne puissent s'affranchir du respect des règles de procédure juridictionnelle propres à certains contentieux et déterminées par les textes.

§2. La contrainte justifiée au profit des recours ouverts par la loi

464. Nécessité de s'opposer à l'option entre ces recours. Sans que le juge n'explicite le raisonnement qu'il adopte dans les solutions exposées, les conclusions des rapporteurs publics paraissent rendre compte de la circonstance qu'il s'agit, au fond, d'une question de hiérarchie des normes. Cette manière de comprendre les solutions jurisprudentielles fait observer la prise en considération par le juge de la nécessité que les dispositions textuelles, et en particulier législatives, puissent produire leurs effets. La contrainte signifiée dans l'exercice des recours dont les requérants disposent est, à cet égard, nécessaire. Pour autant, le juge choisit, dans les solutions envisagées, d'imposer l'exercice d'un recours unique en déniant ainsi aux requérants toute faculté de cumul, mais aussi d'option entre les voies de droit disponibles. Comprendre l'étendue de cette contrainte impose de raisonner à rebours du raisonnement adopté par le juge en cas de concurrence des recours, en distinguant ces deux modalités d'exercice des recours. D'abord, ne pas entraver l'exercice de recours concurrents conduirait les requérants à pouvoir opter entre ces voies de droit. On l'aura déjà compris, admettre que ceux-ci puissent délaisser l'action ouverte par des dispositions législatives en optant pour le recours défini par la jurisprudence revient, pour le juge, à tolérer que les dispositions législatives puissent ne pas être appliquées. Ceci est difficilement admissible tant du point de vue de la hiérarchie des normes que du principe de séparation des pouvoirs. L'option qu'exercerait le requérant pourrait bien, de fait, vider de leur contenu les dispositions législatives qui organisent la voie de droit concurrente au recours défini par la jurisprudence[1337].

465. Nécessité de s'opposer à l'exercice cumulé des recours. En l'absence de contrainte opposée par le juge, les requérants seraient libres d'exercer indistinctement et donc cumulativement les recours dont ils disposent, dont l'un est organisé par les textes et l'autre par la jurisprudence. Le cumul dans l'exercice des recours peut répondre à des stratégies contentieuses distinctes. L'une d'elles consiste à conjuguer l'exercice de différents recours afin d'obtenir qu'il soit définitivement mis fin à un litige. Le cumul répond parfois à l'impossibilité pour l'un des juges saisis de statuer

[1337] H. Battifol écrit, à cet égard qu'il « ne faut pas vider une disposition légale de tout contenu effectif, car cela reviendrait à tenir cette disposition pour non-écrite, donc à l'abroger au mépris de la séparation des pouvoirs » (Questions de l'interprétation juridique, *Archives de philosophie du droit*, 1972, t. 17, p. 21).

sur l'ensemble des prétentions des requérants, la saisine possible de plusieurs juges est alors admise[1338]. Pour autant, la saisine de plusieurs juges peut aussi consister à obtenir une décision juridictionnelle favorable relativement à une même prétention en mobilisant des moyens juridiques différents. Le juge s'est attaché à limiter substantiellement cette possibilité. Dans le cas contraire, la liberté qui serait reconnue aux requérants pourrait aboutir à ce que l'action prévue par les dispositions législatives soit délaissée par les requérants. L'exemple tiré du contentieux fiscal permet de vérifier cette dernière affirmation. Saisi d'un recours pour excès de pouvoir ou d'un recours de plein contentieux subjectif, le juge administratif pourrait rendre sa décision avant le juge de l'impôt, concomitamment saisi au titre de l'article L. 190 du Livre des procédures fiscales. La condamnation de l'État à réparer un préjudice d'un montant égal à celui des impositions litigieuses ou l'annulation rétroactive de la décision d'assujettissement à l'impôt conduirait, en tout état de cause, soit au désistement du requérant s'il intervient avant la fin de l'instruction, soit au prononcé d'un non-lieu pour le juge saisi de l'action fiscale[1339]. Dans cette hypothèse où un recours serait jugé avant l'action fiscale, le requérant obtiendrait une décision favorable sur le bien-fondé de sa prétention sans avoir à satisfaire aux conditions légales d'admission du recours qu'il pouvait (et donc, selon le juge, devait) exercer devant le juge de l'impôt. En ce sens, le requérant pourrait se soustraire à l'application de dispositions législatives. Il faut ici faire remarquer que la raison pour laquelle le juge s'oppose au cumul dans l'exercice des recours ne diffère pas de celle mobilisée pour s'opposer à ce que les requérants puissent opter entre plusieurs recours concurrents.

466. Cette possibilité de cumul peut aussi aboutir à une autre situation : un requérant pourrait ne pas être satisfait par une première décision juridictionnelle favorable (si le juge de l'excès de pouvoir n'annulait pas la décision litigieuse ou si le juge de plein contentieux n'entendait pas condamner l'État à réparer le préjudice subi). Pour autant, le requérant pourrait valablement saisir le juge de l'impôt, sans que l'autorité relative de chose jugée y fasse obstacle, faute, vraisemblablement, d'identité de cause juridique entre les demandes[1340]. Dans ce cas, sa prétention pourrait être accueillie par le juge de l'impôt dont la saisine ferait office de seconde chance pour le requérant, en laissant néanmoins entrevoir le risque que soient

---

[1338] V. *infra*, p. 383 et s.

[1339] Le non-lieu serait ici consécutif à la disparition de l'objet du recours, soit du fait de l'annulation rétroactive de la décision d'imposition, soit à l'octroi par le juge d'une indemnité à la suite de quoi le requérant serait désintéressé.

[1340] V. *supra*, p. 383.

engendrées des solutions juridictionnelles contradictoires[1341]. Si le risque d'aboutir à une telle conséquence est faible, il n'en demeure pas moins gênant puisqu'il atteint aussi la cohérence du droit[1342]. Il va de soi que cette liberté dans l'exercice des recours, hypothétiquement reconnue par le juge, serait favorable au requérant. En effet, celui-ci serait en mesure de choisir le recours qui lui parait le plus favorable, en prenant en compte les conditions légales ou jurisprudentielles de recevabilité du recours, ainsi que les conditions dans lesquelles sa prétention a vocation à être jugée. Il bénéficierait, également, de la possibilité d'exercer ensemble les recours concurrents pour accroitre ses chances de succès. Celui-ci n'aurait alors qu'à se désister s'il obtient une décision juridictionnelle favorable devant le juge de l'excès de pouvoir ou devant le juge de plein contentieux saisi d'un recours tendant à la condamnation de l'État à réparer un préjudice subi. Le juge se refuse à admettre pareille stratégie contentieuse en imposant l'exercice du recours prévu par les textes lorsque ces voies de droit sont concurrencées par le recours pour excès de pouvoir ou le recours de plein contentieux indemnitaire, dont les conditions sont exclusivement déterminées par le juge.

467. Une précision s'impose. On a dit que le juge devait certainement rejeter l'option ouverte au requérant puisque celle-ci peut conduire à l'exercice unique du recours ouvert par la jurisprudence, en méconnaissance de l'intention du législateur ayant entendu faire juger dans des conditions particulières la prétention soumise au juge. Le rejet du cumul dans l'exercice de recours concurrents n'emporte pas une réponse aussi affirmée. En effet, dans le cas où le jugement du recours pour excès de pouvoir ou du recours de plein contentieux subjectif interviendrait avant le jugement du recours formé devant le juge de l'impôt, sans donner satisfaction au requérant, ce dernier pourrait alors faire juger sa prétention dans les conditions de forme et de délais prévus par les textes. Toutefois, admettre cette faculté de cumul se heurte à une objection dirimante puisque cela ferait courir le risque inadmissible que le requérant obtienne une décision favorable sur le bien-fondé de sa prétention en saisissant le juge administratif d'un recours de droit commun en contentieux administratif, emportant ainsi les conséquences préalablement

---

[1341] Ce risque était largement relevé par les commissaires du gouvernement ayant conclu dans les premiers arrêts relatifs à l'exception de recours parallèle (en ce sens, v. R. De Belbeuf, concl. Sur CE, 4 fév. 1869, Boulangers de Montluçon, p. 95 ; L. Aucoc, concl. sur CE, 20 fév. 1968, Couders et bouchers de Paris, p. 196). Plus récemment, l'affaire V. Lambert a permis d'envisager le risque d'une telle contradiction (v. pour une analyse : X. Dupré de Boulois, « Affaire Vincent Lambert : la danse macabre continue », *AJDA* 2019, p. 1202). Il faut dire néanmoins, sur ce point, que le Conseil d'Etat a ouvert la voie à une concurrence des recours qui ne s'imposait pas (CE, 23 janv. 2013, n°365262, Commune de Chirongui).

[1342] Sur cette question, H. Kelsen écrivait : « Il se peut, par exemple, qu'une loi habilite deux tribunaux à décider le même procès, sans conférer à la décision de l'un deux le pouvoir d'annuler la décision de l'autre. Cela constitue sans doute une technique juridique extrêmement peu satisfaisante » (H. Kelsen, *op. cit.*, p. 277).

évoquées. Aussi, le juge restreint considérablement la liberté des requérants dans l'exercice des recours dont ils disposent en imposant l'exercice d'un recours unique en cas de concurrence des recours. En définitive, le juge administratif s'attache à assurer le respect des dispositions législatives organisant l'un des recours en concurrence en évitant que celles-ci soient privées d'effet par l'exercice d'un autre recours.

468. Exercice imposé des recours « spéciaux » de plein contentieux objectif. Un dernier point mérite mention. L'irrecevabilité opposée par le juge à ces recours de plein contentieux est limitée aux recours de plein contentieux dits « subjectifs », en ce sens que les recours relevant du plein contentieux objectif sont toujours perçus comme des recours « spéciaux » lorsqu'ils sont concurrencés par d'autres voies de droit. Plusieurs raisons justifient cette observation. La loi du 28 pluviôse an VIII, en créant des organes chargés de connaître du contentieux administratif que sont les conseils de Préfecture, a consacré l'existence de certaines matières contentieuses, auparavant traités par les Administrations de département. Les conseils de préfecture se prononcent « sur les demandes des particuliers tendant à obtenir la décharge ou la réduction de leur côte de contributions directes » ou qu'ils tranchent les « demandes des villes, villages, bourgs pour être autorisés à plaider » [1343]. L'approche historique menée par H. Lepetit-Collin a permis de montrer la création, par cette loi, de recours que celle-ci qualifie de « spéciaux » et perçus comme formant un « contentieux spécifique »[1344]. Les recours de plein contentieux objectif sont ainsi des recours limités à certaines matières que le législateur a jugé bon de confier à un autre juge que celui de l'excès de pouvoir.

469. Cette conception a été renforcée par les évolutions qui ont affecté la classification des recours contentieux. Si la juridictionnalisation du contentieux administratif et le développement du recours pour excès de pouvoir ont participé au renouveau du plein contentieux objectif, celui-ci a été assuré pour une large part par le législateur qui a entendu « contraindre le juge dans certaines hypothèses à préférer le recours de plein contentieux au recours pour excès de pouvoir »[1345]. Ce renouveau a aussi été poursuivi par la jurisprudence sur la base de considérations pragmatiques. Le choix de faire relever certaines contestations du plein contentieux objectif a pu répondre au souhait que le juge puisse définitivement mettre fin au litige en disposant de

---

[1343] Art. 4 de la loi du 28 pluviôse an VIII.

[1344] H. Lepetit-Collin, thèse, *op. cit.*, p. 43.

[1345] *Ibid*, p. 133. Ceci est en partie lié au fait, selon l'auteur, que l'exercice du recours pour excès de pouvoir soit consacré en tant que principe général du droit et qu'une disposition législative puisse ainsi écarter son application.

pouvoirs de réformation[1346], à l'intérêt de raccourcir les délais de recours[1347] ou encore à la nécessité de faire bénéficier les requérants de certaines garanties propres à l'examen de leur recours[1348]. Quoi qu'il en soit, c'est précisément la volonté de voir certaines contestations jugées dans des conditions particulières qui aboutit à ce que le champ d'application des différents recours de plein contentieux concerne un nombre limité de cas. Ceci est particulièrement observable dans la classification des recours de plein contentieux objectifs opérée par H. Lepetit-Collin, au sein de laquelle figurent notamment le contentieux fiscal, électoral, le contentieux des autorisations de plaider, des installations classées, des édifices menaçant ruine, des immeubles insalubres des pensions, des décisions relatives à la reconnaissance d'une qualité de réfugié ou encore de certaines sanctions prononcées en matière économique[1349]. Les pouvoirs du juge saisi sont toujours étendus, mais celui-ci ne peut être saisi que de recours dirigés contre certains actes administratifs.

470. Il ressort deux enseignements de ces considérations. En dehors du plein contentieux objectif, le contentieux administratif ne reconnaît, s'agissant des recours au fond, que le recours pour excès de pouvoir et les recours de plein contentieux subjectif, auxquels les textes font peu référence. Aussi, lorsque le législateur ou la jurisprudence ont entendu faire relever certains litiges du plein contentieux objectif c'est précisément dans l'idée de les soustraire à l'exercice de recours plus généraux, qu'il s'agisse du recours pour excès de pouvoir perçu comme « de droit commun » par le juge lui-même[1350] ou du recours de plein contentieux subjectif visant à engager la responsabilité extracontractuelle de l'Administration. Dans ces hypothèses, soit la question de la concurrence des recours ne se pose pas, notamment lorsque le juge estime que la matière relève « exclusivement » du plein contentieux[1351], soit il y est répondu par la prévalence du recours spécial qu'est, en toute occasion, le recours de plein contentieux objectif.

[1346] V. M. Bernard, Le recours pour excès de pouvoir est-il frappé à mort, *AJDA* 1995, n°spé., p. 195 ; B. Genevois, concl. sur, CE, 8 janv. 1982, Aldana Barrena, p. 15.

[1347] Tel a été le cas s'agissant du contentieux des autorisations de plaider. V. G. Le Chatelier, concl. sur CE, 26 juin 1992, MM. Pezet et San Marco, p. 516, non publiées.

[1348] L'affirmation est particulièrement vérifiable s'agissant du contentieux des sanctions adressées aux administrés (CE, ass., 16 févr. 2009, Société Atom, n°274000).

[1349] H. Lepetit-Collin, thèse, *op. cit.*, p. 166 et s.

[1350] CE, 2 oct. 2019, n°432388, Sté Auchan Hypermarché

[1351] V. *infra*, p. 383.

Conclusion du chapitre II

471. Déterminer l'étendue de la faculté de choix des justiciables entre les recours dont ils disposent pour faire trancher un litige qui les oppose à l'Administration impose d'apprécier la limitation que le juge oppose à l'exercice des recours, lorsqu'ils sont concurrents. Cela suppose de préciser le sens de la contrainte opposée par le juge et les raisons qui justifient, pour lui, qu'elle le soit. De manière générale, le juge ferme aux requérants celui des recours en concurrence qu'il considère comme étant général (c'est-à-dire celui dont le domaine ou le champ d'application est le plus large) en imposant l'exercice de la voie de droit considérée comme étant « spéciale ». Ce critère doctrinal de la spécialité des recours est avancé pour rendre compte, de manière générale, de l'état du droit positif en matière de concurrence des recours. À l'examen, il est mobilisé par le juge pour des raisons différentes ; celles-ci tiennent compte de la nature et de la valeur des normes qui définissent les recours juridictionnels en concurrence. En effet, la concurrence des recours renvoie, *in fine*, à une concurrence entre les normes qui organisent ces recours, en déterminant leurs conditions de recevabilité, l'étendue des moyens invocables, la manière dont les prétentions seront examinées par le juge et les pouvoirs que celui-ci détiendra pour y faire droit. G. Pélissier le dit très bien : « que le juge administratif puisse prononcer des mesures d'effets équivalents dans le cadre d'actions qui poursuivent des finalités différentes ne pose pas de problème, à condition d'éviter tout risque de contournement des limites d'une voie de droit par une autre »[1352]. Ce risque traduit une incompatibilité dans l'application des normes à l'instant évoquée : des prescriptions contraires (en l'occurrence des conditions de recevabilité ou de jugement des recours différentes) s'attachent à un même objet (qu'est la prétention portée par le requérant). Il ne peut être évité qu'à la condition que le juge impose au requérant une l'exercice de l'une de ces voies de droit concurrentes : lui laisser le choix du recours lui laisse, à l'évidence, la possibilité de choisir son juge et des conditions dans lesquelles celui-ci examinera sa prétention.

472. Lorsque les normes qui organisent ces recours concurrents sont de même valeur, le juge mobilise ce critère de spécialité en vertu d'une logique normative. Faire prévaloir celui des recours concurrents dont le champ d'application est le plus limité correspond à la volonté du législateur, lorsque les recours sont organisés par la loi, et à la politique jurisprudentielle menée, lorsque les recours sont organisés par le juge lui-même. En effet, l'ouverture d'une voie de droit dont le domaine d'application est limité à certaines prétentions déterminées poursuit l'objectif de soustraire certaines contestations à des recours généraux, en les faisant de relever de conditions

[1352] G. Pélissier, concl. sur CE, 6 déc. 2019, Syndicat des copropriétaires du Monte-Carlo Hill, non publiées.

particulières. Assurer la prévalence du recours spécial en fermant le recours général (lorsqu'il est exercé) préserve ainsi l'efficacité de la voie de droit dont le domaine d'application est le plus restreint. Dans d'autres cas, cette concurrence des recours met aux prises des recours juridictionnels organisés par des normes de valeur différente et, d'ailleurs de nature différente, dans le cas où les recours déterminés par la jurisprudence sont confrontés à ceux ouverts par les textes. Le juge administratif entend imposer l'exercice de ces derniers. La contrainte qu'il oppose aux requérants le conduit pourtant, là encore, à faire prévaloir le recours dont le champ d'application est le plus restreint. Ce recours correspond à celui ouvert par les textes et ceci s'explique par la physionomie du contentieux administratif. Sa construction historique renvoie au développement prétorien des recours juridictionnels généraux que sont le recours pour excès de pouvoir et les recours de plein contentieux subjectif. Parallèlement, l'intervention du législateur pour instituer des voies de droit, au demeurant limitée, se traduit par la volonté de soumettre certaines contestations spécifiques à des conditions de recevabilité et de jugement particulières. Ces dispositions législatives doivent être lues comme excluant l'exercice des recours concurrents ouverts par la jurisprudence. Dans le cas contraire, les justiciables pourraient librement contourner les conditions de recevabilité et de jugement imposées par la loi. C'est ce à quoi le juge administratif s'oppose.

CONCLUSION DU TITRE I

473. Considérer la liberté pour les requérants d'introduire plusieurs recours juridictionnels en dépassant les cas où l'un d'eux est un recours pour excès de pouvoir impose de déterminer celui des recours en concurrence à l'exercice duquel le juge estime nécessaire de s'opposer. L'adoption d'un critère tiré de la subsidiarité ou la moindre efficacité du recours ainsi fermé ne saurait convenir, tant en raison de la difficulté à définir la teneur de tels critères qu'au regard de leur incapacité à expliquer le raisonnement du juge.

474. L'état du droit jurisprudentiel peut, en revanche, être expliqué par la volonté du juge administratif de faire prévaloir, lorsque deux recours sont concurrents, celui dont le domaine d'application est le plus limité. L'utilisation de ce critère de « spécialité » répond à des justifications différentes selon que les normes qui organisent les voies de droit en concours sont, ou non, de même nature. Le juge administratif cherche dans certains cas, en vertu d'une logique normative, à assurer l'efficacité de ces voies de droit dont le champ d'application se limite à un objet précisément défini et dont la mise en œuvre doit répondre à des conditions de recevabilité et de jugement qui diffèrent de celles applicables à l'exercice des recours généraux. Lorsque les requérants disposent de recours concurrents ouverts par des normes de même valeur, il veille à ce que ceux-ci ne puissent librement choisir les conditions dans lesquelles ils peuvent faire juger leur prétention. Dans les autres cas, confronté à une concurrence des recours entre des voies de droit déterminées par des normes de nature différente, il s'assure encore que les justiciables ne puissent opérer un tel choix. Ceci équivaut, pour le juge, à faire respecter l'intention du législateur : il convient que les requérants ne puissent se soustraire au respect des conditions par lesquelles celui-ci a entendu organiser le contentieux relatif à certaines prétentions déterminées.

475. Cette contrainte que le juge oppose, respectueuse du droit au recours, n'est pas contraire à l'intérêt des requérants. À l'évidence, elle limite les moyens qu'ils ont de s'adresser au juge pour faire trancher un litige qui les oppose à l'Administration. Elle leur impose, pour autant, de saisir un juge dont l'office est particulièrement adapté pour répondre à la prétention qu'ils cherchent à faire juger, dans des conditions elles-aussi fonction de la nature de leur situation litigieuse.

TITRE 2 : LES MODALITES DE LA FERMETURE DES RECOURS CONCURRENTS

476. Dans le cadre du procès administratif, le juge entend limiter la possibilité pour les requérants d'exercer librement des recours juridictionnels lorsque ceux-ci sont concurrents. La jurisprudence montre néanmoins que cette fermeture par le juge des recours concurrents n'est pas absolue. Ces solutions dérogeant à la manière dont la jurisprudence administrative contraint les requérants dans l'exercice des recours concurrents répondent à des préoccupations diverses, mais témoignent bien d'une liberté de choix, exceptionnelle, reconnue aux requérants dans l'exercice de plusieurs recours leur permettant de faire juger des prétentions similaires (Chapitre 1).

477. En dehors de ce traitement particulier de la concurrence des recours par le juge, la fermeture des recours concurrents se traduit par l'irrecevabilité que le juge oppose à un recours dont il est saisi. Le juge oppose une fin de non-recevoir au requérant ayant exercé un recours général, lorsqu'il disposait d'un recours spécial lui permettant de faire juger la même prétention. Cette fin de non-recevoir, exclusivement fondée sur l'existence pour le requérant d'une autre voie de droit, permet au juge de ne pas apprécier le bien-fondé de la prétention qui lui est soumise, parce qu'il appartient à un autre juge de le faire, ou au même juge, mais dans le cadre d'un autre recours contentieux obéissant à des règles de jugement différentes. Cependant, la jurisprudence entretient une certaine confusion entre les solutions qui témoignent d'une telle fermeture d'un recours concurrent pour les raisons évoquées et d'autres solutions qui aboutissent à cette même fermeture pour d'autres raisons. Cette incertitude affecte la prévisibilité de la contrainte que le juge oppose aux requérants, d'autant plus que celle-ci ne fait l'objet d'aucune consécration de la part du juge. L'irrecevabilité qu'il mobilise pour fermer aux requérants toute faculté de choix entre des recours concurrents doit, pour ces raisons, être délimitée (Chapitre 2).

Chapitre 1 : La liberté exceptionnelle d'exercer des recours concurrents

478. Les justiciables peuvent emprunter, concomitamment ou alternativement, plusieurs voies de droit lorsqu'ils cherchent à faire juger des prétentions distinctes, de sorte que les recours exercés sont parfois complémentaires ou d'autres fois antagonistes. Lorsque les recours dont dispose un même requérant permettent de faire juger une même prétention, le juge administratif s'oppose à ce qu'ils puissent être indifféremment exercés. Cette manière de concevoir la concurrence des recours supporte pourtant des exceptions : certains cas sont autrement appréciés par le juge qui, exceptionnellement, ne ferme pas l'un de ces recours aux requérants.

479. Les raisons qui permettent d'expliquer ces solutions relèvent de deux logiques distinctes. Lorsque les requérants disposent de certaines voies de droit organisées par la loi et pour lesquelles le législateur n'a pas entendu retenir le caractère exclusif de l'une d'elles, le juge administratif se refuse à priver les requérants de la faculté d'opter entre ces recours ou d'en rechercher le bénéfice cumulé (Section 1). D'autres cas témoignent encore de cette tolérance inhabituelle du juge pour le libre exercice de recours concurrents, sans que ces derniers soient, en revanche, organisés par le législateur. Ces hypothèses, somme toute limitées, ne peuvent être expliquées autrement que par le pragmatisme du Conseil d'État. Celui-ci entend, dans ces cas, faire primer d'autres intérêts que ceux qu'il poursuit lorsqu'il limite l'exercice des recours concurrents (Section 2).

Section 1 : Le libre exercice des recours concurrents suggéré par les textes

480. Ainsi qu'il l'a déjà été rappelé, le législateur n'intervient pas pour définir la liberté pour les requérants d'emprunter plusieurs voies de droit, de sorte que les dispositions législatives ne renseignent pas explicitement sur le caractère exclusif de la voie de droit qu'elles organisent. Si l'interprétation de celles-ci par le juge le conduit parfois à reconnaître pareille intention au législateur, il se refuse, d'autres fois, à priver le requérant du bénéfice de la faculté d'option ou de cumul que les textes n'excluent pas, faute pour de faire mention de ces considérations procédurales. Ceci concerne assurément les justiciables ordinaires et, en particulier, la mise en œuvre par eux des référés administratifs (§1). Dans une moindre mesure, la concurrence des recours est aussi tolérée par le juge au profit du représentant de l'État (§2).

§1. La concurrence tolérée entre les référés administratifs ouverts aux justiciables ordinaires

481. L'observation de la jurisprudence administrative en matière de concurrence des recours aboutit à formuler l'hypothèse d'une fermeture générale par le juge de l'un des recours en concurrence en ce sens qu'il dénie aux requérants la possibilité de choisir la manière dont il peut saisir le juge pour faire juger sa prétention. Cette contrainte vise à fermer des recours organisés par le juge (c'est ce qu'a largement démontré l'emploi de l'exception de recours parallèle), mais parfois, également, des recours ouverts par la loi. Le Conseil d'État, on le sait, s'est ainsi opposé à l'exercice de certains référés administratif eu égard à la possibilité pour les requérants de porter leur contestation devant un autre juge, en vertu d'une voie de droit ouverte par d'autres dispositions législatives. Il reste que la concurrence entre les référés administratifs est autrement traitée par le juge, qui tolère leur libre mise en œuvre, et constitue une exception de premier ordre à la conception précédemment exposée.

482. Les requérants sont régulièrement admis à opter entre plusieurs référés d'urgence ou à les mettre en œuvre cumulativement (I). Il en va de même pour la mise en œuvre des référés « environnement » (II) et du référé précontractuel (III) qui peuvent s'accompagner de l'exercice concomitant d'un référé d'urgence.

I. La liberté d'exercer plusieurs référés d'urgence

483. Concurrence certaine entre référés d'urgence. Par la loi du 30 juin 2000, le législateur n'a pas entendu précisément régir les modalités de mise en œuvre des référés d'urgence nouvellement consacrés. Le juge s'est saisi de cette question d'organisation des rapports entre les différentes voies de droit, nouvelles pour certaines ou renouvelées pour d'autres, en admettant que ces référés puissent être exercés ensemble, à condition de respecter un certain formalisme[1353]. Tant la coexistence que la concurrence de ces référés doivent être admises puisqu'une même situation rend possible la saisine du juge administratif sur des fondements différents et les recours peuvent tendre à faire juger une même prétention. Quelques solutions inclinent en ce sens, notamment lorsqu'une décision administrative, dont la suspension peut être recherchée, est susceptible d'atteindre de manière grave et manifestement illégale une liberté fondamentale. Certes, le champ d'application des référés suspension et liberté se distingue puisque le second peut viser des agissements matériels de l'Administration. Le référé-liberté peut, pour autant, reposer sur l'existence d'une décision administrative litigieuse dont la suspension est

[1353] CE, sect., 28 févr. 2001, n°230112 et n°230520, Philippart et Lesage.

alors recherchée. C'est ce qu'admet P. Fombeur dans les conclusions prononcées à l'occasion de l'arrêt Casanovas. Cette possibilité pour requérants d'obtenir la suspension d'une décision administrative par la voie de l'article L. 521-2 du Code de justice administrative a été interrogée et il y a été répondu en indiquant que la suspension doit « nécessairement »[1354] figurer au nombre des mesures susceptibles d'être ordonnées par le juge saisi sur le fondement de cette voie de droit. Ceci est justifié par le fait qu'il serait inutilement complexe d'exiger du requérant qu'il présente simultanément et systématiquement deux demandes puisque, dans nombre de cas, les atteintes aux libertés fondamentales résulteront de décisions et non d'agissements purement matériels de l'Administration[1355].

484. Admission de l'exercice cumulé des référés suspension et liberté. La concurrence de ces voies de droit, dans ces situations, n'aboutit pas à ce que le juge restreigne la faculté de choix des requérants. Au contraire, il est explicitement admis que les justiciables peuvent rechercher, successivement ou concomitamment, le bénéfice des articles L. 521-1 et L. 521-2 du Code de justice administrative. Il a été jugé par la décision « Commune de Pertuis » [1356] que ces voies de droit pouvaient être successivement mises en œuvre. De même, c'est la possibilité d'emprunter concomitamment ces référés d'urgence qui a été explicitement consacrée par le Conseil d'État dans les décisions « Commune de Venelles »[1357] et « Saez »[1358]. Il faut d'ailleurs relever que le juge administratif suprême avait déjà admis de manière particulièrement explicite ce libre exercice des référés d'urgence en jugeant que « la procédure régie par l'article L.521-2 du Code de justice administrative est distincte de celle instituée par l'article L.521-1 du même code »[1359] et « que l'article L.521-2 peut ainsi être mis en œuvre quand bien même le demandeur pourrait tout aussi bien engager une action au titre de l'article L.521-1 du même code »[1360]. Les commentateurs des grands arrêts de la jurisprudence administrative ont aussi écrit que chacun de ces deux référés d'urgence « relève de conditions, fait l'objet d'une appréciation, et peut arriver à des résultats distincts »[1361].

485. La question réside moins dans le fait de savoir s'ils peuvent être mis en œuvre pour faire juger des prétentions distinctes que de comprendre

---

[1354] P. Fombeur, concl. Sur CE, sect., 28 févr. 2001, Casanovas, n°229163, *RFDA* 2001 p. 399.

[1355] *Ibid.*

[1356] CE, 28 févr. 2003, n°254411, Cne Pertuis, p. 68 ; *JCP-A* 2003, 1584.

[1357] CE, sect., 18 janv. 2001, n°229247, Cne Venelles Bouches-du-Rhône et Morbelli ; *RFDA* 2001, p. 373, concl. L. Touvet.

[1358] CE, 5 mars 2001, n°230045, Saez ; *Dr. adm.* 2001, comm. 124.

[1359] CE, réf., 27 mars 2001, n°231735, min. Int. c/ Djalout

[1360] *Ibid.*

[1361] J.-C. Bonichot, P. Cassia et B. Poujade, *op. cit.*, p. 300 et s.

pourquoi le juge tolère leur exercice indistinct dès lors que les requérants cherchent à faire juger la même prétention. En particulier, c'est essentiellement la question de savoir pourquoi le référé-suspension demeure recevable alors qu'il permet de faire cesser une atteinte à une liberté fondamentale qui présente un intérêt. En effet, le référé-liberté apparait comme un recours spécifique, dont le champ d'application est bien plus restreint que ne l'est celui du référé-suspension. Le Conseil d'État a plusieurs fois admis ce caractère « particulier »[1362] de la voie de droit ouverte par l'article L. 521-2, tandis qu'il parait alors admettre le caractère général du référé-suspension[1363]. Le référé-liberté comporte un objet plus plus délimité que celui du référé-suspension. Le recours général qu'est le référé-suspension aurait pu, conformément à une ligne jurisprudentielle déjà exposée, être fermé toutes les fois qu'il était mis en œuvre pour faire cesser une atteinte à une liberté fondamentale. Faute pour le juge d'avoir consacré une quelconque contrainte, les requérants sont libres d'exercer indistinctement ces recours.

486. Libre exercice des recours justifié par les dispositions légales. Un élément explicatif de cette solution inhabituelle du juge apparait sous la plume de D. Chauvaux. Celui-ci, à l'occasion des conclusions rendues dans la décision Philippart et Lesage, s'adresse ainsi à la section du contentieux : « Bien évidemment, vous ne sauriez interdire aux justiciables d'utiliser parallèlement les deux voies de droit créées par la loi du 30 juin 2000. En l'absence de dispositions contraires, il leur est loisible de le faire »[1364]. À la vérité, la possibilité de mettre en œuvre deux recours concurrents ne tient pas seulement à l'absence de dispositions textuelles prohibant explicitement cette manière de faire. La loi DALO ne consacre pas explicitement l'exclusivité de la voie de droit qu'elle a créée en faveur des bénéficiaires d'une décision favorable de la commission de médiation pas plus que le Code des étrangers et du droit d'asile n'affirme clairement l'impossibilité d'exercer un référé d'urgence contre une mesure d'éloignement. Le Conseil d'État a pourtant fermé aux requérants les référés d'urgence dans ces hypothèses, en considérant que le législateur avait entendu organiser une voie de droit exclusive[1365]. En d'autres termes, l'absence de règle prohibant l'exercice cumulé de ces voies de droit ne peut être un argument suffisant et ceci d'autant

[1362] V. CE, ord. 23 mars 2001, n°233559, Société Lidl, p. 154 ; CE, ord., 25 avr. 2002, n°245514, Sté Saria industries, p. 155 ; *Dr. env.* 2002, n°99, p. 147, note B. Busson.

[1363] Selon les travaux parlementaires préalables à l'adoption de la loi du 30 juin 2000, la procédure d'urgence de droit commun est celle du référé-suspension (R. Garrec, rapport n°380, *op. cit.*) qui est complétée par celle du référé-liberté F. Colcombet, rapport n°2002, *op. cit.*)

[1364] D. Chauvaux, concl. sur CE, sect., 28 fév. 2001, Philippart et Lesage, *op. cit.*

[1365] V. *supra*, p. 349.

plus qu'aucune disposition législative n'organise de cette manière la concurrence des recours.

487. Une différence importante oppose toutefois les situations de concurrence des voies de droit prévues par la loi précédemment évoquées. Le caractère exclusif du recours contre certaines mesures d'éloignement ou de la voie de droit ouverte par le Code de la construction et de l'habitation peut être déduit de la loi en ce sens qu'elle a été adoptée alors que les référés d'urgence de droit commun existaient déjà. L'intention du législateur, qui ne pouvait assurément ignorer l'existence de ces voies de droit, peut ainsi être interprétée comme ayant exclu la possibilité pour les requérants d'emprunter ces dernières. La solution est ainsi différente pour la concurrence opposant les référés liberté et suspension qui ont été introduits par le même texte. À titre subsidiaire, un autre argument permet de comprendre cette position du Conseil d'État. La fermeture d'un recours concurrent suppose toujours, de la part du juge saisi de l'un d'eux, lorsqu'il entend opposer une fin de non-recevoir au requérant, qu'il apprécie au moins sommairement la recevabilité du recours qu'il laisse ouvert et auquel le requérant est renvoyé. Dans le cas de la concurrence entre ces référés d'urgence, cette appréciation de la recevabilité du recours concurrent conduit le juge saisi d'un référé-suspension à apprécier l'existence d'une situation d'urgence au sens de l'article L. 521-2 et l'existence d'une atteinte portée par l'Administration à une liberté fondamentale. La fermeture du référé-suspension souffrirait ainsi d'une incohérence pratique, qui consisterait pour le juge saisi au titre de l'article L. 521-1 à apprécier la recevabilité d'une demande susceptible d'être formée devant le juge du référé-liberté. Enfin, c'est aussi l'argument de texte qui a conduit le juge à limiter l'exercice par les requérants des référés liberté et suspension lorsqu'ils saisissent le juge administratif sur le fondement de l'article L. 521-3 du Code de justice administrative. L'intention du législateur transparait de la lecture de l'article L. 521-3 : le juge des référés saisi au titre de cet article peut ordonner « toute autres mesures utiles ». Cette rédaction justifie, pour le juge, que cette voie de droit soit fermée chaque fois que la prétention soumise peut être jugée par la voie des autres référés d'urgence[1366].

488. Refus d'imposer l'exercice d'une voie de droit moins favorable. Une autre raison justifie ce traitement différencié de la concurrence entre les procédures d'urgence de droit commun. Le Conseil d'État semble parfois n'interpréter les dispositions législatives dans le sens de l'exclusivité qu'à la condition que la voie de droit maintenue ouverte soit favorable au requérant. Ainsi, le recours prévu à l'article L. 512-1 du code de séjour des étrangers comporte en lui-même un effet suspensif dont le référé-liberté ne bénéficie

[1366] CE, sect., 5 févr. 2016, n°393540, Benabdallah.

pas. L'article L. 441-2-3-1 du Code de la construction et de l'habitation dispose que le juge statue dans des délais relativement brefs afin d'ordonner le logement ou le relogement d'une personne reconnue comme étant prioritaire dans un logement pérenne, ce que ne peut faire le juge saisi sur le fondement de l'article L. 521-2, lequel est seulement habilité à ordonner l'accueil dans une structure provisoire[1367]. Or la fermeture du référé-suspension pour les requérants susceptibles d'agir sur le fondement de l'article L. 521-2 en vue de faire cesser une atteinte portée par l'Administration à une liberté fondamentale ne conduit pas nécessairement à laisser ouverte la voie de droit la plus favorable. En ce sens, si la mesure recherchée de la part du juge des référés est conditionnée à l'urgence, celle-ci s'apprécie différemment dans le cadre des deux procédures. La doctrine a pu illustrer l'appréciation plus rigoureuse de l'urgence en référé-liberté compte tenu de l'immédiateté de la mesure à prendre sur le fondement de l'article L. 521-2 que traduit le très bref délai de jugement au regard de la perspective, moins exigeante, qu'adopte le juge saisi sur le fondement de l'article L. 521-1[1368]. Dans ce cas, la recherche de l'urgence implique « que cette condition soit appréciée au regard de la possibilité donnée au juge du fond de statuer avant que la décision attaquée ne soit exécutée »[1369]. De la même manière, la suspension d'une décision administrative sur le fondement de l'article L. 521-1 doit obéir à la démonstration d'un « doute sérieux sur la légalité de la décision » alors qu'elle est subordonnée à l'existence d'une atteinte grave et manifestement illégale portée à une liberté fondamentale selon l'article L. 521-2. La condition exigée est, à nouveau, moins aisée à satisfaire dans ce dernier cas[1370].

489. Par une décision du 30 avril 2012, le Conseil d'État a aussi rappelé que « le requérant qui choisit de fonder son action non sur la procédure de

---

[1367] Le référé-liberté est toutefois exceptionnellement recevable mais il ne tend pas à faire juger, dans ce cas, la même prétention que celle susceptible d'être soumise au juge en vertu de l'article L. 441-2-3-1 du Code de la construction et de l'habitation (CE, ord., 11 janv. 2017, n°406154, Pasoon). V. M.-C. de Montecler, Du DALO à l'hébergement d'urgence, le rôle du juge du référé-liberté, *op. cit.*

[1368] CE, ord., 28 fév. 2003, n°254411, Cne de Pertuis. R. Vandermeeren relève que l'institution d'un délai de 48 heures implique que l'urgence au sens de l'article L. 521-2 est interprétée, par rapport à celle de l'article L. 521-1, d'une façon plus rigoureuse. Les circonstances doivent rendre l'urgence pressante et l'intervention immédiate du juge indispensable (La réforme des procédures d'urgence devant le juge administratif, *AJDA* 2000, p. 706).

[1369] P. Cassia, L'interprétation finaliste de l'urgence, *AJDA* 2003 p. 1171. V. égal., CE, 19 janv. 2001, n°228815, Conféd. nat. radios libres ; *RFDA* 2001, p. 378, chron. M. Guyomar et P. Collin, concl. L. Touvet.

[1370] À titre de comparaison, le juge administratif tolère qu'un requérant ayant saisi le tribunal administratif d'une demande d'exécution d'un jugement sur le fondement de l'article L.911-4 du CJA soit recevable à demander au juge des référés sur la base des dispositions de l'article L. 521-2 une demande tendant au prononcé de mesures d'urgence susceptibles d'avoir le même effet (CE, 11 juin 2002, Ait-Oubba, n°247649, *AJDA* 2002, p. 764, note Tavernier ; CE, 9 janv., 2006, n°288745, Daaji, T., p. 1011). L'absence de précisions fournies par la loi quant au caractère exclusif de l'article L. 911-4 du CJA conduit le juge à laisser au requérant la possibilité d'obtenir l'exécution de la décision juridictionnelle par la voie potentiellement plus favorable du référé-liberté, lorsque cette inexécution du jugement cause une atteinte grave et manifestement illégale aux droits du requérant.

suspension régie par l'article L. 521-1 du même code, mais sur la procédure particulière instituée par l'article L. 521-2, doit justifier de circonstances caractérisant une situation d'urgence particulière rendant nécessaire, sous réserve que les autres conditions posées par cette disposition soient remplies, l'intervention à très brève échéance d'une mesure visant à sauvegarder une liberté fondamentale »[1371]. Dans ses conclusions sur la décision « Commune de Venelles », L. Touvet soulignait d'ailleurs, dans le même sens, que « dans certaines hypothèses, la procédure du référé-suspension, parce qu'elle ne repose pas sur la condition d'une atteinte à une liberté fondamentale, mais sur le seul doute sérieux quant à la légalité de la décision, peut se révéler plus fructueuse que la procédure de l'article L.521-2 »[1372]. De même, P. Cassia écrit très justement que les conditions d'octroi du référé-liberté sont plus exigeantes que celles du référé-suspension, ceci expliquant que le juge puisse parfois renvoyer le requérant ayant exercé un référé-liberté à l'exercice d'un référé-suspension alors que la démarche inverse « reste pour l'heure inédite - et même inenvisageable »[1373] pour cette raison.

490. En définitive, le juge ne limite pas l'exercice par les requérants des référés d'urgence prévus aux articles L. 521-1 et L. 521-2 du Code de justice administrative. Les textes ne renseignent pas sur le fait que les procédures soient exclusives l'une de l'autre, mais il faut faire remarquer que la fermeture eut été juridiquement concevable. Le Conseil d'État s'est plusieurs fois écarté de la lettre de l'article L. 521-1 en jugeant qu'une demande de suspension formulée au titre de cet article pouvait viser un contrat administratif[1374]. Le juge a aussi éludé l'application de certaines conditions légales se rapportant à l'article L. 521-2[1375]. Cependant, chaque fois que le juge s'écarte des termes de la loi – et d'ailleurs, parfois, s'en affranchit - l'intérêt des requérants s'en trouve renforcé. Tel n'aurait pas été le cas en fermant le référé-suspension lorsqu'il permet de faire cesser une atteinte portée à une liberté fondamentale. L'intérêt des requérants commande donc que les dispositions de l'article L. 521-1 ne soient pas interprétées en ce sens. D'autre part, le juge ne peut fermer le référé-liberté en raison de l'existence du référé-suspension ; il en va de l'intérêt même du référé-liberté, spécifiquement prévu pour faire cesser les atteintes aux libertés fondamentales des administrés. D'ailleurs, une telle solution aurait pour effet de limiter le référé-liberté aux seuls cas, relativement rares, où ces atteintes proviendraient d'agissements matériels de

---

[1371] CE, 30 avril 2012, n°358930.

[1372] L. Touvet, concl. sur CE, 18 janv. 2001, Commune de Venelles, non publiées.

[1373] P. Cassia, L'interprétation finaliste de l'urgence, *op. cit.* Pour quelques exemples de renvoi à l'exercice d'un référé-suspension : CE Sect. 18 janv. 2001, Commune de Venelles ; CE, ord., 9 juillet 2001, n°235696, M. et Mme Boc ; CE, ord. 27 juin 2002, Centre hospitalier de Troyes, *AJDA* 2002, p. 965-966, obs. Erwan Royer.

[1374] CE, ass., 16 juillet 2007, n°291545, Société Tropic Travaux signalisation. V. sur ce point : P. Cassia, Questions sur le référé-suspension accessoire au nouveau recours contre le contrat - Libres propos, *JCP-A* 2007, n°49, act. 1036.

[1375] V. *infra*, p. 383.

l'Administration. Une solution plus concevable eut été de fermer le référé-suspension chaque fois qu'il permettait d'obtenir que l'atteinte portée par l'Administration à une liberté fondamentale cesse. La concurrence des recours n'est ici pas contestable, mais le juge se refuse, à raison, à priver les requérants du bénéfice d'un recours dont les conditions sont relativement favorables. Il se refuse à rendre plus difficile la recherche d'une mesure mettant fin, provisoirement, à l'illégalité affectant la situation litigieuse des requérants.

II. La liberté d'exercer un référé d'urgence et un référé « environnement »

491. Concurrence certaine des référés « environnement » et des référés d'urgence. Un autre cas fait observer la tolérance du juge pour l'exercice de recours concurrents ; il concerne l'exercice concomitant du référé-suspension et de référés environnementaux que sont le référé étude d'impact et le référé enquête publique[1376]. Ces référés permettent au juge administratif saisi de suspendre l'exécution de certaines décisions d'autorisation ou d'approbation de projets adoptées en méconnaissance des règles de procédure mises en place aux fins de protection de l'environnement que sont la réalisation d'études d'impact ou la consultation d'organismes compétents. Les référés d'urgence peuvent aussi être exercés dans le même dessein, mais, au-delà de cette finalité commune, les référés « environnement » se distinguent quelque peu de ces référés d'urgence sur le plan procédural. Les premiers ne sont pas conditionnés par l'urgence à suspendre. Si certains estiment qu'elle est induite par la matière environnementale[1377], il reste que le juge administratif n'exige pas la preuve de l'urgence de la part des requérants. Une autre différence notable tient au fait que les termes de l'article L. 123-16 du code de l'environnement prévoient que le juge doit faire droit à la demande lorsqu'il est démontré le doute sérieux sur la légalité de la décision à suspendre, tandis qu'il est seulement réputé pouvoir le faire dans le cadre des pouvoirs qu'il tient de l'article L. 521-1. Le juge a pu parfois s'écarter exceptionnellement de cette obligation[1378],

---

[1376] Art. L. 554-11 et L. 554-12 du CJA.

[1377] C. Ballandras-Rozet, « Quelle effectivité pour les référés environnement ? », *Revue juridique de l'environnement* 2016/2, vol. 41, p. 261.

[1378] CE, Sect., 16 avril 2012, n°355792, Commune de Conflans Saint-Honorine et autres, Rec., p. 153 ; *RFDA* 2012, p. 719, concl. Botteghi ; *AJDA* 2012, p. 791, note Graud ; *AJDA* 2012, p. 943, note X. Domino et A. Bretonneau ; *Dr. Adm.* 2012, n°6, comm. 59, p. 31, note Melleray ; *RDI* 2012, n°7/8, note Soler-Couteaux ; *JCP-A* 2012, n°2295, note Hostiou ; *RJEP* 2012, n°701, note Chabrier, *JCP-A* 2012, n°74, obs. Ph. Billet.

mais il reste que les textes instituent une obligation de suspendre pour le juge administratif lorsque les conditions légales sont remplies[1379].

492. Ces divergences ne sauraient occulter la concurrence de ces voies de droit qui sont susceptibles de viser la suspension des mêmes actes administratifs. Il va de soi que le champ d'application des référés environnementaux est plus réduit que ne l'est celui du référé-suspension, cette seconde voie de droit étant tout à fait générale par rapport à celles organisées par le code de l'environnement, par ailleurs explicitement qualifiées de référés « spéciaux »[1380] par le Conseil d'État. Il reste donc que certaines décisions administratives sont bien susceptibles de faire l'objet de demandes respectivement fondées sur les articles L. 521-1 et L. 554-11 ou L. 554-12 du Code de justice administrative et tendant à obtenir la suspension d'une décision administrative par une mesure provisoire ordonnée par le juge dans l'attente d'un jugement au principal[1381]. Ainsi que le souligne très justement G. Eveillard, cette similitude aurait pu conduire à juger « que le référé environnement constituait un référé spécial se substituant au référé-suspension général, et donc l'excluant, dans le périmètre de son propre champ d'application »[1382]. Le Conseil d'État n'a pourtant jamais fermé cette possibilité de cumuler l'exercice de ces recours, qu'il s'agisse de l'exercice conjugué du référé-suspension avec le référé étude d'impact[1383] ou le référé enquête publique[1384].

493. Identité de régime contentieux des recours. Le Conseil d'État se refuse à faire prévaloir les référés « environnement » sur le référé-suspension en fermant ce dernier alors que ces recours sont concurrents, organisés par des dispositions de

---

[1379] La difficulté réside donc davantage dans l'analyse du caractère « favorable » ou « défavorable » des conclusions du commissaire enquêteur (v. M. Guyomar, concl. sur CE, 25 juin 2003, n°252542, Association de défense de la vallée du Loing et des sites environnant, non publiées) ou alors dans la détermination de la soumission nécessaire du projet contesté à l'obligation d'étude d'impact (M. Guyomar, concl. sur CE, 11 juin 2004, n°263241, Commune de Biarritz c/Association amis et résidents de Biarritz respectueux de l'environnement, non publiées).

[1380] V. par ex., CE, 6 juill. 2011, n°344746, Groupement foncier agricole Habitation Chancel. On trouve mention de ce caractère dans les travaux parlementaires de la loi du 30 juin 2000 (R. Garrec, rapport n°380, *op. cit.*). G. Michel évoque aussi des « procédures spéciales du point de vue des actes contestés » (*La notion d'urgence en droit administratif de l'environnement*, Thèse, Limoges, 2006, p. 241) tandis que J.-D. Chetrit envisage des « référés particuliers » (Remarques sur l'effectivité des référés dans le domaine environnemental, *La responsabilité environnementale : prévention, imputation, réparation (C. Cans dir.)*, Dalloz, 2009, p. 183).

[1381] CE, 14 mars 2001, n°230134, Commune de Goutrens, p. 126 ; *AJDA* 2001, p. 465, chr. M. Guyomar et P. Collin ; D. 2001, p. 1364 ; *RFDA* 2001, p. 832, concl. D. Chauvaux ; CE, 21 nov. 2001, n°233329, Synd. dptal d'ordures ménagères Aude ; *Environnement* 2002, comm. 44 , note P. Trouilly.

[1382] G. Eveillard, Référé-suspension - Le contentieux en référé des arrêtés de cessibilité, *Dr. Adm.* 2015, n°4, comm. 26.

[1383] CE, 14 févr. 2003, n°248556, Angelras : BJDU 2003, n°1, p. 60, concl. F. Lamy ; CE, 3 nov. 2006, n°293794, Syndicat intercommunal d'assainissement du Nord, T., p. 906 ; CE, 13 juill. 2007, n°294603, Synd. intercnal enlèvement et traitement ordures ménagères région Tournan-en-Brie, T. p. 1004 ; *JCP-A* 2007, act. 763

[1384] CE, 13 juin 2003, n°252542, Association de défense de la vallée du Loing et des sites environnants
CE, 6 juill. 2011, n°342385, Communauté locale de l'eau du Drac amont.

même valeur et que le référé-suspension peut, sans mal, être analysé comme un recours général par rapport aux référés environnementaux[1385]. Dans ses conclusions sur la décision commune de Goutrens, D. Chauvaux a proposé au Conseil d'État de considérer, consentant un effort important d'interprétation, qu'en l'absence de précision tant du législateur que du pouvoir réglementaire sur ce point, les règles de procédure applicables aux régimes spéciaux de suspension « étude d'impact » et « commissaire enquêteur » ont été modifiées par la loi du 30 juin 2000, en ce sens que la loi « a entendu rendre applicables aux demandes présentées à ce titre les dispositions qui régissent les demandes présentées au titre de l'article L. 521-1, en ce qui concerne tant la procédure que les voies de recours »[1386]. Ainsi, les dispositions spéciales du code de l'environnement impliquent seulement que si le moyen tiré de l'absence d'étude d'impact ou donc tiré de l'absence d'enquête publique requise est fondé, la condition d'urgence prévue à l'article L. 521-1 est implicitement satisfaite et la suspension est automatique[1387]. Le référé « environnement » s'analyse ici en une « variante du référé-suspension »[1388], dispensée de la condition d'urgence lorsque les situations visées par les articles précités du code de l'environnement se présentent. Sans interroger explicitement la concurrence de ces deux voies de droit, le rapporteur public plaide ainsi pour leur exercice possiblement conjoint compte tenu de l'identité de régime contentieux qu'il propose au Conseil d'État de consacrer. Cette identité de régime contentieux est rappelée par X. de Lesquen dans ses conclusions sur l'arrêt « Consorts Le Breton »[1389] et la doctrine le souligne également pour affirmer que le principe issu de la décision « Philippart de Lesage » ne saurait valoir[1390].

494. Considération de l'étendue des moyens invocables. Il apparait une certaine divergence entre la liberté dont jouissent les requérants dans la mise en œuvre des référés propres à la matière environnementale et des référés d'urgence et la contrainte qui leur est opposée, par exemple, dans l'exercice de ces mêmes référés d'urgence en matière de contentieux des étrangers ou dans le cadre du DALO. Ceci commande de considérer l'intention du législateur ayant organisé ces voies de droit concurrentes aux référés d'urgence. Celle-ci était particulièrement claire et ressortait tant de la lettre même des articles qui organisent les voies de droit concurrentes aux référés d'urgence que des travaux parlementaires. Tel n'est pas le cas pour les

---

[1385] Ceci a été récemment jugé, de manière particulièrement claire : CE, 5 déc. 2014, n°369522, Le Breton.

[1386] D. Chauvaux, concl. sur CE, 14 mars 2001, Commune de Goutrens, *RFDA* 2001, p. 832.

[1387] *Ibid.*

[1388] J.-D. Chetrit, Remarques sur l'effectivité des référés dans le domaine environnemental, *op. cit.*

[1389] Le rapporteur public écrit : « les articles L. 554-11 et L. 554-12 instituent des règles particulières pour statuer sur la demande de suspension : ils ont donc vocation à être invoqués à l'appui du référé-suspension » (X. de Lesquen, concl. sur CE, 5 déc. 2014, n°369522, Consorts Le Breton, non publiées.

[1390] Pour G. Eveillard « cette indulgence ne prête guère à contestation » (Référé-suspension - Le contentieux en référé des arrêtés de cessibilité, *op. cit.*)

référés environnements, institués par la loi du 12 juillet 2010 dite « Grenelle II »[1391] puisqu'elle a été adoptée par ordonnance, sans donc que les travaux parlementaires ne permettent d'éclairer le contexte de l'adoption de ces dispositions. En cela, si le juge cherche tantôt à faire respecter l'intention du législateur en affirmant l'exclusivité de certaines voies de droit concurrencées, il ne saurait le faire lorsque celle-ci n'est aucunement manifestée. Il se refuse, dans ce cas, à fermer aux requérants le recours prévu par les dispositions de l'article L. 521-1 du Code de justice administrative.

495. Surtout, la justification de cette tolérance du juge administratif réside dans l'intérêt que les justiciables peuvent trouver dans l'exercice du référé-suspension, que le juge se refuse donc à fermer. Lorsque celui-ci est utilisé aux fins de suspension des décisions visées par les articles précités du code de l'environnement, les requérants peuvent invoquer d'autres vices d'illégalité que ceux tenant à l'absence d'étude d'impact ou l'absence d'enquête publique. J.-D. Chétrit souligne bien que les motifs de contestation des décisions administratives ne se résument pas à ces vices[1392], en ce sens que seul le référé-suspension, parfois, est à même d'aboutir à la suspension de l'exécution de la décision administrative autorisant la réalisation d'un projet. Il semble ainsi particulièrement incommode pour le juge de fermer le référé-suspension en tant qu'il se fonde sur des vices affectant les situations visées par les articles L. 122-12 et L. 123-16 du code de l'environnement, pour l'ouvrir dès lors qu'il est fait état de doutes sérieux sur d'autres aspects de la décision administrative dont la suspension est demandée. Cette liberté se comprend d'autant plus que les référés « environnement » et le référé-suspension sont présentés dans une même requête compte tenu de leur identité de régime contentieux.

496. Exigence européenne d'effectivité des voies de droit. De plus, la matière environnementale se prête mal à une telle fermeture des voies de droit. La convention d'Aarhus impose que les citoyens puissent disposer de « recours suffisants et effectifs, y compris un redressement par injonction »[1393] pour, notamment, « contester la légalité, quant au fond et à la procédure, de toute décision, tout acte ou toute omission tombant sous le coup des dispositions de l'article 6 »[1394] de la Convention. Ce dernier article traite de la participation du public aux décisions prises en matière environnementale et renvoie à des décisions qui, soit sont énumérées dans une annexe à la convention, soit présentent « un effet important sur l'environnement »[1395]. Ce « redressement par injonction » parait inclure le prononcé

[1391] Art. 236 de la loi loi n°2010-788 du 12 juillet 2010 portant engagement national pour l'environnement.

[1392] J.-D. Chetrit, *op. cit.*

[1393] Art. 9§2 de la Convention d'Aarhus portant sur l'accès à l'information, la participation du public au processus décisionnel et l'accès à la justice en matière d'environnement, signée le 25 juin 1998.

[1394] *Ibid.*, art 9§4.

[1395] *Ibid.*, art. 6.

de mesures provisoires et doit ainsi s'entendre, selon le guide d'application de la convention, de la suspension de certaines décisions administratives autorisant la réalisation de projets susceptibles d'affecter sensiblement l'environnement[1396]. J.-D. Chétrit souligne également que le respect du droit de l'Union européenne, et en particulier les décisions de la Cour de justice de l'Union, implique l'existence de voies de droit effectives en droit interne[1397] ; cette dernière imposant d'ailleurs que la pleine efficacité des normes communautaires ne soit pas entravée par certaines « pratiques législatives, administratives ou judiciaires »[1398]. La Cour impose aussi que les États puissent offrir aux justiciables une protection juridictionnelle efficace des droits qu'ils tiennent des dispositions communautaires[1399]. Figurent notamment au nombre de ces dispositions celles de la directive du 24 novembre 2010 relative aux émissions industrielles au titre de la prévention et réduction intégrées de la pollution[1400] ou encore celles de la directive du 13 décembre 2012 concernant l'évaluation des incidences de certains projets publics et privés sur l'environnement[1401]. Force est de constater que le référé-suspension est en mesure de répondre aux exigences procédurales de la Cour de justice. Compte tenu des moyens invocables à l'appui de la demande présentée au juge et au regard des causes de suspension que ces mêmes requérants peuvent faire valoir au titre des dispositions du code de l'environnement précité, le référé-suspension est d'ailleurs souvent plus utile que ne le sont ces référés précités[1402].

[1396] S. Stec et S. Casey-Lefkowitz, *Guide d'application de la Convention d'Aarhus*, CEE, Centre régional pour l'environnement de l'Europe centrale et orientale, 2000, p. 171.

[1397] J.-D. Chetrit, *op.cit.*

[1398] La Cour de justice de l'Union européenne considère comme « incompatible avec les exigences inhérentes à la nature même du droit communautaire (…) toute « pratique législative, administrative ou judiciaire, qui aurait pour effet de diminuer l' efficacité du droit communautaire par le fait de refuser au juge compétent pour appliquer ce droit, le pouvoir de faire, au moment même de cette application, tout ce qui est nécessaire pour écarter les dispositions législatives nationales formant éventuellement obstacle, même temporaire, à la pleine efficacité des normes communautaires (CJCE, 19 juin 1990, aff. C-213/89, Secretary of State for Transports c/ Factortame Ltd ; *RFDA* 1990, p. 912, note J.-C. Bonichot ; *AJDA* 1990, p. 832, note P. Le Mire).

[1399] CJCE, 10 avr. 1984, aff. 14/83, Von Colson et Kamann : Rec. CJCE 1984, p. 1861. Sur l'ensemble de la question de l'effectivité des référés au regard des exigences de la Cour, v. J.-D. Chétrit, *op. cit.*, p. 189 et s.

[1400] Directive n°2010/75/UE du 24 nov. 2010 relative aux émissions industrielles (prévention et réduction intégrées de la pollution).

[1401] Directive n°2011/92/UE du 13 déc. 2011 concernant l'évaluation des incidences de certains projets publics et privés sur l'environnement.

[1402] Comme le fait remarquer C. Ballandras-Rozet, la jurisprudence administrative peut parfois témoigner de ce que les référés « environnement » sont délaissés par le juge au profit du référé-suspension de droit commun, au sens ou le Conseil d'Etat privilégie cette dernière procédure (*op. cit.*). C'est d'ailleurs ce que montre la décision « Consorts Lebreton » puisque le juge prononce la suspension de l'arrêté de cessibilité au titre de l'article L. 521-1 alors que les requérants invoquaient également le bénéfice des référés environnementaux. Certains estiment pour autant qu'il convient de nuancer cette efficacité du référé-suspension (X. Braud, Les impacts négatifs du référé-suspension sur la protection de l'environnement, *Revue juridique de l'environnement*, 2003, n°2, p. 193 et s.) mais cette limite est intrinsèque au référé-suspension et ne se conçoit pas en raison d'une efficacité supérieure des référés environnementaux.

497. Ainsi, la concurrence entre les référés « environnement » et le référé-suspension est appréciée d'une manière particulière par le juge administratif puisqu'il se refuse à fermer aux requérants la voie de droit générale qu'est le référé-suspension même lorsque celui-ci est mobilisé pour faire juger la même prétention que celle présentée au juge sur le fondement des articles L. 554-11 et L. 554-12 du Code de justice administrative (qui renvoient aux articles L. 122-12 et L. 123-16 précités du Code de l'environnement). En l'absence de texte, et d'ailleurs en l'absence de travaux parlementaires, le juge ne saurait retenir l'exclusivité de ces voies de droit spécifiques. Il ne saurait pas davantage apporter une limite à l'exercice indistinct de ces différents recours, conformément à sa ligne jurisprudentielle classique en matière de concurrence des recours. En effet, la fermeture du référé-suspension aurait pour effet de priver les justiciables d'une voie de droit utile. Elle est d'ailleurs parfois plus efficiente que ne le sont les référés environnementaux compte tenu notamment, de la variété des moyens invocables à l'appui de la demande de suspension formée au titre de l'article L. 521-1 du Code de justice administrative. Cette démarche paraitrait, du reste, éloignée des exigences issues des normes internationales, en ce sens que le référé-suspension semble être la voie de droit la plus à même d'être mobilisée pour faire cesser les atteintes susceptibles d'être portées à l'environnement par l'Administration.

III. La liberté d'exercer un référé d'urgence et un référé précontractuel

498. Intérêt des référés d'urgence dans le contentieux précontractuel. Le contentieux propre à la période qui précède la conclusion d'un contrat administratif peut, on le sait, donner lieu à des recours nombreux et dont certains permettent aux requérants de faire juger des prétentions similaires. La mise en œuvre des référés d'urgence et d'un référé précontractuel s'inscrit dans cette perspective, en particulier lorsque les requérants cherchent, sur le fondement de l'article L. 551-2 du Code de justice administrative, à obtenir du juge saisi qu'il fasse usage de son pouvoir de suspension des décisions se rapportant à la passation du contrat. L'analyse de cette concurrence entre le référé précontractuel et les référés d'urgence impose de formuler deux réserves préalables, conduisant, chacune, à nuancer l'intérêt pratique de cette étude de la jurisprudence. La première est connue. Depuis que les tiers intéressés par la conclusion d'un contrat administratif sont à même d'exercer un recours en contestation de validité du contrat une fois celui-ci conclu, ils sont irrecevables à demander la suspension des décisions administratives préalables à la conclusion du contrat, faute de pouvoir exercer un recours pour excès de pouvoir contre ces décisions. Pour autant, le référé-liberté n'accompagne pas nécessairement un recours au fond et il reste ainsi théoriquement disponible, comme l'est le référé précontractuel, avant la signature du contrat. Il est toutefois malaisé de distinguer son intérêt à ce stade des relations contractuelles puisqu'il est rare que la procédure de passation d'un contrat conduise à porter atteinte de manière grave et manifestement illégale une liberté fondamentale.

499. La jurisprudence administrative traduit une coexistence de ces voies de droit, en laissant transparaître leur complémentarité et, en particulier, sur la possibilité d'utilisation du référé-suspension lorsque le référé précontractuel ne peut être exercé[1403]. Il reste que la proposition inverse est plus fréquemment observable[1404]. D. Bailleul a ainsi écrit que « l'arrivée de nouvelles procédures d'urgence, est apparue comme une alternative possible au référé précontractuel dans les hypothèses où celui-ci ne saurait être appliqué »[1405] tandis que P. Collin et M. Guyomar insistent à raison sur le rôle « vraisemblablement subsidiaire »[1406] que le référé-suspension est appelé à jouer dans le contentieux contractuel. En matière contractuelle, et, précisément, dans le cadre du contentieux précontractuel, la voie de droit spécifique qu'est le référé précontractuel a été créée par le législateur parce que le régime de sursis à exécution des décisions administratives ne permettait pas de satisfaire aux exigences imposées par le droit de l'Union européenne[1407]. La loi du 30 juin 2000 a permis d'améliorer l'efficacité de ces référés administratifs, mais le référé-suspension reste un recours absolument général par rapport à la procédure prévue à l'article L. 551-1 du Code de justice administrative. Il reste que la matière contractuelle n'est pas exclue de son champ d'application, ce que l'observation de la jurisprudence permet de montrer[1408].

[1403] CE, 29 mai 2000, n°204239, SCP d'architectes Legleye, p. 190 ; *AJDA* 2000, p. 419, chron. M. Guyomar et P. Collin ; *CMP* 2000, comm. 6, obs. P. Soler-Couteaux ; *RDI* 2000, p. 558, obs. F. Llorens ; CE, 29 avr. 2002, n°240272, Sté Apsys International et a., p. 168 ; *Dr. adm.* 2002, comm. 121, note A. Ménéménis. La complémentarité n'est ici pas synonyme de concurrence des recours puisque le référé-suspension est, dans les hypothèses visées, exercé quand le référé précontractuel ne trouve pas à s'appliquer.

[1404] Le référé-suspension est nécessairement accessoire à un recours au fond qui ne peut, dans le cas considéré, être dirigé que contre un acté détachable du contrat, celui-ci n'étant pas encore signé. Le référé précontractuel ne souffre pas d'une telle exigence et intervient plus en amont du processus de contractualisation (M. Guyomar et P. Collin, « Qu'apporte le référé-suspension par rapport au référé précontractuel ? », *AJDA* 2002 p. 419). Dans le même sens : P. Cassia, *Pratique des référés précontractuels*, 2008, Litec, p. 79 et s.)

[1405] F. Llorens et P. Soler-Couteaux, « Le recours des candidats évincés contre les contrats : embarras du choix ou embarras tout court ? », *op. cit.*

[1406] M. Guyomar et P. Collin, *op. cit.*

[1407] V. surtout, la directive 89/665/CEE du 21 déc. 1989 portant coordination des dispositions législatives, réglementaires et administratives relatives à l'application des procédures de recours en matière de passation des marchés publics de fournitures et de travaux (dite, directive « recours »). Sur ce point v., par ex., R. Vandermeeren, Le référé administratif précontractuel, *op. cit.* ; P. Cassia, *Pratique des référés contractuels*, *op. cit.*, p. 1 et s.

[1408] Pour quelques exemples : CE, 22 juin 2001, n°230693, Sté Bourbonnaise de travaux publics de construction ; *CMP* 2001, comm. 159, obs. F. Olivier ; CE, 30 déc. 2002, n°247668, Commune de Bandol, *AJDA* 2003, p. 912 ; *CMP* 2003, n°56, p. 34, note Philippe Delelis.

500. Concurrence des référés d'urgence et du référé précontractuel. Au-delà de leur coexistence, il convient d'interroger leur concurrence : confronté à deux voies de droit permettant de faire juger une même prétention (à savoir la suspension d'une décision administrative se rapportant à la passation d'un contrat) le juge administratif aurait pu considérer que la voie particulière du référé précontractuel privait les requérants de la faculté de rechercher le bénéfice des référés d'urgence de droit commun que sont le référé-suspension et, de manière moins évidente, le référé-liberté. Certains auteurs l'ont envisagé. De manière quelque peu maladroite, P. Terneyre et J. Gourdou écrivent à ce propos : « En tout état de cause, on voit mal, au nom de l'exception de recours parallèle qui, par définition n'existe pas ici, comment interdire, à une entreprise potentiellement candidate à un type de contrat ou victime d'un type d'irrégularité non couvert par le référé précontractuel, de demander l'intervention du juge des référés lorsque les conditions de ladite intervention sont remplies »[1409]. L'exception de recours parallèle ne saurait expliquer les rapports entretenus par ces deux voies de droit et l'hypothèse visée par P. Terneyre et J. Gourdou traite précisément du cas où le référé précontractuel n'est pas disponible pour le requérant Or, le juge ne peut certainement pas fermer un recours en se fondant sur l'existence d'une voie de droit dont le requérant ne disposerait pas.

501. À nouveau, c'est moins sur la coexistence de ces procédures que sur leur concurrence que ces auteurs insistent. B. Poujade traite également de cette question d'une éventuelle application de l'exception de recours parallèle pour s'opposer au cumul de ces procédures juridictionnelles, en indiquant que la réponse à y apporter dépend du fondement de la requête en référé-suspension[1410]. L'explication donnée par l'auteur est assez sommaire, mais très juste. Il écrit que si la requête en référé-suspension repose sur des moyens non invocables devant le juge du référé précontractuel, alors « il n'y a pas de raison » d'opposer l'exception de recours parallèle[1411]. Enfin, D. Bailleul envisage aussi l'application de l'exception de recours parallèle à la situation de concurrence entre ces recours en insistant sur la perte d'intérêt de cette notion doctrinale[1412] pour relever, *in fine*, que le juge administratif n'entend pas fermer les référés d'urgence utilisés par des requérants à même de disposer

---

[1409] P. Terneyre et J. Gourdou, Le référé précontractuel administratif au lendemain de la réforme des procédures d'urgence, *CJEG* 2001, p. 135.

[1410] B. Poujade, Le référé précontractuel, *RFDA* 2002, p. 279.

[1411] *Ibid.* Seules sont ensuite mentionnées par l'auteur quelques décisions de tribunaux administratifs qui semblent admettre l'utilisation conjointe des deux voies de droit (TA Strasbourg, 5 déc. 2000, Société Serete c/ SIVOM de Metz ; TA Saint-Denis de la Réunion, ord. 6 févr. 2001, Sté Bourbonnaise TP de construction : CMP 2001, comm. n°21 p. 21. note J.-P. Pietri ; *CMP* 2001, note Soler Couteaux, comm 99) ce que le Conseil d'Etat a ultérieurement confirmé (CE. 2 juill. 2002, n°243686, Ville Nice).

[1412] D. Bailleul, « Les référés "suspension" et "liberté" au secours du référé précontractuel ? », *op. cit.*

du référé précontractuel. Il ajoute : « Il faut assurément en déduire que l'exception de recours parallèle, si l'on veut prêter un sens à l'expression ne devrait pas le cas échéant constituer un obstacle à la mise en œuvre des référés d'urgence en matière précontractuelle[1413] puisque ceux-ci sont potentiellement susceptibles d'aboutir dans des hypothèses relatives au non-respect des obligations de publicité et de mise en concurrence où le référé précontractuel pourrait s'avérer infructueux »[1414]. Ces propos conduisent une nouvelle fois à observer que, en envisageant la concurrence des recours, la doctrine traite presque exclusivement des cas où les requérants ne disposent pas de plusieurs voies de droit pour faire juger une même prétention[1415].

502. Absence de limitation à la mise en œuvre cumulée de ces recours. La décision « Ville de Nice » rendue par le Conseil d'État le 29 juillet 2002 est sur ce point éclairante. Elle juge que certaines conclusions présentées au juge administratif « peuvent relever aussi bien de la compétence que le président du tribunal administratif tient de l'article L. 551-1 du Code de justice administrative que de celle que l'article L. 521-1 du même code confère au juge des référés, s'agissant de la suspension d'un acte administratif, détachable du contrat, susceptible d'être déféré au juge de l'excès de pouvoir »[1416]. Les requérants peuvent ainsi exercer simultanément ces référés à la condition de les présenter dans des requêtes distinctes[1417]. Ainsi, le Conseil d'État reconnait une faculté d'option ou de cumul aux requérants lorsque se présente, avant la signature du contrat, une décision administrative susceptible d'être considérée comme détachable de la procédure de passation[1418]. Certains éléments explicatifs de la solution se trouvent dans les conclusions prononcées par D. Piveteau. Ce dernier soulève d'abord l'intérêt de bâtir « un système cloisonnant par lequel, par exemple, le requérant qui serait en état d'avoir accès au référé précontractuel serait irrecevable à introduire, concurremment, une demande de référé-suspension »[1419]. Il rejette néanmoins cette solution,

---

1413 *Ibid.* V., en ce sens, à propos de l'exercice du recours pour excès de pouvoir : TA Nancy, 21 nov. 2000, Préfet Meurthe-et-Moselle ; CMP 2001, comm. n°99, note P. Soler-Couteaux.

1414 *Ibid.*

1415 V. encore, sur ce point : J. Momas, Référé-suspension et contentieux précontractuel, *AJDA* 2004, p. 1116 ; H. Gérard, La délicate articulation entre référé précontractuel et référé-suspension, entre impartialité et urgence à suspendre le contrat, *AJDA* 2010, p. 1085.

1416 CE, 2 juill. 2002, n°243686, Ville de Nice.

1417 CE, sect., 28 févr. 2001, n°230112 et n°230520, Philippart et Lesage.

1418 Tel est par exemple le cas de la décision d'exclure un candidat (CE, sect., 7 juill. 1967, OPHLM du Mans, p. 306), d'écarter une offre (CE, 1er avr. 1994, n°120121, Éts J. Richard Ducros, p. 177 ; *RDI* 1994, p. 444, chron. F. Llorens et Ph. Terneyre) ou d'attribuer le marché (CE, sect., 6 déc. 1995, n°148964, Dpt Aveyron et Sté JCDecaux, p. 428).

1419 D. Piveteau, concl. sur CE, 2 juill. 2002, n°243686, Ville de Nice, *BJCP* n°25, 2002, p. 476.

pourtant non dépourvue d'intérêt[1420], en soulignant que les référés inscrits par le législateur dans le livre V du Code de justice administrative « ne se présentent jamais comme exclusifs les uns des autres »[1421] et qu'alors, un requérant est en mesure d'exercer indistinctement ces référés. Si la lecture de la doctrine renseigne peu sur les raisons qui conduisent le juge administratif suprême à tolérer le cumul dans l'exercice de ces procédures juridictionnelles, les conclusions rendues par D. Piveteau paraissent insister sur l'importance du silence des dispositions législatives ayant institué les référés d'urgence. Cette manière de voir doit en revanche être précisée et rapprochée des solutions adoptées à propos des relations entre les référés suspension et liberté de celles entretenues par ces référés d'urgence avec les référés prévus par le code de l'environnement.

503. Champ plus large des moyens invocables dans le cadre des référés d'urgence. Le juge se refuse à fermer la voie de droit générale alors même qu'une voie spécifique est ouverte, ici le référé précontractuel. Cette tolérance pour l'exercice des référés d'urgence semble s'expliquer par le souhait de ne pas priver les justiciables de garanties que leur offre la loi. En ce sens, si les personnes intéressées à la conclusion d'un contrat peuvent, avant la signature de celui-ci, saisir un juge disposant de larges pouvoirs au titre des articles L. 551-1 et suivants du Code de justice administrative, ils ne peuvent soulever que des moyens dont le champ est limité par l'objet de la procédure de référé précontractuel, à savoir la violation des obligations de publicité et de mise en concurrence. Il est vrai que le juge adopte parfois une conception extensive de ces moyens[1422], mais nombre d'entre eux ne peuvent prospérer[1423]. De plus, le juge a entendu resserrer les conditions d'admission des moyens par la décision « Smirgeomes » en jugeant que les requérants « ne sauraient se prévaloir que de manquements qui, eu égard à leur portée et au stade de la procédure auquel ils se rapportent, sont susceptibles de les avoir

---

[1420] Elle permet, notamment d'éviter la multiplication des instances juridictionnelles, en confiant à un juge spécialement chargé du contentieux contractuel et disposant de larges pouvoirs particulièrement adaptés à ce contentieux.

[1421] D. Piveteau ajoute qu'il n'existe pas jusqu'à aujourd'hui « d'exception de recours parallèle entre les différentes formes de référé » et que « nous ne voyons pas le motif d'en introduire une pour le référé précontractuel » (*op. cit.*).

[1422] M. Ubaud-Bergeron, Droit des contrats administratifs, *op. cit.*, p. 456. V. égal., P. Cassia, *Pratique des référés précontractuels*, *op. cit.*, p. 137 et s. ; H. Hoepffner, *Droit des contrats administratifs*, Dalloz, Cours, 2016, p. 543 et s.

[1423] *Ibid.*, p. 458.

lésés ou risquent de les léser »[1424]. Les moyens non invocables dans le cadre du référé précontractuel pourraient, en revanche, fonder une demande de suspension d'une décision administrative se rapportant à la passation du même contrat s'ils étaient présentés dans le cadre du référé-suspension. En effet le juge peut, dans le cadre de ce référé, être saisi de tout moyen propre à créer un doute sérieux sur la légalité de la décision. Ainsi, fermer les référés d'urgence aurait pour effet de priver les requérants de la faculté que leur offre la loi de demander au juge la suspension d'une décision administrative en étant en mesure d'invoquer des moyens qui ne sont pas relatifs à la méconnaissance des règles de publicité et de mise en concurrence.

504. En définitive, le juge administratif ne s'oppose pas de manière absolue à l'exercice de recours concurrents et notamment, lorsque ceux-ci sont organisés par la loi. Certaines situations faisant apparaître une telle concurrence sont réglées par le juge, considérant les termes de la loi ou l'intention du législateur pour en déduire le caractère exclusif d'une voie de droit comportant un objet déterminé[1425]. En l'absence d'élément indicatif dans la loi quant à ce caractère exclusif, le juge n'entend pas priver les requérants des possibilités que la loi leur ouvre. Dans le silence des dispositions législatives, le libre exercice des recours concurrents (en l'occurrence des référés administratifs) est toléré par le juge. Dans d'autres cas de concurrence des recours, le juge impose l'exercice de recours « spéciaux » au détriment du recours pour excès de pouvoir ; il prive là également les requérants de la possibilité de bénéficier de conditions favorables de jugement dans la mesure où, dans le contentieux de l'excès de pouvoir, les requérants peuvent soulever tout moyen de légalité à l'appui de la demande d'annulation de la décision administrative litigieuse. Il reste que le recours pour excès de pouvoir n'est pas organisé par la loi et que le juge peut, en poursuivant des préoccupations tout à fait légitimes, diriger les requérants vers une voie de droit adaptée, s'il estime que celle-ci peut leur permettre de faire juger la même prétention. La solution se distingue ainsi de celle relative à l'exercice des procédures

[1424] CE, 3 oct. 2008, n°305420, Syndicat mixte intercommunal de réalisation et de gestion pour l'élimination des ordures ménagères du secteur est de la Sarthe (SMIRGEOMES), p. 324, concl. B. Dacosta ; *AJDA* 2008, p. 1855 ; *ibid.*, p. 2161, chron. E. Geffray et S.-J. Liéber ; *ibid.*, p. 2374, étude P. Cassia ; *RDI* 2008, p. 499, obs. S. Braconnier ; *RFDA* 2008, p. 1128, concl. B. Dacosta ; *ibid, p.* 1139, note P. Delvolvé ; *Dr. adm.* 2008, comm. 154, note B. Bonnet et A. Lalanne ; *JCP-A* 2008, comm. 2262, note F. Linditch ; *RJEP* 2009, comm. 8, note F. Brenet ; *BJCP* 2008, p. 451, concl. B. Dacosta, obs. R. Schwartz ; *LPA*, 21 nov. 2008, p. 15, note S. Hul ; *BJCP* 2008. 394, chron. Th. Dal Farra ; *CMP* 2008, comm. 264, note. J.-P. Piétri.

[1425] Pour un exemple, il est jugé que « les dispositions particulières prévues pour contester devant le juge administratif la légalité d'une obligation de quitter le territoire français déterminent l'ensemble des règles de procédure applicables en la matière ; qu'il en résulte qu'un arrêté ordonnant une telle mesure d'éloignement n'est pas justiciable, en principe, des procédures de référé instituées par le livre V du code de justice administrative » (CE, 11 juin 2012, n°360043, Zitouni)

d'urgence définies par le législateur puisque la rationalisation des procédures juridictionnelles ne saurait entraver l'application des dispositions législatives.

§2. La concurrence entre les voies de droit ouvertes au représentant de l'État

505. La concurrence des recours concerne, pour une très large part, les rapports entre les voies de droit que les personnes privées peuvent être amenées à emprunter, puisque la faculté des personnes publiques à s'adresser au juge administratif est substantiellement limitée par la jurisprudence Préfet de l'Eure[1426]. Compte tenu de ce que les personnes publiques ne peuvent demander au juge des mesures qu'elles ont le pouvoir de prendre, nombre de recours contentieux sont, pour elles, nécessairement irrecevables et donc indisponibles. Il en va par exemple ainsi, pour la personne publique auteur de la décision, des recours qui tendent à obtenir l'annulation ou la suspension d'une décision qu'elle peut retirer ou abroger. La jurisprudence peut toutefois témoigner du large usage que font les personnes publiques de l'article L. 521-3 du Code de justice administrative ou encore de certains cas, rares, de concurrence[1427]. Pour autant, la concurrence des recours se présente peu pour les personnes publiques et concerne principalement le cas du représentant de l'État dans le département, qui dispose de la faculté de saisir le juge dans le cadre du contrôle opéré sur les actes des collectivités territoriales. Le déféré préfectoral institué par la loi du 2 mars 1982[1428] permet au Préfet de saisir les tribunaux administratifs aux fins d'annulation des actes d'autorités décentralisées, de sa propre initiative ou sur demande des administrés[1429]. Cela concernait initialement le recours pour excès de pouvoir, qu'il vise une décision ou même un contrat[1430], mais la jurisprudence a permis de considérer que cette voie de droit relevait du plein contentieux lorsque le Préfet entendait contester la légalité d'un tel acte contractuel[1431]. Quelle que soit sa nature exacte, le déféré préfectoral est un recours au fond permettant au représentant de l'État de saisir les juridictions administratives.

[1426] CE, 30 mai 1913, Préfet de l'Eure, S. 1915.3.9, note M. Hauriou.

[1427] CE, 10 févr. 2016, n°382016, Communauté agglomération Côte Basque.

[1428] Art. 3, 46 et 49 de la loi n°82-213 du 2 mars 1982 relative aux droits et libertés des communes, des départements et des régions.

[1429] V. sur ce point : R. Chapus, *op. cit.*, p. 216.

[1430] CE, sect., 27 févr. 1987, n°54847, Cne Grand-Bourg de Marie-Galante, p. 79 ; *AJDA* 1987, p. 419, note X. Prétot ; *RFDA* 1987, p. 212 et 777, concl. B. Stirn et note J.-Cl. Douence ; CE, sect., 26 juill. 1991, Cne Sainte-Marie, p. 302, concl. H. Legal ; *RFDA*. 1991, p. 966 ; CE, 4 nov. 1994, Dpt Sarthe ; T., p. 801 ; *AJDA* 1994, p. 898, concl. Ch. Maugüé.

[1431] CE, 23 déc. 2011, n°348647, Min. Intérieur, Outre-mer, Collectivités territoriales et Immigration, p. 662, *AJDA* 2012, p.1064, note M. Quyollet ; *BJCP* 2012, p.125, concl. B. Dacosta ; *Dr. adm.* 2012, comm. 62, note A. Claeys ; *RFDA* 2012, p. 683, note P. Delvolvé ; *RJEP* 2012, comm. 25, note F. Brenet.

506. Cette faculté ouverte au Préfet se double d'ailleurs de celle de s'adresser au juge administratif des référés afin que soient ordonnées des mesures provisoires. La loi du 30 juin 2000 a modifié quelque peu les procédures d'urgence ouvertes au représentant de l'État[1432], mais celui-ci peut notamment disposer du référé-suspension, susceptible d'accompagner le déféré dont il est l'accessoire[1433] et du « déféré-liberté » qui consiste en un régime particulier de suspension de décisions administratives potentiellement attentatoires à l'exercice d'une liberté publique ou individuelle[1434]. Ces recours à disposition du Préfet s'ajoutent à ceux ouverts par le juge administratif dans le cadre des évolutions jurisprudentielles récentes relatives au contentieux des contrats administratifs (I) et sont également à même de concurrencer des voies de droit ouvertes par d'autres dispositions législatives (II).

I. La concurrence entre le déféré préfectoral et le recours en contestation de validité du contrat

507. Maintien du déféré préfectoral contre les actes détachables. Les textes donnent au Préfet le pouvoir de déférer au contrôle du juge certains contrats signés par les collectivités territoriales ou les sociétés d'économie mixte locale, mais il lui est également loisible de rechercher la suspension de certaines décisions administratives, soumises à l'obligation de transmission et se rapportant à ces contrats. C'est d'abord au regard de la création d'un recours en contestation de validité du contrat ouvert aux concurrents évincés de la procédure de passation qu'il faut situer ces voies de droit ouvertes au représentant de l'État. Par la décision Tropic, le Conseil d'État a reconnu à certains tiers aux contrats administratifs un accès direct au juge du contrat tandis qu'il a également accepté, en prenant quelques distances avec la lettre de l'article L. 521-1 du Code de justice administrative, que ce recours au fond soit accompagné d'une demande de suspension de l'exécution du contrat[1435]. L'existence de ce nouveau recours de plein contentieux et la fermeture corrélative du recours pour excès de pouvoir dirigé contre certains actes détachables du contrat et se rapportant à sa passation n'ont pas affecté la capacité reconnue au Préfet de soumettre au contrôle du juge certains contrats administratifs conclus par les collectivités territoriales.

[1432] V. sur cette question : J.-C. Douence, Collectivités locales : contrôle de la légalité, Répertoire de contentieux administratif, Dalloz, n°251 et s.

[1433] Ce référé à l'initiative du Préfet est d'ailleurs plus favorable que celui ouvert aux requérants ordinaires. En effet, il est fait droit à la demande du préfet si l'un des moyens invoqués paraît sérieux et de nature à justifier l'annulation de l'acte attaqué. Au surplus, la saisine du juge administratif entraîne d'ailleurs, pour certains actes, un effet suspensif (tel est le cas en matière d'urbanisme, pour les marché et délégations de service public (Art. L. 2131-6 du CGCT).

[1434] Art. L. 2131-6 du CGCT.

[1435] CE, ass., 16 juill. 2007, n°291545, Sté Tropic travaux signalisation Guadeloupe.

508. À dire vrai, les incidences de cette voie de droit nouvellement consacrée sur les recours à disposition du Préfet n'ont été envisagées ni par le rapporteur public[1436], ni d'ailleurs par les nombreux commentaires de la décision[1437]. Cette situation a été clarifiée par la décision « Département du Tarn-et-Garonne », consacrant l'ouverture de ce recours en contestation de validité du contrat à « tout tiers susceptible d'être lésé dans ses intérêts de façon suffisamment directe et certaine par sa passation ou ses clauses »[1438]. Dans cette décision, le Conseil d'État s'est attaché à envisager les conséquences de cette extension du recours en contestation de validité du contrat sur le Préfet puisque ce dernier est bien un tiers au contrat, même s'il n'est pas « un tiers comme les autres »[1439]. Il a été jugé que l'action devant le juge du contrat est ouverte, notamment, « au représentant de l'État dans le département dans l'exercice du contrôle de légalité »[1440]. Ce dernier dispose d'ailleurs, comme d'autres tiers « particuliers »[1441], de la faculté que n'ont pas les tiers ordinaires de soulever tout moyen de légalité – et non exclusivement ceux en rapport avec l'intérêt lésé – à l'appui du recours dirigé contre le contrat[1442].

509. Contrairement à la formule retenue dans la décision « Tropic », le juge administratif précise que l'irrecevabilité du recours pour excès de pouvoir dirigé contre les actes administratifs préalables à la conclusion du contrat ne s'étend pas au recours en annulation que le Préfet est susceptible d'exercer à leur égard[1443]. S'il est précisé que ce recours perd son objet lorsqu'il y est statué une fois le contrat conclu, il reste que le juge administratif suprême ne ferme pas, comme il le fait pour les tiers ordinaires lésés, le recours contre les actes détachables. En ce sens, la concurrence des voies de droit est ici tolérée, même si l'hypothèse reste, en pratique, peu envisageable. En effet, comme le fait remarquer B. Dacosta, la problématique des actes détachables « se réduit aux éventuelles décisions intermédiaires prises durant la phase de sélection des candidatures et des offres »[1444] puisque les maires

---

[1436] D. Casas, concl. sur CE, ass., 16 juillet 2007, Société Tropic Travaux Signalisation Guadeloupe, *op. cit.*

[1437] V. par ex. P. Delvolvé et D. Casas, Un nouveau juge pour le contrat administratif, *RJEP* 2007, n°646, dossier 1 ; M.-C. Rouault, Naissance d'un nouveau recours en matière contractuelle : une construction prétorienne alliant protection de la légalité et sécurité juridique, *JCP-A* 2007, n°37, 2221 ; M. Ubaud-Bergeron, Ouverture aux concurrents évincés de la conclusion d'un contrat d'un recours contre ce contrat, *JCP-G* 2007, n°38, 10056.

[1438] CE, ass., 4 avril 2014, n°358994, Département du Tarn et Garonne.

[1439] D. Casas, *op. cit.*

[1440] CE, ass., 4 avril 2014, n°358994, Département du Tarn et Garonne.

[1441] En l'occurrence, il s'agit des membres de l'organe délibérant de la collectivité territoriale ou du groupement de collectivités territoriales concerné (v. sur cette question : B. Dacosta, Esquisse d'une typologie des requérants en matière contractuelle, *op. cit.*).

[1442] Sur ce point : L. Janicot, La nouvelle place du tiers dans le contentieux des contrats administratifs, *op. cit.*

[1443] CE, ass., 4 avril 2014, n°358994, Département du Tarn et Garonne.

[1444] B. Dacosta, *op. cit.*

sont à même de signer certains contrats, dont les marchés publics, sans que soit requise l'autorisation de signer de la part du conseil municipal[1445]. Or la décision de signer le contrat était l'un des actes détachables qui faisait fréquemment l'objet d'un recours pour excès de pouvoir avant que ne soit créé le recours en contestation de validité du contrat. Le contentieux contractuel initié par le représentant de l'État est ainsi quantitativement limité. La concurrence des recours, à cet égard, l'est aussi.

510. Possibilité légale d'exercice du déféré contre les actes détachables. Cette absence de fermeture du recours pour excès de pouvoir exercé par le Préfet a été expliquée de manière très juste par la doctrine, alors, d'ailleurs, que l'explication était parfois critiquable pour ce qui concerne la fermeture du recours pour excès de pouvoir aux requérants ordinaires[1446]. Pour F. Brenet[1447], J. Lessi et A. Bretonneau[1448], la création du recours en contestation de validité du contrat ne pouvait conduire à remettre en cause l'existence du déféré préfectoral dirigé contre certains actes administratifs se rapportant aux contrats administratifs puisque cette dernière voie de droit est prévue par la loi. La démarche simplificatrice du Conseil d'État et sa volonté de faire prévaloir le recours spécial de plein contentieux au détriment du recours pour excès de pouvoir dirigé contre certains actes détachables du contrat administratif se plient, dans le cas du Préfet, aux exigences législatives[1449]. Si le juge administratif s'est autorisé à préciser certaines conditions dans lesquelles le déféré préfectoral pouvait aboutir en matière contractuelle[1450], l'existence de cette possibilité ouverte au Préfet par la loi ne saurait être remise en cause par la volonté du Conseil d'État à endiguer la concurrence des recours juridictionnels. Il peut tout à fait fermer le recours pour excès de pouvoir dirigé contre les actes détachables préalables à la signature du contrat en dirigeant les tiers susceptibles d'être lésés par la passation vers un recours spécial de plein contentieux. La possibilité pour le Préfet de faire usage de ces pouvoirs qu'il tient de la loi implique que la politique jurisprudentielle menée par le juge conduise à laisser ouvert le déféré

[1445] V. art. L. 2122-22 du CGCT. Cette décision d'autorisation de signer était assurément l'un des actes détachables que les tiers cherchaient à contester par la voie du recours pour excès de pouvoir (CE 9 nov. 1934, Chambre de commerce de Tamatave, p. 1034).

[1446] V *supra*, p. 132.

[1447] F. Brenet, L'élargissement du recours Tropic aux tiers justifiant d'un intérêt lésé, *op. cit.*

[1448] J. Lessi et A. Bretonneau, Contentieux contractuel : la révolution rentre au port, *op. cit.* Ils écrivent que le recours en contestation de validité du contrat nouvellement étendu « s'ajoute naturellement aux voies de recours prévues par la loi que le Conseil d'État n'aurait en tout état de cause pas pu faire disparaître » afin d'assurer la « pleine préservation de ce recours législatif, correspondant au surplus à une exigence constitutionnelle ».

[1449] V. encore, sur ce point, S. Hourson, *op. cit.*

[1450] CE, 23 déc. 2011, n°348647, Min. Intérieur, Outre-mer, Collectivités territoriales et Immigration.

préfectoral dans la phase précontractuelle et à tolérer la concurrence des voies de droit pour le représentant de l'État, aussi limitée soit-elle.

II. La concurrence entre les voies de droit ouvertes au représentant de l'État par la loi

511. Concurrence rare du déféré avec une autre voie de droit. La concurrence entre des recours contentieux à disposition du Préfet et ouverts par des dispositions législatives se manifeste assez peu dans la jurisprudence administrative. Le juge entend parfois éviter cette concurrence en consacrant la primauté des dispositions organisant certaines voies de droit sur celles définissant l'exercice du déféré-préfectoral. Le Conseil d'État a pu ainsi décliner la compétence des juridictions administratives générales pour connaître des recours exercés par le Préfet par la voie du déféré lorsque celui-ci est dirigé contre les décisions par lesquelles le président du conseil général accorde ou refuse le bénéfice d'une allocation compensatrice en faveur de personnes affectées d'un handicap[1451]. Cette incompétence est justifiée, selon le juge, par le fait que les décisions que prend le président du conseil général à ce titre, en vertu de l'article 124-2 du code de la famille et de l'aide sociale, sont susceptibles de recours devant les commissions d'aide sociale[1452]. D'autres cas témoignent en revanche d'une concurrence certaine entre des voies de droit ouvertes par les textes ; ils sont appréciés par le juge en consacrant la possibilité pour le Préfet de les emprunter indistinctement.

512. Une première illustration de la concurrence des recours organisés par la loi dont dispose le Préfet concerne à nouveau le contentieux précontractuel. Le Préfet dispose, en vertu de l'article L. 551-10 du Code de justice administrative, de la possibilité de former un référé précontractuel contre les contrats conclus par les collectivités territoriales. Cette faculté se double donc de celle qui consiste à demander au juge des référés, avant la signature du contrat, la suspension d'un acte susceptible de s'en détacher. Cette dernière voie de droit peut concurrencer le référé précontractuel. D'ailleurs, en matière de marchés et de délégations de service public, la suspension de l'acte détachable est automatiquement acquise lorsqu'elle est formulée dans les dix jours à compter de la réception de celui-ci par les services de l'État[1453]. Il reste que la jurisprudence ne fournit pas d'exemple permettant d'illustrer la solution qu'il convient de donner à cette situation, pour la simple raison que le Préfet ne met que très rarement en œuvre ces référés spécifiques à la matière contractuelle. F. Lichère évoque sur ce point un usage « assez

---

[1451] CE, 22 janv. 1997, n°157192, Dpt d'Eure-et-Loir, p. 26.

[1452] *Ibid.*

[1453] V. art. L. 2131-1 et s. du CGCT.

exceptionnel »[1454] de ces instruments de contrôle à disposition du Préfet. Les garanties respectivement offertes par le Code général des collectivités territoriales et par les dispositions précitées du Code de justice administrative conduiraient probablement le juge à, toutefois, ne pas considérer ces voies de droit comme exclusives l'une de l'autre.

513. Concurrence éventuelle entre référé-liberté et déféré-liberté. Il est aussi d'autres domaines que celui du contentieux contractuel dans le cadre desquels le Code général des collectivités territoriales reconnaît au Préfet la possibilité de saisir le juge administratif. Pour combler les lacunes de l'ancienne procédure de sursis à exécution des décisions administrative que le Préfet pouvait mettre en œuvre, le législateur a institué, dès 1982, une procédure particulière de référé-suspension en matière d'atteintes aux libertés, aujourd'hui reprise par le Code général des collectivités territoriales. Pour ceux des actes que le Préfet estime contraires à la légalité et qui sont de nature à compromettre l'exercice d'une liberté publique ou individuelle, le juge administratif peut être saisi et « prononce la suspension dans les quarante-huit heures »[1455] de l'acte attaqué. Cette procédure, dispensée de la condition d'urgence, mais dont le champ d'application se limite aux actes administratifs soumis à l'obligation de transmission, présente quelques similitudes avec le référé-liberté organisé par l'article L. 521-2 du Code de justice administrative. La coexistence de ces deux voies de droit au profit du représentant de l'État a d'ailleurs été envisagée à l'occasion de l'adoption de la loi du 30 juin 2000. La lecture des travaux parlementaires fait observer des conceptions distinctes de la nécessité d'ouvrir le référé-liberté de droit commun au représentant de l'État compte tenu, précisément, du fait que celui-ci dispose du « déféré liberté » organisé par la loi du 2 mars 1982. L'article 4 du projet de loi consacrait un premier alinéa à la création du référé-liberté et ménageait, dans un alinéa second, la possibilité pour le préfet de saisir le juge des référés lorsque l'atteinte grave et manifestement illégale portée à une liberté fondamentale était le fait d'une collectivité territoriale, d'un établissement public local ou d'un organisme de droit privé chargé de la gestion d'un service public local. Le Sénat avait supprimé cet alinéa en première lecture, en dépit

[1454] F. Lichère, Le contrôle de l'Etat sur les contrats publics locaux, *Les contrôles de l'Etat sur les collectivités territoriales aujourd'hui (P. Combeau dir.)*, L'Harmattan, 2007, p. 171. Ceci a été aussi explicitement relevé par B. Dacosta qui estime que le représentant de l'Etat « n'utilise pas la possibilité théorique qui lui est offerte de former un référé précontractuel ou un référé contractuel » (B. Dacosta, Esquisse d'une typologie des requérants en matière contractuelle, *op. cit.*). Dans le même sens, F. Rolin, Du recours pour excès de pouvoir de l'État légal à la protection des intérêts subjectifs dans l'État contemporain : quelques réflexions critiques sur l'arrêt Département du Tarn et Garonne, *op. cit.*

[1455] Art. L. 2131-6 du CGCT.

de l'avis défavorable du gouvernement[1456], en considérant que les lois de décentralisation conféraient déjà au préfet des procédures lui permettant de déférer au juge administratif de tels actes émanés des collectivités locales[1457]. La commission des Lois de l'Assemblée nationale avait ensuite confirmé cette suppression, mais en avançant l'argument, tout à fait opposé, qui consiste à dire que ce référé-liberté était naturellement ouvert au Préfet « sans qu'il soit besoin de le préciser »[1458]. Les travaux parlementaires ont ensuite conduit à rétablir cet alinéa puis à le supprimer à nouveau pour la raison qu'il n'était pas souhaitable « d'étendre ainsi l'intérêt à agir du préfet au risque de modifier considérablement la nature du contrôle de légalité des actes des collectivités locales »[1459].

514. La comparaison entre le référé-liberté et le déféré-liberté conduit à faire état de certaines divergences. Le premier souffre de conditions d'octroi difficiles à satisfaire, au contraire du second, qui n'exige pas la satisfaction de la condition d'urgence ni que soit constatée une atteinte grave et manifestement illégale. À l'inverse, le référé-liberté permet au juge de se prononcer même lorsque l'atteinte ne provient pas d'une décision et autorise le juge à ordonner « toutes mesures » propres à faire cesser l'atteinte. Le juge saisi au titre de la procédure organisée par le Code général des collectivités territoriales ne peut qu'être conduit à statuer sur une demande de suspension d'une décision administrative. Il reste que la concurrence de ces voies de droit n'est pas exclue lorsque, précisément, une décision prise par une collectivité territoriale est constitutive d'une atteinte à une liberté fondamentale. Sur ce point, une espèce témoigne de l'utilisation par le Préfet de l'article L. 521-2 du Code de justice administrative, mais la solution adoptée par le Conseil d'État n'est pas suffisamment éclairante. Les moyens soulevés par le Préfet sont rejetés sans que le juge n'admette clairement la recevabilité du recours ainsi exercé[1460]. Comme le relève bien J.-C. Douence, le refus pour le Conseil d'État de statuer en appel sur cette demande ne renseigne pas sur la liberté,

---

[1456] Le groupe de travail du Conseil d'Etat sur les procédures d'urgences avait justement préconisé l'abandon de la plupart des régimes particuliers de sursis à exécution mais souhaitait maintenir « certaines procédures dérogatoires de sursis, liées au droit de la décentralisation » en visant ainsi, en particulier, le déféré-liberté (Rapport du groupe de travail du Conseil d'Etat sur les procédures d'urgence », *RFDA* 2000, p. 952).

[1457] Les deux procédures étaient ainsi qualifiées de « redondantes » par R. Garrec (Rapport n°380, *op. cit.*).

[1458] F. Colcombet, Rapport fait au nom de la commission des lois constitutionnelles, de la législation et de l'administration générale de la République sur le projet de loi, adopté par le Sénat, relatif au référé devant les juridictions administratives, 4 avr. 2000, n°2302.

[1459] R. Garrec, Rapport fait au nom de la commission mixte paritaire sur le projet de loi relatif au référé devant les juridictions administratives, 7 juin 2000, n°396.

[1460] CE, ord., 20 juill. 2001, n°236196, Cne de Mandelieu-La Napoule, p. 388, *ACL* 2001, n°37.

pour le Préfet, d'exercer ces recours[1461]. L'interprétation de la solution est, pour d'autres, moins douteuse[1462]. Il reste que le Conseil d'État n'a pas soulevé l'irrecevabilité de la demande formulée par le Préfet, laissant à penser qu'il tolère l'usage du référé-liberté par le représentant de l'État, en admettant ainsi la concurrence des recours. Toutefois, la jurisprudence administrative fournit peu d'exemples propres à éclairer cette appréciation. Ceci s'explique d'abord par le caractère marginal de la procédure prévue à l'article L. 2131-6 du CGCT[1463]. En outre, le Préfet a peu d'intérêt à exercer le référé-liberté de droit commun puisque celui-ci est soumis à des conditions d'octroi plus restrictives[1464]. L'usage de cette voie de droit pourrait alors être utile lorsque le déféré-liberté ne trouve pas à s'appliquer, c'est-à-dire lorsque l'atteinte portée à une liberté fondamentale d'un administré ne provient pas d'une décision administrative, mais d'un fait matériel (tel peut être le cas en matière de travaux publics). Or, dans ce cas, le Préfet parait dépasser sa mission de contrôle qui vise seulement les actes juridiques des entités décentralisées.

Section 2 : Le libre exercice des recours concurrents provoqué par le juge

515. La contrainte que le juge entend imposer aux requérants en limitant l'exercice des recours concurrents est entravée par certaines dispositions législatives qui conduisent le juge à tolérer la mise en œuvre indistincte de telles voies de droit permettant de faire juger une même prétention. À la vérité, cette tolérance ne découle pas exclusivement de la lettre des textes. C'est parfois le juge qui entreprend lui-même d'ouvrir certaines voies de droit là où les requérants ne devraient normalement disposer que d'un seul recours contentieux pour faire juger leur prétention. Dans cet esprit, on sait que le contentieux de la responsabilité administrative témoigne d'une évolution des règles d'engagement des recours contentieux dans le sens d'une possibilité renforcée pour les victimes d'obtenir réparation d'un préjudice. La jurisprudence administrative a reconnu à ces victimes la possibilité d'actionner l'Administration plutôt que l'agent fautif en faisant reposer sur la

---

[1461] Selon l'auteur, cette formule classique peut signifier que le juge préfère trancher au fond, plutôt que d'opposer une irrecevabilité qui laisserait en suspens le problème de fond (d'atteinte à une liberté). Mais elle peut signifier également que la recevabilité de la demande est admise implicitement. (J.-C. Douence, *op. cit.*, n°301 et s).

[1462] O. Le Bot considère que le Préfet dispose de la possibilité d'exercer un référé-liberté contre un acte d'une collectivité locale (Guide des référés en matière administrative, *op. cit.*, p. 341).

[1463] V. néanmoins, pour une utilisation récente : CE, 5 avr. 2019, n°418906, min. Intérieur c/ Cté de communes du pays de Fayence ; *JCP-A* 2019, act. 272.

[1464] Pour quelques exemples d'utilisation du déféré liberté postérieurement à l'entrée en vigueur de la loi du 30 juin 2000 : TA Montpellier, ord. 25 avril 2003, Préfet des Pyrénées-Orientales, *LPA* 5 avril 2004, n°68, pp. 3-5, note J.-M. Maillot ; CE, 11 mars 2005, Ministre de l'Intérieur, de la sécurité intérieure et des libertés locales c/ Communes d'Avion, de Rouvroy, de Drocourt et de Méricourt, p. 101 ; CE, ord. 17 mai 2006, Commune de Wissous, p. 253 ; CE, ord. 8 août 2006, Préfet de Seine-et-Marne, n°296107. V. égal. O. Le Bot, thèse, *op. cit.*, p. 568 et svt.

première la charge de la réparation et en lui transférant ainsi le risque de se heurter à l'insolvabilité du responsable du dommage. De la même manière, le juge accepte de condamner solidairement les coresponsables d'un dommage pour que la victime puisse être désintéressée sans avoir à actionner chacun d'entre eux[1465]. Pour autant, l'exercice de plusieurs recours indemnitaires ou la simple existence d'un choix dans la mise en œuvre de ceux-ci traduisent une coexistence des recours, sans que ces voies de droit conduisent à faire juger des prétentions similaires. D'autres cas témoignent en revanche d'une absence de limitation dans l'exercice de recours concurrents, que le juge pourrait pourtant imposer, mais à laquelle il se refuse.

516. Il est certaines hypothèses dans lesquelles cette tolérance pour l'exercice de recours concurrents n'est pas explicitement admise par le juge. Les récentes évolutions de la jurisprudence administrative relative à la réparation en nature du préjudice par une décision illégalement prise par l'Administration font regarder le recours en responsabilité comme concurrent du recours pour excès de pouvoir. C'est ce que met très justement en lumière G. Pélissier, en indiquant que le juge de la responsabilité pourrait, non pas indemniser le requérant comme il le fait ordinairement, mais enjoindre à la personne publique de mettre fin à l'illégalité fautive en abrogeant la décision illégale[1466]. Les requérants qui exercent un recours pour excès de pouvoir ne demandent pas autre chose que cette disparition de la décision illégale. La lecture de la jurisprudence ne renseigne pas sur la manière dont cette concurrence est traitée.

517. La jurisprudence témoigne, pour d'autres situations, d'une tolérance certaine pour le libre exercice des recours concurrents par les justiciables. Tel est le cas du contentieux des décisions pécuniaires (§1) et celui de la voie de fait (§2) pour lesquels le juge a créé les conditions d'une concurrence des recours juridictionnels en reconnaissant aux requérants une liberté de choix entre plusieurs recours.

§1. La concurrence des voies de droit dans le contentieux des décisions à caractère pécuniaire

518. Le début du XXe siècle a marqué le développement du recours pour excès de pouvoir par le Conseil d'État. Cette évolution a notamment conduit le juge administratif suprême à admettre la recevabilité de ce recours en annulation là où, auparavant, les requérants ne pouvaient saisir le juge que d'un recours de plein contentieux, comme c'était normalement le cas

[1465] V. *supra*, p. 263.

[1466] G. Pélissier, concl. sur CE, 6 déc. 2019, Syndicat des copropriétaires du Monte-Carlo Hill, non publiées.

s'agissant du contentieux des décisions à caractère pécuniaire. Cette ouverture du recours pour excès de pouvoir revient, pour le juge, à créer les conditions d'une concurrence des recours contentieux (I). Il s'est toutefois attaché à en limiter certaines conséquences lorsque le bénéfice de l'option permettait aux justiciables de tourner la condition de délai applicable à certaines contestations. Cette limite, portée par la décision « Lafon »[1467] s'est toutefois accompagnée d'une tolérance pour l'exercice de recours pourtant concurrents, lorsque la décision à caractère pécuniaire sur laquelle se fondent ces recours était une décision implicite (II).

I. L'option ouverte entre le recours pour excès de pouvoir et le recours de plein contentieux subjectif

519. Possibilité de choix ouverte par le juge. Par la décision Lafage, le Conseil d'État a jugé que certaines décisions à objet pécuniaire peuvent indifféremment faire l'objet d'un recours pour excès de pouvoir ou d'un recours de plein contentieux[1468]. La solution dégagée par cette décision continue de recevoir application dans le cadre du contentieux pécuniaire des agents publics et même au-delà[1469]. La jurisprudence Lafage témoigne d'une certaine contradiction avec la tendance largement observée du juge administratif à s'opposer à l'exercice de recours concurrents. Plus encore, la reconnaissance de la possibilité d'exercer un recours pour excès de pouvoir à l'égard de certaines décisions qui jusqu'alors relevaient exclusivement du plein contentieux conduit à donner aux justiciables deux voies de droit permettant de faire juger une même prétention. Cette option consacrée au profit des requérants a été expliquée par plusieurs raisons que beaucoup partagent. Le commissaire du gouvernement Pichat dans ses conclusions sur l'arrêt Lafage souligne l'intérêt pratique indéniable que présente le recours pour excès de pouvoir, par la dispense des frais d'avocats qu'il permet[1470], surtout, lorsqu'il s'agit de litiges qui portent sur des sommes minimes. Dans ce cas en effet, les frais afférents à l'exercice du recours de plein contentieux dépassent souvent le montant de la somme que les justiciables espèrent obtenir en saisissant le juge, ce qui décourage assurément et à raison, leur action. Cet argument économique est de loin le plus repris par les commentateurs de cette jurisprudence[1471] ; certains voient bien d'ailleurs dans cette solution et sa

---

[1467] CE, 2 mai 1959, Lafon.

[1468] CE, 8 mars 1912, Lafage.

[1469] Sur l'ensemble de la question, v. M. Long, P. Weil, G. Braibant, P. Delvolvé, B. Genevois, Les grands arrêts de la jurisprudence administrative, 20e éd., *op. cit.*, p. 126 et s.

[1470] G. Pichat, concl. sur CE, 1er mars 1912, Lafage, *Les grandes conclusions de la jurisprudence administrative, (H. de Gaudemar et D. Mongoin dir.)*, vol. 1, LGDJ, 2015, p. 498.

[1471] V. entre autres exemples : A. Heilbronner, Recours pour excès de pouvoir et recours de plein contentieux, *op. cit.* ; J. Morand-Deviller, P. Bourdon et F. Poulet, *Droit administratif, op. cit.*, p. 812. A. Claeys envisage une « attraction substitutive » du recours pour excès de pouvoir en vertu de la jurisprudence Lafage (*op. cit.*, p. 136).

justification une « illustration exemplaire du pragmatisme du juge administratif »[1472].

520. Intérêt de la jurisprudence Lafage. Cet argument se double régulièrement de justifications subsidiaires. De manière quelque peu discutable, O. Gohin envisage les avantages que comporte le recours pour excès de pouvoir au titre de l'accès à l'instance juridictionnelle[1473] compte tenu du fait que l'intérêt à agir y est apprécié plus souplement. Il reste que, sur ce point, le requérant désireux d'introduire un recours pour excès de pouvoir n'aura pas de difficultés sérieuses à démontrer, s'il souhaite agir par la voie du plein contentieux, que la décision pécuniaire le concernant l'aura personnellement et directement lésé. P.-L. Frier et J. Petit écrivent, plus justement, que la décision Lafage permet d'éviter « la consécration de décisions illégales »[1474] compte tenu de l'intérêt économique limité qui s'attache à l'exercice du recours du plein contentieux par le requérant.

521. Il peut être aussi fait état d'une justification supplémentaire que le commissaire du gouvernement Pichat évoquait déjà dans ses conclusions. Ce dernier écrit, pour justifier la recevabilité du recours pour excès de pouvoir, que celui-ci est ouvert aux intéressés s'il est dirigé contre une décision d'une autorité administrative, s'il est fondé sur la violation des règles de droit – même, si, dans ce cas, il ne s'agit pas d'une condition de recevabilité, mais des moyens susceptibles de fonder l'annulation – et s'il ne trouble pas l'ordre des compétences[1475]. Cette dernière formule fait référence à l'exception de recours parallèle. Pour Pichat, celle-ci doit jouer lorsque l'exercice du recours pour excès de pouvoir préjudicie à la compétence d'une autre juridiction, mais pas lorsque le recours parallèle doit être présenté, également, devant le juge compétent pour statuer sur le recours pour excès de pouvoir. Comme l'écrivait Laferrière, l'absence « d'infraction grave à l'ordre des compétences »[1476] justifie, lorsque cela demeure possible, que le recours pour excès de pouvoir puisse ne pas être toujours déclaré irrecevable[1477]. En ce sens, M. Pichat propose au Conseil d'État d'admettre la recevabilité du recours pour excès de pouvoir en soulignant qu'il ne faut pas réduire ce recours à n'être qu'une voie subsidiaire, ouverte seulement à défaut de toute autre action, mais qu'il faut au contraire lui donner le moyen de remplir le rôle qu'ont entendu lui assigner ceux qui l'ont créé, à savoir « un instrument mis à la portée de tous pour la

---

1472 B. Plessix, *Droit administratif général*, *op. cit.*, p. 1631.

1473 O. Gohin, *Contentieux administratif*, 8e éd., *op. cit.*, p. 230.

1474 P.-L. Frier et J. Petit, *Droit administratif*, *op. cit.*, p. 595.

1475 G. Pichat, *op. cit.*

1476 E. Laferrière, *op. cit.* p. 445 et s.

1477 La recevabilité dépend alors des moyens invoqués et du libellé des conclusions présentées au juge (*Ibid.*). Sur ce point, v. égal., par ex. : R. Rouquette, *op. cit.*, p. 302 et s.

défense de la légalité méconnue »[1478]. À dire vrai, cette volonté d'admettre le recours pour excès de pouvoir répond au développement du recours pour excès de pouvoir par le Conseil d'État au XXe siècle. Initialement mesurée dans son utilisation puis favorable à son extension, la jurisprudence administrative a longtemps témoigné de la recherche perpétuelle d'un équilibre entre ouverture et fermeture du recours pour excès de pouvoir, équilibre dans lequel intervient également et concomitamment la théorie des actes détachables[1479].

522. Dans cette perspective, la limitation de l'exercice du recours pour excès de pouvoir lorsqu'il concurrence d'autres voies de droit s'analyse sous le prisme de la conciliation entre le rôle de gardien de la légalité que doit assumer le juge et la nécessité que la poursuite de ce premier objectif n'altère pas l'ordre des compétences[1480]. En cela, la théorie des actes détachables a été appliquée de manière plus ou moins vigoureuse selon que le recours pour excès de pouvoir pouvait ou non être largement exercé, en raison de l'évolution des conditions de recevabilité qui entourent son exercice[1481]. La compréhension de la jurisprudence Lafage peut être éclairée par ces dernières observations et il est incontestable que cette décision intervient dans une période au cours de laquelle le Conseil d'État s'est attaché à étendre substantiellement le champ d'application du recours pour excès de pouvoir, tant en matière contractuelle, qu'en matière fiscale, électorale ou encore dans le contentieux de l'expropriation[1482]. La décision « Blanc, Argaing, Bézie » s'inscrit d'ailleurs dans cette perspective puisque le Conseil d'État considère que l'annulation d'un acte administratif peut être prononcée alors même que le délai du recours pour excès de pouvoir a expiré[1483], avant de renoncer, plus tard[1484], à cette solution.

523. Maintien de la jurisprudence Lafage. C'est donc au regard de cette double perspective (celle tenant aux considérations économiques et celle relative au souhait de développer le recours pour excès de pouvoir) que peut être appréciée, et justifiée, la concurrence des recours ici engendrée par le juge. La pertinence de cette solution ne prêtait pas à contestation dans une période où le Conseil d'État cherchait à asseoir la légitimité du recours pour

---

[1478] G. Pichat, *op. cit.*

[1479] V. *supra*, p. 64 et s.

[1480] B. Plessix, Les actes détachables, *Cohérence et actes administratifs*, *op. cit.*

[1481] *Ibid.* V. égal. A. Ciaudo, thèse, *op. cit.*, p. 315 et s.

[1482] V. *supra*, p. 64. Pour une vue d'ensemble : J.-M. Auby et G. Drago, *Traité des recours en matière administrative*, *op. cit.*, p. 168 et s.

[1483] CE, 31 mars 1911, Blanc Argaing Bézie.

[1484] CE, 3 déc. 1952, Dubois. V. sur ce point : J. M. Auby et R. Drago, *Traité de contentieux administratif*, t. 2, *op. cit.*, p. 816.

excès de pouvoir, mais ce point peut être, dorénavant, discuté. Le recours pour excès de pouvoir est parfaitement ancré dans le contentieux administratif, son apogée ayant été atteinte au début du XXIe siècle compte tenu du développement de l'office du juge saisi dans le cadre de ce recours objectif[1485]. Le seul argument pertinent justifiant le maintien de la jurisprudence Lafage est d'ordre pratique. Il renvoie à l'intérêt que peuvent trouver les justiciables à ne pas assumer des frais trop importants, essentiellement liés au ministère obligatoire d'un avocat, lorsqu'ils exercent une action en justice afin de recouvrer des sommes d'un faible montant. Pourtant, cet argument ne tient pas toujours puisque certains recours de plein contentieux sont bien dispensés de cette exigence[1486]. L'on peut donc se demander si la jurisprudence Lafage n'est pas, aujourd'hui, devenue « une complication dont on pourrait se passer »[1487]. Cette solution qui consiste à reconnaître une option entre les voies de droit considérées emporte en effet son lot de difficultés, notamment relatives aux conditions dans lesquelles les requérants peuvent introduire un recours pour excès de pouvoir sans risquer la requalification de la requête en recours de plein contentieux, le cas échéant présenté sans le ministère obligatoire d'un avocat.

524. Au-delà des interrogations susceptibles de naître quant au champ d'application de cette option reconnue aux requérants, les difficultés n'ont pas été effacées, loin de là, par les décisions « Gonod » et « Marcou »[1488]. Dès lors, le Conseil d'État pourrait tout à fait considérer que les réclamations dirigées contre toute décision à objet pécuniaire ne peuvent être présentées au juge que par le biais d'un recours de plein contentieux, fut-il dispensé du ministère d'un avocat. En effet, ces réclamations n'ont d'autre but que d'obtenir la récupération d'une somme d'argent ; que cette somme soit obtenue par une condamnation prononcée par le juge ou qu'elle découle de la force de chose jugée qui s'attache à la décision d'annulation importe peu.

525. Le Conseil d'État a ici encouragé la concurrence des recours en reconnaissant une option aux requérants en ouvrant le recours pour excès de pouvoir là où ceux-ci pouvaient seulement exercer un recours de plein contentieux. Cette hypothèse dérogatoire au traitement de la concurrence par

---

[1485] V. par exemple, B. Seiller évoquant un « recours parvenu à maturité » et « désormais effectif » (Le recours pour excès de pouvoir (art. 6), *La Constitution administrative de la France*, Dalloz, 2011, p. 99 et s.). V. égal., F. Melleray, Les actions en justice, *op. cit.*, p. 533 et s.

[1486] Art. R. 421-3 du CJA.

[1487] R. Chapus, Droit du contentieux administratif, *op. cit.*, p. 744.

[1488] CE, 9 décembre 2011, n°337255, M. Marcou ; *AJDA* 2012, p. 897, note A. Legrand ; *ibid.* 2011 ; p. 2444 ; *RFDA* 2012, p. 279, concl. R. Keller et CE, 7 mars 2012, n°338179, Mme Gonnot. V. sur cette question : F. Melleray, « Le nouveau souffle de la jurisprudence Lafage ? », *Dr. adm.* 2012, n°2, comm. 19 ; R. Rambaud, Les avatars de la jurisprudence Lafage, *RFDA*, 2012, p. 441.

le juge se conçoit pour des raisons essentiellement historiques, dont la pertinence prête donc, aujourd'hui, à discussion.

II. L'option entrouverte entre recours de plein contentieux objectif et recours de plein contentieux subjectif

526. Les décisions « Lafage » et « Blanc Argaing et Bézie » ont fait évoluer de manière notable la jurisprudence administrative en matière de contentieux des décisions à caractère pécuniaire, du point de vue des recours ouverts aux requérants pour obtenir de la part de l'Administration le versement d'une somme d'argent. Ces solutions ont conduit le Conseil d'État à opposer certaines limites relatives à l'exercice par les requérants des différents recours à leur disposition. En particulier, le Conseil d'État a, on le sait, refusé que soit formé devant lui un recours destiné à faire condamner la personne publique sur le fondement de sa responsabilité extracontractuelle lorsqu'il se fonde sur la seule illégalité fautive d'une décision à objet exclusivement pécuniaire et vise à demander au juge l'allocation de dommages et intérêts dont le montant est exactement identique à la somme qui serait obtenue en cas d'annulation de la décision[1489]. Cette limitation apportée à la concurrence des recours connait une exception notable dans le cas où la décision pécuniaire est implicite (A). La jurisprudence administrative récente doit néanmoins être lue comme ayant mis fin à cette tolérance pour l'exercice des recours concurrents dans cette matière (B).

A. La tolérance initiale pour l'exercice de recours concurrents fondés sur une décision implicite à caractère pécuniaire

527. Les décisions à objet pécuniaire font normalement l'objet d'un recours de plein contentieux objectif, dans le cadre duquel le juge dispose du pouvoir de réformer la décision attaquée[1490]. Qu'il s'agisse du contentieux fiscal, du contentieux des créances non fiscales ou encore du contentieux des pensions, la question que pose le litige est seulement celle de la légalité de l'acte qui met une somme à la charge de ses destinataires ou refuse le versement d'une somme, étant entendu que les pouvoirs du juge pour résoudre ce litige dépassent la simple faculté d'annulation. Le justiciable concerné par la décision administrative litigieuse dispose donc d'un délai de deux mois pour saisir le juge après la notification ou la publication de la décision attaquée[1491]. Celui-ci dispose, par ailleurs, du recours de plein contentieux subjectif indemnitaire dans le cadre duquel il peut solliciter de la part du juge la condamnation de la personne publique à réparer un préjudice qu'il estime

---

[1489] CE, 2 mai 1959, Lafon.

[1490] V. pour une liste des matières relevant du plein contentieux objectif : H. Lepetit-Collin, thèse, *op. cit.*, p. 166 et s.

[1491] Art. R. 421-1 et s du CJA. V. égal. H. Lepetit-Collin, *op. cit.*, p. 253.

avoir subi, lequel en l'occurrence est constitué par la privation de la somme visée par la décision administrative litigieuse. Ainsi que le relèvent G. Vedel, et M. Hauriou avant lui[1492], il existe une véritable autonomie du contentieux de la responsabilité par rapport au contentieux de l'annulation, en ce sens que l'action en responsabilité, même fondée sur une illégalité constituant une faute imputable à l'Administration, peut être intentée en dehors de tout recours en annulation de la décision illégale[1493]. Ceci vaut pour le recours pour excès de pouvoir, mais aussi pour les recours de plein contentieux objectif dans le cadre desquels le juge dispose de ce pouvoir d'annulation. Cette action en responsabilité peut ainsi être exercée après que le délai du recours pour excès de pouvoir ou du recours de plein contentieux objectif pour contester la décision litigieuse a expiré, en raison, notamment, de ce que le préjudice que cause cette décision n'apparait que lorsque celle-ci a été exécutée[1494].

528. Pour être mise en œuvre, cette dernière voie de droit suppose encore l'existence d'une décision sollicitée par le requérant auprès de l'Administration quant à la réparation de son préjudice[1495]. Cette demande adressée à l'Administration peut donc intervenir – et c'est tout l'intérêt - au-delà du délai de deux mois dans lequel le requérant peut exercer un recours par voie d'action contre la décision pécuniaire. Un requérant négligeant pourrait alors tourner à son avantage la condition de recevabilité propre au délai de recours contentieux en faisant juger la même prétention que celle qu'il aurait pu soumettre au juge dans le cadre d'un recours par voie d'action contre la décision administrative. La concurrence de ces recours est certaine puisque le requérant ne cherche rien d'autre que la récupération de la somme mentionnée par la décision et les juges susceptibles d'être saisis disposent tous les deux de la faculté de contraindre l'Administration à restituer cette somme. Ceci a conduit le juge, par la décision Lafon, à s'opposer à la recevabilité du recours en responsabilité dirigé contre une décision devenue définitive (1). Cette solution reste limitée au cas des décisions pécuniaires explicites de telle sorte que les requérants peuvent exercer librement le recours en responsabilité et le recours de plein contentieux objectif lorsqu'ils font état de l'illégalité d'une décision pécuniaire implicite de rejet (2).

[1492] M. Hauriou, note sous CE, 31 mars 1911, Blanc Argaing Bézie, p. 407, S. 1912, III, p.129.

[1493] G. Vedel, note sous CE, 3 déc. 1952, Dubois, *JCP-G* 1953, II, 7352. V. égal, L. Delbez, De l'excès de pouvoir comme source de responsabilité, *op. cit.*, p. 444 et s.

[1494] M. Hauriou, *op. cit.*

[1495] H. Belrhali, Responsabilité administrative, *op. cit.*, p. 289 ; L. Boustany, Demande préalable, Répertoire de responsabilité de la puissance publique, *op. cit.*

1. L'irrecevabilité opposée au recours en responsabilité dirigé contre une décision devenue définitive

529. Concurrence de trois voies de droit. La décision Lafon repose sur l'exercice par un requérant d'un recours en responsabilité dans une matière pour laquelle il doit normalement emprunter la voie du plein contentieux objectif, s'agissant d'un contentieux relatif au versement d'une pension. Il faut aussi faire remarquer que la jurisprudence Lafage introduit une possibilité supplémentaire. Dans un premier temps, dans les matières où cette jurisprudence trouve à s'appliquer, le requérant peut contester la décision par voie d'action devant le juge de l'excès de pouvoir et obtenir la restitution des sommes en vertu de la force obligatoire de la décision d'annulation ou obtenir la condamnation de l'Administration au versement des sommes après un recours de plein contentieux objectif. Si le requérant ne saisit pas cette possibilité et qu'il laisse s'écouler un délai de deux mois, ces recours sont fermés. À cette option s'ajoute donc celle ouverte par la décision « Blanc, Argaing et Bézie » en raison de l'autonomie du contentieux de la responsabilité par rapport à ces recours se rattachant au « contentieux de la légalité de l'acte »[1496]. La décision Lafon se justifie alors par la volonté du juge d'éviter que les requérants ne s'affranchissent de la condition de délai dans laquelle est enfermée la contestation de la décision pécuniaire, qu'elle intervienne par le biais d'un recours pour excès de pouvoir ou d'un recours de plein contentieux objectif. Il ne leur est pas ouvert de « troisième voie »[1497], assurément concurrente aux deux autres. En ce sens, si le juge ferme le recours de plein contentieux subjectif tendant à engager la responsabilité de l'Administration, c'est au regard de l'existence du recours pour excès de pouvoir, mais aussi, et surtout, du recours de plein contentieux objectif[1498] qui a vocation normale à être exercé en matière de contentieux pécuniaire.

530. Certaines formulations divergent. Dans l'arrêt Lafon, qui concerne une décision du ministre des Finances ayant suspendu le versement des arrérages de la pension civile dont le Sieur Lafon était titulaire et qu'il n'a pas contestée à temps, il est jugé que la décision est « devenue définitive avec toutes les conséquences pécuniaires qui en sont inséparables »[1499]. Saisis d'un recours de plein contentieux qui visait à faire réparer le préjudice causé par décision au requérant, les premiers juges ont accordé à celui-ci l'indemnité demandée dont le montant était égal à celui des sommes retenues par le ministre. Le Conseil d'État a opposé l'irrecevabilité du recours intenté par le destinataire de la mesure en soulevant le caractère définitif de la décision et

---

[1496] E. Laferrière, *op. cit.*, p. 561.

[1497] C. Broyelle, Contentieux administratif, *op. cit.*, p. 72.

[1498] M. Guyomar et B. Seiller, *op. cit.*, p. 156.

[1499] CE, 2 mai 1959, Lafon.

en rappelant que le recours intenté reposait exclusivement sur l'illégalité de la décision. Le juge administratif, par la décision Lafon, s'est opposé à ce que puisse être formé devant lui un recours en responsabilité extracontractuelle, lorsque celui-ci repose sur l'illégalité d'une décision à objet exclusivement pécuniaire et vise à l'allocation de dommages et intérêts dont le montant est égal à la somme litigieuse. Cette mention du caractère définitif de la décision à caractère pécuniaire et des conséquences qui sont attachées à ce caractère définitif a été largement réitérée[1500].

531. Irrecevabilité seulement liée à l'existence d'un recours de plein contentieux objectif. En revanche, pour celles de ces décisions qui n'entrent pas dans le champ de la jurisprudence Lafage, le juge ferme le recours indemnitaire en exprimant cette irrecevabilité par d'autres justifications, qui peuvent être rattachées au caractère spécial des règles déterminant le jugement des litiges. La décision Santalucia juge par exemple que les conclusions formulées à l'appui du recours en responsabilité ont « le même objet » que les conclusions pécuniaires tendant à la révision de la pension du requérant[1501]. Cette divergence dans la justification semble donc résider dans ce que la décision litigieuse pouvait, soit faire l'objet d'un recours pour excès de pouvoir ou d'un recours de plein contentieux, soit seulement d'un recours de plein contentieux. Pourtant, il faut partager l'opinion de P. Sandevoir. Pour lui, le recours qui a vocation normale à être exercé dans les espèces visées par la décision Lafon est le recours de plein contentieux et, dans ces cas, « l'expiration du délai du recours pour excès de pouvoir (permis par la décision Lafage) ne rend pas la décision définitive : c'est seulement l'expiration du délai du recours de plein contentieux qui rend la décision définitive »[1502]. La décision pécuniaire ne peut plus être contestée par voie d'action, non parce qu'elle ne peut plus faire l'objet d'un recours pour excès de pouvoir, mais parce qu'elle ne peut plus être contestée par la voie du recours de plein contentieux objectif[1503].

532. Au-delà de ces questions terminologiques, la concurrence entre le recours pour excès de pouvoir ou le recours de plein contentieux objectif, d'une part, et le recours de plein contentieux subjectif, d'autre part, aboutit à la fermeture de ce dernier, dans le souci d'astreindre les requérants au respect

---

[1500] CE, 26 oct. 1960, Bena, p. 1089, D. 1961, p. 629, note J.-P. Gili ; CE, 5 juill. 1965, Delobel, p. 410 ; CE, sect., 10 oct. 1969, Veuve Izern, p. 430, concl. Braibant ; CE, 5 oct. 1984, Tambafedouno, p. 320. V. égal. A. Sevino, Le recours indemnitaire à l'épreuve de la jurisprudence Lafon : portée et limite, *JCP-A* 2015, n°44, 2316.

[1501] Par ex. s'agissant de l'application de l'article L. 55 du Code des pensions : CE, 19 mai 2004, n°253425, Santalucia.

[1502] P. Sandevoir, note sur CE, 5 janv. 1966, Demoiselle Gacon, Receuil Dalloz, Sirey, 1966, p. 367

[1503] V. aussi, sur cette opinion, H. Lepetit-Collin, thèse, *op. cit.*, p. 158 et s.

de la condition de délai déterminée par les textes[1504]. Il y a là une manifestation classique de la contrainte opposée par le juge à l'exercice des recours concurrents tant au point de vue du sens de celle-ci que de ses fondements : c'est seulement ce souhait d'éviter que la condition de délai ne soit tournée par les requérants qui conduit à imposer une telle solution[1505]. Ceci est d'autant plus certain que le juge n'estime pas le recours de plein contentieux subjectif irrecevable, même lorsqu'il tend à faire réparer un préjudice dont le montant est égal à la somme portée par la décision litigieuse, lorsqu'il est exercé alors que le délai de recours contentieux contre la décision n'a pas expiré[1506].

2. L'irrecevabilité écartée du recours en responsabilité dirigé contre une décision pécuniaire implicite de rejet

533. Absence de caractère définitif de la décision contestée. Par la décision « Demoiselle Gacon », le Conseil d'État a entendu limiter l'application de la jurisprudence Lafon aux décisions pécuniaires explicites[1507]. En l'espèce, la requérante avait adressé une réclamation au ministre des Armées tendant au paiement de compléments de traitement et indemnités diverses. Le ministre n'ayant pas répondu à cette sollicitation, Mlle Gacon a exercé un recours pour excès de pouvoir contre cette décision implicite de rejet, née quatre mois après la date de la demande. Le recours pour excès de pouvoir était ouvert à la requérante en l'espèce, mais celle-ci n'a pas mis en œuvre ce recours en annulation dans les délais impartis[1508]. Il lui était aussi possible d'exercer un recours de plein contentieux objectif contre la décision pécuniaire lui refusant le bénéfice de ces sommes, lequel n'était en revanche enfermé dans aucune condition de délai. En effet, les textes ne faisaient pas courir les délais de recours de plein contentieux en cas de décision implicite[1509]. Ainsi, lorsque la requérante a exercé le recours visant à faire réparer le préjudice subi – en l'occurrence égal au montant des sommes réclamées – le Conseil d'État n'a pas soulevé le caractère définitif de la

---

[1504] Ceci est particulièrement bien illustré par G. Braibant dans ses conclusions sur l'arrêt Demoiselle Gacon. Proposant au Conseil d'Etat de ne pas appliquer la jurisprudence Lafon au cas des décisions implicites, il écrit : « Ce système est complexe, et l'on conçoit que les justiciables, leurs conseils et même les tribunaux éprouvent quelques difficultés lorsqu'ils doivent trouver leur chemin dans de pareils labyrinthes. Mais nous n'avons pas trouvé d'autres moyens de concilier les principes dégagés dans les arrêts Lafage et Lafon et les termes de la loi du 7 juin 1956 (en l'occurrence cette loi est relative aux délais de recours contentieux) » (G. Braibant, concl. sur CE, 5 janv. 1966, Demoiselle Gacon, non publiées).

[1505] Le souhait d'éviter que les requérants ne détournent les conditions jugements propres à certaines contestations est une des raisons, sinon la principale, que le juge paraît avancer pour fermer un recours concurrent (V. *supra*, p. 383).

[1506] V. CE 19 juill. 2017, n°397071, Dalloz actualité, juill. 2017, obs. J.-M. Pastor.

[1507] CE, 5 janv. 1966, Demoiselle Gacon. Dans le même esprit : CE, 9 mars 1966, Dame Pierson.

[1508] Le délai applicable au recours pour excès de pouvoir était de deux mois à compter de la naissance de cette décision implicite (Art. 1er de la loi n°56-557 du 7 juin 1956).

[1509] *Ibid.* L'article 1er alinéa 5 dispose : « En matière de plein contentieux, l'intéressé ne sera forclos qu'après un délai de deux mois à compter du jour de la notification d'une décision expresse de rejet ».

décision, puisque celle-ci pouvait toujours faire l'objet d'un recours de plein contentieux objectif. L'exercice du recours en responsabilité aux fins de réparation du préjudice fondé sur l'illégalité de la décision implicite n'a pas pour effet de permettre au requérant d'échapper à la condition de délai dans laquelle sa contestation pécuniaire était enfermée. Le juge tolère ainsi l'exercice du recours dont il a été saisi.

534. Ouverture ponctuelle du recours en responsabilité. En admettant que Mlle Gacon puisse exercer un recours en responsabilité, le Conseil d'État a autorisé l'option entre cette voie de droit et le recours de plein contentieux objectif. En effet, la concurrence entre le recours pour excès de pouvoir et le recours de plein contentieux en responsabilité extracontractuelle n'est pas gênante pour le juge puisqu'il a lui-même souhaité introduire l'option au profit des requérants par la décision Lafage. Seul importe que le requérant ne s'affranchisse pas de la condition de délai dans laquelle est enfermé l'exercice du recours de plein contentieux objectif, délai qui n'a donc pas été déclenché eu égard à la nature de la décision litigieuse. C'est cette concurrence entre recours en responsabilité et recours de plein contentieux objectif que le juge entend régler par la fermeture du premier chaque fois qu'il vise à faire réparer un préjudice égal au montant des sommes susceptibles d'être réclamées par la mise en œuvre du second[1510]. La contrainte opposée repose sur ce seul souhait que les requérants ne détournent pas les conditions de jugement de cette dernière voie de droit. Or, la différence notable entre le plein contentieux objectif et le plein contentieux subjectif se trouve notamment dans la condition de délai. Le recours de plein contentieux objectif est ouvert dans les deux mois suivant la notification ou la publication de la décision tandis que le recours en responsabilité peut être exercé plus tard, compte tenu de l'intervention tardive de la décision rendue sur réclamation préalable. Lorsque cette divergence tenant au délai disparait, la raison qui conduit le juge à limiter la concurrence de ces voies de droit s'efface également[1511].

535. Cette analyse est justifiée par la confrontation des décisions Lafon et Gacon. Dans les deux cas, la jurisprudence Lafage trouvait à s'appliquer et la possibilité d'introduire le recours pour excès de pouvoir n'a pas été saisie à temps. Dans les deux cas aussi, le recours indemnitaire visait à faire réparer un préjudice équivalent aux sommes en jeu. La seule différence réside dans la nature de la décision litigieuse et, corrélativement, dans la conséquence qu'elle importe du point de vue des délais de recours contentieux.

[1510] En ce sens, V. Haim affirme que les recours de plein contentieux sont « normalement exclusifs les uns des autres » (Recours de pleine juridiction, Répertoire de contentieux administratif, Dalloz, n°165).

[1511] Pour une confirmation implicite de cette manière de voir : CE, 12 fév. 1988, Société des automobiles Citroen, *AJDA* 1988, p. 331.

B. L'abandon probable de la liberté d'exercer des recours concurrents fondés sur une décision implicite à caractère pécuniaire

536. Évolution des règles textuelles en matière de délais de recours contentieux. L'état du droit tel qu'il résultait de la jurisprudence « Demoiselle Gacon » a changé. Le décret du 2 novembre 2016 a mis fin à la dispense de délai pour les recours de plein contentieux dirigés contre les décisions implicites[1512]. La combinaison des articles R. 421-2 et R.421-3 du Code de justice administrative tels qu'ils résultent du décret du 2 novembre 2016, aboutit à ce qu'un recours de plein contentieux dirigé contre une décision implicite de rejet doit être exercé, sauf texte contraire, dans les deux mois suivants la date à laquelle est née cette décision[1513]. L'expiration d'un délai de deux mois suivant une décision implicite de rejet, consécutive à une demande de nature pécuniaire faite par un administré, conduit donc désormais à constater le caractère définitif de cette décision. L'exercice d'un recours en responsabilité fondé sur l'illégalité de cette décision visant à faire réparer un préjudice d'un montant égal aux sommes réclamées, devrait alors être logiquement considéré comme irrecevable en application de la jurisprudence Lafon. Une affaire récente jugée par la Cour administrative d'appel de Douai a conduit le rapporteur public à envisager cette question[1514]. Ce dernier préconise la solution évoquée sans, toutefois, proposer à la Cour de l'adopter, compte tenu de ce que l'affaire qui lui était soumise devait être jugée au regard du Code de justice administrative dans sa version préalable à l'entrée en vigueur du décret du 22 novembre 2016[1515]. Sur ce point, rien ne semble en effet justifier le maintien de la solution adoptée dans la décision « Demoiselle Gacon », puisqu'une décision implicite de rejet est bien en mesure, aujourd'hui, de devenir définitive en ce sens qu'elle ne peut plus faire l'objet ni d'un recours pour excès de pouvoir ni d'un recours objectif de plein contentieux.

537. Conséquences emportées par la décision « Czabaj ». Cette manière de voir peut-être encore confirmée par la prise en considération des effets de la décision « Czabaj » sur ce contentieux des décisions administratives pécuniaires. En enfermant dans un « délai raisonnable d'un an » la contestation des décisions individuelles dont la notification ne mentionne pas les voies et délais de recours contentieux ou qui n'ont pas été notifiées[1516], le Conseil d'État permet que des décisions administratives, pour la

---

[1512] Décret du 22 nov. 2016, n°2016-1480, portant modification du Code de justice administrative.

[1513] Art. R. 421-2 et R. 421-3 du CJA.

[1514] CAA Douai, 26 sept. 2019, n°18DA02567, M. Fayolle.

[1515] H. Cassara, concl. sur CAA Douai, 26 sept. 2019, n°18DA02567, *AJDA* 2020, p. 50.

[1516] CE, ass., 13 juill. 2016, n°387763, Czabaj

contestation desquelles ne court en principe aucun délai[1517], puissent désormais être considérées comme définitives après écoulement de ce délai raisonnable. Traiter des cas où les requérants peuvent exercer librement des recours concurrents, suppose d'envisager brièvement les conséquences de cette évolution notable du contentieux administratif sur la jurisprudence Lafon. L'une de ces conséquences réside dans la limitation temporelle de l'exercice de l'action indemnitaire : puisque la décision pécuniaire devient définitive après l'écoulement d'un délai raisonnable d'un an (déclenché à la notification de la décision ou à la date à partir de laquelle l'intéressé est réputé avoir eu connaissance de cette décision), le recours en responsabilité qui peut être exercé tant que la décision n'est pas devenue définitive est ainsi limité dans le temps[1518]. Surtout, ce recours de plein contentieux indemnitaire n'est plus recevable une fois ce délai raisonnable écoulé parce qu'il doit être regardé comme permettant de faire juger, subjectivement, la même prétention que celle qu'il était possible de soumettre au juge, notamment par un recours de plein contentieux objectif (ou d'un recours pour excès de pouvoir si la jurisprudence Lafage trouve à s'appliquer). C'est la solution adoptée par le Conseil d'État en rappelant explicitement que « l'expiration du délai permettant d'introduire un recours en annulation contre une décision expresse dont l'objet est purement pécuniaire fait obstacle à ce que soient présentées des conclusions indemnitaires ayant la même portée »[1519].

538. Une dernière remarque est utile ; elle consiste à rappeler que le Conseil d'État a entendu écarter l'application de la jurisprudence Czabaj au contentieux de la responsabilité[1520] en jugeant que la règle issue de la décision du 13 juillet 2016 « ne trouve pas à s'appliquer aux recours tendant à la mise en jeu de la responsabilité d'une personne publique qui, s'ils doivent être précédés d'une réclamation auprès de l'Administration, ne tendent pas à l'annulation ou à la réformation de la décision rejetant tout ou partie de cette réclamation, mais à la condamnation de la personne publique à réparer les préjudices qui lui sont imputés »[1521]. Il est intéressant de noter que le Conseil d'État ne suit pas tout à fait le rapporteur public puisque cette dernière proposait de juger que « sauf en ce qui concerne le contentieux des décisions

---

[1517] L'article R. 421-5 du CJA dispose : « Les délais de recours contre une décision administrative ne sont opposables qu'à la condition d'avoir été mentionnés, ainsi que les voies de recours, dans la notification de la décision ».

[1518] CE 19 juill. 2017, n°397071.

[1519] CE, 9 mars 2018, n°405355, Communauté de communes du Pays roussillonnais. Dans ses conclusions rendues s'agissant de cet arrêt, V. Daumas indiquait que « l'application combinée de ces deux jurisprudences conduirait sans doute, dans de nombreux litiges, à une solution d'irrecevabilité totale ou partielle des conclusions indemnitaires » lorsque les décisions n'auraient pas été contestées dans un délai raisonnable (concl. sur CE 9 mars 2018, Communauté de communes du pays roussillonnais, non publiées). V. égal., CE, 2 mai 2018, n°391876, Cne Plestin-les-Grèves, T, p. 510 ; *AJDA* 2018, p. 974, note A. Legrand.

[1520] CE, 17 juin 2019, n°413097, CH de Vichy ; *JCP-A* 2019, act. 423 ; *Dr. adm.* 2019, comm. 46.

[1521] *Ibid.*

expresses dont l'objet est purement pécuniaire, à défaut pour le délai de forclusion de l'article R. 421-1 du Code de justice administrative de pouvoir jouer, il n'est pas de délai opposable au recours tendant à la mise en jeu de la responsabilité d'une personne publique autre que le délai de prescription »[1522]. Les conclusions invitaient ainsi le Conseil d'État à exclure du champ de cette exception à l'application de la jurisprudence Czabaj (soit, donc, à appliquer celle-ci) les recours en responsabilité caractéristiques de la décision Lafon. C. Barrois de Sarigny soulignait très justement que, dans ces cas, l'irrecevabilité du recours de plein contentieux subjectif découle directement de l'expiration du délai commun aux recours directs contre la décision[1523]. Le Conseil d'État n'a pas exactement retenu cette idée développée dans les conclusions qui lui étaient présentées, mais ne s'en est pas totalement écarté. Ce point est éludé par certains commentateurs de la décision[1524] et brièvement évoqué par d'autres[1525]. Sans doute la volonté du juge de ne pas alourdir la formulation retenue participe de cette absence de mention expresse, tout comme y concourt, surtout, le fait que le Conseil d'État ait expressément confirmé la jurisprudence Lafon un peu plus d'un an auparavant[1526]. Il est difficile de voir, dans ce cas, ce qui justifierait l'inapplication de la jurisprudence Czabaj compte tenu du fait que le juge entend l'appliquer aux recours susceptibles d'être exercés contre la décision pécuniaire litigieuse. Cela se justifie d'autant moins que la jurisprudence administrative s'attache depuis plus d'un demi-siècle à lier le sort du recours en responsabilité à celui du délai applicable à la contestation de la décision dont l'illégalité constitue le support de l'action indemnitaire.

539. Abandon vraisemblable de la jurisprudence Gacon. Cela étant acquis, c'est la pérennité de la solution portée par la décision Gacon au regard de la décision « Czabaj » qui interroge. Le Conseil d'État n'a pas encore eu l'occasion de confirmer ou d'infirmer la possibilité pour les requérants d'exercer un recours en responsabilité fondé sur l'illégalité d'une décision pécuniaire implicite lorsqu'il vise à récupérer des sommes qui auraient pu l'être par l'exercice d'un recours de plein contentieux. Si une décision implicite de rejet ne peut naturellement pas mentionner les voies et délais de recours, le Code des relations entre le public et l'Administration prévoit que c'est l'accusé-réception de la demande formulée auprès de l'Administration

---

[1522] C. Barrois de Sarigny, concl. sur CE, du 17 juin 2019, n°413097, CH de Vichy, non publiées.

[1523] Elle écrit : « C'est en raison du caractère non définitif de la décision initiale que vous avez jusqu'à présent écarté l'application de la jurisprudence Lafon lorsque cette décision présente un caractère implicite » (*Ibid*).

[1524] G. Eveillard, L'inapplication de la jurisprudence « Czabaj » au contentieux de la responsabilité, Droit Administratif 2019, n°10, comm. 46.

[1525] C. Braud, Le délai « raisonnable » de recours d'un an ne s'applique pas aux actions en responsabilité, *JCP-A* 2020, n°1, 2004.

[1526] CE, 9 mars 2018, n°405355, Communauté de communes du Pays roussillonnais

qui indique le délai de naissance de la décision, le sens de celle-ci et les voies et délais de recours applicables à sa contestation[1527]. Lorsque l'accusé de réception de la demande ne comporte pas ces mentions obligatoires, il pouvait être envisagé que le recours de plein contentieux indemnitaire puisse être exercé sans condition de délai, faute pour la décision implicite d'être devenue définitive. Le Conseil d'État n'a pas entendu distinguer selon la nature des décisions du point de vue de l'exigence d'un délai raisonnable dans lequel est enfermée la contestation des décisions administratives ; la jurisprudence Czabaj s'applique aux décisions implicites[1528]. Sans que cela soit absolument certain, faute de confirmation expresse en ce sens, il semble donc que la jurisprudence Gacon ne puisse plus trouver à s'appliquer[1529].

540. En définitive, l'exercice d'un recours en responsabilité ne devrait être rendu possible, lorsqu'il concurrence le recours pour excès de pouvoir ou le recours de plein contentieux objectif (tous deux susceptibles d'être dirigés contre une décision administrative pécuniaire) que tant que la décision n'est pas devenue définitive. Cela vaut, d'ailleurs, dans les cas où cette décision est explicite mais aussi lorsqu'elle est implicite et que l'accusé de réception de la demande mentionne, ou non, les voies et délais de recours. Le choix entre plein contentieux subjectif et plein contentieux objectif reste toléré par le juge tant qu'il ne conduit pas, pour le requérant, à éluder la condition de délai. Cette dernière condition n'est plus mise à l'écart en cas de décision implicite, ce qui ne justifie plus que le juge ouvre aux requérants une « troisième voie de contestation »[1530].

§2. La concurrence des voies de droit propres à faire cesser une voie de fait

541. Le contentieux de la voie de fait a incontestablement marqué l'histoire de la jurisprudence administrative et demeure l'une des principales manifestations du dualisme juridictionnel français. La situation initiale qui consacrait la compétence exclusive de la juridiction judiciaire pour connaître des atteintes « hors norme »[1531] portées par l'Administration aux droits des administrés a été substantiellement bouleversée par les évolutions récentes de la jurisprudence administrative, de sorte que les requérants disposent désormais de la possibilité de saisir plusieurs juges pour faire cesser une

---

[1527] Art. R. 112-5 du CRPA. V. G. Eveillard, *op. cit.*

[1528] CE, 18 mars 2019, n°417270, Jounda Nguegoh ; *JCP-A* 2019, act. 213, obs. C. Friedrich.

[1529] Sur ce point, v. D. Connil, Czabaj, encore et toujours... ou presque, *AJDA* 2018, p. 1790

[1530] C. Broyelle, *op. cit.*, p. 72 (étant entendu que ce recours en responsabilité n'est une « troisième » voie de contestation que lorsque la décision entre dans le champ de Lafage et qu'elle était justiciable d'un recours de plein contentieux objectif et du recours pour excès de pouvoir).

[1531] B. Plessix, *op. cit.*, p. 511.

atteinte constitutive d'une voie de fait (I). Sans, donc, réprimer la concurrence des recours, le juge, dans ce cas, l'engendre. Cette manière de faire, pour inhabituelle qu'elle soit, reste néanmoins justifiable (II).

I. La reconnaissance discutable de la compétence du juge administratif en cas de voie de fait

542. Notion et évolution de la voie de fait. Pour J. Moreau, la qualification de voie de fait résulte de deux séries de conditions se rattachant aux agissements de l'Administration et à la nature de l'atteinte portée aux droits des particuliers. La voie de fait se caractérise ainsi lorsque l'action des personnes publique est gravement irrégulière, soit parce qu'elle procède à l'exécution forcée d'une décision administrative, même régulière, soit qu'elle édicte une décision manifestement insusceptible de se rattacher à un pouvoir de l'administration[1532]. Il faut, aussi, que ces agissements aient affecté gravement la propriété privée en conduisant à la dépossession du bien, soit aient porté aux libertés individuelles[1533]. Du point de vue contentieux, l'existence d'une voie de fait emporte la compétence de la juridiction judiciaire par dérogation à la règle de séparation des autorités administratives et judiciaires. D'abord, la juridiction judiciaire est historiquement[1534] et constitutionnellement[1535] gardienne du droit de propriété et des libertés fondamentales. Ensuite, si la spécificité de l'action administrative commande que ses actes et agissements relèvent d'un juge spécifique qu'est le juge administratif, cette proposition ne vaut pas lorsque l'Administration n'agit pas dans le but d'administrer. Puisque l'Administration sort de ses attributions, son action s'en trouve dénaturée et les raisons conduisant à faire juger celle-ci par la juridiction administrative ne tiennent plus. Jusqu'il y a peu, le juge administratif était susceptible de constater l'existence d'une voie de fait, sans qu'il ne lui fût possible pour autant d'enjoindre à l'Administration les mesures propres à la faire cesser[1536]. La compétence exclusive du juge judiciaire à cet

---

[1532] J. Moreau, Voie de fait, Répertoire de contentieux administratif, Dalloz, n°12 et s. Sur ces conditions, v. T. confl. 2 déc. 1902, Sté immobilière de Saint-Just, p. 513, concl. Romieu ; S. 1904, 3, 17, concl. Romieu, note Hauriou ; GAJA, 19e éd., 2013, n°10. ; T. confl. 8 avr. 1935, Action française, p. 1226, concl. Josse ; S. 1935, 3, 76, concl. Josse, note Waline ; GAJA, 19e éd., 2013, n°46.

[1533] T. confl., 17 juin 2013, n°3911, Bergoend c/ ERDF Annecy Léman, p. 370 ; *AJDA* 2013. 1568, chron. X. Domino et A. Bretonneau ; *RFDA* 2013. 1041, note P. Delvolvé

[1534] CE, 9 mai 1867, Duc d'Aumale : S. 1867, III, p.124, concl. Aucoc, note Chopin ; T. confl., 13 mai 1875, Lacombe, p. 896.

[1535] Art. 66 de la Constitution du 4 oct. 1958. De même, le Conseil constitutionnel a consacré comme principe fondamental reconnu par les lois de la République le rôle de l'autorité judiciaire dans la protection de la propriété privée immobilière (Cons. const., déc. 25 juill. 1989, n°89-256 DC ; Rec. Cons. const. 1989, p. 53.

[1536] T. confl., 27 juin 1966, n°1889, Guigon c. Armées, p. 830 ; *JCP* 1967.II.15135, concl. R. Lindon ; *AJDA* 1966. 547, note A. de Laubadère ; D. 1968. 7, note J.-C. Douence ; CE, 13 juill. 1966, n°54130, Guigon, p. 476 ; D. 1966. 69, note F.-G. Bertrand.

égard se doublait de celle lui permettant de réparer le préjudice constitué par l'atteinte aux droits du requérant[1537]. Cet état du droit a doublement changé. On sait que le périmètre de cette théorie jurisprudentielle[1538] a été redessiné en 2013 par le Tribunal des conflits, dans le même temps qu'il s'est employé à modifier, en profondeur, le régime contentieux de l'emprise irrégulière[1539]. La voie de fait ne peut plus consister qu'en une atteinte à la liberté individuelle ou à l'extinction du droit de propriété procédant de l'exécution forcée dans des conditions irrégulières, d'une décision même régulière ou d'une décision manifestement insusceptible d'être rattachée à un pouvoir appartenant à l'autorité administrative[1540]. L'évolution tend à réduire les hypothèses dans lesquelles un comportement ou un agissement matériel de l'Administration peut être qualifié de voie de fait[1541].

543. Ouverture du référé-liberté en matière de voie de fait. Cette évolution doit être rapprochée d'une autre décision, ayant assurément préfiguré cette solution du Tribunal des conflits, en vertu de laquelle le Conseil d'État a mis fin à l'exclusivité de la compétence du juge judiciaire ; elle ne l'est désormais qu'en ce qui concerne la réparation des conséquences dommageables de la voie de fait[1542]. En effet, « sous réserve que la condition d'urgence soit remplie, il appartient au juge administratif des référés, saisi sur le fondement de l'article L. 521-2 du Code de justice administrative, d'enjoindre à l'Administration de faire cesser une atteinte grave et manifestement illégale au droit de propriété, lequel a le caractère d'une liberté

[1537] T. confl. 8 avr. 1935, Action française, p. 1226 ; TC, 15 févr. 2010, n°3722, Mme Tarahu c. Haut-commissaire de la République en Polynésie française, p. 57 ; *AJDA* 2010. 372, chron. S.-J. Liéber et D. Botteghi ; *AJFP* 2010. 154 ; *JCP-A*dm. 2010. 2213, note M.-C. Rouault.

[1538] Sur cette qualification, v. J. de Gliniasty, Les théories jurisprudentielles en droit administratif, *op. cit.* V. égal. J. de Gliniasty, « De Madame B. à Monsieur B. : La voie de fait dans l'impasse », *LPA* 2013, n°175, p. 6.

[1539] V. T. confl., 9 déc. 2013, n°3931, Cne de Saint Palais s. mer ; *JCP-G* 2014, act. 102, obs. L. Erstein ; *AJDA* 2013, p. 2519 ; *AJDA* 2014, p. 216, chron. A. Bretonneau et J. Lessi ; *RDI* 2014, p. 171, note N. Foulquier ; *RFDA* 2014, p. 61, note P. Delvolvé.

[1540] T. confl., 17 juin 2013, n°3911, Bergoend c/ ERDF Annecy Léman.

[1541] Postérieurement à la décision Bergoend, le Tribunal des conflits a, par exemple, conclu à la compétence de la juridiction administrative pour connaître de l'action indemnitaire consécutive à la rétention prolongée par la police des frontières de documents d'identité d'un ressortissant étranger. Le Tribunal des conflits précise ainsi qu'une atteinte à la liberté d'aller et de venir ne peut plus constituer une voie de fait ((T. confl, 12 févr. 2018, n°4110, Gueye, T., p. 612). De la même manière, le juge retient souvent l'existence d'une emprise irrégulière sans donc admettre que l'atteinte portée par l'administration au droit de propriété des requérants a conduit à l'extinction de celui-ci. Pour la réalisation par une commune d'une tranchée drainante pour l'adduction d'eau potable : CE, 25 mars 2019, n°411966. S'agissant de l'implantation de lignes et poteaux électriques par ERDF : CE, 14 juin 2019, n°414458.

[1542] Le juge administratif ne peut connaître de conclusions indemnitaires présentées à ce titre, à cela près qu'il est envisageable que lui soit présenté une demande au titre du référé provision, comme le souligne le P. Delvolvé (Référé-liberté et voie de fait, note sous CE, ord., 23 janv. 2013, Commune de Chirongui, *RFDA* 2013, p. 299). Dans le cas d'une atteinte constitutive d'une voie de fait en ce qu'elle conduirait par exemple à l'extinction du droit de propriété d'un particulier, il est en effet admissible qu'au moins une partie de la créance soit « non sérieusement contestable » (Art. R. 541-1 du CJA) mais il s'agit dans ce cas d'une somme attribuée à titre provisoire.

fondamentale, quand bien même cette atteinte aurait le caractère d'une voie de fait »[1543]. Cette solution offre indéniablement aux justiciables une garantie supplémentaire puisque ceux-ci peuvent saisir l'autorité judiciaire et le juge du référé-liberté, si l'atteinte qu'ils estiment subir est portée à une liberté fondamentale[1544].

544. Comprendre cette évolution de la jurisprudence impose de revenir sur les travaux parlementaires ayant abouti à l'adoption de l'article 4 de la loi du 30 juin 2000 relatif à la création du référé-liberté. L'argument principal justifiant la création d'une telle voie de droit consistait, selon le gouvernement, à donner au juge administratif des pouvoirs équivalents à ceux du juge judiciaire afin d'éviter « la dérive consistant à saisir abusivement le juge judiciaire sur le terrain de la voie de fait »[1545]. En dépit d'une jurisprudence relativement claire et constante du Tribunal des conflits, la jurisprudence judiciaire a démontré une certaine tendance à l'admission fréquente par le juge judiciaire de sa compétence (du moins avant l'intervention éventuelle du juge départiteur) en retenant l'existence d'une voie de fait alors même que l'Administration avait agi dans le cadre des pouvoirs qu'elle tient de la loi[1546]. Il était d'ailleurs compréhensible que les requérants dirigent leurs actions devant le juge judiciaire puisque celui-ci pouvait, dans le cadre d'une procédure de référé, statuer rapidement sur l'atteinte invoquée[1547]. Le Sénat a craint que cette nouvelle voie de droit ne vienne modifier la répartition des compétences entre les deux ordres de juridictions en éludant la théorie jurisprudentielle de la voie de fait. Pour autant, cet article avait vocation à améliorer cette répartition des compétences plutôt qu'à la modifier. En ce sens, la création du « référé-injonction »[1548] devait avoir pour effet de distribuer plus justement les litiges vers l'ordre juridictionnel judiciaire ou administratif selon que ces derniers intéressent ou

---

[1543] CE, 23 janv. 2013, n°365262, Cne Chirongui.

[1544] Le droit de propriété n'est pas expressément visé par l'article L. 521-2 du Code de justice administrative mais le Conseil d'Etat a toujours considéré qu'il relevait bien de son champ d'application. Pour quelques exemples : CE, ord., n°231559, 23 mars 2001, Société Lidl, p.154 ; *BJDU* 2001 p.111, note Bonichot ; *RFDA* 2001, p.765 ; CE, 29 mars 2002, n°243338, SCI Stephaur, p. 117 ; *AJDA* 2003, p. 345, note Grosieux ; D. 2003, p. 1114, note Martin ; *JCP-G* 2002, I, 142, chron. Braconnier et 10179, note Zarka ; *RFDA* 2003, p. 386, note Lequette. Sur ce point, v. aussi, notamment : O. Le Bot, *Guide des référés en matière administrative*, *op. cit.*, p. 355.

[1545] R. Garrec, Rapport n°380, *op. cit.*

[1546] *Ibid.*

[1547] Art. 834 du Code de procédure civile : « Dans tous les cas d'urgence, le président du tribunal judiciaire ou le juge du contentieux de la protection dans les limites de sa compétence, peuvent ordonner en référé toutes les mesures qui ne se heurtent à aucune contestation sérieuse ou que justifie l'existence d'un différend ». V., confirmant cette affirmation : R. Abraham, L'avenir de la voie de fait et le référé administratif, *L'Etat de droit, Mélanges en l'honneur de Guy Braibant*, Dalloz, 1996, p. 1.

[1548] Employée dans les travaux préparatoires de la loi du 30 juin 2000, ce terme a été remplacé celui de « Référé-liberté ».

non l'existence d'une voie de fait[1549], sans que cette construction jurisprudentielle disparaisse[1550].

545. La reconnaissance de cette nouvelle voie de droit emporterait alors deux conséquences notables, au demeurant liées : les requérants n'auraient plus nécessairement besoin de saisir le juge judiciaire chaque fois que l'Administration porte atteinte à une liberté fondamentale ; le juge judiciaire cessera d'admettre largement sa compétence en interprétant trop extensivement la notion de voie de fait puisque le juge administratif peut offrir aux justiciables une protection efficace. Le Sénat avait pourtant amendé le projet de loi en y mentionnant que la compétence du juge administratif au titre du référé-injonction devrait s'exercer « sans préjudice de la compétence reconnue aux juridictions de l'ordre judiciaire en matière de voie de fait »[1551]. Les débats parlementaires ont conduit à l'abandon de cet amendement, mais il a néanmoins été ajouté que le référé-injonction ne peut être prononcé « que dans les cas où l'Administration agit dans d'exercice d'un de ses pouvoirs »[1552]. La formule tend à exclure la compétence de la juridiction administrative en cas de voie de fait.

546. Justification audacieuse de la décision « Commune de Chirongui ». Le projet de loi, à la rédaction duquel le Conseil d'État a largement contribué, ne mentionnait donc pas cette limite tenant à l'exercice par le juge du référé-liberté de sa compétence juridictionnelle. Cette restriction est l'œuvre du législateur et l'on comprend les critiques adressées à la décision « Commune de Chirongui » quant à son caractère « juridiquement non conforme »[1553], puisqu'elle témoigne d'un détachement certain du juge par rapport à la lettre de l'article L. 521-2 du Code de justice administrative. X. Domino et A. Bretonneau considèrent que le Conseil d'État s'est ainsi éloigné de la volonté du législateur, mais qu'il a retrouvé « derrière la lettre de l'article L. 521-2 du Code de justice administrative, la volonté de ses auteurs qui avait été de ne marquer aucun recul dans la protection des libertés »[1554]. La décision « procède à une lecture de la loi conforme à son esprit, dans l'intérêt d'une

---

[1549] Pour M. Lombard, de la possibilité de rattacher ou non la décision ou l'agissement à l'exercice d'un pouvoir de l'administration découle la compétence du juge du référé-liberté ou du juge judiciaire (M. Lombard, Éloge de la folle du logis ; la dialectique de la voie de fait et du référé-liberté, *Mélanges Cohen-Jonathan*, Bruylant, 2004, p. 1125).

[1550] Le Tribunal des conflits a réaffirmé l'existence de la théorie jurisprudentielle de la voie de fait après l'adoption de la loi du 30 juin 2000 (T. confl., 23 oct. 2000, n°3227, Boussadar c/ Ministre des affaires étrangères, p. 776 ; *AJDA* 2001, p. 145 et 143, chron. M. Guyomar et P. Collin ; D. 2001. 2332, concl. J. Sainte-Rose ; v. aussi, Ph. Waquet, Regard sur le Tribunal des conflits, D. 2002. 742).

[1551] F. Colcombet, Rapport n°2302, *op. cit.*

[1552] Il a été refusé de faire mention dans la loi de la notion « exclusivement jurisprudentielle de la voie de fait » (*Ibid.*)

[1553] S. Gilbert, L'immixtion du référé-liberté dans le champ de la voie de fait : vers une perte de sens de la voie de fait, *Dr. Adm.* 2013, n°3, comm. 24.

[1554] X. Domino et A. Bretonneau, « La fée du logis ? », *AJDA* 2013, p. 788.

bonne Administration de la justice »[1555]. L'objectif consistant à conférer aux justiciables une voie de droit efficace est sans nul doute louable, mais, sous couvert de respecter l'esprit de la disposition susvisée, il en contourne tout de même la lettre. La recherche de l'intention du législateur par le juge doit être, en principe, conditionnée à la présence d'un énoncé qui manque de clarté, ce qui n'est assurément pas le cas. L'interprétation de l'article L. 521-2 du Code de justice administrative livrée dans ce cas ne vient en aucune manière dissiper les doutes qui peuvent naître de la rédaction de cette disposition, mais en donner une lecture différente. L'évolution consacrée par la décision du 23 janvier 2013 aboutit à reconnaître aux requérants la possibilité d'exercer librement deux recours concurrents, lorsqu'il s'agit pour eux de faire constater – ce qui n'est pas nouveau[1556] – mais surtout faire cesser l'atteinte portée par l'Administration à une liberté fondamentale. Cette solution ne résulte pas « d'un brusque soubresaut jurisprudentiel »[1557], mais s'appuie sur plusieurs décisions antérieures qui paraissaient, de manière plus ou moins explicite, revenir sur cette compétence exclusive du juge judiciaire en matière de voie de fait[1558]. Il reste que la décision évoquée fait naître une situation de concurrence des recours à laquelle la lecture des textes ne conduisait pas. Ainsi, plus que de tolérer l'exercice de recours concurrents, le Conseil d'État est à l'origine de cette situation. En effet, le juge civil peut adresser des injonctions à l'Administration afin que cessent les conséquences engendrées

---

[1555] *Ibid.* On peut sur ce point donner un certain crédit à l'explication voulant que le Conseil d'Etat n'a pas, en réalité, méconnu l'article L. 521-2. En effet, l'atteinte commise par l'administration « en dehors de l'exercice de ses pouvoirs » ne correspond qu'à l'une des deux variantes de la voie de fait et en l'occurrence celle commise « par manque de droit », qui ne saurait recouvrir le champ de la seconde variante de la voie de fait dite « par manque de procédure » (sur cette distinction : M. Hauriou, Précis de droit administratif et de droit public, *op. cit.*, p. 30 et s.). Ainsi selon O. Le Bot, le législateur « a autorisé le juge du référé-liberté à connaître des agissements correspondant à cette première variante de voie de fait » (thèse, *op. cit.*, p. 338). Cependant, la loi a bien exclu, donc, les cas de voie de fait « par manque de procédure », ce à quoi le juge ne s'est donc pas plié.

[1556] CE, 13 juill. 1966, Guigon.

[1557] X. Domino et A. Bretonneau, *op. cit.*

[1558] CE, 9 avr. 2004, n°263759, M. Vast c/ Commune de Drancy, p. 173 ; *RFDA* 2004. 778 ; CE 12 mai 2010, n°333565, Alberigo, T., p. 694 ; *AJDA* 2010, p. 1057 (Ce dernier arrêt n'évoque pas la voie de fait mais l'expression apparaît aux tables du recueil Lebon).

par la voie de fait[1559] et même « en prévenir la réalisation en cas de menace précise d'exécution »[1560]. Les pouvoirs du juge civil des référés sont, également, particulièrement étendus, comme le suggère l'article 834 du code de procédure civile. Le juge du référé-liberté, quant à lui, est naturellement à même de faire cesser une atteinte constitutive d'une voie de fait puisqu'il peut, on le sait, ordonner « toutes mesures nécessaires » à la sauvegarde d'une liberté fondamentale[1561].

547. Etendue du choix entre ces recours concurrents. Cette situation de concurrence des recours conduira vraisemblablement d'ailleurs à ce que les requérants, qui peuvent saisir de manière cumulée les deux ordres juridictionnels, s'adressent davantage au juge administratif. En effet, saisir le juge judiciaire revient à prendre le risque d'une solution d'incompétence, ce risque étant d'ailleurs plus important depuis la loi du 30 juin 2000[1562]. La saisine du juge du référé-liberté ne présente plus cet inconvénient. À la vérité, elle ne l'a jamais véritablement présenté. L'étude menée par P.-L. Frier a permis de montrer que le juge administratif des référés n'a jamais décliné sa compétence en présence d'une voie de fait commise par l'Administration, en dépit de certaines espèces qui auraient pu aboutir à la reconnaissance de cette théorie jurisprudentielle[1563]. Cette concurrence des recours permet aux requérants de cumuler l'exercice des recours propres à faire cesser une voie de fait et donc, aussi, d'opter entre eux. Elle ne crée pas pour autant un risque que ne surviennent des solutions juridictionnelles contraires. Dans cette situation où les requérants souhaitent la fin de l'atteinte constitutive d'une voie

---

[1559] Le juge judiciaire peut, par exemple, ordonner à une commune de cesser des travaux entrepris illégalement sur une propriété privée et ordonner la remise en état du bien (Cass. Civ 3e, 7 avr. 1994, n°92-14148, Bull. civ. 1994, III, n°79). Il peut en effet ordonner la démolition ou le déplacement d'un ouvrage public sous certaines conditions (T. confl., 6 mai 2002, n°3287, Binet c/ EDF ; *JCP-A* 2002, 1163, chron. Dufau). Il conviendrait, aujourd'hui, d'admettre que l'Administration ait commis une atteinte aboutissant à l'extinction du droit de propriété d'un administré. Il semble que le juge judiciaire soit assez peu enclin à admettre, sur ce point, la qualification de voie de fait. V. en ce sens, Cass. 3e civ., 19 déc. 2012, n°11-21616, Nouaille c/ ERDF, Bull. civ. III, n°197 ; *AJDA* 2013. 11 ; *ibid.*, p. 744, note P. Sablière ; D. 2013. 83 ; *AJDI* 2013, p. 223. Cass. Civ. 3e, 18 janv. 2018, n°16-21993, Bull. civ. III, n°6 ; *AJDA* 2018, p. 136 ; D. 2018, p. 172 ; *AJDI* 2018, p. 545, obs. N. Le Rudulier ; Cass, civ. 3e, 24 oct. 2019, n°17-13550, Commune Saint-Génis-des-Fontaines, *AJDA* 2019, p. 2153. Sur cette question : S. Gilbert, L'acceptation tacite de la voie de fait, *Dr. Adm.* 2013, n°5, comm. 36 ; S. Traoré, La redéfinition de la voie de fait et la résurgence du caractère absolu de l'intangibilité de l'ouvrage public, *Dr. Adm.* 2015, n°3, étude 4.

[1560] T. confl., 18 déc.1947, Hilaire contre Kiger, p. 516.

[1561] V., O. Le Bot, thèse, *op. cit.*, p. 472 et s.

[1562] En effet le juge dispose d'un intérêt moindre à apprécier de manière extensive sa compétence. La decliner ne conduit pas à priver les requérant de toute voie de droit utile puisque le juge administratif peut, lorsque l'atteinte n'est pas constitutive d'une voie de fait, être saisi au titre de l'article L. 521-2. V. notamment, sur ce point : N. Pulgeault, Le juge administratif des référés, gardien des libertés, *Justice et droits fondamentaux, Mélanges offerts à J. Normand*, Litec, 2003, p. 414 ; N. Cayrol, Référé civil, Répertoire de procédure civile, Dalloz, n°221.

[1563] P.-L. Frier, Panorama de contentieux administratif et de responsabilité de la puissance publique, D. 2005, p. 27. V. aussi, sur ce point : G. Eveillard, Quinze ans de mise en œuvre du référé-liberté, *op. cit.*

de fait et exercent les deux voies de droit considérées, le premier juge saisi ordonnera les mesures propres à satisfaire cette prétention, rendant ainsi sans objet la demande concurremment présentée devant l'autre ordre juridictionnel.

548. L'exercice successif de ces recours est tout à fait permis puisqu'un requérant n'ayant pas obtenu du juge judiciaire la mesure réclamée, que ce refus découle ou non de l'absence de voie de fait, pourra saisir le juge administratif sur le fondement de l'article L. 521-2 du Code de justice administrative. À l'inverse, l'affaire V. Lambert conduit à observer que le refus du juge administratif du référé-liberté d'ordonner la mesure sollicitée peut conduire les requérants à saisir les juridictions judiciaires aux mêmes fins en obtenant, de manière éminemment discutable[1564], la mesure provisoire réclamée. Plus que de donner « deux juges pour une atteinte »[1565] la décision du 23 janvier 2013 a donné aux requérants deux chances d'obtenir le succès de leur prétention. Comme l'écrit très justement C. Broyelle, les administrés bénéficieront donc, « au choix »[1566], de l'intervention du juge judiciaire ou de celle du juge administratif. Indépendamment des stratégies contentieuses que les requérants et leurs conseils sont désormais autorisés à entreprendre, la solution du Conseil d'État peut interroger, tant ce dernier s'évertue, dans d'autres cas, à limiter l'exercice de recours concurrents par les justiciables.

II. La reconnaissance justifiable de la concurrence des recours

549. Développement substantiel du référé-liberté. La concurrence des recours telle qu'elle se conçoit dans le contentieux de la voie de fait n'est pas déterminée par les textes. La reconnaissance de cette possibilité pour les requérants d'exercer des recours permettant de faire juger une même prétention repose sur des politiques jurisprudentielles que le Conseil d'État entend mener. À cet égard, la doctrine a très largement souligné que l'utilisation des référés d'urgence, depuis la loi du 30 juin 2000, révèle un attrait certain pour ces voies de droit et, en particulier, pour le référé-liberté[1567]. La jurisprudence témoigne du large usage qui est fait de cette voie de droit, mais cette observation est le reflet d'une politique jurisprudentielle qui encourage les requérants à l'emprunter. En effet, l'intérêt à agir est conçu d'une manière relativement souple et, notamment, de manière plus souple

---

[1564] X. Dupré de Boulois, Affaire Vincent Lambert : la danse macabre continue, *AJDA* 2019, p. 1202.

[1565] B. Quiriny, Voie de fait et référé-liberté (ou une atteinte, deux juges ou deux juges pour une atteinte), *LPA* 2013, n°72, p. 16.

[1566] C. Broyelle, Procédures d'urgences, Jcl. Adm., Synthèse, n°360.

[1567] V. notamment, X. Domino et A. Bretonneau, Dix ans d'urgences, *AJDA* 2011, p. 1369.

qu'en référé-suspension[1568]. Le juge administratif a pu également admettre dans certains cas une présomption d'urgence, facilitant assurément la mise en œuvre du référé-liberté[1569].

550. Cette considération croissante accordée au référé-liberté est encore visible dans l'évolution de la jurisprudence administrative relativement à l'office du juge saisi sur le fondement de l'article L. 521-2. Sur ce point, le Conseil d'État a estimé le 30 décembre 2002 qu'un moyen tiré de l'inconventionnalité d'une loi « n'est pas, eu égard à l'office du juge des référés, de nature à faire naître un doute sérieux quant à la légalité de la décision du préfet de l'Ardèche »[1570]. Cette solution, qu'il convient vraisemblablement de lier au délai indicatif de 48 heures imparti au juge pour statuer sur la demande qui lui est présentée[1571], a été sérieusement affectée[1572] puis complètement écartée[1573]. Ce souhait de développer le référé-liberté découle, sans nul doute, du bénéfice que les justiciables sont à même d'en retirer. Une seconde raison est avancée par J. Petit, qui a bien montré que ce renouvellement du contentieux administratif par la réforme des référés d'urgence s'est accompagné d'un renouvellement du rôle du juge administratif : « la justification affichée de cette politique jurisprudentielle favorable réside dans la préoccupation, aujourd'hui dominante, de l'efficacité de la justice administrative, tout spécialement dans la protection des droits fondamentaux. Noble cause, assurément et que le juge sert d'autant plus volontiers qu'en la servant, il sert sa propre cause, celle de l'extension de ses pouvoirs et de l'accroissement de son rôle dans l'action publique »[1574].

1568 CE, 22 déc. 2012, n°364584, Section française de l'observatoire international des prisons et a. ; *JCP-G* 2013, 87, note O. Le Bot ; *JCP-A* 2013, 2017, note G. Koubi. À la vérité, cette question se pose peu puisque ce référé est essentiellement exercé par le destinataire de la décision contestée (ou la victime de l'agissement). Dans le cas où le référé serait engagé par un tiers, la question de l'intérêt à agir, comme le dit très bien G. Eveillard, est « soluble dans la question de l'urgence » puisqu'elle suppose une atteinte immédiate à la situation du requérant ou à l'un des intérêts qu'il entend défendre (G. Eveillard, *op. cit.*).

1569 CE, 11 déc. 2015, n°394990, Gauthier, p. 457.

1570 CE, 30 déc. 2002, n°240430, Ministre de l'aménagement du territoire et de l'environnement c/ Carminati , p. 510 ; *JCP-A* 2003, act. 1125, obs. C. Broyelle.

1571 L. Dutheillet de Lamothe G. Odinet disent bien que ce débat sur la conventionnalité de la loi « n'a normalement pas sa place devant le juge des référés (L'urgence dans tous ses états, *AJDA* 2016, p. 247). V. encore, O. Le Bot, Contrôle de conventionnalité et référé-suspension : quelques précisions sur l'office du juge des référés et l'étendue du contrôle de cassation, *AJDA* 2003 p. 1065.

1572 CE, 16 juin 2010, n°340250, Diakité, p.1662 ; *AJDA* 2010. 1355, chron. S.-J. Lieber et D. Botteghi, *RFDA* 2011. 377, chron. L. Clément-Wilz, F. Martucci et C. Mayeur-Carpentier.

1573 CE, ass., 24 juin 2014, n°375081, Lambert et a, p. 175, concl. R. Keller ; *JCP-G* 2014, 825, F. Vialla ; *AJDA* 2014, p. 1669, note D. Truchet.

1574 J. Petit, Propos conclusifs, Les quinze ans de la loi du 30 juin 2000 relative au référé devant les juridictions administratives, *op. cit.*

551. Il semble que ces raisons aient encore poussé le Conseil d'État à développer cette voie de droit au-delà de ce qu'imposent les dispositions légales. L'affaire Lambert l'a montré. Indépendamment des enseignements qu'il convient d'en tirer quant au partage des compétences juridictionnelles en matière de voie de fait, le Conseil d'État saisi sur le fondement de l'article L. 521-2 du Code de justice administrative, a remarquablement développé l'office du juge du référé-liberté. Il s'est autorisé à suspendre l'exécution de la mesure litigieuse à titre conservatoire et a ordonné des mesures d'instruction avant de statuer sur la requête[1575]. Ce traitement en deux temps de la requête par le juge des référés n'est pas absolument nouveau[1576], mais l'éventualité d'une généralisation de cette manière de faire n'est pas à exclure[1577]. Cette « irrésistible ascension »[1578] du référé-liberté a aussi conduit le juge, plus directement, à s'écarter des exigences légales. Ce fut déjà le cas pour le référé-suspension, mais aussi, et surtout, pour le référé-liberté. On sait que le respect du caractère provisoire des mesures à ordonner, caractéristique principale des référés administratifs, affirmée à l'article L. 511-1 du Code de justice administrative, a été plusieurs fois écorné par le caractère définitif des ordonnances rendues[1579]. Il reste que la décision commune de Chirongui illustre encore mieux la possibilité pour le juge de statuer *contra legem*. La concurrence des recours engendrée par cette décision s'explique donc déjà par cette volonté du juge à développer le référé-liberté.

552. Disparition envisagée de la théorie de la voie de fait. Elle s'explique encore par une autre raison tenant au rejet progressif par le Conseil d'État de la voie de fait. Élaborée à une époque où la juridiction administrative n'était qu'à ses balbutiements et enracinée notamment par les vicissitudes de l'état de droit aux XIXe et XXe siècles[1580], cette théorie jurisprudentielle est aujourd'hui, pour le juge administratif, moins nécessaire qu'hier. Les juridictions administratives se sont précisément dotées d'outils juridiques efficaces pour faire cesser, comme le juge judiciaire et aussi bien que lui, les

---

[1575] CE, ass., 14 févr. 2014, n°375081, Lambert et a.

[1576] CE, Section, 16 nov. 2011, n°353172, Ville de Paris et autres.

[1577] A. Bretonneau et J. Lessi considèrent à raison que ce pouvoir du juge du référé-liberté de conférer un effet suspensif à saisine a fait l'objet d'une consécration *praeter legem*, mais qu'il est relativement regrettable que celle-ci se limite au cas du référé-liberté engagé contre un arrêt de traitement puisqu'un tel pouvoir est inhérent à l'office du juge du référé-liberté, voire même du juge du référé-suspension en raison de l'intérêt supérieur qui s'attache à l'efficacité de l'intervention du juge saisi (A. Bretonneau et J. Lessi, La question de l'arrêt de traitement devant le Conseil d'Etat, *AJDA* 2014, p. 790).

[1578] A. Bretonneau et J. Lessi, Référés : l'irrésistible ascension, *AJDA* 2014, p. 1484.

[1579] Dans ce cas, l'on ne saurait y voir une méconnaissance frontale des dispositions législatives puisque les mesures restent provisoires en droit. Sur l'ensemble de cette question : v. *supra*, p. 239.

[1580] V. les développements de B. Plessix (*Droit administratif général*, *op. cit.*, p. 514 et s.).

atteintes les plus graves aux libertés individuelles[1581]. Cette construction jurisprudentielle limite la compétence naturelle du juge administratif à connaître de l'action administrative, même exercée en dehors des attributions confiées par les textes. À la suite des décisions « Bergoend » et « Commune de Chirongui » la doctrine a d'ailleurs envisagé l'éventuelle disparition de la voie de fait. Il ne s'agit pas d'en interroger la pertinence, encore que condamner cette théorie jurisprudentielle aux seules fins de simplification des règles du contentieux administratif est assez discutable. Plusieurs auteurs avancent en effet cet argument pour qualifier « d'aberrante »[1582] cette dualité des procédures juridictionnelles ou pour justifier que le juge administratif puisse, seul, faire cesser les atteintes constitutives d'une voie de fait en laissant au juge judiciaire la seule compétence indemnitaire[1583]. En retirant cette compétence concurrente au juge judiciaire, les justiciables en viendraient au guichet unique, faisant ainsi disparaitre les incertitudes liées à la stratégie contentieuse qu'il convient d'adopter[1584].

553. On partage toutefois l'opinion négative que porte B. Plessix sur cette volonté réformatrice. Pour l'auteur, la suppression de la voie de fait occulterait l'intérêt qui s'attache à ce que certaines situations litigieuses échappent au juge administratif et aux considérations qui lui sont consubstantielles[1585]. En d'autres termes, il est bon que le juge judiciaire puisse connaître de l'action administrative dans les cas les plus graves, non parce qu'il disposerait d'une compétence « naturelle » en cas d'atteinte aux libertés individuelles, mais parce qu'il serait judicieux de soustraire le jugement de ces cas au juge administratif qui, tout en exerçant sa mission avec une impartialité incontestable, doit pour autant tenir compte des exigences inhérentes à l'intérêt général dans la condamnation de l'Administration[1586]. Le privilège de juridiction n'a, en cas de voie de fait, plus lieu d'être. Indépendamment de la réponse à apporter à cette question, le souhait de réduire la portée de la voie de fait est apparent dans la jurisprudence administrative et celle du Tribunal des conflits. Aussi, par la décision du 23 janvier 2013, le juge a entendu limiter

---

[1581] S'il s'est d'abord agit pour le juge d'acquérir pleinement son indépendance, l'efficacité de sa saisine a été grandement améliorée par la loi du 8 janv. 1995 relative au pouvoir d'injonction et, précisément, par la loi du 30 juin 2000 relative aux référés devant les juridictions administratives.

[1582] B. Quiriny, *op. cit.*

[1583] H. Pauliat, « Le juge du référé-liberté a-t-il mis fin aux jours de la « folle du logis » ? », *JCP-A* 2013, n°8, 2047.

[1584] V. l'opinion confirmative émise par O. Le Bot qui aborde les « difficultés » générées par l'existence de ce chef de compétence judiciaire et les perturbations ainsi engendrées dans la répartition des compétences. Pour l'auteur, l'abandon de la voie de fait engendrerait une situation plus simple pour le justiciable puisque l'ensemble des atteintes aux libertés fondamentales seraient jugées par le juge administratif « sans avoir à se perdre dans un cheminement complexe pour déterminer l'ordre de juridiction compétent » (thèse, *op. cit.*, p. 589).

[1585] B. Plessix, Droit administratif général, *op. cit.*, p. 518.

[1586] Pour une opinion contraire, v. J. de Gliniasty, « De Madame B. à Monsieur B. : La voie de fait dans l'impasse », *op. cit.*

la principale (et fâcheuse) conséquence engendrée par la voie de fait, à savoir l'exercice par le juge judiciaire de sa compétence en la matière. Enfin, c'est le périmètre de la voie de fait qui a été considérablement restreint par le Tribunal des conflits dans le sens qui a pu être évoqué[1587].

554. Il résulte donc de la jurisprudence administrative une double tendance à faire jouer un rôle maximal au référé-liberté et à assurer progressivement la disparition de la théorie de la voie de fait. Ceci aboutit de la part du juge à conférer la possibilité aux justiciables d'exercer des recours concurrents, ce qu'il s'attache, de manière générale, à exclure. Cette solution exceptionnelle se justifie par le fait que les intérêts évoqués priment sur sa volonté d'assurer la cohérence du droit en limitant l'exercice de recours concurrents. Selon que les recours sont ou non ouverts par des normes de même valeur, le juge s'attache soit à faire respecter les conditions de jugement exprimées par les textes ou conformes à l'intention du législateur, soit à assurer l'effectivité des conditions entourant l'exercice d'un recours spécial dont l'exercice doit être privilégié. Or, dans ce contentieux de la voie de fait, le juge s'écarte ostensiblement du respect des dispositions légales et ne préserve en aucun cas la voie de droit « particulière »[1588] ouverte devant le juge judiciaire. *In fine*, la concurrence des recours n'est évidemment pas recherchée pour elle-même. Cette solution inhabituelle qui consiste pour le juge non pas à tolérer cette concurrence, mais à l'engendrer, répond au souhait d'assurer la protection la plus effective qui soit des intérêts des justiciables, ce qui ne saurait encourir de réelles critiques parce que cela contribue à perfectionner l'État de droit. Au demeurant, l'on peut penser que cette concurrence, qui parait aussi servir l'intérêt propre du Conseil d'État, est admise pour un temps seulement, celui nécessaire à l'abandon de la théorie de la voie de fait et partant, de la compétence du juge judiciaire en matière d'atteinte à la propriété privée commise par les personnes publiques.

[1587] T. confl., 17 juin 2013, n°3911, Bergoend c/ ERDF Annecy Léman.

[1588] Le recours devant le juge judiciaire peut en effet être considérée comme une voie de droit « particulière » ou du moins d'une portée plus restreinte que ne l'est le référé-liberté. Ce recours organisé par l'article L. 521-2 permet aux justiciables de faire cesser toute atteinte grave et manifestement illégalité à une liberté fondamentale tandis que le recours devant le juge judiciaire ne concerne que les atteintes les plus substantielles, celles susceptibles de revêtir la qualification de voie de fait.

Conclusion du chapitre I

555. La jurisprudence administrative traduit indéniablement une limitation opposée par le juge à l'exercice des recours concurrents. Il reste que la politique jurisprudentielle menée par le juge en imposant l'exercice d'un recours plutôt qu'un autre, lorsqu'ils peuvent être mis en œuvre aux mêmes fins, n'est pas poursuivie de manière absolue. Trois raisons paraissent alternativement, ou cumulativement, conduire le juge à tolérer l'exercice indistinct des recours concurrents.

556. En premier lieu, cette volonté pour le juge de limiter le libre exercice des recours concurrents se heurte au respect nécessaire des dispositions législatives. Ceci impose au juge de tolérer le libre exercice d'action concurrentes lorsqu'elles sont mises en œuvre par le Préfet. Dans ce cas d'ailleurs, la fermeture de l'un des recours dont dispose le représentant de l'État aurait aussi conduit le juge à affaiblir le rôle endossé par celui-ci dans le contrôle des actes adoptés par les entités décentralisées. La volonté de contraindre les requérants dans l'exercice de recours concurrents trouve aussi une limite dans l'interprétation des dispositions de la loi du 30 juin 2000 et des travaux parlementaires qui en ont déterminé le contenu. Il ne peut être déduit des termes de la loi ou de ces travaux que le législateur ait entendu rendre le référé-suspension et le référé-liberté exclusifs l'un de l'autre. Assurément, ces voies de droit ont été instituées pour répondre à des situations différentes, mais la jurisprudence du Conseil d'État témoigne, dès les premières décisions rendues en application de la loi du 30 juin 2000, d'une possibilité pour les requérants d'obtenir aussi la suspension d'une décision administrative sur le fondement de l'article L. 521-2 du Code de justice administrative. En ce sens, les requérants qui cherchent à obtenir la suspension de l'exécution d'une décision administrative en mettant en œuvre ces deux recours ne peuvent être regardés comme détournant les conditions de l'un en exerçant l'autre.

557. En second lieu, la prise en compte de l'intérêt des justiciables aboutit aussi, dans certains cas, à ne pas entraver l'exercice des recours concurrents. Cet intérêt se présente, notamment, au regard des moyens que ceux-ci sont autorisés à faire valoir dans le cadre des recours dont ils disposent. Cela vaut pour la concurrence observée entre les référés d'urgence, mais aussi, et surtout, pour la concurrence entre un référé d'urgence et l'un des référés « environnement » ou le référé précontractuel. En effet, ces voies de droit, indépendamment de l'intérêt qu'elles présentent, se caractérisent par une restriction du champ des moyens invocables. Ceux-ci sont plus largement admis dans le cadre du référé-suspension, voire du référé-liberté. Même s'ils peuvent apparaître comme moins efficaces que ne le sont les autres référés, dont l'objet est plus spécifique, avec lesquels ils sont confrontés, les référés d'urgence sont parfois plus à même d'aboutir à la suspension de l'exécution de la décision administrative litigieuse. Le juge n'entend pas en priver les requérants.

558. Enfin, sans que cet intérêt pour les justiciables n'y soit parfaitement étranger, le juge occulte la contrainte qu'il oppose aux requérants, lorsqu'il lui paraît nécessaire de poursuivre d'autres objectifs que ceux qu'il vise en organisant l'exercice des recours concurrents. À cet égard, des considérations pratiques l'ont conduit à ouvrir le recours pour excès de pouvoir à l'égard de décisions administratives à objet pécuniaire. Cette option, consacrée par la jurisprudence Lafage, permet d'éviter le maintien dans l'ordonnancement juridique de décisions illégales en raison d'obstacles pratiques liées à la mise en œuvre des recours juridictionnels. Le Conseil d'État s'est attaché à maintenir cette option, tout en veillant néanmoins - c'est ce qui explique la décision Lafon et ses prolongements récents - à ce qu'elle ne conduise pas les requérants à contourner la condition de délai applicable à la contestation de telles décisions. De la même manière, l'ouverture du référé-liberté aux requérants pour faire cesser une atteinte à la propriété constitutive d'une voie de fait témoigne d'une logique inverse à celle poursuivie par la limitation de l'exercice des recours concurrents. Ce choix du juge administratif correspond à la volonté d'accroître son rôle dans la protection des libertés individuelles, ce qui ne saurait encourir de critiques sérieuses puisqu'il profite, au premier plan, aux justiciables.

Chapitre 2 : La fermeture traditionnelle des recours concurrents par l'irrecevabilité

559. Les solutions qui traduisent la fermeture par le juge d'un recours concurrent ne forment pas un ensemble homogène parce que les formules que celui-ci retient pour s'opposer à l'exercice d'une voie de droit varient selon la nature de la situation litigieuse et la valeur des normes qui organisent ces voies de droit concurrentes. Il reste cette limitation opposée aux requérants l'est par l'irrecevabilité du recours introduit. Cette irrecevabilité, à l'instar l'exception de recours parallèle, se présente comme une fin de non-recevoir dont les contours doivent être appréciés. Cet effort est rendu d'autant plus nécessaire que le juge ne s'appuie sur aucune règle générale pour fermer aux requérants le recours qu'ils exercent, lorsqu'ils disposent d'un recours spécial concurrent (Section 1).

560. En mobilisant cette « cause d'irrecevabilité »[1589] des recours, le juge cherche à assurer le respect des conditions de jugement et de recevabilité qu'il a déterminé ou que le législateur a fixé pour certains litiges. Néanmoins, en servant cet objectif, il veille à organiser les recours juridictionnels de la manière qu'il estime être la plus adéquate. Sans négliger l'intérêt des requérants, la fermeture des recours concurrents permet au Conseil d'État, avec d'autres techniques d'organisation des recours, de rationaliser les moyens dont disposent les justiciables pour faire trancher un litige qui les oppose à l'Administration (Section 2).

Section 1 : L'imprécision attachée à la fermeture des recours concurrents par l'irrecevabilité

561. Comme l'écrivent G. Vedel et P. Delvolvé, l'irrecevabilité ne concerne pas que les recours contentieux, mais peut atteindre seulement certaines de ses composantes, en ce sens qu'elle peut seulement viser certaines conclusions ou certains moyens que celui-ci contient[1590]. L'exception de recours parallèle, telle qu'appréhendée par la doctrine, se comprend comme une fin de non-recevoir qui est opposée au recours pour excès de pouvoir qu'un requérant a exercé alors qu'il aurait dû saisir le juge par la voie d'un autre recours. La manière dont le juge contraint les requérants dans l'exercice d'autres voies de droit que le recours pour excès de pouvoir ne diffère pas : il s'agit toujours, pour le juge, de s'opposer aux recours formés par les requérants et, *in fine*, aux conclusions que ceux-ci formulent (§1). La détermination des solutions qui expriment une telle fin de non-recevoir est relativement malaisée puisque l'irrecevabilité qui s'oppose à ce que les

[1589] G. Cornu, *op. cit.*, p. 428, entrée « exception de recours parallèle ».

[1590] G. Vedel et P. Delvolvé, *op. cit.*, p. 243.

requérants puissent librement mettre en œuvre des voies de droit concurrentes résulte d'une construction jurisprudentielle opaque. En particulier, le Conseil d'État n'estime pas nécessaire de traduire en règle générale cette contrainte qu'il oppose aux requérants (§2)

§1. La traduction de la fermeture des recours concurrents par une fin de non-recevoir

562. L'irrecevabilité opposée au recours pour excès de pouvoir en raison de l'existence d'une voie de droit concurrente a largement été appréhendée par l'exception de recours parallèle mais cette notion doctrinale ne présente qu'une utilité relative pour expliquer la jurisprudence relative à la fermeture par le juge des recours concurrents. Il convient de préciser que les solutions qui expriment cette fermeture traduisent l'irrecevabilité des conclusions présentées par les requérants (I) et ne concernent pas les hypothèses dans lesquelles le juge administratif entend rejeter certains moyens formulés à l'appui d'un recours (II).

I. Une cause d'irrecevabilité opposée à l'exercice des seules conclusions

563. Notion de fin de non-recevoir. La fin de non-recevoir que le juge oppose à l'exercice d'un recours concurrent a pu être présentée par certains auteurs, s'agissant du recours pour excès de pouvoir, comme une authentique condition de recevabilité, au même titre que celle tirée de l'intérêt à agir ou des délais de recours contentieux[1591]. D'autres auteurs envisagent autrement cette question de l'irrecevabilité d'un recours liée à l'existence d'une autre voie de droit, en visant une « exception » de recours parallèle » et en insistant sur les relations entre le recours pour excès de pouvoir et les recours de plein contentieux[1592]. La notion « d'exception » se doit d'être précisée, puis écartée dans le but de ne retenir qu'une contrainte que le juge oppose aux conclusions formulées par les requérants, c'est-à-dire, dans nombre de cas, une contrainte opposée au recours exercé par ceux-ci.

564. L'expression par le juge de la contrainte fondée sur l'existence d'un autre recours disponible pour le requérant visait à rejeter les recours pour excès de pouvoir exercés par les requérants. La fermeture de ces recours a été

[1591] V. notamment : R. Odent, *Contentieux administratif, op. cit.,* Fasc. V, p. 1643 ; M. Guyomar et Seiller, *Contentieux administratif op. cit.* p. 300 (qui y voient une cause d'irrecevabilité « en raison des pouvoirs du requérant ») ; Y. Gaudemet, *Droit administratif, op. cit.*, p. 149 ; J. Morand-Deviller, P. Bourdon et F. Poulet, *op. cit.*, p. 812 ; A. Perrin, *Contentieux administratif, op. cit.*, p. 107 (qui en fait une condition tenant à l'objet du recours).

[1592] V. R. Chapus, *Droit du contentieux administratif, op. cit.*, p. 701 et s. ; C. Broyelle, *Contentieux administratif, op. cit.*, p. 68.

expliquée par la doctrine en mobilisant la notion de fin de non-recevoir et en s'appuyant sur certaines solutions qui font référence à une irrecevabilité fondée sur la seule existence d'une autre voie de droit à disposition du requérant[1593]. D'inspiration civiliste, cette notion souffre, en droit administratif, de son absence de définition précise[1594]. R. Odent souligne à cet égard un « maquis de la procédure, parsemé de chausse-trapes et de traquenards » pour décrire les fins de non-recevoir comme des « pièges imaginés par les technocrates du formalisme pour duper les plaideurs de bonne foi »[1595]. Pour autant, il faut admettre que la fin de non-recevoir traduit l'irrecevabilité d'un recours en cas de méconnaissance par les justiciables des conditions posées par les textes ou la jurisprudence relativement à l'introduction d'un recours juridictionnel. R. Rouquette écrit que le recours au juge est envisagé au travers de conditions de recevabilité « auxquelles sont symétriquement opposées des fins de non-recevoir »[1596]. A. Ciaudo voit, dans cette dernière notion, un moyen de défense soulevé éventuellement par le défendeur ou obligatoirement par le juge qui conduit à empêcher, en l'état, l'examen du bien-fondé d'un recours[1597]. La doctrine a largement retenu cette « fin de non-recevoir résultant de l'existence d'un recours parallèle » pour décrire, à raison, les solutions par lesquelles le juge administratif refusait de connaître de recours pour excès de pouvoir en se fondant sur la seule existence d'une autre voie de droit.

565. Référence incertaine au terme d'exception. Plusieurs auteurs ont également qualifié d'« exception de recours parallèle » cette fin de non-recevoir propre au recours pour excès de pouvoir ; cette dernière formule étant d'ailleurs au moins aussi répandue, en doctrine et dans le fichage des arrêts au recueil, que l'est la « fin de non-recevoir tirée de l'existence d'un recours parallèle ». L'emploi d'une telle expression est reprochable. En procédure civile, C. Jubault a pu déplorer la polysémie du terme « exception » en écrivant qu'il existe une « tenace tradition d'utilisation du vocable exception pour des défenses au fond, voire pour des fins de non-recevoir »[1598]. C. Gueydan livre aussi une définition générale de « l'exception en droit public », qui consiste en « une norme abrogeant partiellement le champ d'application d'une autre norme de même valeur juridique »[1599]. Cet effort de définition a aussi consisté

1593 Sur cette question, v. *supra*, p. 163.

1594 M. Gros, *Les fins de non-recevoir devant la juridiction administrative*, J. Savoye dir. Lille II, 1987, p. 2.

1595 R. Odent, Le destin des fins de non-recevoir, Mélanges offert à M. Waline, LGDJ, 1974, p. 653. A. Ciaudo qualifie la notion « d'obscure » et « aussi réfractaire à la systématisation pour la doctrine que pour le juge administratif lui-même » (thèse, *op. cit.*, p. 201).

1596 R. Rouquette, *op. cit.*, p. 755.

1597 A. Ciaudo, thèse, *op. cit.*, p. 203.

1598 C. Jubault, Les exceptions dans le Code civil, à la frontière de la procédure et du fond, LPA 2003, n°11, p. 4

1599 C. Gueydan, *La notion d'exception en droit public*, *op. cit.*, p. 423.

à exclure ce à quoi ne renvoie pas la notion d'exception. C. Gueydan rejette ainsi l'assimilation des fins de non-recevoir à des normes exceptives, puisqu'elles désignent « les moyens qui concernent la recevabilité de la demande » et ne sont pas relatives au champ d'application d'une norme interprétée[1600]. Ces considérations font hésiter sur le sens que les auteurs donnent à l'exception de recours parallèle puisqu'il n'est jamais précisé ce à quoi le terme d'exception renvoie précisément. Une explication peut être proposée en reprenant les propos de R. Ricci, qui a proposé une définition de « l'exception d'irrecevabilité » en contentieux administratif[1601]. Ce dernier terme renvoie, pour lui, « à l'invocation au cours d'une instance d'un moyen juridique afférent à un problème distinct de celui-ci, ou de ceux constituant le fond de l'espèce jugée, et dont l'examen et la résolution sont susceptibles d'affecter la décision juridictionnelle sur le fond »[1602]. Au-delà de l'hésitation induite par l'emploi du terme d'exception, il semble que celui-ci renvoie indéniablement à un « moyen de défense »[1603].

566. L'exception de recours parallèle s'entend donc comme l'un des moyens juridiques qu'un défendeur peut faire valoir à l'occasion d'un litige lorsqu'il souhaite qu'un recours ne soit pas jugé[1604]. Toutefois, se comprend aussi autrement puisque le terme « d'exception » est susceptible de renvoyer à une exception « normative » au sens où l'entend C. Gueydan[1605] : le recours pour excès de pouvoir, normalement recevable à l'égard des actes administratifs, ne l'est pas, exceptionnellement, en raison de l'existence pour le requérant d'une autre voie de droit. L'exception de recours parallèle ne se comprend pas, dans ce cas, comme un moyen de défense d'une des parties au litige, mais comme une condition de recevabilité du recours introduit. En dépit de l'incertitude qui s'attache à définir ce à quoi renvoie exactement la notion d'exception, ce terme parait occulter le caractère d'ordre public de la cause d'irrecevabilité tirée de l'existence d'un recours parallèle. Certains auteurs évoquent d'ailleurs une différence certaine entre « exception » et « fin de non-recevoir » puisque seule la fin de non-recevoir est d'ordre public[1606]. Or il appartient bien au juge administratif de relever d'office que le requérant aurait dû exercer un autre recours que celui dont il l'a saisi. C'est ce que font

---

[1600] *Ibid*, p. 156.

[1601] R. Ricci, « Le Conseil d'Etat et la loi : vers la recevabilité d'une exception d'inconstitutionnalité ? », *LPA* 1999, n°200, p. 11.

[1602] *Ibid.*

[1603] G. Cornu, *op. cit.*, p. 428.

[1604] En l'occurrence, la lecture de la jurisprudence montre que cette cause d'irrecevabilité du recours est généralement présente dans l'argumentation de la personne publique défenderesse.

[1605] C. Gueydan, *op. cit.* p. 153 et s.

[1606] S'agissant de l'autorité relative de la chose jugée, G. Delvolvé écrit : « Le moyen tiré de la chose jugée est une exception et non une fin de non-recevoir. En cas d'autorité relative, le moyen n'est pas d'ordre public et il ne peut être relevé d'office par le juge » (G. Delolvé, Chose jugée », *op. cit.*, n°146)

observer certaines solutions, le Conseil d'État jugeant par exemple que l'existence de la voie de recours dont disposait un requérant devant le juge judiciaire s'opposait à ce qu'il engage devant le tribunal administratif une action mettant en cause la responsabilité de la caisse d'assurance vieillesse, invalidité et maladie des cultes en raison de l'illégalité du règlement intérieur des prestations dont elle lui a fait application et que « que ce motif, qui est d'ordre public doit être substitué aux motifs retenus par le jugement attaqué, dont il justifie le dispositif sur ce point »[1607].

567. L'emploi de la notion d'exception de recours parallèle ne fait observer que des critiques mesurées, qui tiennent seulement à l'inutilité de la formule employée. Elle exprime la lecture doctrinale d'une fin de non-recevoir opposée par le juge et fondée sur la seule existence d'un recours parallèle, même s'il faut dire que l'emploi d'une telle expression obscurcit plus la compréhension des solutions jurisprudentielles qu'elle ne l'éclaire. Au-delà de ces hésitations terminologiques relevées en doctrine, la fin de non-recevoir tirée de l'existence d'un recours parallèle s'analysait, lorsqu'elle consistait en la fermeture d'un recours pour excès de pouvoir, en une cause d'irrecevabilité appliquée aux recours. Apprécier la concurrence de l'ensemble des recours juridictionnels impose de préciser cette observation en ce que le juge s'attache, en réalité, à opposer l'irrecevabilité aux conclusions exprimées par le recours dont il est saisi.

568. Irrecevabilité des conclusions et irrecevabilité du recours. L'irrecevabilité, en contentieux administratif, est susceptible d'être mobilisée par le juge pour s'opposer à l'exercice d'un recours, de conclusions ou de moyens[1608]. Or, certaines requêtes ne comportent qu'un seul chef de conclusions, traduisant donc l'existence d'un seul recours. L'irrecevabilité opposée à ces conclusions aboutit logiquement à l'irrecevabilité du recours exercé. C'est ce que traduit largement l'étude de la jurisprudence administrative relative à la fermeture, par le juge, du recours pour excès de pouvoir, eu égard à l'existence d'une autre voie de droit disponible pour les requérants. En effet, les conclusions ne sont rien d'autre que la traduction écrite des prétentions des parties. Lorsqu'elles sont présentées dans le cadre

---

[1607] CE, 20 mai 2016, n°384404, CAVIMAC. Dans le même sens, le Conseil d'Etat considère que, eu égard au caractère indemnitaire des conclusions qui lui étaient présentées, fondées sur l'existence d'un préjudice distinct du paiement de la redevance « le tribunal administratif n'a pas commis d'erreur de droit en ne soulevant d'office l'exception de recours parallèle et en les jugeant recevables » (CE, 31 mars 2014, n°361079, Sté Yacht club international de Saint-Laurent-du-Var).

[1608] A. Ciaudo, thèse, *op. cit.*, p. 216 et svt.

d'un recours pour excès de pouvoir, l'irrecevabilité de celui-ci tient, *in fine*, à l'irrecevabilité des conclusions en annulation[1609].

569. Il en va de même pour d'autres cas de concurrence des recours. Une décision récente de la Cour administrative d'appel de Paris étaye cette manière de voir[1610]. En l'espèce, une société avait saisi le tribunal administratif de Paris de conclusions tendant à la condamnation de l'État, en raison de son action fautive, à lui verser une indemnité en réparation du préjudice qu'elle estimait avoir subi du fait du paiement de l'amende de même montant qui lui avait été infligée sur le fondement de l'article 1740 du Code général des impôts. Les juges d'appel ont confirmé l'irrecevabilité des conclusions relevée en première instance puisque la société « n'établit ni même n'allègue avoir subi un préjudice distinct de celui résultant du paiement de l'amende dont elle avait fait l'objet »[1611] en ce sens que les conclusions indemnitaires ont, en conséquence, le même objet que l'action tendant à la décharge de cette imposition qu'elle aurait dû introduire sur le fondement des règles prévues par le livre des procédures fiscales. La Cour administrative d'appel de Paris n'était ici saisie que de ces conclusions indemnitaires et les a considérées comme étant irrecevables, sans que soit explicitement relevée l'irrecevabilité du recours de plein contentieux tendant à engager la responsabilité de l'État[1612].

570. Ce contentieux de la responsabilité extracontractuelle des personnes publiques montre d'autres situations dans lesquelles les recours formés par les requérants comportent plusieurs chefs de conclusions. Certaines espèces montrent que le juge entend s'opposer à certaines de ces conclusions en se fondant sur l'existence d'une autre voie de droit par laquelle le requérant pouvait faire juger sa prétention. Ces solutions témoignent, dans le même temps, de l'appréciation par le juge du bien-fondé d'autres prétentions que le requérant a présentées par la même requête que celle contenant les conclusions jugées irrecevables. La décision rendue par la Cour administrative d'appel de

---

[1609] Le recours peut comporter des conclusions aux fins d'injonction, fondées en particulier sur l'article L. 911-1 du CJA. Pour autant, puisque celles-ci sont seulement accessoires à la demande principale, le rejet de celle-ci emporte celui de la demande d'injonction et, partant, l'irrecevabilité du recours dans son ensemble.

[1610] CAA Paris, 6 déc. 2018, n°17PA00610.

[1611] *Ibid.*

[1612] V. dans le même sens : CE, 7 mai 2012, n°343697, Synd. Intercomm. du canal des Alpines septentrionales. En l'espèce le Conseil d'Etat était saisi en cassation d'une demande émanée d'un particulier tendant à ce que lui soit versée une somme correspondant à des redevances d'occupation du domaine public au titre de plusieurs années d'occupation, en application de titres de recette exécutoires. En constatant que ces conclusions tendaient à l'obtention d'une indemnité pour faute d'un montant égal aux redevances versées et que celles-ci avaient le même objet qu'une demande en restitution des sommes versées susceptible d'être effectuée sur le fondement des dispositions de l'article L. 1617-5 du Code général des collectivités territoriales, le Conseil d'Etat a jugé que ces « conclusions » étaient irrecevables alors même que le requérant ne formulait pas d'autre demande à l'occasion du recours porté devant la juridiction administrative. V. encore, CE, 19 mai 2004, n°253425, Santalucia.

Versailles le 21 juillet 2015 le montre bien[1613]. En l'espèce, une société ayant bénéficié du régime d'exonération de l'impôt sur les sociétés pour la reprise des entreprises en difficulté a fait l'objet d'un titre de perception exigeant le reversement des sommes eu égard à une décision de la Commission européenne ayant déclaré ce régime d'aide incompatible avec les dispositions du traité CEE. Après le rejet de sa demande en première instance, cette société a saisi le juge d'appel d'une requête tendant à l'annulation du titre de perception et à la restitution du montant figurant sur le titre de perception, mais tendant aussi à l'indemnisation de ces préjudices pour un montant qu'elle chiffre à 700 000€. La Cour a jugé irrecevables les conclusions indemnitaires par lesquelles la société demandait la récupération des sommes mises à sa charge par le titre de perception en raison de l'existence d'un recours en annulation contre ce titre que la société a d'ailleurs exercé. En revanche, seules ces conclusions ont été déclarées irrecevables puisque les juges d'appel se sont prononcés sur l'engagement de la responsabilité extracontractuelle pour faute de l'Administration fiscale.

571. En définitive, l'irrecevabilité liée à l'existence d'une autre voie de droit disponible pour les requérants s'attache seulement aux conclusions présentées au juge. Cette cause d'irrecevabilité a pourtant été étendue, à tort, au rejet par le juge de certains moyens développés à l'appui du recours dont il est saisi.

II. Une cause d'irrecevabilité étrangère au rejet des moyens

572. La jurisprudence administrative montre que le juge s'oppose régulièrement au recours pour excès de pouvoir formé devant lui en ce que le requérant invoque, à l'appui de son recours, un moyen dont il estime ne pas pouvoir apprécier le bien-fondé. Ce refus par le juge de considérer le moyen développé à l'appui du recours dont il est saisi parait, de prime abord, découler de l'existence d'une autre voie de droit disponible pour le requérant. La doctrine a largement expliqué ces solutions par le jeu de l'exception de recours parallèle qui, dans ces cas, serait alors opposée aux moyens. Il convient de récuser cette manière de voir, développée à l'occasion de recours formés devant le juge administratif contre des décrets approuvant certaines modifications apportées aux statuts d'associations (A), contre certains actes édictés par une autorité de tutelle à l'égard d'organismes de sécurité sociale (B) ou contre des actes portant approbation d'un contrat administratif (C).

[1613] CAA Versailles, 21 juillet 2015, n°12VE03966.

A. L'irrecevabilité opposée dans le cadre de recours dirigés contre des décrets approuvant les modifications des statuts de certaines associations

573. Recevabilité limitée aux vices propres de l'acte attaqué. Dans une décision « Sieur Cuvelier », le Conseil d'État était saisi d'un recours pour excès de pouvoir dirigé contre un décret qui approuvait certaines modifications apportées au statut de l'Union vélocipédique de France, reconnue d'utilité publique, dont notamment le changement de nom de cette association, renommée « Fédération française du cyclisme ». Pour en obtenir l'annulation, le requérant, membre de l'association, se fondait sur le moyen tiré de ce que les modifications, apportées et entérinées par le décret, avaient été délibérées dans des conditions irrégulières. Le Conseil d'État a jugé qu'en sa qualité de membre de l'association, le requérant pouvait saisir l'autorité judiciaire pour obtenir l'annulation des délibérations et que « l'existence de cette voie de droit fait obstacle à la recevabilité de la requête devant le Conseil d'État »[1614]. Une précision s'impose. Le juge oppose ici l'irrecevabilité à l'ensemble de la requête, mais la solution s'analyse bien en une solution d'irrecevabilité opposée aux conclusions en excès de pouvoir en tant qu'elles se fondent sur un moyen dont le juge administratif ne peut connaître. En effet, le Conseil d'État juge dans la même décision que le requérant se borne à faire valoir que les délibérations sont illégales « sans alléguer aucun vice propre de ce décret »[1615], ce qui implique que le recours pour excès de pouvoir eut été recevable s'il avait été invoqué de tels vices liés aux conditions de forme et de procédures dans l'adoption de l'acte[1616]. Cette décision comporte pourtant la mention « recours parallèle » au recueil, tout comme l'arrêt « Sieur Libert »[1617] qui s'inscrit dans les mêmes termes. Dans cette autre décision, le requérant, membre de l'Union des sociétés de tir, demandait l'annulation pour excès de pouvoir du décret approuvant des modifications du statut de cette association en se fondant sur ce que les modifications apportées l'ont été dans des conditions irrégulières. Le Conseil d'État rappelle la compétence exclusive de l'autorité judiciaire à connaître du contentieux de ces délibérations apportant des modifications aux statuts d'une association et juge que l'existence de cette voie de recours « fait obstacle à la recevabilité des conclusions de la requête en tant qu'elles sont fondées sur les irrégularités dont s'agit »[1618]. Là également, le juge administratif s'oppose aux conclusions en tant qu'elles sont

[1614] CE, 10 avril 1957, Sieur Cuvelier, p. 253.

[1615] *Ibid.*

[1616] CE, sec. 8 oct. 1976, n°93279, Le Blant, p. 398.

[1617] CE, 15 juillet 1959, Sieur Libert, p. 442.

[1618] *Ibid.* Dans cet arrêt, le Conseil d'Etat statue sur les autres moyens que le requérant développe et ne rapportant à l'irrégularité des délibérations considérées.

fondées sur ce moyen, mais apprécie les autres moyens invoqués par le requérant.

574. Dans l'un et l'autre de ces arrêts, l'examen du bien-fondé des moyens développés à l'appui du recours pour excès de pouvoir conduirait le juge à apprécier la régularité d'actes de droit privé, adoptés par l'organe délibérant d'une association. Or, le juge administratif ne saurait apprécier la régularité de ces actes, sauf à méconnaître les règles déterminant sa compétence et celle de l'autorité judiciaire. La justification tirée de ce que l'existence d'une voie de droit devant le juge judiciaire permettait aux requérants de contester les délibérations qu'ils estimaient irrégulières est alors secondaire et, surtout, surabondante. Elle l'est d'autant plus que l'exception de recours parallèle visait à assurer l'équilibre entre le principe selon lequel le recours pour excès de pouvoir est susceptible d'atteindre chaque acte administratif et le respect des compétences des juridictions non administratives[1619]. En effet, cette préoccupation ne se retrouve pas dans les solutions envisagées puisque les décrets attaqués restent susceptibles de recours devant le juge administratif lorsque sont invoqués des vices qui leur sont propres.

575. Une autre décision entretient encore la confusion quant aux motifs retenus par le juge pour retenir ces solutions. Le Conseil d'État avait été saisi, parallèlement à la demande du sieur Libert, par une association dénommée « Fédération française de Tir » et contestant également le décret évoqué puisque ce dernier avait approuvé le changement de nom de « l'Union des sociétés de tir de France » pour « Fédération française des sociétés de Tir »[1620]. L'association requérante a saisi le juge administratif d'un moyen tenant à l'irrégularité des délibérations prises par l'assemblée délibérante de « l'Union des sociétés de tir de France » à l'occasion desquelles les statuts – et en particulier le nom – de cette association ont été modifiés. Le Conseil d'État a sursis à statuer sur la question de la légalité du décret qui approuvait ces modifications en soulevant la compétence exclusive de l'autorité judiciaire pour apprécier la validité des décisions de l'assemblée générale d'une association[1621]. Le juge administratif ne rejette pas, ici, le recours pour excès pouvoir en ce qu'il serait appuyé sur un moyen qu'il ne peut apprécier eu égard à la compétence de l'autorité judiciaire. Il reporte l'examen de la légalité du décret pour attendre la décision de l'autorité judiciaire sur la régularité des modifications susmentionnées.

[1619] V. *supra*, p. 93.

[1620] CE, 15 juillet 1959, Fédération française de tir, p. 441.

[1621] *Ibid.*

576. Respect des compétences juridictionnelles. La solution diffère dans ces décisions « Sieur Libert »[1622] et « Fédération française de Tir »[1623]. Les requérants n'ont pas la même qualité ni, donc, les mêmes recours à disposition. Le sieur Libert pouvait attaquer les délibérations ayant apporté les modifications reprises par le décret, à la différence de l'association, dont l'objet social est proche de celui de l'association dont les statuts ont été modifiés, qui ne disposait pas de cette possibilité. Le Conseil d'État n'a pu lui opposer l'existence d'une voie de droit devant l'autorité judiciaire. Il n'est donc pas question de concurrence des recours. La situation s'analyse autrement pour les décisions « Sieur Cuvelier » et « Sieur Libert » pour lesquelles le Conseil d'État se fonde sur la possibilité pour les requérants d'exercer antérieurement un autre recours. La justification doit résider exclusivement dans son incompétence pour apprécier la légalité de délibérations prises par des organes délibérant dans le cadre d'associations relevant du régime de droit commun de la loi de 1901[1624].

577. Le juge a pu de nouveau connaître de recours formés par des adhérents contre des décrets approuvant des modifications apportées aux statuts d'une association[1625] ou aux statuts d'une mutuelle[1626]. Dans un cas comme dans l'autre, il est jugé que les requérants pouvaient « s'ils s'y croyaient fondés demander à l'autorité judiciaire, seule compétente en la matière, l'annulation des délibérations (...) pour les motifs de forme et de fond qu'ils énoncent ». L'existence de cette voie de recours « fait obstacle à la recevabilité des conclusions de la requête en tant qu'elles sont fondées sur les prétendues irrégularités des délibérations »[1627]. La même réserve que celle formulée à l'endroit de la décision « Cuvelier » doit entourer l'appréciation de ces décisions, puisqu'il s'agit d'une irrecevabilité que le juge oppose aux moyens soulevés à l'appui du recours pour excès de pouvoir et non aux conclusions. En dépit de cette terminologie discutable, ces solutions découlent de la seule observation des règles de compétence juridictionnelles, même si

---

[1622] CE, 15 juillet 1959, Sieur Libert.

[1623] CE, 15 juillet 1959, Fédération française de tir.

[1624] En effet, compte tenu de leur objet, les actes dont la légalité est critiquée ne sont pas administratifs. Même si les fédérations sportives sont chargées d'une mission de service public, ces actes interviennent dans le cadre de l'organisation interne de l'association. V. sur ce point, v. J. Moreau, P. Moreau, B. Cazin, Compétence : répartition entre le judiciaire et l'administratif, *op. cit.*, n°199 et s. ; P. L. Frier et J. Petit, *op. cit.*, p. 532 et s.

[1625] CE, 14 nov. 1984, n°36348. Davasse, T., p. 505. Il s'agissait en l'espèce d'un recours dirigé contre un décret approuvant des modifications apportées au statut de la Fédération française de ski et délibérées par l'assemblée générale de la fédération.

[1626] CE, 3 déc. 1980, n°09938, Piettre et autres, p. 498. Le recours pour excès de pouvoir exercé visait un décret approuvant des modifications décidées par des délibérations de l'assemblée générale d'une mutuelle. Les requérants invoquaient différents moyens à l'appui du recours, dont l'un était tiré de l'irrégularité des délibérations de cette assemblée.

[1627] CE, 3 déc. 1980, n°09938, Piettre et autres ; CE, 14 nov. 1984, n°36348. Davasse

elles sont régulièrement associées, par la doctrine, à l'exception de recours parallèle[1628]. C'est bien au moyen que le juge oppose l'irrecevabilité et il en découle, exceptionnellement, l'irrecevabilité des conclusions lorsqu'elles sont appuyées par cette argumentation unique. Dans le cas où les requérants font état de vices propres à l'acte attaqué, le recours reste recevable, mais le moyen tiré de l'irrégularité d'actes de droit privé est irrecevable, en raison de l'incompétence du juge pour l'apprécie et non en raison de l'existence d'une autre voie de droit au profit des requérants.

B. L'irrecevabilité opposée dans le cadre de recours dirigés contre des actes de tutelle intervenant en matière de sécurité sociale

578. Irrecevabilité du recours fondé sur un moyen unique. La recevabilité du recours pour excès de pouvoir à l'égard des actes pris par les autorités déconcentrées de l'État ne fait guère de doute. Cependant, la possibilité des requérants à emprunter cette voie de droit à l'égard de tels actes pose question lorsque ceux-ci interviennent dans le cadre de contentieux jugés par les juridictions judiciaires. Tel est précisément le cas des décisions prises par les autorités de tutelle en matière de sécurité sociale. Plusieurs décisions, à l'égard desquelles la doctrine évoque l'exception de recours parallèle, ont permis de montrer que le juge administratif s'oppose à certains moyens en raison de la possibilité, pour l'assuré social, de saisir les juridictions du contentieux général de la sécurité sociale. La décision « Société des manufactures Eram » montre bien que le juge administratif, chargé de contrôler les actes des différentes autorités administratives, doit logiquement « connaître de la légalité des décisions prises par le préfet dans l'exercice de ses pouvoirs de tutelle à l'égard des Unions de recouvrement »[1629]. Les dispositions de l'article L. 151-1 du code de la sécurité sociale confèrent explicitement au Préfet la compétence pour annuler les décisions des conseils d'administration des caisses primaires et régionales d'assurance maladie et d'assurance vieillesse des travailleurs salariés, des caisses d'allocations familiales et des unions de recouvrement lorsque celles-ci sont contraires à la loi[1630]. Dans l'espèce précitée, la société ERAM avait exercé un recours pour excès de pouvoir contre une décision prise par le Préfet annulant une

[1628] Dans les arrêts précités, la mention « exception de recours parallèle » apparaît dans l'abstract ; elle est aussi au recueil. G. Pélissier traite ces décisions dans le cadre de son analyse de l'exception de recours parallèle (Recours pour excès de pouvoir : conditions de recevabilité, Répertoire de contentieux administratif, Dalloz, n°166 et s.).

[1629] CE, 6 janv. 1995, n°114993, Société des manufactures Eram ; Rec. CE 1995, p. 15 ; *JCP-G* 1995, II, 22456, note F. Taquet ; *AJDA* 1995, p. 347, obs. X. Prétot ; *RDSS* 1995, p. 784, note J. Martinez.

[1630] L'article L. 151-1 du Code de la sécurité sociale dispose : « Les décisions des conseils d'Administration des caisses primaires et régionales d'assurance maladie et d'assurance vieillesse des travailleurs salariés, des caisses d'allocations familiales et des unions de recouvrement sont soumises au contrôle de l'autorité compétente de l'Etat. L'autorité compétente de l'Etat peut annuler ces décisions lorsqu'elles sont contraires à la loi.

délibération par laquelle la commission de recours amiable de l'URSSAF de la région Choletaise avait décidé de ne pas réintégrer une indemnité de licenciement dans l'assiette de ses cotisations. Or, la société ERAM disposait de la possibilité de saisir les juridictions du contentieux général de la sécurité sociale en vue du règlement d'un éventuel litige qui l'opposait à l'URSSAF[1631].

579. Le Conseil d'État a estimé que l'existence de cette dernière voie de droit devait être privilégiée en ce que la contestation de la décision du Préfet était « entièrement fondée sur une contestation de l'application qui lui était faite de la législation et de la réglementation de sécurité sociale relatives à l'assiette des cotisations »[1632]. Le recours pour excès de pouvoir peut évidemment atteindre les décisions prises par le Préfet dans le cadre de ses pouvoirs de tutelle, mais, lorsque celles-ci interviennent dans le cadre des pouvoirs que ce dernier détient à l'égard des Unions de recouvrement, elles doivent faire l'objet du recours devant le Tribunal des affaires de la sécurité sociale, spécialement chargé de connaître de telles contestations. Il faut encore ici se garder de dire que le Conseil d'État entend refuser de juger le recours pour excès de pouvoir formé. Le juge ne s'oppose qu'au moyen formulé à l'appui du recours. Puisque la société requérante n'en développe pas d'autres, l'impossibilité pour le Conseil d'État de statuer sur le moyen conduit à l'irrecevabilité du recours ou, dans la solution évoquée, à l'annulation du jugement de première instance par lequel le tribunal administratif avait fait droit à la demande d'annulation[1633].

580. Mention discutable de l'exception de recours parallèle. La recherche du sens exact de l'irrecevabilité opposée par le juge est rendue délicate par la mention, en doctrine, de l'exception de recours parallèle[1634]. Néanmoins, et X. Prétot le dit très justement, l'irrecevabilité opposée par le

---

[1631] Dans sa rédaction en vigueur au moment de la décision évoquée, le Code de la sécurité sociale, en son article L.142-1, prévoyait qu'il était institué une organisation du contentieux général de la sécurité sociale chargée de « régler les différends auxquels donne lieu l'application des législations et réglementations de sécurité sociale et qui ne relèvent pas, par leur nature, d'un autre contentieux ». Le même article, en vertu de la loi n°2019-222 du 23 mars 2019, dispose que le contentieux de la sécurité sociale comprend certains litiges, déterminés selon leur objet (par exemple, les litiges relatifs « 1° A l'application des législations et réglementations de sécurité sociale et de mutualité sociale agricole (…) 5° A l'état d'incapacité permanente de travail, notamment au taux de cette incapacité, en cas d'accident du travail ou de maladie professionnelle).

[1632] CE, 6 janv. 1995, n°114993, Société des manufactures Eram

[1633] Cette observation est confortée une autre décision par laquelle le juge avait admis un recours exercé par un employeur qui contestait, en raison de ses vices propres, une décision de l'autorité de tutelle ayant annulé une décision favorable de la commission de recours amiable de l'URSAAF (CE, 5 mai 1993, Manufacture française des pneumatiques Michelin, D. 1995, comm. p. 35, obs. Xavier Prétot; *RJS* 8-9/1993, n°82)

[1634] Entre autres exemples : G. Pélissier, Recours pour excès de pouvoir : conditions de recevabilité, *op. cit.* ; J. Martinez, Le difficile accès des usagers de la sécurité sociale au recours pour excès de pouvoir contre une décision de l'autorité de tutelle, *RDSS* 1995, p. 784 (il évoque le « ralliement du juge à l'exception de recours parallèle »).

Conseil d'État « n'est pas sans réserve » puisqu'elle découle seulement du fait que la société ERAM « entendait exclusivement solliciter l'application des dispositions législatives et réglementaires relatives à l'assiette des cotisations de sécurité sociale, matière qui relève, au principal, de la compétence exclusive des juridictions du contentieux général de la sécurité sociale »[1635]. La décision « Société en nom collectif Trans CMC » rendue par le Conseil d'État le 17 juin 1998[1636] s'inscrit dans les mêmes termes. En rappelant la compétence exclusive du juge administratif pour connaître des recours pour excès de pouvoir dirigés contre les décisions prises par le préfet dans l'exercice de ses pouvoirs de tutelle (ici à l'égard des décisions des conseils d'administration des caisses primaires d'assurance maladie et d'assurance vieillesse des travailleurs salariés) le Conseil d'État a jugé que « l'existence de la voie de recours dont disposait la Société en nom collectif Trans CMC devant les juridictions du contentieux général de la sécurité sociale en vue du règlement du litige qui l'opposait à l'URSSAF de la région choletaise, s'opposait à ce que ladite société présente devant le tribunal administratif, à l'appui de son recours pour excès de pouvoir dirigé contre la décision du préfet de la région des Pays de la Loire, une contestation de l'application qui lui était faite de la législation et de la réglementation de sécurité sociale relative au régime d'affiliation »[1637]. Cette solution et d'autres décisions confirmatives rendues en termes identiques[1638] traduisent bien l'irrecevabilité que le juge oppose à un moyen. Pour autant, cette irrecevabilité n'est pas liée à l'existence d'un recours parallèle pour le requérant.

581. En définitive, de la même manière que le juge considère comme irrecevables certains moyens en raison de son incompétence pour connaître de la régularité d'actes de droit privé, il s'oppose à ce que soit invoquée, à l'appui d'un recours pour excès de pouvoir, une contestation de la réglementation dont il incombe à l'autorité judiciaire d'assurer le respect. Le juge administratif refuse de connaître de rapports de droit privé et non de sa volonté à poursuivre les objectifs propres à la concurrence des recours qui ont été exposés[1639]. Les

---

[1635] X. Prétot, L'usager d'un organisme de sécurité sociale ne peut pas contester directement les décisions prises par l'autorité de tutelle de cet organisme, *AJDA* 1995, p. 347.

[1636] CE, 17 juin 1998, n°172075, Société en nom collectif Trans CMC, T., p. 1188.

[1637] *Ibid.*

[1638] Une décision de la CAA de Nantes juge que « l'existence de la voie de recours dont disposait la S.A. Lafarge ciments devant les juridictions du contentieux général de la sécurité sociale en vue du litige qui l'opposait à la C.P.A.M. de l'Orne, s'opposait à ce que ladite société présente devant le Tribunal administratif de Caen, à l'appui de son recours pour excès de pouvoir dirigé contre la décision du préfet de la région Basse-Normandie, une contestation de l'application qui lui était faite de la législation et de la réglementation de sécurité sociale relative à la reconnaissance du caractère professionnel des maladies ; que, par suite, la S.A. Lafarge ciments n'était pas recevable, comme l'a relevé à juste titre le Tribunal, à invoquer des moyens fondés sur une telle contestation » (CAA Nantes, 27 avril 2000, n°98NT01407). Dans le même sens : CAA Lyon, 8 déc. 2011, n°10LY01116.

[1639] V. *supra*, p. 383.

solutions qui illustrent cette irrecevabilité opposée à certains moyens sont expliquées en doctrine par la référence à l'exception de recours parallèle. Cette présentation est incorrecte et les différentes décisions évoquées sont guidées par le respect des règles déterminant la compétence des juridictions. La jurisprudence administrative donne encore l'occasion de voir un cas par lequel le juge refuse de connaître d'un moyen et qui parait, lui, s'expliquer par la concurrence des recours.

C. L'irrecevabilité opposée dans le cadre de recours dirigés contre les actes d'approbation des contrats administratifs

582. Recevabilité du recours pour excès de pouvoir contre un acte d'approbation. Les conditions dans lesquelles le juge accepte de statuer sur un recours pour excès de pouvoir dirigé contre un acte administratif approuvant un contrat ont été récemment précisées par le Conseil d'État dans la décision « Association études et consommation CFDT du Languedoc-Roussillon »[1640]. Plusieurs remarques sont nécessaires pour apprécier la portée de cette solution au regard de la concurrence des recours. La première consiste à dire que le Conseil d'État s'oppose à ce que puissent être invoqués des moyens tenant à la validité du contrat lui-même dans le cadre d'un tel recours pour excès de pouvoir ; ne sont examinés par le juge que les moyens se rapportant aux vices propres à l'acte d'approbation. En second lieu, le juge restreint la possibilité pour les tiers d'exercer ce recours de la même manière qu'il limite l'accès de ces derniers aux recours en contestation de validité du contrat. Il est exigé que les requérants « se prévalent d'intérêts auxquels l'exécution du contrat est de nature à porter une atteinte directe et certaine »[1641]. Cette restriction est motivée, comme le remarque J.-P. Pietri, par « la préoccupation d'éviter que des tiers, qui ne seraient pas recevables à former un recours en contestation de validité, puissent demander au juge de l'excès de pouvoir, à travers l'annulation de l'acte d'approbation, une mesure équivalente dans ses effets sur le contrat à celle que pourrait prendre le juge du plein contentieux »[1642]. Ouvrir aux mêmes requérants le recours en contestation de validité du contrat et le recours contre l'acte portant approbation d'un contrat administratif interroge, eu égard aux effets relativement proches susceptibles de résulter du jugement de ces recours distincts. Dans ses conclusions sur la décision « Département du Tarn-et-Garonne », B. Dacosta paraissait ne pas s'opposer à ce que les actes d'approbation puissent continuer de faire l'objet d'un recours pour excès de

---

[1640] CE, 23 déc. 2016, n°392815 et n°392819, ASSECO-CFDT du Languedoc-Roussillon et Assoc. ATTAC Montpellier.

[1641] *Ibid.*

[1642] J.-P. Pietri, Conditions de recevabilité d'un recours de tiers contre l'acte d'approbation d'un contrat, *CMP* 2017, n°3, comm. 81.

pouvoir « dans la mesure où seraient contestés leurs vices propres »[1643]. Le rapporteur public a justifié cette position par le fait que, selon lui, l'annulation de l'acte d'approbation « n'aurait pour effet que de paralyser provisoirement les effets du contrat »[1644].

583. Absence de concurrence entre ces voies de droit. Cette dernière affirmation doit conduire à estimer l'absence de concurrence entre le recours en contestation de validité du contrat et le recours pour excès de pouvoir dirigé contre l'acte d'approbation d'un tel contrat. Ce dernier acte, adopté par une autre personne publique que l'autorité contractante, « conditionne l'entrée en vigueur du contrat »[1645]. En ce sens, son annulation n'a pour effet que de retarder l'exécution du contrat, mais ne saurait remettre en cause la validité de celui-ci[1646]. Si l'annulation d'un acte détachable d'un contrat administratif peut exceptionnellement conduire à ce qu'un juge en prononce la nullité[1647], la limite introduite par le juge tenant à ce qu'il ne puisse être invoqué que des vices propres à l'acte d'approbation parait réduire à néant cette possibilité. Il convient de ne pas nier que l'annulation d'un acte d'approbation peut avoir des répercussions sur le contrat, puisque celui-ci n'est alors pas susceptible d'être exécuté[1648], mais elle n'entache pas sa validité. Ainsi, le recours en contestation de validité du contrat permet éventuellement de faire disparaitre juridiquement le contrat litigieux tandis qu'il subsiste en cas d'annulation pour excès de pouvoir de l'acte d'approbation. L'irrecevabilité que le juge oppose au moyen ne poursuit donc pas directement l'objectif de fermer au requérant une voie droit. En s'opposant à ce que les tiers invoquent des moyens tenant à la validité du contrat dans le cadre du recours pour excès de pouvoir, il évite que le recours pour excès de pouvoir puisse aboutir à faire juger la même prétention qu'un recours en contestation du contrat. La concurrence est soigneusement évitée par le Conseil d'État en ce sens qu'il ne permet pas, par le biais des moyens invocables, que soit constatée la nullité du contrat par l'exercice des deux voies de droit considérées. Pour autant, il ne ferme pas directement le recours pour excès de pouvoir en raison de l'existence du recours en contestation de validité du contrat comme il a pu le faire par ailleurs.

1643 B. Dacosta, concl. Sur CE, 4 avril 2014, Département du Tarn et Garonne, *op. cit.*

1644 *Ibid*

1645 O. Henrard, concl. sur CE, 23 déc. 2016, n°392815 et n°392819, ASSECO-CFDT du Languedoc-Roussillon et Assoc. ATTAC Montpellier, *op. cit.*

1646 J. Bousquet l'a très bien dit : « l'acte d'approbation ne tend pas à conditionner la validité du contrat » (La pérennité de la théorie des actes détachables du contrat administratif : l'exemple de la décision d'approbation, *Dr. Adm.* 2017, n°3, comm. 14).

1647 CE, 1er oct. 1993, n°54660, Sté « Le yacht-club international de Bormes-les-Mimosas ».

1648 CE, sect., 1er mars 1946, n°72109, Sté L'Énergie industrielle, p. 66. V. égal. CE, 26 mai 1971, n°75713, Sieur M., p. 383.

584. En définitive, il peut être retiré de la solution étudiée la même conclusion que celles qui découlent des situations dans lesquelles le juge oppose l'irrecevabilité de certains moyens développés par des requérants qui entendent contester un décret approuvant des modifications apportées au statut d'une association ou des assurés sociaux qui souhaitent faire constater l'illégalité d'une mesure de tutelle. Les requérants ne sauraient invoquer que les vices propres de cette décision pour en obtenir l'annulation, sans qu'il soit possible d'exciper devant le juge de l'illégalité d'actes dont il ne revient pas au juge de l'excès de pouvoir de connaître. De plus, on sait que le juge a largement mobilisé l'exception de recours parallèle pour affirmer ou confirmer sa compétence pour connaître des recours dirigés contre les actes administratifs[1649]. Cette justification ne saurait valoir pour les solutions exposées : affirmer l'irrecevabilité du moyen développé à l'appui du recours pour excès de pouvoir ne saurait être guidé par ce même objectif.

585. Ainsi, les objectifs que le juge entend poursuivre en fermant l'exercice des recours concurrents ne sont pas ceux qui guident les solutions qui traduisent l'irrecevabilité de certains moyens ; elles s'expliquent par l'application des règles de compétence. La mention doctrinale de l'exception de recours parallèle pour expliquer ces solutions est, de ce fait, incorrecte. Elle s'explique néanmoins par l'incertitude qui s'attache aux contours de ce traitement juridictionnel de la concurrence des recours, au regard, notamment, de l'absence de règle générale exprimant cette limitation que le juge oppose à l'exercice des recours par les requérants.

§2. Une fermeture non formalisée des recours concurrents

586. Selon J. Arrighi de Casanova : « Les règles de procédure ne sauraient être conçues pour égarer les justiciables »[1650]. Cette opinion emporte l'adhésion, mais ne reflète pas parfaitement l'état du droit positif en matière de concurrence des recours juridictionnels. L'absence de consécration formelle de la contrainte rend difficilement perceptible ce traitement de la concurrence pour le juge, qui gagnerait en clarté si le juge venait à consacrer une règle générale interdisant l'exercice des recours concurrents et obligeant les requérants à exercer les recours spéciaux. Si l'adoption d'une telle règle est envisageable (I) le juge se refuse à faire évoluer la jurisprudence en ce sens, en raison de l'intérêt limité qui s'y attache (II).

[1649] V. *supra*, p. 67 et s.

[1650] J. Arrighi de Casanova, concl. sur CE, sect., 26 juillet 1996, n°160269, Société entrepositaire parisienne, p. 312 ; D. 1996, p. 219.

I. La consécration éventuelle d'une règle prétorienne interdisant le libre exercice des recours concurrents

587. Intervention limitée du législateur en matière de concurrence des recours. Les règles procédurales qui entourent la résolution des litiges portés devant les juridictions administratives se caractérisent par leur caractère essentiellement prétorien. Le législateur n'investit qu'épisodiquement le contentieux administratif, même s'il faut reconnaître que son intervention est plus substantielle au XXIe siècle, comme l'a très bien fait remarquer C. Broyelle[1651]. L'action limitée du législateur dans la détermination des règles de procédure administrative contentieuse se vérifie notamment en matière de concurrence des recours. À cet égard, quelques dispositions législatives instituent des voies de droit générales ou assurent la protection juridictionnelle spécifique d'un droit reconnu aux justiciables en aménageant une voie de droit particulière. Ce faisant, les modalités de mise en œuvre de ces recours sont définies par les textes. Parmi ces modalités, ne figurent qu'exceptionnellement des restrictions tenant à l'exercice d'un autre recours que celui institué. L'intervention du législateur pourrait se limiter, à cet égard, à considérer certaines voies de droit organisées par la loi comme exclusives de tout autre recours.

588. Ceci est d'autant plus souhaitable que le législateur s'attache dans nombre de cas à définir certaines conditions de recevabilité propres à un recours contentieux ou à entourer le jugement de celui-ci de garanties particulières. Considérer que les requérants ne peuvent saisir le juge que par l'action qu'il a instituée, pour des catégories de prétentions définies, reviendrait à conférer une effectivité certaine aux conditions ou garanties prévues par la loi. Cette intervention, souhaitée[1652] et souhaitable, aurait également le mérite d'être en adéquation avec les solutions jurisprudentielles par lesquelles le juge estime que certaines dispositions législatives « définissent la seule voie de recours ouverte » pour contester des décisions administratives déterminées. La confirmation par la loi de ces solutions, sans être, il est vrai, absolument nécessaire, ferait dépendre la limitation opposée aux justiciables dans l'exercice de recours concurrents d'une disposition

---

[1651] C. Broyelle, *op. cit.*, p. 14.

[1652] J.-C. Rotoullié, A la recherche de l'exception de recours parallèle, *op. cit.* De même, en matière de contentieux de la commande publique, L. Preud'homme appelait le Conseil d'Etat à faire évoluer sa jurisprudence relative aux recours contentieux ouverts aux tiers aux contrats administratif mais précisait ceci : « Le passage de l'agitation à l'âge de raison ne saurait se faire sans l'intervention du législateur et doit se matérialiser, non seulement, par la réduction du nombre des voies de droit destinées à assurer le respect des obligations de publicité et de mise en concurrence, mais également par des précisions apportées quant à l'exercice de l'office de chaque juge afin de réduire les divergences des solutions contentieuses » (L. Preud'Homme, *L'articulation des voies de droit dans le contentieux de la commande publique à l'initiative des tiers aux contrat*, P. Cassia dir., Paris I, 2013, p. 353). V. dans le même esprit : J.-M. Pastor, Le SJA veut simplifier le contentieux des étrangers, *AJDA* 25 sept. 2017 p. 1750.

législative explicite et non d'une interprétation juridictionnelle dont la justification reste difficilement perceptible. L'interprétation des dispositions de la loi du 30 juin 2000 ou de la loi du 5 mars 2007 par le juge illustre bien les limites de la loi s'agissant de la détermination des modalités d'exercice des recours institués, en particulier concernant leur concurrence. Elle montre, au contraire, le rôle central du juge sur cette question.

589. Imprécision certaine des conditions de fermeture des recours concurrents. L'intervention du juge administratif, analysée sous le prisme de la concurrence des recours, n'est pas, cependant, parfaitement lisible. La jurisprudence administrative se caractérise par une certaine constance, au sens où le juge ferme, lorsque les requérants disposent de deux recours permettant de faire juger des prétentions similaires, le recours dont le champ d'application est le plus large. Pour autant, sans être latente, la contrainte opposée par le juge souffre d'une imprécision quant aux conditions exactes dans lesquelles elle a vocation à être appliquée et aux considérations qui conduisent le juge à opposer cette cause d'irrecevabilité. Les auteurs qui se sont attachés à étudier cette cause d'irrecevabilité témoignent d'une incertitude quant aux conditions dans lesquelles le juge s'oppose au libre exercice des recours juridictionnels et d'une inconstance quant aux objectifs poursuivis par la contrainte opposée aux requérants[1653]. Les auteurs qui envisagent l'extension de cette fin de non-recevoir au-delà du recours pour excès de pouvoir ne parviennent qu'avec difficulté à proposer une systématisation des cas dans lesquels le juge refuse de statuer sur le bien-fondé d'une prétention en raison de la seule existence d'une autre voie de droit[1654]. Cette incertitude dans la fermeture des recours concurrents engendre une certaine difficulté pour les requérants à considérer, parmi les recours qu'une situation litigieuse peut rendre disponibles, celui que le juge estime devoir être exercé.

590. Teneur de la règle envisagée. La lecture de la jurisprudence renseigne sur les tenants et les aboutissants de la conception que se fait le juge de la concurrence des recours, mais il convient donc de constater l'absence de consécration de la contrainte étudiée. Envisageant la formulation par le juge administratif d'une « exception de référé parallèle », P. Yolka a fait savamment remarquer que la haute juridiction « n'a pas l'habitude de se lier les mains inutilement »[1655]. De manière générale, il peut être observé une certaine réticence du juge à formuler certains principes qui commandent pourtant le sens de nombreuses solutions qu'il rend[1656]. Ceci est

[1653] V. *supra*, p. 168 ; p. 291 et s.

[1654] A. Cepko, thèse, *op. cit.* ; J.-C. Rotoullié, A la recherche de l'exception de recours parallèle, *op. cit.*

[1655] P. Yolka, Vers une exception de référé parallèle, *op. cit.*

[1656] V., par ex., sur cette question : C. Lantero, Le justiciable et le discours du juge, *RFDA* 2019 p. 682.

particulièrement visible en matière de concurrence des recours. En effet, il eut été envisageable, pour le juge, de traduire en règle générale de procédure la contrainte qu'il oppose à l'exercice des recours concurrents. En dépit des formulations variées retenues par le juge, la lecture de la jurisprudence fait apparaître des principes directeurs de la contrainte qu'il entend opposer à l'exercice de recours concurrents. Le premier concerne son champ d'application : le juge ne s'oppose au libre exercice des recours juridictionnels par les justiciables que lorsque ceux-ci permettent de faire juger une même prétention. Une première réserve s'attache ainsi à la formulation de la contrainte puisqu'il est certain que le juge détermine subjectivement les cas où il entend faire jouer cette contrainte, lorsqu'il reconnaît une identité de prétention[1657]. La récurrence de certaines solutions pourrait toutefois permettre d'atténuer l'incertitude qui s'attache à cette appréciation. Un autre principe qui guide l'application de la contrainte par le juge implique que, entre deux recours en concurrence, soit imposé l'exercice de celui dont le champ d'application est le plus limité. Ainsi, sans limiter de manière absolue cette concurrence des recours[1658], le Conseil d'Etat aurait pu considérer que « lorsqu'un requérant dispose de deux recours juridictionnels lui permettant de faire juger une même prétention, le juge administratif ne saurait être saisi que du recours dont le champ d'application est le plus limité ». La consécration de cette règle est pratiquement envisageable mais il est douteux que le Conseil d'Etat en vienne à faire évoluer ainsi la jurisprudence administrative. Ceci s'explique par l'intérêt limité qui s'attache à la formalisation de la règle évoquée.

II. L'intérêt limité à adopter une règle interdisant le libre exercice des recours concurrents

591. Intérêt limité de la consécration pour les juridictions administratives. Les juridictions administratives font, de manière générale, une bonne application de cette cause d'irrecevabilité. Il est vrai que le Conseil d'État censure parfois les jugements et arrêts rendus par les juridictions administratives ayant fait une mauvaise application de cette fin de non-recevoir[1659]. Quelques arrêts témoignent aussi de ce que les juridictions d'appel et de première instance ont, à tort, éludé cette fin de non-recevoir en

[1657] V. *supra*, p. 203 et s.

[1658] Les règles ont une portée supplétive et peuvent être mises en échec par une loi ou un règlement (F. Gazier, *op. cit.*, n°135 ; R. Chapus, *op. cit.*, p. 194 et s).

[1659] V. par exemple : CE, 5 juill. 1996, n°150398, SCI Saint-Michel. Le juge avait fondé l'irrecevabilité du recours sur l'existence d'un recours devant le juge fiscal. Cette solution a été infirmée puisque le requérant avait introduit un recours de plein contentieux afin de rechercher la réparation d'un préjudice de nature commerciale et financière, distinct du préjudice engendré par le retard pris par l'administration fiscale dans le dégrèvement d'une amende fiscale. Pour d'autres solutions qui témoignent de cette fin de non-recevoir opposée à tort : CE, 27 juill. 2015, n°373057, le Bihan, T., p. 823 ; CE, 18 mars 2019, n°414814, *AJDA* 2019, p. 615.

statuant sur la demande qui leur était présentée. Tel est le cas de la décision « Département du Nord » par laquelle le Conseil d'État était saisi d'un pourvoi dirigé contre une ordonnance rendue par le juge des référés du tribunal administratif de Lille ayant suspendu la décision du président du conseil général du nord refusant d'admettre un mineur à l'aide sociale à l'enfance[1660]. Le Conseil d'État a annulé l'ordonnance du juge des référés en relevant que l'existence de la voie de recours dont l'intéressée disposait devant le juge des enfants s'opposait tant à l'exercice d'un recours pour excès de pouvoir contre la décision rendue par le président du conseil général qu'à une demande de suspension dirigée contre la même décision[1661]. Ces solutions par lesquelles les juridictions inférieures ont omis d'opposer cette contrainte produisent des conséquences fâcheuses, parce qu'elles conduisent à un allongement inutile du temps de la procédure juridictionnelle. Elles restent, cependant, marginales. Surtout, il y a là une manifestation absolument générale de ce que la fonction de juger ne peut emporter une application mécanique des règles de droit, sans qu'il ne s'agisse d'un travers propre à l'absence de consécration de la règle envisagée. Au surplus, le Conseil d'État peut, dans le cas où cette fin de non-recevoir a été opposée à tort, régler au fond les litiges concernés en réparant, le cas échéant, les conséquences dommageables produites par cette mauvaise application de la règle jurisprudentielle mobilisée.

592. Intérêt limité de la consécration pour les justiciables. Le choix pour le juge de ne pas formaliser expressément cette limitation dans l'exercice des recours concurrents s'explique aussi, et surtout, par l'intérêt relatif de cette consécration pour les justiciables. La fermeture par le juge d'un recours concurrent peut, certes, emporter des conséquences négatives pour ces derniers. En particulier, lorsque le juge entend fermer le recours dont il est saisi en vertu de l'existence d'un autre recours juridictionnel, il ne s'assure pas de ce que cette autre voie de droit est toujours disponible. En d'autres termes, le juge peut opposer au requérant l'existence d'une voie de droit antérieurement disponible, que ce dernier ne peut plus emprunter puisqu'il ne

---

1660 CE, 1er juill. 2015, n°386769, Dpt Nord.

1661 *Ibid.* Dans le même esprit, le Conseil d'État a jugé que le tribunal administratif de Pau n'avait pas correctement rejeté le recours de plein contentieux indemnitaire tendant à la mise en jeu de la responsabilité contractuelle du défendeur dont il avait été saisi. Le tribunal a retenu l'absence de faute de la société actionnée alors qu'il aurait dû juger que l'existence de la procédure spéciale prévue à l'article R. 761-5 du Code de justice administrative imposait l'irrecevabilité du recours (CE, 10 févr. 2016, n°382016, Communauté agglomération Côte Basque). V. encore, CE, 13 mars 1989, n°75038, Cne Gardonne, p. 89 ; *LPA*, 28 mai 1990, note Llorens ; CE, 13 juillet 2007, n°276296, Ministre de l'économie, des finances et de l'industrie c/ Mme de Laurière.

satisfait pas à la condition de délai exigée[1662]. Néanmoins, la situation ainsi décrite ne se produit pas lorsque le juge renvoie le requérant à l'exercice d'un recours dont il ne disposera que plus tard ou dont il dispose toujours au moment où la décision juridictionnelle exprimant l'irrecevabilité du recours est rendue. Il en va ainsi lorsque le juge s'oppose à un recours pour excès de pouvoir exercé contre une décision administrative estimée illégale, en opposant l'existence d'un recours d'un recours de plein contentieux par lequel peut être recherchée la condamnation de la personne publique sur le fondement de sa responsabilité extracontractuelle. Dans ce cas, le requérant peut susciter une décision de la part de l'administration quant à la réparation qu'il estime être due, puis attaquer cette dernière décision[1663].

593. Il reste que cette forclusion éventuelle des requérants, due au traitement de la concurrence des recours par le juge, n'est qu'occasionnellement supportée par les requérants[1664]. L'observation de la pratique contentieuse montre que les requérants ne subissent cette irrecevabilité que tant que la jurisprudence administrative n'est pas définitivement établie. L'irrecevabilité fondée sur l'existence d'un autre recours disponible au profit du requérant, lorsqu'elle est opposée par le juge à l'occasion de plusieurs décisions relatives à un même contentieux, a pour effet de réduire le nombre de recours exercés à tort. Ceci résulte de la connaissance progressivement acquise par les requérants et leurs

---

[1662] C'est ce que montre la solution retenue par le juge dans la décision « Syndicat intercommunal du canal des Alpines Septentrionales » (CE, 7 mai 2012, n°343697). En l'espèce, un requérant avait saisi le juge administratif d'un recours visant à faire condamner la personne publique sur le fondement de sa responsabilité pour faute. Le Conseil d'État a jugé que ce recours indemnitaire avait « en réalité, le même objet » que celui tendant au recouvrement des sommes prévu par les dispositions de l'article L. 1617-5 du Code général des collectivités territoriales et qu'il était, à ce titre, irrecevable. Or la lecture de ces dispositions enferme l'action dont un dispose le débiteur d'une créance assise et liquidée par une collectivité territoriale dans un délai de « deux mois à compter de la réception du titre exécutoire ou, à défaut, du premier acte procédant de ce titre ou de la notification d'un acte de poursuite ». Il est absolument certain que cette action n'est plus disponible pour le requérant ayant déjà cherché à faire juger sa prétention en engageant la responsabilité extracontractuelle de la collectivité publique.

[1663] De même, l'irrecevabilité que le juge oppose au requérant l'ayant saisi d'un recours pour excès de pouvoir dirigé contre un acte de nature individuelle intervenant dans la réalisation d'une opération fiscale peut, compte tenu des délais de recours, ne pas fermer la possibilité du requérant à saisir ultérieurement le juge fiscal de sa prétention (v. Art. R-196-1 et R-196-1-1 du LPF).

[1664] En constatant les effets négatifs engendrés par les solutions relatives à la concurrence des recours à l'égard des justiciables, J.-C. Rotoullié a envisagé une intervention des pouvoirs publics visant à proroger le délai du recours que le requérant aurait dû exercer en lieu et place de celui dont il a saisi le juge (J.-C. Rotoullié, *op. cit.).* Cette manière de voir profiterait assurément les justiciables, mais reste idéaliste parce qu'elle est éloignée de l'intérêt de la justice administrative puisqu'elle permettrait au requérant d'engager des recours juridictionnels avec une certaine légèreté ou, aussi, dans une perspective dilatoire. En ce sens, certaines décisions administratives pourraient systématiquement faire l'objet d'un recours pour excès de pouvoir, celui-ci étant exerçable à moindre coût, dans le but de proroger les délais applicables à l'exercice d'un autre recours juridictionnel concurrent. Aussi, sans qu'il s'agisse d'un allongement *stricto sensu* des délais de recours, la prorogation envisagée comporte le travers de retarder la date où les décisions administratives deviennent définitives, ce qui n'est pas sans susciter certaines réserves du point de vue de la sécurité juridique.

conseils de l'irrecevabilité retenue par le juge. Ceci a été notamment relevé par L. Vallée[1665] et le bilan que dresse P. Devillers de l'application de la jurisprudence Tarn-et-Garonne conforte cette idée. En s'attachant à recenser les applications pendant cinq années de la solution dégagée par le Conseil d'État le 4 avril 2014, P. Devillers dénombre seulement neuf décisions qui se rattachent à la cause d'irrecevabilité étudiée puisque celles-ci sont relatives au refus pour le juge de statuer sur des recours en annulation introduits contre des actes détachables de contrats administratifs intervenant au stade de leur formation[1666]. Il en va de même pour le contentieux des actes préparatoires aux opérations référendaires ou aux scrutins de nature politique. Le Conseil d'État mentionne l'existence d'une voie de droit exceptionnelle ouverte devant le juge constitutionnel pour refuser de juger les recours pour excès de pouvoir exercés à l'encontre de décrets portant organisation des opérations électorales ou référendaires, mais la matière donne assez peu à observer l'irrecevabilité que le juge administratif oppose aux requérants en se fondant sur la concurrence des voies de droit dont ceux-ci disposent. Les décisions « Marini » et « Larrouturou » ont permis au juge administratif suprême d'établir sa jurisprudence[1667] et ces décisions ont été confirmées[1668]. En revanche, depuis 2005, la jurisprudence administrative ne permet pas de relever une décision par laquelle le Conseil d'État aurait été saisi d'un recours pour excès de pouvoir. Plusieurs scrutins électoraux ou référendaires se sont pourtant tenus depuis cette date et des recours en annulation à l'égard de tels actes ont, en revanche, été portés devant le Conseil constitutionnel[1669]. Ceci témoigne assurément de ce que les requérants ont évité la saisine inutile du juge administratif en portant leur recours devant le juge de l'élection, avant la tenue du scrutin, dans le cadre de la compétence « exceptionnelle » du Conseil constitutionnel.

594. L'affirmation par le juge de la limite qu'il entend opposer à l'exercice de recours concurrents dans un contentieux déterminé peut suffire à orienter la stratégie contentieuse des requérants sans qu'il ne soit besoin de consacrer une règle générale propre à l'ensemble des litiges portés devant les juridictions administratives. En d'autres termes, l'intérêt à consacrer une telle règle apparait essentiellement lorsque se présentent des cas nouveaux de concurrence des recours, c'est-à-dire – pour l'essentiel – lorsqu'une voie de droit nouvelle est introduite en contentieux administratif. Or, lorsque c'est le juge qui consacre une

---

[1665] L. Vallée, *op. cit.*, n°40.

[1666] P. Devillers, « Il faut sauver le contrat public – opération réussie ? », *CMP* 2019, n°5, repère 5.

[1667] V. *supra*, p. 87.

[1668] V. par ex. CE, 15 avril 2005, n°278743, Meyet et Mouvement républicain et citoyen, T., p. 895 ; CE, 20 mai 2005, n°279955, Hoffer, T., p. 895.

[1669] Cons. const., 7 juin 2012, n°2012-25 ELEC, Mme Pascale Luciani, JO 9 juin 2012, p. 9797 ; Cons. const. 3 mai 2007, M. Pascal Jan, n°2007-23 ELEC, JO 4 mai, p. 7907 ; Cons. const. 19 avr. 2007, n°2007-138 PDR, Galland, JO 22 avr. 2007, p. 7153 ; *RFDA* 2007, p. 590, note Schoettl.

nouvelle voie de droit, il définit lui-même les rapports que celle-ci doit entretenir avec les recours que compte déjà la procédure administrative contentieuse. Tel est le cas pour les décisions « Département du Tarn-et-Garonne » et « Transmanche ». L'intérêt à consacrer la règle envisagée, apparaît, sur ce plan, comme étant relativement limité.

Section 2 : L'instrumentalisation de la fermeture des recours concurrents

595. Le traitement de la concurrence des recours consiste, pour le juge, à assigner aux requérants une voie de droit dont les conditions de jugement et de recevabilité ont été déterminées par la loi ou la jurisprudence dans le but de faire juger certaines contestations en dehors des recours à vocation générale. Le juge s'attache ainsi à fermer l'exercice des recours concurrents en mobilisant une fin de non-recevoir tirée de l'existence d'une autre voie de droit disponible pour faire obstacle au recours général lorsqu'il est mis en œuvre. Force est de constater que cette cause d'irrecevabilité n'est pas la seule manière pour le juge de limiter l'exercice des recours concurrents par les requérants, même si cette fin de non-recevoir est parfois éludée (§1). La jurisprudence administrative montre, surtout, que cette limitation de l'exercice des recours concurrents s'établit dans le cadre d'une politique jurisprudentielle générale d'organisation des recours juridictionnels en contentieux administratif. Les solutions évoquées qui expriment une fin de non-recevoir reposant sur l'existence d'une autre voie de droit à disposition des requérants (indépendamment de la terminologie variable employée par le juge) participent avec d'autres techniques juridictionnelles à esquisser une spécialisation des recours en contentieux administratif (§2).

§1. La fermeture des recours concurrents occasionnellement étrangère à leur concurrence

596. La concurrence des recours telle qu'elle est appréhendée par le juge administratif renvoie à la possibilité pour les requérants de disposer de plusieurs voies de droit dans le cadre d'une même situation litigieuse. Les choix que ceux-ci sont en mesure d'opérer sont généralement limités par le juge sur le terrain de la recevabilité, le cas échéant en opposant une fin de non-recevoir à l'un des recours introduits. Cette limitation, ainsi qu'il l'a été montré, répond à la nécessité que les requérants ne puissent librement se soustraire aux conditions dans lesquelles certaines prétentions ont vocation à être jugées. Cette justification ne préside pas toujours à la fermeture par le juge d'un recours concurrent : l'irrecevabilité opposée à l'exercice d'un recours concurrent peut ne pas être fondée, toujours, sur la seule existence d'un autre recours à disposition du requérant. En d'autres termes, la fermeture d'un recours concurrent par le juge peut, *in fine*, s'expliquer par d'autres raisons que l'existence d'une autre voie de droit à disposition du requérant (I). À l'inverse, par d'autres solutions, le juge considère qu'il ne doit pas connaître du recours dont il est saisi en opposant l'irrecevabilité du recours introduit, sans que ce rejet du recours soit lié à l'existence d'un autre recours dont le requérant dispose ou dont il a pu disposer. Pourtant, c'est bien cette possibilité d'emprunter une autre voie de droit qui aurait dû expliquer la fermeture du recours ainsi exercé (II).

I. L'exclusion justifiée de l'irrecevabilité fondée sur l'existence d'un recours concurrent

597. La volonté pour le juge de limiter le libre exercice des recours concurrents le conduit à fermer aux requérants l'un de ces recours par une irrecevabilité fondée, précisément, sur le fait qu'ils doivent ou auraient dû exercer un autre recours que celui dont ils ont saisi le juge. Certaines solutions jurisprudentielles illustrent la même contrainte, aboutissant à ce que les requérants ne puissent exercer indistinctement plusieurs recours concurrents, sans que celle-ci soit liée à la volonté, pour le juge, d'imposer l'exercice d'un recours déterminé lorsque plusieurs sont ouverts. En d'autres termes, le choix dont un requérant dispose parmi plusieurs recours concurrents se trouve occasionnellement limité pour d'autres raisons que celles tenant à cette concurrence. Plusieurs exemples permettent de le montrer. D'abord, le juge ne s'oppose pas à la mise en œuvre cumulative de référés d'urgence concurrents, mais le fait parfois lorsque les requérants méconnaissent certaines règles de forme liées à l'introduction de ces recours. Cette limitation n'est pas fondée sur la volonté, pour le juge, d'éviter que les requérants n'éludent les conditions de jugement et de recevabilité fixées par les textes (A). De la même manière, certains référés administratifs peuvent épisodiquement concurrencer les recours au fond. Dans ces cas, le juge entend s'opposer à l'exercice du référé dont il est saisi, sans que cette fermeture découle directement de cette concurrence constatée entre les voies de droit (B).

A. L'irrecevabilité d'un recours concurrent fondée sur la méconnaissance des règles liées à l'introduction des recours

598. Présentation des référés d'urgence dans des requêtes distinctes. De manière générale, la satisfaction des règles de forme ne constitue pas, indéniablement, la principale difficulté éprouvée par les requérants dans la mise en œuvre d'un recours[1670]. Pour autant, la condition définie par le Conseil d'État dans la décision « Philippart et Lesage »[1671] n'est pas sans incidence sur la détermination des modalités de la fermeture par le juge de recours

---

[1670] Il suffit de mentionner à titre d'exemple la condition tenant à la mention par le requérant de son identité (Art. R.411-1 du CJA) ou à la production nécessaire d'une copie de la requête (R. 411-3 du CJA).

[1671] CE, sect., 28 févr. 2001, n°230112 et n°230520, Philippart et Lesage.

concurrents. Si les requérants sont libres d'exercer un référé-suspension et un référé-liberté relativement à un même litige, il est exigé que les demandes formées au titre des articles L. 521-1 et L. 521-2 du Code de justice administrative soient présentées dans des requêtes distinctes puisqu'elles sont jugées et susceptibles de recours selon des règles distinctes. Par une décision « Ville de Nice » le Conseil d'État a toléré l'exercice cumulé d'un référé précontractuel avec un référé d'urgence en assortissant cette possibilité de la même réserve[1672].

599. Irrecevabilité découlant de la méconnaissance de cette règle de forme. La jurisprudence ultérieure a permis de préciser les conséquences de cette solution pour les justiciables. En particulier, la méconnaissance d'une telle règle de forme aboutit à l'irrecevabilité de l'une des deux demandes. Le juge administratif entend alors déclarer irrecevables les conclusions formulées au titre de l'une des deux procédures juridictionnelles engagées. La détermination par le juge de celles des conclusions qui doivent être rejetées au stade de la recevabilité implique que celui-ci définisse les conclusions que les justiciables ont entendu formuler à titre principal, de sorte qu'il puisse rejeter les conclusions formulées à titre accessoire ou subsidiaire. Dans la décision Philippart et Lesage, le Conseil d'État a d'ailleurs retenu que lorsque le demandeur ne précise pas l'article du Code de justice administrative qu'il entend précisément invoquer « il appartient au juge saisi de préciser la portée de la demande au vu de tous les éléments d'appréciation dont il dispose »[1673]. Cette obligation imposée au juge administratif est exécutée au regard des termes des conclusions, de l'argumentation développée ou encore de l'existence d'un recours au fond dirigé contre la décision dont la suspension est demandée. Par exemple, le Conseil d'État a pu juger « que la demande de suspension de l'association AGORA, qui est présentée comme fondée à la fois sur l'article L. 521-1 et sur l'article L. 521-2 du Code de justice administrative, doit être regardée comme visant à l'application des seules dispositions de l'article L. 521-1, dès lors que des demandes au titre des articles L. 521-1 et L. 521-2 ne peuvent être valablement présentées dans une même requête et qu'elle a formé un recours en annulation contre les décisions dont elle demande la suspension par la voie du référé »[1674].

600. La jurisprudence relative à cette question s'est par la suite étoffée. À cet égard, la décision « Syndicat national FO des personnels de préfecture »[1675]

[1672] CE, 2 juill. 2002, n°243686, Ville de Nice.

[1673] CE, sect., 28 févr. 2001, n°230112 et n°230520, Philippart et Lesage.

[1674] CE, 2003, n°259110, Association Agora. V. égal : CE, ord., 10 avr. 2001, n°232336, Synd. nat. unifié directeurs, instituteurs, professeurs des écoles de l'enseignement public FO Maine-et-Loire, T., p. 1090 ; CE, ord., 7 août 2003, n°259242, Gharmoul, inédit.

[1675] CE, 9 avr. 2004, n°258376, Synd. national FO personnels de préfecture ; T., p. 815.

interroge puisqu'elle semble viser, non pas l'obligation de déterminer celles des conclusions ayant entendu être formulées à titre principal, mais la seule faculté du juge à le faire. Après avoir rappelé la règle tenant à ce que des demandes respectivement fondées sur les articles L. 521-1 et L. 521-2 du Code de justice administrative ne peuvent, à peine d'irrecevabilité, être présentées simultanément dans une même requête, le Conseil d'État a jugé que cette règle « n'interdit cependant pas au juge des référés, dans l'hypothèse où l'une de ces demandes est expressément présentée à titre principal, de n'opposer l'irrecevabilité qu'à celle présentée à titre subsidiaire »[1676]. Il semble ainsi que le juge puisse librement rejeter la requête dans son ensemble ou accepter de statuer sur la demande présentée à titre principal. L'étude de la jurisprudence ultérieure abonde dans le sens de cette dernière affirmation. Si le juge analyse parfois la requête présentée par le requérant sur le fondement des articles L. 521-1 et L. 521-2 du Code de justice administrative comme « présentée sur le seul fondement de l'article L. 521-1 de ce code »[1677], deux espèces récentes montrent qu'en l'absence d'éléments suffisamment probants quant au caractère subsidiaire ou principal de l'une des demandes, le juge administratif prononce le rejet de la requête dans son ensemble[1678].

601. Irrecevabilité indifférente à la concurrence des recours disponibles. Que l'irrecevabilité s'attache à celles des conclusions présentées à titre subsidiaire ou à la requête dans son ensemble, il est incontestable qu'elle se rapporte à l'exercice, par le requérant, de différents recours contentieux. En d'autres termes, dans les hypothèses visées, le juge s'oppose au libre exercice de recours concurrents par un même requérant. Pour autant, les solutions d'irrecevabilité envisagées ne sauraient être motivées par la poursuite des intérêts que le Conseil d'État entend défendre lorsqu'il oppose une irrecevabilité fondée sur la seule existence d'un autre recours disponible pour le requérant[1679]. En effet, ces solutions s'expliquent par la nécessité de faire respecter les principes d'organisation de la procédure administrative contentieuse, au nombre desquelles figurent les règles déterminant la compétence juridictionnelle. L'interdiction de présenter des conclusions relevant de deux procédures de référé distinctes dans une même requête est une règle de forme qui se rapporte à la recevabilité, mais elle n'est toutefois pas sans lien avec la compétence des juridictions. Ceci ressort d'ailleurs de la formule que retient le Conseil d'État. Lorsqu'il est fait référence aux « règles distinctes » qui diffèrent selon le référé engagé, il est notamment renvoyé à ce que les voies de recours dirigées contre la décision rendue par le juge des référés mobilisent la compétence d'appel ou la compétence de cassation du

---

1676 *Ibid.*

1677 CE, ord., 2 juin 2009, n°326436, M. Khalid Alaoui Abdallaoui.

1678 CE, 22 déc. 2016, n°405801 ; CE, 2 août 2018, n°420481. V. sur ce point, O. Le Bot, thèse, *op. cit.*, p. 397.

1679 V. *supra*, p. 383.

Conseil d'État. En l'occurrence, si la règle étudiée n'existait pas, les demandes pourraient parfois relever de juges distincts en première instance (tel est le cas, par exemple, de demandes fondées sur les articles L. 521-1 et L. 551-1), mais aussi, et surtout, en cas de contestation de la décision juridictionnelle. C'est le cas pour une requête qui contiendrait des conclusions en référé-suspension et en référé-liberté puisque le référé-liberté est susceptible d'appel, à la différence du référé-suspension[1680].

602. Il faut encore dire, pour justifier que ces solutions ne s'expliquent pas par la poursuite d'une logique propre à la concurrence des recours, qu'elles valent aussi lorsque les requérants exercent concomitamment des recours qui ne sont pas concurrents. Le juge a ainsi refusé qu'il puisse être présenté dans une même requête des conclusions aux fins de suspension d'une décision administrative et des conclusions tendant à l'octroi d'une provision[1681]. La justification n'est, dans ce cas, pas différente de celle déjà évoquée ; elle tient aux conditions distinctes dans lesquelles les demandes sont jugées et en vertu desquelles peut intervenir la contestation de la décision juridictionnelle rendue. De même, il ne peut être présenté dans une même requête, à peine d'irrecevabilité, une demande en référé provision et une demande fondée sur l'article L. 521-3 du Code de justice administrative[1682]. Un requérant ne saurait, non plus, présenter une demande de suspension d'une décision administrative dans la même requête que celle contenant les conclusions en annulation ou en réformation de cette décision[1683]. On le voit, cette jurisprudence revêt une portée générale et repose sur la poursuite d'autres impératifs que ceux poursuivis par le juge lorsqu'il oppose aux requérants une fin de non-recevoir fondée sur l'existence d'une autre voie de droit dont ils disposent ou ont pu disposer.

1680 Art. L. 523-1 du CJA.

1681 CE, 8 déc. 2004, n°274877, Appiah, p. 812.

1682 CE, 21 mai 2003, n°249541, SARL Pico ; T., p. 911. V. aussi, CE, 17 mars 2008, n°306461, Najjar ; *AJDA* 2008, p. 1285 ; *JCP-A* 2008, act. 282 ; CE, 15 avr. 2005, n°267298, Sté Saria Industrie Sud-Est. Au surplus, la solution s'étend au référé-liberté qui ne saurait être présenté dans une requête contenant des conclusions fondées sur l'article L. 521-3 (v. CE, 8 oct. 2001, n°233638, Sanches Cardoso, T., p. 1091 ; CE, sect., 22 févr. 2002, n°235345, Sté des Pétroles Shell, p. 59).

1683 CE, 26 janv. 2007, n°297991, Assoc. La Providence ; *BJDU* 2007, n°6, p. 482. *A contrario*, il est possible de présenter dans une même requête des conclusions qui relèvent de procédures distinctes lorsque celles-ci obéissent à un même régime contentieux en ce qui concerne leur jugement et les voies de recours organisées pour la contestation des décisions juridictionnelles rendues sur leur fondement. V. sur ce point : CE, 5 déc. 2014, n°369522, Le Breton.

B. L'irrecevabilité d'un recours concurrent fondée sur la méconnaissance du caractère provisoire des mesures ordonnées en référé

603. Pouvoir d'injonction du juge des référés. Compte tenu de ce que les référés administratifs sont des recours juridictionnels dont l'exercice aboutit à ce que le juge saisi ordonne des mesures présentant un caractère provisoire, ces voies de droit concurrencent peu les recours au fond. Cette présentation ne saurait néanmoins toujours valoir, comme le montrent certains cas de concurrence[1684]. C'est aussi ce que traduit une jurisprudence constante en vertu de laquelle la demande faite au juge des référés statuant en urgence est irrecevable lorsqu'elle vise à faire ordonner une mesure qui pourrait, par ailleurs, découler de l'exécution d'une décision d'annulation. En effet, outre la possibilité pour les requérants de saisir le juge aux fins d'annulation d'une décision administrative, ils peuvent joindre à ce recours une demande présentée sur le fondement de l'article L. 521-1 ou L. 521-2 du Code de justice administrative. Ces voies de droit permettent assurément d'obtenir la suspension de l'exécution de la décision administrative dont l'annulation est recherchée, mais il faut bien dire, aussi, que les juges saisis disposent du pouvoir d'imposer à l'administration des obligations, provisoires, pour préserver l'effet utile de la suspension. Ceci fait peu de doutes s'agissant du référé-liberté puisque le juge est en mesure d'ordonner « toutes mesures nécessaires » à la sauvegarde d'une liberté fondamentale dans le cas où il y serait porté atteinte. Ce pouvoir d'injonction est également reconnu au juge du référé-suspension, ce que le Conseil d'État consacre explicitement. Lorsque la suspension ordonnée par le juge saisi au titre de l'article L. 521-1 du Code de justice administrative « implique nécessairement que l'auteur de la décision prenne une mesure dans un sens déterminé, il peut également, saisi de conclusions en ce sens (...) assortir la mesure de suspension de la décision administrative de l'indication des obligations provisoires qui en découleront pour l'administration »[1685].

604. Injonction « en tous points identiques » aux conséquences d'un recours au fond. L'étendue de ce pouvoir d'injonction reconnu au juge administratif des référés doit être appréciée au regard de la possibilité, pour les requérants qui demandent au juge de faire usage de tels pouvoirs, d'exercer un recours au fond pour le même litige. Par une jurisprudence absolument constante, le juge saisi au titre de l'article L. 521-1 ou L. 521-2 du Code de justice administrative énonce qu'il ne saurait prononcer une injonction dont

---

1684 V. *supra*, p. 239.

1685 CE, 27 juill. 2001, n°232603, Min. Emploi et Solidarité, p. 416. Le juge peut, en ce sens, faire usage du pouvoir d'injonction qu'il tire de l'article L. 911-1. V. encore, CE, sect., 20 déc. 2000, n°206745, Ouatah, p. 643, concl. F. Lamy ; *RFDA* 2001, p. 371, concl. Lamy ; *AJDA* 2001, p. 146, chron. Guyomar et Collin.

les effets seraient « en tous points identiques » à ceux résultant de l'exécution d'une décision d'annulation. Par exemple le juge saisi d'un référé-liberté ne peut enjoindre au ministre de l'Intérieur de communiquer un dossier détenu par le service des renseignements en raison de ce que l'exécution de la décision d'annulation pour excès de pouvoir de la décision de refus du ministre conduit le requérant à obtenir la même mesure[1686]. De même les conclusions du Syndicat de la magistrature présentées sur le fondement de l'article L. 521-2 du Code de justice administrative « pour qu'il soit ordonné au garde des Sceaux de désigner Mme Ben X comme représentant de ce syndicat au conseil d'administration de l'École nationale de la magistrature » visent « à faire prononcer par le juge des référés une injonction dont les effets seraient en tous points identiques à ceux qui résulteraient de l'exécution par l'autorité administrative de la décision par laquelle le juge de l'excès de pouvoir viendrait, le cas échéant, à annuler la décision refusant de désigner Mme Ben X »[1687]. Dans le même esprit, il n'appartient pas au juge du référé-suspension « eu égard à son office » d'enjoindre à l'Administration de délivrer un visa sollicité lorsqu'il suspend une décision refusant une telle délivrance[1688].

605. Respect du caractère provisoire des mesures à ordonner en référé. Les prétentions soumises aux juges diffèrent nécessairement selon que sont considérés la demande en référé ou le recours au fond. Le premier recours vise à faire ordonner la suspension de l'exécution d'une décision et à obtenir des mesures positives de la part de l'Administration. Le second conduit à l'annulation de cette décision, mais la force exécutoire de la décision d'annulation implique, pour l'Administration défenderesse, qu'elle prenne la même mesure que celle réclamée au juge des référés. Les recours paraissent subjectivement concurrents. Pourtant, le juge des référés ne fonde pas le refus d'ordonner la mesure sur la seule existence d'une autre voie de droit qu'est le recours au fond. Les formules retenues en jurisprudence renvoient à l'impossibilité pour le juge de prononcer la mesure, certaines solutions jugeant explicitement que la mesure demandée « excède la compétence du juge des référés »[1689]. La demande est alors parfois considérée comme « manifestement

---

[1686] CE, 1er mars 2001, n°230794, Paturel, T., p. 1134

[1687] CE, 17 juillet 2003, n°258494. Dans le même esprit : CE, 15 déc. 2005, n°288024, Marcon, p. 565. Pour d'autres exemples : CE, 25 oct. 2004, n°273436, Ben Habhab et a. ; CE, 23 nov. 2004, n°274368, M. Sylla A.

[1688] CE, ord., 3 août 2010, n°341984, Ministre de l'Immigration, de l'intégration, de l'identité nationale et du développement solidaire c/ Mme Pham. V. aussi, CE, ord., 26 oct. 2007, Senoussaoui ; CE, 30 juillet 2003, n°253272. *A contrario*, mais rappelant la formule de principe : CE, ord., 24 mars 2007, n°408452 ; CE, 4 mai 2016, n°394869.

[1689] CE, ord., 10 nov. 2004, n°273847, B. et R ; CE, 9 déc. 2005, n°287777, Alouache et autres, p. 562 ; *AJDA* 2006, p. 537, chron. C. Landais et F. Lenica. Pour des formules approchantes : CE, 2 août 2002, n°249189 ; CE, ord., 3 août 2010, n°341984, Ministre de l'Immigration, de l'intégration, de l'identité nationale et du développement solidaire c/ Mme Pham.

irrecevable »[1690], et peut ainsi être rejetée sur le fondement de l'article L. 522-3 du Code de justice administrative[1691]. Surtout, celles des solutions qui expriment ce refus par le juge de prononcer l'injonction demandée rappellent toujours l'exigence découlant de l'article L. 511-1 du Code et tenant à ce que la mesure demandée au juge présente un caractère provisoire. En ce sens, ce n'est pas l'existence d'une autre voie de droit qui justifie l'irrecevabilité de la demande faite au titre des articles L. 521-1 ou L. 521-2 du Code de justice administrative, mais le nécessaire respect par le juge du caractère provisoire des mesures qu'il ordonne.

606. Certains recours concurrents sont ainsi fermés par le juge sans qu'il n'exprime cette contrainte fondée, seulement, sur l'existence d'un autre recours que le requérant aurait dû ou devra introduire. La limitation apportée aux choix dont peut se prévaloir un requérant parmi plusieurs recours s'en trouve toutefois limitée de la même manière, mais pour des raisons différentes. À l'inverse, le juge parait parfois éviter la concurrence des recours ou justifier la fermeture d'un recours concurrent sans se référer à une telle limitation découlant de l'existence d'une autre voie de droit pour le requérant. Là encore le requérant se trouve limité dans les recours qu'il est à même d'introduire, mais cette restriction apportée à sa liberté de choix découle de la volonté, pour le juge, de limiter le libre exercice des recours concurrents.

II. L'exclusion douteuse de l'irrecevabilité fondée sur l'existence d'un recours concurrent

607. Ainsi qu'il l'a déjà été dit, le juge n'entend opposer une irrecevabilité fondée sur l'existence d'un autre recours que lorsque le requérant l'a valablement saisi et seulement s'il avait la capacité d'emprunter une autre voie de droit. Cette manière de voir supporte quelques exceptions, découlant de solutions jurisprudentielles dont la justification apparente est contestable. En particulier, le juge administratif entend parfois rejeter un recours qui lui est présenté en considérant que celui-ci est dépourvu d'objet alors qu'il semble, à l'examen, que ce rejet soit motivé par l'existence d'une autre voie de droit à disposition du requérant (A). C'est cette dernière justification qui aurait dû s'imposer, encore, dans le cadre du contentieux fiscal, lorsque le juge fait dépendre l'irrecevabilité du recours pour excès de pouvoir formé devant lui de l'absence de caractère détachable de l'acte attaqué, elle-même liée à la qualité du requérant (B).

[1690] CE, 1er mars 2001, n°230794, Paturel.

[1691] CE, 23 nov. 2004, n°274368, M. Sylla A.

A. L'irrecevabilité fondée à tort sur la disparition de l'objet du recours

608. Référence au non-lieu à statuer. Le juge administratif entend faire largement application de la contrainte fondée sur l'existence d'un autre recours que celui exercé lorsqu'il est saisi par un requérant d'un recours qui comporte un champ d'application plus général que celui qu'il a choisi de ne pas exercer. Toutefois, le juge a pu substituer une autre justification à cette contrainte fondée sur l'existence d'une autre voie de droit. Tel est le cas de certaines situations litigieuses qui doivent être regardées comme traduisant une concurrence des recours, mais que le juge entend régler en faisant référence à l'absence d'objet du recours introduit par le requérant.

609. L'irrecevabilité tenant à l'absence d'objet d'un recours a été particulièrement bien exposée par R. Chapus. Selon l'auteur, le juge n'est pas tenu de statuer sur les conclusions du requérant lorsque ce dernier se désiste ou en cas de non-lieu à statuer, c'est à dire lorsque l'objet du recours disparaît[1692]. En contentieux administratif, la disparition de l'objet du recours consiste essentiellement en la disparition de la décision attaquée[1693]. Pour autant, le non-lieu à statuer peut non pas découler de la disparition de l'objet du recours, mais de la perte de l'intérêt de celui-ci. Un exemple le montre bien. En matière électorale, lorsque le recours pour excès de pouvoir qu'un électeur ou éligible dirige contre un acte préparant le déroulement du scrutin n'est pas jugé avant la tenue de celui-ci, le juge administratif constate la perte d'intérêt du recours pour excès de pouvoir et prononce le non-lieu à statuer[1694]. Ce recours n'a, en effet, d'autre but que celui de censurer les illégalités de ces actes avant que le scrutin ne se tienne, pour éviter que les résultats obtenus soient entachés de l'illégalité se rapportant aux actes qui en ont organisé les modalités.

610. Cette hypothèse de non-lieu tient ainsi à la perte d'intérêt du recours pour excès de pouvoir une fois que le scrutin s'est déroulé. Même si les électeurs ou éligibles peuvent, en dehors du recours pour excès de pouvoir, saisir le juge de l'élection d'un recours permettant de contester les résultats de celle-ci[1695], ce n'est pas l'existence de cette voie de droit qui justifie la solution par laquelle le juge refuse d'examiner la prétention qui lui est soumise. Une conclusion tout à fait différente peut être retirée de l'analyse des rapports entretenus par le recours pour excès de pouvoir dirigé contre un acte

---

[1692] R. Chapus, *op. cit.*, p. 943.

[1693] *Ibid.*

[1694] V. par ex., CE, 24 avril 2012, n°352306, Roynard et autres, T., p. 814.

[1695] Sur les modalités de cette saisine, v. notamment : B. Maligner, Élections : droit du contentieux électoral administratif, *op. cit.*, n°34 et s.

détachable du contrat intervenant au stade de sa formation et le recours en contestation de validité de ce contrat, disponible une fois celui-ci conclu.

611. Persistance de l'intérêt attaché à l'exercice du recours pour excès de pouvoir. On sait que la possibilité pour les tiers d'exercer un recours pour excès de pouvoir préalablement à la signature d'un contrat administratif contre un acte administratif susceptible de s'en détacher a été fermée en deux temps par le Conseil d'État. La seconde étape de cette évolution est datée du 4 avril 2014 : le juge oppose une irrecevabilité « radicale » aux recours pour excès de pouvoir formés contre ces actes préalables à la signature du contrat puisque l'existence d'un recours en contestation de validité du contrat ultérieurement disponible pour les requérants leur permet de saisir le juge du contrat aux mêmes fins[1696]. La première étape de cette fermeture que constitue la décision Tropic[1697] mérite d'être brièvement évoquée en ce qu'elle prévoyait le prononcé par le juge d'un non-lieu lorsque celui-ci serait saisi, une fois le contrat signé, d'un recours pour excès de pouvoir. En effet, dans la solution retenue le 16 juillet 2007, le Conseil d'État n'avait pas complètement fermé le recours pour excès de pouvoir : certains tiers intéressés par la conclusion d'un contrat administratif autre que les concurrents évincés étaient recevables à contester les actes détachables du contrat intervenant au stade de sa passation. Pour autant, le juge administratif saisi d'un tel recours refusait de statuer sur la demande si le contrat avait été conclu.

612. Le maintien de cette possibilité d'exercer un recours pour excès de pouvoir tant que le contrat n'était pas conclu permettait au juge saisi de censurer les illégalités affectant les actes préparatoires à la signature du contrat. Il faut objecter que cette possibilité revêtait une dimension pratique assez faible compte tenu des délais de jugement relativement longs des recours en annulation et du temps, souvent court, qui sépare l'édiction des actes administratifs préparatoires à la signature du contrat et cette signature[1698]. Ainsi, l'exercice du recours pour excès de pouvoir n'aboutissait généralement pas à ce que le juge examine au fond la légalité de l'acte litigieux. La décision « Commune de Mus »[1699], ici en partie reproduite, illustre parfaitement cet état antérieur du droit : « Considérant qu'il est constant que la demande d'annulation formée par Mlle C et M. C contre la décision du 1er septembre 2009 par laquelle le maire de la commune de Mus les a informés que leur

---

[1696] CE, ass., 4 avril 2014, n°358994, Département du Tarn et Garonne.

[1697] CE, ass., 16 juill. 2007, n°291545, Sté Tropic travaux signalisation Guadeloupe.

[1698] C'est ce que soulignait B. Dacosta dans ses conclusions sur la décision Tarn et Garonne : « Rappelons que la saisine du juge suspend de plein droit la signature du contrat. En revanche, lorsqu'est en cause la délibération qui autorise la signature d'un contrat, non seulement un recours pour excès de pouvoir n'a aucune chance de prospérer avant la signature, laquelle intervient généralement dans de brefs délais » (B. Dacosta, *op. cit.*).

[1699] CAA Marseille, 16 oct. 2012, n°10MA03032, Commune de Mus.

candidature n'avait pas été retenue, a été attaquée par requête enregistrée le 2 novembre 2009 auprès du tribunal administratif de Nîmes ; qu'elle était recevable en l'absence de signature du contrat entre la commune de Mus et les consorts A ; que toutefois, du fait de la conclusion du contrat entre la commune de Mus et ceux-ci le 4 décembre 2009, et de la possibilité ouverte à Mlle C et M. C de contester le contrat par recours de pleine juridiction, leurs conclusions sur ce point sont devenues sans objet »[1700].

613. Le sens de cette solution ne suscite aucune objection, mais la justification adoptée est critiquable. En matière de contentieux contractuel, la jurisprudence administrative témoignait de ce que l'annulation d'un acte détachable d'un contrat administratif pouvait, au-delà de quelques difficultés contentieuses, produire des conséquences sur l'existence de ce contrat, même signé[1701]. Sans que la remise en cause de ce contrat ne fût systématique, le constat par le juge de l'illégalité de l'acte détachable pouvait être invoqué dans le cadre d'une action indemnitaire ultérieure. Or, par la solution étudiée, le juge a considéré que la signature du contrat faisait perdre son objet au recours pour excès de pouvoir. Cette manière de faire aurait pu être guidée par le constat de l'entière exécution de la décision attaquée compte tenu de la signature du contrat. Cependant, l'entière exécution d'une décision n'emporte pas pour autant sa disparition, ni d'ailleurs la disparition de ses effets passés. Sur ce point, la perte d'objet du recours pour excès de pouvoir ne se conçoit pas. Une autre explication peut tenir au fait que la signature du contrat déclenche, pour les concurrents évincés, la possibilité d'exercer un recours de pleine juridiction, comme le souligne la décision « Commune de Mus »[1702]. Il s'agit en toute logique de l'argument retenu par le juge pour prononcer le non-lieu. À dire vrai, c'est l'intérêt du recours pour excès de pouvoir – et non son objet - qui est, selon le juge, atteint par cette circonstance. Pourtant, l'existence d'un recours ultérieur de plein contentieux à disposition du requérant ne fait pas perdre son intérêt au recours pour excès de pouvoir puisque ce recours peut toujours permettre, intrinsèquement, que soit indirectement obtenue la nullité du contrat. Il eut été plus juste, dans ce cas, de fonder le rejet du recours en opposant une irrecevabilité tirée de l'existence d'un recours concurrent, puisque c'est bien de cela qu'il s'agit. Cette même observation dépasse la seule concurrence entre le recours pour excès de pouvoir et le recours en contestation de validité du contrat. En effet, d'autres solutions montrent encore que le juge ne retient pas la seule existence d'un recours concurrent

---

[1700] *Ibid.* V. égal., dans le même sens : CAA Paris, 28 juin 2018, n°17PA01761 ; CAA Douai, 23 juin 2016, n°14DA01970 ; CAA Bordeaux, 18 mars 2014, n°11BX03388.

[1701] V. *supra*, p. 209.

[1702] CAA Marseille, 16 oct. 2012, n°10MA03032, Commune de Mus.

pour s'opposer au recours dont il est saisi alors même que ceci pouvait être envisagé. Ces cas supportent néanmoins des critiques plus modérées.

B. L'irrecevabilité découlant à tort de la qualité du requérant

614. Détachabilité différenciée des actes non réglementaires d'imposition. L'extension de la technique de la détachabilité à la matière fiscale a, on le sait, abouti à ce que soient susceptibles de recours pour excès de pouvoir les actes réglementaires qui établissent une imposition[1703]. Ces actes réglementaires sont « indistinctement détachables » des procédures d'établissement ou de recouvrement de l'impôt puisque la qualité du requérant est indifférente quant à la reconnaissance d'un tel caractère aux actes intervenant dans la procédure d'imposition. La situation des actes non réglementaires est moins aisément descriptible et il ressort de la jurisprudence que la reconnaissance par le Conseil d'État du caractère détachable de tels actes est directement fonction de la qualité du requérant[1704]. Cette manière de faire peut-être ainsi résumée : dès lors que ces actes individuels sont contestés par des tiers à l'imposition ils doivent être regardés comme détachables de la procédure d'imposition et consécutivement justiciables du recours pour excès de pouvoir ; si le recours émane d'un destinataire de l'impôt, il est irrecevable puisque ce dernier peut saisir le juge fiscal de sa contestation. La jurisprudence fait dépendre le caractère détachable de l'acte de ce qui distingue les tiers à l'impôt et les contribuables, à savoir les voies de droit qu'ils peuvent mettre en œuvre. Ceci est contestable, dans la mesure où il eût été plus concevable d'admettre ou non le caractère détachable de l'acte pour seulement, ensuite, accepter ou non de connaître du recours formé contre lui, en raison des voies de droit dont dispose l'auteur du recours.

615. La jurisprudence montre parfois clairement cette manière de juger, comme dans l'arrêt « Sieur Bosc » par lequel le Conseil d'État juge d'abord que le requérant a intérêt à attaquer l'acte d'homologation des rôles puisqu'ils ont une incidence sur les finances municipales. Surtout, il est précisé, d'autre part, que, ce requérant « n'étant pas porté sur ces rôles et ne disposant pas, par suite, d'un recours devant le juge de l'impôt, il est recevable à le déférer au Conseil d'État par la voie du recours pour excès de pouvoir »[1705]. Le lien entre la qualité du requérant et la reconnaissance du caractère détachable de l'acte non réglementaire attaqué n'est pas douteux lorsqu'il est jugé que les requérants, qui ne disposaient pas d'un recours devant le juge de l'impôt, sont

---

[1703] V. entre autres exemples, CE, 28 fév. 1913, Breil et autres, p. 289 ; CE, 27 juin 1913, Cabanis ; CE, ass., 16 mars 1956, n°35663, Sieur Garrigou, p. 121.

[1704] V. pour une liste non exhaustive : ; C. de la Mardière, thèse, *op. cit.*, p. 183 et s. ; M. Collet et P. Collin, *op. cit.*, p. 291 et s. ; J. Martinez-Mehlinger, Recours pour excès de pouvoir, Jcl. Procédures fiscales, Fasc. 750, n°20 et s.

[1705] CE, 23 déc. 1938, Sieur Bosc.

« par suite » recevables à exercer un recours pour excès de pouvoir[1706]. Les solutions qui admettent le recours pour excès de pouvoir formé par les destinataires de l'imposition montrent la même chose puisqu'elles se limitent aux actes « hors de portée du juge de l'impôt »[1707]. Pour le dire autrement, le recours pour excès de pouvoir est admis à l'encontre d'actes qui n'entrent pas dans la compétence du juge fiscal, juge que les destinataires de l'impôt peuvent habituellement saisir.

616. Cette situation contentieuse des redevables de l'impôt contestant un acte non réglementaire intervenant dans la réalisation d'une opération fiscale[1708] peut être appréciée de deux manières. Elle peut être la réplique de la situation dans laquelle se trouvent les parties à un contrat administratif face à une mesure intervenant dans le cadre de son exécution. Dans ce cas, l'exception de recours parallèle est à nouveau employée à tort, au détriment du lien intellectuel unissant le requérant et l'acte attaqué. Les situations peuvent néanmoins s'apprécier différemment puisque le lien unissant le redevable de l'impôt à l'acte non réglementaire qu'il entend contester n'a pas la même teneur que celui liant une partie à une mesure d'exécution du contrat. C'est la seconde proposition qu'il convient de retenir. Le choix repose sur la distinction fondamentale à opérer entre les deux opérations administratives. Elle est tirée du caractère volontaire de l'engagement. Le redevable est assujetti à l'impôt sans qu'il y ait, par définition, consenti, tandis que le cocontractant a volontairement souscrit l'engagement qui le lie à une autre partie. Ceci tend à expliquer les divergences qui apparaissent à la lecture des solutions rendues par le juge administratif en matière fiscale et contractuelle. Ainsi qu'il l'a été évoqué, le juge fait toujours mention de l'existence d'une autre voie de droit que le requérant pouvait emprunter lorsqu'il entend considérer comme non détachable un acte non réglementaire intervenant dans une procédure d'établissement ou de recouvrement de l'impôt. Cette mention

---

[1706] *Ibid.* V. égal., CE, 8 mai 1936, Commune de Dugny. Par une formule claire, le Conseil d'Etat juge encore qu'un courrier est « détachable de la procédure d'imposition » dès lors que le requérant « n'est pas le redevable légal de la taxe sur la valeur ajoutée » (CE, 19 févr. 2014, n°358719, Guiot ; *RJF* 5/14, n°489 ; concl. C. Legras sous *BDCF* 5/14, n°6) Dans le même sens : CE, 3 févr. 1988, n°81099, M. Kerouredan ; *Dr. fisc.* 1988, n°16-17, comm. 845 ; *RJF* 1988, n°655 ; CE, 31 juill. 1992, n°116810, M. Vidal ; *Dr. fisc.* 1993, n°13, comm. 695, concl. J. Arrighi de Casanova ; CAA Paris, 17 mai 2017, n°16PA01852. V. sur l'ensemble de la question : L. Vallée, Recours pour excès de pouvoir : contentieux fiscal, *op. cit.*, n°51 et s.

[1707] M. Collet et P. Collin, *op. cit.*, p. 293. Tel est le cas du refus d'octroyer un agrément fiscal (T. confl., 17 oct. 1988, n°2523, min. c/ SA Compagnie méridionale de navigation ; *Dr. fisc.* 1989, n°22-23, comm. 1128 ; RJF 1989, n°107) ou d'un refus de reconnaissance de la qualité d'assujetti à la TVA (CE, ass., 20 juill. 1990, n°84846, Assoc. pour l'action sociale de la Charente-Maritime (APAS) ; *Dr. fisc.* 1990, n°41, comm. 1867, concl. P.-F. Racine ; *RJF* 10/1990, n°1177.

[1708] Le sort des tiers ne doit guère retenir l'attention puisque ceux-ci ne peuvent prétendre saisir le juge de l'impôt (v. *supra*, p. 126).

est bien plus rare en contentieux contractuel[1709] et il ne peut assurément pas être déduit de la formulation des solutions que c'est l'existence d'une autre voie de droit qui fonde le refus de regarder la mesure d'exécution comme détachable du contrat[1710].

617. Fermeture fondée sur l'existence du recours devant le juge de l'impôt. Au-delà de cette comparaison, il est indéniable que la situation du requérant face à l'acte contesté influe sur la reconnaissance juridictionnelle de son caractère détachable et, consécutivement, sur la concurrence des recours. On l'aura déjà compris, c'est la situation contentieuse du requérant, c'est-à-dire sa faculté à exercer un autre recours que celui engagé, qui est ici déterminante. Cette manière éminemment subjective de concevoir la détachabilité est contestable sur certains aspects. Elle ne l'est pas s'agissant de la finalité poursuivie par le juge. Refuser de juger le recours pour excès de pouvoir évite que le contribuable, qui estimerait que l'impôt a été illégalement établi, néglige les recours fiscaux et demande l'annulation pour excès de pouvoir de la décision ayant liquidé sa dette d'impôt[1711]. Sur le plan des principes, admettre que l'acte n'est pas détachable suppose que le recours pour excès de pouvoir est irrecevable en raison du fait qu'il ne satisfait pas à la condition tenant à la nature de la décision attaquée. Or, dans les cas étudiés, ce n'est pas tant la nature de la décision qui est ici prise en compte, mais la qualité de l'auteur du recours et la situation contentieuse dans laquelle l'auteur du recours se trouve. Ceci est discutable.

618. La détermination de la concurrence des recours a toujours exigé de mettre en exergue la possibilité d'un même justiciable à saisir deux juges compétents de recours disponibles, indépendamment des conséquences que le juge, saisi de l'un de ces recours, entendrait donner à la reconnaissance d'une telle situation. La rigueur de la démonstration qui s'attache à faire observer le respect nécessaire des conditions de recevabilité préalablement à la signification d'une quelconque contrainte par le juge dans le libre exercice des recours doit ici céder. Il ne peut être sérieusement contesté que le Conseil d'État inverse l'ordre du raisonnement. Celui-ci fait dépendre le respect de la condition de recevabilité du recours (relative à la décision attaquée) de l'existence d'une autre voie de droit au profit du requérant. Il eût alors été plus juste de considérer dans un premier temps que l'acte non réglementaire

1709 CE, 19 févr. 1958, n°35783, Sté Air – Tahiti, p. 113. La solution est d'ailleurs, à raison, critiquée par certains auteurs, notamment L. Folliot, pour qui « L'arrêt Société Air Tahiti constitue l'un de ces exemples ou le juge écarte, à tort, le recours pour excès de pouvoir en raison de la possibilité d'un recours parallèle qui, en fait, n'existe pas » (thèse, *op. cit.*, t. 3, p. 347).

1710 CE, ass., 2 févr. 1987, n°82325, Sté France 5

1711 J. Martinez-Mehlinger, Recours pour excès de pouvoir, Jcl. Procédures fiscales, *op. cit.*, n°2. V. encore, M. Collet et P. Colin, *op. cit.* p. 291.

attaqué, par quelque auteur que ce soit, est ou n'est pas détachable de la procédure d'imposition eu égard au lien que l'acte attaqué entretient avec la réalisation de l'opération. Il se serait agi ensuite pour le juge administratif d'admettre distinctement la recevabilité du recours exercé en opposant selon la qualité du requérant, une fin de non-recevoir tirée de l'existence d'un recours parallèle. Cette confusion entre différentes causes d'irrecevabilité des recours traduit bien la difficulté à apprécier ce traitement de la concurrence des recours par le juge. Elle renforce également l'idée que la fin de non-recevoir tirée de l'existence d'une voie de droit disponible vise, comme d'autres techniques, à organiser les recours juridictionnels selon une politique jurisprudentielle que le Conseil d'État entend mener.

§2. Le cloisonnement des voies de droit engendré par la fermeture des recours concurrents

619. La fermeture de celui des recours en concurrence comportant le champ d'application le plus large conduit le juge saisi à faire prévaloir celle des voies de droit dans le cadre de laquelle le juge dispose de pouvoirs spécialement adaptés aux contestations dont il doit connaître. La saisine d'un juge dont l'office lui permet de vider le litige est ainsi privilégiée. À titre d'exemple, les tiers susceptibles d'être lésés par la conclusion d'un contrat administratif sont contraints de saisir le juge du contrat pour en contester la validité, sans qu'il leur soit possible, désormais, de former un recours pour excès de pouvoir contre des actes administratifs préalables à la conclusion du contrat et susceptibles de s'en détacher. L'exercice de ce recours unique de plein contentieux évite indéniablement aux requérants la multiplication des instances juridictionnelles[1712], ce qui était auparavant nécessaire pour faire prononcer la nullité du contrat litigieux. Dans le même esprit, le souhait du Conseil d'État de fermer aux requérants le référé-liberté au profit du recours ouvert par le Code de la construction et de l'habitation pour obtenir l'exécution d'une décision de la commission de médiation s'inscrit dans la recherche d'une justice plus efficace. En effet, l'introduction du recours n'est, par exemple, pas subordonnée à une condition d'urgence et le juge saisi dispose de pouvoirs plus conséquents dans le déroulement de l'instruction[1713].

620. Cette tendance à imposer aux requérants l'exercice d'un recours plutôt qu'un autre est particulièrement visible s'agissant du recours pour excès

[1712] V. l'opinion de D. Casas : « Complexe, le système contentieux qui résulte de votre jurisprudence l'est assurément. Nous reviendrons plus en détail sur les conditions dans lesquelles, en application de la loi du 8 fév. 1995, le tiers peut, après avoir obtenu l'annulation de l'acte détachable, exiger que des conséquences en soient tirées sur le contrat, mais il suffit de noter à ce stade que cela peut n'aboutir qu'au terme d'une procédure fort longue, susceptible de faire appel à trois juges différents » (concl. sur CE, 16 juillet 2007, Société Tropic, *op. cit.*).
[1713] V. l'art. R. 778-5 du CJA.

de pouvoir, puisque le juge ferme très largement ce recours au profit d'autres recours de pleine juridiction, dans le cadre desquels les juges saisis disposent de plus larges pouvoirs. Sur ce point, le traitement par le juge de la concurrence des recours doit être rapproché d'autres solutions par lesquelles le Conseil d'État impose l'exercice d'un recours de plein contentieux sans se référer à cette concurrence entre le recours qu'il impose et celui qu'il ferme. Tel est le cas lorsqu'il considère qu'un litige relève par nature du plein contentieux ou qu'il fait basculer certaines contestations du recours pour excès de pouvoir au plein contentieux. Cette comparaison atteste de la volonté marquée par le juge substituer l'exercice des recours de plein contentieux à celui du recours pour excès de pouvoir (I). Au-delà de la concurrence intéressant ce recours en annulation des actes administratifs, la justification qui préside à la fermeture des recours concurrents, à savoir le souhait de ne pas éluder le respect de ces conditions dans lesquelles les requérants doivent placer leur contestation, emporte aussi des changements sur l'économie générale des voies de droit en contentieux administratif. Qu'il s'agisse des recours au fond ou des référés administratifs, la jurisprudence semble montrer un certain cloisonnement des voies de droit, en s'attachant à limiter la possibilité pour les requérants de les associer, alors qu'ils le pouvaient en application des textes ou de la jurisprudence qui déterminent le champ d'application des recours (II).

I. La fermeture des recours concurrents participant à la marginalisation du recours pour excès de pouvoir

621. Litiges relevant « par nature » du plein contentieux. La fermeture des recours généraux s'explique, dans les solutions étudiées, par l'existence d'une voie de droit spéciale que le juge mentionne et à l'exercice de laquelle le requérant est renvoyé. Les formulations retenues par le juge pour opposer cette contrainte sont néanmoins susceptibles de varier. Il est parfois indiqué que les conclusions présentées au juge ont le même objet que d'autres conclusions qui auraient dû être présentées par le biais d'une autre voie de droit[1714]. D'autres décisions jugent, plus explicitement, que l'existence d'une autre voie de droit « rend irrecevable »[1715] le recours introduit ou que certaines dispositions définissent « la seule voie de droit ouverte » pour contester la décision administrative attaquée[1716]. Malgré cette divergence terminologique, les solutions étudiées paraissent bien traduire que deux recours étaient disponibles au profit du requérant, mais qu'il convient, pour celui-ci, d'exercer celui que le juge choisit d'imposer. En d'autres termes, les

---

[1714] Pour quelques décisions récentes : CAA Paris, 2 mars 2018, n°17PA02862 ; CAA Nantes, 15 mars 2018, n°16NT02384.

[1715] CE, 1er juill. 2015, n°386769, Dpt Nord ; CE, ord., 13 juillet 2017, n°412134 ; CE, ord., 13 mars 2019, n°427708.

[1716] V. entre autres exemples : CE, 3 mai 2016, n°394508, Lourdjane ; CE, ord., 11 janv. 2017, n°406154, Pasoon.

requérants pouvaient bien disposer de plusieurs voies de droit leur permettant de faire juger la même chose, mais le juge contraint ces derniers à exercer, exclusivement, celui dont le domaine d'application est le plus limité. Or, d'autres décisions juridictionnelles emportent la même conséquence – à savoir l'obligation d'exercer une voie de droit déterminée – sans qu'elles n'empruntent les termes précédemment visés ayant trait à la concurrence des recours. Tel est le cas des solutions par lesquelles il est jugé qu'un litige relève « par nature » du plein contentieux ou à la suite desquelles il est opéré un basculement de certains litiges du recours pour excès de pouvoir vers le plein contentieux. Pourtant, ces solutions ne s'expliquent pas autrement que par la poursuite d'une politique jurisprudentielle identique à celle menée par le juge en matière de concurrence des recours. Il convient, pour le juge, de soustraire le jugement de certaines contestations au recours de droit commun qu'est le recours pour excès de pouvoir ou le recours indemnitaire afin de les confier à d'autres juges dont l'office est adapté à la nature du litige à résoudre. Quelques exemples le montrent bien.

622. Si certaines matières relèvent historiquement et incontestablement du contentieux de pleine juridiction[1717], d'autres y sont rattachées par construction jurisprudentielle. Il est ainsi jugé, par exemple, que « les pourvois dirigés contre un état exécutoire ou un titre de perception ont par nature le caractère d'un recours de plein contentieux »[1718] ou encore que « le recours par lequel un contribuable conteste devant le juge de l'impôt tout ou partie d'une imposition mise à sa charge relève par nature du contentieux de pleine juridiction »[1719]. La vérité force à dire qu'aucun de ces recours ne relève « par nature » du plein contentieux[1720], ou, en tout état de cause, pas plus que les actes attaqués échappent « par nature » au recours pour excès de pouvoir. Admettre sans réserve ces formulations reviendrait à affirmer qu'en raison de ses caractéristiques propres, une décision litigieuse doit relever d'un type de recours particulier. Sans toujours s'en expliquer, le juge fait relever la demande d'un recours ou d'un autre en fonction de préoccupations de politique jurisprudentielle. Ceci est particulièrement visible pour le cas des

---

[1717] Tel est le cas des recours dirigés contre les contrats administratifs eux-mêmes, à l'exception des contrats dont le contenu est entièrement réglementaire, et des recours permettant d'engager la responsabilité extracontractuelle d'une personne publique (v. *supra*, p. 100).

[1718] CE, ord., 18 août 2006, n°295334, Bénassy. De la même manière, le Conseil d'État a pu affirmer qu'une demande dirigée contre un titre de perception portant mise en recouvrement d'un trop-perçu au titre d'une l'allocation temporaire d'invalidité ressortait « par nature, du contentieux de pleine juridiction » (CE, 23 févr. 1998, n°133318, min. délégué au budget c/ Alexandre). Pour une solution récente rendue dans les mêmes termes : CAA Marseille, 20 oct. 2016, n°15MA00806.

[1719] CE, 25 mai 2018, n°411828. V. égal., CE, 10 sept. 1997, n°146864, *RJF* 1997, n°1054.

[1720] L'on ne saurait qu'appuyer les propos de M. Fornacciari, pour qui « « le plein contentieux ne se définit pas en effet par son essence mais par ses attributs, c'est-à-dire par ses caractéristiques procédurales » (concl. sur CE, 8 mars 1991, Sec. d'Etat à l'agriculture c. Bodié, *AJDA* 1991, p. 463).

états exécutoires, qui relèvent « par nature » d'un recours de plein contentieux, alors qu'une solution contraire avait été rendue quelques années auparavant[1721]. Il est également notoire que faire relever ces recours du juge de plein contentieux a répondu à la nécessité d'organiser le fonctionnement des juridictions administratives après la loi du 31 décembre 1987[1722]. Le choix du Conseil d'État de faire juger ces actes et les litiges auxquels ils se rapportent par un juge disposant de pouvoirs étendus doit être salué, mais c'est en raison de considérations de politique jurisprudentielle que ces actes font exclusivement l'objet d'un recours de pleine juridiction[1723]. Ainsi, la fermeture du recours pour excès de pouvoir n'est pas explicitement liée à l'exercice d'un recours concurrent puisque le juge n'admet pas qu'il puisse être disponible pour les requérants dans la matière considérée. Il n'y aurait donc pas de concurrence des recours, faute pour ceux-ci de coexister. Il reste que les solutions dégagées ne sont pas parfaitement étrangères à l'idée de concurrence des recours puisque, si le Conseil d'État estime qu'ils doivent être déférés au contrôle d'un juge disposant de plus larges pouvoirs, le recours pour excès de pouvoir se concevait à leur égard.

623. Basculement de certains litiges vers le plein contentieux. Cette logique préside encore à l'exposé d'autres solutions qui traduisent le basculement dans le plein contentieux des recours dirigés contre des sanctions pécuniaires administratives[1724], des décisions refusant la reconnaissance de la qualité de réfugié[1725] ou encore de décisions administratives prises par les tribunaux administratifs relativement à une autorisation de plaider[1726]. Là où, dans ces matières, les requérants pouvaient exercer un recours pour excès de pouvoir, ils ne disposent plus que d'un recours de plein contentieux. C'est encore ce que traduit la très récente évolution de la jurisprudence administrative s'agissant du contentieux social. Par quatre décisions en date du 3 juin 2019 le Conseil d'État fait relever d'un recours de plein contentieux

---

[1721] V. M. Azibert et M. de Boisdeffre, *AJDA*, 1988, chron., p. 438. La remarque vaut aussi pour le contentieux fiscal (CE, 29 juin 1962, n°53090, Aciéries de Pompey, p. 438).

[1722] V. égal. M. Azibert et M. de Boisdeffre, *op. cit.* ; D. Pouyaud, La réforme du 31 décembre 1987 de la distinction des contentieux, *op. cit.*

[1723] Ceci est très bien dit par O. Dutheillet de Lamothe et Y. Robineau. Traitant du contentieux des oppositions aux décrets portant un changement de nom, ils écrivent : « On aurait pu concevoir que le recours pour excès de pouvoir soit ouvert contre une décision administrative prononçant ou refusant la révocation d'un changement. L'évolution historique a été différente puisque (…) l'opposition a été regardée comme une requête de plein contentieux, ce qui apparaissait alors comme un progrès du contrôle juridictionnel » (Droit civils et individuels – changements de nom, Chron., *AJDA* 1978, p. 554.)

[1724] CE, ass., 16 févr. 2009, n°274000, Société ATOM. V. égal., CAA Bordeaux, 2 déc. 2019, n°17BX00009.

[1725] CE, 8 janv. 1982, Aldana Barrena, concl. Genevois, *AJDA* 1982, p. 662.

[1726] CE, ass., 26 juin 1992, n°137345, Lepage-Huglo, p. 246, concl. G. Le Chatelier ; *AJDA* 1992, p. 497, chron. C. Maugüé et R. Schwartz. Dans le même sens, en matière de décision relative au versement d'une prestation sociale : CE, avis, 7 juillet 2010, n°337411 Mme Lavie, p. 247.

l'ensemble les décisions par lesquelles l'administration détermine les droits d'une personne en matière d'aide ou d'action sociale, de logement ou au titre des dispositions en faveur des travailleurs privés d'emploi[1727]. Le commentaire des décisions montre bien que des considérations d'opportunité motivent ce passage au plein contentieux. C. Malverti et C. Beaufils relèvent ainsi que « la solution a le mérite de la simplicité, pour le justiciable comme pour le juge »[1728]. En ce sens, le requérant bénéficie du fait que le juge puisse vider le litige en se prononçant sur son droit à obtenir la remise gracieuse réclamée. L'office du juge est de ce fait harmonisé dans les contentieux sociaux et ce dernier peut également prendre en compte les évolutions qui affectent la situation du requérant dès lors que celles-ci sont susceptibles d'intervenir après l'intervention de la décision litigieuse[1729]. Tout en soulignant que le recours pour excès de pouvoir pouvait présenter certains avantages, les commentateurs écrivent : « c'est pour l'essentiel au regard des spécificités des contentieux sociaux et pour des motifs de simplification et d'unification procédurale que les quatre décisions commentées ont fait basculer ces contentieux dans le plein contentieux. Il n'y a, nous semble-t-il, dans ce choix ni trace de défiance à l'égard du recours pour excès de pouvoir ni volonté d'étendre de manière systématique le domaine du plein contentieux en raison des avantages structurels qu'il présenterait. »[1730]. La formule montre bien que le recours pour excès de pouvoir pouvait demeurer recevable pour certaines contestations, mais que l'objectif de simplification contentieuse a conduit à rejeter cette hypothèse. C'est d'ailleurs ce que relève G. Eveillard, abordant la nature de certains contentieux sociaux en 2015 : « Dans le silence des textes, le juge administratif a précisé que le contentieux de l'aide et de l'action sociales relève du plein contentieux objectif. Tel est le cas du contentieux des personnes handicapées, de celui de la tarification sociale et, surtout, de celui de l'aide sociale, y compris celui de la récupération. La solution, si elle ne relevait pas de l'évidence puisque ce contentieux porte essentiellement sur la légalité de décisions administratives, la sauvegarde des droits subjectifs des administrés n'étant qu'une conséquence seconde, est loin d'être dépourvu d'avantages du point de vue de l'efficacité »[1731].

624. Les décisions mentionnées ne traduisent pas, à proprement parler, une fin de non-recevoir opposée au recours pour excès de pouvoir et fondée sur l'existence d'un autre recours disponible au profit du requérant. Pour

---

[1727] CE, sect., 3 juin 2019, n°423001, Vainqueur. V. égal. CE, sect., 27 juill. 2012, n°347114, Labachiche, p. 299 ; *AJDA* 2012, p. 1845, chron. X. Domino et A. Bretonneau ; *RFDA* 2012. 922, concl. C. Landais ; *AJCT* 2012. 624, obs. E. Aubin

[1728] C. Malverti et C. Beaufils, Le plein contentieux social : le mot et les choses, *AJDA* 2019, p. 1568.

[1729] *Ibid.*

[1730] *Ibid.*

[1731] G. Eveillard, Les problèmes soulevés par le contentieux de l'aide et de l'action sociales, *RDSS* 2015, p. 803.

autant, le juge administratif entend limiter l'exercice par les requérants d'un recours qui était concevable dans les contentieux évoqués. C'est ce qu'écrit très justement M. Fornacciari : « La nature intrinsèque des litiges de plein contentieux est d'autant plus difficilement cernable qu'on peut très bien concevoir, intellectuellement, que tous les litiges soient présentés sous les vêtements de l'excès de pouvoir »[1732]. En effet, rien ne s'oppose véritablement à l'exercice du recours pour excès de pouvoir dans les matières considérées, si ce n'est la volonté du Conseil d'État de les faire relever du juge de plein contentieux, dans le cadre d'un contentieux objectif de la légalité. La fermeture du recours pour excès de pouvoir n'est donc pas directement inspirée par l'existence d'un recours de pleine juridiction puisque le juge considère cette dernière voie de droit comme exclusive. Pour autant, les solutions étudiées présentent un lien avec la concurrence des recours contentieux puisque le juge, plutôt que de fermer l'un des deux recours concurrents, entend définir en amont l'exclusivité de l'un d'eux pour éviter qu'ils ne puissent être exercés indistinctement.

625. Ces solutions qui traduisent l'exclusivité du recours spécial dans plusieurs matières s'inscrivent donc dans la même perspective que celles qui ont été analysées sous l'angle de la concurrence des recours. La différence se situe simplement dans le fait que le juge considère parfois que le recours dont il est saisi ne se conçoit plus dans le contentieux dont il est question tandis qu'il ménage, d'autres fois, la possibilité pour les requérants de mettre en œuvre le recours à l'exercice duquel il s'oppose. C'est ce que montre notamment la concurrence entre le recours pour excès de pouvoir et la voie de droit ouverte devant le juge des enfants. Le juge ne rejette pas de manière absolue le recours pour excès de pouvoir, mais relève seulement que, lorsqu'il vise une décision du Président du conseil départemental refusant de saisir l'autorité judiciaire, il se heurte à l'existence d'une voie de droit spéciale[1733]. Ceci s'explique par le fait que ce recours pour excès de pouvoir reste disponible dans le contentieux de l'aide sociale à l'enfance, lorsqu'il vise d'autres décisions administratives[1734].

626. Marginalisation du recours pour excès de pouvoir. Quelle que soit la manière dont le juge entend faire prévaloir le recours spécial, la jurisprudence traduit un recul certain du recours pour excès de pouvoir. En

---

[1732] M. Fornacciari, concl. sur CE, 8 mars 1991, Sec. d'Etat à l'agriculture c. Bodié, *op. cit.* V. égal., A. Heilbronner, Recours pour excès de pouvoir et recours de plein contentieux, *op. cit.*

[1733] CE, 1er juill. 2015, n°386769, Dpt Nord.

[1734] Par exemple, le recours pour excès de pouvoir est ouvert à l'égard de la décision par laquelle le département, ou le service mandaté par celui-ci, a refusé à une personne se déclarant mineure le bénéfice de l'accueil provisoire d'urgence et de l'évaluation prévus par l'article R. 221-11 du code de l'action sociale et des familles (v. CE, ord., 13 juillet 2017, n°412134).

effet, celui-ci est écarté chaque fois qu'il est confronté à d'autres voies de droit permettant de faire juger une prétention similaire. Il est aussi indirectement évincé dans certaines matières, comme le montre la décision Pinault[1735] par laquelle le juge tire les conséquences de la décision « Communauté de communes du canton de Saint-Malo-de-la-Lande »[1736] et transforme le contentieux de la démolition des ouvrages publics mal plantés en permettant directement la saisine du juge de plein contentieux[1737]. Cette décision aboutit vraisemblablement à ce que soient substituées aux conclusions dirigées contre le refus de démolir un ouvrage public irrégulièrement édifié celles qui tendent à ce qu'il soit enjoint à la personne publique de le démolir.

627. La jurisprudence administrative récente démontre ainsi une certaine ambivalence. Au-delà du développement bien connu de l'office du juge de l'excès de pouvoir, il convient de faire remarquer l'extension de son domaine, exprimant ainsi une plus grande justiciabilité des actes administratifs. Le recul de la catégorie des mesures d'ordre intérieur[1738], la possibilité de contester des lignes directrices de l'Administration[1739] ou la transformation des conditions pour attaquer des actes de droit souple[1740] sont des évolutions notables. Elles ne doivent cependant pas occulter la volonté marquée par le juge administratif de faire relever bon nombre de contestations d'autres recours, dont l'exercice est soumis à des conditions particulières de recevabilité et de jugement. Le recours pour excès de pouvoir demeure bien le recours de droit commun permettant de contester les décisions prises par l'Administration, mais celui-ci est très largement supplanté par les recours de plein contentieux (constituant

---

[1735] CE 29 nov. 2019, n° 410689, Pinault, *AJDA* 2020, p. 313, concl. G. Odinet ; *ibid.* 2019, p. 2463 ; *AJCT* 2020, p. 154, obs. C. Logéat ; *RDI* 2020, p. 183, obs. N. Foulquier.

[1736] CE, 13 févr. 2009, n° 295885, Communauté de communes du canton de Saint-Malo de la Lande, T., p. 906 ; *AJDA* 2009, p. 1057, note Bailleul ; *AJDI* 2010, p. 113, chron. Gilbert ; *BJDU* 2009, 38, concl. Geffray ; *Dr. adm.* 2009, comm. 63, obs. Traoré ; *RJEP* 2009, comm. 33, concl. Geffray ; *JCP*-A 2009, 2208, note Maherzi ; *RDI* 2009, p. 350, obs. Hostiou.

[1737] N. Foulquier écrit sur ce point que les conclusions dirigées contre le refus de démolir un ouvrage public irrégulièrement édifié « sont absorbées par celles qui tendent à ce qu'il soit enjoint de le démolir » (La prescription des actions en démolition des ouvrages publics, *RDI* 2020, p. 183).

[1738] CE, sect., 25 sept. 2015, n° 372624, Bourjolly ; p. 322 ; *RFDA* 2015, p. 1107, concl. G. Pélissier et 2016, p. 75, note B. Defoort ; *Dr. adm.* 2016, comm. 5, G. Eveillard ; *AJDA* 2015, p. 2147, chron. O. Dutheillet de Lamotte et G. Odinet.

[1739] CE, 13 déc. 2017, n° 401799, Société Bouygues Telecom et autres, p. 356, concl. X. Domino ; AJDA 2018, p. 571, note L. de Fontenelle ; ibid. 2017, p. 2497 ; RTD com. 2018, p. 67, obs. F. Lombard.

[1740] CE, ass., 21 mars 2016, n° 390023, Société NC Numericable, p. 88, concl. V. Daumas ; *AJDA* 2016, p. 572 ; *ibid.*, p. 717, chron. L. Dutheillet de Lamothe et G. Odinet ; *D.* 2017, p. 881, obs. D. Ferrier ; *AJCT* 2016, p. 302 ; *Rev. sociétés* 2016, p. 608, note O. Dexant - de Bailliencourt ; *RFDA* 2016, p. 506, concl. V. Daumas ; *RTD civ.* 2016, p. 571, obs. P. Deumier ; *RTD com.* 2016, p. 711, obs. F. Lombard ; CE, 19 juill. 2019, n° 426389, Mme Le Pen, p. 326 ; *AJDA* 2019, p. 1544 ; *ibid*, p. 1994, chron. C. Malverti et C. Beaufils ; *AJCT* 2019, p. 572, obs. P. Villeneuve ; *RFDA* 2019, p. 851, concl. A. Iljic ; CE, sect., 12 juin 2020, n° 418142, GISTI. V. sur cette question, F. Melleray, Les documents de portée générale de l'administration, *RFDA* 2020, p. 801.

au demeurant un ensemble composite[1741]) dont l'exercice est imposé par le juge administratif.

628. Ce choix de faire trancher de nombreux litiges par un juge disposant de pouvoirs étendus et dans des conditions particulières est certainement visible s'agissant de l'opposition entre recours pour excès de pouvoir et recours de plein contentieux. Il traduit, de manière générale, une volonté du juge d'organiser les recours en contentieux administratif en définissant strictement les modalités selon lesquelles les requérants peuvent exercer plusieurs voies de droit.

II. La possibilité encadrée d'associer les recours en contentieux administratif

629. Si le traitement par le juge de la concurrence des recours impose aux requérants de faire juger leurs prétentions par le biais d'une seule voie de droit, on sait que d'autres techniques d'organisation des recours permettent d'imposer également l'exercice exclusif des recours juridictionnels (A). La compréhension de cette politique jurisprudentielle menée par le juge et des raisons qui la justifient permet alors d'adopter une perspective plus large, en définissant, lorsque le juge n'entend pas imposer l'exercice exclusif d'un recours, cette liberté pour les justiciables d'emprunter plusieurs voies de droit. Cette liberté d'associer les recours se traduit de deux manières, selon que les requérants souhaitent exercer plusieurs voies de droit (B) ou une seule (C).

A. L'exercice exclusif des recours juridictionnels

630. Cette exclusivité imposée d'un recours est particulièrement visible au travers des rapports entretenus par le recours pour excès de pouvoir avec les recours de plein contentieux. Elle se traduit par l'obligation, pour les justiciables souhaitant contester une décision administrative, de saisir le juge d'un recours de plein contentieux dans les conditions déterminées par les textes ou la jurisprudence. Sur ce point, les tiers à un contrat administratif ne sont pas recevables à former un recours direct contre ce contrat administratif[1742], ni contre les actes détachables d'un tel contrat et se rapportant à sa formation[1743] et ne sauraient pas, non plus, contester une décision portant refus de résiliation d'un tel contrat[1744]. Ils sont exclusivement

---

[1741] V. sur ce point l'étude substantielle d'A. Perrin et H. Lepetit-Collin (La distinction des recours contentieux en matière administrative : Nouvelles perspectives, *op. cit.*).

[1742] V. *supra*, p. 100.

[1743] CE 4 avr. 2014, n°358994, Département Tarn-et-Garonne. Il faut toutefois réserver le cas du représentant de l'Etat (sur cette question, v. *supra*, p. 383 et s.

[1744] CE, sect., 30 juin 2017, n°398445, Synd. mixte de promotion de l'activité transmanche.

autorisés à emprunter le recours en contestation de validité du contrat et le recours en résiliation du contrat.

631. Le recours pour excès de pouvoir est également exclu pour contester celles des décisions qui précèdent le déroulement d'une élection politique ou d'un référendum lorsqu'elles entrent dans le champ de la compétence du Conseil constitutionnel, que les requérants sont alors contraints de saisir[1745]. Il ne saurait pas non plus être employé pour contester la décision du président du conseil départemental refusant de saisir l'autorité judiciaire ; seule la saisine du juge des enfants est admise[1746]. Le recours pour excès de pouvoir ne permet pas non plus d'attaquer les décisions rendues par le bureau d'aide juridictionnelle près le Conseil d'État, en raison de l'existence d'une voie de droit particulière devant être empruntée par les demandeurs[1747]. Il est également fermé à l'égard d'un certain nombre de décisions administratives, au nombre desquelles figurent les actes individuels d'imposition[1748], les états exécutoires, les arrêtés de débet, les ordres de reversement, les titres de perception, les sanctions pécuniaires administratives, les décisions refusant la reconnaissance de la qualité de réfugié ou encore de décisions administratives prises par les tribunaux administratifs relativement à une autorisation de plaider[1749]. Seul un recours de plein contentieux est possible pour obtenir l'annulation ou la réformation de telles décisions, dans des conditions de jugement et de recevabilité qui sont d'ailleurs susceptibles de varier selon le contentieux considéré. De même, les décisions par lesquelles l'Administration détermine les droits d'une personne en matière d'aide ou d'action sociale, de logement ou au titre des dispositions en faveur des travailleurs privés d'emploi ne peuvent, elles aussi, faire l'objet que d'un recours de plein contentieux[1750]. Au contraire, le recours pour excès de pouvoir est le seul recours possible pour contester les contrats de recrutement d'agent public, le recours de plein contentieux étant exclu en la matière[1751].

632. Dans le même ordre d'esprit, le recours en responsabilité est souvent fermé aux requérants lorsqu'ils cherchent à obtenir la réparation du préjudice causé par l'illégalité d'une décision administrative à caractère pécuniaire. Lorsque le montant allégué correspond à celui constitué par la privation de la somme due à l'intervention de la décision contestée, les destinataires de ces décisions doivent former un recours de plein contentieux objectif en

---

[1745] V. *supra*, p. 365.

[1746] Pour une décision récente : CE, ord., 13 mars 2019, n°427708.

[1747] CE, 22 janv. 2003, n°244177, Issa M'Trengoueni ; CE, 5 juillet 2005, n°281974, Ekouta.

[1748] Sur cette question, v. *supra*, p. 370.

[1749] V. *supra*, p. 383.

[1750] CE, sect., 3 juin 2019, n°423001, Vainqueur.

[1751] V. *supra*, p. 106.

respectant les conditions fixées par la loi ou par la jurisprudence, qui, à nouveau, ne sont pas toujours similaires selon la nature de la créance considérée[1752]. Les contributions spécifiques en matière de sécurité sociale, les redevances d'occupation du domaine public ou les décisions relatives à l'attribution ou au calcul d'une pension ne peuvent, dans ces conditions, être contestées que dans le cadre d'un autre recours, obéissant à des conditions de recevabilité et de jugement différentes de celles applicables au recours en responsabilité[1753].

633. Le contentieux des référés témoigne aussi d'un tel cloisonnement des voies de droit. Par exemple, les tiers à un contrat administratif se voient imposer l'exercice du référé précontractuel[1754] et ne sauraient qu'exceptionnellement disposer du référé contractuel, considéré à raison comme subsidiaire[1755]. Ce cloisonnement s'illustre aussi par l'irrecevabilité du référé mesures-utiles que le juge oppose lorsque ce recours est mis en œuvre afin de rechercher le prononcé de mesures dont les effets pourraient être obtenus par les procédures de référé régies par les articles L. 521-1 et L 521-2[1756]. Le juge administratif impose aussi très largement l'exercice exclusif des voies de droit spéciales organisées par la loi, de telle sorte que les requérants ne peuvent exercer un référé d'urgence, dans les contentieux considérés. En matière de droit au logement opposable, les référés d'urgence sont exclus dès lors qu'il s'agit d'obtenir l'exécution de la décision par laquelle la commission de médiation déclare un demandeur prioritaire pour l'attribution d'un logement[1757]. Les requérants destinataires de ces décisions ne peuvent faire juger leur prétention que dans les conditions définies par le Code de la construction et de l'habitation, en empruntant la voie de droit que ces dispositions législatives organisent. De la même manière, les mesures d'éloignement peuvent seulement faire l'objet du recours déterminé par l'article L. 512-1 du Ceseda ; il est exclu que les arrêtés de reconduite à la frontière ou les décisions signifiant une obligation de quitter le territoire français puissent être suspendues par le juge des référés saisi au titre d'un référé d'urgence[1758]. Enfin, lorsque la partie au litige qui supporte les frais d'expertise afférents à une instance juridictionnelle cherche à les contester, elle ne saurait exercer que le recours de plein contentieux déterminé par les

---

[1752] V. *supra*, p. 375 et s.

[1753] *Ibid.* V. par ex. s'agissant du contentieux des pensions : CE, 19 mai 2004, n°253425, Santalucia.

[1754] Art. L. 551-1 du CJA ; v. égal., CE, 19 janv. 2011, n°343435, Grand port maritime du Havre.

[1755] V. *supra*, p. 134 et p. 293.

[1756] CE, sect., 5 févr. 2016, n°393540, Benabdallah.

[1757] Pour un rappel : CE, 14 févr. 2018, n°407124, Mariko.

[1758] V. entre autres exemples : CE, 11 juin 2012, n°360043, Zitouni.

articles R. 621-13 et R. 761-5 du Code de justice administrative, à l'exclusion du référé provision[1759].

634. La jurisprudence administrative témoigne bien de cette impossibilité pour les requérants de faire juger comme ils le souhaitent les prétentions qu'ils sont susceptibles d'émettre. Pour autant, une telle liberté apparaît lorsque l'exercice d'un recours, compte tenu de l'office du juge saisi, ne lui procure qu'une satisfaction incomplète. Elle apparaît aussi, exceptionnellement, lorsque le juge administratif souhaite laisser les requérants libres de choisir le recours qui leur convient le mieux.

B. L'exercice cumulé des recours juridictionnels

635. En dehors des cas où le juge estime nécessaire d'imposer l'exercice d'un recours déterminé, un requérant peut disposer, pour un même litige, de la possibilité d'exercer plusieurs voies de droit en recherchant leur bénéfice cumulé. Cette possibilité d'exercer indistinctement plusieurs recours juridictionnels est exceptionnellement admise pour des recours concurrents. Elle l'est bien davantage lorsque les recours dont les requérants disposent ne tendent pas à faire juger des prétentions similaires. Déterminer les situations dans lesquelles les requérants sont libres d'exercer cumulativement plusieurs recours, indépendamment de leur caractère concurrent, impose d'opérer une distinction. En effet, les requérants peuvent parfois volontairement attendre que le juge saisi d'un premier recours ait rendu sa décision pour, ensuite, en exercer un second (1). Ils sont aussi en mesure d'exercer dans le même temps ces recours juridictionnels s'il leur importe peu qu'un des juges saisis statue avant l'autre, même si tel sera inévitablement le cas (2).

1. L'exercice successif des recours

636. Autorité de la chose jugée. L'absence de toute contrainte opposée à l'exercice des recours offre aux requérants la possibilité d'exercer indistinctement plusieurs recours. Une telle liberté leur permet donc de mettre œuvre dans le même temps plusieurs voies de droit, mais aussi de les emprunter successivement, c'est-à-dire, généralement[1760], en attendant qu'un juge ait statué sur la demande formée dans le cadre d'un premier recours pour en exercer un second. Cette manière présente une limite importante puisque l'exercice d'un second recours juridictionnel pour un même litige implique de respecter l'autorité de la chose jugée dont sont revêtues la plupart des

---

[1759] CAA Bordeaux, 22 déc. 2015, n°14BX02459, Sté Bureau Véritas c/ Cne Bayonne.

[1760] Il se peut qu'en l'absence de concordance des délais de recours propres à l'exercice de plusieurs disponibles les requérants exercent un premier recours puis, une fois les délais de recours expirés, en exercent un second. Néanmoins, cette manière d'exercer successivement les recours poursuit le même objectif que celui recherché par les requérants mettant en œuvre simultanément deux recours juridictionnels (v. *supra*, p. 145 et s.)

décisions juridictionnelles[1761]. L'autorité de chose jugée, qui s'adresse d'abord au juge (parce qu'elle lui interdit de trancher deux fois un même litige), marque la volonté d'assurer le caractère incontestable de la décision juridictionnelle rendue et témoigne de la force de vérité légale qui doit en découler. En effet, un même différend ne saurait être « indéfiniment rejugé »[1762], c'est pourquoi les jugements rendus « au principal » deviennent intangibles à compter de leur lecture par l'acquisition de l'autorité de la chose jugée. Certains d'entre eux sont revêtus de l'autorité absolue de chose jugée, qui constitue une fin de non-recevoir d'ordre public[1763]. L'exercice successif de deux recours contentieux est plus généralement rendu impossible en application de l'autorité relative de la chose jugée. Le juge administratif considère, saisi d'un moyen en ce sens[1764], que le recours qui lui est présenté est irrecevable s'il comporte le même objet, repose sur la même cause juridique et concerne les mêmes parties qu'un litige déjà tranché par un jugement au principal. L'autorité de chose jugée fait donc obstacle à ce qu'un demandeur qui n'aurait pas obtenu la complète satisfaction espérée puisse à nouveau saisir un juge de sa prétention. Pour autant, l'exercice successif des recours juridictionnels répond, dans nombre de cas, à la volonté pour les requérants de faire juger des prétentions différentes.

637. L'exercice cumulé des recours juridictionnels présente un certain intérêt pour des requérants qui les exercent l'un après l'autre parce que l'exercice du premier peut parfois constituer préalable utile à la mise en œuvre du second. Les référés constat et instruction, comme le référé mesures utiles, sont ainsi exercés préalablement à un recours au fond. Par ces procédures, les

---

[1761] L'autorité de la chose jugée ne s'applique pas à toutes les décisions juridictionnelles. Tel est le cas des ordonnances rendues par le juge des référés. Ceci emporte deux conséquences principales : le juge du fond n'est pas lié par ce qui aurait été décidé par le juge des référés ; un requérant peut engager successivement plusieurs référés : CE, ord., 28 fév. 2003, n°254411, Commune de Pertuis. Dans le même esprit : CE, sect., 18 janv. 2001, n°229247, Cne Venelles Bouches-du-Rhône et Morbelli ; CE, 5 mars 2001, n°230045, Saez. Les ordonnances présentent néanmoins la force obligatoire et exécutoire inhérente aux décisions de justice. Les parties doivent donc se conformer aux mesures provisoires ordonnées : ce qui a été jugé en référé doit être exécuté mais peut être rejugé. Rien ne s'oppose donc à ce qu'un demandeur qui n'aurait pas obtenu du juge des référés la mesure souhaitée le saisisse à nouveau d'une même demande, puisque l'urgence qui s'attache à cette demande est susceptible d'évoluer. V. not. sur cette question, S. Verclytte, concl. sur CE, sect., 16 déc. 2005, Lacroix, *RFDA* 2006, p. 513

[1762] C. Broyelle, *Contentieux administratif, op. cit.* p. 341.

[1763] Tel est le cas, par exemple, des décisions d'annulation consécutives à l'exercice d'un recours pour excès de pouvoir (CE, 6 juin 1958, Ch. com. Orléans et a., p. 315 ; *AJDA* 1958, II, p. 261, concl. M. Long ; CE, 22 mars 1961, Simonet, p. 211. V. notamment, sur ce point : W. Lellig, *L'office du juge administratif de la légalité*, G. Clamour dir., Montpellier, 2015, p. 136). Un requérant peut alors voir sa liberté à exercer un recours contentieux entravée, qu'il soit d'ailleurs ou non à l'origine du recours ayant donné lieu à cette décision juridictionnelle. L'autorité absolue de la chose jugée impose de tenir pour vérité légale ce qui a été jugé, même dans le cadre d'un recours portant sur un autre litige.

[1764] C'est aux parties qu'il revient de faire mention de l'autorité relative de chose jugée ; celle-ci n'est pas rangée au nombre des causes d'irrecevabilité que le juge peut soulever d'office (CE, 2 mai 1947, Vaudrey, p. 175 ; CE, 26 mars 1971, Devillers, p. 259. Sur ce point, v. C. Guettier et E. Cassia, Chose jugée, *op. cit.*, n°145.

requérants cherchent à obtenir des éléments nécessaires à l'exercice d'un recours ultérieur au fond[1765] et recherchent précisément à ce que l'un des recours soit jugé avant l'autre. La communication de documents administratifs ou les mesures d'expertise ordonnées sont ainsi mobilisées dans le cadre d'un recours ultérieur.

638. Moins fréquemment, les requérants sont admis à mettre successivement en œuvre des voies de droit dont la finalité est proche. Les tiers à un contrat administratif ayant exercé un référé précontractuel sont parfois recevables à mettre en œuvre un référé contractuel après que le juge saisi sur le fondement de l'article L. 551-1 du CJA a ordonné la suspension de la passation du contrat. Cette manière de faire ne résulte pas d'une stratégie contentieuse des requérants cherchant à obtenir une première décision juridictionnelle pour exercer ensuite un autre recours. En effet, le juge tolère cet exercice successif des référés spécifiques à la matière contractuelle lorsque les pouvoirs adjudicateurs ne respectent pas la suspension ordonnée par le juge du référé précontractuel[1766]

639. Enfin, bien que l'exercice d'un référé d'urgence procure au requérant une moindre satisfaction, parce qu'elle est généralement provisoire[1767], il permet de préserver l'intérêt d'un recours au fond exercé plus tard. Il en va notamment ainsi du référé-suspension qui permet de paralyser les effets d'une décision litigieuse en attendant qu'un juge en apprécie définitivement la légalité. De même, si les requérants sont recevables à exercer plusieurs référés d'urgence, il leur est permis d'en mettre en œuvre plusieurs de manière successive. L'absence d'autorité de la chose jugée en référé offre au requérant qui n'obtient pas de la part du juge des référés la mesure réclamée la possibilité de réitérer sa demande dans une nouvelle instance[1768]. Ces quelques situations témoignent bien de la possibilité pour les requérants d'exercer librement les recours dont ils disposent. Elles démontrent aussi leur liberté à adopter une stratégie contentieuse qui consiste à attendre que le juge saisi d'un premier recours statue pour exercer ensuite une nouvelle de droit. Il reste que cette possibilité d'exercer plusieurs recours se traduit, plus souvent, par leur mise en œuvre simultanée.

2. L'exercice simultané des recours

640. L'exercice cumulé des recours se manifeste par le fait que les requérants exercent dans le même temps plusieurs voies de droit, sans

---

1765 V. *supra*, p. 228.

1766 Art. L. 551-14 du CJA.

1767 Art. L. 511-1 du CJA. V. *supra*, p. 239.

1768 V. *supra*, p. 217 (sur cette question, v. aussi, P. Cassia, L'autorité de la chose ordonnée en référé, *op. cit.*).

nécessairement attendre que le premier juge saisi statue pour, ensuite, exercer un second recours (ou du moins sans que ne leur importe l'obtention d'une première décision juridictionnelle avant l'exercice d'un autre recours). C'est en ce sens qu'ils ont été récemment autorisés à mettre en œuvre un référé-liberté pour faire cesser une atteinte constitutive d'une voie de fait, alors qu'ils peuvent également saisir le juge judiciaire à cette fin. Dans cette dernière situation, le juge administratif des référés statuera inévitablement avant le juge judiciaire, mais il importe peu pour les requérants, d'attendre l'ordonnance du juge administratif pour former un recours devant le juge judiciaire afin d'obtenir la réparation des conséquences préjudiciables emportées par la voie de fait[1769].

641. En dehors de ces hypothèses qui traduisent la possibilité exceptionnelle d'obtenir la même mesure par deux voies de droit concurrentes distinctes, l'exercice cumulé des recours juridictionnels concerne, de manière générale, la mise en œuvre de plusieurs recours dont les fins sont complémentaires. Entre autres exemples, les tiers à un contrat administratif sont en mesure de contester les clauses réglementaires d'un contrat administratif tandis qu'ils peuvent aussi, pour certains, contester la validité de ce contrat[1770]. De la même manière, si les contribuables sont contraints de saisir le juge de plein contentieux dans les conditions déterminées par l'article L. 190 du LPF pour contester une imposition illégale, ils sont autorisés à saisir un autre juge lorsqu'une décision litigieuse emporte des effets notables « autres que fiscaux »[1771].

642. L'exercice simultané des recours concerne également, dans une large part, le contentieux de la responsabilité administrative. Qu'il s'agisse de réparer différents préjudices ou de poursuivre les différents auteurs d'un même préjudice, la jurisprudence témoigne bien de cette possibilité pour les victimes d'exercer cumulativement des recours juridictionnels. C'est ce qui ressort d'ailleurs de la décision Berthet c. Fillipi[1772]. Cet intérêt pour les requérants d'exercer dans le même temps ces recours en responsabilité est souvent affecté par la possibilité également admise d'opter entre ces voies de droit[1773], mais il demeure présent dans certains cas. Il en va ainsi, en particulier, lorsque la personne publique dont la responsabilité est recherchée se trouve dans l'impossibilité de se retourner, par l'exercice d'une action récursoire, contre le tiers coauteur du dommage ayant causé un préjudice dont

---

[1769] V. *supra*, p. 383.

[1770] V. *supra*, p. 129 et s.

[1771] V. notamment, CE, 10 nov. 2000, n°186301, Société SGAP Expansion ; CE, sect., 2 déc. 2016, n°387613 et a., Min. Finances et Comptes publics c/ Sté Export Press.

[1772] T. confl., 19 mai 2014, n°3939, Berthet c. Fillipi.

[1773] V. *infra*, p. 383.

la réparation est recherchée par le requérant. Le contentieux des travaux public donne un bon exemple de cette situation, lorsqu'une victime est considérée comme tiers par rapport à un ouvrage ou un travail public et que le dommage qu'elle subit est imputable à la fois à une personne publique, responsable en l'absence de faute et à une faute commise par un tiers qui se trouve être l'employeur de la victime. Puisque l'Administration ne peut se retourner contre le coauteur du dommage en application de la législation relative aux accidents du travail[1774], elle aurait à payer définitivement une somme qu'elle ne doit pas. La reconnaissance du caractère exonératoire du fait du tiers en matière de responsabilité sans faute impose ainsi aux victimes d'exercer plusieurs recours pour obtenir une réparation complète du préjudice subi.

C. L'exercice alternatif des recours juridictionnels

643. Conception différenciée de l'option entre deux recours. Lorsque le juge administratif n'entend pas imposer l'exercice d'un recours déterminé, la liberté pour les requérants d'exercer les voies de droit dont ils disposent n'est que rarement limitée. Elle l'est cependant en partie lorsque le juge consacre une option à leur profit, c'est-à-dire une liberté de choisir entre deux recours, sans pouvoir néanmoins les exercer ensemble. À la vérité, cette option se comprend de deux manières. Entendue strictement, elle traduit une position intermédiaire du juge, qui accepte que les requérants puissent choisir un recours ou un autre tout en refusant qu'ils exercent concomitamment ces recours. Il reste que l'option entre les recours se caractérise plus généralement en raison de la pratique contentieuse qu'adoptent les justiciables : ceux-ci disposent bien d'une pleine faculté à exercer indistinctement plusieurs voies de droit, mais leur intérêt commande d'exercer un recours ou un autre et non les deux. Dans ce dernier cas, l'option caractérise moins une alternative consacrée par le juge au profit des requérants, mais davantage le choix de ces derniers à exercer un recours plutôt qu'un autre, alors qu'ils pouvaient les exercer cumulativement.

644. Contentieux des décisions à caractère pécuniaire. Pour l'essentiel, l'option que le juge ouvre aux requérants - c'est-à-dire la possibilité d'exercer seulement l'un ou l'autre des recours dont ils disposent - est consacrée en matière de contentieux des décisions à caractère pécuniaire. La jurisprudence Lafage a permis aux requérants d'exercer un recours pour excès de pouvoir à la place d'un recours de plein contentieux, dont ils peuvent toujours faire usage. Cependant, il leur est interdit d'exercer ensemble ces recours puisque le juge considèrerait, dans ce cas, qu'il n'est saisi que d'un recours de plein

[1774] Art. L. 451-1 du Code de la sécurité sociale. V. CE, Sect., 15 juillet 1959, Électricité de France contre Veuve Cornut ; v. *supra*, p. 265.

contentieux[1775]. On sait que le juge a d'abord reconnu cette option pour les traitements, soldes et indemnités des fonctionnaires[1776] pour l'étendre en opportunité, à d'autres hypothèses[1777], en lui assignant néanmoins des limites importantes[1778]. Le contentieux des décisions à caractère pécuniaire permet aussi aux requérants d'envisager l'exercice d'un recours en responsabilité au lieu du recours de plein contentieux objectif ou du recours pour excès de pouvoir qui peuvent être exercés contre elles ; tel est notamment le cas en matière de pensions[1779]. S'agissant des décisions dont l'objet n'est pas exclusivement pécuniaire, le requérant peut exercer, tant que la décision n'est pas devenue définitive, soit un recours de plein contentieux objectif, soit un recours en responsabilité, voire un recours pour excès de pouvoir si cette décision entre dans le champ de la jurisprudence Lafage. Ce même requérant peut attendre l'expiration des délais de recours pour exercer seulement une action en responsabilité en témoignant alors de l'exercice d'une option[1780]. Pour celles des décisions administratives ayant un caractère exclusivement pécuniaire, cette option est encadrée plus strictement. En l'état actuel de la jurisprudence administrative, l'exercice d'un recours en responsabilité à la place d'un recours de plein contentieux objectif ou d'un recours pour excès de pouvoir (lorsqu'il est possible) est admis dans deux cas. Le requérant est d'abord en mesure d'exercer librement un tel recours lorsque le préjudice dont il demande la réparation n'est pas d'un montant égal à celui dont il estime que la décision litigieuse l'a illégalement privé. En revanche, lorsqu'il recherche à obtenir le versement de la même somme, le recours en responsabilité semble n'être rendu possible que tant que la décision à caractère exclusivement pécuniaire n'est pas devenue définitive, indépendamment de son caractère explicite ou implicite et de la mention des voies et délais de recours[1781].

645. L'option logiquement privilégiée à l'exercice des recours. L'exercice alternatif des recours se manifeste également dans d'autres cas,

---

[1775] V. not., CE, 9 décembre 2011, n°337255, M. Marcou. V. égal., R. Rambaud, Les avatars de la jurisprudence Lafage, *RFDA*, 2012, p. 441.

[1776] CE, sect., 10 nov. 1933, Garrigues, p. 1030 (pour un refus de remboursement de frais) ; CE, 12 févr. 1954, Bierge, p. 99 (s'agissant d'un refus d'octroi d'un supplément familial de traitement).

[1777] CE, ass., 7 juill. 1950, Œuvre de Saint-Nicolas, p. 422 (pour un refus de subvention) ; CE, 8 mars 1991, n°100180, Secr. d'État du Premier ministre chargé de l'Environnement c/ M. Bodié, *AJDA* 1991, p. 463, concl. M. Fornacciari (s'agissant d'une décision fixant le nombre de vacations d'un commissaire enquêteur). V. encore, CE, sect., 1er mars 1991, n°112820, Le Cun.

[1778] Peuvent être ici évoquées les solutions par lesquelles le juge s'oppose en raison de la nature de la matière litigieuse (v. *supra*, p. 383p. 383). V. aussi, CE, 27 avr. 1988, n°74319, M'Bakam ; CE, Sect., 23 déc. 1988, n°70113, Cadilhac ; CE, 22 juill. 1994, n°118155, Centre hospitalier spécialisé Gérard Marchand.

[1779] V. *supra*, p. 378 et s.

[1780] V. CE, 14 oct. 1960, Laplace, p. 541, *AJDA* 1960, p. 160, chron. Combarnous et Galabert ; CE, 11 avr. 1973, n° 80510, Brulant. La solution vaut aussi pour des décisions dont l'objet n'est pas pécuniaire (CE, 3 déc. 1952, Dubois)

[1781] V. *supra*, p. 383 et s.

pour lesquels les requérants n'éprouvent qu'un intérêt limiter à exercer cumulativement plusieurs recours juridictionnels, alors que le juge ne le leur interdit pas. Le contentieux de la responsabilité extracontractuelle de l'Administration illustre cette manière d'exercer alternativement des recours juridictionnels. L'état de la jurisprudence est bien connu s'agissant de la possibilité, pour les victimes, d'obtenir réparation en actionnant l'agent ou l'Administration, selon la nature de la faute ou des fautes à l'origine du préjudice subi[1782]. Les requérants sont bien en mesure d'exercer un recours contre chacun des coauteurs d'un même préjudice, mais il leur est assurément plus profitable de saisir seulement le juge administratif pour faire condamner l'Administration, pour des raisons de solvabilité évidentes[1783].

646. Poursuite de prétentions contraires. Si l'exercice d'une option peut résulter de la faible utilité de cumuler l'exercice de plusieurs recours, celle-ci peut aussi découler de l'absence totale d'intérêt à exercer ensemble plusieurs recours. Tel est le cas lorsque les prétentions susceptibles d'être présentées au juge dans le cadre de voies de droit disponibles sont antagonistes. Deux exemples le montrent. Les tiers lésés par la passation d'un contrat administratif ou l'une de ses clauses sont bien susceptibles de saisir le juge administratif d'un recours en contestation de validité du contrat alors qu'ils peuvent, aussi, former un recours pour excès de pouvoir dirigé contre les actes détachables de celui-ci intervenant au stade de son exécution. Hormis le cas particulier des décisions portant refus de résilier un contrat administratif, le recours en annulation dirigé contre de tels actes se rapportant à l'exécution ne poursuit pas l'objectif d'obtenir le prononcé de la nullité du contrat, alors que le recours en contestation de validité du contrat le permet, entre autres mesures. Si le contentieux contractuel témoigne très largement d'une possibilité de cumuler l'exercice de plusieurs voies de droit, le requérant peut n'éprouver un intérêt qu'à opter entre elles selon la prétention qu'il souhaite faire juger. De la même manière, l'agent public destinataire d'une mesure de mise à la retraite d'office ou de révocation, parce qu'elle emporte des conséquences pécuniaires, dispose de la possibilité de la contester par le biais d'un recours pour excès de pouvoir alors qu'il peut, aussi, former un recours indemnitaire afin d'obtenir la réparation du préjudice que cette décision a causé. Ces deux voies de droit peuvent radicalement s'opposer lorsque le requérant ne souhaite pas être réintégré dans ses fonctions[1784]. Le recours pour excès de pouvoir lui permet bien d'obtenir la restitution des sommes dont il n'aurait pas dû être privé, mais il aboutit aussi à la disparition rétroactive de la sanction. Le recours en responsabilité permet d'obtenir la réparation du

---

[1782] V. *supra*, p. 259 et s.

[1783] *Ibid.*

[1784] V. *supra*, p. 177.

préjudice causé, mais ne produit pas cette dernière conséquence, possiblement contraire à l'intérêt du requérant. L'exercice alternatif de l'une de ces voies de droit peut ainsi s'imposer dans cette hypothèse.

Conclusion du chapitre II

647. Le traitement par le juge de la concurrence des recours le conduit à s'opposer à l'exercice d'un recours en mobilisant une cause d'irrecevabilité exclusivement fondée sur l'existence, pour le requérant d'une autre voie de droit. En cela, il faut délaisser l'étude des solutions qui traduisent le refus pour le juge d'apprécier un moyen pour la raison que celui-ci peut être soulevé dans le cadre d'une autre voie de droit. Ces solutions, même si elles sont appréciées par la doctrine sous l'angle de « l'exception de recours parallèle », s'expliquent par le respect nécessaire des règles qui déterminent la compétence des différentes juridictions. Il en va de même lorsque le juge ferme au requérant un recours, alors que celui-ci disposait d'une autre voie de droit concurrente, mais sans que cette fermeture ne découle de la seule existence de cette dernière voie de droit. Tel est par exemple le cas lorsque le juge, saisi d'une demande d'injonction dans le cadre d'un référé d'urgence oppose l'irrecevabilité au requérant ayant formé ce recours. À proprement parler, cette irrecevabilité ne découle pas de l'existence pour le requérant d'un recours au fond lui permettant de faire juger la même prétention, mais de ce que l'office du juge des référés ne peut aboutir au prononcé de mesures dépourvues de caractère provisoire.

648. Il convient, surtout, de faire observer que la contrainte que le juge oppose à l'exercice de recours concurrents et fondée sur l'existence d'une autre voie de droit, participe de la nécessité plus générale, pour le juge, de déterminer les modalités en vertu desquelles les juridictions administratives peuvent être saisies. Cette organisation des voies de droit en contentieux administratif s'exprime par l'irrecevabilité, et ce de deux manières différentes. Le juge peut considérer que le requérant ne disposait pas du recours dont il l'a saisi ; le recours étant alors irrecevable et le requérant devant faire juger sa prétention par le biais d'une autre voie de droit. Le juge peut aussi – et les solutions étudiées s'inscrivent dans cette perspective – considérer que le requérant dispose de deux recours juridictionnels, mais que celui exercé ne convient pas, pour la raison qu'il devait mettre en œuvre l'autre recours. Ces deux cas de figure, parfois, sont confondus par le juge. En effet, il a pu être jugé qu'un acte n'est pas détachable, au regard, *in fine*, de l'existence d'une autre voie de droit que le requérant devait exercer. En apparence pourtant, le recours pour excès de pouvoir est irrecevable parce qu'il est dirigé contre un acte qui ne peut faire l'objet de ce recours. De même, certaines solutions insistent sur le fait que la nature du litige commande qu'il relève seulement d'un recours de plein contentieux alors que rien ne justifie véritablement qu'il en soit ainsi, si ce n'est le souhait du Conseil d'État de confier ces litiges à un juge disposant de pouvoirs étendus.

649. En définitive, l'étude de la contrainte que le juge oppose à un requérant et fondée sur l'existence d'une autre voie de droit s'inscrit dans une perspective plus générale d'organisation par le juge de l'exercice des recours juridictionnels. Le juge fait relever certaines contestations d'un recours juridictionnel ou d'un autre selon ce qu'il estime être le plus judicieux, dans l'intérêt d'une bonne administration de la justice. Il reste que cette répartition est assurée par un ensemble de solutions jurisprudentielles assurément peu harmonieux compte tenu, notamment, de l'inexistence d'une règle générale interdisant l'exercice des recours concurrents.

CONCLUSION DU TITRE II

650. La jurisprudence administrative, le cas échéant appréciée par la doctrine, traduit l'existence d'une contrainte, non formalisée, opposée aux justiciables qui exercent un recours juridictionnel et qui disposent d'une autre voie de droit concurrente dont le domaine d'application est plus limité que ne l'est celui du recours mis en œuvre. Le juge administratif exprime cette limitation apportée à l'exercice des recours concurrents par l'irrecevabilité, seulement fondée sur l'existence d'une autre voie de droit, en admettant implicitement sa compétence à connaître du recours formé devant lui. Il reconnaît aussi que l'auteur du recours satisfaisait aux autres conditions de recevabilité liées à l'exercice de cette voie de droit. L'expression de cette contrainte par le juge n'est pas tout à fait lisible et ceci s'explique par deux plusieurs raisons.

651. En premier lieu, parce que les règles qui gouvernent le contentieux administratif sont guidées par l'intérêt du justiciable, le juge entend préserver celui-ci en tolérant exceptionnellement la mise en œuvre alternative ou cumulative des recours concurrents. Que ces exceptions découlent directement des dispositions législatives ou de l'intention que le juge prête au législateur, les requérants se trouvent ainsi autorisés, en particulier, à mettre en œuvre plusieurs référés administratifs alors même que ces voies de droit sont susceptibles de conduire le ou les juges saisis à statuer sur une même demande. Cette tolérance peut aussi découler de la poursuite, par le juge, d'autres politiques jurisprudentielles. Même si elles vont directement à l'encontre de la logique de fermeture des recours concurrents, elles témoignent, elles aussi, de la recherche par le juge de l'intérêt des justiciables.

652. En second lieu, lorsqu'elle est mobilisée, l'irrecevabilité opposée à l'exercice des recours concurrents fait obstacle à l'exercice de recours dont certains sont ouverts par les textes et d'autres par la jurisprudence. La limitation qu'il oppose aux requérants découle, en ce sens, parfois de l'interprétation par le juge de dispositions textuelles, d'autres fois de sa seule volonté à imposer l'exercice d'un recours plutôt qu'un autre. La terminologie retenue diverge selon qu'il soit confronté à l'une ou l'autre de ces situations, de même qu'elle varie, aussi, selon les contentieux à l'occasion desquels cette contrainte est opposée.

653. Enfin, cette irrecevabilité seulement fondée sur l'existence d'une autre voie de droit, lorsqu'elle se rapporte au recours pour excès de pouvoir, se distingue mal de celle que le juge manifeste lorsqu'il estime qu'il ne peut être saisi que d'un recours de plein contentieux, en visant l'absence de ministère obligatoire d'un avocat ou encore l'existence d'un litige relevant par nature du plein contentieux. Il faut, sur ce point, observer que le juge organise l'articulation entre les différents recours juridictionnels en faisant relever certaines contestations, en opportunité, du plein contentieux objectif. En ce sens, l'irrecevabilité liée à la concurrence des recours doit être comprise comme étant l'une des manifestations de cette volonté du juge à faire relever les litiges d'un contentieux ou d'un autre, afin d'interdire aux justiciables de choisir les conditions dans lesquelles ils peuvent faire juger leur prétention.

CONCLUSION DE LA PARTIE II

654. L'étude de la concurrence des recours rend compte d'un certain affaiblissement de l'intérêt qui s'attache à la manière dont sont distingués les recours juridictionnels en contentieux administratif. Cette classification permet qu'une même prétention puisse être jugée par le biais de deux recours distincts répondant à des conditions de recevabilité et de jugement différentes. La contrainte fondée sur l'existence d'un recours concurrent s'analyse comme une réponse apportée par le juge à cet état de fait. Il pourrait paraître plus judicieux d'ordonner les actions en justice portées devant les juridictions administratives, comme l'envisagent certains auteurs, selon leur objet, en y associant le respect obligatoire de certaines conditions et en consacrant leur exclusivité par rapport à l'exercice d'autres actions. Néanmoins, cette manière de faire marquerait une rupture avec la conception historique du droit administratif dont l'objectif fondamental est d'assurer la soumission de l'Administration au droit. Or, le recours pour excès de pouvoir constitue l'un des meilleurs moyens - sinon le meilleur - d'y parvenir. Dès lors que cette voie de droit se maintiendra en contentieux administratif, elle sera toujours susceptible de concurrencer d'autres recours, compte tenu de la généralité de son domaine d'application. Il en va de même, d'ailleurs, pour toutes les voies de droit dont le champ d'application n'est pas limité par l'objet des actes administratifs à l'égard desquels elles peuvent être employées. Tel est assurément le cas pour le recours en responsabilité et le référé-suspension, mais aussi pour le référé-liberté.

655. La fin de non-recevoir tirée de l'existence d'un recours parallèle au recours pour excès de pouvoir a, on le sait, été employée par le juge pour contenir ce recours en annulation des actes administratifs et éviter qu'il n'éclipse les autres recours juridictionnels, qu'ils soient ou non exercés devant les juridictions administratives. L'irrecevabilité que le juge oppose à l'exercice d'un recours en raison de l'existence d'une autre voie de droit, lorsqu'elle ne concerne pas le recours pour excès de pouvoir, fait aussi observer cette volonté, pour le juge, d'assigner des limites aux domaines d'application de certaines voies de droit. Cette restriction de la possibilité pour les requérants de mettre en œuvre de tels recours s'explique par la nécessité que ces derniers ne puissent pas détourner les conditions dans lesquelles le législateur ou le juge ont entendu faire juger certaines prétentions. Que les recours concurrents soient ou non organisés par des normes de même valeur ou de même nature, le juge administratif entend imposer aux requérants le recours dont le champ d'application est déterminé en fonction d'un objet particulier. L'exercice de ce recours est enfermé dans des conditions de recevabilité et de jugement qui se distinguent de celles exigées pour introduire un recours dont le champ d'application est plus général. Cette contrainte que le juge oppose aux requérants en leur imposant d'exercer le recours spécial parmi des recours concurrents, découle, selon les cas du respect impératif de la hiérarchie des normes ou de la nécessité d'assurer l'efficacité de certaines voies de droit, que cette nécessité découle d'ailleurs de l'interprétation des textes par le juge ou de sa volonté prétorienne.

656. Certes, cette contrainte opposée aux requérants les prive de leur liberté à introduire comme ils le souhaitent les recours qui leur sont ouverts par la loi ou la jurisprudence. Ils sont néanmoins dirigés vers un juge spécialement chargé de connaître de la contestation qu'ils portent devant lui, sans avoir à multiplier les instances juridictionnelles et les frais qui y sont afférents. De plus, ils ne sont pas privés des garanties que la loi leur ouvre puisque le juge n'a pas entendu limiter de manière absolue l'option entre deux voies de droit concurrentes ou leur exercice cumulé. De surcroît, le Conseil d'État s'est parfois attaché à ouvrir, en opportunité, un recours en mesure de concurrencer une voie de droit existante, en consacrant donc, au profit des requérants, une liberté de choisir leur juge. Cette liberté pour les requérants d'exercer librement les référés d'urgence se situe à contre-courant de la politique jurisprudentielle étudiée visant à restreindre l'exercice des recours concurrents, mais traduit cette volonté, pour le juge, de s'assurer que ceux-ci puissent bénéficier d'une protection efficace de leurs droits individuels, au demeurant consacrée par les dispositions législatives.

657. Sans être parfaitement lisible, ni toujours absolument cohérente, la limitation que le juge oppose à l'exercice des recours concurrents est utile pour le juge. Il est douteux qu'il en vienne à consacrer cette contrainte par une formule générale. Indépendamment des obstacles qui s'y opposent et de l'intérêt limité qui s'y attache, elle participe à la nécessité, pour le juge, d'organiser l'exercice des recours juridictionnels dans le souci d'une bonne administration de la justice, sans préjudicier à l'intérêt des justiciables. La jurisprudence paraît montrer une certaine spécialisation des voies de droit, à laquelle participe cette politique jurisprudentielle de concurrence des recours. Sans qu'elle ne conduise, en l'état actuel du droit positif, à complètement rénover la classification des recours contentieux, cette spécialisation vise néanmoins à assurer le jugement de certaines contestations déterminées dans des conditions particulières. Il s'agit, en d'autres termes, de faire découler de l'objet du litige la possibilité d'exercer un recours, exclusif, pour lequel les conditions de recevabilité, les pouvoirs du juge saisi ou encore les moyens invocables se distinguent par rapport aux recours dont le domaine d'application est très large. Cette spécialisation témoigne, au demeurant, d'un mouvement encore plus général de subjectivisation du contentieux administratif qui transparaît de l'évolution la jurisprudence administrative.

CONCLUSION GENERALE

658. R. Odent disait de la jurisprudence administrative qu'elle aménageait certaines fins de non-recevoir pour « rendre plus aisée, moins aléatoire et moins onéreuse l'introduction correcte des recours »[1785]. Pour l'auteur, il convenait de distinguer celles, hors de discussion, tenant à l'incompétence où à l'expiration des délais impartis, de celles imposées dans l'intérêt d'une bonne administration de la justice, qui peuvent être justifiées selon certaines conjectures, mais qui, « peuvent aussi devenir anachroniques »[1786]. Tel est précisément le cas de l'exception de recours parallèle. Cette notion, essentiellement doctrinale, présente des limites intrinsèques. Elles tiennent à la confusion qu'elle engendre quant à l'application des règles de compétence et des règles encadrant la recevabilité des recours juridictionnels. Elles ont trait, aussi, aux modalités insuffisamment définies selon lesquelles cette fin de non-recevoir est mobilisée par le juge. L'exception de recours parallèle souffre aussi d'autres limites, résultant de ce qu'elle est une cause d'irrecevabilité propre au recours pour excès de pouvoir et qu'elle est apparue au moment du développement de ce recours. Compte tenu des bouleversements ayant affecté le contentieux administratif depuis plus d'un demi-siècle, elle ne permet plus d'expliquer correctement le droit positif.

659. Puisque l'on ne saurait « détruire que ce qu'on remplace »[1787], l'analyse de la liberté pour les requérants d'exercer plusieurs recours juridictionnels a été menée sous un autre angle, celui de la concurrence des recours. L'étude de la jurisprudence montre que, lorsque les requérants disposent de plusieurs recours juridictionnels, ils ne sont libres de les exercer indistinctement qu'à la condition que ces voies de droit ne permettent pas de faire juger une même prétention. En d'autres termes, lorsque ces recours sont concurrents, les requérants sont contraints par le juge à emprunter seulement l'un d'eux, en particulier celui dont le domaine d'application est le plus réduit. L'intérêt des justiciables commande, pour le juge, de ne pas opposer cette contrainte de manière absolue. Il reste que, dans une large part, la politique jurisprudentielle que mène le juge aboutit à restreindre la liberté, pour les requérants souhaitant faire juger une même prétention, d'exercer le recours de leur choix parmi ceux qui sont ouverts par les textes ou la jurisprudence. Cet encadrement par le juge administratif des conditions dans lesquelles il peut être saisi d'un recours, lorsque les requérants ont la faculté d'en exercer

---

[1785] R. Odent, Le destin des fins de non-recevoir, *Mélanges offert à M. Waline*, LGDJ, 1974, p. 653.

[1786] *Ibid.*

[1787] M. Hauriou, *Principes de droit public*, rééd. Dalloz, 2010, p. 61.

plusieurs, pour un même litige, peut être compris en rapprochant les droits processuels judiciaire et administratif.

660. Une situation de concurrence des recours juridictionnels conduit, devant l'un comme devant l'autre, à observer que des actions en justice permettant de faire juger une même prétention sont soumises à des conditions différentes. Le libre exercice des actions est assez généralement admis en droit privé. Le législateur organise largement le cumul ou l'option entre les actions en justice, soit en reconnaissant explicitement une option, soit parfois en excluant cette possibilité[1788]. Le juge judiciaire intervient, alors, lorsque les dispositions législatives ne renseignent pas sur la liberté pour les requérants d'exercer librement les actions justice qu'elles organisent. Le choix de consacrer ou de refuser une faculté d'option ou de cumul aux plaideurs est guidé, selon F. Bussy-Dunaud, par la nécessité éprouvée par le juge de « préserver l'efficacité de chaque action »[1789]. Cet impératif, implicitement fondé sur le respect de l'intention du législateur, « serait déjoué si le plaideur était libre de recourir à une action générale pour échapper aux règles régissant l'action qui s'attache de manière spécifique à la situation dans laquelle il se trouve »[1790]. Le juge judiciaire ne limite cet exercice des actions en justice que lorsque le requérant entend exercer le recours dont le champ d'application est le plus large alors que l'action particulière dont il dispose est soumise à des conditions plus strictes. Pour autant, cette manière de faire n'est pas absolue et le juge judiciaire entend parfois s'en écarter. Le législateur aménage parfois une action spéciale dans l'intérêt exclusif d'une partie pour la placer dans une situation plus favorable que celle qui résulterait de l'application du droit commun. Le juge judiciaire admet, dans ce cas, que cette partie est libre de renoncer à cet avantage pour exercer l'action générale[1791].

661. La jurisprudence administrative ne traduit pas exactement le même état des choses. Les voies de droit en contentieux administratif ont, historiquement, été élaborées par la jurisprudence ; l'intervention du législateur en la matière était relativement épisodique. Celle-ci s'est accentuée, mais se limite, essentiellement, à la reconnaissance de voies de droit dont le champ d'application est relativement restreint. En d'autres termes, les voies de droit ouvertes par la loi visent à soumettre certaines prétentions se rapportant à un objet déterminé à des conditions particulières de jugement qui diffèrent des recours généraux organisés par la jurisprudence.

[1788] V. *supra*, on page 15.

[1789] F. Busy-Dunaud, these, *op. cit.*, p. 245.

[1790] *Ibid.* p. 247.

[1791] *Ibid.* p. 168 (l'auteur précise bien que dans les hypothèses qu'elle vise, la règle *specialia generalibus derogant n'a* pas une portée absolue, qu'elle aurait dû s'appliquer puisque les actions en présence entretenaient des rapports d'espèce à genre, mais que je juge s'en est écarté).

Il appartient ainsi au juge administratif de confronter des recours concurrents, organisés par des normes ne comportant pas la même valeur juridique. Le juge administratif entend faire prévaloir le recours ouvert par la loi et cette préoccupation est logiquement ignorée par le juge judiciaire. Les positions du Conseil d'État et de la Cour de cassation se rapprochent lorsque les actions concurrentes sont organisées par des normes de même valeur. La recherche de l'intention du législateur conduit le juge judiciaire, comme le juge administratif, à fermer le recours général pour considérer comme exclusif l'exercice du recours dont le champ d'application est le plus limité et dans le cadre duquel le législateur a entendu imposer des conditions particulières de jugement et de recevabilité. En revanche, si le juge judiciaire s'écarte parfois de cette ligne jurisprudentielle, le libre exercice des recours est, en contentieux administratif, très largement refusé par le juge. L'absence de contrainte aurait pour effet de laisser aux requérants la possibilité de choisir librement leur juge ainsi que les conditions dans lesquelles leurs prétentions seront jugées. Cette solution est tolérable en droit privé, mais aurait quelque chose d'inadmissible si elle était retenue en contentieux administratif. Cette faculté laissée aux requérants aboutirait à ce que ceux-ci puissent, au mépris de la hiérarchie des normes, de l'intention du législateur ou de politiques jurisprudentielles, choisir les conditions dans lesquelles l'Administration devra être jugée. En définitive, en droit judiciaire privé comme en contentieux administratif, la question de la concurrence des recours est, au fond, et dans une large part, une question d'interprétation des textes. Elle renvoie à la conception classique du rôle du juge qui consiste à faire la meilleure application possible des dispositions législatives, en particulier lorsqu'il apparaît que celles-ci sont contradictoires. La nuance qui oppose les jurisprudences judiciaire et administrative tient à ce que l'Administration n'est pas, et n'a jamais été, un justiciable comme les autres.

BIBLIOGRAPHIE

1. Ouvrages

R. ALIBERT, *Le contrôle juridictionnel de l'administration au moyen du recours pour excès de pouvoir*, Payot, 1926

J.-M. AUBY, R. DRAGO :

- *Traité de contentieux administratif*, 3e éd., LGDJ, 1984, t. 1
- *Traité des recours en matière administrative*, Litec, 1992

J.-M. AUBY, M. FROMONT, *Les recours contre les actes administratifs dans les pays de la Comunauté Economique Européenne (Allemagne, Belgique, France, Italie, Luxembourg, Pays-Bas),* Dalloz, 1971

L. AUCOC :

- *Conférences sur l'Administration et le droit administratif*, Dunod, 1869, 2 t.
- *Conférences sur l'Administration et le droit administratif*, 2e éd., Dunod, 1878, 2 t.

H. BELRHALI, *Responsabilité administrative*, LGDJ, Manuel 2017

G. BIGOT, *Introduction historique au droit administratif depuis 1789*, PUF, Droit fondamental, 2002.

J.-C. BONICHOT, P. CASSIA, B. POUJADE, *Les grands arrêts du contentieux administratif*, 5e éd., Dalloz, Grands arrêts, 2016.

C. BROYELLE, *Contentieux administratif*, 8e éd., LGDJ, Manuel, 2020-2021

F. BURDEAU, *Histoire du droit administratif, PUF,* Thémis, *1995*

L. CADIET, J. NORMAND, S. AMRANI-MEKKI, *Théorie générale du procès*, 2e éd., PUF, Thémis, 2013

L. CADIET, E. JEULAND, *Droit judiciaire privé*, 10e éd., Paris, LexisNexis, Manuel 2017

J. CAILLOSSE, *L'état du droit administratif*, 2e éd., LGDJ, Droit et société, 2015
J. CARBONNIER, *Droit civil*, 11e éd. PUF, Thémis, 1977, t. 1, Introduction

P. CASSIA :

- *Pratique des référés précontractuels*, Lexisnexis, Droit et Professionnels, 2008
- *Les grands textes de la procédure administrative contentieuse*, Dalloz, 3e éd., avant- propos, VII

D. CHABANOL, *La pratique du contentieux administratif*, 11e éd., Lexisnexis, Droit et professionnels, 2015

R. CHAPUS, *Droit du contentieux administratif*, 13e éd., Montchrestien, Domat droit public, 2008

M. COLLIN, P. COLLET, *Procédures fiscales* : contrôle, contentieux et recouvrement de l'impôt, 3e éd., PUF, Thémis, 2017

G. CORNU, *Vocabulaire juridique*, PUF, Asso. Henri Capitant, 12e éd., 2018

G. CORNU, J. FOYER, *Procédure civile*, PUF, Thémis, 1958.

B. DACOSTA, N. POLGE, Commentaires et annotations jurisprudentielles, *Code de justice administrative*, Dalloz, 2016

H. DE GAUDEMAR, D. MONGOIN, *Les grandes conclusions de la jurisprudence administrative*, vol. 1 : 1831-1940, LGDJ, Les grandes décisions, 2015.

A. DE LAUBADERE, F. MODERNE ; P. DELVOLVE, *Traité des contrats administratifs,* 2e éd., *LGDJ, 1984,* 2 t.

A. DE LAUBADERE, J.-C. VENEZIA ET Y. GAUDEMET, *Traité de Droit administratif*, 15e éd., Paris LGDJ, 1995, t. 2

T. DUCROCQ, *Cours de droit administratif et de législation française des finances*, 7e éd., 1905, t. 2

P. DUEZ, *La responsabilité de la puissance publique*, 2e éd., Paris, Dalloz, 1938

L. DUGUIT, *Traité de droit constitutionnel*, 3e éd., Paris, Boccard, 1928, t. 1 et t. 2

S. FLOGAÏTIS, *Administrative Law et droit administratif*, LGDJ, 1986

N. FOULQUIER, *Droit administratif des biens*, 3e éd., Lexis Nexis, Manuel, 2015

P.-L. FRIER, J. PETIT, *Droit administratif*, 12e éd., LGDJ, Domat droit public, 2018/2019

Y. GAUDEMET, *Droit administratif*, 21e éd., LGDJ, Manuel, 2015.

O. GOHIN, *Contentieux administratif*, 8e éd., Lexisnexis, Manuel, 2014.

O. GOHIN, F. POULET, *Contentieux administratif*, 9e éd., Lexisnexis, Manuel, 2017.

O. GUEZOU, *Traité de contentieux de la commande publique*, 2e éd., Le moniteur, Référence juridique, 2018

R. GUILLIEN, *L'exception de recours parallèle : distinction des contentieux, compétence juridictionnelle et recevabilité en doctrine et en jurisprudence*, Sirey, 1934.

M. GUYOMAR, B. SEILLER, *Contentieux administratif*, 5e éd., Dalloz, Hypercours, 2019

M. HAURIOU, *Précis de droit administratif et de droit public*, 11e éd., Sirey, 1927
H. HOEPFFNER, *Droit des contrats administratifs*, Dalloz, Cours, 2016

G. ISAAC ; M. BLANQUET, *Droit général de l'Union européenne*, 10e éd., Sirey, 2012

G. JEZE, *Principes généraux de droit administratif*, 3e éd., Girard et Brière, 1925, 3 t.

E. JEULAND, *Droit processuel général*, 3e éd., LGDJ, Domat droit privé, 2014

H. KELSEN, *Théorie pure du droit*, traduction française de la 2e éd. de la « Reine Rechtslehere » par C. Eisenmann, Dalloz, Paris, 1962, p. 274

R. KOLB, *La Cour internationale de justice*, Pédone, 2014

E. LAFERRIÈRE :

- *Traité de la juridiction administrative et des recours contentieux*, BergerLevrault, 1887, t. 1
- *Traité de la juridiction administrative et des recours contentieux*, 2e éd., BergerLevrault, 1896, 2 t.

T. LAMBERT, *Procédures fiscales*, 3e éd., LGDJ, Domat droit public, 2017

P. LANDON, *Histoire abrégée du recours pour excès de pouvoir des origines à 1954*, Paris, LGDJ, 1963

O. LE BOT :

- *Contentieux administratif*, 3e éd., Larcier, 2016, Paradigme
- *Guide des référés administratifs et des autres procédures d'urgence devant le juge administratif*, 2e éd., Dalloz, Guides, 2018/2019

M. LONG, P. WEIL, G. BRAIBANT, P. DELVOLVÉ, B. GENEVOIS :

- *Les grands arrêts de la jurisprudence administrative*, 20e éd., Dalloz, Grands arrêts, 2015
- *Les grands arrêts de la jurisprudence administrative*, 21e éd., Dalloz, Grands arrêts, 2017

F. MELLERAY, Les actions en justice, *Traité de droit administratif*, Dalloz, 2011, t. 2

J. MORAND-DEVILLER, P. BOURDON, F. POULET, *Droit administratif*, 15e éd., LGDJ, Cours, 2017

R. MOREL, *Traité élémentaire de procédure civile*, Paris, Librairie du recueil Sirey, 1932

H. MOTULSKY, *Droit processuel*, Textes recueillis par Mme Capel, Montchrestien, Paris, 1973.

J.-P. NEGRIN, *Contentieux de l'excès de pouvoir et contentieux de pleine juridiction, De la dualité ou de l'unité du contentieux administratif français*, Travaux et mémoires de la faculté de droit et de science politique d'Aix Marseille, CRA, n°25, 1976

R. ODENT, *Contentieux administratif*, Les cours de droit, Institut d'études politiques de Paris, Fasc. I à VI. 1976-1981.

B. PACTEAU, *Contentieux administratif*, PUF, Droit fondamental, 1985

C. PERELMAN, *Les antinomies en droit* (Essai de synthèse), études publiées par C. Perelman, Travaux du Centre national de recherches de logique, Bruxelles, Bruylant, 1965.

A. PERRIN, *Contentieux administratif*, Dalloz, Mémentos, 2020

B. PLESSIX, *Droit administratif général*, 2e éd., Lexisnexis, Manuel, 2018

L. RICHER, F. LICHERE, *Droit des contrats administratifs*, 10e éd., LGDJ, Manuel, 2016

J. RIVERO, *Droit administratif*, 11e éd., Dalloz, Précis, 1985

R. ROUQUETTE, *Petit traité du procès administratif*, 8e éd., Dalloz, Praxis, 2018/2019.

C. SANTULLI, *Droit du contentieux international*, 2e éd., LGDJ, Domat droit public, 2015

B. SEILLER, Les juges de l'Administration, *Traité de droit administratif*, Dalloz, 2011, t. 2

D. TRUCHET, *Droit administratif*, 7e éd., PUF, Thémis, 2017

M. UBAUD-BERGERON, *Droit des contrats administratifs*, 2e éd., LexisNexis, Manuel, 2017

G. VEDEL, P. DELVOLVE, *Droit administratif*, 11e éd., PUF, Thémis, 1992, 2 t.

M. VILEY, *Philosophie du droit*, Définitions et fins du droit I, Dalloz, 1975

M. WALINE :

- *Traité élémentaire de Droit administratif*, Sirey, 6e éd., 1950
- *Précis de droit administratif*, Paris, Montchrestien, 1969-1970, 2 t.
- *Notes d'arrêt de M. Waline*, vol. II, Dalloz, 2005

K. WEIDENFELD, *Histoire du droit administratif du XIVème siècle à nos jours*, Economica, Histoire du droit, 2010

E. ZOLLER, *Droit constitutionnel*, 2e éd., PUF, Droit fondamental, 1999

2. Thèses

D. BAILLEUL, *L'efficacité comparée des recours pour excès de pouvoir et de plein contentieux objectif en droit public français*, G. Lebreton dir., LGDJ, BDP 2002

N. BALAT, *Essai sur le droit commun*, M. Grimaldi dir., LGDJ, BDPr, 2016

F. BATAILLER, *Le Conseil d'État, juge constitutionnel*, LGDJ, BDP, 1966

H. BELRHALI, *Les coauteurs en droit administratif*, J.-P. Biays dir., LGDJ, BDP, 2003

F. BERROD, La systématique des voies de droit communautaires, R. Kovar dir., Dalloz, NBT, 2003

F. BLANCO, *Pouvoirs du juge et contentieux administratif de la légalité. Contribution à l'étude de l'évolution et du renouveau des techniques juridictionnelles dans le contentieux de l'excès de pouvoir*, J.-M. Pontier dir., PUAM, 2010.

B. BOUCHAUD, *Stratégie procédurale et litige administratif*, J.-P. Laborde dir., Bordeaux IV, 2010

P. BOURDON, *Le contrat administratif illégal*, L. Richer dir., Dalloz, NBT, 2014

S. BOUSSARD, *L'étendue du contrôle de cassation devant le Conseil d'État : un contrôle tributaire de l'excès de pouvoir*, D. Labetoulle dir., Dalloz, NBT, 2002

F. BUSSY-DUNAUD, *Le concours d'actions en justice entre les mêmes parties : l'étendue de la faculté de choix du plaideur*, J. Ghestin dir., LGDJ, BDPr., 1988

P. CASSIA, *L'accès des personnes physiques ou morales au juge de la légalité des actes communautaires*, P. Manin dir., Dalloz, NBT, 2002

Y. CAVAN, *La théorie du recours parallèle devant le Conseil d'État*, Sirey, 1914

A. CEPKO, *L'exception de recours parallèle en contentieux administratif français*, M. Paillet dir., Toulon, 2014
H. CHARLES, *Actes rattachables et actes détachables en droit administratif français : contribution à une théorie de l'opération administrative*, LGDJ, BDP, 1968

J.-P. CHAUDET, *Les principes généraux de la procédure administrative contentieuse*, J. Moreau dir., LGDJ, BDP, 1967

A. CIAUDO, *L'irrecevabilité en contentieux administratif*, M. Deguergue dir., L'Harmattan, Logiques juridiques, 2009

A. CLAEYS, *L'évolution de la protection juridictionnelle de l'administré au moyen du recours pour excès de pouvoir*, J.-F. Lachaume dir., Poitiers, 2005

D. CONNIL, *L'office du juge administratif et le temps*, D. de Béchillon dir., Dalloz, NBT, 2012

A.-L. CONSTANT, *Les voies de recours spéciales en contentieux administratif français*, G. Eveillard dir., Rennes I, 2016

H.-M. CRUCIS, *Les combinaisons de normes dans la jurisprudence administrative française : contribution à l'étude du pouvoir normatif du juge de l'excès de pouvoir*, LGDJ, BDP, 1991

C. DEBBASCH, *Procédure contentieuse administrative et procédure civile*, J. Boulouis dir., LGDJ, BDP, 1962

P. DE FONT REAULX, *Le contrôle juridictionnel du Conseil d'État sur les décisions des autres tribunaux administratifs*, Poitiers, 1930

J. DE GLINIASTY, *Les théories jurisprudentielles en droit administratif*, P. Chrétien dir., LGDJ, BDP, 2018

M. DEGOFFE, *La juridiction administrative spécialisée*, L. Richer dir., LDGJ, BDP, 1996

J. DEJARDIN, *L'évolution de la théorie du recours parallèle*, thèse, Sirey, 1931

C. DE LA MARDIERE, *Recours pour excès de pouvoir et contentieux administratif de l'impôt*, M. Cozian dir., LGDJ, BDP 2002,

B. DELAUNAY, *La faute de l'Administration*, Y. Gaudemet dir., LGDJ, BDP, 2007

R. DE MANAS, *La théorie du recours parallèle*, Paris, Arthur Rousseau, 1912

L. FAVOREU, *Du déni de justice en droit public français*, M. Waline dir., LGDJ, BDP, 1964

F.-M. FAY, *L'exception de recours parallèle*, F. Chauvin dir., Rennes I, 1970

L. FOLLIOT, *Pouvoirs des juges administratifs et distinction des contentieux en matière contractuelle*, 3 T., J. Moreau dir., Paris II, 1994

N. FOULQUIER, *Les droits publics subjectifs des administrés*, F. Moderne dir., Dalloz, NBT, 2003

L. GARRIDO, *Le droit d'accès au juge administratif : enjeux, progrès et perspectives*, B. Pacteau dir., Bordeaux IV, 2005

Y. GAUDEMET, *Les méthodes du juge administratif*, G. Vedel dir., LGDJ, BDP, 1972

M. GROS, *Les fins de non-recevoir devant la juridiction administrative*, J. Savoye dir. Lille II, 1987

S. GUERARD, *La notion de détachabilité en droit administratif français*, J.-L. De Corail dir., Paris II, 1997

C. GUEYDAN, *La notion d'exception en droit public*, A.Vidal-Naquet dir., Aix Marseille III, 2017

A. JEAMMAUD, *Des oppositions de normes en droit privé interne*, Lyon III, 1975

F. HENRY, *La fin de non-recevoir déduite en droit de l'existence d'un recours parallèle*, Dijon, 1915

A. JACQUEMET-GAUCHE, *La responsabilité de la puissance publique en France et en Allemagne : étude de droit comparé*, H. Belrhali dir., LGDJ, BDP, 2013
L. KARAM-BOUSTANY, *L'action en responsabilité extra-contractuelle devant le juge administratif français*, J. Moreau dir., LGDJ, BDP, 2007

B. KORNPROBST, *La notion de partie et le recours pour excès de pouvoir*, P. Weil dir., LGDJ, BDP, 1959

S. LAMOUROUX, *Le Contentieux des actes périphériques en matière électorale*, R. Ghevontian dir., Aix-Marseille III, 2000

P. LANDON, *Le recours pour excès de pouvoir sous la justice retenue*, Paris, Sirey, 1942

E. LANGELIER, *L'office du juge administratif et le contrat administratif*, C. Boiteau dir., LGDJ, Presses universitaires juridiques de l'Université de Poitiers, 2012

N. LAVAL, La compétence du juge judiciaire en matière administrative par détermination de la loi, L. Rapp dir., Toulouse I, 1994

O. LE BOT, *La protection des libertés fondamentales par la procédure du référé-liberté : étude de l'article L. 521-2 du code de justice administrative*, A. Roux dir., LGDJ, Fondation Varenne, Thèses, 2007.

W. LELLIG, *L'office du juge administratif de la légalité*, G. Clamour dir., Montpellier, 2015

H. LEPETIT-COLLIN, *Recherches sur le plein contentieux objectif*, Y. Gaudemet dir., LGDJ, BDP, 2011

P. LOHEAC-DERBOULLE, *Le tiers en droit de la responsabilité administrative*, N. Albert dir., Tours, 2012

Y. MADIOT, *Aux frontières du contrat et de l'acte administratif unilatéral : recherches sur la notion d'acte mixte en droit public français*, J ; Lamarque dir., LGDJ, BDP, 1971

J. MARTINEZ-MEHLINGER, *Le recours pour excès de pouvoir en matière fiscale*, R. Hertzog dir., L'Harmattan, Logiques juridiques, 2002

F. MELLERAY, *Essai sur la structure du contentieux administratif français : pour un renouvellement de la classification des principales voies de droit ouvertes devant les juridictions à compétence générale*, J. du Bois de Gaudusson dir., LGDJ, BDP, 2001

C. MEURANT, *L'interprétation des écritures des parties par le juge administratif français*, C. Chamard-haim dir., LGDJ, BDP, 2019

A. MEYNAUD-ZEROUAL, *L'office des parties dans le procès administratif*, B.Seiller dir., LGDJ, BDP, 2020

L. MILANO, *Le droit à un tribunal au sens de la Convention européenne des droits de l'homme,* F. Sudre dir., Dalloz, NBT, 2006

P. MINDU, *La règle de la décision administrative préalable*, Rennes, 1977

M. PENIN, *L'ouverture progressive du prétoire au recours pour excès de pouvoir dans la jurisprudence du Conseil d'État*, Paris, Sirey, 1935

A. PERRIN, *L'injonction en droit public français*, P. Delvolvé dir., Editions Panthéon-Assas, 2009

G. PEQUIGNOT, *Contribution à la théorie générale du contrat administratif*, Montpellier I, 1945

J. PIASECKI, *L'office du juge administratif des référés : entre mutations et continuité jurisprudentielle*, M. Paillet dir., Toulon, 2008

B. PLESSIX, *L'utilisation du droit civil dans l'élaboration du droit administratif*, J.-J. Bienvenu dir., Éditions Panthéon-Assas, 2003

D. POUYAUD, *La nullité des contrats administratifs*, P. Weil dir., LGDJ, BDP, 1991

L. PREUD'HOMME, *L'articulation des voies de droit dans le contentieux de la commande publique à l'initiative des tiers aux contrat*, P. Cassia dir., Paris I, 2013

P. SANDEVOIR, *Etudes sur le recours de pleine juridiction*, R. Drago dir., LGDJ, 1964

A. SAYEDE-HUSSEIN, *Le juge administratif, juge du référé-suspension*, J.-M. Pontier dir., PUAM, 2014

L. SERMET, *Convention européenne des droits de l'homme et contentieux administratif français*, L. Dubouis dir., Economica, Coopération et développement, 1996

J. TRAVARD, *La victime et la puissance publique : réflexions sur l'évolution de la responsabilité administrative extracontractuelle*, J. Untermaier dir., Mare et Martin, Droit public, 2008

E. UNTERMAIER, *Les règles générales en droit public français*, S. Caudal dir., LGDJ, BDP, 2011

L. VERGNIAUD, *Des fins de non-recevoir opposables au recours pour excès de pouvoir*, Paris, Arthur Rousseau, 1907

M. VIVIANO, *La théorie de la distinction des recours et le contentieux administratif contractuel*, 2 t., M. Lascombe dir., Lille II, 1995

P. WEIL, *Les conséquences de l'annulation d'un acte administratif pour excès de pouvoir*, Paris, Jouve, 1952

3. Encyclopédies

C. BARDON, Contentieux des élections locales, Jcl. Adm., Fasc. 1132

L. BOUSTANY, Demande préalable, Répertoire de responsabilité de la puissance publique, Dalloz

C. BROYELLE, Procédures d'urgences, Jcl. Adm., Synthèse n°360

J.-P. CAMBY, Elections : contentieux de l'élection présidentielle, Répertoire de contentieux administratif, Dalloz

E. CASSIA ; C. GUETTIER, Chose jugée, Jcl. Adm., Fasc. 1110

N. CAYROL, Référé civil, Répertoire de procédure civile, Dalloz

M. DEGOFFE, Les juridictions administratives spécialisées, Répertoire de contentieux administratif, Dalloz

M. DEGUERGUE, Causalité et imputabilité, Jcl. Adm., Fasc. 830

G. DELVOLVE, Chose jugée, Répertoire de contentieux administratif, Dalloz,

J.-C. DOUENCE, Collectivités locales : contrôle de la légalité, Répertoire de contentieux administratif, Dalloz

M. FORNACCIARI ; D. CHAUVAUX, « Exonérations ou atténuations de responsabilité », Responsabilité de la puissance publique, Dalloz

F. GAZIER, Procédure administrative contentieuse : principes généraux, Répertoire de contentieux administratif, Dalloz

B. GENEVOIS ; M. GUYOMAR, Principes généraux du droit : panorama d'ensemble, Répertoire de contentieux administratif, Dalloz

D. GILTARD, Référés constat et instruction, Répertoire de contentieux administratif, Dalloz

J. GOURDOU, Référé-suspension, Jcl. Adm., Fasc. 1093

E. GUILLAUME, Audiovisuel, Répertoire de contentieux administratif, Dalloz

V. HAIM :
- Recours de pleine juridiction, Répertoire de contentieux administratif, Dalloz
- Délai, Répertoire de contentieux administratif, Dalloz

B. MALIGNER, Droit du contentieux électoral, Répertoire de contentieux administratif, Dalloz

B. MALIGNER, R. GHEVONTIAN, S. LAMOUROUX, Contrôle des élections présidentielles, Jcl. Adm., Fasc. 1473

J. MARTINEZ-MEHLINGER, Recours pour excès de pouvoir, Jcl. Procédures fiscales, Fasc. 750

M. DE MONSEMBERNARD, Référés d'urgence : le référé-conservatoire, Répertoire de contentieux administratif, Dalloz

J. MOREAU :
- Inexistence, Répertoire de contentieux administratif, Dalloz
- Voie de fait, Répertoire de contentieux administratif, Dalloz

J. MOREAU, P. MOREAU, B. CAZIN, Compétence : répartition entre le judiciaire et l'administratif, Répertoire de contentieux administratif, Dalloz

G. PELISSIER, Recours pour excès de pouvoir : conditions de recevabilité, Répertoire de contentieux administratif, Dalloz

A. PERRIN, Conditions d'exercice du recours pour excès de pouvoir, Jcl. Adm., Fasc. 1140

D. POUYAUD, Contentieux des contrats administratifs : formation du contrat, Jcl. Adm., Fasc. 1126

F. SCANVIC, Compétence : répartition à l'intérieur des juridictions administratives, Répertoire de contentieux administratif, Dalloz

B. SEILLER, Acte Administratif : identification, Répertoire de contentieux administratif, Dalloz

F. SENERS :
- Imputabilité du préjudice, Répertoire de responsabilité de la puissance publique, Dalloz
- Recours en rectification d'erreur matérielle, Répertoire de contentieux administratif, Dalloz

J.-H. STAHL, Recours en cassation, Répertoire de contentieux administratif, Dalloz

D. TRUCHET, Recours administratif, Répertoire de contentieux administratif, Dalloz

L. VALLEE, Recours pour excès de pouvoir : contentieux fiscal, Répertoire de contentieux administratif, Dalloz

4. Articles de doctrine et notes de jurisprudence :

L. ABRAMOWITCH, Un janus procédural : le référé-constat, *AJDA* 2013, p. 449

R. ABRAHAM, L'avenir de la voie de fait et le référé administratif, *L'État de droit (Mélanges en l'honneur de Guy Braibant)*, Dalloz, 1996, p. 1

N. ALBERT, Les concours de responsabilités en droit administratif, *Responsabilité civile et assurances 2012,* n°2, Dossier 7

Q. ALLIEZ, « Une définition de la clause réglementaire ? Oui. Une simplification du contentieux ? Non », *AJDA* 2018, p. 1168

M. AMILHAT :

- « Les tiers au contrat ne peuvent se prévaloir que des clauses réglementaires de ce dernier... et elles sont strictement définies ! », *JCP-A* 2014, n°2154
- L'exception de recours parallèle : un outil au service de l'articulation des voies de droit, *RTD eur.* 2016, p. 537

B. APOLLIS, Persistance du recours dans l'intérêt de la loi, *RDP* 2010, p. 1209

J. ARRIGHI DE CASANOVA, Le juge des actes préparatoires à l'élection, *Nouveaux cahiers du Conseil constitutionnel 2013,* n°41

J.-M. AUBY, note sur CE, 24 avril 1985, Département de l'Eure contre Pinauld, *RDP* 1985, p. 1687

S. AUSTRY ; A. BRIERE DE LA HOSSERAYE ; F. TENAILLEAU, L'action en paiement en contentieux administratif, *AJDA* 2019, p. 1143

M. AZIBERT et M. de BOISDEFFRE, *AJDA* 1988, chron., p. 438

H. BATTIFOL, Questions de l'interprétation juridique, *Archives de philosophie du droit* 1972, t. 17, p. 21

D. BAILLEUL, « Les référés « suspension » et « liberté » au secours du référé précontractuel ? », *CMP* 2002, chron. n°8

C. BALLANDRAS-ROZET, « Quelle effectivité pour les référés environnement ? », *RJE* 2016/2, vol. 41, p. 261

F. BARQUE, Le Conseil d'État et le référé conservatoire : un rééquilibrage stratégique, *JCP-A* 2016, n°27, 2205.

J. BARTHELEMY, Les référés non subordonnés à la condition d'urgence, *RFDA* 2002, p. 275.

H. BELRHALI-BERNARD, Les concours de responsabilité administrative et de responsabilité civile, *Responsabilité civile et assurances* 2012, n°2, Dossier 7

H. BELRHALI-BERNARD, Référé-provision : Quand la responsabilité de l'Administration est « non sérieusement contestable, *AJDA* 2017, p. 1833

J. L. BERGEL, Introduction générale, *L'office du juge* (*Les colloques du Sénat*), 2006, p. 13

M. BERNARD, « Le recours pour excès de pouvoir est-il frappé à mort ? », *AJDA* 1995, n°spé., p. 195

B. BERTRAND, Prolégomènes sur la bonne administration de la justice en droit public, *L'ambivalence de la bonne administration de la justice (B. Bertrand, L. Courton et P. Idoux dir.)*, CREAM, 2017, p. 11

P. BINCZAK, Un silence fondateur : réflexion sur la loi des 16-24 aout 1790, *Regards sur l'histoire de la justice administrative, Journées d'études du CHD de l'Université de Rennes 1 (G. Bigot et M. Bouvet dir.)*, Litec, 2006, p. 94

F. BLANCO, L'action de groupe en reconnaissance de responsabilité devant le juge administratif, *AJDA* 2016, p. 2256

J.-C. BONICHOT, « Le recours administratif préalable obligatoire : dinosaure juridique ou panacée administrative ? », *Juger l'administration, administrer la justice (Mélanges Labetoulle)*, Dalloz, 2007, p. 81

O. LE BOT, Contrôle de conventionnalité et référé-suspension : quelques précisions sur l'office du juge des référés et l'étendue du contrôle de cassation, *AJDA* 2003, p. 1065

J. BOUSQUET :

- La pérennité de la théorie des actes détachables du contrat administratif : l'exemple de la décision d'approbation, *Dr. adm.* 2017, n°3, comm. 14
- L'effet relatif des contrats administratifs, à propos de décisions récentes, *RFDA* 2020, p. 443

S. BOUSSARD :

- La classification des contentieux à l'épreuve de la métamorphose du juge de l'excès de pouvoir, *Regards sur l'histoire de la justice administrative, Journées d'études du CHD de l'Université de Rennes 1 (G. Bigot et M. Bouvet dir.),* Litec, 2006, p. 305
- Quinze ans de mise en œuvre du référé-mesures utiles, *JCP-A* 2016, n°51-52, 2338

S. BRACONNIER :

- Les recours ouverts aux tiers, *AJDA* 2011, p. 314
- Le nouveau visage du contentieux des contrats administratifs, *RDI* 2014, p. 344

S. BRACQ, Les causes des transferts législatifs de compétence en faveur du juge judiciaire, *LPA* 1999, n°251, p. 5

X. BRAUD, Les impacts négatifs du référé-suspension sur la protection de l'environnement, *RJE* 2003, n°2, p. 193

C. BRAUD, « Le délai « raisonnable » de recours d'un an ne s'applique pas aux actions en responsabilité », *JCP-A* 2020, n°1, 2004

F. BRENET :

- Le recours pour excès de pouvoir et le contrat, *JCP-A* 2012, n°38-39, 2313.
- L'élargissement du recours Tropic aux tiers justifiant d'un intérêt lésé, *Dr. adm.* 2014, n°6, comm. 36
- L'avenir du contentieux des actes détachables en matière contractuelle, *AJDA* 2014, p. 2061
- L'ouverture d'une action en résiliation du contrat au profit des tiers devant le juge de plein contentieux, *Dr. adm.* 2017, n°12, comm. 51

A. BRETONNEAU, J. LESSI :

- La question de l'arrêt de traitement devant le Conseil d'État, *AJDA* 2014, p. 790
- Référés : l'irrésistible ascension, *AJDA* 2014, p. 1484

A. BRETONNEAU, X. DOMINO, Dix ans d'urgences, *AJDA* 2011, p. 1369

S. CARPI-PETIT, Partie à l'instance, intervention et sous-traitance, *Dr. adm.* 2013, n°8-9, comm. 66

P. CASSIA :

- L'interprétation finaliste de l'urgence, *AJDA* 2003, p. 1171
- L'autorité de la chose ordonnée en référé, *JCP-G* 2004, n°40, doctr. 164
- Questions sur le référé-suspension accessoire au nouveau recours contre le contrat, *JCP-A* 2007, n°49, act. 1036
- « Le référé contractuel, beaucoup de bruit pour presque rien ? », *À propos des contrats des personnes publiques (Mélanges en l'honneur du Professeur Laurent Richer),* LGDJ, 2013, p. 561

D. CHAUVAUX, T.-X. GIRARDOT, Conséquences de l'incompatibilité de la législation française en matière de TVA avec le droit communautaire, *AJDA* 1996, p. 980

D. CHAUVAUX, J. COURTIAL, Le décret du 22 février 2010 relatif aux compétences et au fonctionnement des juridictions administratives, *AJDA* 2010, p. 605

J.-D. CHETRIT, Remarques sur l'effectivité des référés dans le domaine environnemental, *La responsabilité environnementale : prévention, imputation, réparation* (C. Cans dir.), Dalloz, 2009, p. 183

J. CHEVALLIER, La fonction contentieuse de la théorie des opérations complexes, *AJDA* 1981, p. 331

A. CIAUDO, Une nouvelle condition de recevabilité du recours dans l'intérêt de la loi, *AJDA* 2008, p. 51

G. CLAMOUR, Un an sous le soleil de « Tropic » : recueil de décisions, *CMP* 2008, n°11, chron. 2

G. COHEN-JONATHAN, Le droit au juge, *Gouverner, administrer, juger (Liber amicorum Jean Waline),* Dalloz, 2002, p. 471

D. CONNIL, Czabaj, encore et toujours... ou presque, *AJDA* 2018, p. 1790

M. COLLET, L. AYRAULT, Chronique de droit public financier, *RFDA* 2017 p. 1197

M. COURTIN, Le prix de la justice, *« La gratuité, une question de droit ? » (G. Koubi et G.-J. Guglielmi dir.)*, L'harmattan, 2003, p. 93

B. DACOSTA, Esquisse d'une typologie des requérants en matière contractuelle, *AJDA* 2014, p. 2049

S. DAMAREY, Le contrôle budgétaire d'inscription d'office d'une dépense obligatoire, *AJDA* 2017, p. 2368

G. DARCY, Regard élliptique sur l'office du juge, *Confluences (Mélanges en l'honneur de Jacqueline Morand-Deviller)*, LGDJ, Montchrestien, 2008, p. 287

B. DAUGERON, L'intérêt de la procédure du référé-constat : l'exemple du droit de l'environnement, *AJDA* 2004, p. 17

M. DEGUERGUE, Le contentieux de la responsabilité : politique jurisprudentielle et jurisprudence politique, *AJDA* 1995, p. 211

B. DEFOORT :

- De quelques aspects de l'office du juge en matière de contravention de grande voirie, *AJDA* 2018, p. 804.
- Les paradoxes du contentieux des actes administratifs unilatéraux : à propos de quelques arrêts récents, *RFDA* 2018, p. 1071
- « À la recherche de l'« effet utile » : l'excès de pouvoir perdu ou retrouvé ? », *AJDA* 2020, p. 857

L. DELBEZ, De l'excès de pouvoir comme source de responsabilité, *RDP* 1932, p. 444

P. DELELIS, Les insuffisances des procédures de référé, *AJDA* 2011, p. 320

P. DELVOLVE, D. CASAS, Un nouveau juge pour le contrat administratif, *RJEP* 2017, n°646, dossier 1

P. DELVOLVE :

- note sous CE, Ass., 16 juillet 2007, Société Tropic Travaux Signalisation, *BJCP* 2007, n°54, p. 391
- note sous Conseil d'État, référé, 23 janvier 2013, Commune de Chirongui, *RFDA* 2013, p. 299
- De Martin à Bonhomme. Le nouveau recours des tiers contre les contrats administratifs, *RFDA* 2014, p. 438

P. DEVILLERS, « Il faut sauver le contrat public – opération réussie ? », *CMP* 2019, n°5, repère 5

F. DIEU, Du provisoire à l'irréversible ou comment le juge de l'urgence pèse sur le comportement de l'Administration, *JCP-A* 2007, n°46, 2293

X. DOMINO ; A. BRETONNEAU, « La fée du logis ? », *AJDA* 2013, p. 788

C.-A. DUBREUIL, « Le référé-provision, référé administratif au fond ? », *RFDA* 2007, p. 1013

X. DUPRE DE BOULOIS, Affaire Vincent Lambert : la danse macabre continue, *AJDA* 2019, p. 1202

L. DUTHEILLET DE LAMOTHE, G. ODINET :

- L'urgence dans tous ses états, *AJDA* 2016, p. 247
- Référé-mesures utiles : la quadrature du cercle, *AJDA* 2016, p. 474

O. DUTHEILLET DE LAMOTHE, Y. ROBINEAU, Droit civils et individuels – changements de nom, *AJDA* 1978, p. 554

G. ECKERT, Référé contractuel - Limitation des manquements invocables, *CMP 2011*, n°3, comm. 92

S. EUSTACHE ET L. JANICOT, Contentieux - Retour sur les transformations contemporaines du contentieux de la validité des contrats administratifs, *Dr. adm.* 2018, n°3, étude 4

G. EVEILLARD :

- Les problèmes soulevés par le contentieux de l'aide et de l'action sociales, *RDSS* 2015, p. 803
- Référé-suspension - Le contentieux en référé des arrêtés de cessibilité, *Dr. adm. 2015*, n°4, comm. 26
- Quinze ans de mise en œuvre du référé-liberté, *JCP-A* 2016, n°51-52, 2337
- L'inapplication de la jurisprudence « Czabaj » au contentieux de la responsabilité, *Dr. adm.* 2019, n°10, comm. 46

B. FAURE, « L'intérêt pour agir des membres des assemblées locales contre les actes de leur collectivité Pourquoi le juge a-t-il plusieurs définitions ? », *AJDA* 2018, p. 1400.

L. FAVOREU, Résurgence de la notion de déni de justice et droit au juge, *Gouverner, administrer, juger (Liber amicorum Jean Waline),* Dalloz, 2002, p. 513.

L. FEILHES, Le concept d'opération complexe, perspectives croisées de droit administratif et de droit de l'Union européenne, *RFDA* 2020, p. 39

N. FOULQUIER, La prescription des actions en démolition des ouvrages publics, *RDI* 2020, p. 183

P.-L. FRIER, Panorama de contentieux administratif et de responsabilité de la puissance publique, *Recueil Dalloz* 2005, p. 27

Y. GAUDEMET, Remarques sur l'évolution des sources du droit administratif, *Le juge entre deux millénaires (Mélanges offert à P. Drai)*, Paris, Dalloz, p. 339.

R. GASSIN, Lois spéciales et droit commun, *Recueil Dalloz* 1961, chron. XVIII, p. 91

B. GENEVOIS, Le contrôle du référendum, le rôle du Conseil constitutionnel, *RFDA* 1988, p. 887

H. GERARD, La délicate articulation entre référé précontractuel et référé-suspension, entre impartialité et urgence à suspendre le contrat, *AJDA* 2010, p. 1085

R. GHEVONTIAN, Un labyrinthe juridique : le contentieux des actes préparatoires en matière d'élections politiques, *RFDA* 1994, p. 793

S. GILBERT, L'immixtion du référé-liberté dans le champ de la voie de fait : vers une perte de sens de la voie de fait, *Dr. adm.* 2013, n°3, comm. 24.

A.-L. GIRARD, Le rescrit, *RFDA* 2018, p. 838

S. GILBERT, L'acceptation tacite de la voie de fait, *Dr. adm.* 2013, n°5, comm. 36

J. DE GLINIASTY, De Madame B. à Monsieur B. : La voie de fait dans l'impasse, *LPA* 2013, n°175, p. 6

M. GUYOMAR, P. COLLIN :
- « Devant quel juge peut-on contester la légalité des actes préliminaires aux élections législatives, présidentielles et aux opérations de référendum ? », *AJDA* 2001, p. 858
- « Qu'apporte le référé-suspension par rapport au référé précontractuel ? », *AJDA* 2002 p. 419

M. HAURIOU, note sous CE, 31 mars 1911, Blanc, Argaing et Bézie, 3 arrêts, *Sirey* 1912.III.129

A. HEILBRONNER, Recours pour excès de pouvoir et recours de plein contentieux, *Recueil Dalloz*, 1952, chron. p. 1030

H. HOEPFFNER :
- L'action en rupture des relations contractuelles ouverte aux tiers, *BJCP* 2017, p. 346
- Le référé contractuel contre un marché à procédure adaptée : une voie de droit subsidiaire, *AJDA* 2017, p. 888

S. HOURSON, Un grand pas en avant et deux pas de côté : retour sur l'arrêt Département de Tarn-et-Garonne, *Dr. adm.* 2015, n°4, étude 6

Y. KERBRAT, Conclusion Générale, *Forum Shopping et concurrence des procédures contentieuses internationales (Y. Kerbrat dir.),* Bruxelles, Bruylant, 2011, p. 289

L. JANICOT, La nouvelle place du tiers dans le contentieux des contrats administratifs, *RDP* 2014, p. 1175

L. JANICOT, J.-F. LAFAIX, La nouvelle place du tiers dans le contentieux des contrats administratifs, *RDP* 2014, n°5, p. 1175

A. JACQUEMET-GAUCHE, Responsabilité et référés : une confrontation féconde, *AJDA* 2017, p. 1816

G. JEZE :
- Les principes généraux du droit administratif, *Revue générale d'Administration* 1903, t. 3, p. 283
- Les libertés individuelles, *Annuaire de l'Institut international de droit public,* 1929, p. 102

J.-P. JOUGUELET, J.-F. GIPOULON, P. CADENAT, Étendue des pouvoirs du juge des référés en matière de référé-instruction, *AJDA* 1993, p. 99

M. KACI, Les nouvelles limitations apportées par la jurisprudence du Conseil d'État au champ d'application de l'exception de recours parallèle, *LPA* 1996, n°138, p. 8

F. LAFFAILLE, La jurisprudence Tarn-et-Garonne ou le tiers « sans qualité », *AJDA* 2018, p. 1201

C. LANDAIS, F. LENICA :

- L'illégalité de la décision fondant l'obligation ne rend pas cette dernière sérieusement contestable, *AJDA* 2006, p. 582
- Le réveil du juge du référé conservatoire, *AJDA* 2006, p. 1839

G. LEBRUN, La jonction des requêtes en droit administratif, *RDP* 2018, p. 85

O. LECUCQ, Exception au principe de non-cumul entre contestation de la reconduite et référé-liberté, *AJDA* 2005, p. 1360

F. LENICA, J. BOUCHER, « Champ des mesures ordonnées en référé : Provisoires, sauf si...», *AJDA* 2007, p. 1237

C. LANTERO, Le justiciable et le discours du juge, *RFDA* 2019 p. 682
O. LE BOT, « Les référés libertés et mesures utiles, alternatives à un recours en responsabilité ? », *AJDA* 2017, p. 1826

J. LESSI et A. BRETONNEAU :

- Contentieux contractuel : la révolution rentre au port, *AJDA* 2014, p. 1035
- Référés : l'irrésistible ascension, *AJDA* 2014, p. 1484

F. LICHERE :

- note sur CE, 27 mars 2001, Djalout, n°231735, *RFDA* 2001, p. 766
- Le contrôle de l'État sur les contrats publics locaux, *Les contrôles de l'État sur les collectivités territoriales aujourd'hui (P. Combeau dir.),* L'Harmattan, 2007, p. 171

S.-J. LIEBER, D. BOTTEGHI, « Le retour du fonctionnaire contractuel ? », *AJDA* 2009, p. 142.

F. LLORENS, P. SOLER-COUTEAUX, « Le recours des candidats évincés contre les contrats : embarras du choix ou embarras tout court ? », *CMP* 2007, n°8-9, repère 8

M. LOMBARD, Éloge de la folle du logis, la dialectique de la voie de fait et du référé-liberté, *Mélanges Cohen-Jonathan*, Bruylant, 2004, p. 1125

C. MALVERTI, C. BEAUFILS, Le plein contentieux social : le mot et les choses, *AJDA* 2019, p. 1568

O. MAMOUDY, L'ouverture du recours, *RFDA* 2019, p. 669

L. MARIE, De l'avenir du recours pour excès de pouvoir en matière administrative, *RDP* 1901, p. 267

L. MARION, Pas d'obligation in solidum pour les co-auteurs d'un dommage : le Conseil d'État confirme la règle, *AJDA* 2017, p. 1966

L. MARTHINET, DALO et refus d'attribution de logement : des recours parallèles, *JCP-A* 2017, n°25, 2163

R. MARTIN :

- Le double langage de la prétention, *JCP-G* 1981, doctr. 3024.
- Le juge devant la prétention, *Recueil Dalloz* 1987, p. 35

J. MARTINEZ, Le difficile accès des usagers de la sécurité sociale au recours pour excès de pouvoir contre une décision de l'autorité de tutelle, *RDSS* 1995, p. 784

C. MAUGÜE ; L. TOUVET, Compétence du juge administratif pour connaître des actes préalables aux élections législatives, *AJDA* 1993, p. 336

E. MAUPIN, Le recours Tarn-et-Garonne n'a pas enterré la jurisprudence Cayzeele, *AJDA* 2018, p. 301

V. MAZEAUD, Référés et responsabilité civile, *AJDA* 2017, p. 1822

F. MELIN-SOUCRAMANIEN, Le Conseil constitutionnel, juge électoral, *Pouvoirs* 2003, n°105, p. 117

F. MELLERAY :

- Le recours des tiers contre un contrat de recrutement d'agent public, *AJDA* 2015, p. 990
- La divisibilité, *Cohérence et actes administratifs (F. Brenet et A.-L. Girard dir.)*, Faculté de droit et des sciences sociales de Poitiers, Actes et colloques, 2020, p. 177
- Les documents de portée générale de l'administration, *RFDA* 2020, p. 801

J.-L. MESTRE, « L'arrêt Landrin, acte de naissance du recours pour excès de pouvoir ? », *RFDA* 2003, p. 211

A. MEYNAUD, La bonne administration de la justice et le juge administratif, *RFDA* 2013, p. 1029

F. MODERNE, Vers la banalisation des procédures d'urgence, *RFDA* 2007, p. 91

M.-C. DE MONTECLER, Du DALO à l'hébergement d'urgence, le rôle du juge du référé-liberté, *AJDA* 2017, p. 84

J. MOMAS, Référé-suspension et contentieux précontractuel, *AJDA* 2004, p. 1116

J. MOREAU, De l'abrogation implicite en droit public français, *JCP-A* 2005, n°42, 1339

P. MOUZET, Encore du nouveau sur le régime des dépenses obligatoires locales, *AJDA* 2018, p. 284

H. MUSCAT, Quinze ans de nouveaux référés administratifs, *JCP-A* 2016, n°51-52, 2335

V. NADAN, Quelques remarques sur l'utilité d'une modulation à l'envers : l'inexistence en question, *Dr. adm.* 2010, n°6, étude 12

N. NAVAL, La bonne administration de la justice, *LPA* 1999, n°160, p. 12

R. NOGUELLOU, Le référé contractuel : un recours subsidiaire, *RDI* 2011, p. 275

L. NOWAK, De la rationalité du législateur comme élément de l'interprétation juridique, *Logique et analyse, vol. 12*, 1969, p. 65

R. ODENT, Le destin des fins de non-recevoir, *Mélanges offert à M. Waline*, LGDJ, 1974, p. 653

B. PACTEAU :

- « Quel retentissement de l'annulation d'un acte détachable sur la validité et l'exécution du contrat auquel cet acte se rapporte ? », *CJEG* 1991, p. 115
- Du recours pour excès de pouvoir au recours de pleine juridiction, *AJDA* 1999, n°spécial, p. 52
- « Procédure administrative, retour à la loi, et après ? », *RFDA* 1996, p. 5

C. PAILLARD, Le référé-suspension, *JCP-A* 2016, n°51-52, 2336

A. PARIENTE, Les rapports entre contrôle de légalité et contrôle budgétaire : un problème de frontière, *Les contrôles de l'État sur les collectivités territoriales aujourd'hui (P. Combeau dir.),* L'harmattan, 2008, p. 89.

J. M. PASTOR, Le SJA veut simplifier le contentieux des étrangers, *AJDA* 2017, p. 1750

H. PAULIAT, « Le juge du référé-liberté a-t-il mis fin aux jours de la « folle du logis » ? », *JCP-A* 2013, n°8, 2047

J.-P. PIETRI, Recours pour excès de pouvoir - Conditions de recevabilité d'un recours de tiers contre l'acte d'approbation d'un contrat, *CMP* 2017, n°3, comm. 81

C. PERELMAN, Logique juridique, nouvelle rhétorique, *Recueil Dalloz* 1976, p. 173

A. PERRIN ; H. LEPETIT-COLLIN, La distinction des recours contentieux en matière administrative, Nouvelles perspectives, *RFDA* 2011, p. 813

J. PETIT :

- Propos conclusifs, Les 15 ans de la loi du 30 juin 2000 relative au référé devant les juridictions administratives, *JCP-A* 2016, n°51-52, 2341
- La réparation en nature du préjudice dans le droit administratif de la responsabilité non contractuelle, *RFDA* 2020, p. 333

S. PLATON, « Le référé-provision administratif : référé ou procédure de jugement rapide ? », *Dr. adm.* 2008, n°1, étude 1

B. PLESSIX :

- Le contentieux du rescrit fiscal, *RFDA* 2017, p 351
- Les actes détachables, *Cohérence et actes administratifs* (*F. Brenet et A.-L. Girard dir.),* Faculté de droit et des sciences soc. de Poitiers, Actes et colloques, 2020, p. 153.

B. POUJADE, Le référé précontractuel, *RFDA* 2002, p. 279

D. POUPEAU, Etendue des pouvoirs du juge du référé-mesures utiles, *AJDA* 2016, p. 928

D. POUYAUD :

- La réforme du 31 décembre 1987 de la distinction des contentieux, *Mélanges René Chapus*, LGDJ, Montchrestien, 1992, p. 541
- La recevabilité du recours pour excès de pouvoir contre les contrats administratifs : une nouvelle avancée, *RFDA* 1999, p.139
- Un nouveau recours contentieux : le recours en contestation de la validité du contrat à la demande du concurrent évincé, *RFDA* 2007, p. 923
- « Que reste-t-il du recours pour excès de pouvoir dans le contentieux des contrats ? », *RFDA* 2015, p. 727

X. PRETOT, L'usager d'un organisme de sécurité sociale ne peut pas contester directement les décisions prises par l'autorité de tutelle de cet organisme, *AJDA* 1995, p. 347

X. PRETOT ; D. CHELLE, « Le référé-suspension s'applique aux seules mesures portant refus d'autoriser l'ouverture d'un établissement le dimanche », *Recueil Dalloz* 2004, p. 1705

B. QUIRINY, Voie de fait et référé-liberté (une atteinte, deux juges ou deux juges pour une atteinte), *LPA* 2013, n°72, p. 16

R. RAMBAUD, Les avatars de la jurisprudence Lafage, *RFDA* 2012, p. 441

J. RAYMOND, Les référés expertise, *JCP-A* 2005, n°28, 1262

L. RICHER, Vie et survie du contrat administratif illégal, *Confluences (Mélanges en l'honneur de Jacqueline Morand-Deviller*), LGDJ, Montchrestien, 2008, p. 513

J. RIVERO, Le Huron au Palais Royal ou réflexions naïves sur le recours pour excès de pouvoir, *Dalloz*, 1962, chron. 37, p. 311

P. REES, Tropic II est arrivé - À propos de l'arrêt Département de Tarn-et-Garonne, *CMP* 2014, n°5, étude 5

R. RICCI, « Le Conseil d'État et la loi : vers la recevabilité d'une exception d'inconstitutionnalité ? », *LPA* 1999, n°200, p. 11

J. ROBERT, La bonne administration de la justice, *AJDA* 1995, p. 117

M.-C. ROUAULT, Naissance d'un nouveau recours en matière contractuelle : une construction prétorienne alliant protection de la légalité et sécurité juridique, *JCP-A* 2007, n°37, 2221

F. ROLIN :

- Naissance de « l'action en contestation de la validité du contrat », *Revue des contrats* 2008, n°2, p. 465
- Du recours pour excès de pouvoir de l'État légal à la protection des intérêts subjectifs dans l'État contemporain : quelques réflexions critiques sur l'arrêt Département du Tarn et Garonne, *RDP* 2014, n°5, p. 1198
- Contribution à la théorie des normes jurisprudentielles : la généalogie du caractère inquisitoire de la procédure administrative contentieuse », *RFDA* 2019, p. 481

J.-C. ROTOULLIE :

- À la recherche de l'exception de recours parallèle, *RDP* 2017, n°4, p. 903
- Le recours Tarn-et-Garonne, une voie de droit à l'effectivité limitée, *AJDA* 2019, p. 412

S. ROUSSEL, G. ODINET, Rénovation du contentieux contractuel : travaux de finitions, *AJDA* 2017 p. 1669

P.-Y. SAGNIER, Léon Aucoc, le juge administratif et les recours, *RFDA* 2018, p. 602

J. SAISON, Le juge administratif et l'adage *lex specialis derogat generalis* - Réflexions sur la liberté de l'interprète, *RFDA* 2016, p. 556

P. SANDEVOIR, note sur CE, 5 janvier 1966, Demoiselle Gacon, *Recueil Dalloz* 1966, p. 367

O. SCHRAMECK, note sur CC, 8 juin 1995, Bayeurte, *AJDA* 1995, p. 517

B. SEILLER :

- L'illégalité sans l'annulation, *AJDA* 2004, p. 963
- La combinaison des jurisprudences Czabaj et Lafon, *Gaz. Pal.* 2018, n°323, p. 30
- Le recours pour excès de pouvoir (art. 6), *La Constitution administrative de la France*, Dalloz, 2011, p. 105
- Le juge administratif officialise enfin son pouvoir normatif, *JCP-A* 2007, 10160

A. SEVINO, Le recours indemnitaire à l'épreuve de la jurisprudence Lafon : portée et limite, *JCP-A* 2015, n°44, 2316

A. SIMONNEAUX, Le Conseil d'État précise les « règles du jeu » en matière de restriction de déplacement de supporters de football, *JCP-A* 2020, n°37, 2242.

A. SIRI, Des adages *lex posterior derogat priori* et *specialia generalibus derogant* : contribution à l'étude des modes de résolution des conflits de normes en droit français, *RRJ* 2009, n°129, p. 1803

B. STIRN, Droit au recours et sécurité juridique, *L'intérêt général (Mélanges en l'honneur de Didier Truchet)*, 2015, Dalloz, p. 607

V. TCHEN, Référé-liberté et reconduite à la frontière, *Dr. adm.* 2005, n°5, comm. 687

J. TERCINET, Le retour de l'exception de recours parallèle, *RFDA* 1993, p. 705

P. TERNEYRE :

- Les paradoxes du contentieux de l'annulation des contrats administratifs, *EDCE* 1988, p. 71
- Réflexions nouvelles sur les « clauses à caractère réglementaire » des contrats administratifs à objet de service public, *RFDA* 2011, p. 893

P. TERNEYRE, J. GOURDOU :

- Le référé précontractuel administratif au lendemain de la réforme des procédures d'urgence, *CJEG* 2001, p. 135.
- Les référés précontractuel et contractuel après l'ordonnance du 7 mai 2009, *BJCP* 2009, p. 358.

D. TRUCHET, Office du juge et distinction des contentieux : renoncer aux « branches », *RFDA* 2015, p. 657

M. UBAUD-BERGERON, Ouverture aux concurrents évincés de la conclusion d'un contrat d'un recours contre ce contrat, *JCP-G* 2007, n°38, 10056

R. VANDERMEEREN :

- Le référé administratif précontractuel, *AJDA* 1994, p. 91
- Les procédures d'urgence devant le juge administratif en matière de contrats publics à la veille de l'entrée en vigueur de la loi du 30 juin 2000, *BJCP* 2000, n°13, p. 396
- La réforme des procédures d'urgence devant le juge administratif, *AJDA* 2000, p. 706
- Permanence et actualité du droit au juge, *AJDA* 2005, p. 1102

J.-M. WOEHRLING, Vers la fin du recours pour excès de pouvoir, *L'état de droit (Mélanges en l'honneur de Guy Braibant)*, Dalloz, 1996, p. 781

P. YOLKA, Vers une exception de référé parallèle, *AJDA*, 2004, p. 57

A. ZARCA, Les limites du pouvoir d'injonction, *RFDA* 2015 p. 650

Z. ZIEMBINSKI, La notion de rationalité du législateur, *Archives de Philosophie du droit*, t. 22, p. 179

5. Conclusions

J. ARRIGHI DE CASANOVA, concl. sur CE, 20 nov. 1992, SARL Joseph, *AJDA* 1993, p. 130

L. AUCOC :
- concl. sur CE, 13 mars 1867, Bizet, p. 272.
- concl. sur CE, 20 fév. 1868, Couder et Bouchers de Paris, p. 193

G. BACHELIER :
- concl. sur CE, sect., 25 avril 2001, Min. de l'Economie, des Finances et de l'Industrie c. SARL Janfin, *RFDA* 2001, p. 837
- concl. sur CE, 14 juillet 2004, Compagnie Corse Méditerranée et autres, non publiées

C. BARROIS DE SARIGNY, concl. sur CE, du 17 juin 2019, Centre hospitalier de Vichy, non publiées

R. DE BELBEUF, concl. Sur CE, 4 fév. 1869, Boulangers de Montluçon, p. 94

J.-C. BONICHOT, concl. sur CE, 6 janvier 1995, Société des manufactures ERAM, *LPA* 1995, n°67, p. 11

D. BOTTEGHI, concl. sur CE, sect., 16 nov. 2011, Ville de Paris et autres, *RFDA* 2012, p. 269

N. BOULOUIS :
- concl. sur CE, 8 avril 2009, Association ALCALY et autres, non publiées
- concl. sur CE, 19 janv. 2011, Grand port maritime du Havre, *BJCP* 2011, n°75, p. 125.

G. BRAIBANT, concl. sur CE, sect., 5 janv. 1966, Dlle Gacon, non publiées

A. BRETONNEAU, concl. sur CE, sect., 5 fév. 2016, M. B., *RFDA* 2016, p. 323

D. CASAS :
- concl. sur CE, 27 oct. 2006, n°244353 et 250984, Cne Saint-Paul-en-Pareds, non publiées
- concl. sur CE, ass.,16 juillet 2007, Société Tropic Travaux Signalisation Guadeloupe, *RFDA* 2007, p. 696

H. CASSARA, concl. sur CAA Douai, 26 sept. 2019, n°18DA02567, *AJDA* 2020, p. 50

D. CHAUVAUX :
- concl. sur CE, sect., 28 février 2001, Philippart et Lesage, *RFDA* 2001, p. 390
- concl. sur CE, 14 mars 2001, Commune de Goutrens, *RFDA* 2001, p. 832
- concl. sur CE, sect., 18 juillet 2006, Mme Elissondo Labat, *RFDA* 2007, p. 314

M. COMBARNOUS, concl. sur CE, 24 avril 1964, SA de livraisons industrielles et commerciales, *AJDA* 1964, p. 308

L. CORNEILLE, concl. sur CE, 8 juillet 1921, Société Nordeutscher, *RDP* 1921, p. 518

E. CORTOT-BOUCHER, concl. sur CE, 2 déc. 2016, Min. de l'Economie et des Finances c. Société Export Press, non publiées

E. CREPEY, concl. sur CE, sect., 27 mars 2015, Section française de l'Observatoire international des prisons, *RFDA* 2015, p. 491

B. DACOSTA, concl. sur CE, 4 avril 2014, Département du Tarn et Garonne, *RFDA* 2014, p. 425

V. DAUMAS, concl. sur CE 9 mars 2018, Communauté de communes du pays roussillonnais, non publiées

E. DAVID, concl. sur CE, 2 mars 1877, Institut catholique de Lille, p. 224

R. DECOUT-PAOLINI, concl. sur CE, 1er juillet 2015, Département du Nord, non publiées

G. DE LA TAILLE, concl. sur CAA Bordeaux, 22 déc. 2015, Sté Bureau Véritas c/ Cne Bayonne, *AJDA* 2016, p. 955

X. DE LESQUEN, concl. sur CE, 5 déc. 2014, Consorts Le Breton, non publiées

J. DELVOLVE, concl. sur CE, 17 fév. 1950, Dame Lamotte contre Min. de l'agriculture, *RDP* 1951, p. 480

N. ESCAULT :
- concl. sur CE, 7 mai 2012, Syndicat intercommunal du canal des Alpines Septentrionales, non publiées
- concl. sur CE, 13 janv. 2010, M. et Mme Philippe Nemo, non publiées

P. FOMBEUR, concl. sur CE, sect., 28 févr. 2001, Casanovas, *RFDA* 2001, p. 399

M. FORNACCIARI :
- concl. sur CE, 23 déc. 1988, Cadilhac, *AJDA* 1989, p. 256
- concl. sur CE, 8 mars 1991, Sec. d'État à l'agriculture c. Bodié, *AJDA* 1991, p. 463

S. FRATACCI, concl. sur CE, sect., 23 juin 1995, Conseil régional d'Aquitaine c. Mme Lefèvre, *RFDA* 1996, p. 491

B. GENEVOIS, concl. sur, CE, 8 janv. 1982, Aldana Barrena, p. 14

E. GLASER :
- concl. sur CE, 31 déc. 2008, M. Cavallo, *RFDA* 2009, p. 89
- concl. sur CE, ass., 28 déc. 2009, Commune de Béziers, *RFDA* 2010, p. 506

G. GOULARD :

- concl. sur CE, 30 octobre 1996, SA Jacques Dangeville, *RFDA* 1997, p 1056
- concl. sur CE, 19 mai 2004, Santalucia, non publiées

M. GUYOMAR :

- concl. sur CE, 25 juin 2003, Association de défense de la vallée du Loing et des sites environnant, non publiées
- concl. sur CE, 11 juin 2004, Commune de Biarritz c/Association amis et résidents de Biarritz respectueux de l'environnement, non publiées

O. HENRARD :

- concl. sur CE, 23 déc. 2016, ASSECO-CFDT du Languedoc-Roussillon et Assoc. ATTAC Montpellier, non publiées
- concl. sur CE, 9 fév. 2018, Val d'Europe agglomération, non publiées

J. KAHN, concl. sur CE, 5 déc. 1958, Union des pêcheurs à la ligne de Grenoble, *AJ* 1959, II, p. 57

D. KESSLER, concl. sur CE, ass., 12 mars 1993, Union nationale écologique, non publiées

J.-P. JAYET, concl sur TA Grenoble, 27 oct. 2000, Mme Sendra-Escuriet, *AJFP* 2001, p. 51

C. LANDAIS, concl. sur CE, 27 juillet 2012, Mme Labachiche, *RFDA* 2012, p. 922

C. LEGRAS, concl. sur CE, 16 février 2009, Société ATOM, *RFDA* 2009, p. 259

F. LENICA, concl. sur CE, 28 nov. 2007, Towo, non publiées

S.-J. LIEBER, concl. sur CE, 10 oct. 2011, Mme Burger, non publiées

L. MARION, concl. sur CE, 14 fév. 2018, Mariko, non publiées

F. DESPORTES, concl. sur TC, 9 mai 2016, Mme L. c/ OPH de Vitry-sur-Seine.

M.-A. MOREAU, concl. sur CE, 13 mars 1989, Commune de Gardonne, non publiées
M. MOSSET, concl. sur CE, 26 novembre 1954, Syndicat de la raffinerie de souffre française, *RDP* 1955, p. 7

G. PELISSIER :

- concl. sur CE, 6 avril 2016, Commune de Fontvieille, non publiées
- concl. sur CE, 30 juin 2017, Syndicat mixte de promotion de l'activité transmanche (SMPAT), *RFDA* 2017, p. 937
- concl. sur CE, 9 mars 2018, Compagnie des parcs et passeurs du Mont Saint-Michel, non publiées
- concl. sur CE, 6 déc. 2019, Syndicat des copropriétaires du Monte-Carlo Hill, non publiées

G. PICHAT, concl. sur CE, 1er mars 1912, Lafage, *Les grandes conclusions de la jurisprudence administrative, (H. de Gaudemar et D. Mongoin dir.)*, LGDJ, 2015, p. 498

D. PIVETEAU :

- concl. sur CE, 14 sept. 2001, Marini et autres, non publiées
- concl. sur CE, 2 juill. 2002, Ville de Nice, n°243686, *BJCP* n°25, 2002, p. 476

J. ROBERT, concl. sur CE, 26 déc. 1862, Bourcier, p. 870

J. ROMIEU, concl. sur CE, 4 aout 1905, Martin, *RDP* 1906, p. 263

H. SAVOIE, concl. sur CE, ass., 1er sept. 2000, Larrouturou, Meyet et autres, *RFDA* 2000, p. 989

R. SCHWARTZ, concl. sur CE, 21 nov. 2001, Zhary, non publiées

J. SORIN, concl. sur CAA Paris, 31 décembre 2015, n°14PA04030, non publiées

J.-H. STAHL, concl. sur CE, 30 octobre 1998, Ville de Lisieux, *CJEG* 1999, n°551, p. 61

Y. STRUILLOU, concl. sur CE, sect., 10 mars 2006, n°278220, Sté Leroy Merlin, *RFDA* 2006, p. 559.

L. TOUVET, concl. sur CE, 18 janv. 2001, Commune de Venelles, non publiées

S. VERCLYTTE, concl. sur CE, sect., 16 déc. 2005, Lacroix, *RFDA* 2006, p. 513

6. Rapports

F.-N. BUFFET, Rapport fait au nom de la commission des lois du Sénat sur le projet de Loi n°2986 relatif à l'immigration et à l'intégration, 31 mai 2006, n°371.

F. COLCOMBET, Rapport fait au nom de la commission des lois constitutionnelles, de la législation et de l'administration générale de la République sur le projet de loi adopte par le Sénat relatif au référé devant les juridictions administratives, 13 déc. 1999, n°2002.

F. COLCOMBET, Rapport fait au nom de la commission des lois constitutionnelles, de la législation et de l'administration générale de la République sur le projet de loi, adopté par le Sénat, relatif au référé devant les juridictions administratives, 4 avr. 2000, n°2302.

R. GARREC, Rapport fait au nom de la commission des lois du Sénat, relatif au référé devant les juridictions administratives, 26 mai 1991, n°380.

R. GARREC, Rapport fait au nom de la commission mixte paritaire sur le projet de loi relatif au référé devant les juridictions administratives, 7 juin 2000, n°396.

P. JARLIER, Avis rendu au nom de la commission des lois sur le projet de loi instituant le droit opposable au logement et portant diverses mesures en faveur de la cohésion sociale, 24 janv. 2007, n°175

T. MARIANI, Rapport fait au nom de la commission des lois de l'Assemblée nationale sur le projet de loi n°2986 relatif à l'immigration et à l'intégration, 26 avril 2006, n°3058.

Rapport du groupe de travail du Conseil d'État sur les procédures d'urgence, *RFDA* 2000, p. 941 et s.

INDEX

(les chiffres renvoient aux numéros des pages)

A

Acte détachable

- notion de détachabilité 38, 69
- contentieux contractuel
    - exécution du contrat 107, 111, 112, 130, 231, 322, 422
    - formation du contrat 109, 124, 190, 272, 324, 368, 374, 440
- contentieux fiscal 69, 121, 122, 228, 229, 442, 443
- contentieux électoral et référendaire (v. compétence du Conseil constitutionnel)

Aide juridictionnelle 245, 334, 442

Autorité de la chose jugée

- absence 199, 218, 457
- autorité relative 144, 167, 176, 270, 329, 346, 412, 455

B

Bonne administration de la justice 42, 244, 270, 399, 464

C

Classification des recours 33, 53, 81, 164, 179, 187, 340, 446

Compétence

- compétence du juge judiciaire 69, 82, 125, 136,161, 175, 194, 206, 238, 271, 333, 396, 404, 412, 417
- compétence du Conseil constitutionnel (v. Elections politiques ; Référendum)

D

Déféré préfectoral 300, 373, 374, 377

Délais de recours 69, 138, 139, 141, 275, 325, 337, 390, 428

Droit au logement opposable 34, 86, 139, 195, 286, 301, 310

Droit de l'Union européenne 24, 25, 27, 28, 367, 368

E

Efficacité

- efficacité des recours 117, 161, 162, 213, 270, 273, 307, 317, 319, 367, 448

Elections

- élections administratives 69, 114, 115, 439, 439

- élections politiques 89, 117, 157, 184, 295, 298, 326, 429

Etrangers

- contentieux des mesures d'éloignement 34 82 87 138 197 272 295 303 314 358

Excès de pouvoir

- caractéristiques propres au recours pour excès de pouvoir 154, 160, 162, 163, 165, 166, 169, 269, 271, 295

- développement du recours pour excès de pouvoir 66, 69, 76, 80, 82, 104, 382, 384, 422, 450

- irrecevabilité du recours pour excès de pouvoir 32, 73, 111, 133, 143, 194, 298, 329, 332, 334, 415

Exécution

- force exécutoire des décisions juridictionnelles 44, 161, 177, 187, 341, 437

I

Injonction

- pouvoir d'injonction 39, 56, 87, 162, 181, 272, 324, 365, 436

Intérêt à agir 69, 107, 121, 124, 127, 132, 196, 234, 275, 378, 402

M

Ministère d'avocat 32, 71, 162, 179, 246, 275, 344, 382

O

Office

- office du juge 80, 104, 160, 166, 191, 196, 220, 229, 273, 333, 403

- irrecevabilité soulevée d'office 167, 412

Opération administrative (v. acte détachable)

R

Recours

- recours administratif 42, 44, 141, 152, 246, 275

- recours de plein contentieux objectif 37, 158, 160, 161, 188, 228, 234, 275, 337, 339, 345, 386, 392, 446

- recours en contestation de validité du contrat 104,106 108, 109, 124, 130, 138, 143, 174, 190, 231, 272, 286, 322, 374, 422, 440

- recours en résiliation 132, 231, 299, 323, 430, 452

- recours en responsabilité extracontractuelle 34, 174, 234, 235, **Erreur ! Signet non défini.**, **Erreur ! Signet non défini.**, 337, 339, 388, 392, 453, 457

Référés administratifs (non subordonnés à une condition d'urgence)

- référés « expertise » 207, 209, 456

- référés « environnement » 87, 185, 362, 363

Référés administratifs (référés d'urgence)

- référé-liberté 39, 86, 91, 135, 181, 185, 195, 215, 217, 264, 272, 295, 304, 312, 356, 378, 397, 402, 432, 436

- référé-mesures utiles 39, 137, 181, 201, 210, 264, 301, 310, 312, 456

- référé-suspension 91, 143, 185, 197, 213, 272, 304, 314, 357, 363, 368, 432, 436, 457

Référés administratifs (spécifiques à la matière contractuelle)

- référé contractuel 128, 138, 144, 266, 457

- référé précontractuel 91, 126, 144, 262, 367, 377, 457

Référendum 89, 117, 157, 184, 326, 429

Réparation en nature 182, 199, 381

S

Stratégie contentieuse 129, 142, 208, 223, 231, 430, 457

Subsidiaire

- recours subsidiaire 49, 129, 181, 213, 261, 262, 264, 267, 313, 368

T

Travaux publics

- Contentieux des travaux publics et ouvrages publics 79, 200, 241, 450, 465

V

Voie de fait 91, 201, 206, 396, 404, 457

Voies de recours

- coexistence des voies de recours 47, 261, 286, 434

- mention des voies et délais de recours 140, 392

TABLE DES MATIERES

INTRODUCTION 17

SECTION 1 : INTERET DE L'ETUDE 20

§1. Une problématique générale de concurrence des recours juridictionnels 21

I : La concurrence des voies de droit en droit de l'Union européenne 24

II : La concurrence des actions en justice en droit judiciaire privé 28

§2. La vision partielle de la concurrence des recours en contentieux administratif 31

SECTION 2 : CADRE DE L'ETUDE 35

§1. La concurrence de recours se rapportant à une même situation litigieuse 37

§2. La concurrence de recours juridictionnels 40

I. L'exclusion nécessaire de certaines voies de droit 42

A. L'exclusion des recours administratifs 42

B. L'exclusion des voies de recours 47

II : La détermination des recours juridictionnels considérés.. 53

SECTION 3 : PLAN DE L'ETUDE 57

PARTIE 1 : L'IDENTIFICATION DE LA CONCURRENCE DES RECOURS 61

TITRE 1 : LA COEXISTENCE DES RECOURS 63

Chapitre 1 : La possibilité de saisir un ou plusieurs juges compétents 64

Section 1 : La détermination des compétences juridictionnelles affectée par le développement du recours pour excès de pouvoir 66

§1. L'extension hégémonique de la possibilité de saisir le juge de l'excès de pouvoir 69

§2. La fermeture critiquable de la possibilité de saisir le juge de l'excès de pouvoir par l'irrecevabilité 72

I. La mention douteuse de la fin de non-recevoir tirée de l'existence d'un recours parallèle par le juge 73

II. La mobilisation critiquable de l'exception de recours parallèle par la doctrine 77

§3. La possibilité encadrée de saisir le juge de l'excès de pouvoir 80

Section 2 : La détermination actuelle de la possibilité de saisir plusieurs juges compétents 85

§1. Une possibilité occasionnellement caractérisée par le juge.. 85

§2. Une possibilité souvent déduite de la jurisprudence 88

Conclusion du chapitre I : 93

Chapitre 2 : La possibilité d'exercer plusieurs recours disponibles.. 94

Section 1 : La disponibilité des recours ratione materiae....... 95

§1. L'incidence de la nature de l'acte attaqué dans le contentieux contractuel 97

I. La coexistence écartée des recours au fond pour la contestation des contrats administratifs.. 98

A. L'irrecevabilité absolue du recours pour excès de pouvoir à l'égard d'actes authentiquement contractuels 98

B. L'irrecevabilité du recours de plein contentieux à l'égard d'actes faussement contractuels.. 102

II. La coexistence différenciée des recours pour la contestation des dispositions réglementaires des contrats administratifs 106

III. La coexistence récusée des recours pour la contestation par les parties des mesures d'exécution des contrats administratifs........... 109

§2. L'incidence de la portée de l'acte attaqué dans le contentieux électoral 114

Section 2 : La disponibilité des recours ratione personae 119

§1. La coexistence des recours à disposition des redevables d'une imposition.. 121

§2. La coexistence des recours à disposition des tiers à un contrat administratif 123

I. La coexistence des recours dans le contentieux de la formation du contrat 124

A. La coexistence des recours au fond 124

B. La coexistence des référés administratifs 126

II. La coexistence des recours dans le contentieux de l'exécution du contrat 130

Section 3 : La disponibilité des recours ratione temporis 134

§1. La disponibilité simultanée des recours 135

I. L'incidence du nombre d'actes contestés 135

II. L'incidence de la durée des délais de recours 138

III. L'incidence des modalités de publicité des actes attaqués....... 140

§2. La disponibilité successive des recours 142

Conclusion du chapitre II : 146

Conclusion du Titre I.. 147

TITRE 2 : LA COEXISTENCE DE RECOURS PERMETTANT DE FAIRE JUGER DES PRETENTIONS SIMILAIRES.......... 149

Chapitre 1 : La détermination de la similarité des prétentions exprimées par plusieurs recours 150

Section 1 : Un critère classique reposant sur l'équivalence des recours coexistants 151

§1. L'affirmation doctrinale du critère 151

§2. L'imprécision du critère 155

I. Une équivalence reposant sur l'office des juges susceptibles d'être saisis 156

A. Un résultat rarement identique à l'annulation pour excès de pouvoir 157

B. Un résultat souvent supérieur à l'annulation pour excès de pouvoir 160

C. Un résultat parfois inférieur à l'annulation pour excès de pouvoir 161

II. Une équivalence renvoyant aux effets pratiques des recours susceptibles d'être exercés 165

Section 2 : Un critère renouvelé reposant sur la similarité des prétentions soumises aux juges 171

§1. Le choix du critère de la similarité des prétentions 172

§2. La valeur explicative du critère de la similarité des prétentions 178

I. La détermination épisodiquement objective de la similarité des prétentions 179

A. L'absence de stricte similarité entre des prétentions liée à la classification des recours en contentieux administratif 179

B. La reconnaissance résiduelle d'une stricte identité des prétentions 184

II. La détermination essentiellement subjective de la similarité des prétentions 186

A. La concurrence entre des recours permettant d'obtenir une même somme d'argent 187

B. La concurrence entre des recours permettant l'annulation d'un contrat administratif 190

C. La concurrence entre des recours permettant aux juges d'ordonner des mesures similaires 194

Conclusion du chapitre I 203

Chapitre 2 : La tolérance pour l'exercice de recours exprimant des prétentions distinctes 204

Section 1 : La reconnaissance d'une liberté d'associer des recours non concurrents 204

§1. L'absence générale de concurrence entre référés administratifs et recours au fond 206

I. La complémentarité générale entre référés et recours au fond 207

A. L'exercice de référés préparant un recours ultérieur au fond 207

B : L'exercice de référés préservant l'intérêt d'un recours ultérieur au fond 213

II. L'opposition ponctuelle entre référés et recours au fond 216

A. L'exercice unique d'un référé d'urgence 217

B. L'exercice unique d'un référé-provision 221

§2. L'absence discutée de concurrence entre certains recours au fond 225

I. L'absence fréquente de concurrence entre les recours disponibles dans le contentieux des opérations administratives 227

A. La coexistence du recours de plein contentieux fiscal et du recours en annulation dirigé contre certains actes détachables de la procédure d'imposition 228

B. La coexistence des recours en annulation du contrat et du recours en annulation dirigé contre certains actes détachables de l'exécution d'un contrat administratif 230

II. L'absence de concurrence entre les recours indemnitaires et d'autres recours permettant l'obtention d'une somme d'argent 234

III. L'absence de concurrence entre les recours en responsabilité exercés pour la réparation d'un même préjudice 236

Section 2 : Une liberté d'associer des recours non concurrents justifiée par le droit au recours 243

§1. L'étendue du droit au recours en contentieux administratif 244

§2. Le respect du droit au recours en cas de fermeture d'un recours concurrent 247

Conclusion du chapitre II 252

Conclusion du Titre II 253

CONCLUSION DE LA PARTIE I 255

PARTIE 2 : LE TRAITEMENT DE LA CONCURRENCE DES RECOURS 257

TITRE 1 : LE SENS DE LA FERMETURE DES RECOURS CONCURRENTS 259

Chapitre 1 : Le rejet de conceptions doctrinales explicatives de la fermeture des recours concurrents 260

Section 1 : Le rejet d'un critère fondé sur la subsidiarité de l'un des recours concurrents 260

§1. L'exposé du critère 261

§2. Le rejet nécessaire du critère 266

Section 2 : Le rejet d'un critère tiré de l'efficacité supérieure de l'un des recours concurrents 269

§1. L'exposé du critère 270

§2. L'inopportunité du critère..273

Conclusion du chapitre I..279

Chapitre 2 : L'obligation générale d'exercer les recours spéciaux..281

Section 1 : Les recours concurrents organisés par des normes de même valeur juridique..283

§1. La détermination du critère tiré de la spécialité du recours imposé..284

I. La définition du critère..284

A. La référence ponctuelle à la spécialité des recours en doctrine..285

B. La définition nécessaire du critère tiré de la spécialité des recours..288

1. L'incompatibilité entre les normes instituant les recours concurrents..289

2. La résolution de l'incompatibilité par l'application de l'adage specilia generalibus derogant..291

a. La référence à l'adage dans la jurisprudence administrative ...291

b. La mobilisation de l'adage en matière de concurrence des recours..294

II. La valeur probante du critère..296

A. L'irrecevabilité du recours pour excès de pouvoir confronté à des voies de droit prétoriennes..297

B. L'irrecevabilité des référés d'urgence confrontés à des voies de droit législatives spéciales..301

§2. La justification du critère par la préservation de l'efficacité du recours imposé..307

I. L'efficacité assurée de recours spéciaux organisés par les textes 309

A. L'irrecevabilité du référé-mesures utiles dans le contentieux du droit au logement opposable..310

B. L'irrecevabilité du référé-mesures utiles au regard de l'existence d'autres référés d'urgence..312

C. L'irrecevabilité fréquente des référés d'urgence en matière de contentieux des étrangers..314

D. L'irrecevabilité du référé provision en matière de contestation de frais d'expertise..317

II. L'efficacité assurée de recours spéciaux organisés par la jurisprudence 321

A. L'exercice imposé des recours de plein contentieux consacrés en matière contractuelle au profit des tiers 322

B. L'exercice imposé de la voie de droit exceptionnelle organisée devant le juge des élections politiques 326

Section 2 : Les recours concurrents organisés par des normes de valeur juridique différente 330

§1. L'exercice imposé des recours ouverts par la loi 331

I. La concurrence entre le recours pour excès de pouvoir et des voies de droit spéciales organisées par la loi 332

II. La concurrence entre le recours en responsabilité et des voies de droit spéciales organisées par la loi 336

A. La concurrence de recours portant sur la contestation de créances fiscales 337

B. La concurrence de recours portant sur la contestation de créances non fiscales 339

§2. La contrainte justifiée au profit des recours ouverts par la loi 345

Conclusion du chapitre II 350

Conclusion du Titre I 352

TITRE 2 : LES MODALITES DE LA FERMETURE DES RECOURS CONCURRENTS 353

Chapitre 1 : La liberté exceptionnelle d'exercer des recours concurrents 355

Section 1 : Le libre exercice des recours concurrents suggéré par les textes 355

§1. La concurrence tolérée entre les référés administratifs ouverts aux justiciables ordinaires 356

I. La liberté d'exercer plusieurs référés d'urgence 356

II. La liberté d'exercer un référé d'urgence et un référé « environnement » 362

III. La liberté d'exercer un référé d'urgence et un référé précontractuel 367

§2. La concurrence entre les voies de droit ouvertes au représentant de l'État 373

I. La concurrence entre le déféré préfectoral et le recours en contestation de validité du contrat 374

II. La concurrence entre les voies de droit ouvertes au représentant de l'État par la loi 377

Section 2 : Le libre exercice des recours concurrents provoqué par le juge 380

§1. La concurrence des voies de droit dans le contentieux des décisions à caractère pécuniaire 381

I. L'option ouverte entre le recours pour excès de pouvoir et le recours de plein contentieux subjectif 382

II. L'option entrouverte entre recours de plein contentieux objectif et recours de plein contentieux subjectif 386

A. La tolérance initiale pour l'exercice de recours concurrents fondés sur une décision implicite à caractère pécuniaire 386

1. L'irrecevabilité opposée au recours en responsabilité dirigé contre une décision devenue définitive 388

2. L'irrecevabilité écartée du recours en responsabilité dirigé contre une décision pécuniaire implicite de rejet 390

B. L'abandon probable de la liberté d'exercer des recours concurrents fondés sur une décision implicite à caractère pécuniaire 392

§2. La concurrence des voies de droit propres à faire cesser une voie de fait 395

I. La reconnaissance discutable de la compétence du juge administratif en cas de voie de fait 396

II. La reconnaissance justifiable de la concurrence des recours 402

Conclusion du chapitre I 407

Chapitre 2 : La fermeture traditionnelle des recours concurrents par l'irrecevabilité 409

Section 1 : L'imprécision attachée à la fermeture des recours concurrents par l'irrecevabilité 409

§1. La traduction de la fermeture des recours concurrents par une fin de non-recevoir 410

I. Une cause d'irrecevabilité opposée à l'exercice des seules conclusions 410

II. Une cause d'irrecevabilité étrangère au rejet des moyens 415

A. L'irrecevabilité opposée dans le cadre de recours dirigés contre des décrets approuvant les modifications des statuts de certaines associations 416

B. L'irrecevabilité opposée dans le cadre de recours dirigés contre des actes de tutelle intervenant en matière de sécurité sociale 419

C. L'irrecevabilité opposée dans le cadre de recours dirigés contre les actes d'approbation des contrats administratifs 422

§2. Une fermeture non formalisée des recours concurrents 424

I. La consécration éventuelle d'une règle prétorienne interdisant le libre exercice des recours concurrents 425

II. L'intérêt limité à adopter une règle interdisant le libre exercice des recours concurrents 427

Section 2 : L'instrumentalisation de la fermeture des recours concurrents 431

§1. La fermeture des recours concurrents occasionnellement étrangère à leur concurrence 431

I. L'exclusion justifiée de l'irrecevabilité fondée sur l'existence d'un recours concurrent 432

A. L'irrecevabilité d'un recours concurrent fondée sur la méconnaissance des règles liées à l'introduction des recours... 432

B. L'irrecevabilité d'un recours concurrent fondée sur la méconnaissance du caractère provisoire des mesures ordonnées en référé 436

II. L'exclusion douteuse de l'irrecevabilité fondée sur l'existence d'un recours concurrent 438

A. L'irrecevabilité fondée à tort sur la disparition de l'objet du recours 439

B. L'irrecevabilité découlant à tort de la qualité du requérant . 442

§2. Le cloisonnement des voies de droit engendré par la fermeture des recours concurrents 445

I. La fermeture des recours concurrents participant à la marginalisation du recours pour excès de pouvoir 446

II. La possibilité encadrée d'associer les recours en contentieux administratif 452

A. L'exercice exclusif des recours juridictionnels...................... 452
B. L'exercice cumulé des recours juridictionnels 455
1. L'exercice successif des recours 455
2. L'exercice simultané des recours 457
C. L'exercice alternatif des recours juridictionnels.................. 459
Conclusion du chapitre II 463
Conclusion du titre II 465
CONCLUSION DE LA PARTIE II 467
CONCLUSION GENERALE 469
BIBLIOGRAPHIE 473
INDEX 501
TABLE DES MATIERES 505

Structures éditoriales du groupe L'Harmattan

L'Harmattan Italie
Via degli Artisti, 15
10124 Torino
harmattan.italia@gmail.com

L'Harmattan Hongrie
Kossuth l. u. 14-16.
1053 Budapest
harmattan@harmattan.hu

L'Harmattan Sénégal
10 VDN en face Mermoz
BP 45034 Dakar-Fann
senharmattan@gmail.com

L'Harmattan Cameroun
TSINGA/FECAFOOT
BP 11486 Yaoundé
inkoukam@gmail.com

L'Harmattan Burkina Faso
Achille Somé – tengnule@hotmail.fr

L'Harmattan Guinée
Almamya, rue KA 028 OKB Agency
BP 3470 Conakry
harmattanguinee@yahoo.fr

L'Harmattan RDC
185, avenue Nyangwe
Commune de Lingwala – Kinshasa
matangilamusadila@yahoo.fr

L'Harmattan Congo
67, boulevard Denis-Sassou-N'Guesso
BP 2874 Brazzaville
harmattan.congo@yahoo.fr

L'Harmattan Mali
Sirakoro-Meguetana V31
Bamako
syllaka@yahoo.fr

L'Harmattan Togo
Djidjole – Lomé
Maison Amela
face EPP BATOME
ddamela@aol.com

L'Harmattan Côte d'Ivoire
Résidence Karl – Cité des Arts
Abidjan-Cocody
03 BP 1588 Abidjan
espace_harmattan.ci@hotmail.fr

L'Harmattan Algérie
22, rue Moulay-Mohamed
31000 Oran
info2@harmattan-algerie.com

L'Harmattan Maroc
5, rue Ferrane-Kouicha, Talaâ-Elkbira
Chrableyine, Fès-Médine
30000 Fès
harmattan.maroc@gmail.com

Nos librairies en France

Librairie internationale
16, rue des Écoles – 75005 Paris
librairie.internationale@harmattan.fr
01 40 46 79 11
www.librairieharmattan.com

Lib. sciences humaines & histoire
21, rue des Écoles – 75005 Paris
librairie.sh@harmattan.fr
01 46 34 13 71
www.librairieharmattansh.com

Librairie l'Espace Harmattan
21 bis, rue des Écoles – 75005 Paris
librairie.espace@harmattan.fr
01 43 29 49 42

Lib. Méditerranée & Moyen-Orient
7, rue des Carmes – 75005 Paris
librairie.mediterranee@harmattan.fr
01 43 29 71 15

Librairie Le Lucernaire
53, rue Notre-Dame-des-Champs – 75006 Paris
librairie@lucernaire.fr
01 42 22 67 13

www.ingramcontent.com/pod-product-compliance
Lightning Source LLC
LaVergne TN
LVHW021133061026
849535LV00002B/228
* 9 7 8 2 3 4 3 2 4 6 4 2 0 *

PREMIÈRE PARTIE

La recherche de l'équilibre contractuel au stade de la formation du cautionnement

26. **Plan**. N'écrit-on pas que « *c'est [...] dans l'équilibre déterminé au moment de la formation du contrat que se révèle l'injustice potentielle* »[94]? Sans doute conscient de cette réalité, le législateur français et OHADA, faisant fi du caractère consensuel du cautionnement dans le but de préserver les intérêts des cautions, en sont venus à suboordonner, à titre dérogatoire, la validité du cautionnement à des conditions de forme[95]. Pourtant, un tel contrat, est en principe, uniquement soumis à des conditions de fond[96]. Si ces dernières sont régies par le droit commun des contrats, certaines d'entre elles revêtent toutefois une application particulière à cause de la nature même du cautionnement. Ainsi, la recherche de l'équilibre contractuel s'articule donc autour du formalisme (Titre I) et des conditions de fond (Titre II).

---

94 G. CHANTEPIE, *La lésion*, préf. G. VINEY, Bibliothèque de droit privé, Tome 467, LGDJ, 2006, p. 236, spéc. n° 350.

95 J.-B. SEUBE, *Droit des sûretés*, Dalloz, mai 2016, spéc. n° 48.

96 *Ibidem*.

TITRE I

La recherche de l'équilibre contractuel par le formalisme

27. **Plan.** « *Le cautionnement, nul n'en disconvient, est un acte périlleux*[97] ». Celui qui s'engage doit être convenablement informé, afin de prendre la pleine mesure de ce à quoi il s'oblige. Cette prise de conscience de l'étendue de son engagement est d'autant plus essentielle que le cautionnement est une sûreté très prisée des fournisseurs de crédit[98]. Bien souvent, en pratique, la caution (généralement personne physique), lors de la conclusion de l'acte, s'engage souvent sans prendre le temps de mesurer les risques liés à ses obligations. Ces données n'ayant pas échappé aux législateurs français et OHADA, ils ont alors développé un formalisme de protection à l'égard des cautions ayant contracté avec des créanciers professionnels. Aujourd'hui, cette quête d'équilibre contractuel les a conduits à une protection excessive de la caution par l'exigence de la mention manuscrite (Chapitre I) et à la mise en place d'une protection spéciale de la caution, lorsque celle-ci souhaite en être dispensée (Chapitre II).

97 Ph. SIMLER, « 2006, une occasion manquée pour le cautionnement », *JCP N.* n° 12, mars 2016, 1109.

98 A. CERLES, « La mention manuscrite du Code de la consommation : une protection de la caution source de contentieux », *RD bancaire et fin.* n° 5, septembre 2012, dossier 39, p.68, spéc. n° 2.